DICTIONNAIRE

DE

PROCÉDURE CIVILE

COMMERCIALE, CRIMINELLE ET ADMINISTRATIVE

Châteauroux. — Typ. et Stéréotyp. A. MAJESTÉ.

DICTIONNAIRE

THÉORIQUE ET PRATIQUE

DE

PROCÉDURE CIVIL

COMMERCIALE, CRIMINELLE ET ADMINISTRATIVE

AVEC

FORMULES DE TOUS LES ACTES

PAR MM.

Rodolphe ROUSSEAU	**LAISNEY**
AVOCAT A LA COUR DE PARIS	AVOUÉ AU TRIBUNAL CIVIL DE LA SEINE
Membre correspondant de l'Académie de Législation de Toulouse	

TOME NEUVIÈME

SUPPLÉMENT ALPHABÉTIQUE

ET

TABLE GÉNÉRALE DU RECUEIL DE PROCÉDURE 1880-1884

PARIS

LIBRAIRIE NOUVELLE DE DROIT ET DE JURISPRUDENCE

ARTHUR ROUSSEAU

ÉDITEUR

14, rue Soufflot et rue Toullier, 13

AVANT-PROPOS

Pour satisfaire aux engagements que nous avons pris envers les abonnés au Recueil périodique de procédure civile, nous publions la table quinquennale de toutes les matières contenues depuis 1880 dans le Recueil. Cependant nous avons tenu à faire de ce volume non pas seulement une *table froide* se référant uniquement au Recueil, mais bien aussi un véritable complément du Dictionnaire contenant avec le sommaire des décisions publiées dans le Recueil périodique l'indication de tous les monuments de jurisprudence qui ont pu être recueillis soit dans le Dalloz et le Sirey, soit dans les publications spéciales.

Quelque soin qui ait pu être apporté à la rédaction du *Dictionnaire de procédure civile* personne n'est étonné que dans une œuvre aussi considérable des lacunes se soient glissées qu'il convenait de combler : nous nous sommes efforcés d'y remédier dans ce volume et nous avons donc le droit de dire que ce tome IX complète l'œuvre principale et la met à jour en reproduisant tous les éléments de jurisprudence jusqu'au 1er janvier 1885.

Depuis 1880 trois lois nouvelles d'une grande importance ont été promulguées : la loi sur la presse, la loi du divorce et la loi sur les ventes judiciaires d'immeubles ; ces trois lois sont l'objet dans les pages suivantes d'une étude approfondie. Nous avons suivi dans leur commentaire le plan adopté par nous pour chacun des mots du Dictionnaire de procédure. Pour le divorce, notamment, après l'explication de tous les articles du Code civil rétablis par la loi de 1884, nous avons considéré comme indispensable de publier des formules d'une rigoureuse exactitude et d'offrir ainsi aux praticiens un guide sûr pour la suite d'une procédure jusqu'ici presque inconnue, hérissée de difficultés et qui mérite une attention de chaque minute.

Aussitôt la promulgation de la loi de 1884 la Chambre des avoués au tribunal civil de la Seine a rédigé pour chacun des membres de la compagnie une Instruction d'une grande clarté; l'honorable président de la Chambre des avoués nous a autorisé à publier ce remarquable et utile document. Qu'il veuille bien agréer tous nos remerciements.

La loi sur la presse a été l'objet d'un commentaire en rapport avec le plan général de notre ouvrage ; nous nous sommes efforcés de tracer exactement les règles de la procédure en cette matière et de relater les décisions de jurisprudence qui les éclairent.

Enfin, en ce qui concerne la loi sur les ventes judiciaires d'immeubles dont les rapports législatifs ont déjà été publiés dans le Recueil périodique, on trouvera le texte complet des instructions de l'administration de l'enregistrement qui constituent comme le commentaire officiel de la loi nouvelle.

Nous espérons que ce volume sera aussi bien accueilli que ses devanciers et que nos efforts seront couronnés du seul succès que nous puissions ambitionner : celui d'être utiles à tous les officiers ministériels.

DICTIONNAIRE DE PROCÉDURE

SUPPLÉMENT ALPHABÉTIQUE

ET

TABLE GÉNÉRALE DU RECUEIL DE PROCÉDURE 1880-1884

A

ACQUITTEMENT. — *Ordonnance de non-lieu, Erreur judiciaire, Réparations civiles et morales, Proposition de M. Pieyre, député, Examen critique, Contre-projet* (Art. 676, t. 4, p. 326).

ACQUIESCEMENT· — *Syndic de faillite, Acquiescement implicite*. — Le syndic, à une faillite, lorsque son mandataire reconnaît devant le tribunal le bien fondé de la demande d'un créancier, acquiesce par le fait même au jugement rendu sur l'accord des parties.

Toute voie d'appel lui est fermée, tant qu'il n'a pas désavoué son mandataire, conformément aux dispositions du titre XVIII, L. II du Code de procédure civile.

Une reconnaissance de dette, qu'elle soit faite devant le tribunal ou devant le juge-commissaire dans l'assemblée des créanciers, ne saurait constituer, de la part du syndic à la faillite, ni une aliénation, ni une transaction (Chambéry, 17 fév. 1883, art. 645, t. 4, p. 251).

— *Ordre public, Conseil judiciaire, Appel*. — L'acquiescement exprès ou tacite à un jugement rendu dans une matière qui touche à l'ordre public, par exemple, en matière de conseil judiciaire, est nul.

Par suite, quand la personne qui a poursuivi et obtenu la nomination d'un conseil judiciaire acquiesce à l'appel interjeté par le prodigue, la Cour doit statuer sans tenir compte de cet acquiescement (Toulouse, 22 mai 1880, art. 310, t. 2, p. 322).

— *Jugement d'adjudication*. — On doit considérer comme un acquiescement à un jugement d'adjudication le fait d'avoir vidé les lieux sur un simple commandement, d'avoir laissé les adjudicataires en prendre possession sans opposition et d'avoir permis à la procédure d'ordre de suivre son cours sans protestation (Cass., 14 mai 1879, S. 80-1-251).

— *Jugement d'expertise*. — Une partie qui consent à ce que, sur un jugement ordonnant une expertise, un expert soit dispensé du serment n'est pas réputée acquiescer à ce jugement ;

elle peut, dès lors, le frapper d'appel (Nîmes, 30 mai 1871, S. 71-2-204 ; — Dijon, 23 janv. 1874, S. 74-2-82).

— *Mise en cause d'un tiers.* — Une partie qui a mis en cause un tiers dont la présence était jugée nécessaire pour la solution du procès n'est pas réputée acquiescer aux dispositions du jugement relatives au fond même de la contestation (Cass., 10 août 1874, S. 75-1-23).

— *Tuteur.* — Le tuteur a capacité pour acquiescer à toute action qui n'intéresse que les droits mobiliers de son pupille (Cass., 31 juil. 1876, S. 77-2-84 ; — *Sic*, Aubry et Rau, t. 1er, texte et note 20 ; Demolombe, *Minorité*, t. 1er, n. 685).

— *Mineur, Administrateur légal.* — La signification sans protestation ni réserve faite au nom d'un mineur par son père, administrateur légal d'un jugement intervenu sur une contestation mobilière, emporte acquiescement (Cass., 17 fév. 1875, S. 75-1-152).

— *Chefs distincts.* — L'exécution volontaire de l'un des chefs du jugement n'entraîne, même en l'absence de toutes réserves, ni acquiescement, ni renonciation au droit d'appel, relativement aux autres chefs de ce jugement, qui sont distincts et indépendants du chef volontairement exécuté (Cass. civ., 4 janv. 1881, art. 339, t. 2, p. 397).

— *Irrévocabilité, Acceptation.* — L'acquiescement à un ou plusieurs chefs de la demande, ou à la demande tout entière, devient irrévocable, du moment qu'il a été accepté sans restriction ni réserve ;

Mais s'il a été accepté seulement en partie, ou sous les conditions qu'il exprime ou qu'il implique virtuellement, il ne forme pas un contrat parfait et permet dès lors, à la partie dont il émane, de le rétracter et de reprendre ainsi sa pleine liberté d'action ;

Spécialement, le défendeur à une complainte possessoire, qui n'a acquiescé à la demande que sous la condition sous-entendue d'éteindre absolument l'instance et de ne payer que les dépens, peut valablement retirer son offre, malgré l'acceptation qui en a été faite par le demandeur, alors que celui-ci, au lieu de souscrire purement et simplement à sa proposition, lui a réclamé des frais qu'il n'avait pas consenti à supporter et des dommages-intérêts pour le trouble apporté à sa jouissance (Cass., 1er juil. 1879, art. 155, t. 1er, p. 417).

— *Appel, Réserves expresses, Appel recevable sur les autres chefs d'un jugement, Clause pénale, Matière indivisible, Appel de l'une des parties, Clause pénale.* — L'acquiescement d'une partie à un chef d'un jugement admettant une expertise ne la rend pas non recevable à en interjeter appel principal ou incident, si elle a inséré des réserves formelles dans les actes de la procédure et maintenu ainsi son droit d'appel sur les autres chefs.

Le jugement qui statue sur une clause pénale encourue par plusieurs parties statue à cet égard en matière indivisible, en sorte que l'appel de l'une des parties intéressées doit nécessairement profiter aux autres (Lyon, 10 juin 1882, art. 522, t. 3, p. 486).

— *Saisie*. — Le débiteur saisi qui, sans protestation, assiste au récolement des objets saisis et à leur vente, acquiesce par le fait même au jugement qui, le déboutant des exceptions par lui soulevées contre la déclaration du tiers saisi, autorise cette vente. Cet acquiescement forme une fin de non-recevoir qui peut être opposée à son appel, ayant pour but d'établir notamment que la déclaration du tiers saisi, relativement à l'importance des objets laissés sous sa garde, n'est pas conforme à la vérité (Chambéry, 14 juin 1880, art. 183, t. 1er, p. 492).

ACTE ADMINISTRATIF. — *Notification*. — Les actes de l'autorité administrative ne sont obligatoires contre une personne qu'autant qu'ils ont été l'objet d'une notification régulière faite à cette personne (Rennes, 30 janv. 1878, S. 79-2-192).

— *Expédition, Arrêté de Conseil de préfecture*. — Le secrétaire-greffier d'un Conseil de préfecture auquel est demandée une expédition peut seul et sans l'intervention et le contrôle du préfet, la délivrer à celui qui la requiert.

La défense faite par le préfet au secrétaire-greffier de délivrer une telle expédition n'est pas un acte administratif, c'est un fait personnel que le tribunal civil peut apprécier (Trib. de Quimper, 8 juill. 1878 ; — *Droit* du 10).

Le contraire a été jugé par le tribunal des conflits : Audience du 23 novembre suivant : La procédure a été, ainsi que le jugement, annulée, l'arrêté de conflit maintenu, sauf pourvoi pour illégalité de l'arrêté préfectoral devant le conseil d'État (*Droit* du 6 déc. 1878).

ACTE DE COMMERCE. — *Achat de bestiaux par un cultivateur*. — Le fait, par un fermier, d'acheter des bestiaux, pour les engraisser sur les terres louées, et les revendre ensuite, ne constitue pas un acte de commerce.

Peu importe que ce fermier se soit accidentellement livré à des achats, suivis de revente ; il faut rechercher s'il « exerçait habituellement la profession de négociant ».

Peu importe également que, pour se livrer aux opérations sus-énoncées, il ait souscrit des billets à ordre.

Dans ces conditions, le fermier-cultivateur ne saurait être déclaré en faillite (Dijon, 11 mars 1881, art. 283, t. 2, p. 236).

— *Vente d'une forge de maréchal, Incompétence*. — Un maréchal ferrant n'est pas un commerçant.

En conséquence, la vente d'une simple forge de maréchalerie n'est pas un acte de commerce, et le tribunal de commerce est incompétent pour connaître de l'action en payement du prix de vente (Trib. comm. Liège, 26 janv. 1882, art. 585, t. 4, p. 89).

— *Défaut d'inscription au rôle des patentes.* — La qualité de commerçant est indépendante de l'inscription au rôle des patentes. — La personne qui reconnaît être propriétaire d'un matériel industriel exploité pour son compte par un ouvrier, doit être considérée comme commerçante et être condamnée au payement des fournitures faites pour le compte du commerce à l'ouvrier qui en avait l'exploitation (Lyon, 21 juill. 1882, art. 597, t. 4, p. 115).

ACTES DE L'ÉTAT CIVIL. — *Rectification, Chambre du conseil, Question d'état, Tribunal civil, Enfant naturel.* — La chambre du conseil, procédant par voie de juridiction gracieuse, est compétente pour opérer, en matière d'actes de l'état civil, des rectifications qui, réparant des erreurs ou omissions matérielles, ne soulèvent cependant aucune question d'état ;

Mais si la rectification demandée implique directement ou indirectement une réclamation d'état, la compétence de la chambre du conseil cesse, et au lieu de recourir à une simple requête présentée au juge, les parties doivent suivre les formes ordinaires d'une action judiciaire portée devant le tribunal, statuant en matière contentieuse ;

Il en est ainsi spécialement lorsqu'il s'agit de rectifier un acte de naissance qui attribue à tort à un enfant légitime l'état d'enfant naturel reconnu par son père avec indication de la mère (Alger, 6 déc. 1878, art. 80, t. 1ᵉʳ, p. 212).

— *Étranger, Compétence.* — Les tribunaux français sont compétents pour rectifier l'acte de mariage d'un Français reçu en pays étranger et ensuite transcrit sur les registres français, conformément à l'article 173 du Code civil (Trib. de Toulouse, 25 août 1873, S. 74-2-57).

ACTION EN JUSTICE. — *Procureur, Mandataire, Fin de non-recevoir.* — La fin de non-recevoir résultant de la violation de la maxime. « Nul en France ne plaide par procureur », constitue une exception péremptoire qui peut être proposée en tout état de cause et pour la première fois en appel.

Si la postulation au nom d'un mandataire agissant dans l'intérêt de ses mandants peut être considérée comme n'étant pas contraire à la maxime que « Nul en France ne plaide par procureur », encore faut-il qu'il soit parfaitement établi que ce sont les mandants eux-mêmes qui plaident en leur propre et privé nom, et que le mandataire n'a pas excédé sa mission.

Il y a donc violation de la maxime, bien que le nom des parties intéressées, leurs qualités et demeures se trouvent énoncés dans les actes de la procédure, si le mandataire introduit la demande à sa propre requête, invoque, sur une question de compétence, des moyens qui lui sont personnels, et enfin demande condamnation au profit de lui-même ès qualités, comme un mandataire judiciaire ou légal.

Il en est de même lorsque le mandataire ne justifie pas d'un mandat exprès et spécial pour le procès et excipe seulement de procurations conçues en termes généraux et de date ancienne, antérieures à la naissance du litige ; ce serait là en effet reconnaître qu'il aurait pu agir même comme simple gérant d'affaires (Paris, 29 janv. 1880, art. 349, t. 2, p. 440).

— *Maxime : Nul en France ne plaide par procureur, Cercle.* — Un cercle ne constitue pas un être moral. Son président ne peut donc, en cette qualité, actionner en justice un membre du cercle pour avoir payement de la cotisation due par ce membre (Trib. Vigan, 15 juin 1882, art. 524, t. 3, p. 491).

ACTION CIVILE. — *Chose jugée, Inscriptions en faux, Ordonnance de non-lieu, Douanes.* — Si, d'après la règle du droit commun, une ordonnance de non-lieu à suivre pour défaut de charges suffisantes ne peut créer une exception de chose jugée contre l'action civile, ce principe ne peut recevoir son application dans le cas où cette ordonnance de non-lieu serait intervenue dans une procédure instruite, à raison d'un faux que l'on soutiendrait avoir été commis dans un procès-verbal rédigé par des agents de l'administration des douanes.

D'après les dispositions du décret-loi du quatrième jour complémentaire de l'an XI, article 9, la voie du faux principal, en matière de douanes, est seule admise.

En cas d'ordonnance de non-lieu, le tribunal doit statuer au fond sur les faits constatés par le procès-verbal (Chambéry, 3 fév. 1881, art. 244, t. 2, p. 147).

ACTION POSSESSOIRE. — *Cure, Autorisation, Conseil de préfecture.* — L'autorisation préalable du Conseil de préfecture est nécessaire pour l'exercice de toutes les actions relatives aux biens des cures, même pour les actions possessoires ;

Le recteur d'une cure n'est donc pas recevable à intenter, sans autorisation du Conseil de préfecture, une action en complainte à l'effet d'être maintenu en possession d'une servitude d'aqueduc existant au profit de la manse de son rectorat (Cass., 25 mars 1879, art. 5, t. 1er, p. 19 ; — V. *Dictionnaire*, n. 470 et s.).

— *Possession utile, Cumul, Titres.* — Le jugement qui accueille une action en complainte peut se borner à reconnaître la possession annale du demandeur. Cette possession ainsi constatée ne saurait être autre que celle qui réunit les conditions de l'article 23 (C. proc. civ.). Aussi le jugement n'a-t-il pas besoin de viser spécialement chacune des conditions qui le constituent, alors surtout qu'aucunes conclusions n'ont été prises pour dénier la date du trouble ;

Le juge du possessoire peut, sans cumuler le possessoire et le pétitoire, consulter les titres de propriété invoqués, quand il le fait uniquement pour déterminer le caractère de la possession.

De même le juge du possessoire peut, sans cumuler le possessoire et le pétitoire, ordonner la destruction d'un pont, à l'effet de faire cesser une atteinte non à la propriété, mais à la possession d'une partie (Cass. req., 28 janv. 1879, art. 84, t. 1er, p. 214).

— *Pétitoire, Cumul, Fond du droit, Titre.* — Il y a cumul du possessoire et du pétitoire dans le jugement qui consacre le droit d'une partie à la possession d'un terrain litigieux sans constater le fait même de cette possession et par des motifs exclusivement tirés du fond du droit.

... Et qui se fonde, notamment, sur ce que les titres produits constituaient le demandeur à l'action possessoire légitime propriétaire du terrain dont la possession était constatée (Cass. civ., 7 avril 1880, art. 225, t. 2, p. 69).

— *Articulation de faits, Pertinence, Dernier ressort, Juge de Paix, Demande indéterminée.* — Le tribunal d'appel, saisi d'une action possessoire, ne peut considérer comme pertinents, pour en autoriser la preuve, des faits de possession qui ne tendraient pas à faire considérer le demandeur comme propriétaire exclusif de l'immeuble litigieux.

Est en premier ressort le jugement du juge de paix, rendu sur une demande concluant à deux fins : 1° 50 francs de dommages-intérêts ; 2° enlèvement de matériaux. Cette dernière partie de la demande est, en effet, indéterminée (Non résolu, V. à l'*Observation*); — Trib. civil de Jonzac, 9 fév. 1880, art. 103, t. 1r, p. 274).

— *Maire, Autorisation, Assentiment du conseil municipal.* — Un maire n'a pas besoin d'être autorisé par le conseil de préfecture, afin d'intenter une action possessoire, mais il ne peut agir sans l'assentiment du conseil municipal (Cass., 2 mars 1879, art. 131, t. 1er, p. 362).

— *Complainte, Recevabilité, Délai, Prescription, Interruption.* — La prescription annale d'une action en complainte au profit de l'auteur du trouble, n'est interrompue ni par une assignation devant le juge de paix sur laquelle il n'a pas été suivi, ni par une action en bornage (Cass., 23 fév. 1880, art. 174, t. 1er, p. 470).

— *Fin de non-recevoir, Action pétitoire, Dommages-intérêts, Intervention, Usage forestier, Prescription, Complainte, Preuve.* — 1° Pour que l'action possessoire soit rendue non recevable par l'action pétitoire relative au même droit, il faut que cette dernière action ait été effectivement exercée par une demande en revendication dirigée contre la même partie et dont le juge a été saisi.

Dès lors, l'action possessoire recevable de la part de la commune qui, étant intervenue devant le juge de paix saisi d'une demande en dommages-intérêts formée contre un habitant pour un fait de pacage dans une forêt du demandeur, a, comme prétendant avoir des droits d'usage dans cette forêt, déclaré prendre fait et cause du défendeur et conclu tant à la mise hors de cause de celui-ci qu'à l'incompétence du juge de paix, qui ont été prononcées par ce juge, du consentement du demandeur ; — De telles conclusions ne constituant pas une demande au pétitoire des droits d'usage dont il s'agit, et l'instance dans laquelle a statué le juge de paix ne présentant ni chose jugée ni contrat judiciaire sur les prétentions réciproques du demandeur et de la commune; d'où puisse résulter une fin de non-recevoir contre l'action possessoire de cette dernière ;

2° Les droits d'usage dans une forêt ne constituant pas une simple servitude, mais étant susceptibles d'être acquis par la prescription, peuvent, par suite, donner lieu à l'action en complainte, et le juge saisi de cette action ne viole aucune loi en admettant le demandeur à prouver que les droits par lui prétendus ont été de sa part, spécialement dans l'année qui a précédé le trouble, l'objet d'une jouissance réunissant tous les caractères de la possession légale propre à fonder la prescription acquisitive de ses droits (Cass. civ., 1er déc. 1880, art. 288, t. 1er, p. 250, et art. 347, p. 435).

— *Passage, Enclave.* — L'état d'enclave constitue un titre légal de servitude pouvant servir de base à une action possessoire. — En conséquence, est nul pour défaut de motifs le jugement qui rejette une action possessoire relative à une servitude de passage sans s'expliquer sur l'état d'enclave que le demandeur invoquait pour obtenir son maintien en possession (Cass. civ., 26 août 1879, art. 410, t. 3, p. 146).

ACTION PÉTITOIRE. — *Action possessoire, Réintégrande, Cumul, Incident, Référé.* — Le demandeur au pétitoire a le droit d'agir au possessoire contre le défendeur qui reconnaît sa possession.

Il a même le droit d'agir par voie de réintégrande pour être rétabli dans sa simple détention s'il a été dépossédé par voie de fait.

L'action doit être portée devant le juge de paix.

Elle ne peut être soumise au tribunal civil par voie d'incident, ni au juge des référés (Trib. civ. de Jonzac, 8 juill. 1881, art. 367, t. 2, p. 489).

AJOURNEMENT. — *Nom du défendeur, Congrégation religieuse, Supérieur, Copie, Mention, Autorité.* — L'exploit d'ajournement délivré à une congrégation religieuse autorisée est nul, lorsqu'il a été signifié a un membre de la congrégation qualifié indûment de supérieur, alors que le supérieur n'a pas reçu copie de l'assignation :

Il importe peu que l'original porte cette mention : *parlant au supérieur*, si cette mention ne se retrouve pas dans la copie qui peut seule être opposée à l'assigné (Cass., 5 mai 1879, art. 11, t. 1er, p. 29),

— *Constitution d'avoué, Insertion dans la formule, Mention équivalente.* — Si, aux termes de l'article 61 du Code de procédure civile, les exploits d'ajournement doivent, à peine de nullité, contenir constitution d'avoué, cet article ne prescrit aucune forme sacramentelle dans laquelle la constitution doive être faite.

La constitution peut résulter d'énonciations autres que la formule qui se trouve d'ordinaire en tête du libellé des ajournements et dans laquelle est formellement désigné l'avoué que le demandeur déclare constituer ; elle peut même ne résulter qu'implicitement d'une déclaration insérée dans le cours de l'exploit.

Spécialement, l'ajournement donné devant le tribunal de Rambouillet, au nom des demandeurs « pour qui, dit cet acte, domicile est élu à Rambouillet, avoué, qu'ils constituent et qui occupera pour eux sur l'assignation ci-après, » n'est pas nul comme contenant une constitution sans nom d'avoué et, par suite, comme n'en contenant pas si les demandeurs ont requis, dans les conclusions du même exploit, « la distraction des dépens au profit de Me Jeunehomme, avoué, » qui ne pouvait être que l'avoué constitué par eux, et si au moyen de ce chef de conclusions, on peut réparer en toute certitude l'erreur matérielle qui a fait commettre après les mots : « pour qui domicile est élu à Rambouillet », les mots : « dans l'étude de Me Jeunehomme, » après lesquels viennent ceux-ci « avoué, qu'ils constituent, etc. » (Cass. 5 juill. 1881, art. 331, t. 2, p. 372).

— *Assignation à bref délai, Avoué, Constitution à l'audience, Signification au cours de l'audience.* — L'audience entière pour laquelle a été donnée une assignation à bref délai fait partie de ce délai, et tant qu'aucune décision n'est acquise au demandeur le défendeur peut utilement constituer avoué.

Ainsi, quand une constitution est, au cours de l'audience, signifiée au nom du défendeur, le tribunal doit en donner acte et remettre la cause pour permettre au défendeur de développer ses conclusions.

L'ordonnance portant permission d'assigner à bref délai, n'a d'autre effet que d'abréger le délai d'ajournement et ne peut exercer aucune influence sur la procédure (Trib. civ. de Loches, 12 mai 1883, art. 723, t. 4, p. 461).

— *Domicile, Indication incomplète, Femme mariée, Mari en état de détention, Validité.* — Il appartient aux tribunaux d'apprécier si les indications d'un exploit d'ajournement relativement au domicile du demandeur sont ou non suffisantes.

La solution à intervenir dépend de la nature même des choses, des circonstances variables de chaque affaire et de la position particulière des parties en cause.

Spécialement, une femme séparée de biens, qui légalement n'a pas d'autre domicile que celui de son mari, indique suffisamment ce domicile par l'énonciation de la ville où il se trouve, sans faire mention de la rue ni du numéro, alors que son mari se trouve au même moment en état de détention dans la même ville (Lyon, 27 mars 1884, art. 888, t. 5, p. 433).

— *Indication du tribunal.* — L'exploit qui ne contient pas l'indication du tribunal qui doit connaître de l'affaire, n'est pas nul lorsque la partie a trouvé dans les autres énonciations de l'acte les moyens de rectifier cette erreur, notamment en matière de commerce, l'élection de domicile chez un avoué dans l'ajournement supplée à l'indication du tribunal. (Trib. comm. de La Châtre, 19 déc. 1883, art. 813, t. 5, p. 192).

— *Assignation à bref délai, Délai des distances, Ordonnance du président. Appel. Nullité de l'ordonnance.* — L'autorisation d'assigner à bref délai donnée par un président n'est pas souveraine, et quand l'ordonnance est attaquée, la question de validité de cette ordonnance doit être portée devant le juge même du procès au fond.

La faculté accordée au président, dans les cas d'urgence, d'abréger les délais de l'assignation, ne s'étend pas au délai accordé à raison des distances.

Et ce n'est pas nécessaire que le défendeur, qui a fait défaut, fasse spécialement opposition à l'ordonnance du président, l'ordonnance et l'exploit ne faisant qu'un seul et même acte, il lui suffit pour faire annuler l'ordonnance, de demander en termes généraux la nullité de l'action dirigée contre lui (3me ch. Limoges, 9 et 18 fév. 1879. *Gazette des Tribunaux* du 28 fév. 1879).

— *Délai, Inobservation du délai, Jugement par défaut, Nullité, Frais, Facture imprimée, Mention du lieu de payement, Compétence, Non-acceptation, Faits constitutifs de la non-acceptation.* — Est nul le jugement par défaut rendu sur une assignation dont le délai n'est pas encore expiré, et le demandeur doit en supporter les frais.

La mention sur une facture imprimée que le payement aura lieu au domicile du vendeur ne peut être attributive de juridiction qu'autant que l'acheteur a expressément accepté cette juridiction. (Trib. comm. de Nantes, 15 juill. 1882, art. 757, p. 41).

— *Pluralité des défendeurs, Compétence, Conditions.* — Le demandeur qui plaide contre plusieurs défendeurs peut les appeler devant le tribunal du domicile de l'un d'eux, à son choix, à la condition que les moyens qu'il invoque contre celui d'entre eux qui détermine la compétence, ne soient pas sans valeur et n'aient pas été proposés par le demandeur dans le seul but de donner ouverture à cette compétence exceptionnelle (Cour d'appel de Toulouse (1re ch.), 11 fév. 1884, art. 846, p. 299).

— *Objet de la demande, Indication vague, Huissier, Responsabilité.* — L'exploit d'ajournement doit énoncer, d'une manière claire et précise, l'objet de la demande.

L'huissier qui, ayant reçu de son client les renseignements nécessaires pour la rédaction régulière de l'acte, n'indique pas d'une manière suffisamment précise l'objet de la demande, — *spécialement* qui, dans une demande en dommages-intérêts, ne précise pas la date du fait dommageable, — est responsable des frais de l'exploit annulé par sa faute et de la procédure subséquente. Il peut même être condamné à des dommages-intérêts (Cass. 15 juill. 1879, art. 84, t. 1, p. 219).

— *Assignation en Algérie. Signification à personne sans intervention du parquet, Erreur dans l'indication des délais, Validité.* — Les significations faites directement à la partie sur le territoire français hors du continent par un huissier français exerçant dans le pays, et conformément aux règles générales et de droit commun, satisfont pleinement aux prescriptions de la loi et sont valables, ces significations assurant à ladite partie toutes les garanties qu'exigent les nécessités de sa défense et le requérant pouvant, dès lors, renoncer à la faculté réservée par le § 9 de l'article 69 du Code de procédure civile de déposer l'acte au parquet du procureur de la République.

L'erreur dans l'indication du délai d'ajournement n'emporte pas nullité de la citation, alors que le délai légal entre la citation et le jugement a été, en fait, dépassé (Paris, 1er août 1881, art. 346, t. 2, p. 434).

— *Action en payement des frais, Assignation, Omission du détail des droits taxés, Nullité non encourue.* — Une assignation en payement de frais n'est pas nulle par le motif qu'elle ne contient pas en tête le détail des frais taxés (Trib. civ., de Lyon, 16 mars 1883, art. 668, t. 4, p. 299).

ALIÉNÉS. — *Procédure à suivre pour les personnes qui demandent leur sortie d'un établissement d'aliénés.* — La décision à intervenir sur la demande d'une personne qui, placée dans un établissement d'aliénés, veut obtenir d'en sortir, doit être rendue sur simple requête et ne peut être motivée.

Dans le cas où elle est formée reconventionnellement à une demande en interdiction, il convient donc d'en ordonner la disjonction et de renvoyer le demandeur à se pourvoir conformément à la procédure spéciale (Lyon, 1er fév. 1882, art. 464, t. 3, p. 327).

— *Pouvoir de l'administrateur provisoire légal ou datif, Du mandataire spécial* AD LITEM, *Du notaire commis par le président, Hypothèque sur les biens de l'administrateur provisoire* — L'administrateur provisoire d'un aliéné non interdit et placé dans un établissement public ou privé, n'a d'autres pouvoirs que ceux qui lui sont accordés par la loi, et il n'est pas permis aux tribunaux d'étendre ou de restreindre ces pouvoirs ;

S'il s'agit d'actes dits de disposition, d'une acceptation de succession, par exemple, le tribunal n'a pas le droit de les autoriser ; il n'y a qu'un moyen légal d'y procéder, c'est d'interdire l'aliéné et de le mettre ainsi en tutelle ;

La nomination d'un administrateur provisoire ne doit point être précédée de l'interrogatoire de l'aliéné ;

La femme peut être chargée d'administrer provisoirement les biens de son mari aliéné non interdit ;

Lorsque l'administrateur n'a point été obligé, conformément à l'article 34 de la loi de 1838, de constituer hypothèque pour garantir sa gestion, cette obligation peut-elle lui être ultérieurement imposée ? (Trib. civ. de Langres, 16 oct. 1878, art. 164, t. 1er, p. 445.)

— *Administration provisoire, Tierce opposition, Appel, Recevabilité, Autorité maritale, Pouvoir de l'administrateur, Validité.* — Lorsqu'un jugement nommant à un aliéné non interdit un administrateur provisoire, aux termes de l'article 32 de la loi du 20 juin 1838, est frappé de tierce opposition, le débat prend le caractère d'un véritable litige ; en conséquence, ce dernier jugement est susceptible d'être frappé d'appel, à la différence du premier jugement qui a nommé l'administrateur provisoire.

Un administrateur provisoire peut être donné à toute personne internée dans une maison d'aliénés, alors même qu'il s'agit d'une femme mariée et quel que soit le régime adopté dans son contrat de mariage.

Les tribunaux ont un pouvoir discrétionnaire pour apprécier l'utilité de cette nomination, et le caractère d'utilité n'est pas détruit par le fait qu'ils auraient dû donner à l'aliéné un curateur à sa personne ou un mandataire *ad litem* dans les termes de la loi du 30 juin 1838 (Rouen, 25 fév. 1880, art. 210, t. 2, p. 36).

— *Administrateur provisoire, Femme mariée, Mari, Intérêts opposés.* — Les juges peuvent, en se fondant sur la situation particulière des époux, notamment sur l'opposition d'intérêts qui existe entre eux, nommer un administrateur provisoire aux biens de la femme mariée, placée dans un établissement d'aliénés, quel que soit d'ailleurs le régime sous lequel les époux sont mariés (L. 30 juin 1838, art. 32).

Il en est ainsi spécialement dans le cas où, la femme ayant formé une demande en séparation de corps, le mari refuse de payer la pension alimentaire qu'il a été condamné à lui fournir.

Et cette mesure ne peut être regardée comme contraire aux

droits du mari ; du moment que les pouvoirs conférés à l'administrateur n'excèdent pas les limites fixées par l'article 31 de la
loi du 30 juin (Cass. civ., 1ᵉʳ déc. 1880, art. 393, t. 3, p. 65).

ALIÉNÉ INTERNÉ. — *Mise en liberté, Mesure préparatoire* (Art. 777, t. 5, p. 97).

ANNONCES JUDICIAIRES ET LÉGALES. — *Insertion
dans les journaux, Tarif, Lois applicables* (Art. 450, t. 3, p. 291.)

— *Journal, Insertion (défaut d'), Responsabilité.* — Le directeur d'une feuille qui s'intitule : *Journal d'annonces judiciaires*,
est responsable du défaut d'insertion en temps utile d'une
annonce de vente publique d'immeubles qui lui a été adressée
(C. civ., 1382).

Vainement opposerait-il, soit l'existence d'une prohibition
contraire dans un traité passé entre lui et une agence de publicité.

... Soit un avis imprimé dans un journal et désignant certaines personnes comme seules chargées de recevoir les annonces pour cette feuille (Trib. civ. Seine (1ʳᵉ ch.), 22 août
1882, art. 608, t. 4, p. 142).

ANNONCES LÉGALES. — *Placards, Taxe* (Art. 860, t. 5,
p. 337).

APPEL.

§ 1ᵉʳ. — Jugements préparatoires, interlocutoires et provisoires.
Jugements par défaut.

— *Incompétence, Dernier ressort, Recevabilité, Défaut, Opposition, Juge de paix.* — I. Tout jugement, sans exception, est
susceptible d'appel pour cause d'incompétence sans qu'il y ait
lieu de distinguer s'il émane d'un juge de paix ou d'un tribunal
d'arrondissement.

L'appel est donc recevable alors même que le fond du procès
serait réellement dans les limites du dernier ressort.

II. Lorsque la voie de l'opposition reste ouverte à celui qui,
condamné par défaut, soutient que la condamnation prononcée
contre lui a été rendue par un juge incompétent, il n'appartient
pas au tribunal d'appel d'évoquer le fond, alors même que la
matière serait prête à recevoir une décision définitive.

Spécialement, est mal à propos porté devant le tribunal d'arrondissement l'appel fondé sur ce que ni l'assignation originaire,
ni la signification du jugement attaqué, n'ont été données à personne et au domicile réel : cette exception doit être proposée
devant le juge de paix qui a prononcé la sentence critiquée.
C'est donc par voie d'opposition et non par voie d'appel qu'il
convient de procéder en pareille circonstance (Chambéry,
3 juill. 1884. art. 869, t. 5, 372).

— *Jugement préparatoire, Ordre public.* — La nullité résultant de ce que l'appel d'un jugement préparatoire ne peut être interjeté avant celui du jugement définitif est d'ordre public et doit, dès lors, être suppléée d'office par le juge (Rouen, 12 mai 1870, S. 71-2-75 ; — V. *Dict.* nº 272).

Jugé, au contraire, que cette fin de non-recevoir n'est pas d'ordre public et qu'en conséquence les parties peuvent s'en désister après l'avoir invoquée, sans que le juge puisse la suppléer d'office (Cass., 3 avril 1854, S. 71-2-25, à la note ; Chambéry, 30 mars 1870, S. 71-2-25).

— *Jugement de donné acte.* — Un jugement qui donne acte aux parties de leurs accords n'est point réputé en dernier ressort lorsque la matière est susceptible de deux degrés de juridiction. Le jugement rendu sur l'interprétation de ces accords est donc sujet à appel (Cass., 12 fév. 1878, S. 80-1-161).

— *Jugement de sursis, Caractère.* — Le jugement qui refuse d'accorder un sursis demandé par une des parties peut être considéré comme constituant une simple mesure d'ordre intérieur non susceptible d'appel ou, en tout cas, un jugement préparatoire dont l'appel ne peut être relevé qu'avec le jugement sur le fond (Rennes, 3 mai 1871 ; — *Contra*, Chauveau sur Carré, t. 4, Q. 1622.

— *Jugement préparatoire, Caractères.* — L'appel d'un jugement préparatoire ne peut être interjeté qu'après le jugement définitif et conjointement avec l'appel de ce jugement.

On ne peut poser de règle absolue pour déterminer *a priori* le caractère d'un jugement préparatoire ou interlocutoire, la question étant subordonnée aux circonstances de la cause et aux éléments de décision que possède le juge.

Spécialement, est préparatoire, parce qu'il ne saurait préjuger le fond, le jugement qui refuse une comparution des parties, alors qu'en l'absence de tout moyen de preuve, la solution du procès ne pouvait dépendre que de l'attitude et des explications des parties à l'audience (Rennes, 17 août 1880, art. 402, t. 3, p. 131).

— *Cause en état, Caractères, Appel, Non-recevabilité.* — Le jugement qui, sans avoir été provoqué par des conclusions contradictoires, n'a pour objet que de mettre la cause en état et ne préjuge pas le fond, est préparatoire ; en conséquence, l'appel formé contre ce jugement avant le jugement définitif n'est pas recevable. (Cass., 5 mars 1883, art. 815, t. 5, p. 200).

— *Jugement de défaut profit-joint, Caractère préparatoire.* — Le jugement par lequel un tribunal français prononcerait défaut profit-joint contre un souverain étranger en ordonnant sa résignation n'aurait pas le caractère d'un simple jugement préparatoire qui ne pourrait être l'objet d'un appel que conjointement avec le jugement définitif, car l'appel reste soumis à la règle générale lorsque la décision du jugement constitue une infraction manifeste à l'ordre public (Paris, 23 août 1870, S. 71-2-26).

— *Jugement exécutoire par provision, Calcul du délai pendant lequel l'appel ne peut être interjeté.* — Le jour du prononcé du jugement ne doit pas être compris dans le calcul du délai de huitaine avant l'expiration duquel l'appel n'est pas recevable contre les jugements non exécutoires par provision (Lyon, 8 mars 1822, art. 613, t. 4, p. 165).

— *Jugement par défaut, Défaut-congé, Appel, Tribunal de commerce, Jugement par défaut, Appel, Pouvoir d'appeler, Péremption, Appel, Indivisibilité, Décès, Notification.* — Les jugements de défaut-congé sont susceptibles d'appel (C. proc., 154, 453).

L'article 645 (C. comm.), qui, par dérogation à l'article 455 (C. proc.), dispose que l'appel en matière commerciale pourra être interjeté le jour même du jugement, s'applique aux jugements par défaut aussi bien qu'aux jugements contradictoires.

Il n'y a pas à distinguer entre le jugement rendu contre le défendeur ou contre le demandeur (C. comm. 645).

Dans les matières qui n'intéressent pas l'ordre public, une partie n'est pas admissible à se pourvoir en appel contre une décision préparatoire ou définitive qui lui alloue ses conclusions et ne lui cause aucun préjudice (C. proc., 443, 451).

Le décès d'une des parties en cause donne lieu de plein droit à un délai supplémentaire de six mois pour la péremption, et la loi n'astreint pas, en pareil cas, les héritiers de la partie décédée à notifier le décès de leur auteur (C. proc., 397).

L'instance forme un tout indivisible par rapport à la péremption. En conséquence, tout acte qui proroge ou interrompt cette péremption pour un ou plusieurs demandeurs profite nécessairement à tous les autres.

Toutes les parties peuvent donc exciper tant de la prorogation de délai résultant du décès de l'un des demandeurs que de l'effet interruptif résultant du dépôt d'un rapport d'expert (Cass. civ., 21 mai 1879, t. 3, art. 420, p. 180).

— *Jugement par défaut, Qualités posées, Refus de conclure, Jugement contradictoire, Appel civil, Jugement par défaut, Qualification erronée, Opposition, Jugement de débouté, Jugement, Qualités, Règlement, Avenir, Délai.* — Un jugement est contradictoire alors même qu'à l'audience fixée pour les plaidoiries un des avoués refuse de conclure, si, à une audience antérieure où la cause a été appelée, les avoués des deux parties ont posé qualités (C. proc. civ., 149, 343).

Quand un jugement de cette nature a été l'objet d'une opposition, et a été suivi d'un second jugement prononçant le débouté de cette opposition, il n'est pas nécessaire, pour que l'appel formé contre la première décision soit recevable, qu'il ait été également appelé de la seconde (C. proc. civ., 157, 443).

Le jugement rendu par un tribunal civil, entre deux parties en cause devant lui à l'occasion de l'appel d'une sentence de juge de paix, constitue une simple décision de première instance, susceptible d'être déférée à la Cour, si à l'audience ces parties sont tombées d'accord pour considérer comme non avenu tout ce qui s'était fait incompétemment en justice de paix, et pour saisir directement de leur litige, par voie de conclusions, le tribunal civil, avec le consentement de celui-ci (Décret du 1er mai 1790, réduisant à deux les degrés de juridiction).

L'avenir en règlement de qualités donné pour une date précise et jours suivants permet de régler valablement lesdites qualités le lendemain du jour expressément indiqué (Cass., 25 avril 1881, art. 504, t. 3, p. 416).

— *Jugement par défaut, Défaut-congé, Tribunal de commerce, Jugement par défaut, Péremption d'instance, Délai, Prolongation, Décès, Notification, Indivisibilité, Prolongation de délai, Interruption, Décès, Acte postérieur, Prolongation de délai.* — Le jugement de défaut-congé, même celui qui se borne à donner acte du défaut de comparution du demandeur et n'est pas autrement motivé, constitue une décision judiciaire contre laquelle le demandeur défaillant a le droit de se pourvoir par voie d'appel, si le litige excède le taux du dernier ressort ;

Les jugements consulaires par défaut peuvent, à la différence de ceux qui émanent des tribunaux civils, être attaqués par la voie de l'appel, même avant que les délais de l'opposition ne soient expirés ;

Il n'y a pas lieu de distinguer s'ils sont rendus par défaut contre le défendeur ou contre le demandeur ;

La prorogation du délai de la péremption d'instance, résultant du décès d'une des parties (de l'un des demandeurs dans l'espèce), a lieu de plein droit, et sans qu'il soit besoin d'une notification faite par les héritiers à la partie adverse ;

L'instance est indivisible au point de vue de la péremption ; dès lors, tout acte qui proroge ou interrompt celle-ci pour un ou plusieurs des demandeurs, profite nécessairement à tous les autres ;

Spécialement, tous les demandeurs peuvent exciper de la prorogation de délai à laquelle donne lieu le décès de l'un d'eux ;

De même, l'effet interruptif résultant d'un acte de procédure (dans l'espèce, du dépôt d'un rapport d'expert) peut être invoqué même par ceux des demandeurs qui n'auraient pas été parties au jugement en exécution duquel cet acte a été fait (Cass., 21 mai 1879, art. 87, t. 1er, p. 227).

§ 2. — Qui peut appeler.

— *Décès de l'une des parties après le jugement de première instance. Droit d'appel. Divisibilité, Non-recevabilité.* —Le droit d'appel se divise comme tous autres au profit ou contre les héritiers de l'une des parties en cause ;

Alors même que le décès survient après le jugement de première instance et que le droit d'appel semble acquis aux parties ;

Le contrat judiciaire qui s'est formé entre les parties en cause ne fait pas obstacle à la division légale résultant de l'article 1220 du Code civil (Douai, 4 mars 1880, art. 134, t. 1er, p. 366).

— *Indivisibilité, Conclusions en cours d'instance.* — La partie qui n'a pas appelé d'un jugement ne peut profiter de l'appel interjeté par une autre partie ayant le même intérêt, si la matière n'est pas indivisible; spécialement, il n'y a pas indivisibilité dans l'exécution d'un testament contenant un legs de 34,000 francs lorsque le litige présente la question de savoir sur quels biens la somme léguée sera prélevée (Cass., 16 déc. 1879, art. 132, t. 1er, p. 363).

— *Vendeur et acquéreur, Indivisibilité.* — Entre vendeur et acquéreur d'un immeuble qui demandent la nullité des poursuites dirigées contre le premier débiteur principal et contre le second tiers détenteur, il y a indivisibilité d'intérêts. En conséquence, l'appel interjeté par l'une en temps utile relève l'autre de la déchéance (Alger, 24 juin 1870, S. 71-2-243).

— *Matières indivisibles.* — Si, en principe, en matière indivisible, l'appel d'une partie profite à celle qui n'a pas interjeté appel et qui y a intérêt, cette règle ne saurait recevoir son application lorsqu'il s'agit de délivrer un legs de somme d'argent, chose essentiellement divisible (Cass. 16 déc. 1879, S. 80-1-254).

— *Société universelle de biens.* — L'appel interjeté par l'un des membres d'une société universelle de biens, tant en son nom personnel que comme se portant fort pour la succession de son avoué décédé, profite-t-il aux héritiers de ce dernier qui n'ont pas formé appel dans le délai légal (V. note de M. Bourguignat, sous Cass., 26 mars 1878, S. 79-1-71).

— *Mari, Femme, Intérêts distincts.* — Lorsqu'une femme condamnée avec son mari ne s'est pas pourvue en cassation contre l'arrêt de condamnation, la cassation de cette décision intervenue sur le pourvoi du mari, et pour des motifs à lui personnels, n'autorise pas la femme à figurer dans la procédure devant la cour de renvoi si les intérêts des deux époux sont distincts (Besançon, 15 juill. 1874, S. 75-2-9).

— *Mari, Interdiction.* — Le mari mis en cause sur une poursuite en interdiction dirigée par un tiers contre sa femme afin d'autorisation de la femme dans une instance en liquidation et partage d'une succession à elle échue, a qualité pour interjeter appel des jugements rendus dans cette instance (Cass. 15 nov. 1870, S. 72-2-308).

— *Mineur plaidant contre son tuteur, Nécessité d'une signification du jugement à un subrogé tuteur* ad hoc, *Art. 444, C. proc.* — Le délai d'appel d'un jugement rendu au profit d'un tuteur contre son pupille restreignant l'hypothèque légale de ce dernier ne court contre le mineur qu'autant qu'il aura été nommé un subrogé tuteur *ad hoc,* auquel le jugement a été signifié ; le subrogé tuteur remplit, en effet, dans l'instance en restriction d'hypothèque légale les fonctions de tuteur et il y a lieu de le remplacer dans ses fonctions de subrogé tuteur. Faute de signification ainsi faite, le délai d'appel ne court pas contre le mineur et ce dernier, devenu majeur, est recevable à se pourvoir par voie d'appel contre la décision rendue, quel que soit le long temps écoulé (Paris, 27 juin 1879, art. 258, t. 2, p. 184).

— *Irrecevabilité, Chose jugée, Exécution volontaire du jugement, Ordonnance sur requête désignant de nouveaux experts, Exécution de l'ordonnance sans opposition, Exécution du jugement en faisant toutes réserves, Déclaration faite lors du premier acte d'exécution, Recevabilité de l'appel, Jugement interlocutoire et jugement définitif, Caractères, Appel après le jugement définitif, mais dans le délai d'appel de ce dernier, Validité, Appel, Conclusions subsidiaires, Demande nouvelle, Identité de cause et de bases entre la demande principale de la demande subsidiaire, Recevabilité de cette dernière, Droits du véritable héritier à l'encontre de l'acquéreur de bonne foi de l'héritier apparent, Payement du prix, Obligation pour l'acquéreur d'en justifier.* — Les ordonnances rendues sur la requête d'une partie par le président du tribunal, pour le remplacement d'un expert ou du juge-commissaire désignés par un précédent jugement et contre lesquelles la partie adverse n'a pas fait opposition, ne peuvent être cependant considérées comme des actes de procédure contradictoire, constituant, de la part de cette dernière partie, des faits d'exécution volontaire du jugement rendant irrecevable l'appel émis plus tard par elle contre ce même jugement.

La déclaration formelle faite par une partie devant le juge-commissaire, lors de la concordance des pièces de comparaison, qu'elle fait toutes réserves, notamment d'appel contre le jugement qui a ordonné une vérification d'écritures, suffit pour sauvegarder ses droits contre ledit jugement. Il n'est pas nécessaire que cette déclaration soit renouvelée expressément lors des actes subséquents qui sont la suite directe et régulière de ce premier acte de procédure.

Il ne suffit pas pour qu'un jugement soit définitif, qu'il ait pu avoir ce caractère dans la pensée des juges qui l'ont rendu, il faut encore que ce caractère ressorte, pour les parties elles-mêmes, tant du dispositif que des conclusions respectivement prises et des divers éléments constatés par les qualités dudit jugement, constituant le contrat judiciaire sur lequel il est intervenu.

L'appel d'un jugement interlocutoire est recevable, même après l'expiration du délai légal qui a suivi sa signification, s'il est émis dans le délai, durant lequel appel du jugement définitif peut être valablement formé.

Des conclusions subsidiaires formulées en appel par une partie demanderesse en relâchement d'immeubles et intimée, conclusions tendant, pour le cas où la vente consentie à l'appelant serait maintenue, à ce que celui-ci fût tenu de lui en payer le prix ou de justifier du payement, ne constituent par une demande nouvelle, lorsque l'intimé prend ces conclusions subsidiaires en la même qualité qu'elle a introduit la demande principale et que cette seconde demande a la même cause et les mêmes bases que la première (Chambéry, 30 mars 1884, art. 898, t. 5, p. 450).

§ 3. — Jugements sur requête.

— *Jugement sur requête, Requête.* — L'appel d'un jugement rendu sur requête doit être interjeté par voie de requête.

Cependant, lorsque le jugement doit nécessairement s'exécuter entre certaines personnes, par exemple, contre des syndics de faillite, et que ces syndics ont fait signifier le jugement à telles fins que de droit, les syndics ne sont pas recevables à se plaindre de ce que l'appel leur a été signifié par exploit avec assignation pour y venir contester devant la Cour (Pau, 26 janv. 1881, art. 337, t. 2, p. 395).

§ 4. — Jugements en premier ou en dernier ressort.

— *Dernier ressort, Preuve.* — L'appel est de droit général, en conséquence, c'est à celui qui réclame du dernier ressort à établir que par l'état des conclusions prises en dernier lieu devant les premiers juges, la décision qu'il invoque n'est pas susceptible d'appel, par conséquent il est non recevable si l'expédition du jugement par lui produit ne contient pas ses conclusions (Caen, 19 nov. 1870, S. 71-2-163).

— *Valeur de la cause, Conclusions, Saisie-exécution, Acquiescement, Responsabilité du propriétaire d'un animal, Chien enragé.*

— Lorsque rien n'établit juridiquement que des conclusions en condamnation solidaire prises dans un exploit introductif d'instance aient été modifiées, la demande conserve le caractère primitif que lui donnait l'assignation, bien que les conclusions lues à l'audience et le jugement qui les a suivies ne fasse aucune mention de la solidarité. — On peut dès lors, pour déterminer la valeur de l'appel, tenir compte de cette demande de condamnation solidaire ;

La déclaration pure et simple de ne pouvoir payer n'indique pas de la part d'un débiteur saisi la volonté d'adhérer spontanément au jugement plutôt que la nécessité d'en subir les conséquences comme contraint et forcé ;

Le propriétaire d'un chien est responsable du dommage qu'il a causé. Il ne peut se soustraire à cette responsabilité en soutenant que ce chien était errant et ne pouvait être considéré comme lui appartenant, du moment qu'il est constant en fait qu'il l'a reçu chez lui et s'en servait ;

Peu importe que l'accident qui a donné lieu au dommage se soit produit en dehors du domicile du propriétaire, la responsabilité de ce dernier s'étendant au cas où l'animal s'est échappé dudit domicile, aux termes mêmes de l'article 1385 du Code civil (Chambéry, 21 janv. 1880, art. 177, t. 1er, p. 481).

— *Taux du ressort, Reddition de compte.* — Dans une demande en remise de ce compte ou de fixation du reliquat de ce compte, et comme conséquence, payement de ce reliquat, ce dernier chef de demande ne détermine pas le taux de la compétence en premier ou dernier ressort.

La demande est indéterminée, comme le résultat du compte lui-même, dont tous les éléments et la quotité de chacun d'eux sont soumis au sort du procès (Limoges, 30 juill. 1883, art. 712, t. 4, p. 433).

— *Valeur de la cause, Action intentée par plusieurs demandeurs ayant un intérêt distinct et séparé.* — Lorsque plusieurs souscripteurs à une publication ont agi collectivement contre l'éditeur pour faire résilier leur marché et ont obtenu gain de cause, l'appel n'est pas recevable lorsque, pour chaque souscripteur, la valeur de la cause se trouve au-dessous du taux de l'appel.

Il n'existe alors aucune solidarité entre les diverses demandes, aucun des demandeurs n'ayant excipé d'un droit individuel dérivant d'une convention spéciale et distincte avec l'éditeur.

La circonstance que ce dernier est condamné à reprendre les livraisons déjà publiées n'était pas de nature à modifier la compétence des premiers juges (Chambéry, 8 janv. 1883, art. 648, t. 4, p. 259).

— *Condamnation solidaire.* — Si une condamnation solidaire a été prononcée, l'appel interjeté dans le délai légal par l'un des condamnés solidaires profite aux autres et les relève de la déchéance encourue faute d'appel dans le délai, sans qu'il y ait lieu d'examiner si la solidarité a été prononcée à tort ou à raison (Lyon, 14 janv. 1870, S. 71-2-270).

— *Dernier ressort, Demande collective.* — Le jugement rendu sur une demande formée par plusieurs parties même collectivement et par un seul exploit en vertu d'un titre commun est en dernier ressort, quel que soit le montant de cette demande, lorsque la part de chacun des demandeurs dans la somme réclamée est inférieure au taux de l'appel et qu'il n'existe entre eux aucune convention d'indivision ou de communauté (Cass., 30 nov. 1875, S. 76-1-25).

— *Dernier ressort, Demande formée contre plusieurs défendeurs.* — Est en dernier ressort le jugement rendu sur une demande formée contre plusieurs défendeurs quel que soit le chiffre total de la demande si l'intérêt de chacun des défendeurs pris séparément n'excède pas 1,500 francs et s'il n'est pas allégué qu'il y ait entre eux solidarité ou indivisibilité (Caen, 17 avril 1875, S. 75-2-200).

— *Appel du demandeur originaire d'une somme de moins de 1,500 francs, Demande reconventionnelle indéterminée du garant contre le garanti, fondée sur la demande principale du garanti, Non-recevabilité de l'appel.* — La demande reconventionnelle indéterminée du garant contre le garanti, exclusivement fondée sur la demande principale de ce dernier, est aussi une demande principale à l'égard du demandeur originaire. En conséquence, celui-ci n'est pas recevable dans son appel si sa demande originaire est de moins de 1,500 francs (Montpellier (2e ch.), 23 août 1884, art. 907, t. 5, p. 492).

— *Dernier ressort, Héritiers, Femme commune, Principe de la divisibilité des dettes, Application.* — Est en dernier ressort le jugement rendu sur une contestation entre les héritiers du mari décédé et la veuve, lorsque, par suite du principe de la divisibilité des dettes, l'intérêt de chacune des parties est inférieur à 1,500 francs (C. d'app. de Paris, 19 mars 1884, art. 883, t. 5, p. 311).

— *Créance, Héritiers, Demande collective, Fruits, Restitution, Demande, Quotité, Compte, Expertise.* — 1° Le jugement qui statue sur une demande supérieure au chiffre du dernier ressort formée contre plusieurs cohéritiers défendeurs est, par suite de la division légale des dettes, inférieure à ce chiffre (L. 11 avril 1838, art. 1er ; — Déc. 16 août 1854, art. 3).

Peu importe que le demandeur ait procédé par voie d'assignation collective (*Id.*).

2° L'article 526 (C. proc.), d'après lequel la condamnation à une restitution de fruits doit être précédée de l'établissement d'un compte, ne s'applique pas au cas de condamnation intervenue sur une demande en payement d'une somme représentant une quotité déterminée de fruits ; en un tel cas, les juges peuvent eux-mêmes arbitrer cette somme...

... Et cela, sans être obligés de recourir à une expertise, que le juge n'est pas tenu d'ordonner s'il a des documents suffisants pour évaluer la valeur des fruits à restituer (Cass. req., 12 déc. 1882, art. 841, t. 5, p. 292).

— *Héritiers.* — Est en dernier ressort le jugement statuant sur une demande supérieure à 1,500 francs formée contre des enfants qui se sont engagés à payer une dette de leur succession, alors que la part de chacun dans la dette est inférieure au taux du dernier ressort et qu'ils se sont obligés sans solidarité (Cass., 18 janv. 1876, S. 76-1-301).

— *Demande collective, Défendeurs multiples, Solidarité, Conclusions finales, Demande indéterminée.* — Le jugement statuant sur plusieurs demandes distinctes et indépendantes formées par le même exploit, à la requête de diverses parties, contre plusieurs défendeurs et tendant au payement, à chacun des demandeurs, d'une somme inférieure à 1,500 francs notamment, à titre de dommages-intérêts pour réparation d'un préjudice, est en dernier ressort, bien que les demandeurs aient conclu à la condamnation solidaire des défendeurs.

C'est par les conclusions finales des parties que se détermine le degré de juridiction ; en conséquence, bien que, lors du jugement qui a ordonné une expertise, la demande se trouvât indéterminée, le jugement statuant sur la régularité de cette expertise n'en est pas moins en dernier ressort, s'il a été rendu sur des conclusions finales qui ont réduit l'intérêt du litige à moins de 1,500 francs.

Lorsqu'un arrêt qui, au principal, se borne à déclarer non recevable l'appel interjeté par plusieurs parties, condamne ces dernières solidairement aux dépens, il doit avoir des motifs spéciaux pour justifier cette solidarité (Cass , 14 déc. 1881, art. 411, t. 3, p. 147).

— *Jugement en dernier ressort, Appel pour incompétence, Recevabilité, Évocation. Dépens, Président du bureau de bienfaisance, Condamnation personnelle aux dépens, Art, 132 du Code de proc. civ., Inapplicabilité.* — Est recevable l'appel formé pour incompétence contre un jugement en dernier ressort.

La Cour saisie de cet appel a le droit d'évoquer le fond, bien qu'elle n'infirme pas le jugement pour incompétence et que ce jugement ait statué au fond et en dernier ressort, si elle l'annule pour vice de forme.

Le président du bureau de bienfaisance, qui a exercé l'action judiciaire en exécution de la délibération de la commission administrative, et qui, dans tout le cours de la procédure, n'a fait

que se conformer aux instructions de l'administration supérieure,
ne peut être condamné personnellement aux dépens par application de l'article 132 du Code de procédure, si d'ailleurs il n'est
relevé contre lui aucune faute personnelle ayant compromis les
intérêts du bureau de bienfaisance (Cass. civ., 21 mars 1883,
art. 631, p. 267).

— *Détermination du taux du ressort.* — Le taux du ressort se
détermine en ajoutant au principal, objet d'une condamnation
antérieure, les intérêts de ce principal du jour de la demande
originaire et les dépens alloués lors de cette demande (Cass.
req., 7 mars 1882, art. 545. t. 3, p. 543).

— *Dernier ressort. Dernier état des conclusions.* — C'est par
le dernier état des conclusions que l'on doit apprécier si le jugement frappé d'appel a statué en premier ou en dernier ressort
(Caen, 29 mai 1876, S. 76-2-297 ; — Cass. 19 janv. 1876, S. 76-
1-101 ; — Caen, 10 mars 1877, S. 80-2-132 ; — V. au *Dict.* n, 64).

— *Dernier ressort, Chef principal, Demande indéterminée.* — La
demande dont le chef principal est d'une valeur indéterminée est
susceptible d'appel même à l'égard d'un chef accessoire dont la
valeur serait inférieure au taux du dernier ressort (Cass.,
27 fév. 1878, S. 78-1-467).

— *Dernier ressort. Demande reconventionnelle en dommages et
intérêts.* — La demande en dommages et intérêts formée reconventionnellement par le défendeur, sans cause spécialement assignée à cette demande, doit être présumée fondée sur la demande principale ; dès lors, il n'en doit pas être tenu compte
pour la détermination du premier ou du dernier ressort (Cass.,
1er juin 1871, S. 73-2-142).

— *Dernier ressort, Saisie-arrêt, Nullité, Dommages-intérêts,
Demande reconventionnelle.* — Le débiteur saisi, qui, à la suite
d'une saisie-arrêt pratiquée sans titre ni permission du juge, et
même avant la dénonciation de la saisie et l'assignation en validité, forme opposition à la saisie et en demande la nullité avec
une allocation de dommages-intérêts, intente une simple demande reconventionnelle fondée exclusivement sur la demande
principale résultant de la saisie. — En conséquence, c'est par
le chiffre de la somme pour laquelle la saisie a été faite que doit
être déterminé le taux du dernier ressort, et non d'après le
chiffre de la demande en dommages-intérêts (Cass. req.,
9 janv 1881, art. 718, t. 4, p. 447).

— *Dernier ressort, Saisie-arrêt, Nullité, Demande reconventionnelle, Dommages, Intérêts.* — La demande en dommages-
intérêts intentée par le débiteur qui, avant d'avoir reçu dénonciation d'une saisie-arrêt formée à son préjudice par son
créancier entre les mains d'un tiers, poursuit la nullité de cette
saisie, doit être considérée comme une demande reconvention-

nelle fondée exclusivement sur l'action principale, et ne peut, dès lors, être prise en considération pour le calcul du premier ou du dernier ressort (Cass. req., 9 janv. 1882, art. 456, t. 3, p. 311).

— *Dernier ressort, Demande en validité de saisie-arrêt.* — En matière de validité de saisie-arrêt, le taux du dernier ressort est déterminé par le chiffre de la somme pour laquelle la saisie arrêt a été faite, sans qu'il y ait lieu de faire entrer dans la fixation de ce chiffre les frais de saisie-arrêt et de l'instance en validité, lors même que ces frais auraient été évalués par l'ordonnance portant permission de saisir-arrêter (Cass., 29 janv. 1877, S. 77-1-116. — Voir au *Dict.* n° 116).

— *Dernier ressort, Saisie-arrêt.* — Le jugement rendu dans une instance en validité de saisie-arrêt sur la demande en main levée de ladite saisie formée par un tiers qui se prétend propriétaire de la somme saisie-arrêtée, est en dernier ressort si la somme saisie-arrêtée est inférieure à 1,500 francs, bien que la créance du saisissant soit supérieure au taux de l'appel (Cass., 2 mars 1880, S. 80-1-352).

— *Dernier ressort, Saisie-brandon.* — Est en dernier ressort le jugement qui statue sur une demande en validité d'une saisie-brandon pratiquée par une créance inférieure à 1,500 francs, lors même que le saisi excipe de la dotalité des biens sur lesquels la saisie a été pratiquée (Montpellier, 20 avril 1872, S. 73-2-90).

— *Dernier ressort, Saisie-brandon.* — Le jugement rendu sur la revendication par un tiers de fruits saisis-brandonnés dont la valeur est indéterminée est en premier ressort lors même que le montant des causes de la saisie est inférieur à 1,500 francs (Bordeaux, 14 juill. 1870, S. 71-2-13).

— *Dernier ressort, Capital, Intérêts échus avant la demande, Demande reconventionnelle.* — Il faut, pour déterminer le taux du dernier ressort, ajouter au capital réclamé le montant des intérêts échus avant la demande, et, si ce total dépasse 1,500 francs, l'appel est recevable (1re espèce).

Lorsqu'une demande reconventionnelle n'est pas exclusivement fondée sur la demande principale, l'appel est recevable si la demande excède le taux du dernier ressort (Rennes, 28 janv. et 3 fév. 1880, art. 471, t. 3, p. 343).

— *Dernier ressort, Intérêts.* — A la différence des intérêts échus avant la demande les intérêts courus depuis la demande jusqu'au jugement ne doivent pas être ajoutés au principal pour la fixation du dernier ressort (Toulouse, 27 janv. 1877, S. 77-2-45. — V. *Dict.* n. 81).

— *Dernier ressort, Dommages et intérêts.* — Le chiffre des dommages et intérêts réclamés par le demandeur doit être ajouté à celui de l'objet principal de la demande pour la détermination du dernier ressort (Besançon, 30 juin 1873, S. 75-2-82; — V. cependant Nancy, 27 janv. 1875, S. 75-2-290 ; — V. aussi *Dict.*, n. 85).

— *Dernier ressort, Saisie-arrêt, Dépens.* — Est en premier ressort, comme rendu sur une demande en validité d'une saisie-arrêt formée par un capital inférieur à 1,500 fr. et pour des frais non liquidés, si ces frais, étrangers à l'instance en validité, n'en sont pas un accessoire, mais constituent un capital et forment un chef de demande entrant en ligne de compte pour la fixation du ressort (Cass. civ., 1er juin 1880, art. 266, t. 2, p. 204).

— *Dernier ressort, Billet à ordre, Signature arguée de faux, Demande de sursis, Reconnaissance de dettes, Protêt.* — Est en dernier ressort le jugement du tribunal de commerce qui décide que, dans une demande en payement d'un billet de 260 francs dont la signature est déniée, il n'y a pas lieu de surseoir à statuer jusqu'après la vérification de cette signature par les juges compétents, alors que la reconnaissance de la dette est établie par la déclaration faite à l'huissier qui a présenté le billet et dressé le protêt (Limoges, 19 déc. 1879, art. 78, t. 1, p. 205).

— *Dernier ressort, Offres réelles.* — Le jugement qui statue sur une demande en validité d'offres réelles d'une somme inférieure à 1,500 francs est en premier ressort lorsque la validité des offres est subordonnée à une question de propriété immobilière d'une valeur indéterminée (Cass., 24 juillet 1872, S. 72-1-262).

— *Degré de juridiction, Demande, Reconnaissance, Offres réelles.* — Le taux du dernier ressort, en matière personnelle et mobilière, doit être fixé d'après la valeur de la chose réclamée par le demandeur et non de celle qui est contestée par le défendeur ;

En conséquence, une reconnaissance, ou même des offres réelles ne doivent pas, si elles n'ont pas été acceptées par le demandeur, être défalquées du chiffre de la demande, pour la détermination de ce taux (Cass., 14 juill. 1879, art. 54, t. 1er, p. 132).

— *Dernier ressort, Offres non acceptées.* — Les offres non acceptées d'une partie de la somme demandée ne changent pas le taux de la demande. Si donc le montant de la demande excède le taux du dernier ressort les juges ne peuvent prononcer qu'en premier ressort, bien que les offres réduisent la demande au-dessous de ce taux (Cass., 1er juill. 1873, S. 73-1-332; — 14 juill. 1879, S. 79-1-396; — Bourges, 27 déc. 1878, S. 80-2-39).

— *Dernier ressort, Mainlevée d'hypothèque.* — La demande en mainlevée d'une inscription hypothécaire fondée sur la nullité de la créance constitue une demande personnelle et mobilière ; la valeur en est donc déterminée par le montant du principal de la créance (Angers, 15 mai 1879, S. 79-2-296).

— *Dernier ressort, Jugement par défaut. Condamnations réunies.* — Le jugement qui rejette l'opposition à plusieurs jugements par défaut ayant pour objet des demandes distinctes, toutes inférieures à 1,500 francs, est en dernier ressort, bien que les condamnations réunies dépassent ce chiffre (Cass. 31 déc. 1873. S. 74-1-156).

— *Dernier ressort. Demande en séparation de patrimoine.* — Est en dernier ressort le jugement qui statue sur la demande en séparation de patrimoine formée accessoirement à une action en payement d'une somme inférieure à 1,500 francs (Caen, 28 mars 1871, S. 71-2-208).

— *Dernier ressort, Action rédhibitoire, Frais de fourrière.* — Les frais de fourrière antérieurs à l'introduction de l'action rédhibitoire et en remboursement desquels il est conclu en même temps qu'au prix de l'animal peuvent, suivant les circonstances de la cause, être considérés comme un accessoire de la demande principale sans influencer sur la détermination du ressort (Cass., 1er juill. 1872, S. 72-1-338).

— *Dernier ressort, Opposition à commandement.* — Le jugement qui statue sur l'opposition à commandement tendant au paiement du prix de vente d'un immeuble et, à défaut, à la revente sur folle enchère, est en premier ressort, alors du moins que, par suite du refus de payement, le commandement étant devenu le premier acte de procédure de folle enchère, sa validité était désormais l'unique objet d'un litige d'une valeur manifestement indéterminée (Douai, 26 juill. 1878, S. 80-2-254).

— *Dernier ressort. Saisie immobilière.* — La saisie immobilière constitue une action personnelle et mobilière dont l'importance au point de vue du ressort doit être appréciée, non d'après la valeur de l'immeuble saisi, mais d'après le chiffre de la créance déterminé par le commandement (Besançon, 25 juill. 1870, S. 71-2-146 ; — V. au *Dict.* n. 122).

— *Dernier ressort, Saisie immobilière, Demande en discontinuation de poursuite.* — Le jugement qui statue sur une demande en discontinuation de poursuite de saisie immobilière est en premier ressort, encore que la cause de la saisie soit inférieure à 1,500 francs, si le débat ayant pour objet non le principe ou la quotité de la créance, mais la continuation ou la discontinuation des poursuites, se trouve ainsi porter sur un intérêt indéterminé (Angers, 22 mai 1874, S. 74-2-251).

— *Dernier ressort, Demande en payement d'un prix de bail.* — La demande en payement d'un prix de bail inférieure à 1,500 francs est en dernier ressort, bien que pour connaître à qui incombe le payement le tribunal ait à apprécier l'existence ou l'usage régulier d'un mandat (Cass., 25 mars 1879, S. 79-1-278).

— *Dernier ressort, Administrateur provisoire d'un aliéné.* —
La disposition de l'article 32 de la loi du 30 juin 1838 qui déclare
non susceptible d'appel la décision du tribunal portant nomination d'un administrateur provisoire aux biens de toute personne
non interdite, placée dans un établissement d'aliénés, ne peut
être étendue au jugement qui statue sur la tierce opposition
formée à cette décision par une personne qui n'y a pas été
partie; dans ce dernier cas l'appel est recevable (Cass., 5 mars
1878, S. 78-1-177; — Rouen, 25 fév. 1880, S. 80-2-253).

§ 5. — Délai d'appel. — Exploit d'appel. — Procédure.

— *Délai.* — Les délais que la loi fixe par mois doivent être
comptés de quantième à quantième, selon le calendier grégorien.
Ainsi, l'appel d'un jugement signifié le 4 octobre 1873 est tardivement formé le 6 décembre suivant, même en ne comprenant
dans le délai ni le jour de la signification ni celui de l'échéance
(Cass., 1er mars 1876, S. 76-1-174).

Les deux mois dans lesquels l'appel doit être interjeté constituent un délai franc qui ne comprend ni le jour de la signification du jugement ni le jour de l'échéance (Cass., 14 août 1877,
S. 79-1-312).

Le jour de la prononciation du jugement n'est pas compris
dans le délai de huitaine pendant lequel la partie condamnée ne
peut appeler. En conséquence, n'est pas recevable l'appel interjeté le 23 d'un jugement rendu le 15 (Lyon, 8 mars 1882, art. 799,
t. 5, p. 158).

— *Nullité de mariage.* — La demande en nullité de mariage
formée par l'un des conjoints et l'intervention de l'ascendant de
ce conjoint demandeur, concluant également à la nullité du
mariage soulèvent une question d'état indivisible. Dès lors, l'appel régulièrement interjeté par le conjoint relève l'appelant de
la déchéance par lui encourue à défaut d'appel en temps utile
contre l'ascendant (Paris, 24 avril 1874, S. 75-2-49; — Cass.,
8 mars 1875, S. 75-1-171).

— *Exploit, Domicile de l'appelant.* — L'acte d'appel doit, à
peine de nullité, indiquer exactement le domicile réel de l'appelant (Cass., 12 nov. 1873, S. 74-1-28; — V. Dict. n. 317).

— *Exploit, Domicile.* — L'acte d'appel doit, à peine de nullité, faire connaître le domicile de l'appelant.

Et cette formalité n'est pas remplie, lorsque l'appelant a indiqué comme étant son domicile une maison sise à Paris, telle
rue, tel numéro, laquelle, d'après lui, représentait une ancienne
maison démolie où il aurait eu son domicile d'origine, s'il n'a
jamais habité la maison par lui indiquée qui ne remplaçait pas,

surtout au point de vue du domicile, l'ancienne maison démolie (Cass., req., 25 avril 1882, art. 678, t. 4, p. 341).

— *Domicile inexact de l'appelant dans l'exploit d'appel, Erreur matérielle, Domicile connu de l'intimé, Nullité, Rejet.* — La désignation inexacte dans un acte d'appel du domicile de l'appelant ne saurait entraîner la nullité de l'exploit lorsqu'il est constant que cette inexactitude, résultat d'une simple inadvertance, n'a pu nuire à l'adversaire qui connaissait le domicile réel de l'appelant (Paris, 7 juin 1880, art. 217, t. 2, p. 54).

— *Exploit, Signification au domicile de l'intimé.* — La nullité d'un acte d'appel résultant de ce qui n'a pas été signifié au domicile de l'intimé n'est pas couverte par cela seul que l'intimé a signifié à l'appelant une demande en communication de pièces, surtout si cette demande portait sur les documents relatifs à la nullité (Cass., 28 janv. 1878, S. 78-1-253).

— *Jugements, Poursuites de saisie-exécution, Commandement, Domicile élu chez l'huissier, Appel notifié à ce domicile, Validité.* — Un acte d'appel est valablement signifié au domicile élu dans le commandement chez l'huissier instrumentaire, bien que le créancier habitant au lieu de l'exécution n'ait pas eu besoin de faire l'élection de domicile prescrite par l'article 484 du Code de procédure civile. Le tiers porteur d'un billet à ordre qui ne lui a été transmis que par un endos en blanc peut établir qu'il est tiers porteur sérieux, pouvant demander le payement au bénéficiaire du titre et au souscripteur solidairement.

Il administre suffisamment cette preuve quand il prouve que l'effet lui a été remis du consentement du bénéficiaire et du souscripteur, par l'intermédiaire d'un tiers lié avec eux et avec lui (Paris, 23 juin 1880. art. 785, t. 5, p. 116).

— *Exploit, Personne décédée.* — Est nul l'exploit notifié à une personne décédée (Pau, 17 fév. 1873, S. 73-2-85).

— *Exploit, Contradiction entre la copie et l'original, Demande de communication de titres, Défense au fond, Exception de nullité, Irrecevabilité.* — Un intimé (dans l'espèce un maire représentant une commune) est non recevable à exciper de la nullité d'un acte d'appel sous prétexte de contradiction entre les énonciations de la copie et celles de l'original relativement à la remise de l'exploit à personne et domicile, à lorsqu'il est constant en fait, notamment au vu du visa opposé par lui sur l'original, que, à la date portée audit original, il a reçu et eu en mains (dans l'espèce en sa qualité de maire) copie de l'acte d'appel.

Une sommation de communication de titres intéressant le fond même du litige, faite à la requête de l'intimé, est, d'ailleurs, un acte de défense au fond couvrant la nullité qui pourrait résulter de l'irrégularité de la copie d'un acte d'appel, alors même qu'elle serait signifiée avec cette mention *sous dues réser-*

ves qui, à défaut de toute autre indication plus précise, doit être considérée comme une pure énonciation de style (Chambéry, 22 janv. 1884, art. 891, t. 5, p. 439).

— *Acte d'appel, Omission des délais de distance, Nullité.* — L'acte d'appel doit, à peine de nullité, mentionner, quand il y a lieu, les délais de distance (C. d'appel de Paris, 15 déc. 1883, art. 772, t. 5, p. 86).

— *Matières indivisibles, Régularité de l'exploit.* — En matière indivisible la régularité de l'appel vis-à-vis de l'une des parties le rend recevable à l'égard de toutes (Dijon, 3 mai 1871, S. 71-2-239 ; — Cass., 12 juin 1872, S. 72-1-228).

— *Exploit, Papier libre.* — Un acte d'appel est valable encore bien qu'il ait été libellé sur papier libre au lieu de l'être sur papier timbré (Bastia, 17 janv. 1876, S. 76-2-164).

— *Exploit, Erreur, Nullité, Absence d'équivoque, Incompétence* ratione materiæ, *Exécution, Acquiescement, Compétence commerciale, Engagements, Délit, Diffamation.* — Il n'y a pas *nullité* d'un *exploit d'appel* parce qu'une *erreur de date* dans l'indication du jugement dont appel est porté se serait glissée dans cet exploit, alors qu'aucune équivoque n'est possible pour le juge d'appel, et qu'il est constant qu'aucun autre jugement n'a été rendu entre les parties en cause.

Lorsqu'il s'agit d'une incompétence *ratione materiæ* d'ordre public, qui peut être proposée en tout état de cause, tant qu'il n'y a pas eu chose jugée et sur laquelle les parties ne peuvent transiger, on ne peut opposer à l'appelant des actes d'exécution emportant *acquiescement* au jugement qui a statué sur la compétence ou *renonciation* à son droit de porter appel.

Les *tribunaux consulaires* sont *compétents* pour connaître des *propos mensongers et diffamatoires* proférés et répandus dans le public par un *commerçant* dans l'intérêt de son commerce et dans le but de faire une *concurrence déloyale* au commerce d'autrui (Caen, 17 av. 1882, art. 508, t. 3, p. 427).

— *Signification, Omission, Défaut d'intérêt.* — La signification d'un jugement qui n'énonce pas la qualité de la partie à qui elle s'adresse fait néanmoins courir le délai d'appel si cette partie ne peut se méprendre sur la qualité de la personne au nom de laquelle l'exploit lui a été signifié (Amiens, 13 fév. 1877, S. 77-2-137).

— *Codéfendeur, Signification.* — La signification d'un jugement faite à deux parties ayant des intérêts opposés ne fait courir le délai d'appel qu'au profit de celui qui signifie le jugement et non au profit de l'un des adversaires contre l'autre (Cass., 28 déc. 1875, S. 76-1-472).

— *Jugement non signifié, Prescription.* — Le droit d'appeler d'un jugement non signifié se prescrit par trente ans (Paris, 18 janv. 1871, S. 71-2-200 ; — V. *Dict.* n. 234).

— *Jugement, Signification*. — Il n'est pas nécessaire, pour interjeter appel, d'attendre que le jugement ait été signifié. Un appel ne peut donc être déclaré non recevable par le motif que la signification faite à l'appelant était incomplète et qu'il en connaissait l'irrégularité (Cass., 8 août 1876, S. 77-1-118 ; — Chauveau, *Loi de la procédure*, Q. 1553 ; — Rivoire, *De l'appel*, n. 175).

— *Signification du jugement, Forclusion*. — La signification du jugement ne fait couvrir le délai d'appel que contre la partie à qui elle est faite et non contre celle par qui elle est faite, en vertu du principe qu'on ne se forclôt pas soi-même. Il en est ainsi surtout lorsque cette signification contient des réserves d'appel (Cass., 5 fév. 1872, S. 72-1-127).

— *Exploit d'appel, Nullité, Constitution d'un avoué décédé*. — La constitution d'un avoué *décédé* n'emporte pas nullité de l'exploit d'appel si l'appelant a été de bonne foi, si, en raison des circonstances ou de l'éloignement, il a pu ne pas connaître cet événement (Toulouse, 28 juin, art. 893, t. 5, p. 442).

— *Erreur dans la date de l'énonciation du jugement attaqué et omission de la désignation du tribunal qui l'a rendu*. — Un appel n'est pas nul par cela seul que le jugement attaqué est indiqué sous une fausse date et que le tribunal qui l'a rendu n'y est pas désigné. Il en est ainsi, surtout lorsque la partie n'a pu avoir d'incertitude sur le jugement dont est appel (Bordeaux, 2 juin 1882, art. 601, t. 4, p. 127).

— *Acte d'appel, Mention*. — Est régulier l'acte d'appel qui déclare que le jugement attaqué fait grief au requérant en ce qu'il n'a tenu aucun compte des conventions intervenues entre lui et son adversaire, et s'est arrêté aux dénégations de ce dernier, et qui conclut en outre à ce que le jugement soit déclaré mal jugé au fond, annulé, et, en tout cas, infirmé (Cass. req., 3 mars 1880, art. 357, t. 2, p. 458).

— *Obligation de signifier l'acte d'appel au parquet du procureur général quand le défendeur est étranger*. — En cas d'appel d'une décision de première instance, quand l'une des parties est établie à l'étranger, l'acte d'appel doit être signifié au parquet du procureur général à peine de nullité (Lyon, 5 mai 1882, art. 548, t. 4, p. 19).

— *Procédure sur l'appel, Ordonnance du premier président, Signification de conclusions*. — L'intimé qui a obtenu du premier président une ordonnance distribuant la cause devant une des chambres de la Cour et fixation d'un jour de plaidoirie, peut valablement, si l'appelant ne comparaît pas au jour indiqué, prendre contre lui défaut, conformément à l'article 154 du Code de procédure civile, encore bien qu'il ait signifié ses conclusions la veille et non trois jours à l'avance (Paris, 12 fév. 1870, S. 71-2-100).

— *Effet suspensif, Jugement étranger*. — Les dispositions de l'article 157 du Code de procédure civile qui déclarent l'appel suspensif ne s'appliquent qu'aux décisions rendues par des tribunaux français. Par suite, la partie poursuivie en vertu d'une décision énoncée d'un tribunal étranger régulièrement déclarée exécutoire en France, ne saurait arrêter ces poursuites en se fondant sur l'appel par elle interjeté, lorsqu'elle ne justifie pas de l'appel d'après la législation du pays d'où émane la décision (Cass., 4 juin 1872, S. 72-1-160).

— *Matières commerciales, Mise en cause d'une partie pour la première fois en appel, Défaut de cette partie, Faculté pour le juge d'appel de statuer immédiatement sans prononcer défaut profit-joint et ordonner la réassignation de la partie défaillante.* — On peut mettre en cause pour la première fois en appel toute partie qui aurait le droit de former tierce opposition à l'arrêt.

En matière commerciale, si la partie ainsi mise en cause pour la première fois en appel ne comparaît pas, la Cour n'est pas tenue de rendre un arrêt de défaut profit-joint contre elle et d'ordonner sa réassignation : elle peut statuer immédiatement sur le fond.

En effet, aux termes de l'article 470 du Code de procédure civile, les règles établies pour les tribunaux inférieurs doivent être observées devant les Cours d'appel ; or, dans les règles prescrites par la loi pour la procédure devant les tribunaux de commerce, aucune disposition ne rend obligatoire la formalité du défaut profit-joint à l'égard de celle des parties défenderesses qui ne comparaît pas (Rouen, 13 juin 1881, art. 417, p. 172).

§ 6. — Appel en matière de garantie.

— *Garantie, Indivisibilité.* — L'appel du garant profite au garanti et relève celui-ci de toutes les déchéances qu'il a pu encourir, notamment par l'expiration des délais d'appel, lorsque la demande principale et la demande en garantie, se rattachant à une même opération, se trouvent unies d'une manière indivisible par un lien de dépendance et de subordination (Paris, 7 avr. 1879, art. 166, t. 1er, p. 420).

— *Garant.* — Le garant peut interjeter appel, non seulement contre la garanti, mais encore à l'encontre du demandeur principal, alors surtout qu'il a pris contre ce dernier des conclusions directes (Cass. 18 mars 1874. S. 74-1-348 ; — V. *Exception*).

De même le garant qui ne s'est pas borné à défendre l'action en garantie, mais qui, par ses conclusions, s'est constitué l'adversaire du demandeur principal, peut interjeter appel contre ce dernier sans intimer le garanti (Cass., 12 déc. 1876, S. 77-1-459).

Jugé encore que l'appelé en garantie qui conclut contre le demandeur originaire au rejet de la demande principale se constitue par là même l'adversaire de ce dernier et a le droit d'interjeter appel contre lui en même temps que contre le défendeur principal (Cass., 22 mars 1875, S. 75-1-302; — Cass., 20 mai 1878, S. 78-1-461).

— *Garanti.* — L'appel du garant profite au garanti et relève celui-ci de toutes les déchéances qu'il a pu encourir lorsque les deux demandes principales et en garanties sont unies d'une manière indivisible par un lien de dépendance et de subordination (Cass., 7 avr. 1879, S. 80-1-296).

Mais ce lien de dépendance et de subordination est nécessaire pour que l'appel du garant relève le garanti et il n'en est pas ainsi, par exemple, lorsque la demande principale tend de la part d'un locataire à l'exécution par le propriétaire des obligations personnelles résultant à sa charge du bail entre eux intervenu et où le recours en garantie formé par ce propriétaire contre un autre preneur se fonde exclusivement sur les clauses d'un bail ultérieur auquel eux seuls ont concouru sans que le sort de ce recours puisse mettre en question les obligations personnelles du bailleur envers le premier preneur (Cass., 19 fév. 1873, S. 73-1-116).

— *Point de départ du délai.* — Le délai d'appel ne commence à courir contre le garant que le jour où le jugement lui a été signifié par le demandeur principal. Ainsi ce délai ne court pas à l'égard du garant lorsque le jugement lui a été signifié par le garanti (Cass., 18 mars 1874, S. 74-1-348).

— *Compétence, Infirmation.* — L'infirmation du jugement du chef de la compétence sur l'appel du garant profite au garanti, alors même que ce dernier aurait exécuté spontanément le jument (Paris, 28 mai 1877, S. 79-2-86).

L'appel du garant profite au garanti, encore bien que le garant n'eût interjeté appel que du jugement qui admet la garantie, si l'acte d'appel, par sa signification au demandeur principal, a remis en question, non pas exclusivement le recours en garantie, mais la demande principale elle-même (Cass., 2 fév. 1875, S. 75-1-337, — 11 juin 1877; S. 78-1-445).

§ 7. — Pouvoirs du juge d'appel. — Évocation.

— *Degré de juridiction, Évocation, Incompétence, Renonciation, Complainte, Matière sommaire, Juge de paix, Juge-commissaire.* — La règle que le juge d'appel, en affirmant un jugement d'incompétence, ne peut évoquer le fond qu'autant que la cause est en état de recevoir une décision définitive, cesse d'être applicable lorsque les parties, dans les conclusions par elles prises devant lui, ont renoncé au bénéfice des deux degrés de juridiction.

Et cette renonciation résulte, spécialement dans le cas d'appel, d'une sentence par laquelle le juge de paix s'est déclaré incompétent pour statuer sur une action en complainte, de ce que l'appelant et l'intimé ont l'un et l'autre conclu à ce que le tribunal, en infirmant cette sentence, évoquât le fond et les déclarât chacun en possession du terrain litigieux, et ont subsidiairement offert de prouver par témoins leur possession respective.

Le jugement qui ordonne une enquête en matière sommaire, et, par exemple, sur l'appel d'une sentence du juge de paix, doit, à peine de nullité, prescrire que cette enquête aura lieu à l'audience ; il viole l'article 407 (C. proc. civ.), en ordonnant qu'elle sera faite devant un juge-commissaire sur les lieux litigieux (Cass. civ., 7 avril 1880, art. 226, t. 2, p. 71).

— *Effet dévolutif, Évocation, Jugement, Renvoi.* — Les juges d'appel saisis d'une décision rendue au fond par les juges de première instance ne peuvent se dessaisir, annuler la décision des premiers juges, et renvoyer l'affaire devant un autre tribunal ; ils doivent statuer, sauf à ordonner préalablement toutes mesures d'instruction qui seraient nécessaires (Cass. civ., 15 fév. 1882, art. 485, t. 3, p. 371).

— *Compétence, Jugement commercial, Infirmation, Évocation.* — La Cour qui infirme, à raison du caractère civil de la dette dont le payement est réclamé, le jugement par lequel le tribunal de commerce s'était déclaré compétent en considérant, au contraire, cette dette comme civile, ne peut évoquer le fond de la cause, lorsque, par son chiffre, la demande rentre dans les limites de la compétence du juge de paix en dernier ressort (C. proc. civ., 473).

Il n'y a pas lieu, en pareil cas, bien que la dette résulte de billets à ordre ne portant que des signatures d'individus non négociants et n'ayant pas une cause commerciale, de renvoyer la contestation au tribunal civil, l'article 636 (C. comm.) étant ici inapplicable (Paris, 14 janv. 1882, art. 434, t. 3, p. 227).

— *Effet dévolutif, Séparation de corps, Fin de non-recevoir, Réconciliation, Mesure d'instruction, Faits antérieurs, Preuve.* — L'appel d'un jugement qui a rejeté une demande saisit la Cour de la connaissance du fond du litige comme de toutes les exceptions et défenses des parties.

Par suite, la Cour d'appel peut ordonner toutes les mesures d'avant faire droit qu'elle juge nécessaires, sans s'arrêter aux décisions d'instruction rendues par le premier juge avant son jugement définitif.

Spécialement, lorsqu'elle est saisie de l'appel d'un jugement qui a repoussé une demande en séparation de corps par une fin de non-recevoir tirée de la réconciliation des époux, elle peut ordonner d'office la preuve des faits antérieurs à cette réconciliation, bien que le tribunal ait sursis à statuer sur l'offre de cette preuve jusqu'à la décision définitive sur l'exception (Cass , 15 nov. 1881, art. 369, t. 2, p. 501).

— *Pouvoirs des juges d'appel.* — Les juges d'appel ne peuvent statuer sur les griefs relevés dans l'acte d'appel. Ainsi ils ne peuvent mettre à la charge de l'appelant la totalité au lieu du cinquième des frais exposés, alors que l'intimé dans son appel incident, n'avait pas demandé la réformation de ce chef (Cass., 22 avril 1879, S. 80-1-128).

De même les juges du second degré ne peuvent aggraver la condamnation prononcée en première instance en l'absence d'appel incident (Cass., 31 déc. 1878. S. 79-1-127).

— *Dommages-intérêts.* — Le seul fait d'appeler d'un jugement prononçant des dommages-intérêts ne saurait motiver l'allocation de nouveaux dommages-intérêts, alors que le juge du second degré ne relève contre l'appelant aucune faute commise par lui depuis le jugement, et ne lui reproche pas d'avoir, en exerçant son droit, agi méchamment et de mauvaise foi (Cass. civ., 28 déc. 1881, art. 520, t. 3, p. 484).

— *Évocation.* — *Jugement en dernier ressort.* — Le jugement d'un tribunal civil qui, statuant sur l'appel d'un jugement du juge de paix, annule cette sentence pour incompétence et même invoque et juge le fond, est en dernier ressort et ne peut être attaqué par la voie de l'appel, dans ce cas les parties ayant épuisé les deux degrés de juridiction (Lyon, 4 fev. 1874, S. 74-2-118).

— *Jugement en dernier ressort.* — Le droit d'évoquer le fond qui appartient aux Cours d'appel, lorsqu'elles infirment soit pour vice de formes soit pour toute autre cause des jugements définitifs, la matière étant disposée à recevoir une solution définitive, s'applique à toutes les affaires qui sont en état d'être jugées définitivement sans distinction entre celles qui sont susceptibles du premier ou du dernier ressort (Caen, 12 janv. 1881, art 479, t. 3, p. 360).

— *Jugement émanant d'un tribunal d'un autre ressort,* — La Cour d'appel infirmant la décision des premiers juges pour cause d'incompétence ne peut user de son droit d'évocation lors même que l'affaire serait en état, si le tribunal qui doit connaître du litige n'appartient pas à son ressort (Nancy, 25 juill. 1876, S. 77-2-262).

— *Information, Expertise.* — La Cour d'appel infirmant un jugement par lequel les premiers juges s'étaient déclarés incompétents ne peut évoquer le fond si elle croit devoir ordonner une expertise préalable (Cass., 22 janv. 1877, S. 77-1-341).

— *Conclusions au fond.* — Les juges d'appel en infirmant

un jugement d'incompétence, peuvent évoquer le fond si, tout en plaidant sur l'incompétence, les parties ont respectivement discuté la question de fond qui, du reste, se confondait avec l'exception d'incompétence (Cass., 13 mai 1872, S. 72-1-405).

— *Compétence.* — Le juge d'appel qui infirme une décision de première instance a le droit d'évoquer le fond, même si la décision a été infirmée pour incompétence, pourvu qu'il soit lui-même compétent pour en connaître (Cass., 27 fév. 1878, S. 79-1-444).

— *Taux du ressort.* — Le tribunal de première instance saisi de l'appel d'un jugement du juge de paix peut, en l'annulant pour cause d'incompétence, évoquer le fond et statuer, si la contestation ne dépasse pas sa compétence, en dernier ressort (Cass., 26 nov. 1873, S. 74-1-475).

Au contraire, un tribunal de première instance saisi de l'appel d'un jugement du juge de paix qui annule ce jugement pour incompétence, ne peut évoquer le fond et statuer alors que, s'agissant d'une demande indéterminée, il ne peut en connaître que comme juge du premier degré (Cass., 18 janv. 1873, S. 73-1-160).

— *Taux du ressort.* — Une Cour d'appel qui annule pour incompétence un jugement du tribunal de commerce par le motif que la contestation est de la compétence du juge de paix, ne peut évoquer le fond lorsque la connaissance du litige appartenait au juge de paix en dernier ressort (Nancy, 2 juill. 1873, S. 73-2-181).

— *Condamnation, Demande, Intervention.* — Les tribunaux ne sont légalement saisis et ne peuvent connaître que des demandes portées devant eux. Dès lors, si le juge de première instance, en prononçant une condamnation au profit du demandeur, a omis de statuer sur la demande en condamnation du défendeur formée par un intervenant, le juge d'appel ne peut condamner le défendeur vis-à-vis de l'intervenant, lorsque ce dernier n'a pas interjeté appel, et qu'aucun appel n'a été porté pour lui (Cass. civ., 28 mars 1882, art. 878, t. 5, p. 396).

§ 8. — Jugements de juge paix.

— *Juge de paix, Délai.* — Le délai de trente jours accordé pour interjeter appel des décisions des juges de paix est franc et ne comprend pas le jour de l'échéance (Cass., 4 janv. 1881, art. 339, p. 337 ; — Cass., 1er déc. 1880, art. 288, t. 5, p. 230).

— *Compagnie d'assurances contre l'incendie, Employé, Demande en payement de salaires, Demande excédant 200 francs, Incompétence du juge de paix, Infirmation, Évocation du fond.* — 1° L'article 5, §3, de la loi du 25 mai 1838, attribuant compétence au juge de paix pour connaître en premier ressort, à quelque chiffre qu'elles s'élèvent, des contestations relatives aux

engagements respectifs des gens de travail au jour, au mois et
à l année et de ceux qui les emploient, ou des maîtres ou domestiques et gens de service à gage, est inapplicable aux contestations des employés d'une compagnie d'assurances contre l'incendie avec cette compagnie.

En conséquence, le juge de paix est incompétent pour connaître, même en premier ressort, d'une demande en payement de
salaires ou d'indemnité de congé supérieur à 200 francs formée contre une compagnie de cette nature par un de ses employés ;

2° Le tribunal civil saisi de l'appel d'un jugement rendu par
un juge de paix qui a excédé le chiffre de sa compétence en premier ressort, peut, lorsque la cause est en état, user du droit
d'évocation et statuer sur l'incident d'incompétence et sur le
fond par un même jugement dans les limites de sa compétence
en dernier ressort (Trib. civ. Seine, 28 fév. 1884, art. 793, t. 5,
p. 136).

— *Jugement de justice de paix, Incident en appel, Décision du
tribunal de première instance définitive.* — Un tribunal de première instance saisi comme tribunal d'appel de la connaissance
d'une sentence de juge de paix statue en dernier ressort sur
tous les incidents soulevés au cours de l'instance spécialement
sur une inscription de faux. En conséquence, le jugement de
ce tribunal n'est pas susceptible d'appel (Riom, 3 avr. 1884,
art. 845, t. 5, p. 298).

§ 9. — Jugements des tribunaux de commerce.

— *Juridiction commerciale, Plaideur non domicilié au siège
du tribunal, Absence d'élection de domicile, Signification du jugement au greffe, Délai d'appel.* — La signification faite au greffe
du tribunal de commerce de la décision rendue par cette juridiction à la partie qui, aux termes de l'article 422 du Code de
procédure civile, devait faire et n'a pas fait mention sur le plumitif de l'audience de son élection de domicile dans le lieu où
siège ledit tribunal, a pour conséquence légale de faire courir le
délai de l'appel.

Est, en conséquence, non recevable ledit appel interjeté après
les deux mois qui ont suivi cette signification (Paris, 9 mars 1882,
art. 444, t. 3, p. 253).

— *Tribunal de commerce, Signification au greffe.* — L'appel
du jugement rendu par un tribunal de commerce ne peut être notifié au greffe du tribunal par application de l'article 422 (C. proc.
civ.), il doit, à peine de nullité, être signifié à personne ou à domicile (Rennes, 19 mai 1879, art. 270, t. 2, p. 212).

— *Tribunal de commerce, Signification au greffe, Nullité.* —

L'appel du jugement rendu par le tribunal de commerce ne peut être notifié au greffe du tribunal, par application de l'article 422 du Code de procédure civile ; il doit, à peine de nullité, être signifié à personne ou à domicile (Rennes, 19 mai 1879, art. 472, t. 3, p. 345).

— *Tribunal de commerce Délai, Domicile élu, Greffe.* — La signification du jugement définitif faite au greffe du tribunal de commerce, à défaut par les parties non domiciliées dans le lieu où siège le tribunal d'y avoir élu domicile, a pour effet de faire courir le délai d'appel.

L'élection de domicile doit être mentionnée sur le plumitif de l'audience : la mention d'un domicile élu dans l'exploit d'ajournement est insuffisante (Rouen, 8 déc. 1879, art. 169, t. 1er, p. 462).

— *Tribunal de commerce, Parties non domiciliées dans le lieu où il siège, Élection de domicile, Signification du jugement au greffe, Délai, Original, Partant à, Greffier du tribunal, Copie, Simple indication de remise au greffe, Régularité, Jugement, Exécution provisoire, Fourniture de caution, Appel, Renonciation à la fin de non-recevoir.* — La signification faite au greffe des tribunaux de commerce dans le cas où les parties n'ont pas fait d'élection de domicile dans la ville où siège ce tribunal, fait courir le délai d'appel des jugements ainsi notifiés, il n'est pas besoin de signification au domicile réel.

La signification ainsi faite est régulière quand le *parlant à* de l'original indique que l'acte a été remis au greffier, quand cet original a été visé par lui et que la copie indique que la signification a été faite au greffe où d'ailleurs la partie intéressée est venue la prendre et où elle lui a été remise. Le visa sur la copie n'est pas exigé par la loi.

L'exécution provisoire d'un jugement par la dation d'une caution n'implique pas de la part de celui qui la poursuit renonciation à la fin de non-recevoir par elle opposée à l'appel qui en été interjeté contre elle (Paris, 16 juin 1880, art. 211, t. 2, p. 39).

§ 10. — Appel incident.

— *Appel incident, Pouvoir du Juge, Griefs, Dépens.* — Les juges du second degré ne peuvent statuer que sur les griefs relevés dans l'acte d'appel ; ainsi est nul, comme contraire à l'autorité de la chose jugée, l'arrêt qui, réformant le jugement de première instance, met à la charge de l'appelant la totalité au lieu du cinquième des frais exposés, alors que l'intimé, dans son appel incident, n'avait pas demandé la réformation du chef du jugement concernant les frais (Cass. civ., 22 avril 1879, art. 173, t. 1er, p. 469).

— *In imé, Désistement*. — L'intimé peut interjeter appel incident, même après le désistement de l'appel principal, tant qu'il n'a pas accepté formellement ce désistement (Paris, 24 juill. 1872, S. 73-2-90 ; — Paris, 21 fév. 1874, S. 74-2-143. — V. au *Dict*. ; n. 534).

— *Conclusions à fin de confirmation*. — La partie qui sur l'appel incident a conclu à la confirmation de la sentence des premiers juges n'est pas recevable à critiquer ultérieurement cette décision (Cass., 4 déc. 1874, S. 76 1-209).

— *Poursuite en interdiction*. — Si sur une poursuite en interdiction deux jugements ont été rendus, l'un par défaut, l'autre sur opposition et contradictoire, et que ces jugements, au lieu de prononcer l'interdiction, aient ordonné une enquête, les demandeurs à l'interdiction, bien qu'ils aient, sur l'opposition, requis le maintien du jugement par défaut, n'en sont pas moins recevables à reprendre par appel incident leurs conclusions principales en interdiction (Cass., 16 août 1875, S. 75-1-462).

— *Appel formé par le défendeur*. — L'appel formé par le défendeur à la demande originaire remet en question cette demande avec tous ses moyens, même ceux non admis par le jugement, sans qu'il soit nécessaire que l'intimé forme un appel incident (Cass., 22 déc. 1873, S. 74-1-343).

— *Intimé à intimé*. — L'appel incident n'est pas recevable d'intimé à intimé (Bordeaux, 1er août 1873, S. 74-2-35. — V. au *Dict*. n. 517).

— *Conclusions du ministère public*. — L'appel incident ne peut plus être interjeté après que le ministère public a pris la parole pour donner ses conclusions (Angers, 18 mai 1877, S. 78-2-48).

APPEL EN MATIÈRE CORRECTIONNELLE. — *Sursis, Question préjudicielle, Jugement interlocutoire*. — Est recevable l'appel porté contre un jugement statuant sur une demande de sursis fondée sur une question préjudicielle. Un pareil jugement présente le caractère d'une décision définitive et interlocutoire (Cass. crim., 10 mai 1872, art. 68, t. 1er, p. 166).

— *Jugement contradictoire, Jugement par défaut*. — Si un jugement correctionnel est contradictoire à l'égard d'une partie et par défaut à l'égard de l'autre, l'appel de la partie jugée contradictoirement doit être interjeté, à peine de déchéance, selon les règles du droit commun, dans les dix jours de la prononciation du jugement, sauf au juge d'appel à surseoir à statuer, s'il y a lieu, jusqu'au jour où les délais de l'opposition seront expirés à l'égard de la partie défaillante (Cass., 17 janv. 1873, S. 73-1-351. — V. au *Dict*., n° 36).

— *Appel du procureur général, Notification.* L'appel du procureur général est nul si la déclaration qu'il en a faite au greffe a été notifiée au prévenu plus de deux mois à partir du jugement (Cass., 31 juill. 1874, S. 74-1-498).

Et cette nullité, étant d'ordre public, peut être proposée pour la première fois devant la Cour de cassation ou suppléée d'office (Même arrêt ; — *Sic*, Faustin Hélie, *Instruction criminelle*, t. 6, n. 3007).

— *Mineure, Mère.* — La mère condamnée en même temps que sa fille mineure a le droit d'interjeter appel au nom de sa fille, alors même que le père n'a pas été cité comme civilement responsable (Caen, 14 sept. 1878, S. 79-2-72).

— *Délai, Jour férié.* L'appel d'un jugement correctionnel ne peut être valablement interjeté le onzième jour de la prononciation du jugement, alors même que le dixième serait un jour férié (Nîmes, 29 juill. 1875, S. 75-2-70. — V. au *Dict.*, n. 32).

La déchéance peut être demandée en tout état de cause et même suppléée d'office (Même arrêt ; — Faustin Hélie, *Instruction criminelle*, t. 6, n° 3007 ; — Dutruc : *Mémorial du ministère public*, v° *Appel correctionnel*, n° 82).

— *Juridiction.* — La juridiction d'appel est déterminée non par la nature de l'affaire ou de la peine encourue mais par celle de la juridiction qui a prononcé en premier ressort (Cass., 8 mars 1873. S. 74-1-137).

Ainsi, c'est au tribunal correctionnel que doit être porté l'appel de tout jugement rendu par un tribunal de simple police, alors même que ce jugement prononcerait une condamnation correctionnelle, par exemple pour délit d'outrage commis à l'audience envers un magistrat dans l'exercice de ses fonctions (Même arrêt).

— *Citation, Renvoi de la cause.* — Il y a nullité lorsqu'un prévenu appelant, cité à jour fixe devant la Cour par le procureur général, a été jugé par défaut le jour suivant, sans avoir été légalement informé du renvoi de la cause, ni mis en demeure de comparaître à cet autre jour.

Peu importe le règlement intérieur de la Cour, d'après lequel la cause, faute d'avoir été appelée au jour fixé par la citation. était de plein droit reportée au jour suivant (Cass. crim., 22 juin 1878, art. 227, t. 2, p. 74).

— *Concours du conseiller rapporteur.* — Le concours du conseiller rapporteur à l'arrêt rendu sur appel est indispensable pour la validité de la décision (Cass., 17 fév. 1877, S. 77-1-440).

Audition de témoins. — Les juges d'appel ont un pouvoir souverain pour entendre les témoins déjà cités devant les premiers juges (Cass., 29 mars 1878, S. 79-1-188. — V. au *Dict.*, n° 123)

— *Partie civile, Acquittement, Appel de la partie civile seule, Condamnation* (Art. 262, t. 2, p 198).

— *Arrêt par défaut contre une partie civile, Action publique définitivement jugée entre le ministère public et le prévenu, Opposition de la partie civile survivant à l'action publique.* — L'action civile à laquelle peut donner lieu un délit est indépendante de l'action publique poursuivie devant les mêmes juges, et l'extinction de cette dernière ne met pas obstacle à ce que les juges saisis à nouveau de la demande primitive, tout en ne pouvant prononcer aucune condamnation pénale contre le prévenu, statuent sur la réparation du préjudice que ce délit a causé à un tiers (Paris, 11 fév. 1882, art. 408, t. 3, p. 143).

— *Contributions indirectes, Délai d'appel en matière d'octroi.* — Les formes et délais prescrits par l'article 203 du Code d'instruction criminelle s'étendent aux matières qui ne sont régies par aucune loi spéciale (Douai, 15 nov. 1882, art. 568, t. 4, p. 56).

ARBITRAGE. — *Amiable compositeur, Acte d'instruction.* — La clause du compromis portant que les arbitres jugeront comme amiables compositeurs et seront dispensés non seulement de se conformer aux règles du droit, mais encore de suivre les formes de la procédure, dispense par cela même les arbitres d'observer la règle de l'article 1011 C. proc.. — Par suite, les arbitres peuvent valablement commettre l'un d'eux pour faire des actes d'instruction (Cass., 27 janv. 1879, art. 82, t. 1er, p. 216).

— *Clause compromissoire, Assurances terrestres.* — Tout compromis doit, à peine de nullité, désigner l'objet du litige et les noms des arbitres ; il n'y a pas lieu, à cet égard, de distinguer entre le compromis et la convention connue sous le nom de clause compromissoire.

La clause d'une police d'assurance stipulant que le règlement de l'indemnité, en cas de sinistre, sera remis à des arbitres experts, est nulle, si elle ne fait connaître ni l'objet de l'arbitrage ni le nom des arbitres (Cass. req , 22 mars 1880, art. 264, t. 2, p. 201).

— *Tiers arbitre, Absence de procès-verbal de partage, Nullité, Conférence du tiers arbitre avec les arbitres.* — Le président du tribunal qui nomme un tiers arbitre avant que les arbitres, autorisés par le compromis à faire cette désignation, aient constaté leur défaut d'accord sur le choix de ce tiers, commet un excès de pouvoir, qui entache de nullité l'ordonnance portant nomination du tiers départiteur et des actes qui l'ont suivie ;

Est nulle la sentence arbitrale rendue par le tiers arbitre sans en avoir conféré avec les arbitres partagés, alors que ceux-ci n'avaient dressé ni procès-verbal de partage, ni rapport écrit de leur avis ;

Et il en est ainsi alors même que la conférence a été empêchée par la volonté de l'un des arbitres qui a refusé d'entrer en relations avec le tiers arbitre dont il jugeait la nomination irrégulière (Agen, 18 juin 1879, art. 164, t. 1er, p. 278).

— *Délai, Prorogation, Preuve.* — Il appartient aux parties de proroger le délai de compromis, et cette prorogation peut avoir lieu par une convention expresse, ou résulter de faits et de circonstances constatés par écrit et qui manifestent l'intention réciproque des parties.

Spécialement, lorsque les parties ont, après l'expiration du délai du compromis, comparu devant les arbitres pour y discuter leurs prétentions, et que cette comparution, qui ne pouvait avoir d'autre portée que celle d'une prorogation de pouvoirs est établie par un écrit daté et signé des parties, c'est à bon droit que les juges décident qu'il y a eu prorogation tacite du délai du compromis et, par suite, déclarent régulière et valable la sentence rendue par les arbitres dans les trois mois du jour de la comparution (Cass. req., 31 mars 1884, art. 894, t. 5, p. 444).

ASSISTANCE JUDICIAIRE. — *Allemagne, Convention internationale* (Art. 285, t. 2, p. 239).

— *Abstention, Bureau d'appel, Règlement de juges.* — Il appartient au bureau d'assistance judiciaire près la Cour d'appel de statuer par voie de règlement de juges quand un bureau du ressort ne peut pas se constituer par suite d'abstention, et de renvoyer l'affaire devant un autre bureau (Pau, Bureau d'ass. judic., 9 août 1881, art. 478, t. 3, p. 357).

— *Failli, Syndic.* — Quand l'assisté judiciairement vient à tomber en faillite, l'assistance judiciaire ne se continue pas au profit du syndic (Bureau d'ass. judic. près la Cour de Bordeaux, 1er déc. 1881, art. 562, t. 4, p. 43).

AUDIENCE SOLENNELLE — *Conseil judiciaire, Appel.* — La demande en dation d'un conseil judiciaire ne présentant pas à juger une question d'état, doit être portée à l'audience ordinaire et non à l'audience solennelle, arrêt cassé par l'arrêt suivant (Montpellier, 14 juill. 1879, art. 170, t. 1er, p. 464).

La demande en dation d'un conseil judiciaire ainsi que les contestations qui s'y rattachent doivent être jugées en audience solennelle (Cass., 15 déc. 1880, art. 338, t. 2, p. 396).

— *Nomination d'un conseil judiciaire en remplacement d'un précédent conseil décédé, Incompétence de la Cour jugeant en audience solennelle.* — C'est à l'audience ordinaire et non à l'audience solennelle de la Cour que doivent être portés les appels relatifs à la nomination d'un conseil judiciaire en remplacement de l'ancien décédé (Paris, 1er août 1881, art. 345, t. 2, p. 433).

— *Conseil judiciaire, Acquiescement, Séparation de corps, Visite des enfants, Appel restreint, Audience ordinaire.* — Lors-

que après un jugement comprenant plusieurs chefs de demande,
·les parties ont formellement acquiescé au chef relatif à une
question d'état, se réservant d'appeler sur un autre chef complètement indépendant de la question d'état, cet appel restreint
doit être porté à l'audience civile ordinaire et non à l'audience
solennelle ;

Il en est ainsi notamment, lorsque la femme-séparée de corps
ayant acquiescé à la nomination du conseil judiciaire que lui a
donné le tribunal, l'appel du mari porte uniquement sur le mode
d'exercice du droit, que la mère revendique, de visiter et de recevoir chez elle ses enfants confiés aux soins du père (Rouen, 7 mai
1879, art. 130, t. 1er, p. 360).

- *Nationalité, Question d'état.* — Les questions de nationalité,
constituant des questions d'état, doivent, à peine de nullité, être
jugées par des Cours d'appel en audience solennelle (Décret
30 mars 1808, art. 22; — Cass., 9 déc. 1878, art. 14, t. 1er, p. 33).

AUTORISATION DE FEMME MARIÉE. — *Séparation
de biens, Reprises matrimoniales, Hypothèque légale, Purge,
Surenchère, Délai.* — Le jugement qui prononce la séparation
de biens entre les époux, confère en même temps capacité à la
femme, pour procéder à tous les actes qui en sont la conséquence, et notamment à ceux qui tendent au recouvrement de
ses droits et reprises contre son mari. — Spécialement, elle peut,
sans autorisation nouvelle, faire sommation au tiers détenteur,
acquéreur d'un immeuble du mari, d lui payer le montant de
ses reprises, ou de délaisser l'immeuble acheté.

Les créanciers à hypothèque légale, non inscrits lors de la
transcription du contrat d'acquisition, n'ont pour surenchérir
que le délai de deux mois, à partir de l'exposition du contrat,
qui leur est accordé par l'article 2195 du Code civil, pour prendre
inscription. — Il en doit être ainsi, alors même qu'ils auraient
déjà pris inscription lors de l'exposition du contrat et avant le
commencement des formalités de purge légale, si cette inscription n'a été prise que postérieurement à la transcription du
contrat d'acquisition (Trib. civ., Seine (2e ch.), 17 juin 1884,
art. 906, t. 5, p. 489).

— *Procès, Assistance du mari, Mention.* — La femme est suffisamment autorisée quand le jugement porte que les conclusions
ont été prises au nom de la femme et de son mari, comme l'assistant et l'autorisant ; le jugement n'a pas besoin de mentionner
expressément, à peine de nullité, l'autorisation donnée par le
mari à sa femme, partie au procès (Cass. civ., 30 nov. 1881,
art. 614, t. 4, p. 166.

— *Tribunal correctionnel, Partie civile, Défaut d'autorisation,
Citation, Validité.* — L'autorisation maritale n'est pas nécessaire aux termes de l'article 216 C. civ., lorsque la femme est pour-

suivie en matière criminelle ou de police, et la loi ne distingue pas entre le cas où les poursuites devant ces juridictions sont dirigées à la requête de ministère public et celui où il est seulement partie jointe (Rouen, 22 août 1881, art. 506, t. 3, p. 420).

— *Mari en faillite.* — L'état de faillite ne porte aucune atteinte à la puissance maritale. Le mari a seul le droit, soit d'autoriser sa femme à renoncer directement au profit de ses créanciers, à l'effet de son hypothèque légale, soit à renoncer indirectement en l'habilitant à voter au concordat (Trib. civ. Seine, 3 mai 1882, art. 546, t. 3, p. 544).

— *Mari pourvu d'un conseil judiciaire.* — Le mari pourvu d'un conseil judiciaire ne peut autoriser sa femme à ester en justice. (Cass., 6 déc. 1876, S. 77-1-64 ; — V. *Dict.* n. 13 ; — V. aussi *Interdiction et conseil judiciaire*).

— *Mari pourvu d'un conseil judiciaire, Assistance au début de l'instance, Changement d'état, Autorisation de justice, Sursis.* — L'article 222 du Code civil qui oblige la femme de l'interdit à obtenir l'autorisation de justice pour pouvoir plaider est applicable à la femme dont le mari a été pourvu d'un conseil judiciaire.

Le mari, même avec l'autorisation de son conseil judiciaire, ne peut autoriser sa femme à ester en justice.

La demande d'autorisation en vue d'une action à intenter contre un tiers défendeur est une demande principale et doit être suivie devant le tribunal du domicile du mari, dans les formes voulues par les articles 861 et suivants du Code de procédure.

Vainement la femme, pour se prétendre valablement autorisée objecterait que dans l'exploit introductif d'instance, son mari, qui n'était pas encore pourvu d'un conseil judiciaire, figure pour l'assister et l'autoriser Il faudrait, pour la dispenser d'une procédure spéciale de demande en autorisation, que son mari fût resté capable jusqu'au moment où l'affaire a été en état (Trib. civ. Amiens, 10 fév. 1883, art. 621, t. 4, p. 181).

Une femme, autorisée par son mari à intenter une demande en justice, n'a pas besoin d'une nouvelle autorisation pour défendre à l'appel du jugement qu'elle a obtenu en première instance (Cass., 25 fév, 1879, art. 23, t. 1er, p. 70).

— *Demande formée par une femme séparée contre son mari en payement des frais d'éducation de l'enfant issu du mariage, Défaut d'autorisation, Fin de non-recevoir, Demande en pension alimentaire formée par l'enfant majeur.* — Est non recevable la demande formée par une femme séparée contre son mari, en payement des frais d'éducation de l'enfant issu du mariage, alors que cette demande a été intentée sans autorisation du mari, ou, à défaut, de justice.

Vainement la Cour, saisie de l'appel, autoriserait la femme à ester en justice ; cette autorisation ne saurait avoir pour effet de l'habiliter rétroactivement, de manière à couvrir le vice original de l'action (1ʳᵉ ch. Paris, 24 et 31 janv. 1879 ; — *Gazette des Tribunaux* du 13 fév. 1879).

.— *Degré de juridiction.* — La femme mariée a besoin d'autorisation maritale ou de justice dans toutes instances et à tous les degrés de juridiction. Spécialement, une autorisation nouvelle lui est nécessaire pour interjeter appel (Cass. 22 janv. 1879, S. 79-1-252).

Jugé spécialement que la femme autorisée par justice à plaider en première instance a besoin d'une nouvelle autorisation pour interjeter appel (Cass., 2 juill. 1878, S. 78-1-341).

Au contraire, une femme autorisée par son mari à intenter une demande en justice n'a pas besoin d'une nouvelle autorisation pour défendre à l'appel du jugement qu'elle a obtenu en première instance (Cass., 4 mai 1873, S. 73-1-298 ; — Cass., 25 fév. 1879, S. 79-1-273. — V. au *Dict.*, n° 76).

— *Demande formée contre le mari et la femme, Demande expresse d'autorisation de justice à défaut d'autorisation maritale, Jugement par défaut, Autorisation implicite.* — Un jugement accorde virtuellement à une femme l'autorisation d'ester en justice dont elle a besoin, à défaut de celle de son mari, lorsque, statuant par défaut contre cette femme et contre son mari, celui-ci, mis en cause aux seules fins de l'autoriser ou de la voir autorisée par le tribunal, le jugement prononce la condamnation requise par le demandeur contre la femme (Cass., 5 juill. 1881, art. 331, t. 2, p. 372).

— *Femme séparée de biens, Dette mobilière, personnelle à la femme, Capacité de transiger sans autorisation maritale, Citation en conciliation, Non-comparution du mari et de la femme, Mari non partie au procès, Amende contre la femme seule.* — I. L'autorisation du mari n'est pas nécessaire à la femme pour comparaître en conciliation devant le juge de paix, lorsque la femme est capable de transiger sur l'objet même du procès éventuel sans autorisation maritale : paraître en conciliation n'est pas ester en jugement.

II. L'article 56 du Code de procédure civile ne frappe d'une amende que les non-comparants parties au procès éventuel.

Ainsi, en cas de citation en conciliation pour une dette mobilière personnelle à une femme séparée de biens et capable, par conséquent, de transiger sur l'objet même du procès éventuel sans autorisation maritale, il n'y a pas lieu de frapper d'une amende, pour défaut de comparution, le mari cité en même temps que sa femme, avec déclaration qu'il n'est pas appelé comme devant être partie au procès et passible d'une condamnation au fond (Trib. civ. de Niort, 16 nov. 1883, art. 752, t. 5, p. 21).

— *Communauté, Quasi-délit de la femme, Autorisation du mari, Frais et dépens.* — La simple autorisation donnée par le mari à la femme d'ester en justice, pour défendre à l'action qui lui est intentée en réparation d'un quasi-délit, n'oblige pas la communauté à payer les frais du procès lorsque la femme y a été condamnée (Agen, 25 janv. 1882, art. 492, t. 3, p. 385).

— *Séparation de biens, Nullité de procédure pour inobservation des dispositions des articles* 861, 862, 865 *du Code de procédure civile.* — La femme mariée qui veut agir contre son mari, pour faire prononcer la nullité d'actes passés avec lui et obtenir en même temps sa séparation de biens, doit se pourvoir préalablement d'une double autorisation, de celle de son mari ou du tribunal dans les cas prévus par les articles 361 et 362 du Code de procédure civile, et de celle du président du tribunal civil exigée par l'article 895 du même Code, dans le cas de demande de séparation des biens.

A défaut de cette double autorisation, la Cour, appelée à statuer sur le mérite au fond du jugement intervenu, ne peut que prononcer la nullité de ce jugement et de toute procédure qui l'a précédé.

Cette nullité étant fondée sur un motif d'ordre public, peut être proposée en tout état de cause, et la Cour se trouve dans la nécessité de la prononcer.

La Cour peut autoriser incidemment la femme mariée à ester en cause d'appel lorsque le refus de son mari est suffisamment constaté par les circonstances de la cause Chambéry, 5 mai 1880, art. 206, t. 2, p. 27).

— *Séparation de biens, Mari, Contrôle, Incompétence (Exception d').* L'obligation pour le demandeur d'assigner le mari à l'effet d'assister et autoriser sa femme, n'est pas une obligation de pure forme ; elle a pour objet de mettre le mari en demeure de donner à sa femme, même séparée de biens, les conseils et la protection dont elle peut avoir besoin : d'examiner notamment si la juridiction saisie est compétente pour connaître de la demande, et d'opposer l'exception d'incompétence s'il y a lieu (Paris, 26 août 1881, art. 429, t. 3. p. 218).

— *Tribunal de paix, Défaut d'autorisation, Nécessité de surseoir.* — Le juge de paix saisi d'une demande en payement des salaires ou appointements par une femme mariée, alors même que la créance de cette dernière n'est pas contestée, sur l'exception du défaut d'autorisation d'ester en justice, est dans la nécessité de surseoir jusqu'à ce qu'elle ait obtenu de son mari ou de justice l'autorisation qui lui est indispensable pour poursuivre sur sa citation (Just. de paix du canton de Sceaux, 22 avril 1881, art. 323, t. 2, p. 354).

— *Séparation de corps, Refus par le mari, Nationalité, Tribunal français, Compétence* — C'est au tribunal français de son domicile que la femme séparée de corps, qui veut aliéner un immeuble dotal, doit s'adresser, en cas de refus d'autorisation par le mari, pour obtenir l'autorisation de justice ; il en est ainsi, aussi bien au cas où le mari et la femme sont Français, qu'au cas où le mari étant étranger, mais n'ayant jamais eu dans son pays ni domicile ancien ni domicile d'origine, la femme a eu, depuis longtemps, son domicile dans le ressort du tribunal dont elle sollicite l'autorisation (Saint-Lô, 22 août 1881, art. 575, t. 4, p. 68).

— *Ministère public, Conclusions, Chambre du conseil, Audience publique.* — Les conclusions du ministère public, sur une demande d'autorisation de femme mariée, doivent être données en chambre du conseil ; néanmoins elles peuvent être données à l'audience, sans qu'il y ait là une cause de nullité (Cass., 9 juill. 1879, art. 22, t. 1er, p 69).

AUTORISATION DE PLAIDER. — *Action possessoire, Curé, Conseil de préfecture, Autorisation, Recevabilité.* — N'est pas recevable l'action en complainte intentée, sans l'autorisation du conseil de préfecture, par un curé relativement à un bien curial (Cass., 25 mars 1879, art. 21, t. 1er, p. 68).

— *Commune, Appel.* — Le maire d'une commune peut, à titre conservatoire, appeler d'un jugement sans être autorisé par le conseil de préfecture : mais l'autorisation est nécessaire pour suivre sur l'appel interjeté. — La Cour peut, dans ce cas, impartir à la commune un délai dans lequel elle devra, sous peine de forclusion, se faire autoriser (Dijon, 27 fév. 1879, art. 24, t. 1er, p. 71).

— *Appel, Fin de non-recevoir, Cassation.* — L'exception tirée du défaut d'autorisation d'une commune pour plaider ou interjeter appel est d'ordre public, et peut être proposée par la commune en tout état de cause, et même pour la première fois devant la Cour de cassation (Cass. civ., 5 nov. 1879, art. 133, t. 1er, p. 414).

AVOUÉ. — *Responsabilité* de l'avoué qui ne fait pas la déclaration de command dans le délai de l'article 707 du Code de procédure civile, art. 1er, t. 1er, p. 5.

— *Plaidoirie.* — Les avocats ont seuls le droit de plaider à l'exclusion des avoués, sans qu'il y ait lieu de distinguer entre les affaires ordinaires et les affaires sommaires, et il n'est apporté d'exception à cette règle que pour les demandes incidentes qui sont de nature à être jugées sommairement et pour tous les incidents relatifs à la procédure. On ne peut pas ranger dans cette catégorie les demandes qui, affectant le fond du droit, sont de nature à soulever des difficultés, telles que les demandes en destruction d'immeubles saisis ou en nullité de surenchère du dixième pour cause d'insuffisance de la caution ou pour défaut de validité de son titre de créance. Les avoués n'ont pas le droit de plaider de pareilles demandes dans les affaires où ils occupent (Cass., 30 nov. 1878. S. 80-1-305. — V. *Dict.* v. *Vente judiciaire d'immeubles*, n. 1058)

— *Jugement par défaut, Inscription d'hypothèque, Mandat, Faute.* — L'inscription de l'hypothèque judiciaire est un acte étranger au ministère de l'avoué ; elle ne figure dans aucune des formalités de la procédure proprement dite, les seules qui, d'après la loi, incombent à avoué.

La responsabilité de l'avoué ne serait engagée qu'autant qu'il aurait reçu pour cet objet spécial un mandat par lui accepté, expressément ou tacitement, dans les termes du droit commun (Trib. civ. de la Seine, 12 août 1881, art. 350, t. 2, p. 443).

— *Faute lourde, Responsabilité. Article* 1382 *du Code civil, Absence de préjudice matériel, Préjudice moral.* — L'avoué qui ne donne pas connaissance à son client de la signification d'un jugement dans une instance d'ordre est responsable de sa faute si, par suite de l'échéance du délai d'appel, la partie éprouve un dommage.

Une omission de ce genre constitue une faute lourde de nature à engager gravement sa responsabilité.

Mais si, par suite des circonstances, l'impossibilité dans laquelle le client s'est trouvé d'appeler, ne lui cause aucun préjudice matériel, la responsabilité de l'avoué cesse, car elle n'existe qu'autant qu'il y a dommage et jusqu'à concurrence de ce dommage.

La privation de la faculté de pouvoir soumettre la décision intervenue à une dernière et complète discussion, constitue néanmoins, à la charge de l'avoué, un préjudice moral dont il doit réparation (Chambéry, 9 mars 1881, art. 271, t. 2, p. 213).

— *Mandat spécial, Désaveu, Preuve du mandat, Présomption.* — I. S'il est contestable, en droit, qu'un mari, en chargeant un avoué de se constituer pour lui et pour sa femme, ait pu l'autoriser à reconnaître, au nom de celle-ci comme au sien, la dette réclamée, c'est-à-dire conférer à l'avoué, au nom de sa femme, le mandat spécial exigé par l'article 352 du Code de procédure civile, l'existence de ce mandat a pu, du moins, être considérée par le juge comme résultant de présomptions appuyées d'un commencement de preuve par écrit.

II. Il n'est pas nécessaire que l'acte invoqué comme contenant un commencement de preuve écrite soit écrit ni même signé par la partie à laquelle on l'oppose ; il est censé émaner d'elle lorsque, comme dans le cas d'une opposition faite à un commandement de payer, qui est le cas de l'espèce, il a été adressé à sa requête et sur ses déclarations, par un officier public compétent et dans les formes prescrites pour qu'il fasse foi.

III. La question de savoir si l'écrit rend vraisemblable le fait allégué est abandonnée par la loi au pouvoir discrétionnaire des juges du fond ; dès lors, un arrêt ne peut, sur ce point, donner ouverture à cassation.

IV. De ces principes, il résulte, dans l'espèce, que le mode de preuve admis par la Cour de Nîmes pour établir l'existence du mandat spécial donné par la demanderesse à l'avoué défendeur, se trouvant justifié, l'arrêt attaqué n'a pu violer aucune loi en déclarant faite la preuve de ce mandat, et qu'en repoussant l'action en désaveu de la femme contre l'avoué, il a loin de violer les articles 1341, 1347, 1353, 1376, 1985 du Code civil, et 352 du Code de procédure civile, invoqués par le pourvoi, fait une juste application de la dernière de ces dispositions (Cass., civ., 1er déc. 1880, art. 289, t. 2, p. 255).

— *Mandat, Preuve.* — La preuve du mandat conférée à un avoué par un client est soumise, dans les rapports du client et de l'avoué, aux règles de droit commun : elle peut donc, s'il n'existe pas d'acte écrit, être faite par témoin, s'il y a commencement de preuve par écrit (Cass., 13 juill. 1874, S. 74-1-464).

— *Serment litis-décisoire, Avoué, Pouvoir, Partage verbal, Preuve.* — Un avoué ne peut déférer un serment *litis-décisoire* au nom de ces clients qu'en vertu d'un pouvoir spécial.

Il ne suffirait pas qu'il fût autorisé à déférer ce serment sur la vérité des moyens de défense de son client ; le pouvoir doit indiquer d'une manière précise les faits sur lesquels doit porter le serment déféré (Cour d'appel de Chambéry, 18 fév. 1880 ; — *Droit*, 22 sept. 1880).

— *Payement d'honoraires, Mandat, Interdiction, Article 503 du Code civil.* — L'avoué d'appel qui reçoit le dossier de l'avoué de première instance avec l'acte d'appel contenant sa constitution, peut se considérer comme étant le mandataire de l'appelant.

Il en est ainsi, alors surtout qu'il est constant que l'avoué de première instance avait été régulièrement constitué et que l'envoi du dossier n'était pas ignoré de l'appelant.

Le mandat donné par une personne contre laquelle un jugement d'interdiction est ensuite prononcé, n'est pas nul par le motif de la cause de l'interdiction existant déjà à cette époque, l'article 503 du Code civil déclarant seulement que les actes antérieurs à l'interdiction et qui se sont produits à une époque où la cause de l'interdiction existait notoirement, peuvent être annulés.

Les tribunaux peuvent être appelés à apprécier, suivant les cas, si ces actes doivent ou non être annulés.

Un mandat, pour suivre un appel, ne doit pas être annulé facilement et l'avoué mandataire de l'appelant, interdit pendant l'instance d'appel, a droit au payement de ses honoraires et débour-

sés, alors même qu'il aurait été décidé que la cause de l'interdiction de son client existait déjà à l'époque où le mandat s'est
produit (Chambéry, 10 juin 1884, art. 880, t. 5, p. 401).

— *Honoraires, soins extraordinaires, Plaidoiries, Pouvoirs'
d'appréciation des tribunaux.* — L'avoué qui en dehors de son
ministère proprement dit, s'est livré à des travaux extraordinaires dans l'intérêt de ses clients, tant comme mandataire
ad negotia que comme mandataire *ad litem*, a droit, à ce titre, à
une rémunération spéciale qui ne doit pas être confondue avec
les émoluements que lui alloue le tarif pour les frais de procédure (1re *et* 2e *espèces*).

Il lui est dû notamment une rémunération spéciale pour ses
plaidoiries dans les affaires qu'il a plaidées (2° *espèce*).

Les tribunaux ont un pouvoir d'appréciation discrétionnaire
pour la fixation des honoraires dus aux avoués en pareil cas
(Trib. civ. d'Alais, 28 déc. 1883 ; — Trib. civ. de Coulommiers,
10 nov. 1883, art. 791, p. 130).

— *Appel en matière correctionnelle, Délai expiré, Responsabilité.* — L'avoué qui, chargé d'interjeter appel en matière correctionnelle, laisse expirer le délai légal, est responsable envers son
client (Douai, 1882, art. 632, t. 4, p. 215).

— *Responsabilité, Ordre judiciaire, État des inscriptions,
Omission, Demande nouvelle, Condamnation, Subrogation.* —
L'avoué qui s'est chargé de remplir au nom de tiers acquéreurs
les formalités nécessités par le payement du prix est en faute
lorsqu'il néglige de requérir avant l'ouverture de l'ordre un état
supplémentaire d'inscriptions qui lui aurait révélé l'existence
d'une inscription d'hypothèque légale prise au nom d'un mineur
depuis la délivrance de l'état sur transcription.

En conséquence, l'avoué est tenu de rembourser aux acquéreurs la portion de leur prix d'acquisition qu'ils ont dû payer
une seconde fois après la clôture de l'ordre sur les poursuites du
mineur qui n'y avait pas été appelé.

Le défendeur condamné en première instance à payer une certaine somme peut demander pour la première fois en appel que
des quittances subrogatoires lui soient délivrées en échange de
la somme dont le payement a été mis à sa charge ; une pareille
demande tendant à atténuer l'effet de la condamnation se rattachant ainsi à l'action principale (Cass. civ., 16 janv. 1882,
art. 531, t. 5, p. 513).

— *Mandataire, Domicile élu, Responsabilité.* — L'avoué chez
lequel domicile a été élu et qui accepte sans réserve la sommation aux fins de prendre communication du cahier des charges,
accepte par le fait même tacitement le mandat qui lui est confié.
Il doit dès lors remplir ce mandat, en portant la sommation à la
connaissance de son mandant, et le mettre ainsi en mesure de

surveiller les poursuites exercées ou d'y intervenir utilement pour la sauvegarde de ses droits. S'il ne le fait pas, il engage sa responsabilité et doit indemniser le mandant du préjudice que sa négligence a pu entraîner.

Cette responsabilité se trouve à couvert s'il peut établir que la sommation a été transmise en temps utile au mandant. Cette preuve peut être faite par tous moyens de droit (Chambéry, 8 mai 1883, art 666, t. 4, p. 295).

— *Responsabilité, Mandat, Défaut d'exécution, Faute, Responsabilité, Faute commune.* — L'avoué qui a accepté le mandat de poursuivre en justice le recouvrement d'une créance, qui a pris l'engagement d'assurer par toutes voies légales le remboursement de cette créance, et qui est resté détenteur du titre, doit suivre l'affaire jusqu'à sa solution définitive : par suite, il est responsable de sa négligence envers le créancier, si cette négligence a eu pour résultat de faire perdre au créancier, dans une procédure d'ordre, ses droits de premier créancier inscrit.

Et l'avoué ne peut se soustraire à la responsabilité qu'il a encourue en prétendant que le mandat par lui accepté avait pris fin avec l'ordre amiable, et qu'il n'aurait pu, sans un pouvoir spécial et sans la copie de la sommation de produire, se constituer pour son client et le représenter à l'ordre judiciaire.

Toutefois, la responsabilité de l'avoué peut être atténuée, alors que le demandeur en dommages-intérêts a été lui-même, dans une certaine mesure, la cause du préjudice (Cass. req., 5 août 1879, art. 414, t. 3, p. 159).

— *Responsabilité.* — Le mandat de l'avoué ne l'oblige pas à l'accomplissement de mesures conservatoires étrangères à la procédure qu'il est chargé de suivre (Agen, 18 fév. 1872, S. 73-2-167).

Mais l'obligation de prendre de telles mesures peut résulter des circonstances, et, comme il ne s'agit point ici de l'existence même du mandat mais de son étendue, la preuve peut résulter de simples présomptions (Même arrêt).

L'avoué, qui dans une instance en partage et licitation a accepté d'occuper à la fois pour l'adjudicataire et pour un colicitant mineur, créancier du prix, est par cela même réputé avoir accepté la mission de remplir les formalités prescrites pour sauvegarder les droits des mineurs (Même arrêt).

— *Responsabilité.* — Le mandat donné à un avoué de poursuivre le recouvrement d'une créance implique virtuellement celui de faire tous les actes conservatoires et, notamment, l'obligation de renouveler l'inscription hypothécaire (Toulouse, 15 mai 1875, S. 73-2-140).

— *Responsabilité.* — L'avoué qui a poursuivi la saisie immobilière des biens d'un débiteur et provoqué l'ouverture d'un ordre pour la distribution du prix d'adjudication et qui a été chargé par le créancier de le représenter dans l'ordre, commet une faute lourde lorsqu'il demande collocation en vertu d'une hypothèque judiciaire, alors qu'il existe une hypothèque conventionnelle antérieure prise par son commettant (Chambéry, 23 août 1875, S. 77-2-142).

— *Responsabilité, Irrégularité dans les poursuites de saisie immobilière, Dommages dus au client qui, par suite de la négligence de l'avoué, a éprouvé un préjudice.* — Un avoué qui demande, au nom de son client, une subrogation aux poursuites immobilières, aux termes de l'article 721 du Code de procédure civile, n'est pas obligé d'avoir un pouvoir spécial du créancier saisissant.

Commet une faute qui le rend passible de dommages, l'avoué qui fait subroger son client à des poursuites immobilières annulées plus tard, sans avoir eu soin de s'assurer préalablement que le droit de propriété exclusive des débiteurs sur les immeubles saisis était à l'abri de toute contestation.

Cette faute existe alors surtout que l'avoué n'ignorait pas que les débiteurs saisis avaient une sœur, et que cette circonstance lui imposait l'obligation de vérifier l'origine des biens saisis, et de rechercher si cette sœur n'avait pas sur ces mêmes biens un droit de copropriété qui pouvait être un obstacle à toute saisie avant le partage.

Il aggrave cette faute en ne faisant pas connaître à son client l'incident qui se produit par suite de l'action de la sœur, et cela avant le jugement qui prononce la nullité de la saisie.

Il commet une nouvelle faute en ne faisant pas connaître en temps utile la signification à lui faite de ce jugement, pour que son client puisse le frapper d'appel s'il croit devoir le faire (Chambéry, 24 août 1883, art. 861, t. 3, p. 339).

— *Responsabilité, Matière sommaire, Dépens.* — L'avoué qui n'a pas fait liquider ses dépens en matière sommaire par le jugement ou l'arrêt doit supporter personnellement le coût de la levée des exécutoires et de leur signification (Paris, 7 juin 1867, sous Cass., 3 avril 1870, S. 72-1-173).

Responsabilité, Surenchère, Interversion de copie. — L'avoué de l'adjudicataire qui a reçu par erreur la copie de la dénonciation de la surenchère destinée à l'avoué du poursuivant n'est tenu ni de rendre à l'huissier la copie, ni de signaler l'interversion, et, s'il s'abstient de le faire, il ne commet aucune faute de nature à engager sa responsabilité (Cass., 28 janv. 1879, S. 79-1-338).

— *Responsabilité, Compétence.* — L'action en dommages et intérêts formée contre un avoué pour négligence dans l'exercice de son ministère peut être directement portée devant le tribunal sans que la question ait été préalablement soumise à la Chambre des avoués (Rennes, 7 fév. 1870, S. 72-2-52).

— *Responsabilité, Demande en garantie, Compétence.* — L'avoué assigné en garantie est tenu de procéder devant le tribunal civil saisi de la demande originaire, alors même que ce tribunal ne serait pas celui auquel il est attaché (Cass., 23 juill. 1872, S. 72-1-293).

— *Frais non payés, Droit de rétention, Référé.* — Le juge des référés ne peut contraindre un avoué non payé de ses frais et qui invoque son droit de rétention à se dessaisir des pièces qu'il tient de ses clients pour les remettre à leur mandataire : c'est là statuer sur un cas litigieux (Cass., 6 fév. 1877, S. 77-1-168).

— *Mandat, Affaire commune, Intérêt personnel, Gratuité.* — A moins d'une convention contraire, le mandat en vertu duquel un avoué a géré dans l'intérêt commun une affaire à laquelle il était personnellement intéressé pour une part importante, doit être réputé gratuit (Cass., 29 juin 1880, art. 300, t. 2, p. 283).

— *Vente judiciaire d'immeuble, Remise proportionnelle, Poursuite interrompue par la volonté des parties, Travaux particuliers, Plaidoiries, Honoraires.* — La remise proportionnelle n'est due à l'avoué qui a occupé sur une poursuite de vente d'immeubles, qu'autant que l'adjudication a eu lieu.

Mais si l'adjudication n'a été empêchée que par la volonté des parties, l'avoué est en droit, comme tout autre mandataire salarié, de réclamer, en dehors des émoluments que lui alloue le tarif pour les actes de procédure, le prix des soins, démarches et travaux particuliers auxquels il s'est livré en vue de l'adjudication.

L'avoué, qui a non seulement occupé comme avoué, mais aussi plaidé comme avocat pour son client, a droit à des honoraires pour sa plaidoirie (Paris, 5° ch., 16 fév. 1884, art. 786, p. 119).

— *Clients multiples, États de frais séparés.* — L'avoué qui occupe pour plusieurs parties ayant des intérêts distincts, quoique non opposés a le droit d'établir pour chacune d'elles un dossier particulier et un état de frais séparé (Douai, 6 mars 1877, S. 77-2-256).

— *Taxe, Avenir, Conclusions.* — L'avenir et les conclusions constituent deux actes distincts ; ils peuvent être signifiés séparément et, par suite, motiver une double allocation d'émoluments (Cass., 23 mars 1873, S. 75-1-155 ; — Chauveau et Godoffre, *Commentaire du tarif*, t. 1, n° 916).

— *Ordre, Conclusions.* — Les conclusions motivées visées par l'article 761 du Code de procédure et concernant les jugements des contredits sur ordre consistent dans un simple acte de con-

clusions tel que le décret du 30 mars 1808 prescrit de le signifier en matière sommaire. Elles doivent donc être taxées par analogie, conformément à l'article 71 du tarif (Cass., 13 janv. 1874,
S. 74-1-249).

Le droit fixe pour ports de pièces et correspondances alloué
par l'article 145 du tarif n'est pas dû en matière sommaire
Même arrêt).

— *Placet, Taxe.* — Le placet peut être admis en taxe à titre
de déboursés (Cass., 23 mars 1875, S. 75-1-155).

— *Frais faits pour leurs clients, Taxe.* — La taxe des frais
dus aux avoués par leurs clients doit être faite conformément à
l'article 9 du décret complémentaire du 16 février 1807 par le tribunal entier statuant à l'audience sur une demande portée devant
lui. Si la taxe a été faite par un seul juge l'acceptation qu'en fait
la partie ne rend pas celle-ci non recevable à introduire ultérieurement une action judiciaire contre l'avoué en restitution
de ce qu'elle prétend avoir payé en trop (Cass., 9 janv. 1872,
S. 72-1-58).

— *Frais, Taxe, Ordre public.* — Le droit de recourir à la
taxe des frais dus aux officiers ministériels est d'ordre public et
peut être demandé par la partie, nonobstant tout règlement ou
payement amiable tant qu'elle n'a pas été faite dans la forme légale (Cass., 9 janv. 1872, S. 72-1-58).

— *Demande en séparation de biens, Frais.* — L'avoué de la
femme demanderesse en séparation de biens agit dans l'exercice de son ministère en assistant sa cliente dans les opérations
de la liquidation. Dès lors, les frais et salaire dus à lui de ce
chef se prescrivent conformément à l'article 2273 du Code civil
(Cass., 14 juill. 1875, S. 75-1-408).

— *Travaux extraordinaires, Honoraires.* — Des honoraires
spéciaux sont dus aux avoués, indépendamment des frais taxés,
pour les travaux extraordinaires et soins donnés aux intérêts de
leurs clients Bordeaux, 18 janv. 1872, S. 72-2-50 ; — Voir ci-
dessus une décision conforme).

— *Mandat, Tribunal de commerce, Compétence.* — Le tribunal de commerce est compétent pour connaître de l'action d'un
avoué en payement des frais faits par lui à l'occasion d'un mandat conféré par un commerçant pour défendre les intérêts de
son commerce devant la juridiction consulaire (Poitiers, 20 déc.
1876, S. 77-2-215 ; — V. *Dictionnaire*, v. *Agréé*).

— *Demande en payement de frais, Registre.* — L'avoué demandeur en payement de frais satisfait aux prescriptions de
l'article 151 du tarif en produisant, à la première réquisition du
défendeur un registre coté, parafé, régulier en la forme et contenant, par ordre de dates et sans blancs, les sommes qu'il a reçues de ses clients, bien qu'il avoue n'avoir pas tenu ce registre
jour par jour (Bordeaux, 22 août 1871, S. 71-2-273).

— *Frais, Prescription, Non-application de l'article* 2273, *C. civ., à l'avoué ayant représenté son client en qualité de simple mandataire devant le tribunal de commerce, Payements partiels de frais relatifs à diverses instances civiles qui se sont succédé.* — 1° L'avoué qui a représenté son client en qualité de simple mandataire, devant le tribunal de commerce, ne peut se voir opposer la prescription de l'article 2273 du Code civil.

2° Quand il y a eu payements partiels des frais relatifs à diverses instances civiles qui se sont succédé pour la même partie, la prescription de l'article 2273 du Code civil ne court qu'à partir de la fin de la dernière procédure (Trib. civ. de Lyon, 17 fév. 1882, art. 476, t. 3, p. 353).

— *Responsabilité, Irrecevabilité de l'action directe sans avis de la chambre.* — Toute instance en dommages-intérêts contre un avoué, pour des faits de charge, alors même qu'il aurait depuis cessé ses fonctions, doit se produire sous la forme d'une demande d'homologation, affirmative ou négative, de l'avis préalable de la chambre des avoués (Trib. civ. de Périgueux, 30 mai 1883, art. 695, t. 4, p. 380).

— *Demande en partage, Priorité, Avis de la chambre, Incident, Jugement du tribunal, Règlement de la compagnie, Poursuite disciplinaire, Condamnation, Excès de pouvoir.* — I. Les chambres de discipline d'avoués ne peuvent émettre que de simples avis sur les différends entre avoués, et notamment sur les questions de priorité de poursuite en matière de partage.

En conséquence, un avoué ne fait qu'user d'une faculté légitime, et même accomplir un devoir professionnel lorsque, sur l'injonction de son client, il fait trancher par un jugement du tribunal la question de priorité sur laquelle la chambre a déjà donné son avis.

II. On ne saurait invoquer contre l'avoué la clause du règlement intérieur de la compagnie, d'après laquelle les membres s'engagent à se soumettre à la décision de la chambre sur tout sujet de contestation qui s'élèvera entre eux.

Un tel règlement, dont aucun texte de loi ne consacre la force obligatoire, qui n'a pas été approuvé par le ministre de la justice et qui d'ailleurs serait dans l'espèce en contradiction avec le droit commun, ne peut avoir pour effet d'imprimer à l'acte ci-dessus relaté le caractère d'une infraction disciplinaire.

III. Est, par suite, entachée d'excès de pouvoir, la délibération d'une chambre de discipline qui, dans les circonstances qui viennent d'être rappelées, a prononcé contre un avoué une peine disciplinaire lui reprochant à tort d'avoir violé le règlement intérieur et manqué aux devoirs professionnels (Cass. civ., 1er déc. 1880, art. 403, t. 3, p. 132).

— *Discipline, Chambre.* — Au ministre de la justice et non

aux tribunaux appartient le droit de connaître les réclamations
auxquelles donnent lieu les délibérations des chambres de discipline des avoués relatives à l'organisation de ces chambres
(Trib. de Pau, 31 déc. 1869, S. 71-2-21 ; — Décision du ministre de la justice, 13 avril 1870, S. 71-2-21).

— *Discipline. Syndic, Rapporteur.* — La décision par laquelle une chambre d'avoués prononce des peines disciplinaires
est nulle si elle n'indique pas que le syndic et le rapporteur ont
été entendus (Cass., 13 nov. 1872, S. 73-1-104).

— *Chambre de discipline :* 1º *Cassation, Président de la
chambre, Mise en cause, Renouvellement, Membres en exercice,
Fonctions continuées ;* 2º *Poursuites disciplinaires ;* 3º *Syndic,
Rapporteur, Audition.* — 1º Le président de la chambre des
avoués qui a concouru comme juge à la délibération prononçant
une peine disciplinaire, ne peut être appelé comme partie devant
la Cour de cassation saisie du pourvoi dirigé contre cette décision, et il appartient à la Cour de cassation de le mettre, même
d'office, hors de cause.

2º Le décret du 17 juillet 1806, portant que les chambres des
avoués seront renouvelées le 1er septembre de chaque année, et
que les membres nouvellement élus entreront en fonctions le
15 du même mois, ne met pas obstacle à ce que les membres
de la chambre en exercice au 15 septembre conservent et remplissent leurs fonctions jusqu'à l'installation de leurs successeurs,
si les élections n'ont eu lieu qu'à une époque postérieure à la date
déterminée par le décret précité.

3º Au cas de poursuites disciplinaires exercées devant une
chambre des avoués, l'audition du syndic en ses réquisitions et
du rapporteur en son rapport constitue une formalité substantielle qui doit être mentionnée au procès-verbal à peine de
nullité (Cass. civ.. 2 mars 1881, art. 550, t. 4, p. 23).

— *Poursuite disciplinaire. Citation indiquant les faits reprochés, Irrégularité, Comparution de l'avoué, Fait nouveau relevé
au cours des débats, Nullité.* — Pour qu'une peine disciplinaire
soit prononcée contre un avoué, par sa chambre, il faut que la
citation lui ait été donnée à comparaître devant cette chambre,
Dans un délai qui ne peut être moindre de cinq jours, par une
lettre du syndic indiquant les faits reprochés.

Cette irrégularité se trouve néanmoins couverte, si l'avoué
ayant eu, par un autre moyen, connaissance des faits à lui reprochés, s'est présenté devant la chambre et a accepté les débats en prenant des conclusions au fond.

Mais si un fait nouveau a été contre lui relevé au cours des
débats il ne peut être considéré comme ayant pu se défendre
sur ce fait, bien qu'il ait, séance tenante, répondu au nouveau
fait incriminé.

La décision rendue dans ces conditions, doit être annulée comme méconnaissant les droits de la défense (Cass. 20 mai 1883, art. 776, t. 5, p. 95).

— *Démission, Acceptation, Compétence.* — Le droit de statuer sur la démission d'un membre de la chambre des avoués n'appartient qu'à l'assemblée générale et non à la chambre elle-même (Déc. du min. de la just., 13 avril 1870, S. 71-2-21).

— *Obligation pour un membre de la chambre des avoués, tant que sa démission n'a pas été acceptée, de se rendre à la convocation générale de la corporation, Durée des fonctions du membre nommé en remplacement de l'autre, Mode de statuer sur la démission des membres de la chambre.* — Les avoués ne peuvent se dispenser de constituer une chambre de discipline, et par suite se dispenser d'en faire partie. La qualité de membre de la chambre est non seulement un titre honorifique, mais une charge professionnelle que l'élu ne peut se dispenser d'accepter et qui lui est imposée avant toute acceptation de sa part.

La démission d'un membre de la chambre des avoués, tant qu'elle n'a pas été acceptée, n'empêche pas ce membre de faire toujours partie de la chambre, dont la composition par suite reste régulière, et il est obligé de se rendre à la convocation parfaitement régulière de l'assemblée générale, s'il n'a aucun motif sérieux d'empêchement.

L'avoué, nommé par suite de la démission d'un des membres de la chambre, ne le remplace que pour le temps durant lequel le démissionnaire devait exercer les fonctions de membre de la chambre.

Si, par erreur, ce nouveau membre était nommé pour trois ans, tandis qu'il n'aurait dû être nommé que pour une année, l'assemblée générale suivante des avoués peut réparer l'erreur en rectifiant la précédente délibération avec indication du temps pour lequel le remplaçant a été nommé, ou en acceptant la démission du nouveau membre.

Il serait plus régulier qu'à l'élection des membres de la chambre l'assemblée statuât par scrutin séparé sur chaque démission mais il ne résulterait pas de l'omission de cette formalité la nullité de la délibération, surtout dans le cas où il ne s'agit pas de démissions individuelles, mais de démissions données collectivement, et lorsque personne, n'usant du droit qui lui appartenait, n'a demandé la division du vote, et qu'à l'unanimité des membres présents les démissions ont été acceptées (Caen, 23 janv. 1882, art. 533, t 3, p. 521).

AVOCAT. — *Honoraires, Égypte, Tribunaux mixtes, Tribunaux consulaires, Compétence* — Les honoraires des avocats qui ont occupé pour des parties devant les tribunaux mixtes en Égypte, doivent être réglés, en cas de contestation, par ces tribunaux. Les tribunaux consulaires français sont incompétents pour faire ce règlement, bien que l'avocat et son client soient l'un et l'autre de nationalité française (Cass. req., 23 fév. 1883, art. 916, t. 5, p. 536).

B

BORNAGE. — *Compétence du juge de paix, Titres, Contestation sérieuse.* — Le juge de paix ne cesse d'être compétent pour statuer sur une action en bornage, lorsque la propriété ou les titres sont contestés, qu'autant qu'il s'agit d'une contestation réelle et sérieuse changeant le caractère de l'instance.

En conséquence, il ne doit pas se dessaisir lorsque le défendeur à l'action en bornage se contente de dénier à son adversaire la propriété de la parcelle litigieuse, sans spécifier la nature de ses prétendus droits ni les titres qui devaient leur servir de base (Cass. civ., 16 mai ou mars 1880, art. 228, p. 76 ; — V. *Dictionnaire*, n° 21).

— *Contiguïté.* — L'action en bornage peut être exercée non seulement quand les héritages contigus consistent en fonds de terre mais encore dans le cas où ils sont couverts de constructions séparées par un terrain libre. Ce n'est que dans le cas où il s'agit de bâtiments qui se touchent que cette action n'est pas recevable (Cass., 4 mars 1879, S. 79-1-297).

— *Exercice de l'action, Compétence.* — L'action en bornage ne perd pas ce caractère et ne se transforme en action en revendication, et, dès lors, n'échappe pas à la compétence du juge d'appel, par cette circonstance que les parties ne sont pas tombées d'accord sur les lignes de démarcation à établir, ni par cette autre que le juge de paix a dû, provoqué par les parties, rechercher qui avait la possession actuelle d'une haie ou d'une bande de terrain, alors qu'en appel le débat s'est uniquement concentré sur la possession annale sans que les parties aient invoqué aucun titre spécial d'opposition ni l'existence d'aucune prescription (Cass., 14 juin 1876, S. 76-1-447).

C

CAISSE DES CONSIGNATIONS. — *Sommes déposées, Remise, Droits, Justification, Ordonnance de référé.* — La Caisse des dépôts et consignations n'est tenue de livrer les fonds dont elle a reçu le dépôt, qu'autant que les réclamants fournissent la justification complète de leurs droits ;

En conséquence, elle refuse avec raison de se dessaisir des sommes réclamées, sur la seule production d'une ordonnance de référé qui en autorise le retrait, mais à laquelle elle n'a pas été partie, et des certificats mentionnés dans l'article 548 du Code de procédure civile (Cass. civ. 29 nov., 1882, art. 671, p. 304).

CASSATION. — *Intérêt, Dépens, Transaction, Homologation, Compétence commerciale, Arrêt confirmatif, Droits mobiliers*. — L'intérêt qu'une partie peut avoir à se faire relever de la condamnation aux dépens prononcée contre elle par un arrêt, suffit pour la rendre recevable à frapper cet arrêt d'un pourvoi en cassation.

Spécialement, dans le cas où un arrêt a déclaré mal fondées les conclusions par lesquelles le créancier d'une faillite contestait la demande en homologation d'une transaction consentie par les syndics, ce créancier ne peut être déclaré non recevable, pour défaut d'intérêt, à se pourvoir en cassation, contre cet arrêt, sous le prétexte, d'une part, qu'il a été désintéressé, et, d'autre part, que l'action en nullité sur laquelle est intervenue la transaction a été déclarée sans objet par une autre décision non attaquée par lui, alors que l'arrêt contre lequel est dirigé son pourvoi l'a condamné aux dépens de première instance et d'appel.

Les juges d'appel qui confirment un jugement du tribunal de commerce homologuant la transaction consentie par les syndics d'une faillite, statuent commercialement, et non comme juges civils, en vertu de leur plénitude de juridiction : en conséquence, est recevable le pourvoi en cassation formé contre leur décision par le motif que, la transaction dont il s'agit portant sur des droits immobiliers, cette décision aurait à tort déclaré la juridiction commerciale compétente pour l'homologuer.

Lorsque les instances dans lesquelles sont intervenus deux arrêts, bien que liées entre les mêmes parties, étaient distinctes, comme ayant chacune un objet différent, la partie qui n'a pas attaqué l'un de ces arrêts et lui a laissé acquérir l'autorité de la chose jugée, ne peut être réputée avoir par là acquiescé à l'autre arrêt, et est, dès lors, recevable à se pourvoir en cassation contre celui-ci.

Pour qu'il appartienne au tribunal de commerce de statuer sur la demande en homologation d'une transaction consentie par les syndics d'une faillite, il suffit que l'action qui constitue le principal élément de cette transaction ait un objet purement mobilier (Cass. civ., 15 nov 1880, art. 306, p. 308).

— *Intérêts, Jour a quo; Frais, Restitution, Cassation, Effets, Arrêt cassé, Renvoi, Jugement frappé d'appel, Exécution, Frais, Restitution, Cassation, Frais, Restitution, Compétence*. — Les intérêts des frais, qui ont été payés en exécution d'un arrêt ultérieurement cassé, sont dus à partir de la signification de l'arrêt de la chambre des requêtes prononçant l'admission du pourvoi, et non à dater seulement de la demande en justice, intentée postérieurement à la cassation pour obtenir la restitution de ces frais ;

Quand un arrêt confirmatif d'un jugement de première instance est cassé, ce jugement n'est point annulé en même temps, il ne subsiste que frappé d'appel ; par conséquent, tout acte d'exécution de ce jugement doit être réputé irrégulier, fait sans droit, et doit tomber sans qu'il y ait lieu d'attendre la décision de la Cour de renvoi, saisie de l'appel du jugement en question ;

C'est le tribunal du domicile des parties qui est compétent pour ordonner cette restitution (Chambéry, 22 déc. 1879, art. 110, t. 1ᵉʳ, p. 297).

— *Incompétence, Jugement en premier ressort, Pourvoi.* — Est non recevable le pourvoi fondé sur l'incompétence du tribunal qui a prononcé un jugement, si ce jugement n'a pas été attaqué par la voie de l'appel au point de vue de la compétence (Cass. civ., 22 juin 1880, art. 249, t. 2, p. 170).

— *Matière criminelle, Frais, Contrainte par corps.* — Lorsque la Cour de cassation rejette le pourvoi d'un condamné en matière correctionnelle, il y a lieu pour elle de condamner le demandeur non seulement à l'amende, mais encore aux frais, et de fixer la durée de la contrainte par corps pour l'exécution de cette condamnation (Cass. crim., 7 mai 1880, art. 243, t. 2, p 152).

— *Pourvoi, signature.* — La déclaration de pourvoi contre un arrêt correctionnel, inscrite sur les registres du greffe de la Cour et signée par le greffier, est réputée non avenue si le demandeur n'y a pas apposé sa signature, alors qu'il est constant qu'il sait signer et qu'il l'aurait pu s'il l'avait voulu (Cass., 20 juin 1879, art. 103, t. 1ᵉʳ, p. 281).

— *Pourvoi en matière criminelle, Dépêche télégraphique.* — Est nul le pourvoi en cassation en matière criminelle formulé par une dépêche télégraphique adressée au greffier de la Cour d'appel (Cass., 15 nov. 1877, art. 12, t. 1ᵉʳ, p. 31).

CAUTION JUDICATUM SOLVI. — *Demandeur et défendeur étrangers, Demandeur italien, Article 22 du traité du 24 mars 1760.* — Le défendeur étranger ne peut exiger du demandeur la caution *judicatum solvi.* Le demandeur italien a le droit, en raison de l'article 22 du traité du 22 mars 1760, de saisir les tribunaux français sans être tenu de fournir caution (Trib. civ. de la Seine, 9 janv. 1880, art. 106, t 1ᵉʳ, p. 282 ; — *Sic, Dict.* n. 49).

La caution ne peut être exigée que des demandeurs étrangers, mais on ne peut attribuer ce caractère à celui qui poursuit la main levée d'une saisie-arrêt, une telle demande n'étant que la défense anticipée à la demande en validité qui doit être formée dans le délai de huitaine (Trib. civ. de la Seine, 13 août 1879, art. 4, t. 1er, p. 16).

— *Saisie.* — Jugé que l'étranger, qui demande la nullité d'une saisie pratiquée contre un tiers sur des objets qui lui appartiennent, agit non comme demandeur principal mais comme défendeur et n'est pas tenu, dès lors, de fournir la caution *judicatum solvi* (Nancy, 9 mars 1872, S. 72 2-20).

— *Demande en revendication. Caution à fournir.* — La demande en revendication d'objets saisis est une véritable demande principale ;

Par suite, le demandeur en revendication étranger doit, aux termes de l'article 166 du Code de procédure civile, fournir une caution *judicatum solvi* (Trib. civ. Seine, 29 juil. 1879, art. 25, t. 1er, p. 72).

— *Exécution d'un jugement.* — L'étranger qui demande en France l'exécution d'un jugement étranger, doit la caution *judicatum solvi* comme tout étranger demandeur, alors même que le jugement étranger serait intervenu dans une instance où le demandeur en exécutoire jouait le rôle de défendeur (Nancy, 16 juin 1877, S. 78-2-15).

— Le *traité franco-badois* des 16 avril - 3 juin 1846 étendu à l'Alsace-Lorraine par la convention des 11 décembre 1871— 9 janvier 1872, n'emporte pas dispense de la caution *judicatum solvi* au profit des nationaux de ces deux pays (Lyon, 26 juin 1873, S. 73-1-197).

Caution « judicatum solvi » en appel. Français défendeur en première instance et appelant devant la Cour, Rejet. — Le Français peut demander pour la première fois en Cour d'appel préalablement à toutes exceptions ou défenses la caution *judicatum solvi* contre l'étranger, mais il doit pour cela réunir à sa qualité de défendeur en première instance celle d'intimé sur l'appel (Paris, 9 janv. 1884, art. 825, t. 5, p. 231).

- **CHAMBRE DU CONSEIL**. — *Incompétence de la Chambre du conseil pour dégager le légataire de conditions à lui imposées par des testateurs.* — Il n'appartient pas à la chambre du conseil de dégager le légataire de l'exécution des conditions auxquelles le testateur a subordonné ses libéralités (Trib. civ. de la Seine (ch. cons.) 10 janv. 1883, art. 603, t. 4, p. 129).

CHEMIN PUBLIC. — *Dégradation par les eaux s'écoulant d'un fonds supérieur, Contravention.* — La dégradation causée à un chemin public par les eaux qui s'écoulent naturellement d'un fonds supérieur ne constitue pas une contravention (Trib. de simple police de Montmorency, 7 juin 1882, art. 500, t. 3, p. 406).

CODE RURAL. — *Commentaire de la loi du 29 juillet 1881, modifiant douze articles du Code civil relatif à la mitoyenneté, aux plantations, et au droit de passage en cas d'enclave* (Art. 385 et 394, t. 3, p. 32 et 67).

COLONIES. — *Algérie, Huissier, Décret présidentiel.* — Du 13 décembre 1879 ; — Décret du Président de la République, art. 16, t. 1er, p. 40).

— *Algérie, Propriété, Construction, Transcription, Enregistrement, Timbre* (Art. 107, t. 1er, p. 284).

— *Conseil du contentieux de Pondichéry, Demande en nullité de saisies, Incompétence, Opérations cadastrales, Impôt foncier, Demande en décharge.* — Le conseil du contentieux de Pondichéry est, comme la juridiction administrative en France, incompétent pour statuer sur une demande en nullité de saisies pratiquées pour le recouvrement des contributions directes ;

Lorsque les terres d'un contribuable ont été inexactement mesurées et classées, et par suite assujetties à des impositions exagérées, il appartient à ce contribuable de se pourvoir devant le conseil du contentieux, non par voie de demande d'invalidation des opérations cadastrales, mais par voie de demande en décharge de l'impôt foncier auquel il a été indûment imposé (Conseil d'État, 19 mars 1880, art. 147, t. 1er, p. 402).

— *Cochinchine, Pourvoi en annulation et en cassation.* — Décret portant règlement sur le pourvoi en annulation et en cassation en Cochinchine (Art. 214, t. 2, p. 43).

— *Organisation et compétence des conseils du contentieux administratif dans les colonies de la Martinique, de la Guadeloupe et de la Réunion, et réglementant la procédure à suivre devant ces conseils* (Décret du 5 août 1881, art. 344, t. 2, p. 412).

— *Jury, Martinique, Guadeloupe, Réunion* — Loi portant institution du jury dans les colonies de la Martinique, de la Guadeloupe et de Réunion (Art. 343, t. 2, p. 408).

— *Loi portant organisation de la juridiction française en Tunisie* (Art. 838, t. 5, p. 285).

— *Algérie, Plaidoirie* (Art. 421, t. 3, p. 183).

— *Conseils du contentieux administratif, Compétence, Procédure, Martinique, Guadeloupe, Réunion (la).* — Décret concernant l'organisation et la compétence des conseils du contentieux administratif dans les colonies de la Martinique, de la Guadeloupe et de la Réunion, et réglementant la procédure à suivre devant ces conseils (Art. 447. t. 3 p. 267).

— *Conseil du contentieux, Organisation, Compétence.* — Décret qui rend applicable à toutes les colonies françaises le décret du 5 août 1881, concernant l'organisation et la compétence des conseils du contentieux administratif et règle la procédure à suivre devant ces conseils (Art. 448. t. 3, p. 287).

— *Inde, Code d'instruction criminelle, Promulgation.* — Décret portant promulgation du Code d'instruction criminelle dans les établissements français de l'Inde (Art. 746, t. 4, p. 534).

— Organisation de la juridiction française en Tunisie (Art. 624, t. 4, p. 189) ; — V *Divorce, organisation judiciaire.*

COMMANDEMENT. — *Mari constitutaire, Tuteur légal, Loi du 27 février 1880, articles 6 et 7 — Remploi de capitaux.* — Le mari constitutaire, qui a fait commandement à son beau-père débiteur de la dot constituée, peut, après le décès de sa femme, pendant l'instance sur l'opposition à ce commandement, utiliser ce même commandement, en se prévalant de sa nouvelle qualité de tuteur légal de ses enfants mineurs.

Le tuteur légal peut retirer les capitaux appartenant à ses enfants mineurs, sans justifier préalablement du mode d'emploi. Le débiteur n'a pas à se préoccuper de cet emploi qu'il ne doit pas garantir.

Peu importe que le débiteur soit le subrogé tuteur des mineurs, appelé en cette qualité à surveiller l'emploi. Comme débiteur. il n'a aucune justification à exiger du créancier ; comme subrogé tuteur, il pourra, le cas échéant, se prévaloir du droit de surveillance que lui accorde l'article 7 de la loi du 27 février 1880.

Peu importe encore que le tuteur ait consulté le conseil de famille sur l'emploi à faire, soit pour avoir son avis, soit parce qu'il croyait devoir le consulter.

Il n'est pas obligé, dans ce cas, de se conformer à l'avis donné par le conseil de famille, du moment que rien ne le forçait à le demander (Trib. civ. de Chambéry, 30 déc. 1882, art. 478, t. 4, p. 73).

COMMISSAIRE-PRISEUR. — *Vente de marchandises neuves aux enchères, Application de la loi du 25 juin 1841, Articulation, Preuve ordonnée.* — La prohibition de vendre aux enchères des marchandises neuves, portée par la loi du 25 juin 1841, doit être restreinte aux marchandises n'ayant pas encore servi, quoique défraîchies ; elle ne s'étend pas, notamment, à des meubles ayant déjà servi, encore bien qu'ils soient mis en vente pour le compte d'un marchand vendant des choses pareilles, qui les a achetées pour les revendre (Trib. civ. de Nevers, 6 août 1879, art. 29, t. 1er, p. 25).

Notaires, Vente publique mobilière, Récoltes sur pied, Succession, Veuve, Qualité, Vente volontaire, Vente judiciaire. — La vente aux enchères publiques des récoltes sur pied dépendant d'une succession, que le président du tribunal civil autorise à la requête d'une veuve avant de prendre qualité, est du ressort exclusif des commissaires-priseurs.

Vainement les notaires arguent-ils du caractère immobilier de la vente pour réclamer le droit d'y procéder seuls ; la loi du 5 juin 1851 lui a définitivement imprimé un caractère purement mobilier.

Les notaires ne peuvent même prétendre à la libre concur

rence à l'égard des ventes qu'en cas de vente volontaire, et non en cas de vente judiciaire (Rouen, 17 juill. 1882, art. 507, t. 3, p. 421).

— *Vente, Matériaux, Notaire.* — Les commissaires-priseurs n'ont pas le droit d'opérer la vente des matériaux d'un édifice à démolir : ce droit n'appartient qu'aux notaires (Trib. civ., de Hazebrouck, 26 mars 1881, art. 336, t. 2, p. 393).

— *Action en responsabilité, Vente excédant la cause de la saisie, Distribution du prix à des créanciers opposants postérieurs à la vente sans le consentement de la partie saisie et sans formalités judiciaires, Bonne foi, Non-recevabilité.* — Aux termes de l'article 122 du Code de procédure civile, le commissaire-priseur doit s'arrêter au moment où le prix des objets vendus est parvenu au montant des causes de la saisie ;

Toutefois l'inobservation de cette prescription, aussi bien que des dispositions des articles 656 et suivants, ne saurait donner lieu à une question en responsabilité et en dommages-intérêts contre un commissaire-priseur s'il y a eu, de sa part, bonne foi absolue et absence totale de préjudice (Trib. civ. de la Seine, 1er juill. 1880, art. 194, t. 1er, p 557).

COMMUNE. — *Bail, Défaut de délibération du conseil, Exécution, Prise de possession et payement des loyers.* — A défaut de ratification expresse, l'exécution volontaire de la convention suffit pour couvrir les vices de forme. — Spécialement l'exécution par une commune de baux passés par le maire, l'installation dans les lieux loués de services municipaux et le payement des loyers régulièrement portés au budget, couvrent l'irrégularité ou même l'absence de toute délibération autorisant le maire à passer lesdits baux (Limoges (1re ch.), 12 fév. 1883, art. 713, t. 4, p. 437).

— *Procédure, Chemins vicinaux de grande communication, Communes intéressées, Instance, Pouvoir du préfet.* — Il appartient au préfet et non au maire de représenter dans un procès les communes intéressées aux chemins vicinaux de grande communication (Conseil d'État, 7 déc. 1883, art 817, t. 5, p. 203).

— *Action en justice, Mémoire préalable, Prescription, Interruption.* — Le dépôt à la préfecture d'un mémoire préalable par celui qui veut intenter une action contre une commune, est interruptif de prescription, quel que soit le délai après lequel l'action aurait suivi ce dépôt (Cass. req., 21 août 1882, art. 681, t. 4, p. 345).

COMMUNICATION DE PIÈCES. — *Demande de pièces non produites aux débats, Faculté pour le juge d'ordonner cette communication, Appréciation.* — Les parties ont non seulement le droit de demander communication des pièces employées contre elles, mais encore de conclure à ce que les tribunaux or-

donnent la communication d'autres pièces déterminées qui sont
entre les mains de l'adversaire, mais à la condition toutefois
que les motifs de les mettre au procès soient sérieux (Paris,
29 juill. 1883, art. 705, t 4, p. 407).

COMPARUTION DE PARTIES. — *Chambre du Conseil.*
— Les juges peuvent ordonner la comparution des parties en la
chambre du conseil, s'il leur paraît, d'après les circonstances et
la nature de la cause, que ce mode de procéder doive conduire
plus sûrement à la manifestation de la vérité. Par suite, encourt
la cassation l'arrêt déclarant que ce mode d'instruction est irrégulier et ne peut servir de base à une décision de justice
(C. proc., 119 ; — Cass., 12 mars 1872, art. 70, t. 1er, p. 170 : —
Sic, Berriat-St-Prix, *Proc. civ.,* t. 1er, p. 357 ; — Rivière,
Compét., t 1er p. 462 ; — *Contra, Dict.* n. 17.

COMPÉTENCE. — *Quasi-délit, Travaux publics, Demande
en dommages-intérêts.* — La demande en dommages-intérêts
fondée sur un accident arrivé à des ouvriers employés à des
travaux publics, n'est pas nécessairement de la compétence des
conseils de préfecture.

Spécialement, quand l'action en responsabilité n'est pas dirigée
contre l'Etat, mais bien contre l'entrepreneur, c'est le tribunal
civil qui doit en connaître (Trib. civ. de Saint-Étienne (1re ch.),
7 janv. 1884, art. 857 t. 5, p. 317).

— *Article 49 du Code de procédure civile, Obligation de faire.*
— Lorsque plusieurs défendeurs sont tenus, quoique sans
solidarité, chacun personnellement et par contrats séparés, à
une obligation de faire dont l'exécution n'est pas susceptible
de division, le demandeur peut assigner à la fois tous les défendeurs devant le tribunal de l'un d'eux (Limoges, 10 janv. 1883,
art. 604. t. 4, p. 130).

— *Moyen moratoire, Juge de paix, Dénégation d'écriture.* —
1° Il n'est pas au pouvoir du juge de modifier les limites de sa
compétence sous prétexte que la demande qui en serait exclusive
n'apparaîtrait pas comme sérieuse et ne constituerait qu'un
moyen moratoire ;

2° Spécialement le tribunal saisi, sur l'appel de la sentence
d'un juge de paix, d'une dénégation d'écritures, ne peut refuser
de surseoir à statuer sur la cause principale, conformément à
l'article 14 C. proc., sous prétexte que cette dénégation ne serait
pas sérieuse (Cass. civ., 24 août 1881, art. 480, t. 3, p. 363).

— *Demande principale introductive d'instance tendant à responsabilité contre officiers ministériels exerçant ou ayant exercé
auprès de tribunaux différents, Exception d'incompétence opposée
par les héritiers de l'un d'eux, Pluralité de défendeurs, § 2 de l'article 59 du Code de procédure civile.* — La faculté accordée au demandeur, poursuivant une action commune et indivisible contre

plusieurs défendeurs domiciliés dans le ressort de tribunaux différents, de les assigner tous devant le tribunal du domicile de l'un d'eux, à son choix, est applicable même au cas où, à raison de l'objet de la demande et de la qualité des défendeurs, et s'agissant d'actions en responsabilité contre officiers ministériels, l'instance devait être portée, spécialement à l'égard de chacun d'eux, devant le tribunal du lieu où il exerce ses fonctions.

Il en est ainsi surtout lorsque l'action commune et indivisible ne pouvant plus, à l'égard de l'un d'eux, n'être dirigée que contre ses héritiers, la demande a été précisément introduite devant le tribunal auprès duquel l'autre défendeur est encore en exercice (Paris. 25 fév. 1881, art. 290, t. 2, p. 257).

— *Succursale, Représentation de la compagnie par le préposé, Interprétation des clauses de la police, Compétence du tribunal du lieu de l'agence.* — L'établissement d'une succursale, dont le préposé est investi de pouvoirs assez étendus pour représenter et même pour engager une compagnie d'assurances, constitue une élection de domicile attributive de juridiction qui la rend non recevable à décliner la compétence du tribunal du lieu où est établie cette succursale (Trib. civ. de Lyon, 12 juill. 1882, art. 661, t. 4, p. 283).

— *Assurances. Clause attributive de juridiction, Interprétation, Siège social, Succursales.* — 1. La clause d'un contrat d'assurance qui attribue juridiction à un tribunal pour statuer sur les difficultés qui pourraient survenir entre les parties, doit s'appliquer à toutes les instances principales, mais laisse subsister le droit commun relativement aux demandes en garantie.

II Il est de jurisprudence qu'une société commerciale, indépendamment du siège social, fixé par ses statuts, peut avoir d'autres sièges sociaux où les tiers ont le droit de l'assigner en la personne de l'agent préposé à la direction de l'agence locale et devant le tribunal dont cet agent se trouve justiciable (Lyon, 5 juill. 1882, art. 664, t. 4, p. 291).

— *Assurance contre les accidents, Action de l'ouvrier contre le patron et appel en garantie par ce dernier de l'assureur, Article 181 du Code de procédure civile.* — Le patron a le droit d'appeler en garantie la compagnie d'assurances, dans l'instance en responsabilité intentée contre lui par son ouvrier victime d'un accident, alors surtout que ladite compagnie s'est engagée formellement à défendre elle-même aux demandes en responsabilité civile qui pourraient être intentées contre l'assuré.

Il importerait peu que le siège social de la compagnie fût à Paris et, qu'en règle générale, le tribunal de la Seine fût seul compétent pour connaître des actions dirigées contre elle, car cette compétence cesse lorsqu'il est le cas de faire l'application des dispositions de l'article 181 du Code de procédure civile (Chambéry, 9 juillet 1883, art. 832, t. 5, p. 264).

— *Mainlevée d'inscription hypothécaire, Demande formée devant le tribunal du domicile du vendeur qui s'est engagé à apporter cette mainlevée, Compétence.* — Le tribunal du domicile d'un vendeur d'immeuble est compétent pour statuer sur une demande en rapport de la mainlevée des inscriptions hypothécaires grevant cet immeuble, lorsque le vendeur a pris l'engagement de rapporter cette mainlevée (Paris, 8 janv. 1884, art. 847, t. 5, p. 301).

— *Lieu de l'ouverture de la succession, Article 59 du Code de procédure civile, Acte d'abstention à la succession, Action en réduction de donation.* — S'il n'est pas douteux qu'une action en réduction de donation peut être intentée incidemment dans une instance en partage devant le tribunal de l'ouverture de la succession, il n'en est plus ainsi lorsqu'elle est intentée, en dehors de toute instance en partage. Dans ce cas, le tribunal du domicile de la personne contre laquelle on agit est seul compétent. Lorsque sur une citation en partage par un cohéritier à son cohéritier, ce dernier, avant toute constitution sur cette citation, signifie un acte de répudiation, il ne peut pas y avoir une instance en partage, et, par conséquent, les conclusions en réduction de donation ne peuvent être considérées comme formant un incident dans l'instance en partage (Trib. civ. de Chambéry, 2 juill. 1884, art. 881, t. 5, p. 403).

— *Disposition testamentaire, Inexécution des charges, Demande en révocation, Tribunal du domicile du défendeur compétent.* — La compétence du tribunal du lieu de l'ouverture de la succession, étant une exception au droit commun, doit être entendue dans un sens restrictif.

En ce qui concerne spécialement l'exécution des dispositions à cause de mort, le tribunal du lieu de l'ouverture de la succession cesse d'être compétent, à compter du jugement qui clôt définitivement les contestations relatives à l'envoi en possession des légataires.

Dès lors, doit être portée devant le tribunal du domicile du défendeur, une action en révocation d'une libéralité testamentaire, pour cause d'inexécution des conditions (Lyon, 1re ch., 24 juin 1884, art. 828, t. 5, p. 249).

— *Défendeurs multiples, Étranger, Renonciation, Cassation, Incompétence, Effets.* — La renonciation au bénéfice de l'article 14 du Code civil, n'enlève pas au Français, ou à l'étranger admis à établir son domicile en France, le droit de se prévaloir de la disposition de l'article 52, § 2 (C. proc. civ.), qui attribue au demandeur la faculté d'assigner les défendeurs, à son choix, devant le tribunal du domicile de l'un d'eux (C. proc. civ., art. 59).

Cette disposition étant générale doit recevoir son application non seulement entre Français, mais encore lorsqu'un ou plusieurs défendeurs sont étrangers.

En conséquence, le destinataire français d'une marchandise transportée par chemin de fer a le droit de citer devant les tribunaux français, saisis par lui d'une action dirigée contre des compagnies françaises de transport, la compagnie étrangère par laquelle la marchandise transportée a été assurée.

La cassation de l'arrêt qui, en ce cas, a déclaré à tort l'incompétence des tribunaux français à l'égard de l'un des défendeurs, entraîne la nullité de la décision intervenue au fond entre le demandeur et les transporteurs, en l'absence de l'assureur (Cass. civ., 14 mars 1883, art. 797, t. 5, p. 153).

COMPÉTENCE DES TRIBUNAUX CIVILS. — *Séparation des pouvoirs, Demande en dommages-intérêts contre un colonel.* — I. Le principe de la séparation des pouvoirs ne fait pas obstacle à ce que les tribunaux civils connaissent de l'action en responsabilité dirigée contre un fonctionnaire pour des fautes de droit commun qui sont imputables à l'homme plutôt qu'à la fonction.

II. Spécialement, un colonel qui, en commandant les manœuvres de son régiment, lance son cheval imprudemment ou maladroitement et occasionne ainsi des blessures à un tiers, est à bon droit actionné devant un tribunal civil à raison de la faute ou de l'imprudence personnelle qu'il a commise (Toulon, 21 déc. 1881, art. 419, t. 3, p. 178).

— *Travaux publics, Blessures.* — Une demande en dommages-intérêts pour blessures par imprudence, fondée sur un quasi-délit civil qui aurait été commis à l'occasion d'un travail public, par un entrepreneur, n'échappe point à la compétence des tribunaux ordinaires (Chambéry, 26 avril 1880, art. 167, t. 1er, p. 452).

Trésorier de fabrique d'église, Reddition de compte, Compétence du bureau des marguilliers. — Aux termes du décret du 30 décembre 1809 (art. 12 et 85), c'est au bureau des marguilliers que les comptes du trésorier doivent être présentés et c'est par le conseil de fabrique qu'ils doivent être examinés, clos et arrêtés. Les tribunaux civils sont uniquement compétents pour condamner le trésorier à payer le reliquat de compte lorsqu'il a été régulièrement arrêté, pour l'obliger à rendre le compte lorsqu'il n'a pas été rendu ou pour statuer sur les contestations qui n'appartiennent pas par leur nature à la juridiction administrative (Agen, 9 fév. 1881, art. 355, t. 2, p. 455).

— *Maire, Faits personnels, Faute, Action en dommages-intérêts, Compétence judiciaire.* — Lorsqu'aux actes qu'un fonctionnaire administratif, et spécialement un maire, avait mission d'accomplir, se sont mêlés des faits personnels ayant le caractère de faute et pouvant ainsi donner lieu à des réparations civiles, l'autorité judiciaire est compétente pour statuer sur les réclamations des parties lésées par ces faits (Cass., 4 août 1880, art. 207, t. 2, p. 30).

— *Travaux publics, Sous-traité, Contestation entre sous-trai-tant et entrepreneur, Compétence judiciaire.* — Les constestations entre l'entrepreneur principal de travaux publics et son sous-traitant sur le payement des travaux exécutés par celui-ci sont de la compétence de l'autorité judiciaire (Trib. des Conflits, 23 nov 1878 ; — *Droit* du 18 déc. 1878.)

COMPÉTENCE DES TRIBUNAUX DE COMMERCE.

— *Tribunal de commerce, Écrits produits en justice, Suppression, Incompétence pour statuer sur les dommages-intérêts réclamés par un tiers.* — Si les tribunaux de commerce peuvent prononcer la suppression des écrits ou discours diffamatoires ou calomnieux produits devant eux, ils sont incompétents pour statuer sur l'action en réparation introduite par un tiers qui intervient dans · l'instance dans laquelle l'écrit ou le discours qu'il prétend le léser aurait été produit (Paris, 4 mai 1882, art. 557, t. 4, p. 35).

— *Traite non acceptée et non payée, Action en payement de-vant le tribunal du porteur, Incompétence.* — Le tribunal du domicile soit du tireur, soit du porteur d'une traite non acceptée et non payée par le tiré, est incompétent pour statuer sur le payement réclamé au tiré par le porteur ou le tireur (Trib. comm. de Lyon, 19 déc. 1882, art. 594, t. 4, p. 109).

— *Billet à ordre souscrit par non-commerçant et endossé à commerçant, Endos en blanc, Demande en payement de billet formée devant le tribunal de commerce par le commerçant bénéficiaire du billet contre le souscripteur non commerçant, seul appelé en cause, Exception d'incompétence rejetée, Application de l'article 637 du Code de commerce.* — Du moment où, parmi les personnes obligées par leur signature au payement d'un billet à ordre, figurent des commerçants, alors même que ces négociants ne sont pas mis en cause, le tribunal de commerce est compétent pour connaître de la demande en payement, et l'article 637 du Code de commerce est applicable, sans qu'il y ait lieu de distinguer si les endossements successifs sont réguliers ou incomplets (Paris, 14 fév. 1884, art. 871, t. 5, p. 381).

— *Saisie-Arrêt, Ordonnance, Rétractation, Nullité, Dommages-intérêts.* — Le tribunal de commerce n'est pas compétent pour statuer sur la validité d'une saisie-arrêt.

Mais au cas où l'ordonnance de son président qui avait autorisé cette saisie-arrêt a été rétractée plus tard par ce magistrat, le tribunal peut constater par son jugement la nullité qui résulte de cette rétractation pour la saisie-arrêt pratiquée en vertu de cette ordonnance.

Le tribunal de commerce est compétent pour statuer sur une

demande en dommages-intérêts basée sur le maintien d'une ordonnance de son président ultérieurement rétractée (Marseille, 28 nov. 1881, art. 560. t. 4, p. 40).

— *Représentant de commerce, Engagement réciproque pour une période déterminée, Congé prématuré, Indemnité, Dommages.* — Le lieu où la commission a été acceptée est celui de la promesse faite, et le lieu où la commission doit être exécutée est le lieu de la livraison.

Le mandataire d'une maison de commerce peut, en vertu du paragraphe 3 de l'article 420 du Code de procédure, assigner la maison qu'il représente en règlement de compte et payement de salaire devant le tribunal du lieu où ce payement doit être effectué (Toulouse, 15 juill. 1882, art. 637, t. 4, p. 224).

— *Commis intéressé, Assignation au patron, Articles 363 du Code de commerce et 400 du Code de procédure civile.* — Un gérant d'une usine qui a des appointements fixes et un intérêt n'est qu'un employé et non un associé.

Il ne peut donc assigner son patron au siège du travail.

Et ni en vertu de l'article 363 du Code de commerce, ni en vertu de l'article 420 du Code de procédure civile, en raison des payements qu'il reçoit (Grenoble, 2 mai 1883, art. 809, t. 5, p. 180).

— *Opérations de Bourse, Spéculations illicites, Incompétence du tribunal de commerce.* — On ne peut considérer comme des actes de commerce sérieux des opérations de Bourse, qui n'ont pour but que des spéculations sur des différences de cours.

Le tribunal de commerce est incompétent pour connaître des actions en justice auxquelles peuvent donner lieu ces opérations. Peu importe que celui qui les fait soit commerçant ou non (Cour d'appel de Paris, 5ᵉ ch., 1ᵉʳ déc. 1882, art. 748, t. 5, p. 12).

— *Mines, Produits extraits des mines, Société, Caractère commercial.* — Bien que les entreprises minières aient, d'après la loi du 21 avril 1810, un caractère civil, parce qu'elles ont leur base dans une propriété essentiellement immobilière, les sociétés qui ont pour objet le traitement des produits extraits des mines peuvent avoir un caractère commercial, ces produits détachés du sol devenant des objets mobiliers et de véritables marchandises.

Lorsqu'une société est nulle pour inobservation des formalités exigées par la loi et que, d'autre part, elle n'avait aucun siège déterminé par le pacte social, les actions en justice que les associés peuvent avoir à exercer les uns contre les autres restent soumises aux règles du droit commun quant à la compétence personnelle ; elles doivent donc être exercées devant le tribunal du domicile du défendeur (Trib. comm. de Lyon, 10 nov. 1882, art. 660, t. 4, p. 281).

— *Journal, Annonces, Fermier, Contrat commercial.* — Le litige auquel donne lieu une difficulté survenue dans un contrat commercial entre le fermier de l'exploitation d'un journal et le directeur rédacteur en chef de ce journal est de la compétence du tribunal de commerce du lieu où le contrat a été conclu et devait être exécuté (Trib. comm. de Lyon, 19 déc. 1882, art. 598, t. 4, p. 118).

— *Enseigne, Addition d'un nom au nom patronymique, Propriété d'un nom.* — Les tribunaux de commerce sont incompétents pour statuer même entre commerçants sur la propriété d'un nom patronymique (Lyon, 18 août 1881, art. 591, t. 4, p. 103).

— *Saisie conservatoire, Appel, Exception, Ordre public.* — Il n'appartient point aux tribunaux de commerce de connaître des demandes en validité ou en mainlevée des saisies conservatoires pratiquées en vertu d'ordonnances rendues par leur président.

Cette incompétence ne saurait être couverte par le consentement des parties et peut être proposée pour la première fois en appel (Cass., 22 août 1882. art. 733, t. 4, p. 482).

— *Fonds de commerce, Vente ordonnée par un jugement du tribunal de commerce, Cahier de charges.* — La vente d'un fonds de commerce étant un acte de commerce, le débat qui se produit sur les conditions de ladite vente est essentiellement commercial (Trib. civ. de la Seine, 24 mai 1882, art. 738, t. 4, p. 490).

— *Artistes dramatiques, Litiges avec le directeur, Incompétence du tribunal de commerce.* — Le contrat qui intervient entre un directeur de théâtre et un artiste dramatique est un contrat civil de louage d'industrie, dont l'interprétation échappe à la compétence du tribunal de commerce (Trib. comm. de la Seine, 12 oct. 1882, art. 582, t. 4, p. 85).

— *Affectation hypothécaire garantissant la première dette, Absence d'intention de nover, Compétence du tribunal du lieu du marché originaire.* — Lorsqu'un marché a été conclu entre deux négociants et que, par application de l'article 420 du Code de procédure civile, le tribunal de commerce du domicile du vendeur est compétent, ce tribunal reste encore compétent, lorsqu'une nouvelle dette, avec affectation hypothécaire, est substituée à l'ancienne, purement chirographaire.

Il en est ainsi, alors même que la conversion de la dette dont s'agit a eu lieu au moyen d'une obligation notariée, portant fictivement que le vendeur a versé à l'acheteur une somme égale à celle représentant le montant du marché précédent. La véritable cause de la dette est encore la livraison originaire de marchandises qui a constitué une des parties débitrice envers l'autre.

La nouvelle forme ainsi donnée à la première obligation n'emporte pas novation et ne peut avoir pour effet de modifier la compétence, même dans le cas où il a été stipulé, au moment du second contrat, que le payement serait effectué par le débiteur, dans un lieu autre que celui qui a servi à déterminer la première compétence (Dijon, 3 juill. 1882, art. 690. t. 4, p. 372),

— *Obligations entre négociants, Construction dans l'intérêt du commerce, Compétence.* — Si, en règle générale, la convention passée par un négociant avec un entrepreneur qui s'engage à élever une construction est purement civile, il en est autrement lorsque cette construction est faite dans l'intérêt du commerce de ce négociant.

Dans ce cas, les tribunaux consulaires sont compétents pour connaître des difficultés auxquelles peut donner lieu l'exécution de cette convention (Trib. civ. de Chambéry, 19 avril 1882, art. 474, t. 3, p. 350).

— *Vente d'un fonds de commerce et de fabrication de produits industriels, Immeuble compris dans la vente, Accessoire.* — Les tribunaux de commerce sont compétents pour connaître des contestations relatives à la vente d'un fonds de commerce et de fabrication de produits industriels, encore bien que dans la vente on ait compris l'immeuble dans lequel s'exerce l'industrie, si l'immeuble n'était qu'un accessoire de l'objet principal de la vente (Trib. comm. du Havre, 6 juill. 1880, art. 276, t. 2, p. 223).

— *Compétence, Accusation calomnieuse d'émission d'une pièce de monnaie fausse, Action en dommages-intérêts, Compétence du tribunal de commerce, Distinction.* — Les tribunaux de commerce sont compétents pour connaître de toutes actions relatives aux engagements qui se réfèrent au commerce des parties en cause.

Il en est ainsi de l'action en dommages-intérêts introduite par un commerçant contre une compagnie de chemins de fer, à raison du préjudice causé au demandeur par l'obstacle que les préposés de la compagnie ont mis à son départ, en l'accusant à tort d'avoir émis au guichet de la gare une pièce fausse.

Mais le tribunal civil seul est compétent pour statuer sur les dommages-intérêts réclamés pour accusation calomnieuse suivie d'arrestation (Trib. comm. de Lyon, 20 juill 1882, art. 638, t. 4, p. 227).

— *Accident causé à une voiture de commerce par une voiture de commerce, Assignation devant le tribunal de commerce.* — Les tribunaux de commerce sont compétents pour connaître des obligations qui se forment entre commerçants sans conventions, par l'effet d'un quasi-contrat ou d'un quasi-délit,

Spécialement, ils peuvent statuer sur une demande en dommages-intérêts formée par un commerçant pour avaries causées à sa voiture de commerce par une autre voiture de commerce (Paris, 31 mars 1882, art. 635, t. 4, p. 219).

— *Obligations nées d'un délit ou quasi-délit.* — Il est de jurisprudence que les obligations nées d'un délit ou d'un quasi-délit sont commerciales, lorsque, d'une part, le fait dommageable a été commis par un commerçant dans l'intérêt ou à l'occasion de son commerce, et, d'autre part, que le dommage allégué a été causé aux intérêts également commerciaux d'un autre commerçant. — Il en est ainsi notamment des faits de concurrence déloyale (Lyon, 18 mars 1882, art. 634, t. 4, p. 218).

— *Compagnies d'assurances à primes fixes, Caractère commercial du traité intervenu, Cautionnement donné à l'avoué par une autre compagnie également à primes fixes, Compétence, Faillite de la compagnie d'assurances.* — Les opérations des compagnies à primes fixes ont un caractère essentiellement commercial et les difficultés qui peuvent naître entre la compagnie et l'assuré, sont de la compétence des tribunaux de commerce.

La circonstance, que la prime était due et payée pour l'assurance d'un bâtiment d'exploitation agricole ne change pas le caractère commercial du traité intervenu entre la compagnie et l'assuré.

Le cautionement fourni à l'assuré par une autre compagnie également à primes fixes, constitue aussi une opération commerciale et cette seconde compagnie doit, comme la première, être citée devant le tribunal de commerce.

Elles peuvent être citées toutes deux devant le tribunal de commerce du domicile de l'agent général, lorsque l'immeuble assuré se trouve dans le périmètre territorial de son agence.

Peu importait que le traité intervenu eût été signé non par l'agent général, mais par un sous-agent régulièrement autorisé.

La faillite de la compagnie, intervenue après le traité avec l'avoué, ne modifie pas cette compétence, alors surtout qu'il a été stipulé dans la police que l'indemnité serait payée au siège même de l'agence (Chambéry, 30 avril 1881, art. 308, t. 2, p. 316).

— *Employé de commerce, Rente viagère servie par un patron, Contrat de bienfaisance.* — L'engagement pris par une maison de commerce de servir une rente viagère à un de ses employés à titre de retraite constitue un contrat de pure bienfaisance qui n'a aucun caractère commercial.

L'instance à laquelle peut donner lieu l'exécution de ce contrat doit dès lors être engagée devant la juridiction civile (Lyon, 10 nov. 1882, art. 663, t. 4, p. 289).

Compétence de l'article 420.

— *Article 420 du Code de procédure civile, Contestation du marché, Absence de contestation sérieuse, Jugement.* — I. L'article 420 du Code de procédure civile n'est applicable qu'au cas où le marché n'est pas sérieusement contesté.

II. Aux termes de l'article 425 du Code de procédure civile, les tribunaux de commerce, lorsqu'ils rejettent une exception d'incompétence, peuvent, par dérogation à l'article 172 du même Code, statuer par un même jugement sur le déclinatoire et sur le fond, pourvu qu'ils jugent par deux dispositions distinctes, l'une sur la compétence, l'autre sur le fond. Il y a là une faculté et non une obligation pour le juge consulaire;

Lorsque le demandeur, auquel est opposée une exception d'incompétence, conclut sur l'exception et sur le fond, et que le défendeur se borne à conclure sur l'exception, le jugement qui statue sur le tout a le caractère d'un jugement contradictoire sur l'exception; mais il est sur le fond un jugement par défaut;

Un jugement par défaut que le tribunal a omis de qualifier tel, n'est pas nul s'il présente les caractères propres aux décisions de cette espèce (Rennes, 24 mars 1879, art. 129, t. 1ᵉʳ, p. 357).

— *Livraison non effectuée.* — Il n'y a pas lieu à la compétence établie par le § 2 de l'article 420, (C. proc. civ.), tant qu'il n'y a pas eu livraison *effective* de la marchandise au lieu où la promesse a été faite (Trib. comm. de Chambéry, 17 mars 1880, art. 680, t. 4, p. 343).

— *Demande en résiliation contre le vendeur et un commissionnaire, Manœuvre pour soustraire le vendeur à ses juges naturels.* — L'acheteur de marchandises livrables et payables au domicile du vendeur ne peut en principe assigner celui-ci en résiliation de marché que devant le tribunal du domicile de celui-ci.

Si, pour échapper à cette règle de compétence et saisir le tribunal de son propre domicile, l'acheteur fait assigner par-devant ce tribunal le vendeur en même temps qu'un commissionnaire qui en est justiciable et par l'intermédiaire duquel le marché avait été conclu, il y a lieu d'examiner la qualité du prétendu commissionnaire.

Dans le cas où il n'aurait été qu'un simple courtier non responsable de l'exécution du marché, sa mise en cause doit être considérée comme une manœuvre ayant pour objet de soustraire le vendeur à ses juges naturels, devant lesquels il y a lieu de le renvoyer (Lyon, 24 mai 1832, art. 620, t. 4, p. 177).

— *Vente par représentant, Mandat, Ratification, Lieu de la promesse, Lieu de la livraison, Réunion des deux circonstances nécessaires pour l'attribution de compétence. Livraison des marchandises franco en gare du domicile de l'acheteur, Lieu de la livraison. Marché à livrer, Chose déterminée seulement par ses espèce et quantité, Payement à terme sans désignation de lieu, Lieu du payement, Traite émise par le vendeur sur l'acheteur, Facture postérieure au marché, Clause imprimée modifiant le lieu du payement précédemment déterminé, Nécessité de l'acceptation par l'acheteur. Refus des marchandises envoyées avant la facture, Refus de la facture et de la nouvelle clause.* — Dans un marché conclu par un représentant ayant pouvoir suffisant, le lieu de la promesse n'est pas le domicile du commettant, mais bien la localité où le marché a été arrêté par ce représentant.

En matière commerciale, le tribunal du lieu de la promesse n'est compétent que s'il est en même temps celui du lieu où la livraison a été effectuée.

Le lieu de la livraison est le domicile de l'acheteur quand la marchandise doit être rendue *franco* en gare de ce même domicile.

Dans une vente dont le prix est payable à terme et qui n'a pas pour objet un corps certain et déterminé, le lieu du payement est le domicile de l'acheteur quand il n'en a pas été stipulé d'autre lors du contrat.

Alors surtout qu'il a été convenu que le prix serait payé en une traite émise par le vendeur sur l'acheteur.

Le lieu du payement déterminé par les clauses du marché ne peut être modifié par une mention imprimée de la facture dressée ultérieurement que si cette mention a été acceptée par l'acheteur.

Le refus, dans le délai d'usage, des marchandises envoyées avant la facture implique pour l'acheteur refus de la facture et de la nouvelle clause qu'elle renferme (Trib. comm. de Chambéry, 11 déc. 1882, art. 566, t. 4, p. 51).

— *Lieu de payement, Facture, Traite.* — L'énonciation imprimée dans une facture, que le payement aura lieu comptant au domicile du vendeur, n'emporte pas attribution de compétence au tribunal du lieu de ce domicile, lorsque la lettre d'envoi indique que le vendeur se couvrira du montant au moyen d'un mandat à terme payable au domicile de l'acheteur, — alors que le vendeur n'ajoute pas qu'en fournissant cette traite, il n'entend pas déroger à la clause imprimée relative au payement.

En pareil cas, c'est devant le tribunal du domicile de l'acheteur, que doivent être portées les contestations relatives au marché (Dijon, 23 nov. 1881, art. 584, t. 4, p. 88).

— 1° *Lieu du payement, Facture, Traite annoncée, Contradiction non existante ;* 2° *Refus de la marchandise, Acceptation tacite du lieu du payement.* — I. Le lieu du payement du prix de marchandises vendues est le domicile du vendeur lorsque c'est à ce domicile que le prix est stipulé payable dans la facture adressée à l'acheteur et par lui reçue sans protestation quant à cette clause, bien qu'il y soit ajouté que le recouvrement sera fait par une traite tirée sur un autre lieu.

II. Le refus de la marchandise à l'arrivée n'empêche pas l'acheteur d'être lié, quant à l'attribution de compétence, par son acceptation tacite (Trib. comm. de Chambéry, 30 mai 1884, art. 896, t. 3, p. 448).

— *Vente de marchandises, Lieu de payement, Facture.* — L'énonciation dans une facture de marchandises que le prix sera payé dans un lieu déterminé n'est pas attributive de juridiction au tribunal de ce lieu, lorsqu'il n'est pas allégué par le vendeur que cette facture ait été acceptée par l'acheteur (C. proc., 420).

Peu importe que, dans de précédents marchés passés entre les mêmes parties, des factures contenant la même mention aient été acceptées et payées par l'acheteur ; cette acceptation, spéciale à chaque affaire, ne saurait s'appliquer à une convention ultérieure, absolument distincte des précédentes.

Dès lors, si le marché intervenu entre les parties ne contient aucune stipulation relative au lieu du payement, le domicile de l'acheteur doit être, aux termes de l'article 1247 du Code civil, considéré comme le lieu dans lequel le payement doit être fait, et le tribunal de ce domicile est compétent pour statuer sur la demande en exécution du marché formée par l'acheteur (Cass. req., 19 fév. 1884, art. 895, t. 3, p. 446).

— *Société, Succursale, Compétence, Action intentée contre une société par un de ses agents, Lieu du payement, Action personnelle, Compétence.* — I. S'il est constant en jurisprudence qu'une compagnie de chemin de fer ou d'assurances peut être assignée devant le tribunal du lieu où elle possède une succursale avec un agent ayant pouvoir de la représenter, cette exception aux principes généraux n'a été admise qu'en faveur des tiers ayant traité avec cet agent au siège de la succursale ou dans la circonscription qui lui était confiée.

Il en doit être autrement lorsqu'une compagnie est assignée par un de ses agents, surtout par un agent général ayant pouvoir de la représenter dans un département tout entier.

II. La faculté accordée par l'article 420, § 3, du Code de procédure civile, d'assigner devant le tribunal du lieu dans lequel le payement doit être fait est uniquement relative à l'exécution des marchés entre commerçants.

Cette disposition ne peut être étendue à des demandes intentées à une société par son agent général, soit en payement d'appointements, soit en payement de dommages-intérêts à raison de la rupture du contrat intervenu entre eux (Lyon, 28 fév. 1882, art. 583, t. 4, p. 86).

— *Société, Succursale ; Action intentée contre une société par un de ses agents.* — Si la jurisprudence admet, par exception à la règle, que les actions personnelles doivent être portées devant le tribunal du domicile du défendeur, qu'une société ou un négociant peut être valablement assigné dans le lieu où il possède une succursale, cette exception n'a été faite qu'en faveur des tiers qui ont traité avec le chef de cette succursale.

Il n'existe aucune raison de l'étendre au cas où c'est le représentant de la société ou du négociant qui assigne lui-même son mandant (Lyon, 15 juin 1882, art. 636, t. 4, p. 221).

— *Commis ou employé d'une succursale d'une maison de commerce, Action en réclamation de salaire dirigée par ce commis contre son patron, Compétence* ratione personæ, *Application de l'article* 420 *du Code de procédure civile, Compétence du tribunal du lieu de la succursale, Article* 634 *du Code de commerce, Article* 5, § 3, *de la loi du* 25 *mai* 1838, *Articles* 3 *et* 420 *du Code de procédure civile.* — Le louage de services par un négociant en vue de l'exploitation de son négoce est un contrat commercial.

En conséquence, la juridiction consulaire est compétente pour connaître de l'action, dirigée par un commis ou un employé de commerce contre son patron, en réclamation de salaires et d'un solde de salaires arrêté par règlement de compte.

L'article 420 C. proc. civ., est applicable non seulement aux ventes et livraisons de marchandises ou aux promesses de payements qui s'y rattachent, mais à tout contrat ayant pour objet une opération commerciale.

Ainsi, le tribunal de commerce du lieu de la succursale d'une maison de commerce est compétent, *ratione personæ*, pour connaître de l'action rappelée ci-dessus, lorsqu'il est constant que le lieu de la succursale était, en vertu du contrat verbal formé entre le patron et son commis, le lieu fixé pour le domicile et la résidence de ce dernier celui où devaient être accomplis tous les actes constituant sa mission commerciale, celui enfin où il devait être payé et était en effet payé de son salaire (C. d'appel de Chambéry, 2 déc. 1883, art. 771, t 5, p. 82).

— *Défendeurs multiples, Article* 420 *du Code de procédure civile.* — Quand il y a plusieurs défendeurs la demande doit être portée devant le tribunal du domicile de l'un d'eux, au choix du demandeur (Art. 59., § 2, C. proc. civ.).

Mais quand, en vertu de l'article 420 du Code de procédure civile, l'un des défendeurs est assigné devant un tribunal autre que celui de son domicile, l'autre défendeur à qui cet article n'est pas personnellement applicable ne peut être appelé devant ce tribunal (Rennes, 19 déc. 1881, art. 802, t. 5, p. 164).

COMPÉTENCE ADMINISTRATIVE. — *Maire, Refus d'inscription sur les listes électorales, Demande en dommages-intérêts, Compétence des tribunaux civils.* — La juridiction civile est compétente pour connaître de l'action en dommages-intérêts formée par un citoyen contre un maire pour refus par celui-ci de procéder à son inscription sur les listes électorales, bien que cette inscription ait été prescrite par sentence du juge de paix (Nancy, 19 mars 1880, art. 127, t. 1er, p. 349).

— *Immeuble de l'État affecté à l'établissement d'un petit séminaire, Arrêté ministériel changeant la destination de cet immeuble, Demande de dommages-intérêts. Incompétence de l'autorité judiciaire.* — Les immeubles de l'État affectés à un service public ne peuvent être que détenus et possédés au nom de l'État lui-même, en quelque main qu'ils aient été remis, et l'affectation ne saurait créer aucun droit privé sur ces immeubles.

Il n'appartient pas aux tribunaux civils d'interpréter la portée des dispositions par lesquelles une ordonnance royale a affecté à des services publics des immeubles dépendant du domaine de l'Etat (Trib. civ. de Moulins, 17 sept. 1880, art. 208, t. 2, p. 31).

— *Brevet d'invention, Payement de l'annuité, Contestation sur la date du récépissé, Incompétence des tribunaux civils.* — Le principe de la séparation des pouvoirs interdit à l'autorité judiciaire de connaître des contestations que peut soulever un récépissé délivré en vertu des règlements en vigueur pour la comptabilité des finances de l'État. Ces règlements rentrent dans les attributions de l'autorité administrative (Trib. civ. de la Seine, 15 juill. 1880, art. 196, art. 1er, p. 543).

— *Travaux publics, Concessionnaires, Quasi-délit, Compétence commerciale.* — C'est à la juridiction civile, et non à la juridiction commerciale, qu'il appartient de connaître de la demande en indemnité formée par des particuliers contre une société concessionnaire tout à la fois d'une entreprise de travaux publics, et du droit d'exploiter ces ouvrages après leur achèvement, alors que l'action est fondée sur un quasi-délit imputé à société concessionnaire ou à ses agents, et non sur la défectuosité des ouvrages et le dommage causé par leur exécution ou leur entretien (Bordeaux, 15 juin 1880, art. 195, t. 1er, p. 539).

— *Travaux communaux, Action de l'entrepreneur contre la commune, Rejet par le conseil de préfecture, Action du même contre l'ancien maire, ordonnateur des travaux devant l'autorité judiciaire, Appel en garantie de la commune.* — L'action intentée contre une commune par un entrepreneur en payement de travaux de pavage et de nivellement exécutés par ordre de l'ancien maire sur une place publique de cette commune, est de la compétence administrative, aux termes de l'article 4 de la loi du 28 pluviôse an VIII, comme se rattachant à des travaux d'utilité publique communale ;

Il en est de même de l'action en garantie que l'ancien maire après que l'action de l'entrepreneur contre la commune a été rejetée par le conseil de préfecture, comme non recevable et mal fondée, faute d'autorisation des travaux par le conseil municipal, exerce contre la commune sur les poursuites dont il est l'objet devant l'autorité judiciaire de la part de l'entrepreneur, soutenant qu'il est personnellement responsable de la dépense non autorisée faite d'après ses ordres ;

Pour soustraire la connaissance de la contestation au conseil de préfecture, l'ancien maire soutient vainement que, les travaux n'ayant pas été entrepris régulièrement, il a actionné la commune en vertu des règles du droit commun écrites dans les articles du Code civil (Trib. des Conflits, 26 juin 1880, art. 197, t. 1er, p. 545).

— *Chemins de fer de l'État, Colis perdus, Action en payement de la valeur, Préfet, Tribunal civil.* — (Doctrine.) Art. 208, t. 2, p. 8.

— *De la compétence en matière d'action en responsabilité pour perte de colis postaux.* — (Art. 625, t. 4, p. 193.)

— *Colis postaux, Loi de* 1881, *Déclinatoire, Incompétence des tribunaux ordinaires.* — En matière de colis postaux, les actions en responsabilité contre les transporteurs, pour perte, avaries ou retard, ne sont pas de la compétence des tribunaux ordinaires.

Le recours contre les transporteurs doit être introduit en la forme administrative (Toulouse, 10 avril 1883, art. 649, t. 4, p. 261).

— *Tribunaux administratifs, Colis postal, Perte, Loi du* 9 *mars* 1881. — Il appartient aux tribunaux administratifs de connaître des contestations entre les compagnies de chemin de fer et les tiers relativement au transport des colis postaux (Trib. comm. de la Seine, 17 mai 1883, art. 758, t. 5, p. 42)

— *Colis postaux, Perte, Demande en dommages-intérêts formée par l'expéditeur contre la compagnie de chemin de fer devant le conseil de préfecture, Article* 10 *de la loi du* 31 *mars* 1881, *Incompétence.* — Les conseils de préfecture ne sont compétents qu'à l'égard des contestations qui leur sont expressément attribuées par une disposition de la loi ou du règlement.

Il résulte seulement de l'article 140 de la loi du 3 mars 1881 que les contestations qui pourront s'élever au sujet du transport des colis postaux entre l'État, les compagnies de chemins de fer et même les tiers, seront du ressort exclusif de la juridiction administrative, sans que la connaissance en soit spécialement attribuée aux conseils de préfecture (Conseil de préfecture de la Seine, 18 mars, art. 822, t. 5, p. 216).

— **COMPÉTENCE DES TRIBUNAUX DE PAIX.** — *Matières commerciales, Appel, Tribunal, Incompétence.* — Les juges de paix sont incompétents *ratione materiæ* pour connaître des affaires commerciales ;

Et lorsqu'un jugement d'un juge de paix est déféré par voie d'appel au tribunal d'arrondissement pour cause d'incompétence, à raison de la nature commerciale de l'affaire, ce tribunal est également incompétent pour statuer sur le fond, il doit se borner à infirmer le jugement du juge de paix ;

Surtout si la partie demande son renvoi devant les juges compétents (Cass. civ., 4 fév. 1882, art. 739, t. 4, p. 500).

— *Cartes postales, Diffamation, Injures.* — La compétence, en matière civile, étant déterminée par l'assignation, le juge de paix, saisi d'une demande en dommages-intérêts pour injures contenues dans des cartes postales, est compétent, sans qu'il soit besoin d'examiner si la diffamation qui y serait également contenue, étant écrite et non publique, pourrait donner lieu à une action devant ce magistrat (Trib. civ. de la Seine, 16 juill. 1880, art. 209, t. 2, p. 33).

— *Plantation d'arbres, Distance légale.* — L'article 6 de la loi de 1838, qui attribue au juge de paix la connaissance des actions relatives aux plantations d'arbres, le rend-il aussi compétent pour ordonner la réparation du préjudice causé par ces arbres, lorsque les travaux demandés sont indéterminés et que le chiffre de dommages-intérêts réclamé excède 200 francs (Trib. civ. de Beauvais, 30 août 1880, art. 224, t. 2, p. 67).

— *Demande en payement de frais occasionnés par un différend sur lequel le juge des référés a eu à se prononcer.* — En matière de frais de référé il faut appliquer les principes généraux qui régissent les frais judiciaires.

Le juge de paix est incompétent pour statuer sur une demande en payement de frais occasionnés par un différend sur lequel le juge des référés s'est prononcé (Justice de paix du canton de Sèvres, 13 sept. 1882, art. 538, t. 3, p. 532).

— *Extension de compétence, Dernier ressort.* — Un juge de paix, autorisé par les parties à trancher les difficultés pendantes entre elles en dernier ressort, ne peut plus qualifier ce jugement en premier ressort (Trib. civil de Blois, 8 mai 1879, art. 93, t. 1er, p. 253).

— *Solde de prix de vente, Incompétence du tribunal de commerce, Somme totale excédant 200 francs, Incompétence du tribunal de paix soulevée, Absence de prorogation de juridiction.* — Les demandes formées par ou contre un propriétaire cultivateur pour denrées provenant de son cru, ne sont pas de la compétence du tribunal de commerce (Art. 638, C. comm).

Bien que le solde du prix de vente soit inférieur à 200 francs, le tribunal de paix est incompétent pour connaître de la réclamation, lorsque le prix total de la vente est supérieur à ce chiffre.

Le défendeur ne peut alléguer qu'il aurait consenti à la prorogation de juridiction du juge de paix s'il a simplement soutenu devant lui une exception d'incompétence (Trib. civ. de Lyon, 8 fév. 1883, art. 717, t. 4, p. 471).

— *Livret d'ouvrier, Infraction à un réglement entre fabricants, Quasi-délit, Incompétence du juge de paix.* — Les tribunaux de commerce sont compétents pour connaître de toutes les contestations relatives aux engagements des négociants entre eux.

Par suite, le fait par un patron d'avoir, contrairement à un règlement établi entre fabricants, admis dans ses ateliers une ouvrière dont le livret ne portait pas le visa pour acquit du patron qu'elle venait de quitter, constitue un quasi-délit commercial. Par suite, l'action en dommages-intérêts intentée par le fabricant au préjudice duquel il a été commis, est de la compétence non du juge de paix, mais du tribunal de commerce (Cass., 16 janv. 1883, art. 679, t. 4, p. 342).

— *Juge de paix, Louage d'objets mobiliers.* — Le juge de paix est seul compétent pour connaître des actions en payement de loyer d'objets mobiliers, aussi bien que de celles en payement de loyers d'immeubles. La disposition de l'article 3 de la loi du 24 mai 1838 n'est pas restreinte à ce dernier cas (Trib. civ. de Foix, 27 déc. 1882, art. 653, t 4, p. 271).

— *Demande principale, Demande reconventionnelle, Incompétence du tribunal civil.* — Les demandes, soit principales, soit reconventionnelles, sont de la compétence du juge de paix, lorsque chacune d'elles séparément n'excède pas la somme de 200 fr.

Si la demande est supérieure à 200 francs, la connaissance en appartient encore au juge de paix lorsque cette demande est formée par deux parties et que le total ne dépasse pas 400 francs Trib. civ. de Bonneville, 18 juill. 1883, art. 693, t. 4, p. 377).

— *Projet de loi sur la compétence des juges de paix.* — Art. 643 et 662, t. 4, p. 236 et 284.

— *Compétence, Arbres, Distance légale, Contestation, Servitude, Titre, Destination du père de famille.* — Le juge de paix est incompétent pour statuer sur une demande en suppression d'arbres qui ne se trouvent pas dans la distance légale, lorsque les titres invoqués par l'une des parties sont contestés par l'autre (L. du 25 mai 1838, art. 6 ; — Cass. 19 août 1878, art. 71, t. 1er, p. 174).

— *Dommages aux champs, Compétence, Servitude de passage, Action possessoire.* — La demande en maintenue dans la possession annale d'une servitude de passage, présentée reconventionnellement comme défense à l'action principale pour dommage au champ, soulève implicitement, mais nécessairement, la question de propriété ou de servitude, et dès lors le juge de paix devient incompétent pour statuer sur la demande principale en réparation des dommages causés au champ (Cass., 14 mai 1879, art. 72, t. 1ᵉʳ, p. 176).

— *Compétence, Entrepreneur de travaux, Gens de travail, Matière commerciale.* — L'article 5, n. 3, de la loi du 25 mai 1838, qui attribue aux juges de paix la connaissance « sans appel jusqu'à la valeur de 100 fr., et à charge d'appel, à quelque valeur que la demande puisse s'élever, des contestations relatives aux engagements respectifs des gens de travail au jour, au mois ou à l'année, et de ceux qui les emploient », a pour but unique d'étendre, dans le cas prévu, la compétence à charge d'appel, et nullement de modifier les règles générales de la compétence ou d'y déroger. En conséquence, cette disposition ne s'applique qu'aux actions civiles, et non à celles qui se rattachent à des transactions commerciales : celles-ci sont de la compétence exclusive des tribunaux de commerce (L. 25 mai 1838, art. 5, n. 3).

Ainsi, les difficultés relatives à des engagements intervenus entre un entrepreneur et des gens de travail, à l'occasion de l'exécution de ces travaux, sont de la compétence commerciale (C. comm., 631, 633 ; — Rouen, 21 fév. 1883, art. 790, p. 128).

— *Action personnelle et mobilière, Compétence, Demande indéterminée, Insuffisance de la demande accessoire en dommages et intérêts.* — Est indéterminée la demande d'un propriétaire en suppression d'une boîte aux lettres placée par un locataire sur la porte de sa maison, et en rétablissement de cette porte dans son état primitif ; le juge de paix est par conséquent incompétent.

N'équivaut pas à la fixation de la demande principale, celle formée accessoirement en dommages et intérêts (Cass. 7 janv. 1880, art. 73, t. 1ᵉʳ, p. 179).

COMPROMIS. — *Arbitrage, Société, Conseil d'administration, Administrateur délégué, Pouvoirs, Statuts.* — Le compromis passé au nom d'une société ne saurait être annulé pour cause d'insuffisance des pouvoirs de l'administrateur délégué qui l'a consenti, lorsque cet administrateur était muni, aux termes des statuts, des pouvoirs nécessaires pour traiter, transiger et compromettre sur les affaires courantes de la société, et que la contestation, objet du compromis, rentrait directement dans la catégorie des affaires courantes (Cass. req., 27 juin 1881, art. 657, t. 4, p. 275).

COMPTE (REDDITION DE). — *Formalités, Pièces justificatives, Destruction, Force majeure, Chose jugée.* — Les formalités établies par les articles 530 et suivants (C. proc.), pour la reddition des comptes fournis en justice ne sont pas prescrites à peine de nullité.

Ainsi, en cas de destruction, par force majeure, des pièces

justificatives d'un compte de gestion d'affaires, les juges qui ont
ordonné ce compte peuvent puiser les éléments de leur conviction dans toutes les circonstances de la cause, et notamment
dans un règlement provisoire intervenu entre les parties (Cass.
req., 13 janv. 1880. art. 250, p. 170 ; — V. aussi *Appel*, p. 20).

CONCILIATION. — *Dispense, Défendeurs multiples, Fraude.*
— Pour reconnaître si une demande est dispensée du préliminaire de conciliation, l'on doit vérifier le nombre des
parties appelées en cause comme défenderesses ; mais la demande formée contre plus de deux parties ne cesse pas d'être
soumise au préliminaire de conciliation lorsque le demandeur,
en mettant en cause plus de deux défendeurs, a agi dans le but
de faire fraude à la loi (Cass., 13 juillet 1880, art. 304, t. 2,
p. 299 ; — V. *Dict*. n. 99).

— *Dispense, Pluralité de défendeurs, Intérêts distincts.* —
L'article 49, § 6 (C. proc.), qui dispense du préliminaire de conciliation les demandes formées contre plus de deux parties, ne
s'applique pas au cas où les intérêts des défendeurs réunis dans
une même action sont indépendants les uns des autres, et où
une transaction est possible vis-à-vis de chacun d'eux, sans la
participation des autres défendeurs.

Il en est ainsi spécialement au cas où plusieurs jeunes gens,
autrefois compris dans une société d'assurances mutuelles contre les chances du tirage au sort, mais ayant cessé d'en faire
partie depuis leur libération du service militaire, sont poursuivis, chacun en son nom privé et en vertu d'un titre distinct,
pour le payement de sa souscription personnelle (Cass. req.,
21 nov. 1882, art. 682, t. 4, p. 353).

— *Tierce opposition.* — La tierce opposition n'est ni une demande principale ni une demande introductive d'instance, elle
n'est pas dès lors sujette au préliminaire de conciliation (Paris,
24 janv. 1873, S. 75-1-335 ; — V. *Dict.*, n. 39).

— *Huissier, Avoué.* — La demande d'un huissier contre un
avoué en payement du coût des actes faits pour le compte de
cet avoué est dispensé du préliminaire de conciliation (Cass.,
12 déc. 1871, S. 71-1-229).

— *Demande en partage, Époux.* — Une demande en partage
formée contre une partie et deux époux est dispensée du préliminaire de conciliation, encore bien que le mari ne soit appelé
dans l'instance que pour autoriser sa femme (Rouen, 30 mars
1871, S. 72-2-293 ; — Cass., 20 mars 1877, S. 77-1-457).

— *Dispense, Assignation rectificative.* — Lorsque le président du tribunal a dispensé du préliminaire de conciliation, cette
dispense vaut pour un second exploit d'assignation qui est simplement rectificatif du premier (Cass., 17 nov. 1875, S. 76-1-28).

— *Exception, Conclusions au fond.* — L'exception tirée du

défaut de préliminaire de conciliation est couverte par la défense au fond devant le tribunal et ne peut pas être proposée pour la première fois en appel (Lyon, 22 fév. 1872, S. 73-2-292).

— *Préliminaire, Ordre public.* — Le défaut de préliminaire de conciliation n'est pas une nullité d'ordre public mais seulement une nullité relative qui ne peut être proposée pour la première fois en appel (Paris, 24 janv. 1873, S. 75-2-335).

CONCLUSIONS. — *Matières commerciales, Conclusions prises à la barre.* — En matière commerciale, des conclusions peuvent être utilement signifiées, déposées, lues et développées devant la Cour le jour même de l'audience. La Cour peut et doit statuer sur ces conclusions, sans que la partie adverse puisse s'opposer à leur admission sous prétexte qu'elles sont prises tardivement (Rennes, 29 nov. 1881, art 619, t. 4, p. 174).

— *Délai de signification. Affaire sommaire.* — L'article 70 du décret du 30 mars 1808 prescrivant la signification des conclusions trois jours au moins avant l'audience, ne s'applique ni aux affaires sommaires ni aux demandes en intervention (Cass., 13 mars 1878. S. 79-1-320. — V. *Dict.*, n. 58).

— *Signification.* — Aucune disposition de loi n'impose à peine de nullité la signification des conclusions prises à la barre (C. d'appel de Paris 1re ch., 8 mai 1884, art. 852, t. 5, p. 309).

— *Défaut de signification.* — Des conclusions prises à l'audience lient le débat encore bien qu'elles n'aient pas été signifiées (Paris, 3 mars 1877, S. 72-2-324; — V. *Dict.* n. 54).

— *Ministère public entendu.* — Les parties ne peuvent, après l'audition du ministère public, signifier des conclusions nouvelles et rouvrir le débat précédemment clos (Cass. 15 janv. 1878, S. 78-1-293).

— *Compétence, Signification, Délai. Nullité, Affaire commerciale, Plénitude de juridiction, Conclusions au fond, Incompétence, Irrecevabilité.* — Le délai fixé par l'article 70 du décret du 20 mars 1808 pour la signification des conclusions n'est pas prescrit à peine de nullité ; il appartient seulement à la partie qui aurait à se plaindre de l'inobservation de cette disposition de solliciter une remise de cause.

Le tribunal civil ayant la plénitude de juridiction, la partie assignée pour une cause ayant un caractère commercial peut demander son renvoi devant le tribunal de commerce, mais préalablement à toutes autres défenses.

La signification de conclusions au fond impliquant renonciation au moyen d'incompétence, cette renonciation constitue un droit acquis pour le demandeur et ne saurait plus être rétractée à son préjudice, soit par le renonçant lui-même, soit par le fait de son codébiteur, qui a opposé régulièrement l'incompétence (Trib. civ. de la Seine, 2e ch., 25 juill. 1884, art. 611, t. 5, p. 501).

— *Signature tardive, Décret du 30 mars 1808 (art. 70), Demandeur étranger, Défendeur français, Double instance devant les tribunaux français et les tribunaux étrangers, Décision du tribunal étranger frappée d'appel, Audience suivie en France par le défendeur, Demande de sursis par le demandeur, Rejet.* — 1° Un tribunal ne peut retenir aux débats des conclusions qui n'ont été signifiées par une partie qu'après les plaidoiries, et auxquelles, par conséquent, les adversaires n'ont pas été mis en mesure de défendre.

Les conclusions signifiées en réponse pour opposer le moyen tiré de la tardivité de la signification doivent être admises.

Mais, lorsque des conclusions ont été signifiées avant, mais cependant moins de trois jours avant l'audience fixée pour plaider, la nullité fondée sur la tardivité de leur signification ne peut être proposée après les plaidoiries.

2° Le Français qui demande audience à un tribunal français, pour le jugement de contestations existant entre lui et un étranger, ne saurait, en aucun cas, qu'il soit demandeur ou défendeur dans l'instance, être renvoyé par ce tribunal à la juridiction étrangère, à moins qu'il n'ait formellement renoncé au bénéfice, réservé à tout Français par l'article 14 du Code civil, d'être jugé en France.

Spécialement, la renonciation à ce droit d'être jugé par le tribunal français ne saurait s'induire du fait par ce Français d'avoir comparu comme défendeur devant le tribunal étranger, dans une instance, ayant de la part du même demandeur le même objet que celle dont le tribunal français est saisi.

Et ce, alors surtout qu'à raison d'une exécution possible contre lui à l'étranger, le Français se trouvait dans la nécessité d'y défendre à la demande pour éviter cette exécution.

En conséquence, lorsqu'un demandeur étranger a introduit contre un Français une double instance tendant à fins identiques devant la juridiction étrangère, le défendeur français a le droit, nonobstant la résistance du demandeur, de suivre l'audience sur l'instance introduite en France.

... Et ce, même en présence d'une décision de la juridiction étrangère rendue en première instance et d'ailleurs frappée d'appel.

Le demandeur étranger n'est même pas fondé, dans ce cas, à demander un sursis jusqu'à décision définitive à intervenir à l'étranger (Trib. civ. de la Seine, 27 fév. 1884, art. 800, t. 5, p. 159).

— *Changement de magistrats.* — Les conclusions prises lorsqu'une affaire est appelée pour la première fois et non reprises devant le tribunal composé d'autres magistrats, alors que l'affaire est recommencée, sont réputées non avenues (Cass., 16 mars 1880, S. 80-1-341).

— *Dispositif.* — Les tribunaux ne sont pas tenus de s'expliquer sur un moyen indiqué dans les motifs de conclusions, mais non formulé dans leur dispositif (Cass. req., 11 mai 1881, art. 436, t. 3, p. 229).

— *Demande incidente, Saisie.* — Doit être considérée comme une demande incidente qui peut être introduite dans la forme réglée par l'article 337 (C. proc.), toute demande ayant pour but de faire écarter en tout ou en partie la demande principale ou d'en restreindre les effets : il importe peu que les deux actions ne soient pas de même nature (C. proc., 337).

Spécialement, lorsque, dans une procédure de saisie immobilière, la femme du débiteur demande la nullité de la saisie, en se fondant sur ce que l'immeuble lui aurait été cédé par son mari en payement de ses reprises et serait ainsi devenu dotal, le créancier saisissant peut demander reconventionnellement par simple acte d'avoué à avoué, et sans être tenu de recourir à une demande principale, la nullité de la liquidation (Cass. civ., 9 fév. 1881, art. 322, t. 2, p. 353).

— *Demande originaire, Demande nouvelle, Défendeur, Exception, Prêt, Mandat.* — Des conclusions prises au cours d'une instance et se rattachant à la demande originaire par l'identité du fait sur lequel elles se fondent, ne peuvent être considérées comme une demande nouvelle devant donner lieu à une citation particulière et former l'objet d'une instance spéciale, alors surtout qu'elles ne sont que la conséquence du développement donné au litige par les débats contradictoires des parties ;

Spécialement, le demandeur qui a conclu primitivement à la restitution d'une somme déterminée qu'il prétend avoir remise à titre de prêt, et que le défendeur, interrogé sur faits et articles, soutient n'avoir reçue qu'à titre de mandat, peut, par des conclusions nouvelles et sans recourir à un ajournement distinct, demander la reddition de compte du mandat dont cette somme aurait fait l'objet (Cass., 19 nov. 1879, art. 135, t. 1er, p. 368).

— *Demande nouvelle, Contrat judiciaire, Conditions.* — Le demandeur qui modifie ses conclusions en première instance, sans cependant abandonner ses conclusions principales, peut, devant la Cour, sur l'appel interjeté contre lui, reproduire par un appel incident ses premières conclusions, sans violer la règle des deux degrés de juridiction : il n'y a pas là demande nouvelle.

Pour qu'il y ait contrat judiciaire, il faut que l'une des parties s'oblige, que l'autre accepte l'obligation, et que cet engagement soit constaté par le juge. En conséquence, le demandeur qui a déclaré réduire ses demandes n'est pas lié par l'offre qu'il a faite, si ses demandes réduites n'ont pas été acceptées par l'autre partie, et il peut dès lors reprendre en appel ses premières conclusions (Cass. req., 18 nov. 1878, art. 280, t. 2, p. 231).

CONFLIT. — *Jugement de compétence, Déclinatoire, Travaux publics, Blessures.* — Le préfet peut encore élever le conflit quand le tribunal a déjà statué sur la compétence ;

Il en est ainsi alors même que le procureur de la République a présenté dans une première instance une requête au nom du préfet, exerçant les droits de l'État. Le préfet n'agit plus en la même qualité lorsqu'il présente, postérieurement à cette instance, un déclinatoire au nom de la puissance publique, et ce déclinatoire ne peut être écarté par l'exception de la chose jugée ;

Une demande en dommages-intérêts pour blessures par imprudence, fondée sur un quasi-délit civil qui aurait été commis à l'occasion d'un travail public par un entrepreneur ou par un agent de l'administration, échappe à la compétence des tribunaux ordinaires et doit être déférée au conseil de préfecture (Trib. des conflits, 17 janv. 1880, art. 57, t. 1er, p. 138)

— *Récusation, Conclusions non recevables, Compétence administrative, Congrégations non autorisées, Dissolution, Mesures d'exécution, Préfet, Commissaire de police. Domicile, Réintégration, Scellés, Mainlevée, Dommages-intérêts, Acte administratif, Excès de pouvoir, Dommages-intérêts, Culte, Chapelles non autorisées, Fermeture, Scellés, Responsabilité, Acte de police, Dommages-intérêts, État, Fonctionnaire.* — Le tribunal des conflits n'étant appelé à trancher aucune contestation d'intérêt privé, les parties dans l'instance qui donne lieu à l'arrêt de conflit dont il est saisi, ne sont pas recevables à proposer devant ce tribunal une récusation par application des articles 378 et suivants du Code de procédure civile (1re espèce, 1er arrêt).

Le décret du 29 mars 1880 qui a donné à la compagnie de Jésus un délai pour se dissoudre et évacuer ses établissements, ayant été pris pour l'application des lois des 13-19 février 1790, 18 août 1792 et 18 germinal an X et du décret du 3 messidor an XII, constitue une mesure de police dont le ministre de l'intérieur est chargé d'assurer l'exécution (1re à 8e espèce).

Par suite, le préfet, en prenant un arrêté pour faire exécuter ce décret et en faisant exécuter cet arrêté par le commissaire de police, d'après les ordres du ministre, agit dans le cercle de ses attributions comme délégué du pouvoir exécutif (1re à 8e espèce).

Il en est de même pour le commissaire de police qui ne fait qu'exécuter l'arrêté préfectoral, en vertu d'une délégation spéciale.

En conséquence, il n'appartient pas à l'autorité judiciaire d'annuler les effets ou d'empêcher l'exécution des actes administratifs ainsi accomplis, soit en ordonnant la réintégration, dans l'immeuble, des propriétaires ou des personnes qui y sont domiciliées, soit en ordonnant la mainlevée des scellés, soit en allouant des dommages-intérêts, alors d'ailleurs que les agents qui les accomplissent ne prétendent à aucun droit de propriété, ni de jouissance sur cet immeuble.

Si les personnes à l'égard desquelles ont été prises les mesures destinées à effectuer la dispersion de la congrégation se croient fondées à soutenir que ces mesures n'étaient autorisées par aucune loi, et que, par suite, le décret et l'arrêté préfectoral étaient entachés d'excès de pouvoir, c'est à l'autorité administrative qu'ils doivent s'adresser, soit pour faire prononcer l'annulation de ces actes, soit pour obtenir des dommages-intérêts

Le préfet, en ordonnant l'apposition des scellés sur les chapelles non autorisées, agit dans l'exercice des pouvoirs propres que lui confère la loi pour l'application des dispositions de l'article 44 de la loi du 18 germinal an X et de l'article 8 du décret du 22 décembre 1812 ; et dès lors, l'autorité judiciaire est incompétente pour statuer sur les conclusions à fin de mainlevée de ces scellés, sauf aux intéressés à se pourvoir devant l'autorité administrative (2e et 4e espèce). Dans le cas où les intéressés se croiraient fondés à demander des dommages-intérêts à raison, soit de l'apposition ou tout au moins du maintien des scellés (4e et 8e espèce), soit de l'expulsion des personnes habitant dans les maisons religieuses (8e espèce), c'est contre l'État qu'ils doivent former leur demande devant la juridiction administrative (Trib. des conflits, 26 juin 1880, art. 229, t. 2, p. 77).

— *Dépens exposés devant l'autorité judiciaire.* — Lorsque l'autorité judiciaire se trouve dessaisie d'un litige à la suite d'un arrêté de conflit confirmé, quel est le sort des dépens exposés devant le tribunal qui a été ultérieurement déclaré incompétemment saisi ? (Art. 233, t. 2, p. 114).

— *Juridiction criminelle, Action civile, Recevabilité, Mesure administrative, Actes de simple exécution, Absence de crime, Conflit, Validité.* — I. L'article premier de l'ordonnance du 1er juin 1882, en interdisant à l'autorité administrative d'élever le conflit en matière criminelle, a eu uniquement pour but d'assurer le libre exercice de l'action publique.

II. La plainte qu'un particulier porte devant le juge instructeur en déclarant se constituer partie civile, ne constitue pas une action publique et ne fait pas obstacle, dès lors, à une déclaration de conflit de la part de l'autorité administrative.

III. On ne saurait considérer comme constitutifs du crime d'attentat à la liberté individuelle, des faits qui, dégagés de tout acte personnel aux agents de l'administration et de nature à engager leur responsabilité, n'ont été que l'exécution d'un arrêté

préfectoral prescrivant, d'après les ordres du ministre de l'intérieur et en vertu du décret du 29 mars 1880, la fermeture et
l'évacuation immédiate de l'établissement d'une congrégation
non autorisée (Trib. des conflits, 22 déc. 1880, t. 2, art. 235,
p. 118).

CONSEIL DE FAMILLE. — *Mandataire, Mandat impéra-*
tif. — Les membres du conseil de famille ne peuvent donner à
un mandataire un mandat impératif : ce mandat est frappé d'une
nullité radicale qui entraîne même la nullité de la délibération
(Poitiers, 5 déc. 1879, S. 80-2-217).

— *Mère tutrice, Second mariage, Pouvoir d'appréciation du*
conseil de famille sur le maintien ou le retrait de la tutelle. — Le
défaut du maintien de la mère convolant à de secondes noces,
dans la tutelle qu'elle tenait de la loi, constitue en réalité une
destitution où une exclusion sur laquelle le conseil de famille
n'est pas autorisé par la loi, aux termes de l'article 395 du Code
civil, à prononcer en dernier ressort (Paris, 16 avril 1880, art.
178, t. 1er, p. 484).

— *Délibération refusant la tutelle à la mère remariée.* — La
délibération du conseil de famille qui refuse de conserver la tutelle à la mère qui convole en secondes noces n'est pas susceptible de recourir devant les tribunaux (Angers, 11 nov. 1875,
S. 76-2-168).

— *Destitution de tutelle, Demande en nullité de la délibération*
du conseil de famille, Assignation du subrogé tuteur seul, Non-re-
cevabilité fondée sur l'article 883 § 2 du Code de procédure civile.
— Le tuteur qui se pourvoit contre la délibération du conseil
de famille qui l'a destitué de la tutelle doit, aux termes de
l'article 823 § 2 du Code de procédure civile, assigner tous les
membres du conseil qui ont été d'avis de la délibération, et non
le subrogé tuteur seul (Paris, 11 août 1881, art. 356, p. 456).

— *Demande en nullité de délibération du conseil de famille pour*
appel d'amis demeurant au dernier domicile et défaut de mention
du serment prêté par le greffier. — Une délibération du conseil
de famille n'est nulle ni parce que le juge de paix, à défaut de
parents, a composé le conseil de famille d'amis demeurant au
lieu du dernier domicile de la personne dont l'interdiction est
poursuivie, lorsque cette personne est depuis peu de temps domiciliée dans une commune où elle n'a ni amis ni connaissance ;

Ni parce qu'il n'a pas été fait mention du serment prêté par
le greffier d'un canton voisin, remplaçant le greffier du juge de
paix, lorsque d'ailleurs la délibération est signée du juge de
paix et de tous les membres du conseil (Caen, 17 août 1882,
art. 529, p. 510).

CONSEIL DE PRÉFECTURE. — Les conseils de préfecture sont-ils compétents pour fixer les honoraires des experts

commis par eux ou choisis par les parties dans une instance portée devant cette juridiction ? (Article de doctrine.) — Art. 60, t. 1er, p 146.

— *Procédure, Partie, Avertissement, Audience, Renvoi.* — Dans le cas où le conseil de préfecture a entendu les observations présentées au nom d'une partie, il n'est pas tenu de convoquer cette partie à une séance ultérieure où son affaire a été appelée à nouveau (Cons. d'Etat, 28 mai 1880, art. 231, t. 2, p. 171).

— *Frais et dépens, Taxe des dépens par arrêté du président, Opposition devant le conseil de préfecture, Procès-verbaux de constat, Actes extrajudiciaires, Rejet, Expertise, Sommation par acte d'huissier d'y assister, Rejet, Signification d'arrêté par actes extrajudiciaires, Exécution, Incompétence, Honoraires d'un des experts et du tiers expert, Taxation faite, Arrêté du conseil ayant statué sur les frais d'expertise, Titre suffisant, Non-lieu à statuer.* — Il n'y a pas lieu d'admettre en taxe les frais de procès-verbaux de constat, ces actes extrajudiciaires ne faisant pas partie des dépens faits devant le Conseil de préfecture.

Aucune disposition de loi ou de règlement n'oblige ou n'autorise une partie à faire à son adversaire une sommation par acte d'huissier d'assister à l'expertise, celui-ci pouvant être prévenu au moyen d'un avis sans frais.

Il n'appartient pas au Conseil de préfecture de statuer sur l'exécution de ses arrêtés et, par suite, sur les frais qu'elle peut entraîner.

Décidé que les honoraires dus aux experts ayant été taxés antérieurement par les arrêtés du président, l'arrêté du conseil qui condamne une partie aux frais d'expertise, constitue, au profit de l'autre partie, un titre suffisant pour obtenir le remboursement des honoraires dont elle aurait fait l'avance (Cons. préf. de la Seine, 11 mai 1881, art. 334, t. 2, 433).

CONSTITUTION D'AVOUÉ. — *Défendeur, Domicile, Résidence, Indication, Omission.* — Il n'est pas nécessaire que le défendeur ou l'intimé indique son domicile ou sa résidence dans l'acte par lequel il constitue avoué (Art. 75, C. proc civ.) ;

En conséquence, ce défaut d'énonciation ne fait pas obstacle à ce que l'instance soit liée contradictoirement (Poitiers, 11 mai 1881, art 574, t. 4, p. 67).

— *Constitution, Conclusions, Signature, Désistement signifié par huissier, Signature, Nullité, Refus d'acceptation.* — Sont nulles, une constitution d'avoué et des conclusions notifiées sans signature de l'avoué.

Une constitution d'avoué peut être verbale et même tacite ; elle peut être constatée non seulement par un acte exprès, mais aussi par tous les modes de preuve et même par des présomptions (Art. 61, 75, 76 du C. de proc. civ).

Spécialement, elle résulte suffisamment de constatations relevées sur le registre du greffe et le plumitif de l'audience, mentionnant l'inscription de l'affaire par l'avoué dont la constitution est contestée et des renvois successifs de l'affaire prononcés à l'audience contradictoirement entre les deux avoués.

Le désistement n'est valable qu'à la condition de porter sur l'original et la copie la signature de celui qui se désiste.

Il n'y a pas à distinguer si le désistement est notifié d'avoué à avoué ou signifié par huissier à personne ou à domicile (Art. 202 du C. de proc. civ.).

Le défendeur qui a constitué avoué et s'est porté reconventionnellement demandeur est fondé à refuser un désistement dans lequel le demandeur réserve son action pour la porter devant un autre tribunal.

Lorsque le demandeur, qui s'est désisté, s'est borné à conclure à la validité du désistement, en refusant de conclure au fond, le jugement qui statue au fond, sur une demande reconventionnelle du défendeur est un jugement par défaut, faute de conclure (Lyon, 5 mai 1882, art. 494, p. 389.

— *Élection de domicile.* — L'exploit d'assignation ou d'appel doit contenir, à peine de nullité, constitution d'un avoué pour le demandeur ou l'appelant, et cette constitution emporte de plein droit élection de domicile chez l'avoué constitué ; mais, à l'inverse, la simple élection de domicile n'emporte pas constitution (Cass., 1er juill. 1878, S. 78-1-420).

La nullité d'un acte d'appel résultant de ce que l'appelant aurait seulement élu domicile chez l'avoué, sans déclarer formellement qu'il le constituait, est couverte si l'avoué a été reconnu et qualifié tel dans la constitution d'avoué signifiée au nom de l'intimé (Cass., 1er juill. 1878, S. 8 1-1-359).

— *Délai pour la constitution.* — Le défaut faute de comparaître n'est pas encouru par le défendeur qui constitue avoué même après l'expiration des délais d'assignation et dans l'intervalle entre l'audience où le demandeur a pris ses conclusions et celle à laquelle l'affaire a été continuée pour entendre le ministère public (Paris, 4 janv. 1876, S. 76-2-193).

— *Avoué n'appartenant plus à la Cour.* — Est nul l'acte d'appel signifié contenant constitution d'un avoué qui n'appartient pas à la compagnie des avoués à la Cour (Agen, 20 août 1872, S. 72-2-240 ; — V... v. *Appel*, une décision identique, p. 29).

CONTRAINTE PAR CORPS. — *Jugement, Dommages-intérêts, Dépens, Contrainte par corps exercée par l'État, Loi du 22 juillet 1867, article 2065 du Code civil, article 52 du Code pénal non applicable* (Art. 261, t. 2, p. 193).

CONTRAT JUDICIAIRE. — *Erreur de l'une des parties, Rétractation avant la contestation judiciaire, Inexistence.* — Il n'y a pas contrat judiciaire lorsque le consentement de l'une des parties est entaché d'erreur et que l'autre partie n'a pu se méprendre sur l'erreur commise (Rouen, 24 nov. 1881, art. 398, t. 3, p. 117).

— *Acte d'avoué à avoué.* — L'acceptation par acte d'avoué à avoué d'offres de payement signifiées par acte d'avoué à avoué ne porte pas contrat judiciaire, alors que cette acceptation n'est intervenue qu'après rétractation desdites offres au moyen d'offres réelles différentes suivies de consignation (Cass., 9 janv. 1872, S. 72-1-36).

CONTREFAÇON. — *Dessins de fabrique, Fabrication exclusive à l'étranger, Action en contrefaçon non recevable.* — Le fait d'avoir fait exécuter exclusivement à l'étranger des dessins de fabrique, rend le Français auteur de ces dessins, même ayant fait le dépôt en France, non recevable à exercer l'action correctionnelle en contrefaçon contre ceux qui ont reproduit lesdits dessins (Civ., de la Seine, 7 mai 1879; — Paris, 13 fév. 1880, art. 19, t. 1er, p. 37).

Exception, Compétence. — En matière de contrefaçon d'une œuvre artistique le tribunal correctionnel est compétent pour connaître de l'exception de propriété opposée par le prévenu (Trib. de la Seine, 2 juin 1874; — sous Paris, 4 déc. 1873, S. 75-2 65.

— *Marque de fabrique, Contrefaçon avant le dépôt au greffe du tribunal de commerce, Action non recevable, Arrêt.* — I. Le propriétaire d'une marque de fabrique n'est pas recevable à intenter une action correctionnelle en contrefaçon d'une marque de fabrique, pour faits antérieurs au dépôt qu'il en a opéré au greffe du tribunal de commerce. Ce dépôt n'a pas d'effet rétroactif; il donne seulement à son propriétaire le droit de poursuivre en contrefaçon celui qui en aurait fait usage postérieurement au dépôt.

II. Le juge correctionnel ne doit pas condamner le prévenu pour un délit complètement distinct de celui dont il est saisi par la citation. Spécialement, il ne peut condamner, pour complicité de tromperie sur la nature du produit vendu, le prévenu cité pour contrefaçon de marque de fabrique, encore bien que les deux délits se rapporteraient au même produit (Cass. crim., 5 mai 1883, art. 630, t. 4, p. 265).

CONTRIBUTIONS INDIRECTES. — *Contrainte, Opposition, Assignation devant le tribunal à huitaine franche, Nullité, Application stricte du décret du 1er germinal an XIII.* — Est d'une application stricte l'article 45 du décret du 1er germinal an XIII qui prescrit que l'opposition à contrainte doit contenir assignation devant l'autorité compétente à jour fixe, sans que l'échéance de cette assignation puisse excéder huit jours; en conséquence, est nulle l'opposition à contrainte donnée

avec assignation à comparaître à huitaine franche (Trib. civ.
de la Seine, 23 janv. 1880, art. 198, t. 1er, p. 152).

COUR D'ASSISES. — *Accusé, Interrogatoire, Procès-
verbal.* — L'interrogatoire de l'accusé par le président des assises, à son arrivée à la maison de justice, est une formalité substantielle.

Cette formalité ne peut être considérée comme accomplie,
lorsque le procès-verbal, constatant que le président a demandé
à l'accusé s'il persiste dans ses déclarations, ne contient la mention ni de la réponse de l'accusé, ni d'un refus de réponse (Cass.
crim., 6 juin 1878, art. 38, t. 1er, p. 106).

— *Presse, Diffamation, Absence de notification de la liste des
jurés, Récusation par la partie civile.* — En matière de presse
comme en matière criminelle ordinaire, la liste des jurés doit,
à peine de nullité, être notifiée au prévenu.

L'article 399 du Code d'instruction criminelle n'accorde qu'au
ministère public et au prévenu le droit de récuser les jurés. Il y
a nullité si des récusations ont été exercées par la partie civile,
alors même que le ministère public aurait déclaré s'associer à
ces récusations.

En matière de diffamation par la voie de la presse, il y a contradiction dans la déclaration du jury qui, négative à l'égard
du gérant du journal, qui a inséré un article de journal diffamatoire en ce qu'il est déclaré « de nature à porter atteinte à l'honneur et à la considération du plaignant », est affirmative sur la
même question, identique dans ses termes, posée à l'égard de
celui qui a fait publier ledit article.

Ces deux réponses, affirmative et négative, sont contradictoires et inconciliables ; en effet, l'une declare l'existence du délit
de diffamation avec son élément essentiel : imputation de nature
à nuire à l'honneur et à la considération ; l'autre nie ce délit, en
niant cet élément essentiel du délit (Poitiers, 26 fév. 1879, art.
392, t. 3, p. 64).

D

DEGRÉS DE JURIDICTION. — On ne peut porter en
appel devant la Cour une cause qui a déjà subi les deux degrés
de juridiction, le tribunal civil ayant déjà statué comme juge
d'appel. Il importerait peu que ce tribunal eût été seul compétent
pour statuer sur les conclusions prises.

Il ne pourrait en être autrement que dans le cas où les parties,
reconnaissant l'incompétence du juge de paix, auraient, par un
contrat judiciaire formel, déclaré considérer comme non avenu
tout ce qui avait été fait devant le juge incompétent (Chambéry,
31 juill. 1883, art. 767, t. 5, p. 69).

DÉLAI. — *Saisie-exécution, Délai de distance, Français en résidence à l'étranger, Actes de procédure postérieurs au jugement contradictoire.* — L'article 73 du Code procédure et les délais de distance qu'il établit n'est applicable qu'en matière d'ajournement et ne peut s'étendre aux délais à observer dans les procédures d'exécution des jugements.

Le délai de distance établi par l'article 1033 comme une règle générale applicable à tous les cas prévus en matière civile et commerciale ne doit lui-même être observé que pour le calcul des délais à l'intérieur de la France; cette règle ne saurait être invoquée en faveur des personnes résidant à l'étranger.

Lorsque le locataire n'occupe pas par lui-même, et sous-loue en meublé, la literie saisie ne peut être considérée comme le coucher nécessaire de ce locataire (Trib. civ. de la Seine, 20 déc. 1882, art. 579, t. 4, p. 76).

DEMANDE NOUVELLE. — *Défense à l'action principale.* — On doit considérer comme défense à l'action principale une demande de résiliation de marché faite pour la première fois en appel, en réponse à une action tendant à l'exécution dudit marché (Rennes, 14 mars 1883, art. 848, t. 5, p. 302).

— *Légataire universel, Héritier.* — La partie qui en première instance a réclamé une succession en qualité de légataire universel n'est pas recevable à la réclamer à titre d'héritier pour la première fois en appel : c'est là une demande nouvelle (Montpellier, 20 fév. 1871, S. 71-2 223).

— *Gage, Faillite.* — La partie qui en première instance s'est prétendue propriétaire d'objets donnés en gage à un tiers et en a réclamé la restitution ne peut pour la première fois en appel conclure comme créancier du débiteur gagiste à ce que ces objets soient déclarés appartenir à sa faillite et, dès lors, distribués à ses créanciers : c'est là une demande nouvelle (Cass., 4 nov. 1874, S. 75-1-53).

— *Pleine propriété, Usufruit.* — La partie qui a réclamé en première instance la pleine propriété d'une chose ne forme pas une demande nouvelle lorsqu'elle réclame en appel l'usufruit de cette chose (Bordeaux, 30 mai 1871, S. 71-2-147).

— *Demande en restitution d'objets ou payement de la valeur.* — La partie qui en première instance a conclu au payement de la valeur d'objets retenus par son adversaire à peine de restitution dans un certain délai, peut en appel, pour la première fois, si la restitution n'a pas été effectuée, conclure immédiatement au payement de la valeur desdits objets (Cass., 14 déc. 1875, S. 77-1-21).

— *Nécessité qu'elle soit opposée.* — Une demande ne peut être déclarée nouvelle et par conséquent irrecevable lorsque la fin de non-recevoir n'a pas été proposée par les parties intéressées (Paris, 5 fév. 1872, S. 73-2-75 ; — V. au *Dict.*, n. 420).

— *Conclusions subsidiaires.* — Les conclusions subsidiaires ayant pour objet d'atténuer les faits et de modifier les conséquences de la demande principale constituent une défense à cette demande et peuvent être prises pour la première fois devant la Cour (Cass., 17 fév. 1880, S. 80-1-364).

— *Partage.* — En matière de partage, les demandes nouvelles formées en appel par les parties copartageantes sont recevables comme constituant des défenses à l'action principale (Cass., 17 fév. 1880, S. 80-1-364 ; — Toulouse, 27 mai 1878, S. 80-2-5).

— *Ordre, Production de pièces.*—La partie qui a formé régulièrement une demande en collocation dans un ordre peut valablement représenter en appel une pièce nouvelle à l'appui de sa prétention (Cass., 11 nov. 1878, S. 79-1-157).

— *Appel incident.* — La partie qui forme un appel incident a le droit de faire subir à ses conclusions devant les juges d'appel toutes les modifications qui n'introduisent pas dans la cause des éléments nouveaux (Cass., 17 fév. 1879, S. 80-1-449).

— *Commune, Droit d'usage.* — Une commune, après avoir revendiqué devant les premiers juges la pleine propriété d'une fontaine en invoquant la nullité de l'acte qui l'aurait aliénée, et cela exclusivement, ne peut demander pour la première fois devant la Cour, par conclusions subsidiaires, le simple usage de la fontaine en s'appuyant sur l'acte dont la nullité avait été primitivement réclamée (Cass., 29 juill. 1878, S. 80-1-30).

DEMANDE RECONVENTIONNELLE. — Une demande reconventionnelle en dommages et intérêts, formée par le défendeur à l'action possessoire fondée sur la dépréciation qui serait résultée pour son usine, soit de l'autorisation obtenue par le demandeur d'abaisser le niveau des eaux, soit des procès qui en ont été la suite, ne peut être considérée comme fondée exclusivement sur la demande principale ; en conséquence, si cette demande reconventionnelle excède 200 francs, le juge de paix, en première instance, et le tribunal civil, en appel, sont compétents pour en connaître (Cass., 7 nov. 1876, S. 78-1-105).

— *Matière criminelle.* — La reconvention n'a pas lieu en matière pénale (Rennes, 5 mars 1879, art. 412, t. 3, p. 156).

— *Demande principale, Notaire, Reddition de compte.* — La *demande reconventionnelle* est celle que le défendeur, cité en justice, forme à son tour, devant le même juge, contre le demandeur, afin d'anéantir ou de restreindre les effets de l'action intentée par celui-ci ; mais l'on ne peut faire de toute prétention l'objet d'une demande de ce genre ; il faut, en principe, pour qu'elle puisse être opposée à *l'action principale* qu'elle ait avec elle une certaine connexité, qu'elle provienne de la même source : *ex eodem fonte, sive ex eodem negotio, vel eodem contractu,* surtout alors que la *dette opposée en compensation n'est pas liquide.*

Spécialement, lorsque, sur une demande principale en reddition d'un état détaillé et d'un compte des honoraires dus à un notaire pour frais d'actes passés en son étude, cet officier ministériel, tout en acceptant de rendre compte, produit incidemment une demande tendant à être autorisé à comprendre dans cet état toutes les sommes dont il peut être créancier *à un titre quelconque* sur les demandeurs, cette demande en tant seulement qu'elle a pour but de comprendre les articles concernant son étude et ceux relatifs à ses agissements comme notaire, mandataire ou *negotiorum gestor*, présente bien les caractères d'une *demande reconventionnelle* et doit être déclarée *recevable* par le juge (Caen, 1er avril 1882, art 542, t. 3, p. 539).

DÉPENS. — *La règle de l'article 130 du Code de procédure civile suivant laquelle toute partie qui succombe doit être condamnée aux dépens est-elle applicable en matière d'intervention?* (Art. 677, t. 4, p. 337).

— *Partie gagnante.* — La partie qui gagne son procès ne peut être condamnée aux dépens sous prétexte que celle qui succombe pouvait avoir des doutes sérieux sur le bien fondé de ses prétentions (Nancy, 21 mars 1878, S. 79-2-23 ; — Cass., 26 janv. 1877, S. 77-1-204 ; — V. *Dict.*, n. 3).

— *Pouvoir discrétionnaire des tribunaux.* — Les tribunaux ont un pouvoir discrétionnaire en ce qui concerne la condamnation aux dépens, lors même que la partie condamnée ne succombe pas sur tous les chefs (Cass., 15 déc. 1873, S. 74-1-199 ; — 23 mars 1875, S. 75-1-155 ; — 10 août 1875, S. 76-1-125).

— *Frais étrangers à l'instance.* — La condamnation aux dépens ne peut comprendre les frais étrangers à l'instance : ces frais ne peuvent être mis à la charge de la partie qui succombe qu'à titre de dommages et intérêts (Cass., 4 mars 1873, S. 73-1-201).

— *Cassation, Pourvoi.* — La partie qui a obtenu la cassation d'un jugement ne peut être tenue ni des frais du jugement annulé sur son pourvoi ni des frais de l'arrêt qui l'annule (Cass., 26 janv. 1881, art. 373, t. 2, p. 509).

— *Condamnations simultanées.* — Il n'y a pas double emploi, contrairement à l'article 130 du Code de procédure civile, dans la condamnation simultanée prononcée contre la partie qui succombe : 1° en dommages et intérêts pour les frais et faux frais que le procès a occasionnés à la partie adverse ; 2° en tous les dépens de l'instance si les frais dont il s'agit en premier lieu sont de ceux qui n'entrent pas en taxe et dont on ne peut être indemnisé que sous forme de dommages et intérêts (Cass., 6 mars 1878, S. 79-1-13. ; — V. *Dict.* n. 80).

— *Tierce opposition.* — La partie qui a succombé sur la tierce opposition peut être condamnée à tous les dépens de l'instance

·depuis son intervention dans la cause quand ses prétentions ont eu pour effet de compliquer et de prolonger le procès (Cass., 31 juill. 1879, S. 80-1-409).

— *Solidarité, Créanciers, Codébiteurs solidaires, Caution, Conclusions récursoires, Offres réelles, Condamnations, Frais et dé-pens.* — La caution d'une obligation solidaire doit être relevée, garantie et indemnisée de toutes les condamnations encourues par le retard des principaux débiteurs à remplir l'objet de leur obligation.

Le codébiteur solidaire, qui fait offre réelle de toute sa part virile dans l'obligation, doit être relevé par ses codébiteurs de toutes les condamnations occasionnées par la demeure de ces derniers (Trib. de Bonneville, 1re ch., 7 juin 1882, art. 462, t. 3, p. 324).

— *Codébiteurs solidaires, Offres.* — (Art. 469, t. 3, p. 337).

—, *Dommages et intérêts, Préjudice.* — La partie qui succombe ne peut, outre les dépens, être condamnée à des dommages et intérêts que quand elle a souffert un préjudice matériel ou moral (Cass., 11 nov. 1874, S. 75-1-453).

— *Mise en cause d'un tiers.* — La partie qui a rendu nécessaire par sa faute la mise en cause d'un tiers peut être condamnée aux dépens de cette mise en cause (Nancy, 2 mars 1775, S. 77-2-79).

— *Distraction, Droit de poursuite de l'avoué distractionnaire contre son client, Recours de ce dernier contre la partie condamnée.* — La distraction des dépens est une délégation imparfaite. L'avoué distractionnaire peut donc poursuivre directement contre son client, partie gagnante, le payement de ses frais.

La partie gagnante, malgré la distraction prononcée au profit de son avoué, peut poursuivre directement contre la partie condamnée le payement des frais (Trib. civ. de Corbeil, 11 juill. 1883, art. 766, t. 5, p. 67).

— *Distraction, Masse, Partage d'une succession, Exécutoire, Commandement, Solidarité, Opposition, Nullité, Signification à avoué, Division des dépens, Garantie, Dommages intérêts.* — Par l'effet du partage, les dépens mis à la charge de la masse par un jugement ordonnant le partage d'une succession, se divisent de plein droit entre tous les cohéritiers qui ne peuvent être tenus, chacun, que pour la part virile.

Un exécutoire doit nécessairement être précédé d'une signification à avoué, avant de procéder à son exécution. Le défaut de signification constitue une nullité d'ordre public.

Les dépens civils se divisent de plein droit entre toutes les parties et ne portent intérêt qu'à partir de la demande en justice.

La solidarité dérivant de la loi ou des conventions ne peut être attribuée aux dépens, à moins que ceux-ci aient été adjugés à titre de dommages-intérêts.

Le commandement signifié au mépris de ces principes est nul et rend passible l'avoué, qui a procédé, de dommages-intérêts. (Trib. de Bonneville, 7 mars 1881, art. 431, t. 3, p. 221).

— *Masse, Répartition inégale, Distraction, Effets, Avoué, Exécutoire.* — La distraction des dépens, produisant les effets légaux d'une cession-subrogation, ne rend l'avoué qui l'a obtenue créancier de la partie adverse qu'autant que celle-ci se trouve débitrice du client de cet avoué, et jusqu'à concurrence de la somme par elle due après règlement des frais respectivement avancés et détermination de la part que chacune des parties doit supporter dans la masse (C. pr. civ., 133).

Lors donc qu'un arrêt, après avoir prononcé une condamnation au fond, a ordonné qu'il serait fait masse des dépens et qu'ils seraient supportés dans la proportion des quatre cinquièmes par l'une des parties et d'un cinquième par l'autre et que cette dernière ayant fait une avance de frais supérieure à la quote-part mise à sa charge, se trouve par l'effet de la compensation légale non point débitrice, mais au contraire créancière de son adversaire, l'avoué de celui-ci ne peut, bien qu'il y ait eu distraction des dépens en sa faveur, délivrer un exécutoire contre l'autre partie (Nancy, 13 janv. 1880, art. 268, t. 2, p. 497).

— *Partage des frais.* — Il est de principe que toute condamnation aux dépens prononcée conjointement contre plusieurs parties se divise entre elles par égale portion, à moins de disposition contraire.

La circonstance que plusieurs parties avaient été représentées par un seul avoué, ne saurait emporter dérogation à ce principe, chacune d'elles n'en n'ayant pas moins eu un rôle distinct au procès (Trib. civ. de la Seine, 20 mars 1880, art. 136, t. 1er, p. 37).

— *Frais de voyage, Matière sommaire, Matière commerciale.* — L'indemnité pour frais de voyage fixée par l'article 146 du décret de 1807 n'est pas due en matière sommaire, et par suite en matière commerciale (Décr. 16 fév. 1807, art. 146 ; — Cass. civ., 2 août 1882, art. 558, t. 4, p. 36).

— *Droits d'enregistrement.* — Les droits d'enregistrement des actes produits au cours d'une instance ne font point partie des dépens ;

En conséquence, la partie qui succombe ne peut être condamnée qu'à titre de dommages-intérêts, en vertu de la convention de la loi, et par une disposition motivée (Cass., 23 juill. 1879, art. 22, t. 1er, p. 252).

— *Droits d'enregistrement.* — La condamnation aux dépens ne comprend pas le droit d'enregistrement d'actes produits au cours du procès et dont l'enregistrement compte à la charge de la partie adverse, à moins que la partie qui succombe n'y ait été condamnée à titre de dommages et intérêts (Cass., 17 déc. 1872, S. 72-1-421 ; — 3 fév. 1873, S. 73-1-61 ; — 23 juill. 1879, S. 80-1-352 ; — V. *Dict.*, n. 81 ; — V. aussi Cass , 13 avril, 1872, S. 72-1-17).

Jugé, au contraire, que la condamnation aux dépens comprend le coût de l'expédition des actes dont la production a été nécessaire (Agen, 23 août 1871, S. 71-2 269).

— *Recouvrement, Distraction.* — La partie qui a obtenu une condamnation aux dépens a qualité pour en poursuivre le recouvrement malgré la distraction prononcée au profit de son avoué (Paris, 26 avril 1872, S. 72-2-80).

— *Avoué, Matière sommaire, Émoluments.* — Les avoués ont droit à l'émolument des conclusions motivées par eux signifiées, même en matière sommaire. Le décret du 30 mars 1808 (art. 33, 70 et 71) exigeant qu'en tout cas les avoués signifient des conclusions motivées, a dérogé en ce point à la disposition du tarif qui ne permet aux avoués de réclamer aucun émolument autre que ceux alloués par les articles 67 et 147 lesquels excluaient implicitement les conclusions motivées par cela seul qu'ils ne les mentionnaient point (Paris, 7 juin 1867, sous Cass., 5 avril 1870, S. 72-1-173). Il en est de même de l'article 145 qui alloue aux avoués une somme fixe pour frais de correspondance et de ports de pièces lorsque les parties sont domiciliées hors de l'arrondissement du tribunal, et de l'article 147 qui demande ces émoluments pour les avoués d'appel. Il s'agit là, non d'émoluments, mais de véritables déboursés rentrant dans le dernier alinéa de l'article 67 (Cass., 5 avril 1870, S 72 1-173).

DERNIER RESSORT. — *Jugement étranger, Exécution en France, Demande indéterminée.* — La demande d'exécution en France d'un jugement étranger n'est pas, de sa nature, une demande indéterminée. — En conséquence, l'appel du jugement rendu sur une pareille demande n'est pas recevable, si la condamnation prononcée par le juge étranger est inférieure à 1,500 francs, et si aucune question d'incompétence n'est soulevée (Cass. req., 21 août 1882, art. 728, t. 4, p. 474; — V. *Appel*).

DÉSAVEU DE PATERNITÉ. — *Tuteur* ad hoc, *Conseil de famille.* — C'est au conseil de famille et non au tribunal qu'il appartient de nommer un tuteur *ad hoc* à l'enfant dont on poursuit le désaveu (Tribunal de Tours, 13 mai 1875, sous Cass., 18 août 1879, S. 80 1-342). Dans ce cas le conseil de famille doit être convoqué devant le juge de paix du domicile du mineur ou de sa mère (Dijon, 24 janvier 1872, S. 73-1-75).

— *Enfant abandonné, Assistance publique, Tuteur* ad hoc, *Loi du 10 janvier 1849.* — Aux termes de l'article 318 du Code civil,

l'action en désaveu doit être dirigée contre un tuteur *ad hoc* donné à l'enfant et cette disposition prescrit la nomination d'un tuteur *ad hoc* donné à l'enfant désavoué (Trib. civ. de la Seine, 16 juin 1882, art. 528, p. 507).

DÉSAVEU D'OFFICIER MINISTÉRIEL. — *Avoué, Remise des pièces, Pouvoir.* — L'avoué d'appel qui a reçu de l'avoué de première instance les pièces du procès et l'indication du nom de toutes les parties avec l'invitation de se constituer, est réputé avoir un pouvoir suffisant pour suivre l'appel, et il ne peut dès lors être désavoué (Poitiers, 26 fév. 1879, art. 360, t. 2, p. 468).

— *Offres, Pouvoir spécial, Femme mariée, Mari, Preuve par écrit (Commencement de), Acte authentique, Opposition à commandement.* — Le mari ne peut conférer à l'avoué, au nom de sa femme, le pouvoir spécial nécessaire pour faire ou accepter des offres, aveux ou consentements, dans les termes de l'article 352 du Code de procédure.

Il n'est pas nécessaire que l'acte invoqué comme commencement de preuve par écrit soit écrit ni même signé par la partie à laquelle on l'oppose.

L'acte est censé émané de la partie lorsqu'il est dressé à sa requête par un officier public compétent et dans la forme requise pour faire foi.

Spécialement, peut servir de commencement de preuve par écrit, pour établir qu'une partie a constitué avoué, l'opposition à un commandement faite par un huissier d'après les instructions du client (Cass. req., 16 mars 1881, art. 352, t. 2, p. 449).

— *Fonction légale.* — L'acte fait par un officier ministériel rentrant dans le cercle de ses attributions légales lie la partie au nom de laquelle il a été signifié ; pour l'infirmer la partie doit donc le désavouer (Cass., 12 déc. 1877, S. 77-1-453).

— *Pouvoir spécial exprès ou tacite.* — Le pouvoir spécial nécessaire, aux termes de l'article 352 du Code de procédure, à l'avoué qui fait don ou accepte des offres peut être exprès ou tacite, direct ou indirect, écrit ou verbal ; il peut s'ensuivre des présomptions graves, précises et concordantes, même quand le litige excède 150 francs, s'il existe dans la cause un commencement de preuve par écrit (Angers, 16 janv. 1879, S. 79-2-54).

— *Mandataire devant un tribunal de commerce, Compétence.* — Le désaveu contre l'officiel ministériel qui a fait des actes ou s'est présenté comme mandataire *ad litem* devant la juridiction consulaire, doit être porté devant le tribunal de commerce.

Le tribunal civil, saisi de l'action en désaveu, doit d'office se déclarer incompétent (Trib. civ. de Nantes, 20 fév. 1884, art. 823, t. 5, p. 226).

— *Instance commerciale, Incompétence du tribunal de commerce, Compétence du tribunal civil.* — Un tribunal de commerce est incompétent pour connaître d'une action en désaveu, même s'il s'agit de désavouer des actes de procédure faits devant la juridiction commerciale (Rennes, 3ᵉ ch., 28 juill. 1883, art. 913, t. 5, p. 506).

— *Payement sans réserve du coût des actes qui sont l'objet du désaveu, Jugement rendu en conséquence de ces actes et passé en force de chose jugée, Action en désaveu postérieurement introduite, Irrecevabilité.* — « L'action en désaveu » n'est pas recevable quand la partie a payé sans réserves les frais parmi lesquels figurent les coûts des actes qui sont l'objet du désaveu.

Les demandeurs sont irrecevables lorsqu'ils n'intentent leur action qu'à une date où le jugement, conséquence des actes incriminés, a acquis l'autorité de la chose jugée et a reçu son exécution (Trib. civ. de Périgueux, 24 janv. 1884, art. 849, t. 5, p. 304).

DESCENTE SUR LES LIEUX. — Le juge de police ne peut procéder à une visite des lieux qu'après l'avoir ordonnée préalablement par un jugement préparatoire et contradictoirement avec les parties présentes ou dûment appelées. C'est là, en effet, une disposition substantielle au droit de la défense applicable en matière de police comme en toute autre matière (Cass., 27 nov. 1875, S. 76-1-385).

— *Tribunal de commerce, Marchandises, Vérification, Visite officieuse, Nullité.* — Les juges ne peuvent former leur conviction que d'après des preuves administrées suivant les règles prescrites par la loi.

En conséquence, le tribunal de commerce ne donne point une base légale à sa décision lorsque, pour rejeter une demande en dommages-intérêts formée contre une compagnie de chemin de fer à raison d'une surtaxe imposée aux marchandises transportées, il se fonde sur la vérification qu'il a faite de la nature des marchandises en se transportant chez le consignataire de celles-ci ; sans qu'il résulte d'aucune mention, soit du jugement, soit de ses qualités, que la visite et l'opération dont il s'agit aient eu lieu avec l'accomplissement des formes auxquelles la loi les soumet (Cass. civ., 25 janv. 1881, art. 305, p. 303).

DÉSISTEMENT. — *Acceptation, Vice de procédure, Pouvoir du juge.* — Le désistement d'instance signifié par le demandeur ne peut être valable après que le procès est contradictoirement engagé au fond, qu'autant qu'il est accepté par le défendeur, ou que le tribunal en donne acte si le refus du défendeur d'accepter le désistement ne repose sur aucun motif légitime.

Le demandeur ne saurait exciper pour faire valider son désistement d'un vice de procédure ultérieurement réparé, alors d'ailleurs qu'il est constant que le désistement n'a d'autre but que de soustraire le demandeur à la perte imminente de son procès. Dans ce cas, c'est à bon droit que le défendeur refuse le désistement (Cass., 19 mai 1879, art. 26, t. 1er, p. 74;— *V. Avoué*).

— *Tuteur, Instance relative aux droits mobiliers de mineur, Désistement d'appel, Validité, Refus d'acceptation par l'intimé, Nécessité d'une décision judiciaire, Frais et dépens mis à la charge de l'appelant.* — Le tuteur peut valablement se désister, sans l'autorisation du conseil de famille, d'un appel par lui interjeté dans une instance où il représente son pupille, lorsque cette instance n'a pour objet que des droits mobiliers.

Nonobstant le désistement signifié et reconnu valable, l'appelant doit être condamné à l'amende de fol appel et aux dépens faits postérieurement à son désistement, notamment au coût de l'arrêt, lorsque le désistement n'ayant pas été accepté par l'intimé, lequel s'est porté additionnellement demandeur, à raison des faits survenus après l'appel, il y a nécessité d'un arrêt à rendre pour assurer l'exécution des décisions antérieures vis-à-vis de tiers et lorsque tous ces faits, motivant les conclusions additionnelles de l'intimé, et l'arrêt à intervenir, ont été amenés par l'appel, que l'appelant reconnaît, en s'en désistant avoir interjeté à tort (Paris, 14 déc. 1881, art 425, t. 3, p. 198).

— *Lettre.* — Le désistement n'a été assujetti par la loi à aucune forme de rigueur ; il peut donc résulter d'une lettre motivée signifiée à la partie adverse (Lyon, 7 août 1873, S. 74-2-141).

— *Procédure mal engagée, Acte de désistement non signé de la partie, Formes, Délai, Ordonnance du président permettant d'assigner à bref délai, Voie de recours, Référé, Fin de non-recevoir.* — 1° L'acte de désistement d'une procédure irrégulière dans le but de lui en substituer une plus régulière, sans préjudice du fond du droit, n'a pas besoin, pour sa validité, d'être signé de la partie au nom de laquelle il est fait ou de son mandataire spécial.

Ce désistement n'est soumis à aucune condition de forme et peut avoir lieu en tout état de cause.

Spécialement, le désistement de conclusions prises devant le tribunal civil, au cours d'une instance au principal, et tendant irrégulièrement à obtenir incidemment de ce tribunal la réformation d'une ordonnance de référé rendue par son président, peut valablement avoir lieu par simple acte de conclusions, non signées de la partie, prises devant la Cour d'appel, postérieurement saisie d'un appel régulier de ladite ordonnance ;

2° Le président du tribunal, jugeant en référé, est compétent pour rétracter, s'il y a lieu, une ordonnance portant autorisation d'assigner devant le tribunal à bref délai ;

3° Mais la partie, au préjudice de laquelle l'autorisation a été accordée, doit être déclarée irrecevable à en demander la rétractation, lorsqu'elle y a implicitement acquiescé, en sollicitant, sans protestations ni réserves, devant le tribunal, sur l'assignation à bref délai et antérieurement à l'introduction de son référé, le renvoi de l'affaire (C. d'appel de la Martinique, 20 fév. 1884, art. 904, t. 5, p. 484).

DIFFAMATION. — V. *Presse.*

— *Compétence des tribunaux de commerce.* — V. *Appel*, p. 28.

DISCIPLINE. — *Notaire, Comparution personnelle, Avoué, Jugement par défaut.* — Le notaire poursuivi disciplinairement doit comparaître en personne devant le tribunal. — S'il ne se présente pas, le jugement rendu contre lui est un jugement par défaut, alors même que le notaire se serait fait représenter par un avoué (Art. 40, t. 1er, p. 108).

— *Action disciplinaire, Action publique.* — L'action disciplinaire et l'action criminelle sont indépendantes l'une de l'autre ; ainsi l'exercice de l'action pénale ne suspend pas l'exercice de l'action disciplinaire.

Et s'il peut y avoir, en certains cas, convenance à surseoir à l'action disciplinaire tant qu'il n'a pas été statué sur l'action pénale, ce n'est qu'autant que le jugement disciplinaire préjugerait, d'une façon quelconque, le sort de l'action pénale (Pau, 4 janv. 1881, art. 311, t. 2 ; p. 324).

— *Notaire, Appel, Procédure.* — V. *Jugement.*

— *Avoué, Chambre de discipline. Président, Mise en cause, Élections, Date, Syndic, Rapport, Cassation* — Le président de la chambre des avoués, qui concourt comme juge à la délibération prononçant une peine disciplinaire, ne peut être appelé comme partie devant la Cour de cassation saisie du pourvoi dirigé contre cette décision, et il appartient à la Cour de cassation de le mettre, même d'office, hors de cause (Arr. du 13 frim. an IX, art. 5).

Le décret du 17 juillet 1806 portant que les chambres des avoués seront renouvelées le 1er septembre de chaque année, et que les membres nouvellement élus entreront en fonctions le 15 du même mois, ne met pas obstacle à ce que les membres de la chambre en exercice au 15 septembre conservent et remplissent leurs fonctions jusqu'à l'installation de leurs successeurs, si les élections n'ont eu lieu qu'à une époque postérieure à la date déterminée par ce décret (Déc. du 17 juill. 1806).

Au cas de poursuites disciplinaires exercées devant une chambre des avoués, l'audition du syndic en ses réquisitions et du rapporteur en son rapport constitue une formalité substantielle qui doit être mentionnée au procès-verbal, à peine de nullité (Cass. civ., 2 mars 1881, art. 413, t. 3, p. 158).

— *Avoué, Décision par défaut, Opposition, Récusation.* — Les décisions disciplinaires rendues par défaut (spécialement contre les avoués) sont susceptibles d'opposition.

Une condamnation disciplinaire doit être considérée comme une décision par défaut, bien que l'inculpé ait produit un mémoire en réponse à la citation par lui reçue, si ce mémoire ne donne aucune explication sur les faits reprochés, et se borne à récuser un des membres de la chambre.

Les dispositions relatives aux récusations des magistrats sont-elles applicables aux membres d'une chambre de discipline? (Cass. civ., 24 avril 1883, art. 840, t. 5, p. 290).

— *Officier ministériel, Huissier, Jugement, Chambre du conseil, Excès de pouvoirs.* — C'est seulement pour les fautes commises ou découvertes à l'audience que les officiers ministériels (un huissier) peuvent être condamnés en audience publique à des peines disciplinaires. Pour les faits qui ne se sont pas passés ou qui n'ont pas été découverts à l'audience, ils ne peuvent être jugés qu'en assemblée générale à la chambre du conseil.

Il y a excès de pouvoir, alors même que le ministère public et l'inculpé ont été entendus en chambre du conseil, si la peine a été prononcée à l'audience publique dans les formes d'un jugement ordinaire (Cass. req., 15 janv. 1883, art. 659, t. 4, p 280).

— *Peine disciplinaire prononcée à l'audience contre un avoué plaidant, Recevabilité de l'appel, Décret du 30 mars 1808 et ordonnance du 20 novembre 1822.* — La peine de l'avertissement, édictée par l'article 18 de l'ordonnance du 20 novembre 1821, est spéciale à la discipline des avocats et ne peut être prononcée contre un avoué, même s'il est autorisé à plaider devant un tribunal à défaut d'un nombre suffisant d'avocats.

Dès lors, l'avoué, frappé de cette peine de l'avertissement par un jugement, est recevable à interjeter appel de ce jugement, qui substitue une peine arbitraire aux sanctions établies par les décrets pour les fautes commises par l'avoué dans l'exercice de sa profession (C. d'appel de Paris, 29 janv. et 5 fév., art. 590, t. 4, p. 98).

DISTRIBUTION PAR CONTRIBUTION. — *Projet de de loi* (Art. 440, t. 3, p. 235) ; — V. *Ordre.*

DIVORCE. — Dissolution des liens du mariage prononcée judiciairement.

DIVISION
HISTORIQUE

TABLE ALPHABÉTIQUE

INTRODUCTION. — HISTORIQUE

A toutes les époques, la législation de presque tous les peuples a consacré l'institution du divorce comme remède nécessaire à cette situation intolérable des deux époux, résultant fatalement de la désunion et même des sentiments haineux qui ont pris, chez eux, la place de la tendresse et de l'affection qui avaient dans le principe présidé au mariage.

Le divorce existait chez les Juifs. On le trouve permis et organisé par le Deutéronome.

On le reccontre en Grèce, dans les diverses nationalités, dès l'origine des temps historiques.

A Athènes, le divorce était autorisé. Dès les temps les plus reculés le législateur en a déterminé l'usage ou réprimé l'abus par des dispositions restrictives, comme celles de la loi de Charondas, qui défend à un époux divorcé de s'unir par un nouveau mariage à un conjoint plus jeune que celui dont le divorce l'avait séparé.

Deux sortes de divorce existaient à Athènes : le divorce par consentement mutuel, et le divorce réclamé par l'un des conjoints.

Les formalités à remplir pour arriver au premier étaient d'une simplicité des plus grandes : les deux époux n'avaient qu'à se présenter devant l'archonte, et déclarer que leur intention mutuelle étaient de divorcer. Acte de cette déclaration leur était donné, et ils étaient alors libres de contracter une nouvelle union.

Lorsque la demande de divorce n'était faite que par un seul des époux, elle devait être fondée sur des motifs sérieux. Mais aucune loi ne déterminait les causes du divorce ; ces motifs étaient laissés à l'appréciation du juge. Le mari pouvait, il est vrai, par un simple acte de volonté, répudier sa femme ; mais si celle-ci pouvait justifier d'un renvoi arbitraire, le mari était tenu de lui restituer sa dot et de lui fournir une pension alimentaire.

A Rome, le divorce a été connu à toute époque, et l'on sait les abus scandaleux auxquels il donna lieu au temps de la décadence. Alors le caprice devint la seule règle, et l'on ne vit plus que des mariages d'un jour. En vain les empereurs essayèrent d'arrêter la dépravation publique : ils donnaient eux-mêmes l'exemple de l'immoralité ; leurs lois demeurèrent impuissantes.

Il fallut l'influence moralisatrice du christianisme pour mettre un frein à ces désordres.

Son développement dans le monde romain eut pour conséquence de faire réduire tout d'abord les causes de divorce, et plus tard même, d'en amener la suppression complète.

Ce ne fut pas toutefois sans une assez vive opposition de la part de certains jurisconsultes catholiques, qui, s'appuyant d'un passage de saint Mathieu (ch. V, verset 22, et ch. XIX, verset 7), et de deux textes de saint Luc (chap. XVI, verset 18) et de saint Marc (ch. X, verset 11), prétendaient trouver dans les Évangiles des arguments en faveur du divorce.

Enfin, le 11 novembre 1563, au concile de Trente, le catholicisme romain proscrivit définitivement le divorce, en proclamant l'indissolubilité absolue des liens du mariage.

Dès lors la séparation de corps régna seule dans tous les pays où les doctrines de l'Église catholique étaient religion d'État : en France, en Italie, en Espagne, en Portugal. Partout ailleurs, le divorce demeura autorisé.

Tout en proclamant l'indissolubilité absolue des liens du mariage, le droit canonique a dû, devant certains cas particuliers, faire fléchir la rigueur du principe, en décidant non pas que le mariage était rompu, ce qui eût été admettre le divorce, mais qu'il était nul dans son essence même. Quant au droit civil, il ne reconnaissait que la seule séparation de corps.

Les causes de nullité du mariage, d'après le droit canonique, étaient entre autres : l'erreur sur la personne morale, la parenté spirituelle, la disparité des cultes, le rapt, la non-consommation volontaire du mariage, l'impuissance naturelle. Ces nullités, l'Église seule eut le privilège d'en constater la nature et l'existence.

Ce droit tout exceptionnel, créé au profit exclusif des hautes classes et surtout pour la commodié des princes que la politique ou même simplement leurs caprices et leurs passions poussaient à contracter de nouvelles alliances, fut en vigueur jusqu'au moment où la Révolution française brisant ouvertement avec les traditions de l'ancien régime, proclama la liberté des cultes, et réorganisa le mariage sur des bases nouvelles, en en faisant un contrat civil qui seul fut déclaré légal.

Alors le divorce fut introduit dans notre législation française par la loi du 20 septembre 1792.

Cette loi, œuvre de réaction contre les maximes de l'Église catholique, posait en principe que : « Il faut accorder la plus grande latitude au divorce, à cause de la nature du contrat de mariage qui a pour base principale le consentement des époux, et porte que la liberté ne peut jamais être aliénée d'une manière indissoluble par aucune convention. » (Exposé des motifs de la loi de 1792.)

Tirant de ce principe les conséquences les plus rigoureuses, le législateur de 1792 supprimait la séparation de corps, qui, laissant subsister le mariage, avait seule, jusqu'alors, été autorisée par le Droit civil, et, à côté des causes déterminées de divorce comprenant, entre autres, la démence, la folie, l'abandon, l'absence et l'émigration, admettait la dissolution du mariage sur la simple allégation d'incompatibilité d'humeur, et par consentement mutuel.

La procédure elle-même organisée pour arriver au divorce témoigne de la facilité que la loi entendait accorder aux époux pour briser les liens du mariage : tout était réglé par un conseil de famille sans l'intervention des tribunaux.

Plus tard même, deux décrets de la Convention, en date du 8 nivôse et du 4 floréal an II, simplifièrent ces formalités déjà si simples, et abrégèrent les délais si courts imposés aux parties par la loi de 1792 Mais ces décrets furent bientôt rapportés par la Convention elle-même, le 15 thermidor an III, et la loi de 1792 resta seule en vigeur jusqu'à la fin de la Révolution.

Alors fut décrétée et promulguée la loi des 21-31 mars 1803, qui devait former et forma le titre VI du Code civil sur le divorce.

Les législateurs de 1803 partant d'un principe tout différent de celui qui avait inspiré la loi de 1792, limitèrent strictement les causes du divorce, et établirent en outre une procédure spéciale, où les formalités étaient calculées de façon à provoquer la réconciliation des époux avant le jugement définitif. Le divorce par consentement mutuel restait admis, mais les délais et les conditions sévères qui lui étaient imposées ne permettaient pas d'y voir un moyen pour les époux de se quitter au gré de leur fantaisie.

Enfin, comme annexe au divorce, et pour ôter tout prétexte aux attaques violentes que cette institution avait soulevées de la part des personnes que leur foi religieuse n'autorisait pas à poursuivre la rupture du lien conjugal, les rédacteurs du Code civil rétablirent la séparation de corps.

Cette législation de 1803 subsista jusqu'à la Restauration. La Charte de 1814 proclamait la religion catholique comme étant la religion d'État: la loi du 8 mai 1816 supprima purement et simplement le divorce comme contraire à la religion de l'État, pour ne laisser subsister au Code que la séparation de corps.

Après le renversement de la monarchie légitime par la révolution de juillet, de 1830 jusqu'à 1848, le rétablissement du titre VI du Code civil a été deux fois voté par la chambre des députés et deux fois rejeté par la chambre des pairs.

En 1848, la question du divorce fut reportée devant l'Assemblée nationale. Mais le projet présenté le 26 mai par M. Crémieux n'eut pas de suite et ne fut l'objet d'aucun rapport.

Depuis cette époque cette question du rétablissement du divorce fut abandonnée.

Ce n'est que le 26 juin 1876, vingt-huit ans plus tard, que M. Nâquet la soulevait à nouveau et déposait sur le bureau de la Chambre un projet de loi tendant au rétablissement du divorce. La prise en considération de ce projet fut rejetée le 4 décembre suivant. Battu une autre fois en 1881, M. Naquet parvint enfin, le 19 juin 1882, à faire adopter son projet par la chambre des députés. Le rétablissement du divorce a été voté par le sénat, et décrété par la loi du 27 juillet 1884.

La loi de 1884 abroge la loi du 8 mai 1816, et rétablit, sauf quelques modifications, les dispositions du Code civil abrogées par cette loi, à l'exception de celles relatives au divorce par consentement mutuel qui demeure aboli.

Son article premier est, ainsi conçu :

« *La loi du 8 mai 1816 est abrogée.*

« *Les dispositions du Code civil abrogées par cette loi sont ré-*
« *tablies, à l'exception de celles qui sont relatives au divorce par*
« *consentement mutuel, et avec les modifications apportées aux ar-*
« *ticles* 230, 232, 234, 235, 261, 263, 295, 296, 298, 299, 306, 307
« *et* 310.

« *Sont abrogés les articles* 233, 275 *à* 294, 297, 305, 308 *et* 309
« *du Code civil.*

Ces articles abrogés sont tous relatifs au divorce par consentement mutuel.

Ainsi la loi du 27 juillet 1884 ne reconnaît que le divorce pour causes déterminées.

CHAPITRE 1er. — DES CAUSES DU DIVORCE.

1. Les causes déterminées du divorce, c'est-à-dire les faits qui peuvent, d'après la loi, donner lieu à une demande en divorce de la part de l'un ou l'autre époux, sont :

1° L'adultère ;

2° Les excès, sévices ou injures graves ;

3° La condamnation de l'un des époux à une peine afflictive et infamante.

SECTION Ire. — ADULTÈRE.

ARTICLE 229. — *Le mari pourra demander le divorce pour cause d'adultère de sa femme.*

ARTICLE 230. — *La femme pourra demander le divorce pour cause d'adultère de son mari.*

2. Le texte de l'ancien article 230 portait : « La femme pourra demander le divorce pour cause d'adultère de son mari, *lorsqu'il aura tenu sa concubine dans la maison commune.* »

3. Ainsi, la législation antérieure admettait une distinction entre l'adultère de la femme et l'adultère du mari: l'adultère de la femme était toujours une cause de divorce, tandis que celui du mari ne le devenait qu'avec cette circonstance : *L'entretien d'une concubine au domicile conjugal.*

4. La loi nouvelle, au contraire, n'admet plus aucune distinction ; elle veut l'égalité entre les époux, et déclare que l'adultère quelles que soient les circonstances qui l'ont accompagné, sera à l'encontre du mari, aussi bien qu'à l'encontre de la femme, une cause de divorce.

« Il y a dans le texte modifié de l'article 230, a dit M. Demôle « au Sénat (séance du 20 juin 1884), une haute question de jus- « tice, de moralité et de dignité. Aux termes de l'article 212 du « Code civil, *les époux se doivent mutuellement fidélité ;* cet arti- « cle vient au chapitre des droits respectifs des époux, c'est en « quelque sorte le frontispice de l'œuvre législative, c'est par là « qu'elle débute ; en sorte que quand deux êtres humains abso- « lument égaux en droit, au point de vue de l'union qu'ils pro- « jettent entre eux, absolument égaux au même titre pour la « manifestation de leur volonté, se présentent devant l'organe « de la loi, la première parole que le mandataire de la puissance « souveraine leur fait entendre est celle-ci : *Vous vous devez réci- « proquement fidélité ;* l'engagement est identique, les droits et « les devoirs sont les mêmes, la sanction ne saurait être diffé- « rente. »

5. En établissant ainsi, quant au divorce pour cause d'adul- tère, l'égalité entre le mari et la femme, la loi nouvelle a apporté une innovation dont les conséquences juridiques sont des plus importantes.

6. Jusqu'alors, en effet, la jurisprudence admettait bien que l'adultère du mari commis en dehors de la maison commune pouvait, selon les circonstances, constituer à l'égard de sa femme une injure grave donnant lieu à séparation de corps, aux termes de l'article 231 du Code civil (Bordeaux, 19 mai 1828, — Limoges, 21 mai 1835, S. 35-2-469 ; D. 35-2-167 ; — 14 juill. 1836, Rej., S. 36-1-448 ; — Caen, 22 mai 1872, S. 72-2- 290 ; — Paris, 25 avril 1879, *France jud.*, 78-79-2-702 ; — *Sic,* Aubry et Rau, t. 5, p. 175, § 491 ; — Demolombe, n. 371 ; — Massol, p. 34 ; — Cubain, n. 32 ; — Chardon, n. 75). Mais dans ce cas, les juges avait un pouvoir souverain d'appréciation, et ils pouvaient estimer que les circonstances dans lesquelles l'adultère du mari avait été commis lui enlevaient tout carac- tère injurieux pour la femme.

7. La conséquence de la modification apportée à l'article 230 du Code civil est de faire disparaître ce pouvoir discrétionnaire du juge. La loi a fait de l'adultère du mari une cause de divorce ou de séparation de corps pour la femme : le juge n'a point à examiner si cet adultère est entouré de circonstances aggravantes qui en font une injure grave pour la femme ; le fait seul que l'adultère a été commis par le mari, si accidentel ou si dissimulé qu'il ait pu être, est une cause de divorce ou de séparation de corps.

8. L'adultère, servant de base à une demande de divorce, peut être établi non seulement par des preuves positives, mais encore par des présomptions opérant la conviction morale du juge, et il n'est pas nécessaire que l'époux coupable soit trouvé en flagrant délit (Bordeaux, 27 fév. 1807 ; — Riom, 9 nov. 1810 ; — Colmar, 20 juin 1812, — Dalloz, v. *Sép. de corps*, n. 258, 440).

9. La demande en divorce pour cause d'adultère ne cesse pas d'être recevable parce qu'il serait prouvé que le fait d'adultère est aussi un inceste (Paris, 11 juill. 1812, — Rej., 26 juillet 1813 ; — *Sic*, Merlin, *Rép.*, v. *Adultère*, n. 8 *bis*.)

10. La prohibition, soit de rechercher la paternité soit de constater la filiation adultérine ne met pas obstacle à ce que la femme prouve l'adultère de son mari (Bruxelles, 21 fév. 1883, D. 83-2-139).

11. Le législateur ayant spécifié les fins de non-recevoir qui peuvent être opposées à l'action en divorce pour cause déterminée et n'ayant pas rangé parmi ces fins de non-recevoir la circonstance que le mari aurait connu, toléré ou même facilité les relations coupables de sa femme, cette circonstance ne le rend pas non recevable à intenter contre elle une action en divorce pour cause d'adultère (Bruxelles, 17 fév. 1881, *Pasicrisie belge*, 81-2-219).

12. Il a été jugé cependant que la demande en divorce pour cause d'adultère n'est pas recevable de la part du mari qui a laissé sa femme loin de lui, et dans un lieu notoirement dangereux pour les mœurs (Paris, 6 avril 1811.)

13. L'adultère étant une cause particulière du divorce, et ce délit comportant une action autre que celle qui n'a pour cause que l'injure grave et dont les effets et les conséquences sont aussi différents, l'époux qui s'est borné à demander le divorce pour cause d'injures graves, sans se fonder spécialement sur l'adultère, ne peut valablement, pour justifier d'injures graves, provoquer à la preuve des faits d'adultère (Colmar, 8 déc. 1807, *Rép. gén. du Palais*, v. *Divorce*, p. 504).

SECTION II. — Excès, sévices ou injures graves

ARTICLE 231. — *Les époux pourront réciproquement demander le divorce pour excès, sévices ou injures graves.*

14. Ce texte est l'ancien texte du Code civil. La loi nouvelle n'y apporte aucune modification.

15. Il est à remarquer que le législateur a employé des expressions d'une signification des plus générales. On ne saurait trouver entre ces trois mots *excès, sévices, injures graves,* pris dans leur signification vulgaire, des différences assez grandes pour permettre de déterminer d'une manière précise le sens spécial de chacun d'eux.

« Quand il s'agit d'un adultère ou d'une condamnation à
« une peine afflictive et infamante, a dit M. Marcel Barthe
« lors de la discussion de l'article 231 au sénat, la demande a
« un motif nettement déterminé, sur lequel l'ombre d'un doute
« n'est pas possible; sans doute, les magistrats peuvent recher-
« cher si l'adultère a été, oui ou non, commis; mais quant à la
« cause, je la répète, elle est clairement précisée et ne laisse
« aucune place à l'interprétation.

« En est-il de même quand il s'agit d'excès, de sévices et
« d'injures graves ?... Non, assurément.

« Le législateur n'a pas défini ces diverses espèces de griefs,
« il en a abandonné l'appréciation à l'arbitraire des juges qui, à
« cet égard, est tel que les mêmes faits, les mêmes actes, les
« mêmes paroles changent de caractère, même aux yeux des
« juges du même siège, suivant les circonstances et les per-
« sonnes.

« Ainsi, quelquefois une main levée, une menace de frapper,
« une poussée suffit pour constituer un excès de nature à faire
« prononcer la séparation, à l'avenir, le divorce. Au contraire,
« une voie de fait bien caractérisée, par exemple un soufflet, sera
« considérée par les mêmes juges, non plus comme un excès,
« mais comme un acte de vivacité ou de mauvaise humeur ac-
« cidentelle ne pouvant tirer à conséquence.

« Ainsi, chaque jour, devant les tribunaux, des faits d'une
« apparence peu grave sont considérés comme excès, tandis que
« des faits motivés, d'une violence incontestable, donnent lieu à
« une interprétation différente.

« Quant aux sévices, la définition en est encore plus difficile,
« et la liberté d'appréciation, en ce qui les concerne, est sans
« limites; seulement, pour qu'ils soient une cause de rupture
« du mariage, il faut que les faits soient habituels. Ainsi, qu'un
« des époux ait un caractère bizarre, une habitude désagréable,
« qu'il soit porté à l'irritation, qu'il s'emporte fréquemment,
« tout cela peut constituer des sévices. Il n'y a donc pas de li-
« mite pour l'appréciation de ces faits.

« Quant aux injures graves, qui peut dire où commence leur
« gravité ? Les juges ont été amenés à donner une portée diffé-
« rente aux mêmes expressions, aux mêmes gestes, suivant l'âge,
« l'éducation et la situation de la personne qui les emploie ou
« la personne à laquelle ils s'adressent. Un mot qui n'est rien,
« dans certains cas, est, au contraire, considéré comme une
« injure de la plus grande gravité dans un autre. » (*J. off.*,
22 juin 1884, p. 1150, col. 2).

16. Conformément à ces principes, il a été jugé que le pouvoir du magistrat est souverain pour décider que tel ou tel cas
rentre, soit dans les excès, soit dans les sévices, soit dans les
injures graves. Son appréciation, à cet égard, échappe à la censure de la Cour de cassation (Cass., 19 mess. an XIII et
12 fév. 1806.

17. Il en est de même quand il déclare que tels sévices, tels
mauvais traitements, telles injures sont assez graves ou non
pour être causes de divorce ou de séparation de corps (Cass.,
25 mai 1808 ; — 14 janv. 1861, S, 61-1-719 ; D. 61 1-196 ; —
4 mai 1863, S. 63-1-427 ; D. 64-1-196 ; — 8 janv. 1872, S. 72-
1-336 ; D. 72-1-252 ; — 17 déc. 1872, S. 72-1-412 ; D. 73-1-156).

18. Les circonstances de la cause, surtout celles résultant du
milieu social et de l'éducation seront d'un grand poids dans l'appréciation des faits articulés, comme constituant les excès, sévices ou injures graves, par l'époux demandeur en divorce ou
en séparation de corps (Pau, 27 mars 1813, S. et *P. chr* ; — Gand,
19 fév. 1873, *Pasicrisie belge*, 73-2-232; *Belgique judic.*, 73, 1269).

19. Et les juges qui décident que, quelle que soit la position
sociale des époux, les faits articulés ont le caractère d'excès,
sévices et injures graves, doivent être réputés avoir apprécié
cette position sociale comme élément de leur décision (Cass.,
11 avril 1865, S. 66-1-238 ; D., 66-1-167 ; — *Sic*, Merlin,
Rép., v° *Séparation de corps*, § 1, n° 3 ; — Duranton, t. 2, n° 552
et 553 ; — Vazeille, t. 2, n. 511 ; — Allemand, t. 2, n. 1367).

20. Le juge doit également tenir compte des faits qui ont pu
provoquer de la part de l'époux défendeur les sévices ou les
injures. Ainsi, il a été jugé que le divorce ne devait pas être prononcé contre une femme qui s'est portée à des actes de violence
contre son mari, provoquée qu'elle était constamment par les
reproches d'infidélité et d'adultère de celui-ci, c'est-à-dire par
l'injure la plus outrageante qu'un mari puisse faire à sa femme
(Metz, 7 mai 1807).

21. ... Et qu'un mari justement irrité contre la vie scandaleuse
de son épouse, peut, sans encourir le divorce, se porter envers
elle à des voies de fait, à des outrages qui, dans toute autre circonstance, seraient inexcusables de sa part (Angers, 3 juin 1813,
S. et *P. chr.*).

22. Toutefois, la jurisprudence a admis une solution contraire au cas où la femme avait été victime de sévices et mauvais traitements qu'elle avait provoqués. Il a été jugé, en effet, que les injures adressées par elle à son mari ne peuvent autoriser ce dernier à la maltraiter ; qu'on ne peut établir une sorte de compensation entre ses paroles et les sévices du mari, et que le divorce peut être prononcé à son profit (Poitiers, 10 ventôse an XI).

23. L'appréciation du juge en matière de divorce est tellement souveraine qu'un seul fait d'excès, de sévices ou d'injures graves peut, suivant les circonstances, motiver une demande et un jugement de divorce ou de séparation (Cass., 22 juin 1880, S. 81-1-268).

24. Si les juges doivent considérer les faits dans les circonstances où ils se sont produits, ils ne doivent pas moins, pour les apprécier, envisager l'influence que ces faits ont ou peuvent avoir sur les relations conjugales et l'intérieur des époux.

25. Ainsi, en matière de sévices, la circonstance que les faits reprochés au mari ne seraient pas de nature à entraîner contre lui une condamnation correctionnelle, ne saurait enlever à ces faits la gravité qui peut les faire déclarer cause de divorce ou de séparation de corps (Paris, 20 fév. 1828).

26. De même, en envisageant l'influence que les faits exercent sur la vie commune, le juge peut n'avoir pas à se préoccuper du degré de responsabilité du défendeur.

27. Ainsi, la circonstance que les imputations dirigées contre la femme par le mari sont le résultat des troubles d'un cerveau malade, ne leur retire pas le caractère d'injures graves, si leur continuité et leur malveillance rendent toute cohabitation impossible pour la femme (Montpellier, 1er fév. 1866, D. 67-5-290. — Trib. de la Seine, 27 nov. 1868 ; *Gaz. des Trib.*, 6 janv. 1869).

28. Les excès, sévices et injures graves constituent également un motif légitime de divorce contre le mari, qui s'en est rendu coupable sous l'empire d'excitations alcooliques ou d'accès de jalousie, encore bien qu'au moment où les faits se sont passés, le mari ait été interné momentanément dans une maison d'aliénés (Paris, 29 avril 1881, S. 82-2-21 ; — *Sic*, Laurent, t. 3, n. 186 ; — Le Senne, n. 91 et suiv.).

29. Ainsi, les tribunaux sont investis du pouvoir le plus absolu pour apprécier l'importance et la gravité des faits pouvant constituer des excès, des sévices ou des injures graves. Tel est le principe à déduire tout d'abord, et que nous avons, en effet, déduit de la jurisprudence sur l'article 231.

30. Ce principe établi, nous pouvons maintenant rechercher quels sont le sens et la portée juridiques de chacune des expressions *excès, sévices, injures graves.*

§ 2. — Excès.

31. Le projet du Code civil adopté au Conseil d'État et présenté au Tribunat contenait un article ainsi conçu :

« L'attentat de l'un des époux à la vie de l'autre sera pour ce « dernier une cause de divorce. »

Sur les observations du Tribunat, que cet article ainsi formulé mettait l'époux demandeur en divorce dans la nécessité de diriger contre son conjoint une action de nature à faire condamner celui-ci à une peine fort grave, l'article fut supprimé, et pour distinguer les *attentats à la vie* des simples sévices, le mot excès fut introduit dans l'article 231, où il ne se trouvait pas auparavant.

32. On peut donc dire que les excès, dans le langage du Code, sont les violences, les coups, les mauvais traitements ou attentats par lesquels l'un des époux met en danger la vie de l'autre (Locré, *Législ.*, t. 5, p. 103, n. 7 ; — Duranton, t, 2, n. 550 et suiv. ; — Toullier, t. 2, n. 672 ; — Merlin, *Répert.*, v° *Sépararation de corps*, § 1, n. 3 ; — Laurent, t. 3, n. 186 et 187 ; — Demolombe, t. 4, n. 383 ; — Mourlon, *Répét. écrites sur le Code civil*, t. 1, n. 843 ; — Vazeille, t. 2, n. 541 ; — Aubry et Rau, t. 5, p. 175, § 491).

33. Des actes de violence, surtout s'ils sont accompagnés d'invectives et de reproches outrageants doivent être considérés comme des excès dans le sens de l'article 231 (Bordeaux, 10 avril 1826, Dalloz, *Rép.*, v° *Séparation de c rps*, n. 26).

34. Il y a lieu de prononcer le divorce au profit de la femme, si son mari s'est porté envers elle à des voies de fait et à des violences d'autant plus répréhensibles, que son état de grossesse exigeait de la part du mari des égards et des ménagements (Rouen, 30 mess. an XII ; Dalloz, *Rép.*, v° *Séparation de corps*, n. 433 ; — Le Senne, n. 70).

35. Le simple abus que le mari ferait de ses droits sur la personne de sa femme ne saurait constituer un excès pouvant motiver une demande en divorce ou séparation de corps, si cet abus ne constituait aucun acte ou tentative contre nature (Rennes, 13 déc. 1841, P. 42-2-576 ; D. 42-2-129).

36. Il n'en est pas des excès comme des autres causes de divorce, prévues à l'article 231. Le fait d'excès est, par lui-même, tellement grave, que, s'il était prouvé, une atténuation ne serait pas opposable, quand bien même elle résulterait de la provocation, et le juge ne pourrait se refuser à admettre la demande de divorce, ou de séparation de corps qui serait motivée sur un tel fait (Aubry et Rau, t. 5, p. 177 ; — Demolombe, t. 4, n. 384).

§ 3. — Sévices.

37. Les sévices ont un caractère moins graves que les excès. Ce sont des actes de cruauté ou de méchanceté, qui rendent la vie insupportable, mais sans la compromettre, tels que les voies de fait, les mauvais traitements (Rouen, 30 mess. an XIII. — Besançon, 16 germ. an XIII, Dalloz, *Répert.*, v° *Séparation de corps*, n. 56 ; — Marcadé, *sur l'art.* 306 ; — Aubry et Rau, p. 175 et note ; — Duranton, t. 2, n. 551 et 552 ; — Merlin, *Répert.*, v° *Séparation de corps*, § 1, n. 3 ; — Demolombe, t. 4, n. 384 et suiv. ; — Mourlon, *Répét. écrites sur le Code civil*, t. 1, n. 843).

38. Les sévices peuvent exister, indépendamment de la condition de continuité, qui était exigée antérieurement au Code civil comme leur caractère général. Il suffit, pour qu'ils puissent aujourd'hui servir de base à une demande de divorce, que leur gravité et les circonstances qui les ont accompagnés soient telles qu'on puisse craindre qu'ils ne se renouvellent et deviennent plus violents (Besançon, 9 avril 1808 ; — Cass., 21 mars 1815 ; — *Contra*, Paris, 27 mars 1813).

39. Le fait par un mari de forcer un secrétaire, pour y prendre une somme provenant d'un bien paraphernal de sa femme, constitue, surtout quand ce fait est accompagné d'autres circonstances, un sévice pouvant donner lieu à séparation de corps ou divorce (Nîmes, 16 juill. 1849, S. 52-2-45 ; D. 58-2-423).

40. Le mari qui, ayant à se plaindre de l'inconduite de sa femme, l'a fait enfermer dans une maison de force, en surprenant de l'autorité administrative une sorte de lettre de cachet, y eût-il eu des suppliques de la famille et des acquiescements de l'épouse elle-même, n'en est pas moins coupable d'attentat à la liberté individuelle de sa femme, donnant lieu à séparation de corps pour sévices (Rouen, 8 avril 1824 ; — *Sic*, Chardon, n. 59).

41. De même, de ce qu'un emprisonnement d'une femme par son mari aurait été autorisé par le magistrat de police, il ne s'ensuivrait pas que les tribunaux fussent empêchés de voir là un acte de sévice grave (Cass. rej., 16 nov. 1825,

42. Mais le mari qui, avec la simple autorisation de la police, et sans en référer aux tribunaux a fait détenir sa femme atteinte d'aliénation mentale dans une maison de santé (antérieurement à la loi du 30 juin 1838 sur les aliénés) pour y rester jusqu'à sa guérison, ne s'est pas rendu par cela seul coupable de sévices envers elle (Paris, 10 janv. 1807).

43. Jugé que « le mari ayant le droit et le devoir de diriger

« sa femme, de compléter son éducation en morale, lorsqu'elle
« est jeune, et de prendre avec amour, mais avec fermeté, les
« moyens nécessaires pour cela, il s'ensuit qu'on ne saurait tou-
« jours ranger parmi les injures et sévices graves, les actes de
« correction ou même de vivacité maritale ». (Chambéry, 4 mai
1872, S. 73-2-217 ; — D. p. 73-2-129).

44. Encore bien que le sévice soit moins grave que l'excès,
la provocation n'en saurait changer le caractère. Sans doute le
fait de la provocation peut être considéré comme un élément
utile d'appréciation de la gravité du sévice, mais lorsque le sévice est certain, les juges ne peuvent voir dans la provocation
qu'une atténuation et non une justification (Montpellier, 7 juin
1853, S. 55-2-573 ; — Bordeaux, 3 mai 1877, *France judiciaire*,
77-78-2-55 ; — Fuzier-Hermann, *Code civil annoté*, art. 231,
n. 30 et suiv.).

45. Cependant il a été jugé contrairement au principe ci-dessus, que les violences et les sévices ne seraient pas une cause
de divorce s'il y avait eu provocation (Cass., 4 prair. an XIII ;
— Metz, 7 mai 1807 ; — Angers, 3 juin 1813.

§ 4. — Injures graves.

46. L'expression *injures* doit être prise dans le sens le
plus large et s'applique aux paroles, aux écrits ou aux actes
par lesquels un des époux porte atteinte à l'honneur et la considération de son conjoint, ou témoigne, à son égard, sa haine
et son mépris (Le Senne, *Sép. de corps*, chap. 2, sect. 2 ; — Demolombe, t. 4, p. 384 et suiv. ; — Aubry et Rau, t. 5, p. 177,
§ 491 ; — Mourlon, t. 1, p. 843).

47. La gravité de l'injure est laissée à l'appréciation du juge. Tel
est l'esprit de la loi qui, en mettant les injures graves au nombre
des causes de divorce, n'a pas indiqué le degré de gravité qui
devait les entourer. Les magistrats doivent rechercher dans les
faits et circonstances de la cause tous les éléments de leur conviction (Douai, 10 avril 1872, S. 72-2-231 ; — *Sic*, Duranton, t. 2,
p. 552 ; — Vazeille, t. 2, p. 541 ; — Demante, t. 2, p. 8, n. 7 *bis;*
— Marcadé, *sur l'art*. 306 ; — Demolombe, t. 4, n. 285 ; — Aubry
et Rau ; — Merlin, *Rép.*, v° *Sép. de corps*, 1. n. 3 ; — V. *supra*).

48. *Injures verbales*. — Une des circonstances les plus aggravantes de l'injure, et principalement de l'injure verbale, c'est la
publicité. Mais il n'est pas nécessaire que les injures qui peuvent entraîner la séparation de corps soient publiques : cela résulte de la substitution des mots *injures graves* aux mots *diffamation publique* qui se trouvaient dans l'article 231 lors de la discussion du Code civil. (Toullier, t. 2, n. 672 ; — Duranton, t. 2,

n. 554; —Merlin, *Rép.* v° *Séparation de corps*, § 1, n. 4; — Zachariæ, t. 2, § 491, note 14 ; — Favard, v° *Séparation entre époux*,
sect. 2. § 1ᵉʳ, n. 4 ; — Massol, p. 41, n. 5 et 6. — *Contra*, Colmar, 20 mess. an XIII).

49. La jurisprudence a considéré comme injure publique et,
par suite, comme injures graves, l'imputation d'adultère dirigée
contre la femme dans la plaidoirie de l'avocat du mari, défendeur à une demande en séparation de corps, sans désaveu de .
l'avoué présent à l'audience (Rennes, 21 août 1833, S. 34-2-
285 ; — *Sic*, Fuzier-Herman, *Code civil annoté*, art. 231, n. 99
et suiv.)

50. Il a été décidé dans le même sens que les injures que s'a-
dressent des époux pendant un procès en séparation de corps,
suffisent pour faire prononcer cette séparation, alors que les
causes pour lesquelles il y a eu demande ne sont pas établies
(Rouen, 13 mars 1816 ; — *Contra*, Massol, p. 39. n° 4).

51. Mais les simples récriminations de l'époux défendeur ne
sont, en aucun cas, considérées comme des injures dont l'autre
époux puisse se prévaloir à l'appui de sa demande (Turin,
15 germ. an XIII ; — Angers, 3 juin 1813). -

52. La continuité et la malveillance persistante des outrages
adressés par un époux à l'autre peuvent aussi être considérées
comme aggravation de l'injure (Laurent, t. 3, n° 190); — V. *supra*, n. 27).

53. S'il est des circonstances de nature à augmenter la gravité
de l'injure, il est aussi des cas où cette injure se trouve atténuée
considérablement par la force même des choses. C'est en cette
matière surtout que les juges doivent montrer la plus grande
prudence dans l'appréciation des circonstances qui entourent
les paroles outrageantes, soit que ces circonstances puissent
aggraver, soit qu'elles doivent atténuer la gravité des paroles
injurieuses (Robert-Frémont, *Traité du divorce*, n. 67).

54. C'est d'après ce principe qu'il a été décidé que les épi-
thètes malveillantes que le mari donne à sa femme, même devant témoin, en la traitant de folle qu'il devrait faire interdire,
peuvent avec raison ne pas être considérées comme des injures
graves (Caen., 11 janvier 1837, S. 37-2-161 ; D. P. 37-2-104; —
Sic, Laurent, 191).

55. *Écrits injurieux.* — Les lettres outrageantes écrites par
l'un des époux à son conjoint peuvent, selon les circonstances,
et alors même que ces lettres n'auraient reçu aucune publicité,
constituer une injure grave dans le sens de l'article 231. (Poitiers,
29 juill. 1806, D. A. 11, 892 ; — Cass. rej., 9 nov. 1830, S.
31-1-155; D. P. 30-1-398 ; — Bruxelles 9 mars 1863; — Constant,
Code du divorce, t. 2, p. 233. — *Sic*, Duranton, t. 2, n. 554).

56. Il en serait de même de lettres écrites à des tiers, si ces lettres ont été reproduites en plusieurs copies et ont rendu la diffamation publique (Dijon, 30 pluviôse an XIII).

57. Il a été décidé que des lettres écrites par le mari à son beau-père, et contenant des outrages envers son épouse, tels que l'imputation d'adultère, peuvent constituer une injure grave envers celle-ci, surtout si ces lettres ne présentent point un caractère purement confidentiel (Nîmes, 30 avril 1834, S. 34-2-351).

58. Mais l'injure consiste surtout dans le fait de la connaissance qu'en a eue le défendeur, et n'acquiert un certain caractère de gravité, que par ce fait qu'elle est adressée à la personne qui en est l'objet, et pas à un tiers dont le devoir est de l'étouffer par son silence. C'est pourquoi les expressions outrageantes échappées à un mari dans les lettres confidentielles ne peuvent être considérées comme injures graves, si les lettres n'ont reçu de publicité que par la plainte de la femme (Metz, 11 pluv. an XII, ; — Limoges, 17 juin 1824, S. 35-2-172 ; — *Sic*, Robert Frémont, *Traité pratique du divorce*, n. 71).

59. De même que les lettres missives, les actes de procédure peuvent constituer des écrits injurieux lorsqu'ils contiennent des imputations outrageantes.

60. Ainsi l'imputation d'adultère adressée à tort par un mari à sa femme dans un acte de procédure, peut motiver, de la part de la celle-ci, une demande en divorce ou séparation de corps (Metz, 7 mai 1807 ; — Paris, 15 juin 1812, S. 13-2·84).

61. Il a été jugé de même qu'une plainte en adultère portée par un mari contre sa femme, si cette plainte est reconnue basée sur des faits faux, peut être considéré comme une injure grave, suffisante pour autoriser la demande en séparation de corps formée par la femme (Paris, 17 mars 1826 ; — *Sic*, Chardon, n. 271).

62. Mais pour que des actes de procédure puissent être considérés comme renfermant des injures graves de la part de l'un des époux envers l'autre, il faut que les allégations outrageantes contenues dans ces acte aient été sinon dictées au moins sugérées par l'époux (Robert Frémont, *Traité pratique du divorce*, n. 76).

63. C'est en ce sens qu'il a été décidé que les expressions injurieuses et diffamatoires pour la femme, renfermées dans des actes de procédure, ne constituent pas contre le mari un grief d'injures graves, s'il est établi qu'il est resté absolument étranger à la rédaction de ces actes (Paris, 10 janv. 1852, D. P. 52-2-5).

64. *Faits injurieux.* — C'est surtout lorsqu'il s'agit de faits pouvant constituer des injures que le plus souverain pouvoir d'appréciation est laissé au juge du fait. Aucune règle ne peut être tracée en cette matière. C'est au magistrat seul qu'il appartient de décider, eu égard aux circonstances, si tel ou tel fait est injurieux et de nature à faire prononcer le divorce ou la séparation de corps.

65. En première ligne des faits injurieux peut se placer le refus par le mari ou la femme d'accomplir les obligations imposées aux époux par l'article 214 du Code civil (Mourlon, *Répét. écrites sur le Code civil*, n. 768 ; — Demolombe, t. 4, n. 102 et 308 ; — Aubry et Rau, t. 5, p. 177, § 491, — Laurent, t. 3, n. 193 ; — Fuzier-Hermann, *Code civil annoté*, art. 231, n. 40 et suiv. ; — Robert Frémont, *Pratique du divorce*, n. 32).

66. Ainsi, le refus par le mari de recevoir sa femme dans son domicile, de l'y nourrir et de l'y entretenir, constitue une injure grave pouvant servir de fondement à une demande en divorce pour cause déterminée (Bruxelles, 8 fruct. an XIII, D. P. 11. 931; — Paris, 21 mars 1871 ; — Constant, t. 2, p. 374).

67. Le refus réitéré du mari de recevoir sa femme dans le domicile conjugal peut être considéré comme injure grave, alors même que la femme avait précédemment, et sans causes légitimes, abandonné ce domicile pendant plusieurs années avec tolérance du mari (Angers, 8 avr. 1829 ; D. P., 23-2-115 ; — *Sic*, Duranton, t. 2, n. 355 ; — Massol, p. 47, n. 7 ; — Cubain, n. 18).

68. Au surplus, le refus de cohabitation on l'abandon du domicile conjugal par l'un ou par l'autre des époux constitue en lui-même une injure grave dans le sens de l'article 231 (Bordeaux 5 avril 1848, D. P. 50 5 422 ; — Colmar, 1er juill. 1858, P. 59, 1210 ; D. P. 58-2-212 ; — Dijon, 30 juill. 1868, D. P. 68-2-247; — Paris, 10 janv. 1852, D. P. 52-5-498 ; — 31 mars 1873, S. 74-2-1 ; P. 74-89 ; — 9 avril 1875, S. 75-2-133; D. P. 75-568 ; — 21 mars 1877, S. 77-1-119 ; — Cass. 8 janv. 1872, S. 72-1-166 ; D. P. 72-1-87).

69. C'est d'après ce principe qu'il a été décidé que le fait par un mari d'abandonner le domicile conjugal et d'aller habiter une autre ville sans en prévenir sa femme, sans lui donner de ses nouvelles et sans lui faire passer aucun secours pendant plus de trois ans, constitue une injure grave de nature à motiver une demande du divorce (Bordeaux, 28 flor an. IX ; Dalloz, *Rép.* v. *Mariage*, n. 557 ; — *Sic*, Demolombe, *loc. cit.* ;—Aubry et Rau, *loc. cit.* ; — Laurent, *loc. cit.*).

70. L'injure serait d'autant plus grave que la désertion par le mari du domicile conjugal se serait accomplie publiquement et sans provocation (Bruxelles, 7 juill. 1873, *Belgique judiciaire*, 74, 866).

71. Le mari se rend encore coupable d'injure grave envers sa femme lorsque, dans le but de cesser avec elle toute cohabitation, il l'abandonne en l'autorisant à choisir un autre domicile (Bourges, 4 fév. 1835, P. 35).

72. Il en serait de même dans le cas d'un mari qui, après avoir abandonné sans ressources sa femme et leurs enfants commun, se reconnaîtrait père d'un autre enfant né d'une femme qu'il ferait passer pour sa femme légitime (Bordeaux, 28 flor. an IX, Dalloz, *Rép.*, v° *Mariage,* n. 557 ; — Aix, 28 avril 1843, P. 43-2-666).

73. La femme qui abandonne le domicile conjugal peut, de son côté, commettre une injure grave envers son mari (Paris, 23 févr. 1847, P. 47-1-435 ; — *Sic*, Demolombe, t. 4, n. 388 ; — Aubry et Rau, t. 5, p. 176, § 491 ; — Laurent, t. 3, n. 195).

74. Mais dans le cas où le fait d'abandon soit de la femme par le mari, soit du mari par la femme, est invoqué comme injure grave, il y a lieu pour les juges d'apprécier les circonstances et de décider si ce fait constitue ou non une cause de divorce (Robert Frémont, *Traité du divorce,* n. 80).

75. Ainsi il a été jugé que l'abandon du domicile conjugal par le mari ne peut constituer une injure grave de nature à faire admettre le divorce lorsqu'il a quitté sa femme, poussé à bout par cette dernière qui méconnaissait son autorité, et qui d'ailleurs n'a fait aucune tentative pour ramener son époux au domicile conjugal (Trib. d'Anvers, 24 fév. 1873, *Pasicrisie belge,* 73-3-115).

76. L'abandon du domicile conjugal par la femme ne peut être non plus considéré comme injure grave dans le sens de l'article 231, lorsqu'il s'est produit sous l'influence de l'exaspération où se trouvait la femme, par suite de l'infidélité du mari, alors surtout que celui-ci n'a mis sa femme en demeure de réintégrer le domicile conjugal, que peu de jours avant l'introduction de la demande en divorce (Trib. de Liège, *Jurisprudence des tribunaux de première instance de Belgique,* 77-78-1117).

77. Le refus par l'un des époux d'accomplir le devoir conjugal peut, suivant les circonstances, être considéré comme la manifestation d'une profonde antipathie et d'un profond mépris, et, par suite, constituer une injure grave dans le sens de l'article 231. (Aubry et Rau, t. 5, p. 176, § 491 ; — Fuzier-Herman, *Code civil annoté* art. 231, n. 10 et 5).

78. Jugé dans ce sens que le fait par le mari de s'être abstenu volontairement et avec persistance de consommer le mariage peut être considéré comme une injure grave envers la femme (Metz, 25 mai 1869, S. 70-2-77; D. P. 69-2-202; P. 70-422 ; — Aix, 7 avril 1876 ; S. 78-2-322 ; P. 78-652, ; — Paris, 21 mars 1877; — Douai 30 avril 1884 ; — Constant, t. 2, p. 468).

79. Il devrait en être ainsi, quand même le mépris que le mari témoignerait pour sa femme en cette circonstance serait le résultat d'un état d'esprit produit lui-même par des habitudes

d'ivrognerie (Paris, 21 mars 1877, S. 77-2-119 ; — Paris, 19 mai
1879, S. 79-2-175).

80. La communication du mal vénérien par l'un des époux à
son conjoint peut être une considérée comme une injure grave
de nature à motiver contre lui une action en divorce ou en séparation de corps, surtout s'il s'y joint des circonstances aggravantes.
(Besançon, 1er fév. 1806, ; — Lyon 4 avril 1818 ; — Toulouse,
30 janv. 1821, S. 21-2-344 ; D. A. 11. 889 ; — Bordeaux,
6 juin 1839, S 39-2-392 ; Rouen, 30 déc 1840, P. 41-388 ; —
Rennes, 14 juill. 1866, D. p. 68-2-163 — Trib. de Huy, 6 mai
1877 ; — Constant, p. 376 ; — *Sic*, Merlin, *Rép.*, v. *Sép. de corps*,
§ 1er ; — Toullier, t. 2, n. 757 ; — Duranton, t. 2, n. 534 ; —
Vazeille, t. 2, n. 551 ; — Zachariæ, t. 3, § 491, n. 8 : — Massol,
p. 48, n. 8 ; — Chardon, n. 61 ; — Marcadé, *sur l'art.* 306,
n. 3 ; — Aubry et Rau, t. 5, p. 176, § 491 ; — Demolombe, t. 4,
n. 389 ; — *Contra*, Pothier, *Contrat de mariage*, n. 544 ; — Fuzier-Herman, *Code civil annoté*, art, 231, n. 75 et suiv.).

81. Mais jugé que le fait seul par le mari d'avoir, même à plusieurs reprises, été atteint du mal vénérien, sans communication
de ce mal à sa femme, ne saurait par lui-même être considéré
comme une injure grave suffisante pour faire prononcer contre
lui le divorce ou la séparation de corps (Nîmes, 14 mars 1842,
P. 42-750). — Cette décision ne nous paraît pas irréprochable.

82. Il y a injure grave, pouvant donner lieu au divorce, dans
le fait du mari de placer son fils illégitime dans le lit conjugal et
d'obliger ainsi sa femme de coucher sur le plancher (Besançon,
16 germ. an XIII ; — Dalloz, *Rép* , v. *Sép. de corps*, n. 25).

83. Les mépris et insultes de domestiques envers leur maî-
tresse peuvent être réputés injures graves, et être imputés au
mari qui les a excités ou tolérés, et, par suite, motiver une demande en séparation de corps ou en divorce de la part de la
femme (Cass. Rej., 19 avril 1825).

84. De même, le fait par le mari d'avoir laissé outrager et
maltraiter sa femme par un tiers, en sa présence, dans le domicile conjugal, doit être considéré comme injure grave dans le
sens de l'article 231 (Bordeaux, 23 juill. 1872, S. 73-2-290 ; P.
73-1224 ; — *Sic*, Dareau, *Traité des injures*, t. 2, ch. 3, sect. 10,
n. 5, pp. 155 et suiv. ; — Cubain, *Droit des femmes*, n. 25).

85. Il peut y avoir lieu d'admettre, pour cause d'injure grave,
la demande en divorce de la femme contre son mari dont la
façon de vivre est sévèrement jugée par tous, même par des
étrangers, et dont la conduite est si scandaleuse qu'il se voit
expulsé de certains établissements publics (Trib. de Bruxelles,
22 avril 1876 ; *Pasicrisie belge*, 1877, 3-174).

86. L'ivrognerie à elle seule suffirait pour constituer une injure grave de nature à motiver, lorsqu'elle cause du scandale,

une demande en divorce ou séparation de corps (Trib. de Meaux, 13 déc. 1882, S. 84-2-71 ; — Cass. belge, 22 juin 1882, S. 83-1-43 ; P. 83-2-4 et la note ; — Trib. de Verviers, 14 juin 1880 ; — Constant, p. 405).

87. Le texte de l'article 231, en admettant comme cause de divorce que les faits commis par les *époux, l'un envers l'autre,* excluent virtuellement toutes les actions remontant à une époque antérieure au mariage. Néanmoins, si les actes antérieurs au mariage ne peuvent pas, en règle générale, constituer des injures graves pouvant servir de fondement à une demande en divorce, une réticence commise au moment de la célébration peut constituer une injure grave.

88. Ainsi le fait qu'au moment de la célébration du mariage la femme serait enceinte des œuvres d'un autre que de son mari, auquel elle aurait dissimulé sa grossesse, constitue une injure grave de nature à faire prononcer contre elle le divorce ou la séparation de corps (Bordeaux, 22 mars 1826 ; — *Sic*, Demolombe, t. 4, n. 392 ; — Le Senne, n. 70 et 71 ; — *Contra*, Laurent, t. 3, n. 192 ; — Fuzier-Herman, *Code civil annoté*, art. 231, n. 37 et suiv.).

89. Il appartient au tribunal d'apprécier en tenant compte de la moralité et de la délicatesse de l'époux demandeur, si la grossesse de la femme antérieure au mariage présente un caractère injurieux (Trib. d'Anvers, 24 fév. 1873, *Pasicrisie belge*, 73-3-118).

90. L'article 231 voté par la chambre contenait un paragraphe additionnel qui autorisait un époux à demander le divorce pour cause de *condamnation* de son conjoint à une *peine correctionnelle d'emprisonnement* pour *vol, escroquerie, abus de confiance, outrage public à la pudeur, excitation de mineurs à la débauche.*

A la Chambre même, M. Bovier-Lapierre s'était opposé à l'addition de la disposition ci-dessus, disant que les condamnations correctionnelles visées par le nouveau texte rentraient déjà dans la catégorie des injures graves.

« Lorsqu'on veut, disait M. Bovier-Lapierre indiquer un « moyen de divorce, on l'indique d'une façon impérative ; on « l'indique dans une formule générale sous laquelle peuvent « rentrer tous les cas qui constitueraient, de la part de l'un des «.époux vis-à-vis de l'autre, un sévice, un excès, une injure « grave.

« C'est ainsi que, lorsque nous nous trouvons en présence « d'une condamnation à une peine infamante, les législateurs de « 1803, aussi bien que notre commission, avec toute espèce de « raison ont pu dire que la condamnation que l'un des époux à « une peine infamante est une cause de divorce. Il y a des

« causes qui, dans toutes les hypothèses, doivent entraîner le
« divorce, et il faut maintenir par conséquent l'article 232. Mais
« lorsque nous sommes dans ces hypothèses si diverses de con-
« damnations correctionnelles, hypothèses qui doivent être dif-
« féremment appréciées suivant qu'elles auront touché tels ou
« tels individus, tels ou tels citoyens placés dans une catégorie
« sociale ou dans une autre, dont l'éducation aura été différente,
« et qui pourront être pour les uns une cause sérieuse d'injures
« ou de sévices susceptibles d'entraîner le divorce, et ne le
« seront pas vis-à-vis des autres, il ne faut pas mettre les tribu-
« naux dans cette singulière situation de refuser le divorce pour
« tels ou tels individus, tandis qu'ils l'accorderont pour tels
« autres. Il faut rester dans les termes généraux du paragra-
« phe 1er de l'article 231, lorsqu'on se trouvera en présence
« d'une condamnation correctionnelle.

« Cela avait été compris par le législateur de 1803, et je trou-
« verais un danger extrême dans l'adoption par la Chambre du
« paragraphe de la loi qui précise comme cause de divorce des
« condamnations correctionnelles.

« *Laissons ces questions à l'appréciation des magistrats.* Je le
« répète, elles peuvent être différemment résolues suivant
« qu'elles touchent telle ou telle situation, et qu'elles s'appli-
« quent à tel ou tel milieu.

« Ce qui peut être une injure grave dans certaines circon-
« stances peut ne pas l'être dans d'autres circonstances.

« Je crois donc, messieurs, qu'il n'y a aucun inconvénient
« à supprimer la seconde partie du paragraphe 1er de l'arti-
« cle 231.

« Restons avec le texte ancien : lorsqu'il s'agira d'excès, sé-
« vices ou injures graves, le divorce pourra être demandé par
« l'un des époux, et les tribunaux pourront l'accorder *même au*
« *cas d'une simple condamnation correctionnelle.* » (Séance de
la Chambre, 8 mai 1882; *J. O.*, 9 mai 1882.)

Ces arguments qui ont prévalu devant la commission séna-
toriale et devant le Sénat lui-même, ont finalement reçu leur
sanction définitive de la Chambre des députés : L'ancien texte
de l'article 231 a été purement et simplement rétabli.

Le rejet final du paragraphe additionnel primitivement voté
par la Chambre ne laisse plus de doute sur le pouvoir donné aux
juges d'apprécier si la condamnation correctionnelle ne constitue pas dans certains cas une injure grave, dans le sens de
l'article 231.

« Nous demeurons convaincus, disait M. Letellier, dans son
« rapport à la Chambre des députés, que, dans l'immense ma-
« jorité des cas, les tribunaux considéreront l'infamie de fait de
« l'un des époux comme une injure grave envers l'autre époux

« et prononceront le divorce. » (Chambre des députés, séance du 8 juill. 1884 ; *J. O.*, 9 juill. 1884).

91. La jurisprudence a, d'ailleurs, sous l'empire de l'ancienne loi, consacré ce principe que la condamnation correctionnelle de l'un des époux peut dans certains cas constituer une injure grave dans le sens de l'article 231.

92. Il a été notamment décidé qu'une condamnation pro-noncée contre un époux pour outrage public à la pudeur peut être considérée comme constituant une injure grave pour l'autre époux, de nature à motiver de la part de ce dernier une de-mande en séparation de corps ou en divorce (Caen, 23 fév. 1857, S. 57-2-568; P. 58, 283 : — Bruxelles, 17 fév. 1881, *Pasicrisie belge*, 81-2-136; — *Sic*, Fuzier-Herman, *Code civil annoté*, art. 231, n. 92 et suiv.).

93. Il en est de même de la condamnation d'une femme, encourue pour excitation habituelle de mineurs à la débauche (Trib. de Semur, 2 août 1860, D. P. 62-3-72).

SECTION III. — CONDAMNATION A UNE PEINE AFFLICTIVE ET INFAMANTE.

ARTICLE 232. — *La condamnation de l'un des époux à une peine afflictive et infamante sera pour l'autre époux une cause de di-vorce.*

94. L'ancien texte du Code civil portait : la condamnation pour *peine infamante*. Le mot *afflictive* a été introduit dans la nouvelle loi pour écarter des causes du divorce la condamnation au bannissement et à la dégradation civique, qui sont, en géné-ral, des peines politiques temporaires.

95. Les peines afflictives et infamantes visées dans l'arti-cle 232 sont :

1° La mort; 2° les travaux forcés à perpétuité ; 3° la déporta-tion ; 4° les travaux forcés à temps ; 5° la détention ; 6° la réclu-sion (C. pén. 7).

96. L'article 232 est applicable, quelle que soit la juridiction qui ait prononcé la condamnation.

97. Il est impératif pour le juge : la condamnation constitue une cause péremptoire du divorce.

98 C'est la peine effectivement prononcée qui donne droit au divorce, et non la qualification du crime ou du délit, et le divorce ne saurait être prononcé, si, par suite de l'admission de circonstances atténuantes, le fait qualifié crime qui a entraîné la condamnation n'était puni que d'une peine correctionnelle (Paris, 16 juill. 1839, S. 40-2-107; — Grenoble, 24 janv. 1865, S. 65-2-204; D. 65-2-220; — *Sic*, Demolombe, t. 4, n. 396).

99. D'un autre côté, la condamnation à une peine afflictive et

infamante n'est une cause de divorce qu'autant qu'elle est devenue définitive, qu'elle n'est plus *susceptible d'être réformée par*
aucune voie légale (C. civ., 261). Par conséquent, la demande en
divorce ne peut être formée ni pendant les trois jours du délai pour le pourvoi en cassation (C. inst. crim., 373), ni, si la
condamnation a été prononcée par contumace, pendant les
vingt années accordées au condamné pour la purger (C. inst.
crim., 476 ; — Cass., 17 juin 1813 ; — Paris, 6 août 1840, S.
41-2-49; D. P. 41-2-48 ; — *Sic*, Delvincourt, t. 1, p. 191; —
Duranton, t. 2, n. 560; — Vazeille, t 2, n. 554; — Toullier, t. 2,
n. 373; — Mourlon, *Répét. écrites sur le Code civil*, t. 1, n. 844;
— Demante, t. 2, p. 178, § 191 ; — Le Senne, n. 102; — Demolombe, t. 4, n. 397).

100. Mais l'époux du condamné peut demander le divorce le
alors même que son conjoint a obtenu une commutation de sa
peine en une simple peine correctionnelle, ou même sa grâce,
ou enfin qu'il a subi sa peine ; car dans l'un ou l'autre de ces
cas *l'infamie* subsiste (Grenoble, 17 août 1821 ; — Dalloz,
Rép., v. *Sép. de corps*, n. 85 ; — Paris, 19 août 1847, S. 47-2-
254 : D P. 47-2-436 ; — *Sic*, Duranton, t. 2, n. 559; — Vazeille,
n. 557 et 559 ; — Massol, p. 53, n. 3; — Mourlon, n. 844; —
Demolombe. t. 4, n. 396 ; — Aubry et Rau, t. 5, p. 179,
§ 491 ; — Villequet, *du Divorce*. p. 83 ; — Robert Frémont,
Traité pratique du Divorce, n. 156).

101. Il en serait de même, d'après MM. Aubry et Rau et Fu-
zier-Herman, au cas d'amnistie (Aubry et Rau, *loc. cit.* ; —
Fuzier-Herman, *Code civil annoté*, art. 231, n. 2 et suiv.; —
Contra, Robert Frémont, *loc. cit.*).

102. Quant à la réhabilitation, elle a pour effet d'effacer la
condamnation et l'infamie qui en est le résultat. En conséquence, elle constitue une fin de non-recevoir contre la demande en divorce fondée sur l'article 232 (Grenoble, 17 août
1821, *supra*; — Colmar, 15 juill. 1846, S. 47-2-146; — Duranton,
t. 2, n. 559 ; — Vazeille, t. 2, n. 558. — Massol, p. 53, n. 4 ; —
Allemand, n. 1378 ; — Mourlon, *Répét. écrites sur le Code civil*,
t. 1, n. 844 ; — Demolombe, t. 4, n. 396 ; — Aubry et Rau,
t. 5. p. 179, § 191 ; — Le Senne, n. 105).

103. Une condamnation antérieure à la célébration du mariage ne peut, alors même qu'elle aurait été ignorée du conjoint,
être une cause de divorce dans le sens de l'article 232. Cet article se réfère textuellement à une condamnation encourue par
l'un des *époux*, c'est-à-dire qu'elle doit être postérieure. D'un
autre côté, le législateur a fait de la condamnation à une peine
afflictive et infamante une cause de divorce spéciale, la disposition de l'article 232 est impérative, et ne laisse aucune place à
l'appréciation du juge. On ne peut donc appliquer une telle dis-

position à un cas qui n'est pas prévu expressément dans le texte (Bruxelles, 13 août 1846, *Pasicrisie belge*, 46-2-307 ; — *Sic*, Favard, *Rép.*, v. *Sép. entre époux*, sect. 2, § 1, n. 5 ; — Zachariæ, t. 3, § 491, note 16 ; — Proudhon, t. 1, p. 291 ; — Toullier, t. 2, n. 673 ; — Marcadé, *sur l'art.* 306, n. 4 ; — Demolombe, t. 2, n. 392 ; — Aubry et Rau, t. 5, p. 378, § 491 ; — Fuzier-Herman, *Code civil annoté*, art. 232, n. 1 ; — Robert Frémont, *Traité pratique du divorce*, n. 148 ; — *Contra*, Delvincourt, t. 1, p. 347 ; — Duranton, t. 2, n. 561 et 562 ; — Vazeille, t. 2, p. 560 ; — Massol, p. 53, n. 5 ; — Dalloz, *Rép.*, v. *Sép. de corps*, n. 895 ; — Chardon, n. 29).

104. D'après ces derniers auteurs, c'est seulement au moment où l'infamie de l'un des époux atteint l'autre, c'est-à-dire au moment même où ce dernier en a connaissance, que la condamnation à une peine afflictive et infamante peut devenir une cause de divorce.

Nous pensons, quant à nous, que lorsque la condamnation à une peine afflictive et infamante sera antérieure à la célébration du mariage, l'époux innocent pourra demander le divorce, non plus en vertu de l'article 232, mais bien pour cause d'injure grave, aux termes de l'article 231 (*Sic*, Robert Frémont, *Traité du divorce*, n. 149 ; — V. *supra*, n. 87 et suiv.).

CHAPITRE II. — DE LA PROCÉDURE DU DIVORCE

SECTION Ire. — DE L'ACTION EN DIVORCE. — DES PERSONNES QUI PEUVENT LA FORMER

105. L'action en divorce ou en séparation de corps pour quelque cause que ce soit, est une action exclusivement personnelle aux époux ; elle ne peut être exercée soit directement, soit indirectement et par voie d'intervention, par leurs créanciers (Demolombe, t. 4, n. 648 ; — Le Senne, n. 114.)

106. La femme mineure peut, avec la seule autorisation du président, et sans avoir besoin d'être assistée d'un curateur, intenter et suivre contre son mari une demande en divorce ou en séparation de corps (Bordeaux, 2 juill. 1806 ; — Dalloz, *Rép.*, v. *Sép. de corps*, n. 225 ; — *Sic*, Duranton, t. 2, n. 585 ; — Toullier, t. 2, n. 767 ; — Merlin, *Rép.*, v. *Sép. de corps*, § 3, n. 8 ; — Favard, v. *Sép. entre époux*, sect. 2, § 2, art. 1, art. 1, n. 2 ; — Demolombe, t. 4, n. 445 ; — Berriat-Saint-Prix, t. 2, p. 751 ; — Carré et Chauveau, n. 2964 ; — Le Senne, n. 118 ; — Fuzier-Herman, *Code civil annoté*, art. 306, n. 36 et suiv.; — Robert Frémont, *Traité du divorce*, n. 166).

107. Malgré le caractère personnel de l'action en divorce ou séparation de corps, cette action peut être exercée par le tuteur de l'interdit, et à son défaut par le subrogé tuteur, lorsque l'interdit a son conjoint pour tuteur, ou par un tuteur *ad hoc*, même quand la demande a pour cause l'adultère (Colmar, 16 fév. 1832, S. 32-2 612 :—Bordeaux, 17 mai 1838, S. 59-2 429; — Rouen, 26 juill. 1864, S. 65-2-44; P. 65-236 ; — Caen, 26 juill. 1865, S. 65-2-197; D. 66-5-424 ; — *Sic*, Magnin, *Minorités*, t. 1, n. 193 ; — Demolombe, t. 4, n. 428 ; — Aubry et Rau, t. 5, p. 183, § 492, n. 4 ;—Le Senne, n. 116 ; —Fuzier-Herman, *Code civil annoté*, art. 306, n. 30 et suiv.; — Robert Frémont, *Traité du divorce*, n. 175).

108. En pareil cas, même, le tuteur ou le subrogé tuteur n'ont pas besoin de l'autorisation du conseil de famille, cette autorisation n'étant requise que dans certains cas limitativement prévus par la loi (Paris ; 21 août 1841, S. 41-2-488 ; — D. P. 42-2-22 ; — *Sic*, Robert Frémont, *Traité du divorce*, n. 176 ; — *Contra*, Demolombe, t. 4, n. 428 ; — Le Senne, n. 117).

108 *bis.* Jugé toutefois que le tuteur d'un interdit n'est pas recevable à intenter au nom de celui-ci, une action en divorce pour excès, sévices ou injures graves (Cass. belg., 11 nov. 1879; — Conclusions conf. de M. l'av. gén. Faider, qui soutenait que ce principe était applicable à toute autre cause du divorce, *Pasicrisie belge*, 1870-1-3 ; — *Sic*, Botton et Lebon, *Code annoté du divorce*, p. 44).

109. La disposition de l'article 33 de la loi du 30 juin 1838, sur les aliénés, qui prescrit la désignation d'un mandataire spécial pour représenter en justice l'individu non interdit, mais placé dans une maison d'aliénés qui, au moment où il a été mis dans cette maison, se trouvait engagé dans un procès, s'applique à toute espèce d'action en justice et ne fait aucune exception pour le cas d'une instance en séparation de corps ou en divorce (Cass. 20 mars 1878, *France judiciaire*, 77-78-2-567 ; — *Sic*, Robert Frémont, *Traité pratique du divorce*, n. 177).

110. La défense faite aux individus pourvus d'un conseil judiciaire de plaider sans l'assistance de ce conseil est générale et absolue. En conséquence, le prodigue ne peut, sans l'assistance de son conseil, ni introduire une demande en séparation de corps ou en divorce, ni y défendre, et cette assistance lui est nécessaire devant tous les degrés de juridiction (Limoges, 2 juin 1856, S. 56-2-601 ; D. P. 57-2-27 ; — Amiens, 9 juill. 1873, S. 73-2-225 ; P. 73-1039 ; — *Sic*, Demolombe, t. 8, n. 723 et 724 ; — Aubry et Rau, t. 1, p. 770, § 140 ; —Le Senne, *Sép. de corps*, n. 119 ; — Robert Frémont, *Traité pratique du divorce*, n. 178 et 179 ; — *Contra*, Bordeaux, 1er juill. 1806 ; — Merlin, *Rép.*, v. *Sép. de corps*, § 3, n. 9; — Carré et Chauveau, *Quest.* 2964 ;

— Massol, *Sép. de corps*, p. 105; — Fuzier-Hermann, *Code civil annoté*, art. 306, n. 37).

111. Le droit de former une demande en divorce ou en séparation de corps s'éteint nécessairement par le décès de l'un des époux, car la mort brise elle-même, et bien plus complètement que ne le pourrait faire le divorce, tous les liens du mariage. Ainsi, le divorce ou la séparation ne peuvent être demandés ni par les héritiers de l'époux outragé contre l'époux coupable, ni par l'époux outragé contre les héritiers de l'époux coupable (Paris, 6 juill. 1814; — Cass., 5 fév. 1851, S. 51-1-81; D. 51-1-49; — Lyon, 4 avril 1851, S, 51-2-617; D. 52-2-241; — Paris, 23 déc. 1852, et 10 fév. 1853, S. 53-2-77; D. 53-2-58; — Caen, 24 fév. 1855, S. 56-2-393; — Metz, 30 août 1864, S. 64-2-224; —Cass., 27 juill. 1871, D. 71-1-209; — *Sic*, Mourlon, *Répét. écrit. sur le Code civil*, t. 1, n. 850; — Aubry et Rau, t. 5, p. 182, § 492; — Laurent, t. 3, n. 217; — Demolombe, t. 4, n. 429 à 431; — Marcadé, *sur art.* 307, n. 5; — Massol, p. 22, n. 4; — *Contra,* Besançon, 21 juin 1869, S. 71-2-45; — Massé et Vergé, t. 1, § 140, n. 4).

112. Les juges n'ont pas le droit de statuer sur les dépens d'une instance éteinte par le décès de l'époux demandeur (Caen, 3 mai 1864, S. 64-2-224; D. 65-2-119; — *Contra*, Rouen, 20 août 1863, S. 64-2-224; — Metz, 30 août 1864, *ubi supra* ; — Duranton, t. 2, n. 580; — Mourlon, *loc. cit.*; — Demolombe, t. 4, n. 429; — Chauveau sur Carré, *Quest.* 2985 *bis*).

113. Le décès de l'époux demandeur survenu après un jugement par défaut ordonnant la séparation de corps (ou le divorce), mais n'ayant pas acquis l'autorité de la chose jugée, annule l'instance, et l'époux survivant ne peut faire opposition que pour empêcher les héritiers de son conjoint décédé de se prévaloir de la décision rendue (Bordeaux, 27 janv. 1873, S. 74-2-267; D. 74-2-207).

114. L'instance engagée entre les époux est aussi éteinte par le décès de la femme arrivé avant l'expiration du délai d'appel, et ses héritiers ne sont pas recevables à reprendre l'instance pour faire confirmer la révocation des avantages matrimoniaux alors même que devant les premiers juges, la *de cujus* l'avait demandée par des conclusions spéciales, si ces conclusions étaient fondées sur l'article 299 (Metz, 6 mars 1872, S. 73-2-15; D. 72-2-151).

SECTION II. — DE LA COMPÉTENCE.

§ 1. — Règles générales.

ARTICLE 234. — *La demande en divorce ne pourra être formée qu'au tribunal de l'arrondissement dans lequel les époux ont leur domicile.*

115. Cet article ne diffère que par sa rédaction du texte de l'ancien article, lequel était ainsi conçu :

« Quelle que soit la nature des faits ou délits qui donnent lieu
« à la demande en divorce pour cause déterminée, cette de-
« mande ne pourra être formée qu'au tribunal de l'arrondisse-
« ment dans lequel les époux ont leur domicile. »

La nouvelle rédaction ne change rien au fond des choses. Le texte du Code civil faisait allusion au divorce par consentement mutuel ; on l'a supprimé : il était devenu inutile d'y faire allusion dans la nouvelle rédaction.

116. La femme non divorcée ni séparée de corps n'ayant pas d'autre domicile que celui du mari (C. civ. 108), c'est devant le tribunal du domicile du mari que l'action en divorce doit être portée.

117. Le mari qui assigne sa femme en divorce n'est pas tenu de l'assigner au lieu qu'il sait qu'elle habite réellement ; il suffit qu'elle soit assignée à son domicile légal, le domicile du mari, et devant le tribunal de ce domicile (Aix, 7 mars 1809).

118. Si le mari quitte l'ancien domicile conjugal pour en prendre un nouveau, même peu de temps avant l'introduction de l'instance, la femme demanderesse devra intenter l'action à ce nouveau domicile, et la porter devant le tribunal de ce domicile nouveau (Colmar, 12 déc. 1816, Dalloz, *Rép.*, v° *Séparation de corps*, n. 90).

119. Mais le changement de domicile postérieur à la requête adressée au président du tribunal, ne saurait modifier la compétence. Il est, en effet, de principe que la compétence du tribunal est fixée par le domicile du mari au moment où la requête est présentée au président du tribunal (Cass., 27 juill. 1823 ; — Paris, 7 août 1835, S. 35-2-493 ; — Poitiers, 11 mars 1863, S. 63-2-130 ; P. 63-908 ; — Cass., 8 déc. 1880, S. 82-1-103 ; — *Sic.* Carré et Chauveau, *Quest.* 284 et 2,965 *bis* ; — Bioche, *Dictionn. de procédure*, v° *Séparation de corps*, n. 50 ; — Rousseau et Laisney, *Dictionn. de procédure*, v° *Séparation de corps*, n. 73 ; — Rodière, *Traité de la compétence et de la procédure*, t. 2, p. 434, note 2 ; — Massé et Vergé sur Zachariæ, t. 1, p. 278, § 155, note 2 ; — Demolombe, *Traité du mariage et de la séparation de corps*, t. 2, n. 147 ; — Robert Frémont, *Traité pratique du divorce*, n. 275 et suiv. — *Contra*, Massol, *Séparation de corps*, chap. 4, p. 199, n. 25 ; — Rauter, *Proc. civ.*, n. 345, note a).

120. Au surplus, l'incompétence qui, d'ailleurs, n'est pas absolue, mais simplement facultative, est couverte par la comparution du mari défendeur devant le président, auquel il a laissé rendre son ordonnance sans opposer l'incompétence (Metz, 22 nov. 1833, Dalloz, *Rép*, v. *Séparation de corps*, n. 91 ; — Bruxelles, 28 mai 1867, *Belgique judiciaire*, 67-1105 ; — *Sic*, Carré et Chauveau, *Quest.* 2965 ; — Robert Frémont, *Traité du divorce*, n. 208).

121. Cette règle de l'article 234, qui attribue juridiction en matière de divorce au tribunal du domicile conjugal est également applicable au cas d'une demande en séparation de corps.

§ 2, — Règle spéciale au cas où la demande en divorce est formée contre la femme déjà séparée de corps.

122. Nous avons donné pour raison de la règle ci-dessus que la femme non divorcée ni séparée de corps, n'a pas d'autre domicile que celui de son mari, qui est ainsi le domicile légal des deux époux. Mais il est des cas où le divorce peut être demandé après un jugement de séparation de corps, soit qu'il y ait des faits nouveaux survenus depuis la séparation, soit qu'on s'appuie seulement sur des faits anciens (Discours de M. Émile Labiche au Sénat, séance du 24 juin 1844), soit enfin que l'un des époux veuille faire transformer la séparation de corps en divorce, aux termes de l'article 310 modifié du Code civil, que nous étudierons ci-après.

Quel sera, dans ces cas, le tribunal compétent ?

123. La femme a son domicile chez son mari *parce qu'elle est obligée d'habiter avec lui* (C. civ., 214). Le but et l'effet principal de la séparation de corps sont précisément de briser la communauté d'habitation ; la femme séparée de corps est libre d'aller et de résider où bon lui semble ; or, *cessante causa, cessat effectus* ; donc la femme qui a obtenu la séparation de corps, ou contre laquelle elle a été prononcée, peut avoir un domicile autre que celui de son mari (Proudhon et Valette, t. 1, p. 244 ; — Duranton, t. 1, p. 365 ; — Demante, n. 132 *bis* ; — Bugnet, sur Pothier, t. 1, p. 3 ; — Aubry et Rau, sur Zachariæ, t. 1, p. 518 ; — Demolombe, t. 1, n. 358 ; — Mourlon, *Répét. écrites sur le Code civil*, t. 1, n. 332 ; — V. *Dict. de Proc.*, Rousseau et Laisney, v. *Domicile*).

Il n'y a donc plus de domicile conjugal, et il est impossible, comme l'exige l'article 234, de porter la demande en divorce devant le tribunal de l'arrondissement dans lequel *les époux ont leur domicile*. On rentre dans le droit commun ; on doit prendre pour règle l'adage *actor sequitur forum rei*. Si c'est le mari qui est demandeur, il doit actionner sa femme devant le tribunal du domicile de celle-ci. — V. *infra*, n. 244.

§ 3. — Étrangers.

124. Les tribunaux français sont, en principe, incompétents pour prononcer le divorce ou la séparation de corps entre étrangers, et cette incompétence est absolue et d'ordre public : elle doit être suppléée d'office par les juges. — V. *Dict. de pr c.*, V. *Etranger* et *Séparation de corps.*

125. Il a cependant été jugé que les tribunaux français sont compétents pour connaître d'une demande en séparation de corps formée par la femme d'un étranger contre son mari autorisé à établir son domicile en France (Cass., 23 juill. 1855, S. 56-1-147 ; P. 57-220).

126. Dans tous les cas, les tribunaux français sont compétents pour ordonner les mesures provisoires et conservatoires qui nécessitent les circonstances de la cause : ainsi, ils peuvent autoriser la femme à quitter provisoirement le domicile conjugal, condamner le mari à lui payer une provision alimentaire, et valider la saisie-arrêt pratiquée pour avoir payement de cette provision (Cass., 27 nov. 1822 ; — Poitiers, 15 juin 1847, S. 48-2-438 ; — Lyon, 25 fév. 1857, S. 57-2-625 ; — Trib. Marseille, 14 fév. 1884, *J. Av.* 1884, art. 6043).

§ 4. — Règles spéciales au cas de condamnation à une peine afflictive et infamante.

ARTICLE 235. — *Si quelques-uns des faits allégués par l'époux demandeur donnent lieu à une poursuite criminelle de la part du ministère public, l'action en divorce restera suspendue jusqu'après la décision de la juridiction répressive : alors elle pourra être reprise sans qu'il soit permis d'inférer de cette décision aucune fin de non recevoir ou exception préjudicielle contre l'époux demandeur.*

127. L'ancien texte du Code civil, au lieu des mots *la décision de la juridiction répressive* ; portait *l'arrêt de la Cour d'assises.* Cette modification est le résultat d'un amendement proposé au Sénat par M. Ronjat à la séance du 23 juin 1884. « Le motif de « cet amendement, a dit à M. Ronjat, c'est que la Cour d'assises « n'est pas le seul tribunal devant lequel s'exercent des pour- « suites criminelles et qui puisse prononcer des peines afflicti- « ves et infamantes. Il y a, outre la Cour d'assises, les tribunaux « militaires et maritimes ; de plus, il existe encore dans nos « colonies des Cours criminelles qui ne sont pas des Cours d'as- « sises et auxquelles sont soumis des crimes véritables ». (*J. Off.*, 24 juin 1884, p. 1164).

128. L'article 235 contient l'application du principe, que l'on peut qualifier de principe de compétence posé dans l'article 3 du Code d'instruction criminelle, à savoir que *le criminel tient le civil en* état. Il tranche la question, agitée par les auteurs du Code civil, de savoir si le tribunal civil de première instance serait toujours nécessairement la juridiction compétente en matière de divorce, et si l'action civile ne pourrait pas être poursuivie en même temps et devant les mêmes juges que l'action publique.

129. Il résulte, tant des termes de l'article 235 que des discussions au Conseil d'État et au Sénat, que les seules poursuites *criminelles* pouvant suspendre l'instance en divorce sont des poursuites criminelles pouvant amener une condamnation à des *peines afflictives et infamantes* et donner lieu à l'application de l'article 232 (Fenet, IX, 388 et suiv., 435 ; — Botton et Lebon, *Code annoté du divorce*, p. 42).

130. La décision de la juridiction répressive ne peut être opposée au demandeur. Ainsi, si l'époux défendeur est acquitté, on ne pourra inférer de cet acquittement aucune fin de non-recevoir ou exception préjudicielle contre l'époux demandeur : le procès civil suivra son cours, car il peut ne pas y avoir de crime ou de délit, mais néanmoins cause déterminée de divorce dans les faits à raison desquels il a été poursuivi.

131. Au contraire, l'époux demandeur est admis à se servir du jugement ou arrêt de condamnation soit pour faire la preuve des faits allégués par lui, s'il y a eu condamnation à une peine *correctionnelle*, ou pour avoir une cause péremptoire de divorce, s'il y a eu condamnation à une peine *criminelle*, c'est-à-dire *afflictive et infamante*.

132. C'est d'après ce principe qu'il a été décidé que le jugement correctionnel qui condamne l'époux pour injures et coups envers son conjoint est une *justification suffisante* de la cause déterminée du divorce demandé par l'époux outragé (Liège, 29 juin 1820, *Pasicrisie belge*, 1820-2-174 ; — V. aussi Laurent, *Principes de droit civil*, t. 3, n. 220).

SECTION III. — DE LA PROCÉDURE PROPREMENT DITE.

§ 1ᵉʳ. — Procédure ordinaire du divorce.

1° De la demande.

ARTICLE 236. — *Toute demande en divorce détaillera les faits ; elle sera remise, avec les pièces à l'appui, s'il y en a, au président du tribunal ou au juge qui en fera les fonctions, par l'époux demandeur en personne, à moins qu'il n'en soit empêché par maladie ; auquel cas, sur sa réquisition et le certificat de deux docteurs en mé-*

*decine ou en chirurgie, ou de deux officiers de santé, le magistrat
se transportera au domicile du demandeur pour y recevoir sa demande.*

133. Le texte de l'article 236 est formel, ses termes sont abso-
lus ; la demande en divorce doit être remise au président du tribunal par l'époux demandeur *en personne*. Il n'est fait aucune exception à ce principe, même en cas de maladie grave : la seule
facilité accordée dans ce cas au demandeur est de requérir le
transport du magistrat à son domicile pour y recevoir sa demande,
et la loi exige que cette réquisition soit appuyée d'un certi-
cat de deux médecins. « L'époux en personne, disait Treilhard,
« doit présenter sa requête ; point d'exemption à cette règle ;
« la maladie même ne saurait l'en affranchir ; le juge, dans le
« cas, se transporte chez le demandeur (Exposé des motifs,
séance du 21 mars 1803).

133 *bis.* — Ce n'est pas nécessairement au président lui-même que la requête doit être remise, mais bien à lui ou au juge
qui le remplace en cas d'empêchement ou d'absence. Et lorsque
le juge s'est trouvé investi de la connaissance de l'affaire, par son
ordonnance enjoignant aux parties de comparaître devant lui, il
doit la conserver, même dans le cas où le président est de retour (Besançon, 14 août 1811).

134. La requête doit détailler les faits dont se plaint l'époux
demandeur. Ces faits doivent non seulement être détaillés, il doivent encore être énoncés avec les causes et les particularités qui
les ont accompagnés, de façon à ce que l'époux défendeur soit
à même de discuter et qu'il ne puisse y avoir de sa part aucune
méprise sur les époques et le lieu où ils se sont passés. Le président doit d'ailleurs les connaître également pour remplir la
mission de conciliateur qui lui est donnée (Trib. de la Seine,
1er prairial an XIII, confirmé par la Cour de Paris, 14 mars 1806 :
— Colmar, 20 mess. an XIII ; — Paris, 18 fév. 1806).

135. Cette disposition est exigée à peine de nullité. Toutefois, les juges ont plein pouvoir pour apprécier si les faits articulés sont suffisamment circonstanciés (Cass., 2 mars 1808).

136. L'époux qui n'a pas suffisamment détaillé les faits dans
sa demande en divorce n'est pas recevable à réparer son omission par un acte signifié avant l'audience, mais positivement
à la comparution devant le président (Paris, 15 mars 1806).

137. Il ne peut plus, postérieurement à sa requête introductive
de la demande, articuler de nouveaux faits (Riom, 18 niv. an XII).

138...... A moins que ces faits ne soient survenus depuis
(Cass., 26 mai 1806, *Rép. gén. du Journal du Palais*, t. 5, p. 301).
— V. toutefois, *infra*, n° 181.

139. L'article 236 exige qu'en même temps que sa requête
le demandeur en divorce remette au président toutes les pièces

à l'appui de sa demande. Cette formalité n'est pas toutefois prescrite à peine de déchéance, et l'époux demandeur, qui n'a pas joint toutes les pièces à l'appui de sa demande, peut en produire ultérieurement de nouvelles, sans même qu'il soit nécessaire de les signifier par copie à l'époux défendeur (Bruxelles, 12 frim. an XIV ; — *Contra*, Paris, 1806 ; — Riom, 18 nivôse an XII).

2° Épreuve de conciliation.

ARTICLE 237. — *Le juge, après avoir entendu le demandeur et lui avoir fait les observations qu'il croira convenables, paraphera la demande et les pièces, et dressera procès-verbal du tout en ses mains. Ce procès-verbal sera signé par le juge et par le demandeur, à moins que celui-ci ne sache ou ne puisse signer ; auquel cas il en sera fait mention.*

ARTICLE 238. — *Le juge ordonnera, au bas de son procès-verbal, que les parties comparaîtront en personne devant lui, au jour et à l'heure qu'il indiquera et qu'à cet effet, copie de son ordonnance sera par lui adressée à la partie contre laquelle le divorce est demandé.*

ARTICLE 239. — *Au jour indiqué, le juge fera aux deux époux, s'ils se présentent, ou au demandeur, s'il est seul comparant, les représentations qu'il croira propres à opérer un rapprochement ; s'il ne peut y parvenir, il en dressera procès-verbal, et ordonnera la communication de la demande et des pièces au ministère public, et le référé du tout au tribunal.*

140. Nous venons de voir que le demandeur en divorce doit se présenter en personne devant le président ou le juge qui le remplace, pour remettre sa requête détaillant les faits. C'est surtout dans ce premier instant qu'il convient de lui faire sentir toute la gravité et toutes les conséquences de l'action au point de vue moral. Aussi, la loi fait-elle un devoir au magistrat d'écouter les griefs du demandeur et de lui faire les observations qu'il croira convenables dans le but d'éteindre, s'il est possible, le procès à sa naissance. S'il échoue dans ses efforts, le juge assisté du greffier dresse procès-verbal de la remise des pièces qu'il paraphe, ainsi que la demande ; ce procès-verbal est signé par la partie demanderesse.

141. A la suite du procès-verbal de remise des pièces, le juge rend une ordonnance de comparution des parties en personne devant lui à un jour et à une heure qu'il indique.

142. La copie de cette ordonnance est adressée par le juge au défendeur seul, car le demandeur étant présent à l'ordonnance rendue se trouve par le fait suffisamment averti.

143. Aucune disposition de la loi ne prescrit le mode et la

forme de la notification à faire au défendeur. Elle est faite d'ordinaire, avec citation de comparaître, par voie de signification
par huissier commis à cet effet. Mais elle pourrait être faite de
toute autre manière. Elle satisfait suffisamment au vœu de la
loi, du moment qu'elle est faite de la part du président, et que
le défendeur est prévenu par la copie de l'ordonnance que c'est
le président qui l'invite à comparaître (Cass. req., 25 germin.
an XIII ; — Liège, 31 mai 1865, *Pasicrisie belge*, 65-2-231 ;
Belgique judiciaire, 1865-1867 ; — Trib. de Bruxelles, 26 mars
1881, *Pasicrisie belge*, 81-3-184).

144. Au jour et à l'heure fixés par l'ordonnance, les parties
sont tenues de comparaître en personne devant le magistrat
auquel la demande de divorce a été remise (Cass. belge,
6 janvier 1881, *Pasicrisie belge*, 81-1-49).

145. La comparution doit avoir lieu *à huis clos* (Exposé des
motifs par Treilhard) sans que les parties *puissent se faire assister
d'avoués ou de conseils*. L'article 877 du Code de procédure civile
prohibe expressément cette assistance d'avoués ou de conseils,
en matière de séparation de corps, lors de la comparution devant le président ; bien que le Code civil qui seul règle la procédure en matière de divorce soit muet sur ce point, cette prohibition est la conséquence nécessaire du secret absolu dont le
législateur a voulu entourer l'introduction de l'instance. Du
reste, il n'y a devant le président aucun débat ; la présence
d'avoués ou d'avocats non seulement est inutile, mais même
pourrait être de nature à envenimer les ressentiments et à
empêcher la conciliation de se faire par les soins du magistrat.
D'ailleurs, le législateur, par les articles 242 et 243, a pris soin
d'indiquer le moment précis de la procédure où les parties peuvent se faire assister de conseils : la loi étant muette dans le
cas particulier qui nous occupe, on doit en conclure que les
époux ne peuvent se faire assister devant le président (Laurent,
t. 3, n. 228, p. 273 ; — Coulon, Faivre et Jacob, *Manuel formulaire du divorce*, p. 43 ; — Robert Frémont, *Traité pratique du
divorce*, n. 243).

146. Toutefois il a été jugé que les dispositions de l'article 877 ne sont pas prescrites à peine de nullité (Cass., 28 mai
1828, S. 28-1-243 ; — Bruxelles, 9 août 1848, *Pasicrisie belge*,
48-2-310 ; *Belgique judiciaire*, 1848, 1220). — Ces décisions
rendues en matière de séparation de corps sont, à plus forte raison applicables en matière de divorce. La loi, en cette matière, ne
prohibe pas d'une manière expresse l'assistance des conseils, il
n'y aurait donc pas nullité, si, contrairement au vœu du législateur, les époux étaient accompagnés de conseil, lors de la comparution devant le président (Cod. proc. civ., 1030).

147. Au jour indiqué par l'ordonnance de comparution, le président, ou le juge qui le remplace, renouvellera auprès des deux époux réunis la tentative de conciliation qu'il a dû faire auprès du demandeur lors de la remise de la demande du divorce. « Il fera, pour employer les termes de la loi, les représentations qu'il croira propres à opérer un rapprochement. »

148. Nous avons envisagé, sous le numéro précédent, l'hypothèse de la comparution des deux époux, mais il n'en est pas toujours ainsi. Il peut arriver que l'une des parties fasse défaut.

Si c'est le demandeur qui ne se présente pas, sa non-comparution équivaut à un désistement de la demande, à moins que, empêché par un accident ou une maladie, il n'obtienne une remise sur la production d'un certificat délivré dans les conditions voulues par l'article 236 (Robert Frémont, *Traité pratique du divorce*, n. 254).

Si c'est, au contraire, l'époux défendeur qui ne se présente pas, le président se borne à réitérer auprès du demandeur les observations qu'il lui a faites une première fois lorsqu'il a remis sa demande.

148 *bis.* Dans le cas où, la tentative de conciliation n'ayant pas abouti, le raprochement ne pourrait avoir lieu, le juge dresse un deuxième procès-verbal, et ordonne la communication de la demande et des pièces au ministère public, et le référé au tribunal.

149. Ce procès-verbal doit se borner à constater la non-conciliation, sans rendre compte des explications réciproques des parties, non plus que des observations que leur a faites le juge. L'épreuve prescrite par l'article 238 doit conserver son caractère absolument confidentiel et ne peut, en aucun cas, servir d'argument aux parties dans la suite des débats (Trib. de Muret, 18 fév. 1848, *J. av. t.* 13, n. 413, art. 485, § 102 ; — *Sic,* Carré, *Suppl., quest.* 2971 ; — Robert Frémont, *Traité pratique du divorce,* n. 279).

3° Procédure secrète.

ARTICLE 240. — *Dans les trois jours qui suivront, le tribunal, sur le rapport du président ou du juge qui en aura fait les fonctions, et sur les conclusions du ministère public, accordera ou suspendra la permission de citer. La suspension ne pourra excéder le terme de vingt jours.*

150. Le délai de trois jours fixé, dans l'article 240, au tribunal pour accorder ou suspendre la permission de citer, se compte du jour du référé au tribunal et non du jour de la signification du procès-verbal prescrit par l'article 239, et constatant la comparution des époux et leur refus de se concilier (Cass. req., 25 germinal an XIII).

151. Ce pouvoir donné au juge d'accorder immédiatement ou de suspendre la permission est une mesure destinée à faire réfléchir encore le demandeur sur la gravité de l'action qu'il veut intenter. Du reste, les juges ne doivent user de cette faculté qui leur est laissée d'ajourner la permission de citer qu'autant que les faits ne leur paraissent pas suffisamment graves pour rompre immédiatement le lien conjugal, et que les causes invoquées par l'époux demandeur ne sont pas de celles indiquées comme péremptoires par la loi.

152. La suspension ne pourra, dit l'article 240, excéder le terme de vingt jours. L'expiration de ce délai de vingt jours n'entraîne pas par elle-même la permission de citer. L'époux demandeur est tenu de demander une nouvelle permission qui, alors, ne peut lui être refusée (Massé et Vergé sur Zachariæ, t. 1, p. 257).

153. Par suite, la citation donnée, à l'expiration des vingt jours, et avant l'obtention de cette nouvelle permission, est irrégulière et nulle. Toutefois, ce n'est pas là un motif de nature à faire rejeter la demande en divorce, laquelle conserve son effet avec une citation régulière, après l'obtention d'une permission nouvelle (Besançon, 16 août 1811 ; — *Sic*, Botton et Lebon, *Code annoté du divorce*, p. 49).

154. Après le permis de citer accordé par le tribunal à l'époux demandeur, commence la procédure véritablement contentieuse. Cette procédure comprend deux phases bien distinctes, la période de la procédure à huis clos, et celle de la procédure à l'audience publique.

ARTICLE 241. — *Le demandeur, en vertu de la permission du tribunal, fera citer le défendeur, dans la forme ordinaire, à c mparaître en personne à l'audience, à huis clos, dans le délai de la loi; il fera donner copie, en tête de la citation, de la demande en divorce et des pièces produites à l'appui.*

ARTICLE 242. — *A l'échéance du délai, soit que le défendeur comparaisse ou non, le demandeur en personne, assisté d'un conseil, s'il le juge à propos exposera ou fera exposer les motifs de sa demande; il représentera les pièces qui l'appuient et nommera les témoins qu'il se propose de faire entendre.*

ARTICLE 243. — *Si le défendeur comparaît en personne ou par un fondé de pouvoir, il pourra proposer ses observations, tant sur les motifs de la demande que sur les pièces pr duites par le demandeur et sur les témoins par lui nommés. Le défendeur nommera de son côté les témoins qu'il se propose de faire entendre, et sur lesquels le demandeur fera réciproquement ses observations.*

ARTICLE 244. — *Il sera dressé procès-verbal des comparutions, dires et observations des parties, ainsi que des aveux que l'une ou l'autre pourra faire. Lecture de ce procès-verbal sera donnée auxdites parties qui seront requises de le signer, et il sera fait mention expresse de leur signature ou de leur déclaration de ne pouvoir ou ne vouloir signer.*

155. En vertu de la permission qui lui a été accordée, l'époux demandeur doit citer son conjoint à comparaître en personne devant le tribunal, et lui donner en tête de la citation signification de la copie :

1° De la demande en divorce, c'est-à-dire de le requête présentée au président d'après l'article 236 ;

2° De l'expédition du procès-verbal donné par le président, conformément à l'article 237, de la remise entre ses mains de la requête et des pièces à l'appui ;

3° Des pièces produites à l'appui de la demande ;

4° De l'expédition du procès-verbal donné par le président, en conformité de l'article 239, constatant la comparution devant lui des deux époux, et la non-conciliation, ainsi que de l'ordonnance de référé au tribunal ;

5° L'expédition de la permission de citer accordée par le tribunal.

156. Cette citation est donnée à comparaître en personne, à huis clos, dans la forme ordinaire, dans le délai de la loi, à *huitaine franche*, sans qu'il soit besoin d'assigner à jour fixe, aucune disposition de la loi n'exigeant l'indication d'un jour déterminé par la date du calendrier, l'ajournement ne peut être annulé pour omission de cette indication (Paris, 13 fruct. an XI ; — Trib. de Bruxelles, 26 mars 1881, *Pasicrisie belge*, 81-3-184).

156 *bis.* A Paris le défendeur est cité à jour fixe et devant une chambre du tribunal, conformément à la circulaire du 8 novembre 1884 rapportée en appendice ci-après.

157. A l'expiration du délai pour comparaître, le demandeur est tenu de se présenter devant le tribunal, en personne, mais contrairement à ce qui se passait en conciliation devant le président, il peut se faire assister d'un conseil, ce qui ne s'entend que d'un avoué ou d'un avocat.

158. Soit que le défendeur comparaisse ou non, le demandeur expose ou fait exposer par un avoué ou un avocat les motifs de sa demande. Il est tenu de représenter les pièces dont il entend faire usage : l'article 242 le lui enjoint formellement.

158 *bis.* Dans le cas où il y a lieu à enquête, il doit nommer immédiatement les témoins qu'il se propose de faire entendre (V. *ci-après*, n. 185 et suiv.).

159. Si le demandeur ne se présentait pas, sa non-comparution personnelle devrait être considérée comme une renonciation à sa demande, et l'affaire serait supprimée d'office par le tribunal.

160. Quant au défendeur, il n'est pas comme le demandeur tenu de se présenter personnellement, il peut comparaître par un fondé de pouvoir.

161. S'il comparaît soit en personne, soit par un fondé de pouvoir, il peut présenter ses observations tant sur les motifs de la demande que sur les pièces produites et les témoins nommés par le demandeur. Il doit, de son côté, déclarer quels sont les témoins qu'il veut faire entendre, et le demandeur est admis à faire réciproquement ses observations sur les témoignages que l'on invoque contre lui (V. *infra*, 185 et suiv.).

162. Nous avons vu, n° 158, qu'à cette audience à huis clos, lors de sa comparution, le demandeur est tenu de produire les pièces qu'il entend verser aux débats. En est-il de même du défendeur ? Nous ne le pensons pas. En effet, l'article 242, qui enjoint au demandeur de présenter à l'audience, où l'affaire est appelée, toutes les pièces dont il entend faire usage, ne contient pas semblable obligation pour le défendeur, et l'article 243 n'assimile pas davantage le défendeur au demandeur quant aux règles à suivre pour la production des pièces ; on doit en conclure que le défendeur peut, au cours des débats, même après la clôture des enquêtes, verser des pièces qu'il n'avait pas encore produites (Trib. de Bruxelles, 27 déc. 1879, *Paricrisie belge*, 80-3-223 ; — *Sic*, Botton et Lebon, *Code annoté du divorce*, p. 51).

163. Nous pensons également que, bien que l'article 243 porte que le défendeur *nommera* ses témoins lors de la comparution, cette obligation ne lui est pas imposée à peine de ne plus pouvoir produire de témoins au cours des débats, et qu'au contraire, il pourra nommer ses témoins jusqu'au moment où l'article 249 lui enlève cette faculté (V. *ci-après* n. 185 et suiv.).

164. Si le défendeur ne comparaît pas, la procédure continue malgré son absence, et il ne peut former opposition contre le jugement qui interviendra : il n'a que la ressource de l'appel. (Coulon, Faivre et Jacob, *Manuel formulaire du divorce*, p. 47 ; — V. *infra*, n. 247).

164 *bis*. Car on ne peut former opposition ni au jugement ordonnant l'enquête, ni au jugement admettant le divorce (Aix, 7 mai 1810 ; — Nîmes, 24 janvier 1812).

165. La comparution, les dires et observations des parties, ainsi que les aveux que l'une ou l'autre peut faire, sont l'objet d'un procès-verbal dressé par le greffier : lecture de ce procès-verbal est donnée aux parties qui le signent, et, si elles ne veulent ou ne peuvent signer, il en est fait mention.

166. L'obligation imposée par l'article 244 de consigner au procès-verbal les aveux des parties, fait un devoir aux juges de surveiller avec la plus scrupuleuse attention la rédaction de ce procès-verbal en ce qui concerne les aveux du défendeur. Car ces aveux peuvent suffire pour entraîner le divorce, lorsqu'ils sont de nature à en constater les causes (Cass., 11 frim. an XIV).

4° Procédure publique.

A. — Procédure à l'audience.

ARTICLE **245**. — *Le tribunal renverra les parties à l'audience publique dont il fixera le jour et l'heure; il ordonnera la communication de la procédure au ministère public et c mmettra un rapporteur. Dans le cas où le défendeur n'aurait pas comparu, le demandeur sera tenu de lui faire signifier l'ordonnance du tribunal dans le délai qu'elle aura déterminé.*

ARTICLE 246. — *Au jour et à l'heure indiqués, sur le rapport du juge commis, le ministère public entendu, le tribunal statuera d'abord sur les fins de non-recevoir, s'il en a été proposé. En cas qu'elles soient trouvées concluantes, la demande en divorce sera rejetée ; dans le cas contraire, ou s'il n'a pas été proposé de fin de non-recevoir, la demande en divorce sera admise.*

ARTICLE 247. — *Immédiatement après l'admission de la demande en divorce, sur le rapport du juge commis, le ministère public entendu, le tribunal statuera au fond. Il fera droit à la demande, si elle lui paraît en état d'être jugée, sinon il admettra le demandeur à la preuve des faits pertinents par lui allégués, et le défendeur à la preuve contraire.*

ARTICLE 248. — *A chaque acte de la cause, les parties pourront, après le rapport du juge et avant que le ministère public ait pris la parole, proposer ou faire proposer leurs moyens respectifs, d'abord sur les fins de non-recevoir et ensuite sur le fond ; mais, en aucun cas, le conseil du demandeur ne sera admis si le demandeur n'est pas comparant en personne.*

167. Une fois les formalités voulues par l'article 244 remplies, le tribunal renvoie les parties à l'audience publique, dont il fixe le jour et l'heure.

168. Ce renvoi à l'audience publique est fait par une ordonnance rendue en audience publique. Cette ordonnance (ou jugement) fixe le jour et l'heure de l'audience, nomme un juge-rapporteur, et ordonne la communication au ministère public.

169. Cette ordonnance doit, aux termes de l'article 245, être signifiée au défendeur qui n'aurait pas comparu, dans un délai déterminé par l'ordonnance elle-même.

170. Mais si le débat à l'audience à huis clos a été contradictoire, et que l'ordonnance dont s'agit a été rendue en présence des parties, le demandeur n'est pas tenu de la faire signifier au défendeur, car *son prononcé vaut signification* (Delvincourt, *sur l'art.* 245). — Surtout lorsque l'ordonnance porte que *sa pro-*

nonciation vaut signification (Bruxelles, 22 messidor an XII).

171. Au jour et à l'heure fixés par l'ordonnance, les parties comparaissent à l'audience publique, soit seules, soit assistées de leurs conseils ; le juge commis fait son rapport ; les parties proposent leurs moyens que leurs avocats développent, et le ministère public prend ses conclusions ; puis, le tribunal statue tout d'abord sur les fins de non-recevoir que le défendeur a pu opposer à la demande en divorce.

172. Les *fins de non-recevoir* dont parle l'article 246, doivent s'entendre non seulement des fins de non-recevoir spéciales au divorce, dont il est question dans les articles 272 et suivants, mais aussi des exceptions de procédure ; ainsi l'époux défendeur peut opposer l'exception d'incompétence, l'exception de litispendance, tout aussi bien que celle tirée de la réconciliation (Laurent, t. 3, n. 231, p. 276 ; — Massé et Vergé sur Zachariæ, t. 1, p. 258, note 18 ; — Coulon, Faivre et Jacob, *Manuel formulaire du divorce*, p. 52).

173. Si ces fins de non-recevoir sont reconnues concluantes, la demande est rejetée. Si au contraire les fins de non-recevoir sont déclarées sans valeur, ou s'il n'en a pas été proposé, la demande est admise.

174. Mais, dans l'un et l'autre cas, le tribunal doit rendre un jugement, soit pour rejeter, soit pour admettre la demande.

175. Il ne peut par un jugement, à peine de nullité, admettre la demande en divorce et statuer au fond, ou définitivement si les motifs de la demande en divorce lui paraissent suffisamment justifiés, ou interlocutoirement, en ordonnant la preuve des faits avancés ; car d'après l'article 247, ce n'est qu'après l'admission de la demande que le tribunal peut statuer au fond (Cass. 18 frimaire an XIV ; — Angers, 6 mai 1808 ; — Pau, 27 mars 1813).

176. Le jugement qui statue sur l'admissibilité de la demande en divorce n'est pas susceptible d'opposition (V. *supra*, n. 164 et 164 *bis*).

177. Mais il est susceptible d'appel (C. civ., 262), et les juges ne sont pas autorisés à le déclarer exécutoire par provision nonobstant l'appel : l'article 135 du Code de procédure civile ne peut recevoir d'application aux jugements pour lesquels les articles 262 et 263 du Code civil réservent le droit d'appel en déclarant que cet appel sera toujours suspensif (Bruxelles, 16 juill. 1877 et 8 août 1882, *Pasicrisie belge*, 77-2-330 et 83-2-58 ; — *Sic*, Botton et Lebon, *Code annoté du divorce*, p. 59 et suiv.)

178. L'époux défendeur en divorce qui n'a pas comparu lors du jugement admettant la demande de son conjoint, ou qui comparant a négligé de proposer une fin de non-recevoir, ne peut plus, après ce jugement, la proposer. Une fois le jugement d'admission rendu, le droit du défendeur en ce qui touche les fins de non-recevoir est éteint (Liège, 24 mai 1826 ; — *Sic*, Botton et Lebon, *Code annoté du divorce*, p. 58 ; — Coulon, Faivre et Jacob, *Manuel formulaire du divorce*, p. 52). — Pour faire revivre son droit quant aux fins de non-recevoir, le défendeur serait forcé de recourir à l'appel.

179. Immédiatement après le jugement d'admission de la demande en divorce, le juge commis fait un nouveau rapport sur le fond même de l'affaire, les avoués des parties prennent des conclusions que les avocats développent, et le ministère public est entendu. Le tribunal rend alors un deuxième jugement sur le fond, définitif et prononçant le divorce si la cause paraît en état d'être jugée, sinon interlocutoire, admettant le demandeur à la preuve des faits pertinents allégués par lui, et le défendeur à la preuve contraire (C. civ., 247).

179 bis. Les mots *immédiatement après* ne signifient pas séance tenante et dans la même audience ; ils indiquent seulement l'ordre de la procédure. *V. l'instruction de la chambre des avoués de Paris, ci-après, à la fin du volume.*

180. Pendant tout le cours de l'instance à chaque acte de la cause, après chacun des rapports du juge, et avant les conclusions du ministère public, les parties peuvent proposer ou faire proposer leurs moyens respectifs. Mais elles doivent proposer ces moyens d'abord sur les fins de non-recevoir, et ce n'est qu'après que les incidents sur les fins de non-recevoir ont été vidés qu'elles peuvent engager le débat au fond.

181. L'article 248 autorise les parties à proposer, *à chaque acte de la cause*, après le rapport du juge, leurs moyens respectifs tant sur le fond que sur les fins de non-recevoir. D'autre part, d'après l'article 247, le juge doit admettre le demandeur à la preuve *des faits pertinents allégués*. De la généralité des expressions dont la loi se sert il résulte que le droit du juge ne saurait être restreint à la seule admission de la preuve des faits compris dans la requête remise au président du tribunal en exécution de l'article 236 (Bruxelles, 9 mars 1874, *Pasicrisie belge*, 74-2-200 ; — *Sic*, Botton et Lebon, *Code annoté du divorce*, p. 63).

182. Il a été décidé en ce sens que l'époux demandeur en divorce, après le rapport du juge, qui suit l'admission de sa demande, c'est-à-dire après un acte nouveau de la procédure, et avant les conclusions du ministère public, peut être autorisé à faire la preuve des faits pertinents constituant un moyen de justifier le fondement de son action, bien que ces faits n'aient pas été compris dans sa requête au président du tribunal (Cass., 26 mai 1807 ; — Bruxelles, 4 août 1868, *Pasicrisie belge*, 71-2-26).

183. Aux termes de l'article 248, en aucun cas le conseil du demandeur n'est admis, si le demandeur n'est pas comparant en personne. Le débat est essentiellement personnel ; le demandeur doit toujours y figurer ; sa présence est une formalité substantielle. C'est là une règle générale que l'on doit suivre pendant tout le cours de l'instance et qui doit s'appliquer à la demande provisionnelle comme au débat sur le fond (Trib. de Charleroi, 17 janv. 1883, *Pasicrisie belge*, 83-3-193 ; — *Sic*, Botton et Lebon, *Code annoté du divorce*, p. 66).

184. Quant au défendeur, il peut se faire représenter par un fondé de pouvoir (C. civ., 243).

B. — Des enquêtes.

ARTICLE 249. — *Aussitôt après la prononciation du jugement qui ordonnera les enquêtes, le greffier donnera lecture de la partie du procès-verbal qui contient la nomination déjà faite des témoins que les parties se proposent de faire entendre. Elles seront averties par le président qu'elles peuvent encore en désigner d'autres, mais qu'après ce moment elles n'y seront plus reçues.*

ARTICLE 250. — *Les parties proposeront de suite leurs reproches respectifs contre les témoi s qu'elles voudront écarter. Le tribunal statuera sur les reproches après avoir entendu le ministère public.*

ARTICLE 251. — *Les parents des parties, à l'exception de leurs enfants et descendants, ne sont pas reprochables du chef de la parenté, non plus que les domestiques des époux en raison de cette qualité. Mais le tribunal aura tel égard que de raison aux dépositions des parents et domestiques.*

ARTICLE 252. — *Tout jugement qui admettra une preuve testimoniale dénommera les témoins qui sont entendus et déterminera le jour et l'heure auxquels les parties devront les présenter.*

ARTICLE 253. — *Les dépositions des témoins seront reçues par le tribunal séant à huis clos, en présence du ministère public, des parties et de leurs conseils ou amis jusqu'au nombre de trois de chaque côté.*

ARTICLE 254. — *Les parties, par elles ou par leurs conseils, pourront faire aux témoins telles observations et interpellations qu'elles jugeront à propos, sans pouvoir néanm ins les interrompre dans le cours de leurs dépositions.*

ARTICLE 255. — *Chaque déposition sera rédigée par écrit, ainsi que les dires et observations auxquels elle aura donné lieu. Le procès-verbal sera lu tant aux témoins qu'aux parties : les uns et les autres seront requis de le signer, et il sera fait mention de leur signature ou de leur déclaration qu'ils ne peuvent ou ne veulent signer.*

ARTICLE 256. — *Après la clôture des deux enquêtes ou de celle du demandeur, si le défendeur n'a pas produit de témoins, le tri-*

*bunal renverra les parties à l'audience publique, dont il indiquera
le jour et l'heure ; il ordonnera la communication de la procédure
au ministère public, et commettra un rapporteur. Cette ordonnance
sera signifiée au défendeur, à la requête du demandeur, dans le
délai qu'elle aura déterminé.*

185. La pratique de cette procédure spéciale a inspiré à la
chambre des avoués de Paris une instruction que nous publions
et dans laquelle on trouvera le mode de procéder adopté à Paris.

185 *bis.* Nous avons vu *supra*, n. 158 *bis* et 161, que, lors de
la comparution à l'audience à huis clos, le demandeur et même
le défendeur étaient tenus de désigner les témoins qu'ils se propo-
saient de faire entendre, et que la liste de ces témoins devait être
consignée au procès-verbal de comparution dressé en conformité
de l'article 244. Aussitôt après la prononciation du jugement
qui ordonne les enquêtes, le greffier donne lecture de la partie du
procès-verbal qui contient la nomination déjà faite des témoins.

186. Mais il peut arriver que depuis le jour où les parties ont
nommé leurs témoins, lors de leur comparution à l'audience à
huis clos, jusqu'au jour où est rendu le jugement qui ordonne
les enquêtes, le demandeur et le défendeur aient trouvé de
nouveaux éléments de preuves et de nouveaux témoins. C'est
pourquoi l'article 249 enjoint au président d'avertir, aussitôt
après le prononcé du jugement ordonnant les enquêtes, les parties qu'elles peuvent encore désigner d'autres témoins, en leur
faisant observer qu'après ce moment elles seront déchues du
droit de proposer des témoins non désignés.

187. On a prétendu que l'article 249, en parlant du droit des
parties, après le jugement ordonnant les enquêtes de désigner
encore d'autres témoins, implique nécessairement l'idée qu'un
certain nombre de témoins ont été désignés lors de la comparution à l'audience à huis clos ; et l'on en conclut que celle des
deux parties qui n'a désigné aucun témoin à cette audience à
huis clos est déchue du bénéfice de l'article 249.

Nous ne partageons pas cette opinion, et nous croyons au contraire que les parties peuvent désigner des témoins jusqu'après
le prononcé du jugement qui ordonne les enquêtes, quand bien
même elles n'en auraient pas nommé conformément aux articles 242 et 243.

En effet, le législateur n'a point prescrit à peine de nullité la
désignation des témoins lors de la comparution à l'audience à
huis clos. Les articles 242 et 243 sont muets sur les conséquences
de cette non-désignation. L'article 249, au contraire, édicte
expressément la forclusion contre la partie qui ne fait pas la
désignation de ses témoins immédiatement après la prononciation du jugement ordonnant l'enquête. D'où l'on doit conclure
que les parties peuvent nommer leurs témoins jusqu'au mo-

ment où l'article 249 leur enlève cette faculté (Botton et Lebon, *Code annoté du divorce*, p. 67).

188. L'époux défendeur en divorce qui n'a comparu à aucune des audiences fixées par le tribunal, et a fait notamment défaut à la dernière audience dans laquelle il avait la faculté de faire la désignation de ses témoins, aux termes de l'article 249, n'est pas plus recevable à les faire entendre. Et, comme les termes de cet article sont impératifs et prononcent une déchéance absolue, les juges d'appel ne peuvent l'en relever, quel que soit d'ailleurs le motif qui l'ait empêché de se conformer aux prescriptions de la loi (Bruxelles, 3 déc. 1878, *Pasicrisie belge*, 79-2-82 ; — *Sic*, Botton et Lebon, *Code annoté du divorce*, p. 68).

189. Après que la liste des témoins aura été close, les parties doivent proposer *de suite* leurs reproches contre les témoins qu'elle veulent écarter. Le ministère public donne ses conclusions, le tribunal statue immédiatement sur le mérite des reproches proposés, et dit si le témoin reproché sera ou non entendu, et ordonne également l'audition des témoins non reprochés.

190. Ce n'est qu'aussitôt après la prononciation du jugement ordonnant l'enquête que les témoins peuvent être reprochés. Dès que le tribunal a statué sur les reproches proposés et déclaré que les témoins désignés seraient entendus, les parties ne peuvent plus présenter de reproches, quelles qu'en soient les causes (Paris, 16 mars 1812).

191. Il a été décidé, au contraire, que les parties conservent le droit de reprocher les témoins jusqu'au moment où ils seront entendus (Trib. de Bruxelles, 29 mars 1883, *Pasicrisie belge*, 83-3-29).

192. Jugé également que les reproches pouvaient même être proposés en appel, mais à la condition que la partie justifie qu'elle n'avait pas connaissance de la cause de reproche au moment où la loi veut qu'on les fasse valoir (Liège, 20 avril 1822, *Pasicrisie belge*, 22-2-112).

193. Nous admettons volontiers cette décision de la Cour de Liège, car du moment que la partie justifie qu'elle n'avait pas connaissance de la cause du reproche, il n'y a aucune faute à lui imputer, et lui refuser le droit de reproche serait lui infliger une déchéance qu'elle n'a certainement pas méritée (Laurent, t. 3, p. 280, n. 235).

Mais nous ne saurions comprendre que, comme l'a jugé le tribunal de Bruxelles par son jugement du 29 mars 1883, une partie puisse, sans motifs sérieux bien justifiés, se dispenser d'obéir aux prescriptions si nettes, si précises et si formelles de l'article 250, et conserver le droit de reprocher les témoins même après qu'un jugement a ordonné l'audition de ces témoins. Exiger ce droit en principe nous semble aller à l'encontre de la volonté du législateur.

Toutefois, nous ne pensons pas que la déchéance qui résulte de l'article 250 contre la partie qui n'a pas proposé *de suite* après le jugement qui ordonne ses reproches, soit tellement absolue que la partie n'en puisse être relevée par le tribunal, auquel toute latitude est laissée à l'effet d'apprécier les motifs qui ont pu empêcher la partie de se conformer aux dispositions de la loi.

194. La disposition de l'article 270 du Code de procédure civile d'après laquelle les reproches contre les témoins doivent être circonstanciés et pertinents, et non pas formulés en termes vagues et généraux, est applicable en matière de divorce (Bruxelles, 20 avril 1874, *Pasicrisie belge*, 74-2-227).

195. Les principes généraux posés par l'article 283 du Code de procédure civile, sur les témoins qui peuvent être reprochés, sont applicables en matière de divorce et de séparation de corps. L'article 251 du Code civil n'y déroge qu'en partie en ce qui concerne les parents des époux et leurs domestiques; l'article 283 (C. proc.) demeure le droit commun pour toutes les autres causes de reproches (Demolombe, t. 4, n. 480; — Laurent, t. 3, n. 234, p. 259; — Zachariæ, t. 1, p. 259, note 20; — Aubry et Rau, t. 10, p. 181, note 37; — Bourges 17 nov. 1884, rapporté dans le *Recueil de Procédure*, 1ᵒ livraison de 1885; — *Contra*, Cass., 8 juill. 1813, Dalloz, *J. G.*, v. *Sép. de corps*, n. 220; — Bruxelles, 28 déc. 1815, *Pasicrisie belge*, 1815, p. 554). — V. *Enquête*.

196. L'article 251 du Code civil porte expressément que les parents ne sont pas reprochables du chef de la parenté, non plus que les domestiques des époux, en raison de cette qualité. Le législateur a pensé avec raison que les faits qui donnent lieu au divorce ou à la séparation de corps se passent généralement dans l'intimité de la famille, loin des étrangers, et que les parents et les domestiques sont les témoins presque nécessaires des querelles d'intérieur et des scènes de ménage.

197. Toutefois il est certains parents dont la loi devait écarter le témoignage. En effet il eût été cruel et immoral tout à la fois de faire déposer des enfants et petits-enfants contre leur père ou leur mère, souvent contre les deux. C'est pourquoi le législateur a réservé aux parties, dans l'article 251, le droit de reprocher leurs enfants et descendants.

198. Ici se présente une question, la loi a-t-elle voulu écarter le témoignage seulement des enfants et descendants communs, ou bien aussi celui des enfants et descendants que l'un des époux aurait eus d'un précédent mariage?

Nous pensons que la loi embrasse dans la généralité de ses expressions tous les enfants, communs ou propres à l'un des conjoints. Si le législateur avait voulu faire une distinction, il l'aurait certainement indiquée. D'ailleurs, bien qu'il n'y ait plus, lorsqu'il s'agit d'enfants issus d'un premier mariage, les mêmes raisons d'écarter leur témoignage, comme lorsqu'il s'agit d'enfants communs, il est certain que le témoignage d'un enfant devra toujours être suspect, qu'il soit appelé à déposer pour ou contre celui à qui il doit le jour (Douai, 16 août 1853, Dalloz, 24-5-689 ; — Bruxelles, 20 fév. 1858, *Pasicrisie belge*, 58-2-60 ; — *Sic*, Goirand, *Traité pratique du divorce*, p. 85 ; — *Contra*, Demolombe, t. 4, n. 480 *bis* ; — Coulon, Faivre et Jacob, *Manuel formulaire du divorce*, p. 58).

199. Il a même été jugé que non seulement les enfants des parties sont reprochables, mais que leur témoignage est inadmissible (Trib. de Trémonde, 9 juin 1858, *Belgiq. jud.*, 1858, p. 1087).

200. L'article 251 ne parle que des parents, mais il est évident que, sous ce nom générique, on doit comprendre les alliés, car il n'y a pas plus de raison d'admettre le reproche contre les alliés que contre les parents proprement dits.

201. Quoiqu'il les déclare non reprochables, le législateur a pensé que les parents et les domestiques, à raison de leur qualité et à cause de leurs relations avec les époux, sont plus enclins que tous autres à déguiser la vérité. Aussi enjoint-il aux juges de ne les écouter qu'avec circonspection et de n'avoir que tel égard que de raison aux dépositions des parents et domestiques.

202. Tout jugement qui admet une preuve testimoniale, soit à raison d'une fin de non-recevoir, soit à raison de la demande elle-même en divorce, doit désigner les témoins entendus, et déterminer le jour et l'heure de l'enquête (C. civ., 252).

203. Le jour fixé pour entendre les témoins n'est pas tellement de rigueur que la partie qui doit faire la contre-enquête soit déchue du droit de faire entendre les siens après l'audition de ceux de la partie adverse, surtout si les parties se sont trouvées en cas d'empêchement par suite de circonstances impossibles à prévoir (Bordeaux, 27 juill. 1814, C. civ., 4).

204. Le défendeur en divorce qui n'a pas fait citer ses témoins pour le jour indiqué n'est pas déchu de la faculté de faire enquête (Paris, 6 mai 1811).

205. Les dépositions des témoins ont lieu à huis clos, devant le tribunal, en présence du ministère public et des parties, qui peuvent se faire assister de leurs conseils ou amis au nombre de trois de chaque côté.

206. Les témoins doivent être entendus séparément à peine de nullité de l'enquête (Nancy, 15 avril 1813).

207. Le Code civil a établi, en matière de divorce, un droit nouveau et une forme particulière et spéciale, notamment à l'égard des enquêtes. Par suite, lorsqu'il n'a été commis aucune contravention à cette loi qui fait la règle de la matière, il n'y a pas lieu d'annuler une enquête en ce qu'il n'a pas été fait aux témoins l'interpellation de déclarer s'ils étaient parents, alliés ou serviteurs des parties (Cass., 3 mai 1809 ; — *Sic,* Botton et Lebon, *Code annoté du divorce*, p. 71). — D'ailleurs cette interpellation n'a plus raison d'être faite, puisque les parents et domestiques des parties ne sont pas reprochables, aux termes de l'article 251.

208. Il n'est pas nécessaire que le défendeur comparaisse en personne aux enquêtes. Il peut se faire représenter par son avoué. Quant au demandeur, sa présence est exigée à tous les actes de la cause, par l'article 248, et nous pensons que sa comparution personnelle aux enquêtes est nécessaire, et qu'en son absence, son conseil ne serait pas admis à faire aucune interpellation ou observation aux témoins.

209. Le tribunal saisi de la demande en divorce peut seul recevoir, dans une enquête, la déposition d'un témoin. Il ne peut déléguer ce pouvoir à un autre tribunal. — Le Code civil, en effet, contient une procédure spéciale au divorce, principalement pour les enquêtes, à laquelle il n'est pas permis de déroger. Les règles ordinaires de la procédure ne pourraient donc être applicables à cette matière qu'à défaut de dispositions du Code civil, et pourvu qu'elles ne soient en opposition, ni avec le texte, ni avec l'esprit de ce Code. Or, il est impossible de combiner les formes prescrites par le Code de procédure civile, dans ses articles 255 et 1035, avec les prescriptions essentielles résultant des articles 252, 253, 255 et 256 du Code civil qui sont exclusives de l'idée de la délégation d'un autre tribunal pour recevoir les enquêtes en matière de divorce (Trib. de la Seine, 26 brum. an XIII ; — Bruxelles, 7 janv. 1833, *Jurisprudence belge*, 1833-2-268 ; — Trib. de Bruxelles, 9 avril 1874, *Pasicrisie belge*, 74-3-200 ; *Belgique judiciaire*, 1874, p. 1033 ; — *Sic*, Laurent, t. 3, p. 281, n. 236 ; — Massé et Vergé, sur Zachariæ, t. 1, p. 259, note 22; — Botton et Lebon, *Code annoté du divorce*, p. 73).

210. Les parties pourront faire aux témoins, par elles-mêmes ou par leurs conseils, telles observations et interpellations qu'elles jugeront à propos.

211. Mais il faut que les témoins aient fini leurs dépositions avant que ces interpellations ou observations puissent leur être faites, afin d'assurer au témoin toute sa présence d'esprit pendant sa déposition.

211 *bis.* Le droit d'interpellation est en outre limité aux faits déclarés pertinents par le jugement qui ordonne l'enquête.

212. L'époux qui n'a fait aucune réclamation sur les dépositions, faites en sa présence, de témoins produits aussi bien par lui que par son conjoint, est non recevable à les critiquer et à s'en faire un moyen de pourvoi en cassation (Cass., 26 mai 1807).

213. Chaque déposition est rédigée par écrit par le greffier qui doit consigner au procès-verbal les dires et observations auxquels cette disposition aura donné lieu.

214. Le procès-verbal d'enquête sera lu aux témoins et aux parties. Cette formalité est de rigueur, elle est impérative et prescrite à peine de nullité de l'enquête (Nancy, 15 avril 1813).

215. Les témoins et les parties sont ensuite requis de signer le procès-verbal, et mention sera faite de leur signature, ou de leur déclaration qu'ils ne peuvent ou ne veulent signer.

216. Il n'est pas nécessaire, pour la régularité de l'enquête, que le tribunal et le greffier signe chaque déposition : il suffit que le procès-verbal soit signé de tous les témoins et de toutes les parties (Nancy, 15 avril 1813).

217. Après la clôture des enquête et contre-enquête ou de l'enquête seule, si le défendeur n'a pas comparu ou n'a pas produit de témoins, le tribunal renvoie les parties à l'audience publique, en désignant le jour et à l'heure des débats. Il ordonne la communication de la procédure au ministère public et commet un rapporteur.

218. Cette ordonnance, dit l'article 256, sera signifiée au défendeur, à la requête du demandeur dans le délai qu'elle aura déterminé.

219. Malgré les termes formels de l'article 256, qui ne laissent aucun doute sur la volonté du législateur, il a été décidé qu'il y avait pas lieu, à peine de nullité, de signifier cette ordonnance lorsqu'elle avait été prononcée en présence des parties, et qu'elle portait que sa prononciation, dans cette condition, vaudrait signification (Bruxelles, 12 mess. an XII).

220. Jugé également que, aucune nullité n'étant établie de ce chef par le Code civil, l'ordonnance peut, sans qu'il y ait nullité de la procédure, être signifiée après le délai fixé par le tribunal (Bruxelles, 30 mai 1839, *Pasicrisie belge*, 60-2-184).

221. Néanmoins, nous pensons, avec MM. Coulon, Faivre et Jacob, qu'il est prudent de se conformer strictement aux dispositions de l'article 256, en signifiant l'ordonnance ordonnant la communication au ministère public et commettant un rapporteur, au défendeur même présent au prononcé de cette ordonnance, quelles que soient les dispenses de signification faites par le tribunal, et de faire signification dans le délai fixé. En agissant ainsi on se mettra à l'abri de toute nullité (V. Coulon, Faivre et Jacob, *Manuel formulaire du divorce*, pp. 64 et 65).

C. — Jugements définitifs.

ARTICLE 357. — *Au jour fixé pour le jugement définitif, le rap-*

port sera fait par le juge commis : les parties pourront ensuite faire, par elles-mêmes ou par l'organe de leurs conseils, telles observations qu'elles jugeront utiles à leur cause ; après quoi le ministère public donnera ses conclusions.

ARTICLE 258. — *Le jugement définitif sera prononcé publiquement ; lorsqu'il admettra le divorce, le demandeur sera autorisé à se retirer devant l'officier de l'état civil pour le faire prononcer.*

ARTICLE. 259. — *Lorsque la demande en divorce aura été formée pour cause d'excès, de sévices ou d'injures graves, encore qu'elle soit bien établie, les juges pourront ne pas admettre immédiatement le divorce. Dans ce cas, avant de faire droit, ils autoriseront la femme à quitter la compagnie de son mari, sans être tenue de le recevoir si elle ne le juge à propos ; et ils condamneront le mari à lui payer une pension alimentaire proportionnée à ses facultés, si la femme n'a pas elle-même des revenus suffisants pour fournir à ses besoins.*

ARTICLE 260. — *Après une année d'épreuve, si les parties ne se sont pas réunies, l'époux demandeur pourra faire citer l'autre époux a comparaître au tribunal, dans les délais de la loi, pour y entendre prononcer le jugement définitif, qui pour lors admettra le divorce.*

222. Au jour fixé pour le jugement définitif le juge commis fait son rapport, les parties par elles-mêmes ou par leurs avocats présentent leurs observations, puis le ministère public donne ses conclusions.

223. Bien que les débats doivent se passer en audience publique, si la discussion paraît aux juges devoir entraîner du scandale, ils peuvent, par application de l'article 87 du Code de procédure civile, ordonner que les plaidoiries auront lieu à huis clos (Cass., 13 déc. 1808).

224. Dans tous les cas, le jugement doit être prononcé publiquement.

225. S'il admet le divorce, il autorise le demandeur à se retirer devant l'officier d'état civil pour le faire prononcer. Le tribunal n'a pas la mission de réaliser la dissolution du mariage. D'où cette conséquence que le mariage subsiste dans tous ses effets, tant que l'officier de l'état civil ne l'a pas rompu en prononçant le divorce entre les époux.

226. Mais quel est l'officier de l'état civil compétent pour prononcer le divorce ?

Voyez, sur cette question, *infra*, n. 275.

227. Lorsque la demande en divorce est formée pour cause d'excès, de sévices ou d'injures graves, mais dans ce cas seulement, le tribunal, quoique reconnaissant le bien fondé de cette demande, peut ne pas admettre immédiatement le divorce. Alors il doit rendre un jugement d'avant faire droit, qui autorise la femme à quitter la compagnie du mari et à vivre loin de lui sans être tenue de le recevoir. Le législateur, qui se montre en toute circonstance favorable au maintien du lien conjugal, craint que la volonté de la part d'un époux de poursuivre la dissolution du mariage soit le résultat d'une irréflexion et d'un moment d'emportement, et il espère par ce sursis apaiser le ressentiment des époux l'un contre l'autre, et les amener à des réflexions salutaires de nature à faciliter la réconciliation. C'est une épreuve que le législateur impose aux époux.

228. Cette épreuve doit durer un an. Pendant ce temps, le mari est condamné, par le jugement même qui a prononcé le sursis, à payer à la femme une pension alimentaire proportionnée à ses facultés, si la femme n'a pas elle-même des revenus suffisants pour fournir à ses besoins.

229. Il est à remarquer que l'article 259 ne prévoit le droit à une pension alimentaire qu'au profit de la femme. Mais nous pensons que, dans le cas où la femme seule aurait de la fortune et s'en serait réservé l'administration par son contrat de mariage, le mari pourrait, puisque le mariage n'est pas dissous, invoquer les dispositions de l'article 312, d'après lesquels les époux se doivent mutuellement secours et assistance (Goirand, *Manuel formulaire de divorce*, p. 92).

230 En autorisant les juges à ne pas admettre immédiatement le divorce pour cause de sévices, d'excès ou d'injures graves, l'article 259 ne leur a pas défendu de déclarer qu'ils trouvent la demande justifiée. Ils peuvent surseoir, malgré cette déclaration, pour prononcer le jugement définitif. La loi leur en laisse la faculté et s'en rapporte sur ce point à leur sagesse. (Cass., 20 mai 1807 ; — *Sic*, Botton et Lebon, *Code annoté du divorce*, p. 82). — Nous ajouterons même qu'il résulte des termes des articles 259 et 260 combinés, que ce n'est qu'autant que la demande est reconnue bien fondée que les juges peuvent prononcer l'année d'épreuves, puisque après cette année d'épreuves le tribunal, saisi à nouveau, ne peut se dispenser d'admettre le divorce.

231. Le jugement prononcé avant faire droit sur la demande en divorce par application de l'article 259 est susceptible d'appel (Paris, 30 octobre 1810, *J. P.*, t. 31, p. 152 ; — *Contra*, Trèves, 11 juin 1806, C. civ., 2).

232. Le droit, en cas de demande en divorce pour excès, sévices et injures graves, d'accorder le sursis indiqué par les articles 259 et 260, n'appartient qu'au tribunal de première instance, et non aux juges saisis de l'appel du jugement définitif (Besançon 15 vendém. an XIII, *J. P.* ; — Nîmes, 8 juill. 1807).

232 *bis*. Après une année d'épreuves, si les époux ne sont pas réunis, il ne reste plus d'espoir de retour à la vie commune. Comme à ce moment la procédure est terminée et que la demande a été reconnue établie par le jugement de sursis, l'époux demandeur n'a qu'à faire citer son conjoint à comparaître devant le tribunal dans les délais de la loi. Sur cette simple citation, le tribunal doit prononcer le jugement définitif qui admet le divorce, en constatant que le délai d'une année s'est écoulé sans réconciliation.

§ 2. — De la procédure spéciale au cas de la demande en divorce pour condamnation à une peine afflictive et infamante.

232 *ter*. Lorsque le divorce a pour cause l'adultère, les sévices, excès ou injures graves, la procédure, nous venons de le voir, est longue et compliquée. Le législateur, en traçant, pour ces cas, des formalités d'une application longue et délicate, a surtout voulu imposer aux parties intéressées une sorte d'épreuve qui permît de constater si leur résolution de divorcer était bien mûrement réfléchie (Goirand, *Traité pratique du di-vorce*, p. 55).

Mais l'époux dont le conjoint a été condamné à une peine afflictive et infamante, a subi un outrage tel que le législateur a jugé à propos de simplifier pour lui la procédure. D'ailleurs le demandeur n'a qu'à prouver le fait de la condamnation, puisque cette condamnation par elle-même est une cause péremptoire de divorce, sans que le juge ait à apprécier les circonstances.

ARTICLE 261. — *Lorsque le divorce sera demandé par la raison qu'un des époux est condamné à une peine afflictive et infamante, les seules formalités à observer consisteront à présenter au tribunal de première instance une expédition en bonne forme de la décision portant condamnation, avec un certificat du greffier constatant que cette décision n'est plus susceptible d'être réformée par les voies légales ordinaires. Le certificat du greffier devra être visé par le procureur de la République.*

232 *quater*. Le nouvel article 261 contient une légère modification à l'ancien article du Code civil.

Cette modification consiste en ce que, d'après la nouvelle loi, le certificat constatant que la décision n'est plus susceptible d'être réformée par aucune voie légale, doit être délivré par le greffier et visé par le procureur général ou par le procureur de la République, tandis que, d'après la loi de 1803, ce certificat devait être délivré par la Cour d'assises.

Cette modification a été introduite par le Sénat, sur la proposition de M. Ronjat qui en a expliqué les motifs en ces termes:

« Il est difficile de concevoir que la Cour d'assises donne un

« certificat pareil. La Cour d'assises n'a pas pour fonctions de
« donner des certificats. »

On peut ajouter que des condamnations à des peines afflictives et infamantes peuvent être prononcées par des juridictions
autres que la Cour d'assises, telles que les tribunaux militaires,
les tribunaux maritimes, et l'on ne comprendrait pas que la Cour
d'assises pût donner des certificats sur les décisions rendues
par ces juridictions.

233. Ainsi, lorsque le divorce est demandé pour cause
de condamnation de l'un des époux à une peine afflictive et infamante, il suffit au demandeur de présenter une requête au
tribunal, en chambre du conseil, en y joignant l'expédition en
bonne forme de la décision portant condamnation avec un certificat du greffier visé par le *ministère public* (procureur général,
procureur de la République, ou commissaire du gouvernement,
devant les tribunaux militaires et les tribunaux maritimes) constatant que cette décision est définitive (V. *supra*, n. 99).

234. Sur cette requête interviendra un jugement qui admettra purement et simplement le divorce.

234 *bis.* Jugé que la forme de procéder en matière de séparation de corps fondée sur la condamnation de l'époux à une peine
afflictive et infamante, est la même que celle indiquée par l'article 261 (Code civil), dans le cas du divorce pour la même cause,
et qu'en ce cas, la demande en séparation n'est pas nécessairement soumise aux formalités spéciales indiquées par les articles 875 et suivants du Code de procédure civile (Paris, 6 août
1840, S. 41-2-49 ; — D. P. 41-2-48 ; — *Sic*, Duranton, t. **2**,
n. 586 ; — Delvincourt, t. 2, p. 193 ; — Carré, *Quest.* 2968 ; —
Pigeau, *Proc. civ.*, t. 2, p. 552 ; — Massol, p. 106, n. 12 ; —
Contra, Toullier, t. 2, n. 771 ; — Favard, v. *Sép. entre époux*,
sect. 2, art. 1er, n. 11 ; — Zachariæ, t. 3, § 493, note 1re ; — Marcadé, *sur l'art.* 307, n. 1er ; — V. *Dictionnaire*, v. *Séparation de
corps*, n. 49 *bis*).

§ 3. — De la demande reconventionnelle en divorce

234 *ter.* Le Code civil ne parle pas de la demande reconventionnelle en divorce, faut-il en conclure qu'il ne peut y avoir lieu
à demande reconventionnelle en cette matière? Non. Le droit
des époux résulte des articles du Code qui permettent à chacun
d'eux d'agir en divorce quand l'une des causes déterminées par la
loi existe ; ils peuvent former une action en divorce par action
directe et principale, et il n'y a pas de raison qui puisse les empêcher de former une demande reconventionnelle. Cependant, ce
principe doit être entendu avec une certaine restriction. En règle
générale, quand il y a une cause de divorce contre chacun des

deux époux, le divorce peut être prononcé sur la demande de chacun d'eux, et chacun d'eux a un intérêt à le demander, à raison des effets que le divorce produit contre l'époux coupable. Mais il peut aussi se faire qu'en cas de torts réciproques le tribunal rejette le divorce, la demande reconventionnelle peut donc aboutir à une fin de non-recevoir contre l'action du demandeur. Quand le tribunal doit-il admettre le divorce et la demande reconventionnelle? Quand doit-il rejeter les deux demandes en appliquant ce qu'on appelle la compensation? C'est une question de fait qui est laissée complètement à l'appréciation des tribunaux. Mais, dans quelle forme doit être intentée la demande reconventionnelle? — En principe et en droit commun, la demande reconventionnelle peut être formée par simple acte de conclusions (C. de procédure, art. 337), mais les règles générales de la procédure ne sont pas applicables en matière de divorce : les actions en divorce sont assujetties à des formes spéciales, formes d'ordre public, qui doivent nécessairement être observées, puisqu'elles tendent à rendre plus difficile l'admission du divorce. Aussi résulte-t-il d'un jugement du tribunal de Bruxelles du 12 juin 1852, confirmé en appel le 7 août de la même année et rapporté dans *Pasicrisie* (1852-2-339), que la demande reconventionnelle change complètement la position du demandeur en divorce ; qu'il devient défendeur à son tour, et, comme tel, il peut avoir intérêt à ce que le divorce ne soit pas prononcé. Il importe donc de mettre les parties en présence devant le juge conciliateur, ce qui revient à dire qu'on doit suivre sur la demande reconventionnelle la même procédure que sur la demande principale.

Quand la demande reconventionnelle doit-elle être formée? La loi ne contient aucune restriction à cet égard ; il faut donc décider qu'elle peut être faite en tout état de cause et que le juge ne peut opposer une fin de non-recevoir qui n'est pas écrite dans les textes (Laurent, *Principes de droit civil*, n. 272).

§ 4. — De la demande en conversion d'un jugement de séparation de corps en jugement de divorce, et de la procédure en ce cas.

ARTICLE 310. — *Lorsque la séparation de corps aura duré trois ans, le jugement pourra être converti en jugement de divorce sur la demande formée par l'un des époux.*

Cette nouvelle demande sera introduite par assignation à huit jours francs, en vertu d'un ordonnance rendue par le président.

Elle sera débattue en chambre du conseil.

L'ordonnance nommera un juge rapporteur, ordonnera la communication au ministère public et fixera le jour de la comparution.

Le jugement sera rendu en audience publique.

Sont abrogés les articles 233, 275 à 294, 297, 305, 308 et 309 *du Code civil.*

235. L'ancien article 310 du Code civil était ainsi conçu : *Lorsque la séparation de corps prononcée pour toute autre cause que l'adultère aura duré trois ans, l'époux qui était originairement défendeur pourra demander le divorce au tribunal qui l'admettra, si le demandeur originaire, présent ou dûment appelé, ne consent pas immédiatement à faire cesser la séparation.*

236. En comparant les deux textes on voit que le législateur de 1884 a considérablement modifié l'article 310 de la loi de 1803. Ainsi :

1° Dans l'ancienne législation, l'article 310 autorisait l'époux *défendeur* originaire à la demande en séparation de corps, seul à demander le divorce après une séparation de corps ayant duré trois ans. — D'après la nouvelle loi, au contraire, cette faculté est accordée aux deux époux, au demandeur aussi bien qu'au défendeur. (Tribunal de Troyes, 27 août 1884; — de Charolles, 28 août 1884, *Recueil de procédure*, 1885, art. 922 p. 12 ; — Trib. de la Seine, 4 déc. 1884, même *Recueil*, 1885, art. 924, p. 15).

Mais il est absolument nécessaire que la séparation ait *duré* trois années révolues depuis le jour où le jugement est devenu définitif (Trib. de la Seine, 28 août 1834, *Recueil de procédure*, 1885).

2° Sous l'empire de la loi de 1803, l'article 310 n'était pas applicable au cas où la séparation de corps avait été prononcée pour cause d'adultère de la femme. — Aujourd'hui, cette exception a disparu, et le divorce peut être demandé, quelle que soit la cause de la séparation de corps ;

3° L'article 310 ancien n'accordait aucun pouvoir d'appréciation aux juges : Lorsque le divorce était demandé après trois ans de séparation de corps, le tribunal ne pouvait se refuser à l'admettre, si le demandeur originaire en séparation de corps ne consentait pas à faire cesser cette séparation. — D'après l'article 310 nouveau, le tribunal n'est pas dans l'obligation d'acquiescer à la demande de conversion après la simple constatation de l'expiration des délais et du refus de réconciliation : il a tout pouvoir pour apprécier si les faits ayant donné lieu à la séparation de corps suffisent à faire admettre le divorce, et dans quelle mesure, par conséquent, il convient de faire droit à la demande de conversion du jugement de séparation de corps en jugement de divorce (V. Rapport au Sénat, par M. Émile Labiche, séance du 25 juin 1884 ; — V. Aussi à cet égard les nombreuses décisions rapportés dans le *Recueil de procédure*, fascicules 1 et 2 de 1885).

237. La faculté d'invoquer, après trois ans, la procédure de

faveur de la conversion n'est jamais un obstacle à ce que l'un des époux forme, avant ou après les trois ans de séparation, contre son conjoint, une demande directe en divorce, soit qu'il y ait des faits nouveaux, soit qu'on s'appuie seulement sur des faits anciens antérieurs au jugement de séparation ; car ces faits anciens n'ont jamais été appréciés au regard d'une demande de divorce, puisqu'il n'y a jamais eu qu'une demande en séparation.

238. Dans le cas où l'un des époux séparés, au lieu d'user de la faculté qui lui est donnée de former une demande de conversion, intenterait une instance directe en divorce, soit qu'il invoque les faits anciens, soit en s'appuyant sur des faits nouveaux, il devrait se conformer aux règles de la procédure ordinaire en matière de divorce.

239. Dans l'hypothèse prévue par l'article 310, la loi prescrit une procédure spéciale.

240. L'époux demandeur présentera au président du tribunal une requête à l'effet d'être autorisé à assigner son conjoint à huitaine franche.

241. Le président rendra une ordonnance permettant cette assignation, et cette ordonnance nommera un juge-rapporteur, ordonnera la communication au ministère public et fixera le jour de la comparution, en tenant compte du délai de huit jours francs qui doit s'écouler entre la date de l'assignation et celle de la comparution.

242. Au jour fixé pour la comparution, les parties se présenteront assistées de leurs avoués et avocats, devant le tribunal, mais les débats auront lieu, non pas en audience publique mais en chambre du conseil. De nouveaux débats publics, greffés sur les débats précédents qui ont eu lieu à l'occasion de la séparation de corps, ne pourraient avoir que des inconvénients pour l'une ou l'autre des parties comme pour l'intérêt public.

243. Le jugement sera rendu en audience publique.

244. Le président compétent pour reprendre la requête que l'époux demandeur à fin de conversion du jugement de séparation de corps en jugement de divorce, est nécessairement le président du tribunal qui doit connaître de la demande. Mais quel est le tribunal compétent pour connaître de cette demande de conversion ?

D'après le premier projet de la commission à la Chambre, l'article 310 portait un paragraphe ainsi conçu :

« Le jugement qui prononcera le divorce sera rendu à l'audience par le tribunal qui aura prononcé la séparation de corps.»

La commission du Sénat apporta une autre rédaction qui, adoptée par le Sénat, est devenue le nouvel article 310. Voici comment le rapporteur a exposé et justifié cette nouvelle rédaction en ce qui concerne la compétence **en cas de demande à fin de conversion.**

« Nous n'avons pas maintenu l'obligation de porter la ques-
« tion devant le tribunal qui a connu l'affaire, d'abord.... Nous
« avons cru préférable de maintenir le droit commun : *donc le*
« *tribunal compétent sera celui du défendeur.* »

Ainsi le tribunal compétent pour connaître de la demande de
conversion de séparation en divorce est celui déterminé par le
droit commun, celui du défendeur, c'est-à-dire celui du domicile du mari s'il est défendeur, celui de la femme si elle est défenderesse, car la femme séparée de corps peut avoir un domicile
distinct de celui du mari ; — V. *supra*, n. 122 et 123 Trib. de Blois,
20 août 1884, *Recueil de procédure*, 1885, *deuxième fascicule.*

245. L'affaire est débattue en chambre du conseil aussi
bien en appel qu'en première instance. La question a été exami-
née dans le sein de la commission et résolue dans ce sens. Cela
résulte de la déclaration faite par le rapporteur interpellé à ce
sujet (Séance du Sénat, 24 juin 1884).

245 *bis.* Lorsque le divorce est demandé pour cause de condamnation de l'un des époux à une peine afflictive et infamante,
l'époux demandeur n'a pas besoin de faire assigner son conjoint
devant le tribunal pour voir admettre le divorce. Il suffit, en ce
cas, de présenter au tribunal une simple requête, à laquelle sont
jointes les pièces justificatives exigées par l'article 261 C.
civ. (Angers, 11 décembre 1884 ; — *Recueil de procédure* 1885,
art. 926, p. 22).

245 *ter.* L'opposition n'est pas recevable contre un jugement
par défaut convertissant en divorce un jugement de séparation de
corps (Trib. civil de la Seine, 10 décembre 1884 ; — *Recueil*
1885, art. 936, p. 38).

245 *quater.* Les jugements rendus par défaut en matière de
divorce, notamment ceux de défaut-congé, ne sont pas susceptibles d'opposition.

Mais le jugement de défaut-congé n'ayant d'autre effet que de
faire considérer l'assignation comme non avenue, l'instance peut
être reprise sur les derniers errement de la procédure avant l'assignation (Trib. de Coulommiers, 21 nov. 1884 ; — *Recueil
de procédure* 1885, art. 937, p. 39).

246. L'article 310 ne déroge pas aux prescriptions formelles
des articles 236 et 248. Nous pensons donc, avec MM. Coulon,
Faivre et Jacob, que le demandeur à fin de conversion doit présenter *lui-même* la requête au président à fin de fixation du jour
de la comparution, et être présent, *en personne*, à tous les actes
de l'instance en conversion.

CHAP. III. -- Des voies de recours contre les jugements rendus
en matière de divorce.

Article 262. — *En cas d'appel du jugement d'admission ou du jugement définitif, rendu par le tribunal de première instance en matière de divorce, la cause sera instruite et jugée par la Cour d'appel comme affaire urgente.*

Article 263. — *L'appel ne sera recevable qu'autant qu'il aura été interjeté dans les deux mois, à compter du jour de la signification du jugement rendu contradictoirement ou par défaut. Le délai pour se pourvoir à la Cour de cassation contre un jugement en dernier ressort sera aussi de deux mois à compter de la signification. Le pourvoi sera suspensif.*

247. L'opposition aux jugements par défaut rendus par le tribunal de première instance sur la demande en divorce n'est pas admise par la loi. La volonté du législateur résulte, à cet égard, de l'article 263 qui assimile absolument les jugements par défaut aux jugements contradictoires, en édictant que l'appel ne sera recevable qu'autant qu'il aura été interjeté dans les deux mois à compter de la signification *du jugement rendu contradictoirement ou par défaut* (Aix, 7 mars 1809 ;—Paris, 21 juill. 1809 ; — Trib. de la Seine, 1884 ; — *Recueil de procédure*, 1885, art. 936 p. 38 ; — V. *supra*, n. 164 et 164 *bis*).

248. Par application de ce principe, il a été jugé : 1° que la femme qui avait été citée en divorce par son mari, au domicile de celui-ci et qui, par conséquent, n'avait pas été touchée personnellement puisqu'elle habitait dans une autre ville, au su et gré de son mari, était non recevable dans son opposition au jugement par défaut admettant le divorce (Aix, 7 mars 1809).

249. 2° Que, de même est non recevable dans son opposition au jugement par défaut admettant la demande en divorce dirigée contre elle, et, par suite, ne peut obtenir de faire procéder à l'audition de témoins autres que ceux indiqués par son mari, la femme qui a fait défaut et n'a pas, par conséquent, désigné ni pu désigner aucun témoin (Paris, 21 juill. 1809).

250. Si l'on ne peut former opposition aux jugements par défaut rendus par les tribunaux de première instance, le droit commun retrouve son application en ce qui concerne la juridiction supérieure, et les arrêts rendus par défaut par les Cours d'appel sont susceptibles d'être frappés d'opposition. Cela résulte des termes formels de l'article 265 du Code civil.

251. La voie de l'appel est admise en matière de divorce comme en toute autre matière. L'article 262 le dit expressément en disposant qu'en cas d'appel du jugement d'admission ou du jugement définitif, la cause sera instruite et jugée par la Cour d'appel comme affaire urgente.

252. Une difficulté s'élève à l'occasion de cette disposition de l'article 262. Peut-on interjeter appel d'un jugement interlocutoire, alors que les jugements d'admission et définitifs sont seuls visés ?

La procédure du divorce est toute spéciale et absolument restrictive. Il faut donc décider que l'article 262, qui ne prévoit le cas d'appel que des deux seuls jugements d'admission et définitif, limite la faculté d'appeler à ces deux seuls jugements. L'intention du législateur de lui attribuer cette portée restrictive résulte clairement de ce que le Conseil d'État, dans la deuxième rédaction de l'article 262, adoptée par lui à la séance du 14 nivôse an X, admettait expressément l'appel à l'égard de tous les jugements soit *préparatoires* soit *définitifs*, et que cette rédaction absolue a, sans discussion ni explication, été agitée pour faire place à la formule restreinte qui forme actuellement l'article 262. D'ailleurs, le législateur ayant voulu que dans les deux cas d'appel réservés par l'article 262, la cause fût instruite et jugée comme affaire urgente, il n'eût pas manqué de ranger dans la même classe l'appel d'un simple jugement interlocutoire, puisqu'il est évident que le jugement sur l'instruction requiert autant de célérité que le jugement sur le fond (Angers, 5 mai 1808).

253. Nous pensons donc que l'on ne peut interjeter appel d'un jugement interlocutoire alors que les jugements d'admission et définitif sont seuls visés, et nous ne saurions approuver un arrêt de la Cour de Bruxelles du 5 juin 1882, qui a décidé que l'esprit de l'article 262, non plus que son texte, ne s'oppose à ce que tout jugement interlocutoire en matière de divorce, notamment celui qui autorise l'époux défendeur à faire la preuve d'une réconciliation, soit soumis à l'appel (Bruxelles, 5 juin 1882, *Pasicrisie belge*).

254. Le jugement qui avant de faire droit sur le divorce pour excès, sévices et injures graves, ordonne l'année d'épreuve par application de l'article 259, peut être frappé d'appel (Paris, 29 mars 1810; — Liège, 1er fév. 1855, *Belgique judiciaire*, 1855, p. 734).

255. On peut appeler du jugement d'admission de la demande avant le jugement définitif (Cass. 31 juill. 1806).

256. Les articles 246 et 247 du Code civil soumettent la procédure sur la demande en divorce, devant le tribunal de première instance, à des formalités exceptionnelles qui ne doivent pas être appliquées à la procédure en cause d'appel. L'article 262 portant que la cause sera, en appel, instruite et jugée comme affaire urgente, s'y oppose. En conséquence, une Cour peut, après avoir annulé le jugement qui admettait la demande en divorce, et le jugement définitif, prononcer au fond et admettre le divorce sans statuer sur l'admissibilité préalable de la demande (Cass. belge, 29 déc. 1881, *Pasicrisie belge*, 82-1-21).

257. Il n'y a pas lieu non plus d'appliquer à la procédure d'appel les dispositions de l'article 248 du Code de procédure, et d'exiger en appel la comparution du demandeur (Liège, 25 nov. 1863, *Pasicrisie belge*, 63-2-47).

258. En conséquence, l'absence du demandeur lors des conclusions prises devant la Cour, ne peut empêcher l'instance d'être contradictoirement liée (Liège, 31 mai 1865, *Pasicrisie belge*, 65-2-231).

259. Les juges d'appel saisis d'une demande en divorce peuvent faire procéder par-devant eux à de nouvelles enquêtes (Cass., 26 mai 1807).

260. Et, l'article 262 du Code civil disposant que la cause sera instruite et jugée par la Cour comme affaire urgente, il y a lieu de suivre, pour ces enquêtes, les règles tracées au titre XXIV du Code de procédure civile (Liège, 11 juillet 1872, *Pasicrisie belge* 72-2-331).

261. D'après la jurisprudence suivie avant la loi du 8 mai 1816, les instances en divorce portées en appel devaient être débattues devant la Cour siégeant en audience solennelle, comme instances sur une question d'état, conformément au décret du 30 mars 1808 sur l'organisation des Cours et tribunaux. Cette jurisprudence vient d'être appliquée par la deuxième chambre de la Cour de Paris, qui saisie de la question de conversion en instance de divorce d'une instance en séparation de corps pendante devant la Cour, a prononcé le renvoi de l'affaire à l'audience solennelle (*Droit* du 7 déc. 1884). — La Cour d'Orléans, par arrêt du 9 janvier 1885 rapporté dans le volume de 1885 du *Recueil de procédure*, s'est prononcée en sens contraire par le motif que les affaires de divorce doivent être assimilées aux causes urgentes.

262. En cas d'appel du jugement définitif, les juges ne sont pas obligés, à peine de nullité, de statuer sans délai ni remise sur l'appel du jugement définitif immédiatement après avoir fait droit sur celui d'admission. Ils doivent seulement instruire sur l'appel du jugement définitif et juger comme affaire urgente (Cass., 26 mai 1807 ; — *Contra*, Riom, 18 riv. an XII).

263. Les juges saisis de l'appel d'un jugement admettant la demande en divorce et ordonnant qu'il soit procédé conformément à la loi, ne peuvent, sans excéder leur pouvoir et usurper celui que l'article 247 attribue au tribunal de première instance de statuer sur la pertinence des faits allégués, c'est-à-dire sur le fond dont ils ne sont pas saisis (Cass., 30 juill. 1806).

264. Les actes de procédure antérieurs au jugement d'admis-

sion, ayant acquis force de chose jugée, ne peuvent être critiqués et annulés pour irrégularités dans aucune juridiction notamment en appel (Cass., 29 juin 1812),

265. L'appel est essentiellement suspensif en matière de divorce, et les juges ne sont pas autorisés à déclarer exécutoire par provision les jugements pour lesquels le droit d'appel est réservé par l'article 262. — V. *supra*, n. 177.

266. Le délai pour interjeter appel d'un jugement rendu en matière de divorce est de deux mois comme pour l'appel d'un jugement rendu en toute autre matière. Ce délai court du jour de la signification du jugement. Mais dérogeant à la règle de l'article 443 du Code de procédure civile, d'après laquelle le délai de l'appel pour les jugements par défaut ne court que du jour où l'opposition ne sera plus recevable, l'article 263 du Code civil porte que le délai d'appel pour les jugements par défaut, aussi bien que pour les jugements contradictoires, court du jour de la signification du jugement.

267. Le recours en cassation est ouvert contre les jugements en dernier ressort.

268. Le délai pour se pourvoir en cassation est également de deux mois à compter de la signification du jugement.

269. D'ordinaire le pourvoi en cassation n'est pas suspensif; mais, en matière de divorce, la loi lui a, de même qu'à l'appel, donné cet effet suspensif. L'article 263 du Code civil le déclare expressément.

270. La requête civile ne saurait pas être admise comme voie de recours contre un jugement rendu en matière de divorce. Le législateur a voulu en effet que tous les recours contre les jugements en cette matière fussent suspensifs. Or, la requête civile a comme caractère essentiel de ne pas empêcher l'exécution du jugement attaqué; nulles défenses ne peuvent être accordées, dit l'article 436 du Code de procédure civile (Laurent, t. 3. n. 249, p. 390 ; — Coulon, Faivre et Jacob, *Manuel formulaire du divorce*, p. 73 ; Goirand, *Traité pratique du divorce*, p. 104).

271. Cependant il a été jugé que la voie de la requête civile en matière de divorce, n'étant pas interdite par la loi, est admissible en cette matière comme en toute autre (Paris, 9 juill.).

CHAP. IV. — DE LA PRONONCIATION DU DIVORCE.

ARTICLE 264. — *En vertu de tout jugement rendu en dernier ressort ou passé en force de chose jugée qui autorisera le divorce, l'époux qui l'aura obtenu sera obligé de se présenter dans le délai de deux mois devant l'officier de l'état civil, l'autre dûment appelé, pour faire prononcer le divorce.*

ARTICLE. 265. *Ces deux mois ne commenceront à courir, à l'égard des jugements de première instance, qu'à l'expiration du délai d'appel; à l'égard des arrêts rendus par défaut en cause d'appel, qu'après l'expiration du délai d'opposition, et à l'égard des jugements contradictoires en dernier ressort, qu'après l'expiration du délai du pourvoi en cassation.*

ARTICLE 266. *L'époux demandeur qui aura laissé passer le délai de deux mois ci-dessus déterminé, sans appeler l'autre époux devant l'officier de l'état civil sera déchu du bénéfice du jugement qu'il avait obtenu, et ne pourra reprendre son action en divorce, sinon pour cause nouvelle; auquel cas il pourra néanmoins faire valoir les anciennes causes.*

271 *bis.* Nous avons vu sous le numéro 225, que le tribunal n'avait pas mission de réaliser la dissolution du mariage en prononçant le divorce. Dans le cas où il autorise le divorce, il doit par le même jugement renvoyer le demandeur devant l'officier de l'état civil, auquel il appartient de prononcer le divorce, et d'en dresser acte (C. civ., 258).

272. Lorsque le jugement autorisant le divorce est devenu définitif, et ne peut plus être l'objet d'aucune voie de recours, l'époux qui l'a obtenu doit, dans les deux mois, faire prononcer le divorce par l'officier de l'état civil, qui doit dresser un acte de divorce dans les même formes que tous les actes de l'état civil.

273. Ce délai, qui commence à courir du jour où le jugement est devenu définitif, est fatal. Si le demandeur laisse écouler les deux mois sans se présenter devant l'officier de l'état civil après y avoir appelé son conjoint, il est déchu du bénéfice du jugement qu'il avait obtenu, et il ne pourra représenter son action en divorce sinon pour cause nouvelle (C. civ., 264, 265 et 266). La non-exécution du jugement présume une réconciliation tacite, d'où cette conséquence que, par ce fait, toute la procédure est mise à néant (Coulon, Faivre et Jacob, *Manuel formulaire du divorce*, p. 76).

274. Le défendeur a-t-il droit et qualité pour faire prononcer le divorce par l'officier de l'état civil, dans le cas où le demandeur ne mettrait pas à exécution le jugement qu'il a obtenu? — Nous ne le pensons pas. Le jugement qui a admis le divorce crée un droit exclusif au profit de l'époux qui l'a obtenu, et qui peut renoncer à ce droit. La non-exécution du jugement présume une renonciation à ce droit, par suite d'une réconciliation tacite. D'ailleurs, la loi est formelle; elle ne parle que du demandeur, et l'on peut suppléer au texte qui est limitatif (Coulon, Faivre et Jacob, *Manuel formulaire du divorce*, p. 76; — Goirand, *Traité pratique du divorce*, p. 128).

275. La loi ne désigne pas l'officier de l'état civil compétent pour prononcer le divorce. Sera-ce toujours l'officier de l'état civil du domicile du mari, considéré comme étant le domicile conjugal? Sera-ce, en cas de divorce après séparation de corps, l'officier de l'état civil du domicile de la femme demanderesse en divorce?

La loi n'indique pas les pièces que l'époux demandeur est tenu de produire à l'officier de l'état civil pour faire prononcer le divorce.

Elle ne fait pas connaître, non plus, la forme dans laquelle doit être dressé l'acte de divorce.

276. Tous ces points sont traités et tranchés d'une façon très claire, très nette et très précise, dans une circulaire de M. le procureur de la République près le tribunal de la Seine, adressée dans les premiers jours de novembre 1884, aux maires des communes du ressort, contenant les instructions sur l'application de la loi des 19-27 juillet 1884 rétablissant le divorce.

Pour donner la solution aux diverses questions indiquées au numéro 275 ci-dessus, nous ne croyons pas pouvoir mieux faire que de reproduire ici le texte de cette circulaire, en indiquant par des divisions les diverses questions traitées :

1° *Officier de l'état civil compétent pour prononcer le divorce.*

« La dissolution du mariage ne résulte pas de la décision ju-
« diciaire qui admet le divorce. Les articles 258 et 264 du Code
« civil, remis en vigueur, obligent les parties entre lesquelles
« un jugement de divorce a été rendu à se présenter devant
« l'officier d'état civil dans un délai déterminé, sous peine de
« déchéance des effets du jugement (art. 266).

« Mais la loi n'indique pas devant quel officier d'état civil les
« parties doivent se présenter. M. le procureur général estime
« que ce doit être l'officier d'état civil du domicile du mari, au
« moment où le jugement a été rendu. Le mariage, en effet,
« subsistant jusqu'à la prononciation du divorce, le domicile
« légal des deux époux est jusqu'à ce moment le domicile du
« mari.

« Lorsqu'une séparation de corps est intervenue antérieure-
« ment, la femme a pu acquérir un domicile spécial, mais elle
« n'en est pas moins soumise à l'autorité maritale et, même en
« ce cas, c'est devant l'officier de l'état civil compétent à raison
« du domicile du mari qu'il convient de se présenter.

« Lorsque le mari est sans domicile connu en France, il y a
« lieu d'admettre, conformément à la jurisprudence admise en
« Belgique, que le tribunal, en statuant sur le divorce, pourra
« commettre un officier de l'état civil pour prononcer la disso-
« lution du mariage. Mais, en règle générale, c'est l'officier
« d'état civil du domicile du mari qui devra être requis de

« prononcer le divorce et, le plus souvent, la prononciation in-
« terviendra ainsi dans l'arrondissement même où le divorce a
« été judiciairement admis. »

2° *Pièces à produire à l'officier de l'état civil par le demandeur*.

« D'après l'article 264, c'est à l'époux qui a obtenu le divorce
« qu'il appartient de requérir cette formalité. L'officier d'état
« civil doit être mis en mesure de savoir, d'une façon précise,
« si la décision qui a autorisé le divorce n'est plus susceptible
« d'être réformée, et, d'autre part, si le délai de deux mois in-
« diqué par l'article 264 n'est pas expiré.

« Le Code civil ne détermine pas les pièces qui devront être
« produites, mais il est facile de suppléer à son silence par l'ap-
« plication des principes généraux (V. 548, Code proc. civ.). Les
« pièces qui doivent être remises au maire, pour rester annexées
« au registre, sont :

« 1° L'expédition du jugement ou de l'arrêt autorisant le di-
« vorce ;

« 2° Un certificat de l'avoué attestant que cette décision a été
« signifiée et indiquant la date de la signification ;

« 3° Un certificat du greffier du tribunal ou de la Cour consta-
« tant qu'il n'a été formé ni opposition ni appel, et un certifi-
« cat du greffier de la Cour de cassation constatant qu'il n'y a
« pas de pourvoi. Cette dernière pièce est indispensable pour
« les décisions rendues sur une demande de divorce, par ce
« motif que le pourvoi, en cette matière, est suspensif ;

« 4° L'original de l'acte d'huissier par lequel l'autre époux
« a été appelé à comparaître devant l'officier d'état civil (ar-
« ticle 264).

« Cette pièce peut n'être pas produite, quand l'époux défen-
« deur est présent à la prononciation.

« Il appartiendra aux officiers de l'état civil, sur le vu de ces
« divers pièces, de vérifier si les délais d'appel, d'opposition
« ou de pourvoi en cassation sont périmés, sans qu'aucune de
« ces voies de recours ait été exercée, et de rechercher ensuite
« si, depuis le jour où la décision est devenue définitive, il ne
« s'est pas écoulé plus de deux mois.

« 3° *Formes de l'acte de divorce*.

« Comme les autres actes de l'état civil, les actes le divorce
« doivent être dressés en présence de témoins. Quatre témoins
« devront être présents. Il en était ainsi lors de la première ap-
« plication du Code civil. »

276 *bis*. Il a été décidé que dans le cas où le mari a disparu,
l'officier de l'État civil compétent est celui du domicile de la
femme demanderesse. (Trib. de la Seine, 19 et 21 nov. 1814).

CHAP. V. — DES MESURES PROVISOIRES AUXQUELLES PEUT DONNER LIEU
LA DEMANDE EN DIVORCE.

Mesures provisoires quant aux enfants.

ARTICLE 267. — *L'administration provisoire des enfants restera
au mari demandeur ou défendeur, à moins qu'il n'en soit autrement ordonné par le tribunal sur la demande, soit de la mère, soit
de la famille, ou du ministère public, pour le plus grand avantage
des enfants.*

277. L'administration n'est autre chose que la garde et la
surveillance des enfants. Durant le mariage, elle est dévolue au
père : lui seul exerce l'autorité sur les enfants (C. civ., 273 et
suiv.). Tant que le tribunal n'en a pas décidé autrement, le père
continue pendant l'instance en divorce à exercer vis-à-vis de ses
enfants cette autorité qu'il tient de la loi et de la puissance paternelle (Grenoble, 2 mai 1864, S. 64-2-296).

278. Il faut, pour retirer au père cette administration provisoire des enfants, que la mère, la famille, c'est-à-dire le conseil
de famille (loi du 20 sept. 1792, art. 2), ou le ministère public
aient des faits graves à lui reprocher. Le tribunal apprécie les
faits et peut ordonner, pour le plus grand avantage des enfants,
que leur administration provisoire pendant l'instance en divorce
sera retirée au père.

279. Une fois l'instance engagée, la femme peut, soit par
son assignation, soit par des conclusions incidentes, saisir le tribunal de la question de la garde provisoire des enfants.

A son défaut l'assemblée de famille, par un membre délégué
par elle, peut intervenir à l'instance et faire statuer sur l'administration provisoire des enfants pendant l'instance.

Enfin le ministère public peut d'office provoquer l'incident.

280. Le tribunal, quand l'affaire sur l'incident est en état,
rend un jugement qui est exécutoire par provision nonobstant
appel.

281. La question de la garde et de la surveillance des enfants
peut être soulevée pour la première fois en appel (Angers,
18 juill. 1803).

282. C'est au tribunal qu'est réservé exclusivement le droit
de statuer sur la garde des enfants pendant l'instance en divorce : les termes de l'article 267 sont formels à cet égard. Néanmoins, lorsqu'il y a urgence, le président peut, en référé, statuer
au cours de l'instance sur les difficultés relatives à cette question, et enlever l'administration provisoire au mari (Grenoble,
2 mai 1864, D. 65-2-145 ; S. 64-2-296 ; — Caen, 1er juill. 1867,
D. 67-2-390 ; — Orléans, 1er mai 1869, S. 70-2-13).

283. Le mari qui a demandé et fait ordonner par justice que les enfants communs seraient mis dans une pension indiquée par lui, ne peut, pendant le cours de l'instance en divorce, et sous prétexte que la surveillance de l'éducation de ses enfants lui appartient, les retirer du lieu où le tribunal a ordonné qu'il seraient placés (Angers, 18 juill. 1808).

283 *bis.* Le tribunal peut, après en avoir retiré la garde au père, confier les enfants soit à la mère, soit à une tierce personne. Il doit se préoccuper avant tout du plus grand avantage des enfants.

— V. *Séparation de corps*, n. 94-95 et suiv.

§ 1er. — Mesures provisoires quant à la personne des époux.

Article 268. — *La femme demanderesse ou défenderesse en divorce pourra quitter le domicile du mari. Le tribunal indiquera la maison dans laquelle la femme sera tenue de résider et fixera, s'il y a lieu, la provision alimentaire que le mari sera tenu de lui payer.*

Article 269. — *La femme sera tenue de justifier de sa résidence dans la maison indiquée, toutes les fois qu'elle en sera requise; à défaut de cette justification, le mari pourra refuser la provision alimentaire, et, si la femme est demanderesse en divorce, la faire déclarer non recevable à continuer ses poursuites.*

284. Lorsqu'une instance en divorce est engagée, il est impossible aux époux de continuer la vie commune. La position de la femme est intolérable, et il est même à craindre que le mari, exaspéré par la lutte judiciaire, se porte envers elle à des voies de fait dangereuses. C'est pourquoi la loi autorise la femme, demanderesse ou défenderesse en divorce, à quitter le domicile conjugal.

285. Mais lorsqu'elle a quitté le domicile conjugal, la femme ne peut choisir à son gré sa nouvelle résidence. C'est au tribunal qu'il appartient d'indiquer la maison dans laquelle elle doit se retirer.

286. Le tribunal détermine également la provision alimentaire que le mari est tenu de payer à sa femme pendant toute la durée du procès, dans le cas où elle n'aurait pas une fortune personnelle suffisant pour ses besoins; car, dans ce cas, le mari serait dispensé de la provision alimentaire (Demolombe, t. 1, p. 84; — Mourlon, *sur l'art.* 267; — Vazeille, t. 2, n. 570; — V. au surplus, sur les principes de la provision alimentaire, principes applicables tant à la séparation de corps qu'au divorce, le mot *Séparation de corps*, n. 80 et suiv.).

287. La demande afin de résidence et de provision alimentaire pendant l'instance en divor e doit être portée devant le tribunal saisi de l'instance principale. Elle est formée de la même manière que la demande relative à l'administration provisoire des enfants, le tribunal statue ordinairement sur les mesures provisoires par un seul jugement.

288. La femme à qui le tribunal a indiqué une résidence ne peut, si ce n'est pour un motif grave, en changer. Elle est donc tenue de justifier de sa résidence dans la maison indiquée, toutes les fois qu'elle en sera requise (C. civ., 269).

289. A défaut de cette justification, le mari pourra refuser la pension alimentaire, et, si la femme est demanderesse en divorce, la faire déclarer non recevable à continuer ses poursuites (C. civ., 269).

290. Il est à remarquer que l'article 269 ne dit pas que la femme demanderesse en divorce, qui ne justifie pas de sa demande sera, sur la réquisition de son mari, déclarée non recevable en sa demande, mais qu'elle peut être déclarée non recevable à continuer ses poursuites. — Il en résulte que la femme à défaut de justification de sa résidence dans la maison indiquée, n'est pas déchue de plein droit, pour ce motif, du bénéfice de sa demande, mais qu'elle peut être déclarée non recevable à continuer ses poursuites avant d'avoir réintégré la résidence qui lui avait été assignée, si les juges qui ont tout pouvoir d'appréciation à cet égard, ne trouvent pas suffisants les motifs de son absence (Cass., 13 janv. 1863 ; — Dalloz, v. *Séparation de corps*, n. 235. — Bruxelles, 10 août 1874, *Pasicrisie belge*, 74-2-364. — Trib. de Lyon, 29 nov. 1883, *Gazette du Palais*, 1, 1884. *Supplément*, p. 14).

§ 2. — Des mesures conservatoires quant aux biens.

ARTICLE 270. — *La femme commune en biens, demanderesse ou défenderesse en divorce, pourra, en tout état de cause, à partir de l'ordonnance dont il est fait mention en l'article 238, requérir pour la conservation de ses droits, l'apposition des scellés sur les effets mobiliers de la communauté. Ces scellés ne seront levés qu'en faisant inventaire avec prisée, et à la charge par le mari de représenter les choses inventoriées ou de répondre de leur valeur comme gardien judiciaire.*

ARTICLE 271. — *Toute obligation contractée par le mari à la charge de la communauté, toute aliénation par lui faite des immeubles qui en dépendent, postérieurement à la date de l'ordonnance dont il est fait mention en l'article 238 sera déclarée nulle, s'il est prouvé, d'ailleurs, qu'elle ait été faite ou contractée en fraude des droits de la femme.*

291. La femme demanderesse ou défenderesse en divorce peut, pour la conservation de ses droits, c'est-à-dire pour empê-

mari, par esprit de vengeance ou par cupidité, ne fasse pas disparaître l'actif de la communauté, faire apposer les scellés sur les effets mobiliers de la communauté (C. civ. 270).

292. L'article ne parle que de la femme commune en biens; il ne devrait donc pas s'appliquer à un autre régime que la communauté. Toutefois, d'après certains auteurs, ce droit n'est pas restreint au cas où la femme est mariée sous le régime de la communauté; il appartient également à la femme dotale et à la femme séparée de biens quand elle y a intérêt (Demolombe, t. 4, n. 466; — Carré et Chauveau, *Quest.* 2976; — Laurent, t. 3, n. 267).

293. Une fois les scellés apposés, le mari ne peut en obtenir la mainlevée qu'à la condition de faire faire inventaire avec prisée.

294. Pendant tout le temps que les scellés restent apposés, le mari répond comme gardien judiciaire des objets mis sous scellés.

294 bis. Lorsque les scellés ont été apposés, l'inventaire fait, et qu'il a été constitué gardien judiciaire, le mari ne peut vendre les choses inventoriées sans le consentement de sa femme ou sans l'autorisation de justice sous le prétexte que l'article 270 lui impose seulement l'obligation de représenter les choses inventoriées ou de répondre de leur valeur comme gardien judiciaire (Bruxelles, 14 août 1808; — *Contra*, Dalloz, *Rép.*, v. *Séparation de corps*, n. 1362.)

295. Il semble résulter des termes de l'article 270, que la femme peut exercer son droit de faire apposer les scellés par voie de réquisition directe (Delvincourt, t. 2, n. 573; — Massol, p. 163; — Demolombe, t. 4, n. 170).

296. Mais l'usage constant à Paris, en matière de séparation de corps, est de présenter par le ministère d'avoué requête au président du tribunal qui n'autorise l'opposition des scellés que sur la vue de l'assignation introductive de la demande en séparation (Debelleyme, t. 1, p. 338; — Locré, *Lég. civ.*, t. 5, p. 154 et suiv.) et cet usage devrait être suivi en matière de divorce, seulement, au lieu de l'assignation, c'est l'ordonnance rendue par le juge en conformité de l'article 238, que la femme devrait produire à l'appui de sa requête.

297. La réquisition de l'apposition de scellés peut encore être demandée par voie de jugement rendu incidemment à la demande principale.

298. La femme, dit l'article 270, peut, en tout état de cause, requérir l'apposition des scellés. Elle peut donc faire cette réquisition au cours de l'instance d'appel, et même au cours de l'instance devant la Cour de cassation, puisque le pourvoi, de même que l'appel, est suspensif, aux termes de l'article 263 du Code civil.

299. Si les intérêts de la femme sont suffisamment sauve-gardés sans l'apposition des scellés, le juge pourra empêcher cette mesure, notamment dispenser de l'apposition des scellés le mari qui s'offre à faire immédiatement inventaire; d'autant que cette mesure, peut quelquefois entraver le fonctionnement d'une maison de commerce et lui porter un grave préjudice (Liège, 17 janv. 1847, *Pasicrisie belge*, 47-2-145).

300. Mais, de même que l'on ne saurait admettre que la femme puisse user de mesures vexatoires contre son mari sous le prétexte de sauvegarder ses intérêts, de même faut-il admettre, croyons-nous, qu'elle peut avoir recours à toutes les mesures conservatoires propres à empêcher le mari de compromettre la communauté dont il a l'administration; les termes de l'article 270 ne sont pas limitatifs au seul droit de réquisition de scellés. La femme peut donc demander, suivant les circonstances, le séquestre des biens, meubles ou immeubles, de la communauté; elle peut se faire autoriser à saisir-arrêter les sommes dues par des tiers à la communauté; elle peut exiger le dépôt des sommes d'argent à la Caisse des dépôts et consignations.

(Voyez au surplus, sur l'application de l'article 270 C. civ., le mot *Séparation de corps*, n. 102 à 118).

301. A partir de l'ordonnance du juge convoquant les époux à comparaître devant lui, le mari est tenu en suspicion. Toute obligation contractée par lui à la charge de la communauté, toute aliénation par lui faite des immeubles qui en dépendent sera déclarée nulle, s'il est prouvé, d'ailleurs, qu'elle ait été faite ou contractée en fraude des droits de la femme (C. civ. 271).

302. Remarquons que les actes dont il est question dans l'article 271, s'ils sont à titre gratuit, seront toujours présumés faits en fraude des droits de la femme et, par suite, annulés. S'il s'agit, au contraire, d'actes à titre onéreux, ils ne peuvent être annulés contre les tiers qui ont contracté avec le mari que s'il est prouvé qu'il y a eu fraude de leur part aussi bien que de la part du mari; aucune présomption de fraude n'existe contre eux.

§ 3. — Des fins de non-recevoir contre l'action en divorce.

ARTICLE 272. — *L'action en divorce sera éteinte par la réconciliation des époux survenue soit depuis les faits qui auraient pu autoriser cette action, soit depuis la demande en divorce.*

ARTICLE 273. — *Dans l'un et l'autre cas le demandeur sera déclaré non recevable dans son action; il pourra néanmoins en intenter une nouvelle pour cause survenue depuis la réconciliation, et alors faire usage des anciennes causes pour appuyer sa nouvelle demande.*

Article 274. — *Si le demandeur en divorce nie qu'il y ait eu réconciliation, le défendeur en fera la preuve, soit par écrit, soit par témoins, dans la forme prescrite en la première section du présent chapitre.*

303. L'action en divorce est éteinte par la réconciliation. C'est la consécration des principes de raison et de morale que l'offense s'éteint par le pardon de l'offensé. En matière de divorce l'offense s'éteint par le pardon de l'époux offensé, qui ne peut plus dès lors se prévaloir, comme cause de divorce, de faits antérieurs à la réconciliation, conséquence du pardon accordé par lui.

304. De même, si au cours de l'instance il y a réconciliation entre les époux, il n'y a plus lieu à divorce.

305. Mais quand pourra-t-on dire qu'il y a eu réconciliation ? Dans quelle forme doit-elle se manifester ? A quels signes peut-on la reconnaître ?

Nous répondrons que la réconciliation n'est pas soumise à des formes quelconques, elle peut être expresse ou tacite, et s'induit des circonstances laissées à l'appréciation souveraine des juges (Cass., 25 mai 1808 ; — *Id.*, 15 juin 1836, S. 37-1-89; D, P. 36-1-354 ; — *Id.*, 12 nov. 1862, S. 63-1-214 ; D. P., 63-1-244. — *Sic*, Duranton, t. 2, n. 570 ; — Aubry et Rau, t. 5, p. 134, § 492 ; — Laurent, t. 3, n. 209).

306. Décidé que la cohabitation des époux postérieurement aux faits articulés à l'appui de la demande, n'est pas à elle seule une preuve de réconciliation (Besançon, 1er fév. 1806 ; — Cass., 4 avril 1808 ; — Rennes, 1er avril 1814 ; — Cass., 15 juin 1836, S. 37-1-89 ; — Bordeaux, 4 juill. 1843, S. 43-2-573 ; — *Sic*, Vazeille, t. 2, n. 576 ; — Duranton, t. 2, n. 571 ; — Zachariæ, t. 3, § 492, note 7 ; — Massol, p. 71 ; — Marcadé, *sur l'art.* 307, n. 3).

(Voyez, sur les faits constitutifs d'une réconciliation, *Sép. de corps*, n. 158 à 168).

307. Que la réconciliation ait eu lieu avant la demande introductive d'instance en divorce, ou qu'elle se soit faite au cours même de l'instance, peu importe. Du moment que cette réconciliation est postérieure aux faits qui auraient pu occasionner la demande, elle éteint l'action en divorce, et le demandeur sera déclaré non recevable dans son action (C. civ., 272 et 273).

308. Néanmoins, si postérieurement à la réconciliation des époux, il survient des faits nouveaux de nature à motiver le divorce, l'époux offensé peut former une demande basée non seulement sur les nouveaux griefs, mais encore sur ceux qu'il a invoqués à l'appui de sa première demande, et les juges auront à apprécier si la réunion des uns et des autres offre un caractère suffisant pour prononcer le divorce (Cass., 2 mars 1808 ; — Trè-

ves, 28 mai 1813 ; — Cass. 8 juill. 1813 ; — Cass., 5 janv. 1874,
S. 74-1-124 ; — *Sic*, Massol, p. 70, n. 1 ; — Duranton, t. 2,
n. 566 ; — Aubry et Rau, t. 5, p. 186, § 492 ; — Demolombe,
t. 4, n. 423 ; — V. *Sép. de corps*, n. 169 et suiv.).

309. Si le demandeur en divorce nie qu'il y ait eu réconciliation, le défendeur en fera la preuve soit par écrit, soit par témoins (C. civ., 274).

310. On doit observer quant à la preuve testimoniale les
règles prescrites aux articles 249 à 256.

311. Mais le défendeur ne peut demander que son conjoint
soit interrogé sur faits et articles relativement aux circonstances
de la réconciliation. Ce mode de preuve n'est pas admis par le
Code civil pour l'instruction des demandes en matière de divorce
et les formes de la procédure du divorce excluent la possibilité
même de l'interrogatoire sur faits et articles (Bruxelles, 15 mai
1879, *Pasicrisie belge*, 79-3-275 ; — *Sic*, Botton et Lebon,
Code annoté du divorce, p. 112 : — *Contra*, Frémont, *Traité pratique du divorce*, n. 385).

312. L'aveu de l'époux auquel on oppose une fin de non-recevoir tirée de la réconciliation est une preuve suffisante (Demolombe, t. 4, n. 420 ; — Aubry et Rau, t. 5, p. 185, § 492 ; —
Frémont, *Traité pratique du divorce*, n. 384 ; — *Contra*, Laurent,
t. 3, n. 210 ; — Baudry-Lacantinerie, t. 1, n. 669)

313. Le serment décisoire peut être déféré dans une procédure en divorce, sur la question de savoir s'il y a eu réconciliation (Trèves, 28 mai 1813 ; — *Sic*, Aubry et Rau, t. 5, p. 186,
§ 492 ; — Baudry-Lacantinerie, t. 1, n. 669 ; — Frémont, *Traité
pratique du divorce*, n. 384 ; — *Contra*, Laurent, t. 3, n. 210 ;
— Demolombe, t. 4, n. 420 ; — Massol, p. 125).

314. Mais le serment ne pourrait être déféré dans le cas où
un jugement passé en force de chose jugée aurait décidé que la
réconciliation n'existait pas (Cass., 22 août 1822).

CHAP. V. — DES EFFETS DU DIVORCE.

ARTICLE 295. — *Les époux divorcés ne pourront plus se réunir
si l'un ou l'autre a, postérieurement au divorce, contracté un nouveau mariage suivi d'un nouveau divorce. Au cas de réunion des
époux, une nouvelle célébration du mariage est nécessaire.*

*Les époux ne pourront adopter un régime matrimonial autre
que celui qui réglait originairement leur union.*

*Après la réunion des époux, il ne sera reçu, de leur part, au-
cune nouvelle demande de divorce pour quelque cause que ce soit,
autre que celui d'une condamnation à une peine afflictive et infamante prononcée contre l'un d'eux depuis leur réunion.*

ARTICLE 296. — *La femme ne pourra se remarier que dix mois après que le divorce sera devenu définitif.*

ARTICLE 297. — *Abrogé.*

ARTICLE 298. — *Dans le cas de divorce admis en justice pour cause d'adultère, l'époux coupable ne pourra jamais se marier avec son complice.*

ARTICLE 299. — *L'époux contre lequel le divorce aura été prononcé perdra tous les avantages que l'autre époux lui avait fait, soit par contrat de mariage, soit depuis le mariage.*

ARTICLE 300. — *L'époux qui aura obtenu le divorce conservera les avantages à lui faits par l'autre époux, encore qu'ils aient été stipulés réciproques et que la réciprocité n'ait pas lieu.*

ARTICLE 301. — *Si les époux ne s'étaient fait aucun avantage, ou si ceux stipulés ne paraissaient pas suffisants pour assurer la subsistance de l'époux qui a obtenu le divorce, le tribunal pourra lui accorder sur les biens de l'autre époux, une pension alimentaire qui ne pourra excéder le tiers des revenus de l'autre époux. Cette pension sera révocable dans le cas où elle cesserait d'être nécessaire.*

ARTICLE 302. — *Les enfants seront confiés à l'époux qui aura obtenu le divorce, à moins que le tribunal, sur la demande de la famille ou du ministère public, n'ordonne, pour le plus grand avantage des enfants, que tous ou quelques-uns d'entre eux seront confiés aux soins, soit de l'autre époux, soit d'une tierce personne.*

ARTICLE 303. — *Quelle que soit la personne à laquelle les enfants seront confiés, les père et mère conservant respectivement le droit de surveiller l'entretien et l'éducation de leurs enfants et seront tenus d'y contribuer à proportion de leurs facultés.*

ARTICLE 304. — *La dissolution du mariage par le divorce admis en justice ne privera les enfants nés de ce mariage d'aucun des avantages qui leur étaient assurés par les lois ou par les conventions matrimoniales de leurs père et mère ; mais il n'y aura d'ouverture aux droits des enfants que de la même manière et dans les mêmes circonstances où ils se seraient ouverts s'il n'y avait pas eu de divorce.*

315. — Le divorce une fois prononcé, le mariage n'existe plus. Tous les droits et devoirs qui étaient nés du mariage disparaissent. Les époux reprennent l'état civil qu'ils avaient avant le mariage. Ils peuvent se remarier ; ils sont l'un et l'autre considérés comme veufs.

316. — Sous l'empire des lois antérieures les époux ne pouvaient en aucun cas se remarier entre eux. L'ancien article du Code civil portait expressément que les époux divorcés pour quelque cause que ce soit, ne pourraient plus se réunir. La loi nouvelle modifiant cette disposition par trop absolue, autorise le remariage entre les époux divorcés (C. civ., 295).

317. Mais, pour éviter que l'on ne se fasse un jeu du divorce, courant d'un conjoint à un autre, la loi ne permet aux époux divorcés de se remarier ensemble que dans le cas où ils ne se sont remariés ni l'un ni l'autre ou tous les deux s'étant remariés, cette nouvelle union n'aura pas été rompue elle-même par un divorce. Le second conjoint doit donc être décédé pour que l'on puisse reprendre le premier (C. civ., 295).

318. Bien que les époux aient été déjà mariés, une nouvelle célébration du mariage est nécessaire, et devra se faire suivant les formes et sous les conditions habituelles du' mariage, notamment les publications et le consentement des ascendants (C. civ. 295).

319. D'un autre coté, des époux adroits et avides pouvant, disait Treilhard au Corps législatif, « envisager le divorce comme « un moyen de modifier les conventions matrimoniales », les époux *ne peuvent adopter un régime matrimonial autre que celui qui réglait originairement leur union* (C. civ., 295).

320. Après leur nouveau mariage, le divorce ne peut plus être réclamé par les époux, pour quelque cause que ce soit, sauf le cas de condamnation à une peine afflictive et infamante prononcée contre l'un d'eux depuis leur réunion. La nouvelle union est définitive et indissoluble (C. civ., 295).

321. La séparation de corps n'entraînant pas la dissolution du mariage, on doit admettre que dans le cas où la vie commune, après la nouvelle union, serait devenue impossible, les époux pourraient, à défaut de divorce, se pourvoir à fin de séparation de corps. Mais, dans le cas où la séparation de corps serait prononcée, le jugement de séparation ne pourrait pas, après trois ans, être converti en jugement de divorce conformément à l'article 310.

322. La femme divorcée, comme la veuve, doit attendre, pour se remarier, le délai d'un mois après le divorce sera devenu définitif, c'est-à-dire après qu'il aura été prononcé par l'officier de l'état civil (C. civ., 296).

323. Cette disposition n'est pour ainsi dire que la répétition des dispositions de l'article 228 du Code civil, d'après lequel la femme ne peut contracter un nouveau mariage que dix mois après la dissolution du premier.

324. Le mariage contracté dans les dix mois qui ont suivi la dissolution du premier mariage n'est pas nul : l'empêchement résultant de l'article 228 est simplement prohibitif (Dijon, 3 juill. 1807 ; — Cass., 29 oct. 1811). — Cette opinion ne fait aucune difficulté aujourd'hui : elle est partagée par tous les auteurs.

325. Quand le divorce est prononcé pour cause d'adultère, l'époux coupable ne pourra jamais se marier avec son complice (C. civ., 298).

326. Mais cet empêchement n'est que prohibitif et non dirimant. En conséquence, le mariage contracté à l'encontre de la disposition de l'article 298, n'est pas nul (Toullier, t. 1. n. 555 ; — Vazeille, t. 1, n. 103 ; — Duranton, t. 2, n. 177 ; — Delvincourt, t. 1, p. 308 ; — Pezzani, *Empêch. au mar.*, n. 553 et suiv. ; — Duvergier, *Rev. de dr. français*, t. 2, p. 24 : — Marcadé, t. 3, p. 45 ; — *Contra*, Valette sur Proudhon, t. 1, p. 407 ; — *Adde :* Bruxelles, 14 mars 1865, *Pasicrisie belge*, 65-2-103).

327. L'application de l'article 298 ne sera pas sans soulever des difficultés. Comment, en effet, connaître le complice de l'époux adultère ? Le tribunal civil prononçant le divorce pour cause d'adultère ne peut indiquer le nom de ce complice, qui n'est pas partie en cause, pour lui rendre opposable le jugement à l'effet d'empêcher son mariage avec l'époux divorcé. Ce serait la violation des principes généraux du droit. — Nous pensons donc que l'article 298 ne peut recevoir d'application que lorsqu'il y a eu procès correctionnel et condamnation contre l'époux et son complice (Botton et Lebon, *Code annoté du divorce*, p. 122).

328. Une question fort importante a été soulevée à la Chambre des députés lors de la discussion de l'article 295 : il s'agit de savoir si la femme divorcée peut continuer à porter le nom de son ancien mari.

On avait proposé un amendement ayant pour objet de défendre à la femme de continuer à porter le nom de son mari ; mais cette proposition fut rejetée sur les observations de M. Gatineau qui s'est exprimé en ces termes :

« Ma pensée est que le divorce doit entraîner la suppression « complète de tout ce qui a été commun entre les époux, même « du nom. J'ajoute cependant qu'il faut pour l'instant se repor- « ter à la pratique, c'est-à-dire aux conséquences du divorce en « ce qui touche le nom du mari. Il est très certain qu'en réalité « la femme dans le monde, dans la société, ne pourra pas s'en « séparer ; cela est l'évidence. Mais il n'est pas moins certain « qu'elle ne pourra pas en faire usage, autrement que pour indi- « quer sa qualité d'épouse divorcée, dans les actes authen- « tiques.

« Si vous votiez les deux amendements qui vous sont propo- « sés, vous créeriez dans l'espèce qui vous est indiquée une vé- « ritable difficulté, j'allais dire, dans de nombreux cas, une vé- « ritable injustice.

« Il existe un grand nombre de fonds de commerce qui portent « le nom du mari et qui, en fait, ont été créés par l'intelligence « et le travail de la femme......

« Supposez que la liquidation qui suivra le divorce attribue le « fonds de commerce dont le nom commercial, fait partie inté- « grante de ce fonds de commerce, est le nom du mari ; suppo- « sez que ce fonds de commerce soit attribué à la femme pour « la couvrir de ses reprises ; il faudra donc qu'elle suprime ce nom ?

« Mais, le fonds de commerce, dont la valeur pouvait être
« considérable, et qui aura été attribué à la femme, le jour où
« n'aura plus le nom du mari pour enseigne, perdra une grande
« partie de sa valeur. — . . . .
« Supposez que vous ne votiez pas l'amendement, vous reste-
« riez dans ce que j'appellerai la nature même des choses. La
« femme garde son nom dans la société, que toutes vos lois ne
« l'empêcheront pas de garder : elle ne pourra pas s'en servir
« dans les actes authentiques, qu'elle le veuille ou ne le veuille
« pas. En ce qui touche la raison commerciale des fonds de
« commerce, le nom subsistera, quand le juge, déterminé par
« les circonstances, n'aura pas décidé le contraire. » . . . .
Ainsi, en principe, la femme n'a pas le droit de continuer à
porter le nom du mari. Quant aux usages de la société, la loi n'y
fait rien et n'y peut rien ; quant aux fonds de commerce, le nom
subsistera si le juge n'a pas décidé le contraire. Telle est la doctrine qui se dégage des débats à la Chambre.

329. Le divorce prononcé contre l'un des époux a pour conséquence et pour effet de faire perdre à cet époux tous les avantages que l'autre époux lui avait faits, soit par contrat de mariage, soit depuis le mariage contracté (C. civ., 299). — « L'époux
« coupable, dit Treilhard dans son Exposé des motifs, s'est placé
« au rang des ingrats, il sera traité comme eux ; il a violé la
« première condition du contrat, il ne sera pas reçu à en récla-
« mer les dispositions. » (*Exposé des motifs* au Corps législatif,
Fénet, IX, 488).

330. Au contraire, l'époux qui a obtenu le divorce conservera les avantages à lui faits par l'autre époux, encore qu'ils aient
été stipulés réciproquement et que la réciprocité n'ait pas eu
lieu (C. civ., 300).

331. Il est incontestable que par cette expression employée
par le législateur, *les avantages*, il faut entendre les libéralités,
mais non les droits que l'époux a comme propriétaire ou comme
associé ; ainsi l'époux qui, en vertu des conventions matrimoniales, a le droit de reprendre sa dot qu'il s'est réservée propre,
conserve ce droit malgré le divorce prononcé contre lui. Cette
dot est sa propriété, la loi ne peut porter atteinte à son droit
(Coulon, Faivre et Jacob, *Manuel formulaire du divorce*,
p. 112).

332. Nous venons de voir que l'époux coupable perd les avantages que lui avait faits son conjoint soit par contrat de mariage,
soit au cours du mariage. Les libéralités entre époux au cours
du mariage, sont essentiellement révocables, encore qu'elles
soient qualifiées de donation entre vifs (C. civ., 1096).
Il semblerait donc qu'au moins pour les libéralités faites au
cours du mariage, il était inutile que la loi en prononçât la ré-

vocation, que l'époux outragé pourrait toujours faire lui-même. Mais la disposition de l'article 299 est essentiellement pénale. La loi frappe elle-même l'époux coupable. Le législateur a craint que l'époux outragé ne se montrât trop faible ou trop indulgent, et il a voulu que le châtiment fut assuré (Coulon, Faivre et Jacob, *Man. formulaire du divorce*, p. 113).

333. La peine de la privation des avantages matrimoniaux prononcée par l'article 299 du Code civil résulte non de la prononciation du divorce par l'officier de l'état civil, mais bien de la nature et de la gravité des faits dont la preuve juridique a déterminé l'admission du divorce. En conséquence, c'est le jugement en dernier ressort admettant le divorce et portant la reconnaissance juridique des faits ayant servi de cause au divorce, qui entraîne contre l'époux coupable l'application des dispositions dudit article 299 (Botton et Lebon, *Code annoté du divorce*, pp. 131 et 132 ; — *Contra*, Coulon, Faivre et Jacob, *Manuel formulaire du divorce*, p. 116).

334. Jugé, d'après ce principe, que la femme contre laquelle le divorce a été obtenu pour injures graves et adultère, perd les avantages que lui avait faits son mari, encore que le décès survenu de celui-ci ait empêché la prononciation du divorce par l'officier de l'état civil (Bruxelles, 26 avril 1806).

335. Une question fort grave est celle de savoir quel sera l'effet de la révocation à l'égard des tiers qui ont traité avec l'époux donataire.

En ce qui concerne les aliénations faites depuis la révocation qui frappe l'époux coupable, nulle difficulté. Du jour où l'époux est frappé par la loi, il ne peut plus disposer du profit du tiers des biens qui lui ont été donnés : toute aliénation par lui faite serait nulle au regard du donateur, puisqu'il aliénerait des choses ne lui appartenant plus.

En ce qui concerne les actes d'aliénation antérieures à la révocation, la question est plus grave et controversée. Quant à nous, nous estimons que la révocation ne peut rétroagir sur les droits acquis des tiers. L'article 299 ne parle pas des droits que des tiers auraient pu avoir acquis sur les biens, objet de la donation révoquée : ce serait donc ajouter à la loi que d'admettre que la révocation prononcée par elle porte atteinte à ces droits. D'ailleurs, il ne faut pas perdre de vue que la disposition de l'article 299 est une disposition pénale qui ne peut s'appliquer qu'au seul coupable que le législateur a entendu frapper. Enfin la révocation des libéralités est motivée surtout par l'ingratitude de l'époux contre qui a été prononcé le divorce, et l'article 958 du Code civil dispose que la révocation pour cause d'ingratitude ne préjudiciera pas aux aliénations faites par le donataire, ni aux autres charges réelles qu'il aurait pu imposer sur l'objet de la donation (Coulon, Faivre et Jacob, *Manuel formu-laire du divorce*, p. 114).

336. Nous croyons devoir signaler ici un autre effet du divorce. C'est la pénalité prononcée par l'article 386. — D'après cet article, *la jouissance de l'usufruit des père et mère n'aura pas lieu au profit de l'époux contre lequel le divorce aura été prononcé.*

337. Cet article vise surtout le mari contre lequel le divorce a été prononcé, car c'est lui qui durant le mariage a la jouis-sance de l'usufruit des biens de ses enfants. En cas de disso-lution du mariage par le divorce prononcé contre lui, cette jouissance lui est enlevée pour passer à la mère qui a obtenu le divorce.

338. Mais l'article peut également s'appliquer à la mère con-tre laquelle le divorce aurait été prononcé, dans le cas où le mari bénéficiaire de la jouissance viendrait à décéder après le divorce prononcé.

339. Il peut se faire que le divorce soit prononcé contre l'un et l'autre des époux, tous deux pouvant réciproquement former une demande en divorce, soit par action directe, soit par voie de demande reconventionnelle. Dans ce cas la révocation des avan-tages a lieu contre l'un et l'autre. Ce n'est en effet qu'à l'époux innocent que la loi a voulu conserver les avantages stipulés au contrat de mariage.

340. Si les époux ne se sont fait aucun avantage, ou si ceux stipulés ne paraissent pas suffisants pour assurer la subsistance de l'époux qui a obtenu le divorce, le tribunal peut lui accorder une pension alimentaire (C. civ., 301).

341. Aucun délai n'est fixé pour la demande des aliments de la part de l'époux qui y a droit : il suffit que son indigence ne soit pas survenue depuis le divorce (Cass., 18 juil. 1809 ; — Pa-ris, 16 fév. 1813).

342. Mais l'indigence survenue n'autorise pas une demande d'aliments (Cass., 8 janv. 1806 ; — Paris, 24 mess. an XII et 18 germ. an XIII).

343. La pension à laquelle a droit l'époux qui a obtenu le di-vorce ne peut excéder le tiers des revenus de l'autre époux ; elle est révocable dans le cas où elle cesserait d'être nécessaire (C. civ., 301).

344. Mais elle n'est pas susceptible d'augmentation, soit que les besoins de l'époux deviennent plus grands, soit que la for-tune de l'autre époux s'accroisse (Besançon, 20 brum. an XIV).

344 bis. L'époux ne peut renoncer à la pension alimentaire à laquelle il a droit d'après l'article 301 (Paris, 7 flor. an XII).

345. Et cela même par voie de transaction (Toulouse, 9 janv. 1816 ; — *Contra*, Metz, 13 déc. 1822).

346. L'obligation de fournir des aliments à l'époux divorcé, survivant, passe aux héritiers du divorcé défunt, comme devant être pris sur les biens de celui-ci (Cass., 18 juill. 1809 ; — Amiens, 28 mai 1825).

347. En principe les enfants doivent être confiés à l'époux qui a obtenu le divorce. Toutefois, le tribunal peut, sur la demande de la famille, et par le mot famille il faut entendre une assemblée de famille, ou du ministère public, ordonner, pour le plus grand avantage des enfants, que tous ou quelques-uns seront confiés aux soins, soit de l'autre époux, soit d'une tierce personne (C. civ., 302).

348. Les juges ont souverain pouvoir pour apprécier le plus grand avantage des enfants, et c'est ce plus grand avantage qu'ils doivent envisager pour décider à qui les enfants doivent être confiés. Le tribunal peut donc ordonner, s'il le juge convenable et plus avantageux pour les enfants, qu'ils seront confiés à la mère par préférence au père qui a obtenu le divorce (Montpellier, 1er prair. an XIII ; — Riom, 19 juin 1807 ; — Bruxelles, 28 mars 1810; — Cass., 28 juin 1815 ; — Grenoble, 21 déc. 1820; — Cass., 24 mai 1821 ; — Lyon, 16 mars 1825 ; — Cass., 23 juin 1841, S. 41-1-630 ; D. P. 41-1-289 ; — *Conf.*, Toullier, t. 2, n. 777: — Merlin, *Répert.*, v. *Education*, § 1, n. 3 ; — Vazeille, t. 2, n. 591 ; — Zachariæ, t. 3, § 494, note 5 ; — Duranton, t. 2, n. 675 ; — Massol, p. 319, n. 1er).

349. L'article 302 pose en principe que « les enfants seront confiés à l'époux qui a obtenu le divorce ». Cette disposition est impérative et non facultative pour le juge : ce n'est que sur demande expresse de la famille et du ministère public que le tribunal peut s'en écarter (Montpellier, 4 fév. 1835, S. 35-2-228 ; — *Sic*, Laurent, t. 3, n. 293 ; — Botton et Lebon, *Code annoté du divorce*, p. 134 et 135 ; — Goirand, *Traité pratique du divorce*, p. 196).

350. Bien que la loi ne parle pas de l'époux défendeur comme ayant le droit de provoquer une mesure relativement aux enfants, et qu'il ne soit question, dans l'article 302, que de la famille et du ministère public, il est généralement admis en doctrine et en jurisprudence que ce droit lui appartient (Cass., 9 juin 1857, S. 57-1-590 ; — Cass., 30 mars 1859, S. 59-1-661 ; — Cass., 29 juin 1868, S. 68-1-401 ; — *Sic*, Aubry et Rau, t. 5, p. 203, § 494 ; — Demolombe, t. 4, n. 311).

351. Dans le système du Code, le conseil de famille est le seul organe et le seul représentant légal de la famille. C'est donc à lui qu'il appartient de former la demande relative à la garde des enfants. Cette demande sera formée par un de ses membres qu'il déléguera spécialement à cet effet (Rouen, 21 fruct. an XII ; — Paris, 5 juill. 1853, S. 53-2-454 ; — Cass.,

9 juin 1857, S. 57-1-590 ; — Cass., 22 janv. 1867, S. 67-1-212 ; — *Sic,* Aubry et Rau, t. 5, § 494, p. 202 ; — Botton et Lebon, *Code annoté du divorce,* p. 135 ; — Goirand, *Manuel formulaire du divorce,* p. 196).

352. On ne doit pas considérer comme une demande le simple avis émis par le conseil de famille de confier les enfants à leur mère. Ce n'est là que l'expression d'une opinion, d'un désir qui n'indique pas qu'il ait voulu aller plus loin et saisir le tribunal d'une véritable demande (Bruxelles, 26 janv. 1882, *Pasicrisie belge,* 82-2-205).

353. Quelles que soient les décisions prises par le tribunal au sujet de la garde et de l'éducation des enfants, il peut toujours les modifier si on le lui demande, et qu'il estime la mesure nouvelle utile aux intérêts des enfants (Bruxelles, 9 mars 1874 et 11 juill. 1881, *Pasicrisie belge,* 74-2-200, et 81-2-307).

354. Les juges peuvent non seulement rapporter leur première décision, mais ils peuvent décider que la mesure qu'ils prennent n'est que provisoire (Cass., 18 mars 1868, S. 68-1-209 ; — *Sic,* Aubry et Rau, t. 5, § 494, p. 202).

355. Le tribunal qui a admis le divorce est le seul compétent pour statuer sur la garde et l'éducation des enfants jusqu'à leur majorité. C'est lui qui, connaissant les faits et circonstances de la cause est le mieux à même de décider s'il y a lieu d'apporter des modifications ou des changements aux mesures primitivement prises dans l'intérêt des enfants (Bruxelles, 12 août 1880, *Pasicrisie belge,* 1881-2-240 ; — *Sic,* Botton et Lebon, *Code annoté du divorce,* p. 136).

356. Le règlement concernant la garde des enfants est une conséquence nécessaire de l'action en divorce, et l'obligation de pourvoir au sort des enfants reste inhérente au litige. La demande faite à ce sujet par l'appelant devant la Cour ne doit donc pas être considérée comme une demande nouvelle (Bruxelles, 9 mars 1874, *Pasicrisie belge,* 74-2-200 ; — *Sic,* Botton et Lebon, *Code annoté du divorce,* p. 136).

357. Le tribunal, avons-nous vu, est libre dans le choix de la personne à laquelle il veut confier la garde des enfants: il peut choisir l'époux défendeur ou une tierce personne.

Quelle que soit la personne à laquelle seront confiés les enfants, les père et mère conserveront respectivement le droit de surveiller l'entretien et l'éducation de leurs enfants, et seront tenus d'y contribuer à proportion de leurs facultés (C. civ., 303).

358. Il résulte de ce droit de surveillance que l'époux qui n'a pas la garde des enfants peut s'enquérir de la façon dont ils sont élevés, de la direction qui leur est donnée, des principes mêmes qui leur sont inculqués. Si son droit d'intervention est méconnu ou ses conseils méprisés, il peut demander à la justice de reviser sa décision première (Botton et Lebon, *Code annoté du divorce*, p. 137).

359. Il est à remarquer que ce droit de surveillance appartient tout aussi bien à la mère à l'égard du père, qu'à ce dernier à l'égard de la mère, et à tous les deux si l'enfant est confié à une tierce personne.

Par l'article 372 du Code civil, l'enfant est placé sous l'autorité commune de ses père et mère jusqu'à sa majorité. Le père seul exerce cette autorité durant le mariage (C. civ., 373). Mais une fois le mariage dissous, la supériorité du mari cesse, les deux époux sont égaux, la femme a un droit égal à celui de l'homme.

360. Le divorce ne change rien en ce qui touche les intérêts des enfants aux dispositions du Code : le mari et la femme qui ont contracté mariage, ont l'obligation de nourrir leurs enfants, de les entretenir, de les élever ; ils restent obligés, après le divorce, de remplir ces devoirs légaux sans que le divorce puisse les en dégager. Aussi chacun des père et mère est-il tenu de supporter, proportionnellement à sa fortune, les charges de l'éducation et de l'entretien des enfants, quelle que soit la personne à laquelle ils ont été confiés (C. civ., 303).

361. La dissolution du mariage par le divorce ne prive pas les enfants des droits qu'ils ont sur les biens de leurs père et mère : ils héritent de leurs parents comme s'il n'y avait pas eu dissolution du mariage par le divorce.

362. Réciproquement les père et mère héritent de leurs enfants.

363. De même les avantages résultant pour les enfants de la loi ou des conventions matrimoniales de leurs père et mère sont maintenus et demeurent intacts. Ainsi, ils ont droit à la réserve. En un mot on reste à cet égard dans le droit commun.

CHAP. VI. — DÉSAVEU ET PATERNITÉ.

ARTICLE 2.

363 bis. Le paragraphe ajouté à l'article 312 [1] du Code civil, par la loi du 6 décembre 1850 est modifié comme il suit :

TITRE VII.

ARTICLE 312. — *En cas de jugement ou même de demande soit de divorce soit de séparation de corps, le mari pourra désavouer*

---

1. C'est l'article 313 qu'il faut lire. Il y a une erreur matérielle dans le texte de la nouvelle loi.

l'enfant qui sera né trois cents jours après la décision qui aura autorisé la femme à avoir un domicile séparé, et moins de cent quatre-vingts jours depuis le rejet définitif de la demande ou depuis la réconciliation. L'action de désaveu ne sera pas admise s'il y a eu réunion de fait entre les époux.

CHAP. VII. — REPRODUCTION DES DÉBATS

364. La reproduction des débats sur les instances en divorce ou en séparation de corps est interdite sous peine de l'amende édictée par l'article 39 de la loi du 30 juillet 1881.

CHAP. VIII. — DISPOSITIONS TRANSITOIRES

365. Les instances en séparation de corps pendantes au moment de la promulgation de la présente loi pourront être converties par les demandeurs en instances en divorce. Cette conversion pourra être demandée même en Cour d'appel.

La procédure spéciale au divorce sera suivie à partir du dernier acte valable de la procédure en séparation de corps.

Pourront être convertis en jugement de divorce, comme il est dit à l'article 310, tous jugements de séparation de corps devenus définitifs avant ladite promulgation.

365 bis. — Lorsque sur l'appel interjeté d'un jugement de séparation de corps, antérieur à la promulgation de la loi du 27 juillet 1884, l'époux qui a obtenu la séparation de corps en première instance déclare devant la Cour convertir l'instance de séparation de corps en instance de divorce, la Cour ne doit point se borner à donner acte de cette déclaration de conversion, et renvoyer les parties à se pourvoir devant le tribunal pour être statué au fond en premier ressort sur la demande de divorce. C'est à la Cour d'appel elle-même qu'il appartient de statuer *de plano* au fond et en dernier ressort sur le divorce demandé (Bourges, 17 nov. 1884; *Recueil*, art. 974, 1885, p. 33).

Et en ce cas, lorsque le jugement qui avait prononcé la séparation de corps contre la femme, avait en même temps condamné celle-ci à l'emprisonnement pour adultère, par application de l'article 308 (C. civ.), il y a lieu pour la Cour d'appel, en prononçant la conversion en jugement de divorce, de relever la femme de cette peine, l'emprisonnement pour adultère, en matière de divorce, ne pouvant plus être prononcé par la juridiction civile, sous l'empire de la loi du 29 juillet 1884.

ARTICLE 5

La présente loi est applicable à l'Algérie et aux colonies de la Martinique, de la Guadeloupe et de la Réunion.

DÉCRET

Relatif à l'application aux colonies de la loi sur le divorce
(25 AOUT 1882. — (Promulg. au *J. offic.* du 3 sept.).

CHAP. IX. — COLONIES

Le Président de la République française, — Sur le rapport du ministre de la marine et des colonies et du garde des sceaux, ministre de la justice et des cultes ; — Vu l'article 18 du sénatus-consulte du 3 mai 1854 ; — Vu la loi du 27 juillet 1884 sur le divorce, — Décrète :

Art. 1er. La loi du 27 juillet 1884, portant rétablissement du divorce en France est rendue applicable à la Guyane, au Sénégal, aux îles Saint-Pierre et Miquelon, aux établissements français de l'Inde, en Cochinchine, à la Nouvelle-Calédonie aux établissements français de l'Océanie, à Mayotte, à Nossi-Bé, aux établissements français du golfe de Guinée.

Art. 2. Le ministre de la marine et des colonies et le garde des sceaux, ministre de la justice et des cultes, sont chargés, etc.

(Pour les formules et la taxe, voir l'appendice à la fin de ce volume.)

DOMMAGES-INTÉRÊTS PAR CHAQUE JOUR POUR LE RETARD. — *Mise en demeure inutile, Appel, Effet suspensif, Désistement, Point de départ des dommages-intérêts, Acte conservatoire, Saisie-arrêt, Demande en validité.* — La condamnation à une somme déterminée par chaque jour de retard, à titre de dommages-intérêts, en cas d'inexécution d'une clause du jugement est purement comminatoire.

Les dommages-intérêts courent du jour de la signification du jugement, qui dispense de toute mise en demeure spéciale.

Cette condamnation est une véritable clause pénale, liée à l'exécution du jugement et suspendue en même temps qu'elle, si le jugement est frappé d'appel.

Le désistement donné et accepté est un véritable contrat et, comme tel, doit être interprété d'après la commune intention des parties.

L'appel n'empêche pas les actes conservatoires ; — en conséquence est valable la saisie-arrêt formée en vertu d'un jugement même frappé d'appel (Trib. civ. de la Seine, 17 avril 1880, art. 122, t. 1, p. 325).

DON MANUEL. — L'article 2279 est-il applicable au cas du don manuel ? (Art. 232, t. 2, p. 97.)

DONATION. — Les héritiers de l'époux donateur sont-ils recevables à demander la nullité de la donation déguisée faite par leur auteur à son conjoint durant le mariage ? (Art. 246, doctrine, p. 50.)

E

ÉLECTIONS. — *Fraude, Conclusions à fin d'enquête, Secret du vote, Rejet.* — Doivent être rejetées les conclusions, déposées par le prévenu poursuivi pour fraudes électorales, conclusions tendant à faire établir par témoins pour quel candidat ils ont voté. Admettre une semblable preuve serait porter atteinte au principe du secret des votes (Trib. de Corte, 12 mai 1881, art. 312, t. 2, p. 325).

— *Ville divisée en deux cantons, Possession de la capacité électorale, Maintien, Rejet de sursis jusqu'au règlement de la question territoriale par l'autorité administrative, Exception de nullité de la délibération administrative.* — Dans une ville divisée en deux cantons, les électeurs inscrits depuis plusieurs années sur la liste de l'un de ces cantons doivent y être maintenus sans que le juge doive s'arrêter à la question préjudicielle de réglementation par l'autorité administrative de la ligne séparative des deux cantons.

En matière électorale une seule question préjudicielle est prévue par le décret organique du 2 février 1852, c'est celle de la possession d'état.

L'électeur contestant, qui a fourni à la commission administrative électorale ses moyens de défense par écrit, ne peut arguer de la nullité de cette délibération par le motif que les électeurs contestés n'y ont pas été appelés (Justice de paix du canton nord de Dourdan (Seine-et-Oise), 22 fév. 1880, art. 74, t. 1er, p. 181). Jugement cassé par l'arrêt suivant.

— *Liste électorale, Ville divisée en deux cantons, Discussion sur la limite des deux cantons, Obligation pour le juge de paix de surseoir.* — Le juge de paix statuant comme juge d'appel d'une décision d'une commission municipale, et devant lequel on oppose une question préjudicielle de réglementation des limites du canton, doit surseoir à statuer jusqu'après délibération de l'autorité administrative sur cette question (Cass., 26 mai 1880, art. 137, t. 1er, p. 373).

— *Commission municipale, Décision, Premier ressort, Cassation, Pourvoi, Délai.* — Les décisions des commissions municipales qui statuent sur les demandes en inscription ou radiation, étant rendues en premier ressort, ne peuvent être attaquées par le recours en cassation.

Le délai de dix jours pour se pourvoir en cassation court de la date même de la prononciation du jugement contre l'individu qui, réclamant son inscription, n'a point eu de contradicteur devant le juge d'appel (Décr. 2 fév. 1842,. art. 23 ; Cass. civ., 2 avril 1879, art. 99, t. 1er, p. 261).

— *Pourvoi, Notification.* — Est non recevable le pourvoi qui n'a pas été notifié aux électeurs dont l'inscription sur les listes électorales est contestée (Cass. civ., 21 avril 1879, art. 100, t. 1er, p. 262).

— *Président de commission municipale, Pourvoi, Juge de paix, Evocation.* — Le président de la commission municipale qui a rendu la décision réformée en appel par le juge de paix est sans qualité pour se pourvoir en cassation contre le jugement de ce magistrat.

Le juge de paix doit statuer sur le fond après avoir annulé comme irrégulièrement rendue la décision d'une commission municipale (Cass. civ., 21 avril 1879, art. 101, t. 1er, p. 263).

ENQUÊTE. — *Arrêt, Signification, Nullité.* L'arrêt confirmatif du jugement prescrivant une enquête, doit être signifié à l'avoué, qui doit suivre cette enquête. Le défaut de cette signification entraîne la nullité de l'enquête, alors même que l'arrêt aurait été signifié à l'avoué d'appel et à la partie.

Est nulle l'enquête pour l'exécution de laquelle il n'a pas été obtenu du juge-commissaire l'ordonnance qui, aux termes de · l'article 259 du Code de procédure, constitue l'acte d'ouverture indispensable pour que l'enquête soit censée commencée (Trib. de Bonneville, 12 mars 1883, art. 633, t. 4, p. 216).

— *Délai, Signification, Forclusion.* — L'article 257 du Code de procédure civile doit être entendu en ce sens que la signification du jugement ordonnant l'enquête peut seule faire courir le délai imparti par cet acte, même contre celui qui l'a faite, contrairement à la règle que nul ne se forclôt soi-même.

Et cette signification fait courir le délai contre toutes les parties en cause, c'est-à-dire non seulement contre la partie qui signifie le jugement eu vue de faire l'enquête, mais encore contre celle à qui la signification est faite au point de vue de la contre-enquête qui lui a été réservée.

Les délais couraient également, par suite de cette signification, contre l'appelé en garantie qui, ayant pris fait et cause, peut avoir à faire la preuve contraire (Trib. civ., Seine, 4e ch., 12 mai 1882, art. 496, t. 3, p. 396).

— *Nullité provenant de la faute de l'huissier, Enquête ordonnée d'office sur les mêmes faits, Impossibilité de la recommencer, Violation indirecte de cette défense.* — Une enquête déclarée nulle par la faute de l'avoué ou de l'huissier ne peut être recommencée.

Le tribunal ne peut d'office ordonner une nouvelle enquête sur les faits articulés, dont la preuve avait été admise, et qu ont donné lieu à l'enquête déclarée nulle pour motifs précités (Cour d'appel de Paris, 10 février 1883, art. 749, t. 5, p. 14).

— *Exécution, Enquête ordonnée par défaut, Ordonnance du juge-commissaire prononçant l'ouverture de l'enquête et fixant jour pour l'audition des témoins, Notification au défaillant, Opposition, Non-recevabilité.* — Le jugement de défaut qui ordonne une enquête doit être réputé exécuté, aux termes des articles 159 et 259 du Code de procédure civile, par l'assignation donnée au défaillant de se présenter à l'enquête en vertu de l'ordonnance du juge-commissaire, et ne peut plus par suite être attaqué par la voie de l'opposition (Trib. civ. de Marseille, 1ʳᵉ ch., du 16 janvier 1883, art. 856, p. 316).

— *Juge-commissaire, Remplacement, Jugement.* — Lorsque le juge commis pour procéder à une enquête se trouve empêché, il ne peut être pourvu à son remplacement que par jugement du tribunal, et non par ordonnance du président, si le jugement ordonnant l'enquête n'a pas conféré à ce magistrat, par une disposition expresse, le pouvoir d'y procéder (Cass., 4 janvier 1881, art. 281, t. 2, p. 232).

— *Juge-commissaire, Remplacement, Jugement, Déchéance.* — En cas d'empêchement du juge commis pour procéder à une enquête, il ne peut être pourvu à son remplacement que par jugement du tribunal et non par ordonnance du président, si le jugement ordonnant l'enquête n'a pas confié à ce magistrat, par une disposition expresse, le pouvoir de procéder à ce remplacement.

La partie qui a obtenu le jugement ordonnant l'enquête doit être déclarée déchue du bénéfice de ce jugement, si elle a laissé passer les délais impartis par l'article 257 (C. pr. civ.), sans faire procéder pendant ce temps à une autre enquête que celle qui a eu lieu devant le juge non régulièrement commis.

Mais la Cour, saisie par la voie de l'appel, d'une demande en déchéance de ce jugement, doit déclarer non recevables comme nouvelles, des conclusions subsidiaires tendant à ce que l'enquête soit déclarée nulle par la faute du juge-commissaire, et à ce qu'une nouvelle enquête soit ordonnée d'office (Dijon, 20 mai 1881, art. 669, t. 4, p. 300).

— *Enquête faite le jour de l'appel, Ignorance du juge et de la partie, Validité.* — Est valable l'enquête faite postérieurement à l'appel signifié, mais antérieurement à la connaissance qui en a été donnée au juge enquêteur et à l'avoué de la partie (Limoges, 10 juill. 1883, art. 770, t. 5, p. 80).

— *Témoin en matière civile, Courtier de commerce, Vente.* — Le courtier de commerce, qui a affirmé à l'une des parties l'existence d'une vente conclue par lui, a un intérêt direct et personnel à ce que la vente soit reconnue, et, à ce titre, il est reprochable comme témoin (Douai, 21 avril 1879, art. 49, t. 1ᵉʳ, p. 118).

— *Enquête en matière commerciale, Reproche, Parenté.* — L'article 283 du Code de procédure civile est applicable en matière commerciale.

En admettant même qu'il ne s'applique pas au cas où les témoins reprochés sont parents ou alliés des deux parties au même degré, il ne saurait en être ainsi si les témoins sont parents ou alliés des parties à un degré différent (Angers, 12 déc. 1882, art. 726, t. 4, p. 470).

— *Reproche, Conseiller municipal, Participation à une délibération.* — L'article 283 du Code de procédure civile, relatif aux reproches à formuler contre les témoins n'est pas limitatif. Les juges du fond peuvent admettre ces reproches toutes les fois que les dépositions de certains témoins ne leur paraissent pas présenter le degré d'impartialité désirable.

En conséquence, ne viole pas cet article l'arrêt d'une Cour d'appel décidant : « Que le seul fait par un témoin d'avoir exprimé, comme conseiller municipal, son avis dans la délibération par laquelle l'affouage a été refusé, suffit pour démontrer qu'il a une opinion préconçue sur les faits du procès et enlever à ses déclarations le caractère d'impartialité qui lui serait indispensable pour déterminer la conviction du tribunal. » (Cass., 8 mai 1883, art. 654, t. 4, p. 272.)

— *Reproche, Employés salariés d'une ville, Agent voyer, Régisseur, Interprétation de l'article 283 du Code de procédure civile.* — La disposition de l'article 283, § 2, du Code de procédure civile qui admet le reproche contre les témoins qui sont serviteurs ou domestiques de l'une des parties, ne peut s'entendre que des témoins qui étant à proprement parler domestiques ou serviteurs à gages, sont placés vis-à-vis de la partie qui les emploie dans un état de dépendance et de subordination étroite et continuelle. Il n'en est pas ainsi de ceux qui ne sont pas directement attachés à la personne, et à plus forte raison de l'agent voyer d'une ville qui remplit non l'office de serviteur, mais une véritable fonction (Chambéry, 8 mars 1881, art. 291, t. 2, p. 260).

— *Reproche, Employés d'une compagnie de chemins de fer, Chef de gare, Certificat, Article 283 (C. proc. civ.).* — Un employé d'une compagnie de chemins de fer ne peut être reproché comme témoin dans une instance introduite contre cette compagnie. Il en serait ainsi, alors même qu'il s'agirait d'un chef de gare ayant rédigé un procès-verbal relativement à l'accident dont un employé aurait été victime (Chambéry, 24 déc. 1883, art. 820, t. 5, p. 211).

— *Reproche, Témoins, Serviteurs et domestiques, Employés des compagnies de chemins de fer.* — Les employés d'une compagnie de chemins de fer ne sont ni les serviteurs ni les domestiques du directeur de la compagnie, ni du chef de la gare à laquelle ils sont attachés. Dès lors, si une action en dommages-intérêts est dirigée tant contre le chef de gare que contre la compagnie prise comme civilement responsable, les employés, appelés à témoigner sur l'existence ou l'inexistence des faits prétendus par le demandeur, ne peuvent être reprochés et doivent, au contraire, être entendus dans leurs dépositions (Cass. civ., 29 déc. 1880, art. 239, t. 2, p. 127).

— *Reproche, Témoin, Audition, Preuve du reproche, Matière sommaire, Matière commerciale.* — L'article 289 du Code de procédure civile, d'après lequel le témoin reproché doit être entendu à moins que la preuve du reproche ne soit faite par écrit ou offerte avec le nom des témoins à entendre, est applicable en matière sommaire et en matière commerciale (Rennes, 22 nov. 1879, art. 278, t. 2, p. 226).

— *Témoins, Reproche, Parties en cause, Société de secours mutuels.* — Les parties en cause, bien qu'elles ne soient pas comprises parmi les personnes dont, aux termes de l'article 223 du Code de procédure civile, le témoignage est sujet à reproche, ne peuvent être entendus comme témoins dans le procès (C. proc. civ., 283).

Spécialement, les membres de la commission d'une société de secours mutuels, assignés par un ancien associé qui demande sa réintégration dans la société, ne peuvent déposer comme témoins dans l'enquête qu'ils ont provoquée sur le litige.

En décidant qu'une enquête demandée en appel par l'une des parties est inutile, le juge se livre à une appréciation souveraine des faits.

Et l'arrêt qui rejette la demande de ce mode de preuve, en se fondant sur son inutilité, est suffisamment motivé (L., 20 avril 1810, art. 7; — Cass., 21 juill. 1880, art. 383, t. 3, p. 27).

— *Reproche, Commis, Témoins, Certificats fournis, Mention du résultat, Mentions des déclarations faites sur la parenté ou l'alliance et sur la domesticité des témoins.* — La mention de publicité et de celle du nom des juges qui ont statué, s'appliquent à l'arrêt sur incident compris dans le même contexte que l'arrêt définitif au bas duquel se trouvent ces mentions.

La disposition de l'article 283 du Code de procédure civile, indiquant comme reprochables, à titres de témoins, les « domes-« tiques » ou « serviteurs » de l'une des parties, n'est point applicable aux commis salariés qui ne sont pas attachés par la nature de leurs fonctions à la personne où à la maison de leurs patrons.

La Cour de cassation n'a pas à reviser l'appréciation souveraine d'un arrêt déclarant que les documents fournis au procès par un témoin ne constituaient pas des « certificats » dans le sens de la loi.

La mention des résultats d'une enquête sommaire, dans l'arrêt qui a statué sur cette enquête, n'est pas substantielle.

Jugé d'ailleurs, dans l'espèce, que l'arrêt attaqué contient sur ce point des énonciations suffisantes.

On ne saurait davantage considérer comme substantielle, en matière d'enquête sommaire, la mention des déclarations relatives à la parenté ou à l'alliance et à la domesticité des témoins entendus.

La partie qui n'a pas attaqué en temps utile l'arrêt par lequel une enquête a été ordonnée dans la cause, n'est pas recevable, quand cette décision a acquis l'autorité de la chose jugée, à contester l'admissibilité de la preuve testimoniale par le pourvoi qu'elle dirige contre un arrêt qui n'a fait que régler l'exécution du premier (Cass., 14 déc. 1881, art. 395, t. 3, p. 97).

— *Certificat écrit, Témoins reprochés, Appel, Plaidoirie au fond, Fin de non-recevoir, Exécution.* — Est reprochable dans une enquête sur l'action en responsabilité intentée à une compagnie de chemins de fer à la suite d'un accident qui a occasionné la mort d'un homme, le témoin qui a signé le procès-verbal dressé au moment de l'accident par un agent de cette compagnie, commissionné, assermenté et agréé par l'administration.

Et ce reproche, justifié par écrit, est opposable en tout état de cause, même au cours des plaidoiries.

Et continuer la plaidoirie au fond, après ce jugement sans réserve d'appel, quoique aucune conclusion n'ait été prise depuis, constitue une exécution volontaire de ce jugement, qui en rend l'appel non recevable (Besançon, 13 fév. 1883, art. 667, t. 4, p. 296).

— *Reproche, Moyen proposé après l'enquête.* — En principe les reproches élevés contre les témoins doivent être proposés avant la déposition.

Par exception, le reproche peut être proposé après la déposition du témoin, et même pour la première fois à l'audience destinée à entendre les plaidoiries sur le fond, alors qu'il est justifié par écrit, et qu'il repose sur un fait qui n'était pas connu de la partie au jour de l'enquête (Trib. civ. de Loudun, 29 mars 1884, art. 833, t. 5, p. 263).

— *Prorogation, Pouvoir discrétionnaire des tribunaux.* — La prorogation d'enquête est une mesure d'instruction tout entière laissée par la loi à l'appréciation des tribunaux qui peuvent, selon les circonstances, rouvrir purement et simplement l'enquête ou la circonscrire dans l'audition de certains témoins (Lyon, 23 juin 1882, art. 627, t. 4, p. 198).

— *Avoué, Responsabilité, Annulation, Juge, Faute, Responsabilité, Enquête recommencée, Faits nouveaux, Nullité, Preuve, Disposition d'office.* — L'avoué qui attend le dernier jour du délai de huitaine imparti par l'article 257 (C. proc. civ.), afin de présenter requête au juge commis pour procéder à une enquête, ne commet aucune faute pouvant engager sa responsabilité ;

Mais le juge qui, sans être muni d'un congé régulier, est absent de son domicile le dernier jour d'un délai de huitaine, et ne peut, en conséquence, répondre en temps utile à la requête à lui présentée, est en faute, et, dès lors, si l'enquête a été annulée par suite de cette faute, pour n'avoir pas été commencée dans les délais fixés, elle doit être recommencée aux frais du juge.

Et, dans ce cas, elle ne peut porter que sur les faits déjà admis en preuve, et non sur des faits nouveaux que la partie voudrait y ajouter.

L'enquête déclarée nulle par suite d'une faute de la partie ou de son avoué peut être recommencée d'office sur l'ordre du juge (Motif du jugement). — Besançon, 26 déc. 1882, art, 670, t. 4, p. 302.

— *Expiration des délais, Forclusion, Droit pour les tribunaux de l'ordonnance d'office.* — Aucun texte ne restreint la faculté accordée aux tribunaux par l'article 254 du Code de procédure civile, d'ordonner d'office la preuve des faits qui lui paraissent concluants.

Dès lors une enquête peut être autorisée, alors même que la partie qui l'avait demandée, n'a pas profité des délais qui lui étaient impartis et qu'elle se trouve actuellement forclose (Trib. civ. de Lyon, 3e ch., 3 juin 1882, art. 593, t. 4, p. 107).

— *Nullité provenant du fait de l'avoué, Enquête d'office.* — Lorsqu'une enquête est déclarée nulle par la faute de l'avoué, le tribunal peut d'office, en vertu de l'article 254 du Code de procédure civile, ordonner nonobstant les dispositions de l'article 293 du même Code, qui s'applique à d'autres cas et n'a point pour effet de paralyser la faculté qui lui est conférée par la loi. Cette faculté, il est spécialement bien fondé à l'exercer dans les matières qui intéressent l'ordre public (Tribunal civil de Bonneville, 29 avril 1881, art. 387, t. 3. p. 53).

— *Commission rogatoire, Délai, Nullité des dépositions, Enquête principale valable, Provocation, Enquête nouvelle.* — Une enquête est régulièrement terminée, selon le vœu de la loi, dans la huitaine de l'audition des premiers témoins, quand, pendant ce délai, le juge-commissaire a entendu les témoins cités devant

lui et a donné pour les témoins valablement excusés, dont l'éloignement rendait son transport impossible, des commissions
rogatoires.

Mais ces commissions rogatoires font partie intégrante de
l'enquête principale et ne forment pas autant d'enquêtes auxquelles puissent, séparément, être appliquées les règles du
Code de procédure civile.

En conséquence, l'audition des témoins, pour lesquels des
commissions rogatoires ont été données doit être parachevée
dans la huitaine du jour où les premiers témoins ont été entendus
par le juge commis par le jugement ordonnant l'enquête.

Si cette audition ne peut, par suite d'un cas de force majeure,
avoir lieu dans la huitaine, les dispositions reçues après l'expiration de de ce délai sont nulles. Mais l'enquête principale n'est
point viciée par cette nullité, et une enquête nouvelle peut être
autorisée, étant surtout donné qu'une demande de prorogation
a été faite en temps utile (Trib. civ. de Toulouse, 1ʳᵉ ch., 22
janv. 1883, art. 744, t. 4, p. 530).

— *Matière ordinaire, Audience, Nullité, Exécution, Cassation.*
— Les juges ne peuvent ordonner qu'une enquête en matière
ordinaire sera faite à l'audience (C. proc., 255, 405, 407).

Néanmoins celui qui a sollicité cette enquête y a produit des
témoins et en a discuté les résultats en première instance et en
appel, et a ainsi exécuté d'une façon complète et volontaire le
jugement ordonnant cette mesure d'instruction, et non recevable
à attaquer devant la Cour de cassation la décision rendue au fond,
sous prétexte qu'elle est fondée sur une enquête nulle en forme
pour n'avoir pas été faite devant un juge-commissaire (Cass. req.,
14 déc. 1881, art. 493, t. 3, p. 388).

— *Enquête en matière ordinaire faite à l'audience, Concours,
Acquiescement.* — La partie qui dans une affaire ordinaire, a assisté, sans faire ni protestation ni réserve à une enquête faite à
l'audience, est non recevable à opposer l'irrégularité de cette enquête (Bordeaux, 2 mai 1883, art. 725, t. 4, p. 465).

— *Matière sommaire, Témoin, Serment, Mention, Nullité.* —
Les témoins entendus dans une enquête sommaire doivent, à
peine de nullité, prêter serment de dire la vérité.

L'accomplissement de cette formalité doit, à peine de nullité,
être expressément constaté dans le procès-verbal d'enquête ou
dans le jugement (Cass., 14 janv. et 1ᵉʳ avril 1879, art. 29, t. 1ᵉʳ,
p. 79, et art. 293, t. 2, p. 262).

— *Tribunal de commerce, Cause sujette à appel, Témoin, Age,
Mention.* — Dans les affaires commerciales sujettes à appel, il
n'est pas exigé, à peine de nullité, que le procès-verbal d'enquête fasse mention de l'âge des témoins (Chambéry, 5 mars
1880, art. 237, t. 2, p. 124).

— *Matière sommaire, Serment, Mention.* — Les témoins entendus, dans une enquête sommaire, doivent, à peine de nullité, prêter serment de dire la vérité ; le jugement ou l'arrêt doit constater l'accomplissement de cette formalité (Cass. civ., 15 juin 1880, art. 219, t. 2, p. 60).

— *Matière sommaire, Juge de Paix, Appel, Audience.* — L'enquête en matière sommaire doit nécessairement être faite à l'audience (Cass., 1er déc. 1880, art. 347, t. 2, p. 435).

— *Omission du procès-verbal exigé par l'article 411 du Code de procédure civile, Appel, Preuve offerte.* — L'inobservation de l'article 411 du Code de procédure civile consistant en ce que les juges qui reçoivent les dépositions d'une enquête sommaire dans un litige susceptible d'appel auraient omis de dresser le procès-verbal exigé par cet article, n'entraîne pas la nécessité d'une nouvelle enquête en appel, lorsque les juges d'appel trouvent dans les circonstances de la cause des éléments de décision.

Il suffit, dans l'espèce, que les premiers juges, malgré l'omission du procès-verbal prescrit par l'article 411, aient déclaré que la preuve offerte n'avait pas été faite pour que la Cour n'ordonne pas une preuve déjà administrée, mais non constatée d'une manière régulière (Lyon, 3 déc. 1881, art. 404, t. 3, p. 134).

— *Témoin non entendu, Frais* (Art. 589, t. 4, p. 97).

ENREGISTREMENT. — *Procédure, Opposition à jugement rendu sur assignation délivrée par l'opposant, Non-recevabilité, Délai de trois décades de la loi de frimaire an VII.* — L'article 119 du Code de procédure est applicable en matière d'enregistrement, sous la réserve des délais de trois décades que les tribunaux sont autorisés à accorder sans pouvoir les dépasser, s'ils sont demandés par les parties (Trib. civ. de la Seine, 3e ch., 25 juillet 1879, art. 64, t. 1, p. 156).

— *Traité non enregistré avant la demande en justice, Jugement, Excédent de droit à la charge du demandeur.* — Le défaut d'enregistrement, avant la demande en justice, du traité sur lequel cette demande est basée, doit avoir pour effet de faire mettre, dans tous les cas, à la charge du demandeur, l'excédent des droits perçus à l'enregistrement préalable du traité (Trib. com. de Marseille, 17 juin 1879, art. 94, t. 1er, p. 254).

ENVOI EN POSSESSION. — *Ordonnance, Appel, Apposition de scellés, Pouvoir du juge des référés.* — Les ordonnances d'envoi en possession peuvent être attaquées par la voie de l'appel, lorsqu'elles sont attaquées pour cause d'incompétence ;

Le juge du référé a un pouvoir discrétionnaire pour apprécier l'utilité d'une apposition de scellés requise en conformité de l'article 909 du Code de procédure civile ;

En conséquence, il lui appartient de refuser l'apposition des scellés comme aussi toute autre mesure conservatoire, dans le cas où il juge la demande qui lui est faite vexatoire ou seulement sans intérêt justifié (Riom, 29 mars 1870, art. 111, t. 1, p. 305).

— Possibilité d'appeler d'une ordonnance d'un président refusant l'envoi en possession d'un legs universel. — La disposition testamentaire qui investit un tiers de l'universalité des biens composant une succession, sous la simple déduction des objets et valeurs légués à titre particulier, constitue un legs universel, et l'ordonnance par laquelle le président du tribunal refuse ou accorde l'envoi en possession de ce legs universel, demandé en vertu des articles 1006 et 1008 du Code civil, constitue un acte de juridiction susceptible de recours et contre lequel la voie de l'appel est ouverte (Dijon, 16 janv. 1883, art. 581, t. 4, p. 83).

— Ordonnance du président, Appel, Recevabilité, Représentation de l'expédition du testament. — L'ordonnance du président du tribunal de première instance qui refuse au légataire universel l'envoi en possession est susceptible d'appel.

La Cour, saisie de cet appel, peut examiner l'affaire au fond et ordonner elle-même l'envoi en possession s'il lui paraît justifié.

La disposition de l'article 1007 du Code civil, prescrivant que le testament olographe sera, avant d'être mis à exécution, présenté au président du tribunal de première instance de l'arrondissement dans lequel la succession est ouverte, n'est pas imposé à peine de nullité ; il suffit de produire l'expédition en forme du testament dont le dépôt a été régulièrement effectué (Agen, 29 janv. 1879, art. 203, t. 4, p. 17).

— Testament olographe, Ordonnance, Appel, Héritiers. — L'ordonnance du président qui envoie en possession un légataire universel institué par testament olographe constitue un acte de juridiction contentieuse, et est dès lors susceptible d'appel.

L'envoi en possession, dans les termes de l'article 1008, du Code civil, peut être ordonné au profit des héritiers du légataire universel, comme au profit du légataire universel lui-même (Limoges, 3 janv. 1881, art. 333, t. 2, p. 388).

— Dénégation de l'authenticité du testament, Vérification par experts, Frais de l'instance en vérification, Articles 130 et 193 du Code de procédure civile. — Lorsque, après un envoi régulier en possession, le légataire institué est troublé dans les effets de cet envoi par un héritier légitime qui vient contester la sincérité de l'écriture du testament produit et que ce dernier échoue dans l'instance en vérification d'écriture, les frais de cette instance doivent être mis à sa charge exclusive. — Dans ce cas, on ne doit pas faire l'application des dispositions de l'article 193 du Code de procédure civile, mais bien celles de l'article 130 du même Code qui prescrit que toute personne qui succombe doit être condamnée

aux dépens (Chambéry, 30 juill. 1881, art. 353, t. 2, p. 451).

— *Légataire universel, Droit contesté, Refus d'envoi en posses-Séquestre, Demande d'expulsion, Provision alimentaire.* — Les tribunaux ont un pouvoir souverain d'appréciation à l'effet de maintenir ou non, dans une habitation dépendant de la succession, le légataire universel, bien que non envoyé en possession, et dont le titre est même contesté par les héritiers naturels.

En outre, le séquestre peut être assujetti non seulement à souffrir ce droit d'habitation du légataire, mais encore à délivrer à ce dernier les aliments ou une provision, pendant le procès, sur les fruits de l'hérédité (Agen, 12 avril 1882, art. 554, t. 4, p. 29).

— *1° Testament olographe, Ordonnance, Appel, 2° Legs universel, legs du surplus.* — 1° L'ordonnance du président qui statue sur la demande d'envoi en possession d'un légataire universel institué par testament olographe, constitue un acte de juridiction contentieuse et dès lors susceptible d'appel ;

2° La déposition dans laquelle le testateur, après avoir fait plusieurs legs particuliers, lègue à un tiers tout le reste de sa fortune, constitue un legs universel (Dijon, 11 janv. 1883, art. 764, t. 5, p. 63).

ÉTRANGER. — *Brevet d'invention, Demande en nullité, Compétence.* — Les tribunaux français sont compétents pour statuer sur la demande en nullité d'un brevet d'invention pris en France par un étranger, alors même que le demandeur serait aussi étranger (Trib. civ. de la Seine, 26 juill. 1879, art. 66, t. 1er, p. 163).

Étrangers mariés et résidant en France, Séparation de corps, Incompétence sur le fond du juge français, Mesures provisoires, Compétence des tribunaux français, Délai imparti au demandeur pour former sa demande. — Les tribunaux français, incompétents pour connaître d'une demande en séparation de corps sont compétents pour statuer sur les mesures concernant soit la garde de l'enfant, soit la pension alimentaire nécessaire aux besoins de la demanderesse ;

En accordant cette pension, qui court du jour de la demande, les tribunaux français doivent impartir à la demanderesse, pour former sa demande devant les tribunaux compétents, un délai passé lequel la pension alimentaire cessera d'être due (Trib. civ. Seine, 19 avril 1880, art. 128, t. 1er, p. 355).

— *Demande en payement, Incompétence, Domicile.* — Un étranger domicilié en France a le droit d'assigner en matière personnelle, devant les tribunaux français, un étranger, résidant aussi habituellement en France, alors surtout que celui-ci ne prouve pas qu'il ait à l'étranger un autre domicile et que l'obligation a été contractée et exécutée en France (Trib. civ. Seine, 18 mars 1880, art. 95, t. 1er, p. 255).

— *Litige entre Français et étranger en France, Exécution des jugements hors de France, Traités internationaux, Sociétés, Compétence du juge, Limitation aux sociétés formées et fonctionnant en France, Limitation aussi de l'article 420 du Code de procédure civile au territoire français.* — S'il est vrai que l'article 14 du Code civil donne à un Français le droit de citer un étranger, même non résident en France, devant les tribunaux français pour l'exécution d'engagements contractés par celui-ci, soit en France, soit à l'étranger, l'exécution des jugements rendus dans de pareilles conditions ne peut être utilement poursuivie qu'en France, à moins de traités internationaux qui n'existent pas avec l'Angleterre. D'autre part, ledit article 14 ne peut, à aucun titre, être invoqué par un étranger contre un Français pour traduire celui-ci devant un tribunal étranger;

Si la loi française (art. 59, C. proc.) fait, en matière de société, exception à la règle *actor sequitur forum rei*, pour attribuer une compétence spéciale au juge du lieu où siège cette société, d'une part cette disposition ne peut être utilement invoquée contre un défendeur qui prétend ne pas faire partie de la société et va même jusqu'à en nier l'existence régulière. D'autre part, la même disposition ne régit que le territoire français et n'est applicable qu'aux sociétés formées et fonctionnant sur le territoire français;

L'article 420 du Code de procédure civile ne constitue pas davantage une loi internationale. Il ne régit également que le territoire français et n'est applicable qu'aux contestations qui seraient déjà par ailleurs de la compétence des tribunaux français (Rennes, 26 déc. 1879, art. 65, t. 1er, p. 159).

— *Contestations entre Suisses, Demande en dation de conseil judiciaire, Incompétence des tribunaux français.* — Bien que l'article 10 de la convention conclue le 15 juin 1869, entre la France et la Suisse, parle seulement de la tutelle des mineurs et interdits, il faut considérer comme rentrant dans les prévisions de cet article la demande en dation de conseil judiciaire portée devant un tribunal français par un Suisse contre un Suisse.

La dation d'un conseil judiciaire ne saurait être assimilée aux mesures conservatoires que, d'après l'article précité, les juges du lieu de la résidence peuvent ordonner.

Dès lors, dans le silence des parties, le tribunal saisi de cette demande doit d'office se déclarer incompétent (Nîmes, 28 février 1881, art. 265, t. 2, p. 202).

— *Suisse, Convention internationale.* — Le Français qui assigne
un Suisse en matière personnelle et mobilière doit l'assigner
devant les juges naturels du défendeur, c'est-à-dire devant le tribunal de son domicile. Le Français ne peut exciper de l'article 14
du Code civil pour assigner le Suisse devant les tribunaux français (Cass., 11 juin 1879, S. 80-1-33).

— *Contestation entre Suisses, Faillite.* — Les tribunaux français sont incompétents pour connaître de la contestation existant entre deux Suisses dont l'un n'a ni domicile ni établissement commercial en France (Paris, 8 juillet 1870, S. 71-2-177).
Et les tribunaux français sont incompétents pour connaître d'une
action dirigée par le syndic d'une faillite contre des débiteurs
étrangers de la faillite, bien que la faillite déclarée par un tribunal français ait été pourvue d'un syndic français et que les
créanciers soient Français en majeure partie. En pareil cas, les
créanciers ne font qu'exercer par l'intermédiaire du syndic l'action même du failli et ils ne peuvent, dès lors, invoquer à raison de leur qualité française le bénéfice de l'article 14 du Code
civil que le failli n'aurait pu lui-même invoquer (Cass., 12 janvier 1875, S. 75-1-124).

— *Traité de Francfort.* — Le traité de Francfort, du 11 décembre 1871 ne modifie pas les règles de compétence de l'article 14
du Code civil (Paris, 20 mars 1879, S. 80-2-49).

— *Demandeur non domicilié en France.* — L'article 14 du Code
civil ne peut être invoqué par l'étranger demandeur qui n'a aucun domicile en France (Paris, 20 mars 1879, S. 80-2-49).

— *Autorisation de domicile, Débiteur étranger.* — L'étranger
autorisé par le gouvernement à établir son domicile en France
peut actionner devant les tribunaux français son débiteur étranger, lors même que ce débiteur a la même nationalité que lui
(Cass., 12 nov. 1872, S. 73-1-17).

— *Renonciation à l'article 14.* — Le Français peut renoncer au
droit que lui confère l'article 14 du Code civil de faire citer devant
les tribunaux français l'étranger qui a traité avec lui (Cass., 28 fév.
1877, S. 77-1-260; — 9 déc. 1878, S. 79-1-401. — V. au *Dict.*, n. 57).

— *Souverain.* — Si, en principe, les tribunaux français sont
incompétents pour connaître des réclamations adressées à un
souverain étranger, ce principe reçoit exception quand le prince
a contracté en son nom particulier dans son intérêt privé (Trib.
de la Seine, 24 nov. 1871, S. 71-2-225).

— *Mesures conservatoires.* — Les tribunaux français sont toujours compétents pour ordonner les mesures conservatoires dans

les contestations dont le fond ne leur appartient pas, si ces mesures n'atteignent ni ne compromettent le fond du droit (Paris, 24 août 1875, S. 76-2-212; — V. au *Dict.*, n. 80).

— *Saisie-arrêt.* — Le juge français est compétent pour autoriser un étranger non résidant en France à pratiquer entre les mains d'un Français une saisie-arrêt sur son débiteur également étranger et non résidant en France et les tribunaux français sont compétents pour statuer sur la demande en validité d'une pareille saisie (Paris, 8 av. 1874, S. 76-2-145).

— *Compétence des tribunaux français à l'égard des demandes en garantie formées entre étrangers.* (Art. 59-8° et 181, C. proc. civ., art. 795, t. 5, p. 145).

— *Exécution d'un jugement étranger.* — Un jugement étranger rendu contre un Français n'est pas nul comme existant en France ; il est seulement sujet à revision (Toulouse, 29 janv. 1872, S. 73-2-18).

— *Jugement étranger, Revision.* — Les tribunaux français appelés à déclarer exécutoire en France un jugement émané d'une juridiction étrangère ont le droit et le devoir de reviser en entier et au fond la sentence qui leur est soumise (Cass., 20 août 1872, S. 72-1-327 ; — Nancy, 11 juill. 1874, S. 74-2-319 ; — Nancy 6 juill. 1877, S. 78-2-129), et ce principe est applicable à la taxe des frais et honoraires faits par un juge étranger (Cass., 16 juin 1875, S. 76-1-213).

— *Jugement, Demande d'exequatur, Décision d'une Cour de justice d'Angleterre rendue contre un Français, Incompétence, Droit de souveraineté.* — La règle *actor sequitur forum rei* s'impose en matière personnelle et mobilière dans tout litige qui s'élève entre un étranger et un Français, à moins d'une disposition formelle de la loi française ou d'un traité international.

L'article 14 du Code civil, qui autorise le Français à citer un étranger devant les tribunaux de France pour l'exécution d'obligations contractées à l'étranger, ne comporte pas une réciprocité qui ferait échec aux droits de souveraineté.

L'article 15 du Code civil, en conférant à un étranger le droit de traduire un Français devant un tribunal de France pour des obligations contractées à l'étranger, n'a pas entendu lui donner une simple faculté impliquant le pouvoir d'appeler le Français devant la juridiction étrangère, mais lui reconnaître le droit, bien qu'étranger, de saisir la justice française (Trib. civ. de la Seine, 4 fév. 1880, art. 139, t. 1ᵉʳ, p. 376).

— *Demande d'exequatur en France, Compétence, Citation, Pro-*

cédure étrangère, Régularité, Caractère de la décision rendue par la juridiction française. — En ne donnant force exécutoire en France aux jugements rendus par les tribunaux étrangers qu'à la condition d'être déclarés exécutoires par les tribunaux français, les articles 2123 du Code civil et 597 du Code de procédure civile, n'ont pas distingué entre les jugements rendus entre Français et étrangers et ceux rendus entre étrangers.

Au point de vue de la demande d'*exequatur*, le caractère du jugement est absolument indifférent ; en effet, en ordonnant l'exécution d'un jugement étranger, la justice française n'entend ni ne peut lui attribuer d'autre autorité que celle qui y est attachée par la loi étrangère ; et c'est à cette loi qu'il faut se référer pour apprécier la nature du jugement auquel le tribunal français se borne à décerner une sorte de naturalisation, sans en modifier d'ailleurs les conditions intrinsèques (Trib. civ. de la Seine, 5 juill. 1881, art. 372, t. 2, p. 508).

— *Jugement, Traité diplomatique.* — Un traité diplomatique qui dispense les jugements étrangers de la revision laisse subsister l'obligation d'obtenir l'*exequatur* des tribunaux français (Paris, 31 janv. 1873, S. 74-2-33).

— *Jugement rendu en Alsace-Lorraine.* — Les jugements rendus en Alsace-Lorraine ne doivent être déclarés exécutoires par les tribunaux français sans revision du fond qu'autant qu'ils émanent de juges compétents et cette compétence est déterminée, non par le droit commun, mais exclusivement par l'article 2 du traité franco-badois des 16 avril-14 juin 1846 auquel renvoie le traité de Francfort des 11 décembre 1871-9 janvier 1872 (Nancy, 7 déc. 1872, S. 73-2-33 ; — Nancy, 3 août 1877, S. 78-2-17).

EXCEPTION. — *De la règle que le juge de l'action est le juge de l'exception* (Art. 547, t. 4, p. 5).

— *Litispendance, Objet, Parties, Identité, Demandes distinctes.* — Il n'y a pas litispendance lorsque, devant les deux tribunaux saisis, l'objet de la demande non plus que la personnalité des parties intéressées ne sont les mêmes (Cass. req., 2 déc. 1879, art. 309, t. 2, p. 320).

— *Litispendance, Compétence, Renvoi.* — Dans le cas de litispendance ou de connexité, les juges devant qui est portée la seconde demande ne sont tenus de la renvoyer devant le tribunal qui a été saisi de la première que lorsque ce tribunal est compétent pour en connaître (Cass. req., 8 fév. 1881, t. 3, art. 486, p. 372).

— *Déclinatoire, Conclusions subsidiaires.* — Quand une partie décline la compétence de l'autorité judiciaire tout en concluant subsidiairement au fond, le tribunal saisi de la contestation peut ne rendre qu'un seul jugement divisé en deux parties distinctes ; mais il doit, à peine de nullité, statuer dans son dispositif sur le déclinatoire qui lui est soumis (Caen, 12 janv. 1881, art. 479, t. 3, p. 360).

— *Conclusions au fond, Déchéance.* — Des conclusions tendant, en termes généraux, à ce que la demande soit déclarée non recevable ne constituent pas une défense au fond mettant obstacle à ce que celui qui les a prises oppose ensuite une exception d'incompétence tirée de sa qualité d'étranger (Cass., 22 déc. 1873, S. 74-1-436).

— *Incompétence subsidiaire, Nullité d'exploit.* — L'exception d'incompétence à raison de domicile, invoquée subsidiairement à la demande en nullité d'exploit introductif d'instance, est non recevable comme n'ayant point été proposée préalablement à toute exception et défense (Nancy, 25 juill. 1876, S. 77-2-262 ; — Cass., 22 janv. 1877, S. 77-1-341).

— *Nullité d'exploit, Communication de pièces.* — Les nullités d'exploit sont couvertes par une demande en communication de pièces (Paris, 5 avril 1880, S. 80-2-173).

— *Exception à opposer* in limine litis. — *Chose jugée, Caractères constitutifs.* — L'exception résultant de la chose jugée est un moyen du fond, qui ne doit pas nécessairement être opposée in *limine litis ;* elle peut être invoquée en tout état de cause.

Un jugement ne présente l'autorité de la chose jugée que pour les points qu'il a expressément décidés, et non à l'égard de ceux qui ne s'y trouvent que comme de simples énonciations.

Il n'y a chose jugée qu'à l'égard des questions qui ont été soulevées et débattues devant le juge.

Spécialement, lorsqu'un tribunal a ordonné, conformément aux conclusions prises devant lui, la vente sur licitation d'une maison *avec cour devant,* les parties ont le droit de saisir à nouveau le tribunal de la question de savoir si cette cour est commune avec divers propriétaires, ou si elle est leur propriété exclusive.

Il en est ainsi, du moins, lorsqu'il n'y a eu, à cet égard, lors du premier jugement, aucune discussion entre les parties sur le caractère de la Cour (Trib. civ. de Loudun (Vienne), 3 août 1883, t. 4, art. 734).

— *Garantie, Incompétence personnelle.* — Le garant, assigné devant le tribunal où la demande originaire est pendante, ne peut invoquer une exception d'incompétence *ratione personæ* qui n'a pas été opposée par le défendeur principal (Cass., 16 nov. 1881, art. 481, t. 3, p. 364).

— *Contrat d'assurance.* — L'action dérivant d'un contrat d'assurance est une action principale et directe et ne peut être assimilée à une demande en garantie (Nîmes, 11 déc. 1880, S. 80-2-67).

— *Garant non-commerçant, Compétence.* — Le garant qui n'est pas commerçant ne peut être appelé en garantie devant le tribunal de commerce (Paris, 28 mai 1877, S. 79-2-46).

— *Délai de la mise en cause, Absence de déchéance.* — Le garant qui n'a pas été mis en cause dans le délai de huitaine ne peut baser sur l'inobservation de ce délai une cause de déchéance (Agen, 27 mai 1873, S. 74-2-154).

— *Jugement par défaut, Effets.* — En matière de garantie simple comme en matière formelle, l'opposition formée par un garant à un jugement par défaut rendu contre lui et contradictoirement avec le garanti remet en question, non seulement la demande en garantie mais encore la demande principale (Pau, 22 nov. 1869, S. 71-2-251 ; — Cass., 5 avril 1876, S. 76-1-213 ; — Cass., 13 juin 1876, S. 76-1-356). Alors surtout qu'il existe entre ces deux questions un lien de dépendance et de subordination (Cass., 5 avril 1876 et 13 juin 1876, précités). Et cela alors même que le jugement a débouté le garanti d'une précédente opposition (Cass., 9 fév. 1874, S. 74-1-251). Mais cela n'est vrai qu'autant que le garant condamné par défaut a été mis en cause par le garanti dans l'instance introduite contre lui par le demandeur principal (Cass., 8 avril 1874, S. 74-1-368).

— *Appel.* — Une demande en garantie ne peut pas être formée pour la première fois en appel même contre une personne qui était partie en première instance (Paris, 30 janv. 1872, S. 72-2-139).

— *Prescription, Ordre public.* — Le moyen pris de ce que l'action en garantie serait non recevable en tant que prescrite, ne tient pas à l'ordre public et ne peut alors être proposé pour la première fois devant la Cour de cassation (Cass., 8 avr. 1874, S. 74-1-268).

— *Exceptions, Garantie, Tribunal de commerce, Mise en cause des garants, Article 32 du Code de procédure.* — Est applicable à la mise en cause des garants devant le Tribunal de commerce l'article 32 du Code de procédure, qui dispose que, dans les instances poursuivies devant la justice de paix, si, au jour de première comparution, le défendeur demande à mettre un garant en cause, le juge doit accorder un délai suffisant à raison de la distance du domicile du garant (Trib. com. de Marseille, 28 avril 1879, art. 27, t. 1ᵉʳ, p. 76).

— *Assignation, Demande en communication de pièces, Nullité de l'assignation, Rejet.* — La nullité dont serait entachée une assignation est couverte par une demande en communication de pièces formée par le défendeur (Paris, 5 avril 1880, art. 119, t. 1ᵉʳ, p. 320).

EXÉCUTION DES JUGEMENTS. — *Tiers, Magasins généraux, Exécution provisoire, Référé.* — Un tiers seul, c'est-à-dire une personne qui n'a pas figuré dans l'instance, est fondé à exiger, pour exécuter le jugement, la production des certificats de non-opposition et de non-appel prescrits par l'article 548 du Code de procédure civile (Cass., 21 janv. 1889, art. 30, t. 1ᵉʳ, p. 80).

— *De l'effet de l'appel relativement à l'exécution des jugements prononçant des dommages et intérêts par jour de retard ou une condamnation alternative* (Art. 443, t. 3, p. 241 ; — V. Aussi *Dommages-intérêts par jour de retard*).

— *Obligation de faire, Inexécution prévue, Condamnation à des dommages-intérêts par chaque jour de retard, Appel, Confirmation, Point de départ des dommages-intérêts.* — Lorsqu'un jugement condamne une partie à l'exécution de certains travaux dans un délai déterminé à peine de dommages-intérêts fixés par jour de retard à partir de l'expiration du délai, cette condamnation en cas de confirmation du jugement en appel doit recevoir son entière exécution.

Les dommages-intérêts ainsi alloués sont acquis et ont continué de courir pendant l'instance d'appel, et sont dus à partir du jour fixé par le jugement confirmé et non pas seulement du jour de sa confirmation (Lyon, 7 mars 1883, art. 689, t. 4, p. 370).

— *Jugement en premier ressort exécutoire par provision, Appel, Demande en payement des pénalités prononcées par le jugement pour toutes les contraventions constatées, nonobstant l'appel sur lequel il n'a pas encore été statué, Condamnation.* — L'exécution provisoire d'un jugement, ordonnée nonobstant appel, après admission de caution, a pour effet de rendre immédiatement applicables les condamnations soit définitives, soit éventuelles, prononcées par ce jugement (Trib. comm. de la Seine, 22 fév. art. 707, t. 4, p. 411).

— *Condamnation, Astreinte pénale, Appel, Confirmation, Point de départ des dommages-intérêts.* — Lorsque le fait ordonné par un jugement, à peine de dommages-intérêts, ne peut pas avoir des conséquences irréparables (dans l'espèce la remise d'un compte), et, dès lors, compromettre les droits d'aucune des parties, ce fait doit être exécuté nonobstant l'appel interjeté du jugement.

En cas de confirmation, l'astreinte pénale est due depuis le jugement jusqu'à l'exécution de ce fait (Trib. de la Seine, 10 mai 1884, art. 910, t. 5, p. 498).

— *Obligation de faire, Dommages-intérêts par chaque jour de retard, Inexécution, Faculté de réduire les dommages-intérêts.* — La décision qui impose une obligation de faire sous peine de payer une certaine somme par chaque jour de retard est simplement comminatoire et permet au juge de réduire, s'il y a lieu, l'indemnité en se basant sur le préjudice causé (Lyon, 4e ch., 27 juill. 1883, art. 784, p. 114).

— *Commandement, Dette indivisible.* — Un commandement de payer signifié à une personne en vertu d'un jugement peut comprendre le capital et les intérêts sans comprendre les frais de l'instance quand la partie condamnée a formé opposition à l'exécutoire de dépens en se fondant sur ce que les frais étaient, en partie, frustratoires.

Le commandement qui ne comprend ainsi que le capital et les intérêts n'est pas nul comme n'ayant compris qu'une partie d'une dette indivisible.

Doit être considérée comme divisible et comprenant deux dettes distinctes l'obligation de payer une somme exigible en capital et intérêts, et frais sur lesquels une constestation est élevée (Lyon, 5 fév. 1883, art. 698, t. 4, p. 387).

— *Délai de libération accordé par jugement, Levée de la grosse et signification avant l'expiration de ce délai, Réclamation au débiteur des frais de levée et de signification.* — Lorsqu'un jugement a accordé un délai déterminé à un débiteur pour sa délibération, le créancier est en droit de lever la grosse dudit jugement et de la signifier avant l'expiration de ce délai, et ses frais doivent rester à la charge du débiteur (Trib. civ. de la Seine, 14 novembre 1882, art. 537, t. 3, p. 534).

— *Exécution du jugement ou d'arrêt.* — *Acte d'avoué à avoué.* — La demande relative aux difficultés que soulève l'exécution d'un arrêt, constitue un incident de la précédente instance, et peut, dès lors, être régulièrement formé par acte d'avoué à avoué (Lyon, 26 nov. 1881, art. 85, t. 5, p. 297).

— *Interprétation, Acte d'avoué à avoué, Fins de non-recevoir, Dommages-intérêts, Clause pénale par chaque jour de retard, Interprétation.* — Un simple acte d'avoué à avoué suffit pour saisir le juge de l'interprétation à donner à une décision qu'il a rendue, alors même qu'il s'est écoulé plus d'une année depuis sa prononciation.

Le législateur a eu en vue l'intérêt des avoués lorsqu'il a voulu, par l'article 4038 du Code de procédure civile, que lorsqu'un avoué a occupé dans une cause où il est intervenu un jugement définitif, cet avoué ne soit tenu d'occuper sur l'exécution de ce jugement, sans nouveaux pouvoirs, qu'autant qu'elle a eu lieu dans l'année de la prononciation.

Il n'y a donc pas lieu pour une partie de se prévaloir de cet article, lorsque son avoué s'est constitué sans protestation aucune dans un incident d'interprétation d'une décision rendue depuis plus d'une année.

On ne peut tirer une fin de non-recevoir contre une demande d'interprétation de ce que la partie poursuivante s'est pourvue en cassation contre la décision qu'elle veut interpréter.

Doit être considérée comme simplement comminatoire la décision qui a condamné une partie à une somme fixe de dommages-intérêts pour chaque jour de retard d'une exécution, alors que l'effet de la clause pénale n'a été limitée ni par l'indication d'un certain nombre de jours, ni par la fixation du chiffre maximum de l'indemnité.

En admettant qu'une décision constitue la chose jugée, il y a toujours lieu à examiner si des faits postérieurs n'ont pas mis obstacle à l'exécution ordonnée (Lyon, 24 janv. 1883, art. 909, t. 5, p. 496).

EXÉCUTION PROVISOIRE. — *Jugement civil, Provision, Jugement provisoire.* — Aucun texte législatif n'a déclaré les jugements provisoires exécutoires par provision. Il doit surtout en être ainsi quand il s'agit d'une mesure pouvant préjudicier au principal.

Dès lors, les tribunaux civils ne peuvent ordonner l'exécution de semblables décisions, et par suite en cause d'appel, des défenses doivent être accordées (C. d'appel de Riom, 29 av. 1884, art. 854, t. 5, p. 312).

— *Tribunal de commerce, Caution ordonnée en appel.* — Bien que les jugements des tribunaux de commerce soient de plein droit exécutoires par provision et que les Cours d'appel ne puissent accorder de défense ni surseoir à l'exécution de ces jugements, cependant lorsque la *dispense de fournir caution* a été ordonnée en dehors des cas prévus par l'article 439 du Code de procédure civile, la Cour peut, infirmant sur ce chef, ordonner qu'il sera sursis à l'exécution ;

Si l'article 647 (C. comm.) déroge à l'article 459 (C. proc. civ.), il ne contient aucune dérogation à l'article 439 du même

Code pour ce qui regarde la dation d'une caution (Cass., 7 janv. 1880, art. 20, t. 1er, p. 66).

— *Jugement du tribunal de commerce, Faillite du créancier, Demande du syndic à fin d'exécution provisoire sans caution, en justifiant de solvabilité suffisante de la faillite.* — L'exécution des jugements des tribunaux de commerce est réglé par les articles 414 et suivants du Code de procédure, et non par l'article 136. En conséquence, ces jugements étant exécutoires par provision, nonobstant appel, à charge de fournir caution, il importe peu qu'ils prononcent ou ne prononcent pas l'exécution provisoire.

Dès lors, il appartient au tribunal de dispenser le bénéficiaire du jugement de fournir caution, s'il justifie de solvabilité suffisante, lors même que l'exécution provisoire n'aurait pas été requise dans l'exploit introductif d'instance (Trib. comm. de la Seine, 17 juin 1879, art. 140, t. 1er, p. 377).

— *Tribunal de commerce, Jugement, Consignation à défaut de caution, Cessation des payements du créancier, Validité.* — Le créancier qui veut obtenir l'exécution provisoire d'un jugement rendu à son profit par le tribunal de commerce peut, à défaut de fournir une caution, consigner une somme suffisante pour garantir le remboursement des condamnations exécutées.

La déclaration ultérieure et le report de la faillite de ce créancier à une époque concomitante de celle de la consignation ne sauraient avoir pour effet de l'invalider.

La nullité de cette consignation ne saurait davantage être prononcée en vertu de l'article 446 du Code de commerce (Lyon, 1re ch., 8 août 1882, art. 510, t. 3, p. 434).

— *Cour d'appel, Sursis.* — Les Cours d'appel ne peuvent surseoir à l'exécution des jugements des tribunaux de commerce déclarés même mal à propos exécutoires par provision sans caution (Angers, 21 oct. 1878, S. 79-2-76). Mais, dans ce cas, les Cours d'appel peuvent ordonner qu'il sera procédé à l'exécution provisoire seulement moyennant caution ou justification de solvabilité (Même arrêt. — V. *Dict.*, v. *Appel*, n. 396).

Donc, si les Cours d'appel ne peuvent surseoir à l'exécution des jugements des tribunaux de commerce, elles ont compétence pour apprécier si l'exécution provisoire sans caution a été légalement ordonnée et pour décider qu'il ne sera procédé à cette exécution provisoire que moyennant caution ou justification de solvabilité.

— *Tribunaux de commerce, Dépens.* — Les tribunaux de commerce ne peuvent ordonner l'exécution provisoire de leurs jugements pour les dépens (Paris, 7 janv. 1873, S. 74-2-24. — V. *Dict.* n. 48).

— *Tribunaux de commerce*. — Les tribunaux de commerce peuvent ordonner l'exécution provisoire de leurs jugements non-obstant appel et sans caution bien que le défendeur soutienne que le titre invoqué contre lui est prescrit ou éteint si, d'ailleurs, il n'en conteste pas l'existence légale (Paris, 11 oct. 1871, S. 71-2-246).

— *Titre authentique, Acte notarié, Exécutoire de dépens*. — L'acte reçu par un notaire est la preuve authentique du mandat que lui ont donné les parties de constater leurs conventions et de la créance qui résulte à son profit contre lesdites parties solidairement pour le payement des frais et honoraires à lui dus en vertu de ce mandat (Art. 30 de la loi du 22 frimaire an VII ; art. 1999 et 2000, C. civ.).

En conséquence, le juge saisi d'une opposition à l'exécution de dépens délivrée au profit du notaire peut, en rejetant cette opposition, ordonner l'exécution provisoire de son jugement (Amiens, 10 août 1882, art. 541, t. 3, p. 538).

— *Droit pour les Cours d'appel de vérifier si l'exécution provisoire d'un jugement du tribunal de commerce a été régulièrement prononcée*. — Lorsqu'un jugement d'un tribunal de commerce a été déclaré exécutoire par provision sans caution en dehors des cas prévus par la loi, la Cour d'appel peut valablement ordonner que l'exécution provisoire ne pourra être poursuivie que quand caution aura été fournie (Bordeaux, 15 mars 1883, art. 716, t. 4, p. 443).

— *Jugement, Caution, Contestation des qualités de la caution*. — L'exécution provisoire des jugements rendus par les tribunaux de commerce est de droit lorsque le bénéficiaire du jugement fournit une caution bonne et valable (Art. 439 C. comm.).

Il importe peu que la caution ait été commanditaire de l'une des parties, ce qui importe ce n'est pas qu'elle soit impartiale, mais qu'elle soit solvable (Trib. de comm. Lyon, 17 juill. 1882, art. 592, t. 4, p. 105).

— *Tribunal de commerce, Jugement, Consignation à défaut de caution, Cessation de payements du créancier, Validité*. — Le créancier qui veut obtenir l'exécution provisoire d'un jugement rendu à son profit par le tribunal de commerce, peut, à défaut de fournir une caution, consigner une somme suffisante pour garantir le remboursement des condamnations exécutées.

La déclaration ultérieure et le rapport de la faillite de ce créancier à une époque concomitante de celle de la consignation ne saurait avoir pour effet de l'invalider.

La nullité de cette consignation ne pourrait davantage être

prononcée en vertu de l'article 446 du Code de commerce (**Lyon,** 8 août 1882, art. 640, t. 4, p. 232).

— *Validité d'un jugement du tribunal de commerce ordonnant l'exécution provisoire d'une première décision de cette juridiction.* — Le créancier qui veut obtenir l'exécution provisoire d'un jugement rendu à son profit par le tribunal de commerce peut, à défaut de caution, consigner une somme suffisante.

La déclaration de faillite de ce créancier et son rapport à une époque concomitante de la consignation ne peut avoir pour effet de l'invalider.

L'article 446 du Code de commerce ne saurait davantage entraîner la nullité de cette consignation (Lyon, 8 août 1882, art. 685, t. 4, p. 358).

— *Demande en appel.* — L'exécution provisoire peut être demandée en appel quoiqu'elle ne l'ait pas été devant les premiers juges (Nancy, 31 août 1872, S. 72-2-186 ; — Paris, 1ᵉʳ oct. 1873, S. 73-2-292 ; — V. *Dict.*, v. *Appel*, n. 379).

— *Exécution sur minute.* — L'exécution provisoire sur minute ordonnée par un jugement par défaut, alors même qu'elle n'avait pas été demandée par l'assignation peut être valablement maintenue par le jugement définitif s'il statue sur des conclusions prises pour le maintien de ce mode d'exécution (Cass., 13 mars 1876, S. 76-1-417).

EXPERTISE. — *Pouvoir facultatif.* — L'expertise, dans les cas où elle n'est pas déclarée obligatoire par la loi, constitue une mesure d'instruction que les juges peuvent toujours se dispenser d'ordonner quand la vérification ne leur paraît pas nécessaire (Cass., 20 avril 1874, S. 75-1-56. — V. *Dict.*, n. 4).

— *Pouvoir, Renseignements, Parties, Consentement.* — Le mandat des experts comporte dans son exécution une certaine latitude, et ils ont le droit de recueillir, sur l'objet de l'expertise, les renseignements pouvant servir à la manifestation de la vérité ; mais ils n'ont le pouvoir de le faire que dans la limite des attributions à eux conférées par le juge, et ils ne peuvent, sans le consentement de toutes les parties, modifier l'objet de l'expertise en l'étendant à d'autres faits que ceux soumis à leurs investigations (C. proc., 29, 302). 1ʳᵉ espèce).

Par suite doit être annulé le jugement fondé sur un rapport dans lequel les experts ont constaté des faits sur lesquels ils n'étaient point appelés à s'expliquer et sur lesquels les parties n'ont point présenté leurs observations contradictoires, alors que ce jugement s'appuie sur les faits ainsi constatés irrégulièrement (1re espèce).

Mais les experts peuvent ajouter à leur rapport divers renseignements sur des faits non expressément compris dans l'expertise, alors que ces renseignements n'ont pu leur être fournis que par les deux parties, et qu'ils ont été, du consentement de celles-ci, examinés et rapportés par eux (2e espèce ; — Cass. civ., 28 fév. et 1er mars 1881, art. 426, t. 3, p. 202).

— *Compte, Revision, Mandat des experts, Appréciation du juge.* — Il n'y a pas lieu de considérer des experts comme ayant dépassé les limites de leur mandat parce que, au lieu de répondre spécialement aux réponses qui leur avaient été posées sur un compte, ils ont soumis ce compte à une revision intégrale qui leur a paru nécessaire.

En admettant, d'ailleurs, que cette manière de procéder ait excédé leur mandat, le juge n'en a pas moins le droit de puiser dans leur rapport et de s'approprier des éléments d'appréciation (Lyon, 6 fév. 1884, art. 889, t. 5, p. 436).

— *Disposition comminatoire.* — La disposition d'un jugement qui enjoint à un expert de déposer son rapport dans un délai déterminé sous peine de déchéance ne peut être que comminatoire et la partie n'est pas déchue du droit de provoquer l'expertise même après l'expiration du délai imparti par le juge (Nîmes, 27 janv. 1880, S. 80-2-168).

— *Jugement d'office, Expert unique.* — Lorsque le juge d'office ordonne une expertise, il peut ne désigner qu'un seul expert. Il n'en est pas dans ce cas de même que lorsque l'expertise est demandée par les parties ou ordonnée par la loi (Cass., 14 mai 1872, S. 72-1-257 ; — Cass., 18 mars 1873, S. 73-1-268 ; — Lyon, 24 mars 1876, S. 67-2-200 ; — V. *Dict.*, n. 18).

— *Annulation, Nouvelle expertise ordonnée, Mêmes experts.* — Lorsqu'une expertise est annulée ou lorsqu'elle paraît au juge insuffisante, le tribunal qui ordonne une nouvelle expertise peut la confier aux experts qui avaient été chargés de la première (Cass., 8 nov. 1876, S. 77-1-76).

— *Expert ayant été arbitre, Récusation.* — Les experts qui ont déjà procédé comme arbitres sur l'objet de la contestation et ont rédigé une sentence arbitrale restée sans effet et non communiquée aux parties ne peuvent pas être récusés; on ne saurait en un seul cas considérer les experts comme ayant donné un certificat sur les faits relatifs au procès (Chambéry, 10 mars 1871, sous Cass., 8 mai 1872, S. 72-1-237).

— *Récusation, Délai.* — Le délai de trois jours pour la récusation des experts court seulement du jour de la signification du jugement qui les a nommés et non du jour même de ce jugement (Paris, 5 mai 1875, S. 76-2-44).

— *Serment, Renonciation.* — La prestation de serment imposée aux experts ne constitue pas une formalité d'ordre public; les parties peuvent donc y renoncer expressément ou tacitement (Cass., 21 janv. 1874, S. 74-1-320).

— *Serment, Opérations complémentaires.* — L'expert qui a prêté serment quant à l'objet principal de sa mission peut être dispensé d'en prêter un nouveau pour l'accomplissement des opérations accessoires et complémentaires (Cass., 17 juin 1873, S. 74-1-379).

— *Formalités de l'article.* 317, *Absence de nullité.* — Les formalités prescrites par l'article 317 du Code de procédure civile ne le sont pas à peine de nullité (Cass., 8 mai 1872, S. 72-1-237). Ainsi, n'est pas nul le rapport rédigé hors du lieu de l'expertise sans que les experts aient indiqué le lieu, le jour et l'heure de la rédaction (Poitiers, 25 nov. 1872, S. 73-2-149).

Jugé de même que l'inobservation des formalités prescrites par les articles 315 et suivants du Code de procédure n'entraîne pas nécessairement la nullité de l'expertise (Cass., 18 déc. 1871, S. 72-1-275).

— *Expertise amiable.* — *Choix de deux experts, Validité, Expertise, Assistance des parties, Rapport, Rédaction loin des lieux contentieux, Indication de jour, Validité.* — Une expertise amiable est valablement confiée à deux experts par des parties maîtresses de leurs droits.

Il n'y a pas nullité de rapport rédigé loin des lieux contentieux lorsque les parties ont assisté à l'expertise et ont été avisées du jour où ce rapport serait clos (Chambéry, 19 janv. 1883, art. 890, t. 5, p. 437).

— *Nullité, Droit de défense.* — L'inobservation des formalités prescrites par les articles 315 et suivants du Code de procédure civile n'entraîne nécessairement la nullité de l'expertise que s'il en résulte une atteinte à la libre défense des parties, si, par exemple, l'une des parties n'a point été appelée à une visite complémentaire des experts sur les lieux litigieux (Cass., 5 fév. 1879, art. 10, t. 1er, p. 28).

— *Sommation aux parties obligatoire, Nullité en cas contraire.* — La sommation aux parties d'assister à l'expertise est obligatoire ; l'expertise effectuée sans cette formalité est nulle.

La Cour, tout en annulant une expertise peut, par des motifs tirés du fond, arriver aux mêmes conclusions (Limoges, 24 déc. 1883, art. 768, t. 5, p. 71).

— *Sommation à un étranger, Parquet.* — La sommation faite à un étranger appelé en garantie d'assister à une expertise ordonnée par un tribunal de commerce doit, à peine de nullité, lui être notifiée au parquet du tribunal où est portée la demande (Angers, 7 mars 1872, S. 72-2-140).

— *Présence des parties aux opérations des experts et à la rédaction de leur rapport.* — Si les parties ont été présentes au moment où les experts ont opéré, il importe peu qu'il ne soit établi par aucun acte qu'elles aient été juridiquement avisées les jours indiqués par les experts à la suite de leur première vacation pour leurs opérations ultérieures.

Aucune disposition de la loi n'exige que le rapport des experts soit rédigé et clos en présence des parties (Chambéry, 24 juill. 1882, art. 596, t. 4, p. 113).

— *Parties (Présence des), Nullité.* — L'expertise est nulle quand l'expert procède à une opération décisive, sans aucune indication préalable du lieu et du jour où cette opération devait s'accomplir, et en présence d'une seule des parties intéressées.

Il en est ainsi spécialement quand, au cours d'une expertise ayant pour objet de vérifier si un établissement industriel donné à bail remplit certaines conditions d'aménagement exigées par le contrat, l'expert après avoir annoncé qu'il visiterait, à titre de comparaison, un établissement de même nature, a procédé à cette visite en présence d'une seule partie, et sans avoir mis l'autre en mesure de présenter ses observations (Cass., civ., 23 août 1881, art. 518, t. 3, p. 481).

— *Formes, Omission, Analyse chimique, Parties, Présence, Nullité, Degré de juridiction, Appel, Demande collective, Défendeurs multiples, Solidarité, Conclusions finales, Demande indéterminée, Réduction, Motifs des jugements, Dépens, Solidarité.* — L'omission des formes prescrites pour les expertises n'est une cause de nullité que lorsqu'elle est de nature à vicier l'expertise dans sa substance, ou que portant sur des formalités essentielles, elle peut atteindre le droit de défense.

Spécialement, une expertise n'est pas nulle, bien que l'analyse chimique qui était l'un de ses objets ait été faite en l'absence des parties, si cette analyse était terminée lorsque celles des parties qui contestent ont demandé à y être admises, et si d'ailleurs ces parties ont assisté à toutes les opérations essentielles de l'expertise et ont été mises à même, par les détails contenus

dans le rapport des experts sur la marche et sur la méthode suivies dans l'analyse chimique et sur ses résultats, d'exercer utilement leur droit de contrôle et de critique (Cass., 14 déc. 1881,
art. 411, t. 3, p. 147).

— *Dispositions du jugement, Marche à indiquer, Obligation
pour les experts.* — Les experts ne sont pas liés par les dispositions d'un jugement qui leur indiquent la marche à suivre pour
l'accomplissement de leur mission, alors, d'ailleurs, que bien
que n'étant pas exactement conforme à ces prescriptions, l'expertise n'en répond pas moins à l'esprit et au but de la décision qui l'a ordonnée (Cass., 18 déc. 1871, S. 72-1-275).

— *Renseignements.* — Les experts peuvent toujours consigner
dans leurs rapports les informations qui leur paraissent utiles à
la manifestation de la vérité; ils peuvent spécialement entendre
des témoins à titre de renseignements (Cass., 31 juill. 1872, S.
73-1-20).

— *Opérations suivies par un seul expert, Absence de nullité.* —
Est régulière l'expertise où l'un des experts a été chargé par les
autres de recueillir les échantillons des produits à examiner s'il
ne s'agissait là que d'une opération purement matérielle et si
tous les experts n'en ont pas moins concouru à l'œuvre commune, si, en outre, cette opération s'est accomplie sous les
yeux des parties sans réclamation de leur part (Cass., 15 mai 1876,
S. 76-1-305).

— *Investigations étrangères.* — Les parties ne peuvent reprocher à un expert d'avoir porté ses investigations et formulé son
avis sur des points accessoires à sa mission alors qu'il n'a ainsi
agi que sur la demande formelle des parties (Cass., 19 nov. 1878,
S. 79-1-110).

— *Rapport non notifié, Discussion par les parties.* — Les parties
qui ont discuté contradictoirement le rapport des experts ne
sont pas fondées à se plaindre du défaut de notification de ce
travail (Cass., 12 fév. 1877, S. 80-1-24).

— *Référé, Absence d'une partie, Demande en exécution de travaux.* — Une partie qui n'a pas figuré dans l'instance de référé
ordonnant une expertise n'en a pas moins qualité pour demander l'exécution des travaux indiqués par l'expert si elle consent
aux opérations de l'expertise (Cass., 28 août 1877, S. 78-1-
344).

— *Référé, Base de la décision au fond.* — Les juges du fond
peuvent prendre pour base de leur décision une expertise ordonnée en référé à laquelle il a été contradictoirement procédé

entre les parties (Cass., 15 juin 1874, S. 74-1-483; — Cass., 28 août 1877, S. 78-1-344), et on ne pourrait exciper de ce que cette expertise émanerait d'un seul expert (Cass., 15 juin 1874, précité).

— *Nullité, Simple renseignement.* — Les juges peuvent appuyer leur décision sur une expertise à laquelle une des parties n'a été ni appelée ni représentée alors qu'ils ne s'en servent qu'à titre de renseignement comme des autres documents de la cause (Cass., 30 avril 1877, S. 77-1-467).

— *Juges d'appel, Expertise nouvelle, Renseignements.* — Les juges d'appel qui ordonnent une nouvelle expertise, alors que la première leur paraît insuffisante, peuvent, néanmoins, puiser dans celle qui a été faite devant les premiers juges toutes indications utiles (Cass., 14 janv. 1878, S. 78-1-176).

— *Nouvelle expertise ordonnée, Recours à la première, Chose jugée.* — Le juge qui après la première expertise en a ordonné d'office une seconde pour compléter et vérifier les indications de la première peut, en statuant au fond, adopter les conclusions des premiers experts, sans violer l'autorité de la chose jugée, par la décision ordonnant la seconde expertise (Cass., 30 avril 1877, S. 77-1-467).

— *Exécutoire, Opération.* — L'ordonnance de taxe et celle qui délivre l'exécutoire ne peuvent être attaquées que par voie d'opposition devant le tribunal qui a ordonné l'expertise (Caen, 13 mars 1871, S. 71-2-235).

— *Dépens, Exécutoire.* — La partie qui a requis une expertise et contre laquelle il a été délivré un exécutoire pour les vacations des experts est tenue envers ceux-ci de leurs frais et honoraires alors même que les conclusions de cette expertise sont favorables à la partie adverse qui les fait signifier et en obtient l'homologation (Cass., 28 août 1876, S. 77-1-20).

— *Honoraires, Article 319 (C. proc. civ.), Exécution, Solidarité.* — Aux termes de l'article 319 du Code de procédure civile, les experts ne peuvent, pendant le cours du procès, demander un exécutoire pour le payement de leurs honoraires que contre la partie qui a requis ou poursuivi l'expertise. Ils n'ont une action solidaire contre celle qui ne l'a ni demandée ni poursuivie, que dans le cas où elle aurait manifesté, par ses agissements, une adhésion complète et absolue à la mesure ordonnée, sur la demande de la partie adverse. On ne saurait trouver cette adhésion dans le simple fait d'avoir donné, dans l'intérêt de sa défense, des explications aux experts (Trib. civ., de Chambéry, 14 juin 1884, art. 875, t. 5, p. 390).

— *Honoraires, Exécutoire, Article* 319 (*C. proc. civ.*), *Action contre le demandeur, Demande d'expertise par les deux parties, Acceptation ou ratification, Action solidaire, Règles applicables devant les conseils de préfecture.* — L'article 315 du Code de procédure civile, d'après lequel un exécutoire doit être délivré aux experts contre la partie, qui a requis l'expertise et qui l'a poursuivie, si elle a été ordonnée d'office, n'est pas limitatif, et une action solidaire est accordée à l'expert contre les deux parties, soit quand elles ont demandé simultanément l'expertise, soit quand il résulte des circonstances qu'elles l'ont acceptée ou ratifiée.

Et ces principes, qui règlent le payement des honoraires des experts, devant les tribunaux ordinaires, le règlent aussi, par identité de motifs, devant les conseils de préfecture (Trib. civ. de Lyon, 24 janv. 1884, art. 901, t. 5, p. 465).

— *Matière criminelle, Serment.* — L'expert chargé par la Cour d'assises de procéder à de nouvelles informations pour compléter l'examen par lui fait sur l'ordre du juge d'instruction doit, à peine de nullité, renouveler, dans la forme de l'article 44 du Code d'instruction criminelle, le serment qu'il avait déjà prêté dans la même forme au cours de l'information écrite devant le juge d'instruction (Cass., 27 déc. 1878, S. 79-1-288).

Expertise en matière administrative, Rédaction et signature du rapport, Présence de tous les experts aux opérations de l'expertise. — I. EXPERTISE. Les prescriptions des articles 317 et 318 du Code de procédure, ordonnant que le rapport des experts sera écrit de la main de l'un deux et signé par les autres, ne sont pas rigoureusement obligatoires en matière administrative, à moins qu'il n'en ait été ainsi ordonné par le Conseil de préfecture.

II. L'irrégularité résultant de ce que l'un des experts n'aurait pas été présent à l'une des opérations de l'expertise est couverte si, dans une expertise supplémentaire, il a pris part à cette même opération concurremment avec ses coexperts (Conseil d'État, 27 juill. 1883, art. 81, t. 5, p. 108).

— *Délai imparti pour dépôt de rapport, Expiration, Non-déchéance, Prorogation de mission des experts, Serment, Juge commis, Juge de référé.* — Il n'y a pas de délai prescrit pour le dépôt d'un rapport d'expert.

Il n'y a pas de déchéance encourue par suite du retard apporté par le demandeur à se conformer aux prescriptions d'un jugement fixant un semblable délai, bien que ce retard ait occasionné l'expiration du délai fixé.

Le tribunal peut maintenir la mission aux experts déjà nommés et proroger leurs pouvoirs, alors surtout que le retard ap-

.porté par le demandeur s'explique par des raisons sérieuses et qu'il n'y a eu nulle mise en demeure faite par le défendeur.

La prestation de serment des experts doit avoir lieu devant le juge des référés (Trib. civ. de Lyon, 29 déc. 1882, art. 724, t. 4, p. 463).

— *Retard dans le dépôt du rapport, Préjudice causé à la partie, Responsabilité des experts, Indemnité pour chaque jour de retard.* — En acceptant la mission qui leur est confiée, les experts contractent l'obligation de la remplir et deviennent responsables aussi bien dans son exécution que de son inexécution même.

Une clause pénale ne peut être prononcée que pour l'avenir. Mais un tribunal peut, sans contrevenir à cette règle, prononcer des dommages-intérêts à la fois pour le passé, et pour un préjudice éventuel, sous la forme d'une indemnité à payer à raison de tant par jour depuis un certain temps déjà écoulé jusqu'au jour où le dommage cessera (Lyon, 12 août 1882, art. 639, t. 4, p. 228).

— *Recouvrement des frais, Exécutoire, Solidarité des parties.* — L'expert, qui a déposé son rapport au greffe, n'est pas tenu d'attendre la liquidation des dépens pour poursuivre le recouvrement de ses déboursés et honoraires.

Dans une expertise ordonnée d'office et consentie par toutes les parties, l'expert, pour le recouvrement de ses déboursés et honoraires, a une action solidaire contre les demandeurs et les défendeurs ; il peut, en conséquence, poursuivre à son choix l'une ou l'autre des parties en cause.

Mais la partie poursuivie par l'expert peut appeler son codébiteur solidaire, qui ne saurait toutefois être tenu que pour sa part et portion dans les frais de l'expertise (Cour d'Alger, 7 juillet 1879, art. 33, t. 1er, p. 84).

— *Taxe des frais, Opposition, Appel, Frais de voyage, Calcul de la distance, Aller et retour, Vacations, Architectes, Experts, Frais de Voyage, Tarif.* — 1° L'article 6 du second décret du 16 février 1807, portant qu'il ne pourra jamais être interjeté appel du jugement statuant sur l'opposition à la liquidation des dépens que lorsqu'il y aura appel de quelques dispositions sur le fond, n'est pas applicable en matière de taxe de frais d'expertise ; l'appel en cette matière est autorisé selon les règles du droit commun.

Il faut ajouter la distance du retour à celle de l'aller pour le calcul des frais de voyage des experts.

Les experts ne peuvent compter en vacations le temps par eux employé dans des transports inférieurs à deux myriamètres.

2° Les vacations et frais de voyage des architectes experts

domiciliés dans une ville de Cour d'appel doivent être taxés, en vertu des articles 159, 160 et 161 du premier décret du 16 février 1807, qui fixent pour les architectes et autres artistes, dans tous les départements autres que celui de la Seine, chaque vacation à 6 francs, et les frais de voyage à 4 francs, pour chaque myriamètre parcouru au delà des deux myriamètres.

Il ne peuvent invoquer le paragraphe dernier de l'article 1er du troisième décret du 16 février 1807, portant que le tarif des frais et dépens, en la Cour d'appel de Paris, est rendu commun aux autres Cours d'appel sous la réduction d'un dixième (Nancy, 4 déc. 1879, art. 247, t. 2, p. 163).

— *Honoraires, Exécutoire, Opposition à exécutoire, Jugement de la Chambre du conseil, Audience publique, Incompétence.* — La Cour est incompétente pour statuer *en audience publique*, sur l'appel d'un jugement rendu en chambre du conseil, sur l'opposition formée à un exécutoire de dépens.

C'est la Cour, statuant en chambre du conseil, qui doit connaître de l'affaire (Cour d'appel de Paris, 5e ch., 27 nov. 1882, art. 703, t. 4, p. 529).

EXPLOIT. — *Nom, Demeure et immatricule de l'huissier, Équipollents.* — Tout exploit d'ajournement doit contenir les noms, demeure et immatricule de l'huissier, mais des équipollents peuvent suppléer à cette mention (Agen, 23 mai 1872, S. 74-3-11).

— *Écriture à l'encre.* L'emploi de l'écriture à l'encre dans la rédaction des exploits n'est pas exigé à peine de nullité (Cass., 20 fév. 1878, S. 78-2-146. ; — V. au *Dict.*, n. 197).

— *Parlant à, Écrit au crayon, Nullité.* — L'exploit dans lequel l'huissier a mis au crayon le « parlant à », peut être déclaré nul ; il en est ainsi lorsqu'il s'agit d'un acte qui a pour résultat de faire courir des délais et d'entraîner des déchéances (Trib. civ. de Die, 28 nov. 1882, art. 641, t. 4, p. 234).

— *Parlant à, Clerc.* — Les clercs, doivent être assimilés aux serviteurs auxquels la copie de l'exploit peut être remise dans les termes de l'article 68 du Code de procédure civile (Cass., 2 mars 1880, S. 80-1-297 ; — V. au *Dict.*, n. 279).

— *Serviteur, Absence du maître.* — L'huissier peut remettre à un serviteur copie de l'exploit signifié au maître sans être tenu de s'assurer au préalable de l'absence de ce dernier (Nancy, 26 juill. 1879, sous Cass., 2 mars 1880, S. 80.-4-297).

— *Domicile inconnu, Individu déménagé.* — L'individu qui a quitté depuis plusieurs mois la ville où il habitait, dont la

maison est occupée par un nouveau locataire et dont la nouvelle
résidence est inconnue, peut être cité par voie d'affiches à la
porte du tribunal et par copie remise au parquet (Cass., 21 avril
1875, S. 76-1-112).

Lorsqu'un huissier chargé de signifier un jugement se présente au domicile indiqué par la partie et qu'il lui a été déclaré
par le concierge que cette partie avait déménagé sans laisser
d'adresse, la signification est valablement faite au parquet du
tribunal (Cass., 10 fév. 1875, S. 75-1-10).

— *Signification au parquet, Mention de l'affiche à la porte de
l'auditoire.* — La mention sur la remise au parquet de l'affiche
de l'exploit à la porte principale de l'auditoire n'est pas une formalité substantielle exigée à peine de nullité (Cass., 21 avril
1875, S. 76-1-112).

— *Copie, Voisin.* — L'huissier qui, en cas d'absence de la partie et des personnes de la maison, remet la copie d'un exploit de
signification du **jugement** au maire de la commune, doit, à peine
de nullité, énoncer qu'il a préalablement requis un voisin de la
recevoir et que celui-ci l'a refusée (Lyon, 11 août 1882, art. 521,
t. 3, p. 485).

— *Commune, Absence du maire, Conseiller municipal.* — L'exploit d'ajournement signifié à une commune peut, en l'absence
du maire et de l'adjoint, être remis à l'un des conseillers municipaux, suivant l'ordre de leur inscription au tableau (Lyon,
2 fév. 1871, S. 72-2-11. ; — V. *Dict.*, n. 360 et suiv.).

— *Section de commune, Visa.* — L'exploit d'ajournement signifié à une section de commune dans la personne de son syndic n'est pas soumis à la formalité du visa comme l'exploit d'a-
journement signifié à une commune (Montpelier, 9 janv. 1872,
S. 72-2-305).

— *Communauté d'huissiers, Visa.* — Les communautés d'huissiers ne constituent pas des établissements publics dans le
sens de l'article 67, § 3, du Code de procédure civile ; en conséquence, une signification faite à une communauté d'huissiers
n'a pas besoin d'être revêtue du visa du syndic (Cass., 6 août
1878, S. 79-1-474).

— *Commune, Copie.* — Est nulle l'assignation signifiée à une
commune lorsque la copie de l'exploit n'a pas été laissée au fonctionnaire qui a visé l'original (Cass., 13 mai 1878, S. 79-1-120).

— *Erreur de date, Aveu judiciaire.* — Ce juge peut se baser
sur l'aveu judiciaire pour apprécier si une erreur de date doit

entraîner l'annulation d'une citation (Cass., 29 juill. 1875, S. 75-1-424).

— *Délai bref et déterminé, Héritiers, Désignation collective.* — Lorsqu'un exploit doit être signifié dans un délai bref et déterminé à peine de déchéance, le juge peut, suivant les circonstances, admettre comme suffisante une désignation collective au lieu d'une désignation nominale et individuelle, alors, d'ailleurs, que les cités ont été touchés par la signification. Il en est ainsi, notamment, d'une dénonciation de protêt faite aux héritiers et représentants du débiteur (Cass., 31 déc. 1873, S. 74-1-156).

— *Copie, Date, Surcharge, Appel tardif.* — Les ratures et surcharges non approuvées dans la copie d'un exploit doivent être tenues pour non avenues, alors surtout que les nouvelles mentions sont en contradiction absolue avec celles de l'original ;

Spécialement, lorsque la date, dans la copie d'un exploit de signification de jugement, conforme d'ailleurs à l'original, a été raturée et remplacée par une date postérieure, c'est de la première seule qu'il doit être tenu compte ; en conséquence, l'appel formé moins de deux mois après la date primitive, et non recevable comme tardif (Cass., 17 mars 1879, art. 62, t. 1er, p. 153).

— *Conseil de fabrique, Président, Expropriation pour cause d'utilité publique, Notification, Visa, Parlant à.* — Le président du conseil de fabrique a qualité pour recevoir les significations auxquelles peuvent donner lieu les procès intéressant la fabrique, et spécialement celle du pourvoi en cassation formé contre une décision rendue à son profit.

La notification du pourvoi en matière d'expropriation pour cause d'utilité publique, ne constituant pas un ajournement, n'est pas assujettie à la formalité du *visa.*

En conséquence, il ne résulte aucune fin de non-recevoir de ce que la copie de cette notification, délivrée au défendeur, n'énonce pas que le maire auquel la signification a été faite ait apposé son visa sur l'original.

Dans les exploits signifiés en matière d'expropriation pour cause d'utilité publique, les énonciations relatives au *parlant à* peuvent être complétées, en cas d'insuffisance de la copie, notamment par celles de l'original où se trouve désignée la personne à laquelle ladite copie a été remise (Cass., 14 nov. 1878, art. 154, t. 1er, p. 415).

— *Société commerciale, Siège social, Employé, Président du Conseil d'administration.* — Une société commerciale est régulièrement assignée à son siège social en la personne de son directeur ; alors même que, d'après les statuts, le président du conseil d'administration aurait seul qualité pour représenter la société en justice. La loi n'exige pas que l'exploit contienne le nom du représentant que la société a pu se donner (Cass., 22 nov. 1880, art. 313, t. 2, p. 326).

— *Objet de la demande, Modifications, Demande nouvelle, Matière commerciale.* — Le demandeur peut modifier, à l'audience, les conclusions de son exploit d'ajournement ; il peut augmenter ou restreindre la demande ou l'appuyer sur des moyens nouveaux, mais à la condition seulement de ne pas introduire une demande nouvelle portant sur des faits étrangers à la contestation originaire et sur lesquels le défendeur n'a pas été régulièrement interpellé.

Les dispositions de l'article 61 du Code de procédure civile, relatives aux exploits d'ajournement, sont communes aux contestations civiles et à celles qui doivent être jugées par la juridiction commerciale (Rennes, 27 janv. 1880, art. 327, t. 2, p. 354).

— *Acte d'appel, Remise de copie, Parlant à, Exception, Nullité d'exploit, Constitution d'avoué, Huissier, Acte d'appel, Responsabilité.* — Est nul l'exploit (acte d'appel) qui ne mentionne sur la copie, ni la remise de celle-ci, ni le nom de la personne à qui cette remise aurait été faite, et qui constate seulement que l'huissier a signifié et déclaré à telle partie que son adversaire interjette appel du jugement rendu entre eux.

Au surplus, la copie étant censée tenir lieu d'original à la partie qui l'a reçue, la nullité dont elle se trouverait entachée ne saurait être couverte par la régularité de l'original à cet égard.

Le fait pour la partie d'avoir constitué avoué sur la signification de l'acte d'appel ne peut pas non plus être considéré comme faisant disparaître la nullité dont il s'agit, alors surtout que cette constitution — nécessaire pour permettre de proposer la nullité à la Cour — n'a été faite que sous la réserve expresse de tous moyens de nullité de forme.

Lorsque l'huissier rédacteur de l'acte assigné en garantie devant la Cour, et dont la mise en cause a été ordonnée, intervient volontairement, sans s'opposer, d'ailleurs, à ce qu'il soit statué sur sa responsabilité, la Cour doit préalablement examiner l'appel au fond, et, dans le cas où elle reconnaît qu'il était justifié, condamner l'huissier non seulement aux frais de l'acte annulé et à ceux de l'action en garantie dirigée contre lui, mais encore à des dommages-intérêts représentant le préjudice causé à la partie et comprenant tous les dépens de première instance et d'appel (Besançon, 23 fév. 1880, art. 445, t. 3, p. 254).

— *Délai de distance, Étranger.* — (Art. 441, t. 3, p. 325).

— *Acte d'avoué, Enregistrement, Nullité.* — Si les exploits et les procès-verbaux rédigés par les huissiers sont nuls pour défaut d'enregistrement dans les quatre jours de leur date, cette nullité ne s'étend pas aux significations des qualités des jugements ou arrêts, ces significations ne constituant ni un exploit ni un procès-verbal d'huissier(LL. 22 frim. an VII, art. 20 et 34; — 27 vent. an IX, art. 15 ; — Cass., 3 mars 1879, art. 424, t. 3, p. 197).

— *Acte d'avoué à avoué, Délai, Formes, Qualités de jugements, Avenir, Délai, Signification.* — L'article 1033 du Code de procédure, relatif à la computation et l'augmentation des délais, ne s'applique pas aux significations d'avoué à avoué.

De même les formalités prescrites par l'article 68 du Code de procédure, ne sont pas rigoureusement exigées pour les significations d'avoué à avoué, ces significations sont valables lorsqu'elles satisfont aux conditions substantielles nécessaires pour leur assurer un effet légal.

Ainsi un avoué a pu donner un avenir à son confrère pour le lendemain devant le président à l'effet de s'y régler sur une opposition formée aux qualités d'un arrêt.

Et l'avenir a pu être valablement notifié à l'avoué assigné, au Palais, en parlant à son clerc qui en a reçu copie (Cass. req., 16 juin 1879, art. 273, t. 2, p. 217).

EXPROPRIATION POUR CAUSE D'UTILITÉ PUBLIQUE. — *Compétence, Conseil de préfecture, Dommage direct, Indemnité éventuelle, Litige sur le fond du droit, Chefs distincts.* — Les conseils de préfecture sont incompétents pour connaître des actions en réparation du dommage causé par l'exécution de travaux publics, lorsque ces dommages sont la conséquence directe et nécessaire d'une expropriation pour utilité publique. En ce cas, c'est le jury d'expropriation qui est compétent.

Lorsque l'expropriant prétend qu'il n'est dû aucune indemnité à l'exproprié, le jury ne peut accorder une indemnité définitive ; il doit se borner à accorder une indemnité éventuelle, et renvoyer les parties à se pourvoir devant l'autorité compétente pour statuer sur le fond du droit.

Une indemnité unique ne peut être accordée éventuellement à l'exproprié, alors que le litige sur le fond du droit porte sur plusieurs chefs distincts et que la décision à intervenir peut n'être pas la même sur chaque chef (Cass. civ., 20 mai 1876, art. 37, t. 1, p. 104).

— *Avertissement aux intéressés, Publication, Journal d'arrondissement.* — Il y a nullité du jugement d'expropriation qui a été rendu, bien que l'avertissement prescrit par l'article 6, § 3, de la loi du 3 mai 1841, résulte seulement d'une insertion faite dans le journal publié au chef-lieu du département, tandis que l'expropriation aurait pu et dû être portée à la connaissance des intéressés au moyen d'une publication faite dans un journal paraissant au chef-lieu de l'arrondissement (Cass., 31 déc. 1879, art. 138, t. 1, p. 375).

— *Bail en cours au moment du jugement d'expropriation, Bail verbal, Congé, Indemnité éventuelle, Droit des locataires à cette indemnité.* — Le locataire ayant un bail en cours au moment du jugement d'expropriation, a droit à une indemnité dont le principe naît de ce que son titre s'est trouvé détruit par l'effet de ce jugement;

Il importe peu que le locataire soit resté dans les lieux, pendant un temps plus ou moins long, et que l'expropriant lui ait signifié un congé, lequel ne pouvait produire aucun effet juridique:

La même solution est applicable au cas où le locataire jouit seulement en vertu d'un bail verbal (Rouen, 12 août 1880, art. 172, t. 1, p. 466).

— *Offres, Notification, Équivalent, Lettres missives.* — La notification prescrite par l'article 23 de la loi du 3 mai 1841, à l'effet de faire connaître aux expropriés les sommes offertes pour indemnité, est une formalité substantielle à laquelle il ne peut être suppléé par aucun équivalent.

Spécialement des offres adressées par lettres aux parties intéressées, alors même qu'elles auraient été suivies de réponses contenant refus des offres, ne satisfont pas au vœu de la loi (Cass. 15 juin 1830, art. 374, t. 2, p. 510).

— *Copies de pièces, Impression, Certification, Avoué, Huissier, Émolument.* — En matière d'expropriation pour cause d'utilité publique, les huissiers ont seuls, à l'exclusion des avoués, le droit de certifier les copies des pièces concurremment avec les agents de l'administration auxquels la loi reconnaît également ce droit.

Dès lors, l'huissier auquel une compagnie expropriante a dressé des copies de pièces imprimées, mais non certifiées par un de ses agents et portant seulement le nom imprimé d'un avoué, est en droit de remplir lui-même la formalité de la certification de ces copies, et de réclamer, par suite, l'émolument qu'elle comporte aux termes de l'article 5 de l'ordonnance du 8 septembre 1833 (Amiens, 28 mai 1881, art. 329, t. 2, p. 368.)

F

FAILLITE. — *Comptabilité des faillites, Organisation des syndics salariés, Contrôle du ministère public.* — (Doctrine, art. 108, t. 1ᵉʳ, p. 289.

— *Demande en séparation de biens.* — La femme du failli qui demande sa séparation de biens doit-elle agir tout à la fois contre son mari et le syndic de la faillite, ou contre l'un d'eux seulement, et, dans la première hypothèse, le syndic doit-il être condamné aux dépens ? (Doctrine ; art. 125, t. 1ᵉʳ, p. 337).

— *Syndics, Fixation de leur indemnité, Absence de tarif, Jugement sur requête, Voies de recours, Opposition et appel. Recevabilité* (Doctrine ; art. 126, t. 1ᵉʳ, p. 343).

— *Report de la date de la cessation de payements, Annulation d'hypothèque, Compétence du tribunal de commerce, Effets de la nullité ou de l'annulation de l'hypothèque, Subrogation judiciaire de la masse dans l'hypothèque* (Doctrine ; art. 144, t. 1ᵉʳ, p. 390).

— *Réforme, Projet de loi.* — Projet de loi relatif à la réforme de la loi sur la faillites (renvoyé à la Commission des faillites), présenté à la Chambre des députés, au nom de M. Jules Grévy, président de la République française, par M. Humbert, garde des sceaux, ministre de la justice et des cultes (Séance du 28 juill. 1882. — Art. 859, p. 321; — 867, p. 417; — 902, p. 408; — 914, p. 509).

— *Accident, Dommages-intérêts, Syndic.* — Un syndic de faillite a-t-il qualité pour réclamer des dommages-intérêts contre l'auteur de l'accident qui a entraîné la mort du failli ? (Article de doctrine, art. 18, t. 1ᵉʳ, p. 49).

— *Demande en déclaration de faillite, Demande subsidiaire en payement, Changement de résidence, Compétence, Succession, Compétence.* — Le tribunal compétent pour connaître d'une demande en déclaration de faillite est le tribunal du lieu où se trouvait l'établissement commercial et non celui de la résidence actuelle du défendeur.

Ce dernier est incompétent, même pour connaître d'une demande subsidiaire au payement, car pour cette demande, il devrait nécessairement statuer au fond sur la demande de déclaration de faillite.

Toute demande contre une succession (et spécialement toute

demande de cette nature formée par un créancier en vertu de l'article 1166 du Code civil), doit être portée devant le tribunal du lieu de l'ouverture de la succession (Paris, 10 nov. 1883, art. 803, t. 5, p. 166.

— *Vente de meuble, Huissier, Emolument, Taxe* (Art. 287, t. 2, p. 247).

— *Jugement déclaratif, Créanciers désintéressés par un tiers, Rapport du jugement déclaratif.* — Un jugement déclaratif de faillite peut être rapporté, quand un tiers a désintéressé tous les créanciers du failli, et que celui-ci se trouve dans les délais de l'article 580 du Code de commerce, pour former opposition au jugement déclaratif (Cass., 25 nov. 1881 ; — Dijon, 11 mai 1882, art. 482, t. 3, p. 366).

— *Demande en séparation de corps, Mise en cause du syndic, Recevabilité.* — La femme d'un commerçant failli, demanderesse en séparation de corps, en pension alimentaire et en provision *ad litem* est recevable et fondée à mettre en cause le syndic de la faillite de son mari, comme représentant la masse sur laquelle doivent rejaillir les conséquences pécuniaires du jugement ; et c'est afin d'éviter toute contestation ultérieure que le syndic aurait pu soulever, s'il n'avait pas été appelé dans l'instance principale (Nancy, 13 juin 1883, art. 708, t. 4, p. 413).

— *Production au passif d'une faillite, Timbre du bordereau à la charge du créancier produisant.* — Le créancier produisant à une faillite ne peut être admis pour raison du timbre de son bordereau de production. Ce timbre doit rester à sa charge personnelle (Trib. comm. de la Seine, 29 fév. 1884. art. 821, t. 4, p. 214).

— *Affirmation, Séparation des patrimoines, Meubles, Immeubles.* — Le créancier ne peut assigner le syndic de son débiteur failli en condamnation. Il doit se conformer, pour faire reconnaître sa créance, à la procédure spéciale des articles 491 et suivants du Code de commerce, c'est-à-dire produire, se faire admettre et affirmer ;

De même l'action en séparation de patrimoines exercée par un créancier contre l'héritier de son débiteur, plus de trois ans après le décès de celui-ci, est prescrite quant aux meubles ;

Mais elle est recevable quant aux immeubles de la succession et le privilège du créancier est conservé encore bien que l'inscription de séparation de patrimoines ait été prise plus de six mois après le décès, mais seulement au regard des créanciers de l'héritier, qui n'auraient pas alors fait inscrire leur hypothèque (Trib. civ. de la Seine, 18 juill. 1879, art. 6, t. 1er, p. 20).

— *Dessaisissement, Rentes sur l'Etat, Insaisissabilité.* — Les créanciers d'un failli représentés par le syndic n'ont aucun droit sur les rentes sur l'État français attribuées à ce failli par une liquidation.

Le droit du syndic comme mandataire du failli ne peut aller jusqu'à lui permettre de faire transférer ces rentes en son nom, malgré l'opposition de la propriétaire.

Le failli a donc le droit d'opposer à ses créanciers comme au syndic le caractère d'insaisissabilité de certains de ses biens, dont la loi en lui conservant la propriété lui a seulement retiré l'administration (Trib. civ. de la Seine, 8 juill. 1880, art. 277, t. 2, p. 224).

— *Dépens, Condamnation, Contribution, Frais et dépens, Faillite, Distraction.* — La partie qui a soutenu et gagné un procès contre le syndic d'une faillite, agissant comme représentant légal du failli, est créancière directe de la masse quant aux dépens de l'instance, et, à ce titre, n'est pas soumise à la contribution commune.

En conséquence, ces dépens doivent lui être alloués par voie de préférence comme faisant partie des frais d'administration de la faillite.

Son avoué peut en réclamer le remboursement au même titre, en vertu de la distraction qui a été prononcée à son profit (Amiens, 4 juin 1880, art. 230, t. 2, p. 87).

— *Inscription hypothécaire, Radiation, Syndic, Juge-commissaire.* — Le syndic d'une faillite en état d'union ne peut, avec la seule autorisation du juge-commissaire, donner mainlevée de l'inscription hypothécaire prise au profit de la masse, en vertu de l'article 490 du Code de commerce (en tant que cette hypothèque grève un immeuble du failli vendu sur adjudication, et dont le prix n'est pas intégralement payé). (Cass. req., 21 déc. 1880, art. 314, t. 2, p. 327).

— *Contestation de créances, Rapport du juge-commissaire, Omission, Juge suppléant commissaire à la faillite, Voix consultative, Enquêtes, Articles 255, 407, 432, du Code de procédure civile, Articles 452, 498 du Code de commerce.* — Le rapport du juge-commissaire prescrit par les articles 452 et 498, en cas de contestation d'une créance au cours des opérations d'une faillite est une formalité substantielle et indispensable à la validité de la sentence.

L'absence de cette formalité ne peut être remplacée par la mention au jugement que le juge suppléant, commissaire à la faillite, a assisté audit jugement, alors surtout que ce magistrat n'a eu que voix simplement consultative.

Le jugement qui ordonne une enquête doit contenir, aussi bien en matière de commerce qu'en matière civile, l'énonciation des faits à prouver ; cette formalité substantielle ne saurait être remplacée par le renvoi au contredit du syndic, qui n'est pas une pièce officielle et qui, dans l'espèce, ne contient, d'ailleurs, que des énonciations dépourvues de précision (Orléans, 23 nov. 1881, art. 388, t. 3, p. 56).

— *Concordat, Homologation, Cessation des pouvoirs du syndic.* — Aux termes de l'article 519, section première, du Code de commerce, les fonctions de syndics doivent cesser immédiatement après l'homologation du concordat passé en force de chose jugée.

Peu importe que toutes les formalités prescrites aux paragraphes suivants du même article n'aient pas encore été remplies.

Le syndic qui a continué ses fonctions malgré l'homologation du concordat ne peut être admis à soutenir qu'il a agi comme mandataire des créanciers (Chambéry, 29 déc. 1881, art. 451, t. 3, p. 292).

— *Concordat par abandon d'actif, Syndic, Reddition de compte, Cassation, Pourvoi, Arrêt d'admission, Signification.* — Au cas de concordat par abandon total ou partiel d'actif, le syndic conserve ses fonctions jusqu'à ce que la liquidation de l'actif soit terminée. — Ainsi le syndic a qualité, même après la reddition de ses comptes, pour recevoir la signification de l'arrêt d'admission du pourvoi formé contre une décision à laquelle il a été partie avant cette reddition, et il ne saurait dès lors demander sa mise hors de cause (Cass. civ., 21 nov. 1881, art. 488, t. 3, p. 375).

— *Vente d'immeuble, Adjudication antérieure à l'union, Ordre, Surenchère, Purge.* — L'adjudication d'immeubles appartenant à un failli, poursuivie antérieurement à l'union, même avec l'autorisation de justice et le concours du failli, n'est, en réalité, qu'une aliénation volontaire.

En conséquence, en admettant que l'article 573 du Code de commerce, en limitant à quinze jours à dater de l'adjudication la faculté d'enchérir ouverte à toute personne, exclue la surenchère prévue par l'article 2185 du Code civil au profit des créanciers inscrits, et opère virtuellement purge, ce principe ne saurait être étendu aux adjudications autres que celles poursuivies par les syndics après état d'union.

L'ordre ouvert sur le prix des immeubles du failli réalisés avant l'union doit donc être précédé de l'accomplissement des formalités de purge des hypothèques (Trib. civ. de Mâcon, 23 janv. 1883, art. 623, t. 4, p. 185).

— *Commerçant, Syndic de faillite.* — Les syndics de faillite sont-ils des commerçants ; par suite, peuvent-ils être déclarés en faillite ? (Trib. comm. de Dôle, 19 fév. 1881, t. 2, art. 318, p. 344).

— *Outrage à un syndic, Caractère public.* — Le syndic de faillite commis par la justice, exerce un ministère de service public. Par suite, les injures et outrages qui lui sont adressés en cette qualité et dans l'exercice de la mission qui lui a été confiée, tombent sous l'application de l'article 224 du Code pénal, qui punit les outrages aux fonctionnaires publics ou aux citoyens exerçant un ministère de service public (Cass. crim., 12 fév. 1880, art. 67, t. 1er, p. 165).

— *Clôture des opérations d'affirmation et de vérification des créances, Procès-verbal de clôture, Mention, Demande en report d'ouverture postérieurement audit procès-verbal, Non-recevabilité.*
Autorisation de femme mariée, Intervention de la femme mariée pour la première fois en cause d'appel, Absence d'autorisation maritale, Autorisation de justice non préalablement demandée et obtenue, Rejet. — La clôture des opérations de vérification et d'affirmation des créances est acquise après l'expiration des délais impartis par les articles 475 et 497 du Code de commerce, alors même que le procès-verbal dressé par le juge-commissaire de la faillite, le syndic et le greffier, ne contiendrait pas expressément la mention « de clôture ».

Une demande en report de la faillite formée par un créancier après l'expiration desdits délais est non recevable, conformément à l'article 581 du Code de commerce.

Le femme mariée ne peut intervenir pour la première fois en cause d'appel, sans l'autorisation de son mari, et à défaut de cette autorisation, sans l'avoir préalablement obtenue de justice, suivant les formes prescrites par les articles 861 et suivants procédure civile (Paris, 21 fév. 1883, t. 4, art. 628, p. 199).

— *Compétence, Vente d'immeuble, Fraude à la masse, Action en nullité, Compétence du tribunal civil.* — N'est pas de la compétence du tribunal de commerce une demande en nullité de vente d'immeuble contre un failli à raison de ce qu'elle aurait été consentie par le vendeur en fraude de ses créanciers.

Une telle vente étant antérieure, soit à la déclaration de faillite du vendeur, soit à la cessation de ses payements, l'action en nullité ne naît pas de la faillite et ne peut être portée que devant le tribunal civil.

Doit être considérée comme faite en fraude des droits des créanciers une vente dont le prix s'élève de manière à désintéresser les créanciers hypothécaires et à prévenir de leur part toute surenchère, mais qui, au détriment des droits des créanciers chirographaires, reste en réalité inférieur à la valeur réelle de l'immeuble (Lyon, 15 déc. 1881, art. 622, t. 4, p. 183).

— *Compétence, Unité de déclaration, Convention entre la France et la Suisse, Faillite déclarée par un tribunal suisse, Interdiction pour les tribunaux français de la déclarer à nouveau.* — Les tribunaux suisses étant, aux termes de l'article 6 de la convention du 15 juin 1869, compétents pour déclarer la faillite d'un Français qui exploite un établissement de commerce en Suisse, le même débiteur ne peut plus être déclaré de nouveau en faillite par un tribunal français, et, pour atteindre les biens que le failli possède en France, ses créanciers ont à remplir les formalités à la suite desquelles le jugement rendu par le tribunal suisse peut devenir exécutoire en France (Cass., 17 juill. 1882, art. 516, t. 3, p. 461).

— *Appel, Formes, Significations, Requête, Délai.* — L'appel du jugement qui a rejeté la requête d'un créancier tendant à la déclaration de faillite de son débiteur est valablement formé soit par une simple requête, soit par une signification donnée en la force ordinaire.

Mais il ne peut être formé plus de quinze jours après la prononciation du jugement rendu sur la première requête, cette prononciation équivalant, à l'égard du créancier appelant, à la signification exigée par l'article 682 du Code de commerce pour faire courir le délai d'appel (Poitiers, 1er juin 1880, art. 377, t. 2, p. 513).

— *Appel, Délai, Vente, Nullité.* — Le jugement statuant sur l'action intentée par le failli contre son syndic à l'effet de faire prononcer la nullité de la vente consentie par celui-ci de certains objets, sous prétexte que ces objets ne pouvaient être vendus aux enchères ni faire partie de l'actif de la faillite, est un jugement rendu en matière de faillite dans le sens de l'article 582 du Code de commerce ; en conséquence l'appel de ce jugement doit, à peine de déchéance, être interjeté dans la quinzaine du jour où il a été signifié (Lyon, 13 juill. 1880, art. 319, t. 2, p. 345).

— *Jugement déclaratif, Appel, Mise en cause des syndics.* — L'appel relevé contre un jugement déclaratif de la faillite doit-il être signifié aux syndics. Le défaut d'intimation des syndics est-il une cause de non-recevabilité de l'appel? (Agen, 30 juin 1879, art. 202, t. 2, p. 15).

— *Appel, Délai.* — L'article 582 du Code civil constitue une exception au droit commun en matière de délai d'appel et ne s'applique qu'à une contestation née de la faillite et qui en est la suite nécessaire (Agen, 31 mars 1882, art. 555, t. 2, p. 32).

— *Jugement sur requête, Appel, Délai.* — Le délai de quinzaine, pour interjeter appel d'un jugement en matière de faillite, court lorsque ce jugement a été rendu sur requête, du jour même de la prononciation du jugement, et non du jour de la signification (Cass. req., 3 avril 1883, art. 879, t. 5, p. 398).

— *Appel, Délai, Jugement en matière de faillite.* — Le délai spécial de quinze jours, fixé par l'article 582 du Code de commerce pour l'appel des jugements rendus en matière de faillite, n'est pas applicable à l'appel d'un jugement rendu sur une demande en revendication d'objets mobiliers dont la propriété a été réglée par une convention antérieure à la faillite et sur laquelle celle-ci n'a pu exercer aucune influence, cette demande de revendication ne rentrant d'ailleurs, par son objet, dans aucun des cas prévus par les articles 574 et suivants du Code de commerce (Cass. req., 21 nov. 1882, art. 798, t. 5, p. 157).

— *Réhabilitation, Audience solennelle, Nullité.* — Outre les prises à partie et les renvois après cassation d'un arrêt les contestations qui intéressent l'état civil des citoyens doivent seules être portées à l'audience solennelle.

Le jugement déclaratif de faillite ne portant aucune atteinte aux droits civils du failli, la demande en réhabilitation ne peut être considérée comme une contestation sur son état civil. Dès lors, elle ne doit pas être portée à l'audience solennelle.

Cette règle de compétence est d'ordre public, et la nullité qui résulte de cette irrégularité ne peut être couverte par le consentement exprès ou tacite des parties (Cass. civ., 6 nov. 1883, art. 732, t. 4, p. 481).

FAUX INCIDENT CIVIL. — *Jugements et arrêts, Cassation, Minute, Expédition, Magistrat, Présence, Procédure, Sommation, Délai, Renvoi.* — La voie de l'inscription de faux incident est ouverte même contre les jugements et arrêts. En conséquence, lorsque les circonstances de la cause rendent admissible l'emploi de cette mesure, l'on peut s'inscrire en faux incident, devant la Cour de cassation, contre un arrêt, ensemble contre l'expédition conforme à la minute, en tant que ces pièces mentionnent la présence d'un magistrat, qui, suivant le demandeur, n'aurait pas concouru à l'arrêt. — 1er Arrêt.

Et le demandeur autorisé à s'inscrire en faux est tenu dans les trois jours à compter de l'arrêt, s'il en a été ainsi décidé par la Cour de cassation, de sommer le défendeur de déclarer s'il entend se servir des pièces arguées de faux.

Et si, sur cette sommation, le défendeur déclare se servir des pièces dont s'agit, la Cour de cassation renvoie le jugement du faux à une autre Cour d'appel, et, après que l'arrêt sur cet incident a été rendu, elle statue alors sur l'instance principale. — 2ᵉ Arrêt (Cass. civ., 17 août 1881, art. 530, t. 3, p. 510).

— *Inscription de faux, Admissibilité des faits, Jugement unique, Articulation, Vraisemblance, Pouvoir du juge.* — En matière d'inscription de faux, les juges ne sont pas tenus, à peine de nullité, de statuer par deux jugements distincts sur l'admission de l'inscription sur la valeur des moyens de faux proposés, lorsqu'ils reconnaissent que ces moyens sont inadmissibles : ils peuvent, dans ce cas, rejeter par le même jugement l'inscription de faux et l'offre de preuve (C. proc., 218).

Les faits articulés à l'appui d'une inscription de faux peuvent être déclarés non pertinents ni admissibles, lorsqu'il résulte des circonstances qu'ils sont dépourvus de vraisemblance.

Et l'appréciation des juges du fond, à cet égard, est souveraine et échappe au contrôle de la Cour de cassation (Cass. civ., 28 déc. 1881, t. 3, art. 487, p. 374).

L'inscription de faux en matière civile n'est autorisée que par voie d'incident. Ainsi, une partie ne peut être par voie principale assignée pour voir déclarer que telle pièce est fausse (Cass., 4 mai 1875, S. 75-1-272 ; — V. *Dict.*, n. 2).

— *Chose jugée.* — L'inscription de faux est non recevable contre une pièce sur le fondement de laquelle est intervenu un arrêt ayant force de chose jugée (Cass., 30 mai 1876, S. 77-1-256).

— *Procédure criminelle, Non-lieu, Partie civile.* — Lorsque sur une inscription de faux une procédure criminelle a été terminée par une ordonnance de non-lieu, la partie qui a suivi tous les incidents de cette procédure sans se porter partie civile et sans former opposition à l'ordonnance est non recevable à suivre la voie du faux incident civil (Toulouse, 18 juin 1875, S. 77-2-114).

— *Appréciation des moyens de faux.* — Le juge saisi d'une demande en inscription de faux peut, sans enquête ni expertise, déclarer cette demande non recevable (Agen, 21 août 1873, S. 74-2-252 ; — Cass., 30 mai 1876, S. 77-1-256 ; — V. *Dict.*, n. 67 ; — V. aussi Cass., 16 déc. 1874. S. 76-1-16).

— *Compétence, Transaction.* — Le tribunal devant lequel s'est produit l'incident de faux est seul compétent pour statuer sur l'homologation de la transaction intervenue sur la poursuite du faux incident et cette compétence est d'ordre public (Cass., 16 août 1876, S. 77-1-125).

— *Amende.* — Il y a lieu de prononcer une seule amende contre les diverses parties qui ont déclaré s'inscrire en faux conjointement contre un acte et qui ont succombé (Toulouse, 18 juin 1875, S. 77-2-114).

FOLLE ENCHÈRE. — *Non recevabilité d'une poursuite pour folle enchère contre l'adjudicataire qui a immédiatement revendu, tant que l'ordre ouvert par les sous-acquéreurs n'est pas clos.* — L'adjudicataire qui, au lieu de payer lui-même le prix, a tout de suite revendu l'immeuble à des tiers, lesquels ont notifié leurs contrats et procédé à la purge des hypothèques inscrites, ne peut être poursuivi pour folle enchère ; il n'est, en effet, aucunement en retard de payer son prix tant que l'ordre ouvert par les sous-acquéreurs n'est pas clos ni les borderaux de collocations délivrés (Lyon, 22 juin 1882, art. 615, t. 4, p. 167).

— *Offres réelles.* — Les offres réelles du prix faites par un fol enchérisseur à charge de rapporter main levée de saisie-arrêt entre ses mains ne peuvent empêcher de passer entre ses mains si elles n'ont pas été suivies de conciliation (Montpellier, 15 juin 1870, S. 71-2-180).

— *Article 7 de la loi du 23 mars 1855.* — L'article 7 de la loi du 23 mars 1855 qui subordonne l'exercice de l'action résolutoire du vendeur à la conservation de son privilège ne s'applique pas au droit de poursuivre la revente sur folle enchère en cas de non-payement du prix d'une adjudication (Bourges, 12 janv. 1876, S. 77-2-104).

— *Moyens de nullité, Délai.* — L'obligation de proposer les moyens de nullité trois jours, au plus tard, avant l'adjudication concerne aussi bien les moyens de nullité au fond, que ceux de nullité en la forme, elle s'applique spécialement au moyen pris de ce que l'adjudication ayant eu lieu sur licitation un créancier hypothécaire n'avait pas qualité pour poursuivre la folle enchère (Cass., 19 juill. 1873, S. 74-1-221).

— *Nullité, Exploit, Action personnelle, Ordre, Règlement modificatif, Avoué, Dénonciation, Chose jugée, Recevabilité.* — L'action en nullité d'une revente sur folle enchère n'ayant pas pour but de faire passer sur la tête du demandeur un droit réel immobilier mais d'obtenir un prix de revente supérieur, constitue une action purement personnelle.
Par suite, les dispositions de l'article 64 du Code de procédure civile, aux termes duquel les exploits en matière réelle ou mixte doivent énoncer, à peine de nullité, la nature et la situation de l'immeuble litigieux et au moins deux des tenants et aboutissants,

ne sont pas applicables à l'exploit introductif d'une instance en nullité de folle enchère.

Il doit en être ainsi alors surtout que ledit exploit, à défaut des mentions prescrites par l'article précité, contient des équipollents suffisants pour que le défendeur n'ait pu se tromper sur la nature et la situation de l'immeuble litigieux ;

La procédure de folle enchère n'étant qu'un incident, une suite de l'ordre en exécution duquel elle a été poursuivie, il en résulte que les dénonciations du règlement modificatif, nécessité par l'adjudication sur folle enchère, sont valablement faites en l'absence de toute notification, soit de constitution du nouvel avoué, soit de changement d'état des parties, aux avoués et aux parties intéressées tels qu'ils sont désignés dans l'état de collocation primitif.

Il importe peu, à l'égard des avoués constitués, qu'il se soit écoulé plus d'une année depuis le règlement définitif, les pouvoirs de l'avoué constitué dans un ordre continuant jusqu'à l'avènement de la condition suspensive de folle-enchère à laquelle est subordonnée l'ordonnance de clôture ; il en résulte que l'avoué reste régulièrement constitué pour le règlement modificatif lorsque cette condition s'est réalisée.

En conséquence, lorsque l'ordonnance de règlement modificatif ainsi dénoncée, a acquis l'autorité de la chose jugée au regard de toutes les parties régulièrement représentées par les avoués primitivement constitués pour elles, l'action en nullité de la revente sur folle enchère intentée par une de ces parties est non recevable, l'adjudication sur folle enchère étant la base de cet ordre modificatif devenu irrévocable et difinitif (Trib. civ. d'Annecy, 5 janv. 1884, art. 900, t. 5, p. 460).

— *Adjudication sur saisie immobilière, Folle enchère, Nouvelle adjudication, Surenchère, Validité.* — La surenchère est-elle encore possible après adjudication sur folle enchère ? (Toulouse, 11 juin 1881, art. 361, t. 2, p. 469.)

— *Poursuite de folle enchère, Incident, Appel.* — Les litiges qui s'élèvent après adjudication sur saisie immobilière ne peuvent être considérés comme des incidents de saisie soumis, quant à l'appel, aux prescriptions des articles 731 et 732 du Code de procédure civile (Limoges, 8 juill. 1880, art. 186, t. 1er, p. 500).

— *Sursis, Incident.* — La Cour saisie de l'appel d'un jugement rendu sur un incident de folle enchère peut rejeter une demande de sursis introduite par l'appelant et motivée sur ce que le délai de comparution d'un tiers par lui assigné en intervention n'est pas expiré (Cass., 15 avril 1873, S. 73-1-205).

— *Folle enchère, Clause du cahier des charges relative aux*

frais d'enregistrement de greffe et d'hypothèques, Interprétation.
— La clause du cahier des charges portant que dans aucun cas le fol enchérisseur ne pourra répéter soit contre le nouvel adjuvel adjudicataire, soit contre les vendeurs auxquels ils demeureront acquis à titre de dommages-intérêts et qui profiteront au nouvel adjudicataire, les frais d'enregistrement de greffe et d'hypothèque, doit être interprétée en ce sens que le nouvel adjudicataire ne doit pas rembourser lesdits frais (Limoges, 29 janv. 1885, art. 105, t. 1er, p. 496).

— *Folle enchère, Prix, Différence.* — Lorsque, après une première adjudication sur folle enchère pour un prix supérieur à celui de l'adjudication primitive, une seconde adjudication sur folle enchère pour un prix inférieur a lieu, l'adjudicataire primitif est tenu de la différence (C. proc., 740 ; — Cass. civ., 22 déc. 1879, art. 166, t. 1er, p. 451).

— *Folle enchère, Différence de prix, Créance hypothécaire, Compensation, Collocation en sous-ordre, Règlement définitif, Chose jugée.* — Lorsque le fol enchérisseur est en même temps créancier hypothécaire, et a, en cette qualité, été colloqué dans l'ordre ouvert sur le prix de la première adjudication, la différence du prix résultant de la folle enchère doit être imputée sur sa collocation.

Et cette imputation a pour effet d'éteindre, jusqu'à due concurrence, les collocations en sous-ordre des créanciers chirographaires du fol enchérisseur, comme la collocation principale. elle-même.

Vainement objecterait-on que ces collocations en sous-ordre résultent d'un règlement définitif passé en force de chose jugée ; le règlement devant toujours être modifié en cas de surenchère suivant les résultats de la seconde adjudication (Cass., 23 janv 1878 ; — Grenoble, 14 juin 1880, art. 295, t. 2, p. 266).

— *Fol enchérisseur, Libération.* — Le fol enchérisseur n'est pas libéré par une folle enchère subséquente faite pour un prix supérieur à celui de la première enchère ; sa libération ne résulterait que d'une réadjudication réelle et sérieuse, définitivement consolidée par l'exécution du cahier des charges et notamment par le payement du prix (Paris, 6 déc. 1877, S. 78-2-161).

— *Fol enchérisseur, Différences d'attributions.* — La somme due par le fol enchérisseur pour la différence de prix entre le montant de son adjudication et celui de la revente constitue une partie du prix de l'immeuble et doit, par conséquent, être attribuée aux créanciers inscrits par préférence aux créanciers chirographaires (Paris, 17 juill. 1872, S. 72-2-123).

Lorsque le fol enchérisseur est en même temps créancier hypothécaire et a été, en cette qualité, colloqué dans l'ordre ouvert sur le prix de la première adjudication la différence de prix résultant de la folle enchère doit être imputée sur sa collocation (Cass., 23 janv. 1878, S. 79-1-74).

— *Fol enchérisseur, Intérêt du prix.* — Le fol enchérisseur doit les intérêts du prix d'adjudication jusqu'au jour de la revente sur folle enchère (Bourges, 25 mars 1872, S. 73-2-278).

— *Adjudicataire, Servitude, Résolution.* — L'adjudicataire sur la folle enchère n'est pas fondé à réclamer la résolution des actes constitutifs de servitude consentis par le fol enchérisseur quand le cahier des charges obligeait cet adjudicataire à prendre l'immeuble dans l'état où il se trouvait au jour de l'adjudication (Cass., 6 nov. 1871, S. 72-1-188).

— *Poursuite en vertu d'une seconde grosse, Défaut de signification et de commandement, Demande en nullité de la procédure.* — Le créancier inscrit qui poursuit la folle enchère en vertu d'une seconde grosse du jugement d'adjudication, pour inexécution des clauses de l'enchère, n'est pas tenu de signifier la seconde grosse au fol-enchérisseur ni de lui faire commandement ;

Les poursuites doivent être exercées comme il est dit à l'article 735 du Code de procédure civile, pour le cas où il y a eu simplement délivrance par le greffier d'un certificat de non-exécution des conditions (Trib. civ. de la Seine, 11 mars 1880, art. 117, t. 1er, p. 316).

G

GREFFIER. — *Dépôt de pièces, Preuve testimoniale.* — Le fonctionnaire qui a remis entre les mains du greffier une pièce à l'effet de prêter serment peut être admis à prouver par témoins le dépôt de la pièce entre les mains du greffier, s'il est constaté que ce dernier est dans l'usage de refuser au déposant tout récépissé ou reconnaissance (Cass., 25 juin 1877, S. 78-1-118).

— *Révocation.* — La révocation par le greffier en chef d'un commis greffier constitue un acte de discipline ou d'ordre intérieur qui rend le tribunal en audience civile incompétent pour connaître d'une demande tendant, soit à la nullité de la révocation, soit à l'allocation de dommages et intérêts (Toulouse, 4 mai 1876, S. 76-2-332).

GREFFIER DES TRIBUNAUX DE COMMERCE. — *Faillite, Registre de comptabilité.* — Art. 89, t. 1er, p. 235.

— *Tribunaux de commerce, Émoluments.* — Si les jugements de radiation de cause donnent lieu, au profit des
greffiers des tribunaux de commerce, à la perception de :
1° 50 centimes, à titre d'émolument ; 2° 80 centimes, à titre de
remboursement de papier timbré, conformément aux articles 2,
§ 1ᵉʳ, et 12, § 1ᵉʳ, du décret des 18-20 juin 1880, ces jugements au
contraire ne donnent pas lieu à la perception de : 1° 10 centimes,
à titre d'émolument ; 2° 25 centimes, à titre de remboursement
de papier timbré, pour mention sur le répertoire, parce qu'ils
ne doivent pas être mentionnés sur le répertoire.

Les jugements de remise de cause doivent être portés sur les
feuilles d'audience, et chacun d'eux donne lieu à la perception,
par les greffiers des tribunaux de commerce, de 25 centimes, à
titre de remboursement de papier timbré (Besançon, 17 juill.
1882, art. 731, t. 4, p. 478).

— *Qualités de jugement, Tribunal de commerce, Mandataire,
Jugement, Grosse, Délivrance, Refus, Dommages-intérêts, Connexité.* — 1° Le mandat donné par une partie à son avoué de la
représenter devant le tribunal de commerce, ne comprend pas
le pouvoir de dresser les qualités du jugement à intervenir, ces
qualités devant être rédigées par le greffier lui-même. Par suite,
la partie ne saurait être, en aucune façon, responsable des fautes résultant de l'intervention de son avoué dans la rédaction
des qualités, ni du recours que le greffier pourrait avoir à exercer de ce chef contre cet avoué.

2° Le greffier d'un tribunal de commerce qui, par suite de
l'erreur d'un avoué, mandataire de la partie ayant obtenu gain
de cause, a laissé insérer dans les qualités du jugement un fait
inexact (dans l'espèce, la mention, à une date fausse, de l'enregistrement du pouvoir donné par la partie à l'avoué), ne peut
mettre à la délivrance de la grosse du jugement cette condition
que la partie ou son avoué devra le garantir de toutes poursuites
qui pourront être dirigées contre lui, à raison de cette fausse
énonciation, soit par l'administration de l'enregistrement, soit
par le ministère public.

En supposant même qu'une condamnation en dommages-
intérêts pût être prononcée au profit du greffier contre la partie
elle-même, le refus du greffier de délivrer la grosse ne serait
pas mieux fondé, aucune connexité n'existant entre la créance
de dommages-intérêts et l'obligation du greffier (Besançon,
16 mars 1882, art. 789, t. 5, p. 125).

H

HUISSIER. — *Fixation de résidence*. — L'huissier auquel
un tribunal a imposé un changement de résidence, ne saurait
prétendre de ce chef à des dommages-intérêts.

Toutefois des huissiers peuvent valablement convenir que l'un
d'entre eux changera de résidence.

Le garde des sceaux serait seul compétent pour s'opposer à
l'exécution d'une telle convention. Et en cas de non-opposition
de sa part, les tribunaux doivent en garantir l'exécution (Lyon,
7 fév. 1882, art. 465, t. 3, p. 328).

— *Résidence, Changement, Tribunaux, Pouvoir, Indemnité,
Obligation, Cause licite*. — Le droit de fixer la résidence de ses
huissiers suivant les exigences du service appartient au tribunal
d'une manière absolue, et le changement de résidence de l'un
d'eux ne saurait donner à celui-ci le droit de réclamer en justice
une indemnité.

Est valable l'engagement que, dans un sentiment d'équité,
prennent les confrères d'huissiers déplacés de payer une indemnité à celui à qui serait attribuée la résidence la moins favorable
(Lyon, 7 fév. 1882, art. 567, t. 4, p. 55).

— *Résidence, Pouvoir des tribunaux*. — Les tribunaux ayant
le pouvoir de fixer primitivement la résidence des huissiers de
leur ressort ont par cela même, le droit de la changer, et, pour
opérer ce changement, de faire permuter entre eux deux huissiers de cantons différents; leurs délibérations à cet égard constituent un acte d'administration judiciaire et sont souveraines
(Cass., 8 juin 1874, S. 75 — 1-114).

— *Protêt, Endosseur*. — Un huissier ne peut valablement
dresser le protêt d'un billet à ordre dont il est endosseur (Cass.,
19 juill. 1875, S. 75-1-424).

— *Intérêt personnel*. — Si l'huissier ne peut instrumenter
dans sa propre cause, il peut instrumenter dans toute contestation où il n'est ni en cause ni susceptible d'être mis en cause,
bien qu'il puisse y avoir quelque intérêt (Cass., 22 janv. 1879, 1-
246; — Caen, 30 avril 1879, S. 79-2-206).

— *Exploit, Défaut de remise, Délit*. — Contrevient à l'article 45 du décret du 14 juin 1813 et est passible des peines portées par cet article, l'huissier qui, chargé de signifier un exploit,
n'en remet pas la copie à la partie et énonce néanmoins cette

remise sur l'original (Cass., 31 janv. 1879, art. 28, t. 1er, p. 77).

— *Remise de copie.* — L'article 45 du décret du 14 juin 1813 punissant l'huissier qui ne remet pas lui-même la copie d'un exploit s'applique non seulement à l'huissier qui charge un intermédiaire de remettre la copie mais encore à l'huissier qui néglige de remettre la copie (Nîmes, 13 avril 1877, S. 77-2-138 ; — Cass., 30 janv. 1879, S. 79-1-95).

— *Mandat, Faillite.* — Un huissier ne peut accepter un mandat de représenter un créancier dans les opérations de la faillite de son débiteur et l'huissier qui accepte un tel mandat encourt l'amende prononcée par l'article 627 du Code de commerce. (Trib. de comm. de Rouen, 25 janv. 1877, sous Cass., 9 juin 1879, S. 79-1-446. — V. *Dict.*, v. *Faillite*, n. 380).

Est nul comme violant le droit de la défense, le jugement du tribunal de commerce qui prononce l'amende édictée par l'article 627 du Code de commerce contre un huissier pour avoir accepté mandat d'un des créanciers d'une faillite alors que le juge-commissaire devant qui était produit le pouvoir incriminé n'a pas fixé par son ordonnance de renvoi le jour où il ferait au tribunal son rapport sur l'incident et que l'huissier inculpé n'a pas été appelé à l'audience par aucun mode d'ajournement (Cass., 9 juin 1879, S. 79-1-446).

— *Consignation, Vente de récoltes après décès, Héritier bénéficiaire, Droit de mutation.* — En présence des termes de l'article 657 du Code de procédure civile, un huissier ne peut prétendre être en droit de déduire du prix des ventes par lui faites la somme qu'il a payée, sur l'ordre d'héritiers bénéficiaires, pour acquitter les droits de mutation ; il doit consigner le montant intégral de ce prix, sous la seule déduction des frais à lui alloués après taxe :

Il ne saurait soutenir, avec plus de raison, que les héritiers bénéficiaires étaient légalement en droit de prélever, sur l'actif de la succession, une somme suffisante pour acquitter les droits de mutation, et qu'il peut dès lors opposer aux créanciers le payement qu'il a fait, d'une part le fisc ayant, d'après l'article 32 de la loi de frimaire an VII, un privilège pour les droits de mutation après décès sur les revenus des biens à déclarer ; et, d'autre part, la somme payée à la régie de l'enregistrement ayant été prélevée sur le montant de vente de fruits, lorsque la somme ainsi payée provient du prix de vente de récoltes faites avant décès du *de cujus* (Rouen, 1er mars 1879, art. 50, t. 1er, p. 119).

— *Saisie-gagerie, Sous-locataire, Mandat, Faute, Responsabilité.* — L'huissier chargé par le propriétaire d'opérer une saisie-gagerie sur les meubles d'un locataire principal, excède son mandat, et commet une faute en saisissant les meubles des sous-locataires, malgré leurs protestations et la production de leurs quittances. — Par suite l'huissier engage sa responsabilité à l'égard du propriétaire (Cass., 7 juill. 1879, art. 83, t. 1er, p. 218).

— *Responsabilité, Exploit d'ajournement.* — L'exploit d'ajournement doit énoncer l'objet de la demande, aussi, l'huissier, qui dans une demande en dommages et intérêts laisse dans le vague la date du fait dommageable, peut être déclaré responsable des frais de l'exploit annulé par sa faute ainsi que de la procédure qui a suivi et même être condamné à des dommages et intérêts alors qu'il a reçu de la partie les indications nécessaires pour la rédaction originaire de son exploit (Cass., 15 juill. 1879, S. 79-1-357).

— *Responsabilité, Saisie-arrêt, Titre sérieux.* — L'huissier qui pratique une saisie-arrêt à la requête d'un créancier n'ayant pas de titre sérieux, en violation des articles 557 et 558 du Code de commerce, commet une faute professionnelle de nature à engager sa responsabilité envers la saisie (Rouen, 22 août 1878, S. 79-2-207).

— *Responsabilité, Saisie-gagerie, Sous-locataire.* — L'huissier chargé par le propriétaire de pratiquer une saisie-gagerie sur les meubles d'un locataire principal excède son mandat et commet une faute en saisissant les meubles des sous-locataires malgré leurs protestations et la production de leurs quittances. (Cass., 9 juill. 1879, S. 80-1-27). De même, l'huissier qui, chargé par le propriétaire de saisir-gager les meubles d'un locataire sans commandement préalable et sur permission du juge, procède à une saisie-exécution, fait un acte nul : cette exécution ne peut être pratiquée que sur commandement préalable et l'huissier est responsable envers le propriétaire des suites de la nullité de la saisie dans le cas où le locataire en a profité pour faire disparaître tout ou partie des objets saisis (Alger, 9 nov. 1874, S. 75-2-13).

— *Responsabilité, Etendue, Acte d'appel.* — La responsabilité qu'encourt un huissier à raison de la nullité d'un acte d'appel par lui signifié doit être restreinte aux frais de cet acte et à ceux de l'action exercée contre lui si la Cour estime que le jugement aurait dû être confirmé (Grenoble, 25 juin 1875, S. 76-2-147).

— *Juges de paix, Jugements par défaut, Huissier commis, Signification faite par un autre, Dommages-intérêts.* — La loi du 25 mai 1838, qui a supprimé les huissiers dits de justice de paix, n'a pas aboli par son article 16 le droit du juge de paix de commettre son huissier audiencier pour la signification des jugements par défaut (Art. 16 et 20 du Code de procédure civ. ; — Besançon, 2 août 1884, art. 351, t. 2, p. 446.)

— *Jugement par defaut, Signification, Huissier commis.* — Les jugements par défaut, rendus par les tribunaux devant toutes les juridictions civiles, doivent être signifiés par huissier *commis.* L'huissier, qui, sans y être commis, aurait signifié un jugement par défaut, commet une faute et cause à l'huissier commis un préjudice qu'il est tenu de réparer (Cass. req., 1er fév. 1882, art. 523, t. 3, p. 490).

— *Effets de commerce, Recouvrement, Mandat, Gratuité.* — L'huissier qui se charge de l'encaissement d'effets de commerce ne peut réclamer de salaire pour l'exécution de ce mandat, à moins de convention contraire, l'encaissement des effets de commerce étant non seulement étranger aux fonctions des huissiers, mais leur étant même interdit par les règles de la compagnie (Bordeaux, 3 juin 1879, art. 359, t. 2, p. 464).

— *Negotiorum gestor, Prescription.* — La prescription d'un an, établie par l'article 2272 (C. civ.), contre l'action des huissiers pour le salaire des actes qu'ils signifient, bien que s'appliquant à tout le coût de ces actes, c'est-à-dire aux déboursés aussi bien qu'aux émoluments, ne saurait être étendue aux avances et déboursés que ferait l'huissier, en dehors de ses fonctions, comme mandataire, ou *negotiorum gestor* de son client (Trib. civ. de La Châtre, 22 mars 1882, art. 655, t. 4, p. 273).

— *Chambre de discipline, Rapport.* — La chambre de discipline des huissiers ne peut prononcer sur une action disciplinaire qu'après avoir entendu le rapporteur ; cette formalité est substantielle et ne peut être remplacée par un simple exposé des faits par le syndic (Cass., 22 janv. 1879, art. 148, t. 1er, p. 403 ; — V. *Dict.*, n. 273-274).

— *Huissiers de canton, Tarif applicable.* — (Art. 215, Doctrine, t. 2, p. 49).

— *Tarifs, Revision, Pétition, Rapport.* — Rapport fait au Sénat par M. de la Sicotière sur une pétition de la communauté des huissiers de l'arrondissement de Coutances (*Journ. offic.* du 23 juill. 1881, art. 364, t. 2, p. 480).

— *Acte d'appel, nullité.* — V. Exploit.

— *Instruction criminelle, Partie civile.* — La constitution de partie civile ne peut résulter que d'une déclaration formelle ou de conclusions à fin de dommages et intérêts (Douai, 16 avril 1874, S. 76-2-83).

— *Partie civile.* — La disposition de l'article 67 du Code d'instruction criminelle qui permet au plaignant de se porter partie civile jusqu'à la clôture des débats doit s'entendre des débats devant le juge du premier degré ; dès lors le plaignant ne peut se porter partie civile pour la première fois dans l'appel (Limoges, 24 mai 1870, S. 71-2-99).

HYPOTHÈQUE JUDICIAIRE. — *Créance indéterminée, Jugement frappé d'appel, Évaluation, Mention de l'exigibilité, Équivalents.* — La loi n'exige pas que le jugement, en vertu duquel une inscription hypothécaire est prise, renferme une condamnation actuelle au payement d'une somme déterminée ; il suffit qu'il contienne le principe d'une créance certaine, alors même qu'elle serait éventuelle, conditionnelle et indéterminée ;

L'hypothèque, étant une simple mesure conservatoire, peut être prise en vertu d'un jugement frappé d'appel ;

Est nulle l'inscription d'hypothèque judiciaire, qui ne contient pas l'évaluation de la créance, pour la sûreté de laquelle elle est prise ;

La mention de l'époque de l'exigibilité que doit contenir l'inscription d'une hypothèque judiciaire, peut être valablement suppléée par des équivalents (Chambéry, 22 déc. 1879, art. 110, t. 1er, p. 297).

De quel titre elle résulte. — L'hypothèque judiciaire dérive de toute décision qui reconnaît au profit d'une partie et à la charge de l'autre un droit conditionnel éventuel ou indéterminé ; ainsi, elle résulte d'une décision qui ordonne la liquidation d'une société, désigne l'ancien gérant pour liquidateur, décide que ce gérant sera tenu de rendre compte, à ce titre d'opérer les recouvrements tant sur lui-même que sur les tiers débiteurs de la société et d'en déposer le produit entre les mains de son ancien associé. On peut donc, en vertu de ce jugement, prendre inscription d'hypothèque judiciaire (Cass., 13 déc. 1871, S. 71-1-213 ; — 19 août 1878, S. 79-1-29).

— *Jugement, Condamnation.* — Il suffit que le jugement en vertu de qui l'hypothèque est inscrite constate le principe de la créance sans qu'il soit nécessaire qu'il renferme une condamnation actuelle (Cass., 13 déc. 1871, S. 71-1-213 ; — Cass., 19 août 1878, S. 79-1-29 ; — Chambéry, 22 déc. 1879, S. 80-2-241).

Mais l'hypothèque ne peut résulter de la simple énonciation d'une créance dans les motifs d'un jugement (Cass., 4 août 1879, S. 80-1-59).

— *Femme, Pension alimentaire* (Art. 409, t. 3, p. 145.)

— *Femme, Pension alimentaire.* — La pension alimentaire allouée à la femme contre son mari par le jugement qui a prononcé la séparation de corps est-elle garantie par l'hypothèque légale ? (Nancy, 3 juin 1882, art. 477, t. 3, p. 355.)

— *Impossibilité pour le créancier, qui a un titre exécutoire, d'obtenir un jugement à seule fin d'avoir une hypothèque judiciaire.* — Le créancier porteur d'un titre exécutoire ne peut, en l'absence de toute contestation, obtenir un jugement à seule fin d'avoir une hypothèque judiciaire (Trib. civ. de la Seine, 19 août 1882, art. 512, t. 3, p. 445).

— *Contributions indirectes, Contrainte.* — Les contraintes décernées par l'administration des contributions indirectes n'emportent pas hypothèque (C. civ., 2117, 2123 ; — Av. Cons. d'État, 16-25 therm. an XII et 29 oct. 1881 ; — Décr. 1er germin. an XIII, art. 43, 44, 45 ; — L. 28 avril 1816, art. 239). — Cass. req., 9 novembre 1880, art. 348, t. 2, p. 439).

— *Saisie-arrêt, Jugement de validité, Inscription hypothécaire.* — Le jugement qui prononce la validité d'une saisie-arrêt, impliquant la condamnation du débiteur saisi, emporte hypothèque judiciaire sur les biens de ce dernier. En conséquence, est valable l'inscription hypothécaire prise sur ces biens par le saisissant en vertu d'un tel jugement (Cass. req., 1er août 1881, art. 435, t. 3, p. 228).

La caution qui intervient au concordat pour garantir les engagements du failli est-elle hypothécairement obligée sur ses biens présents et à venir par l'inscription du jugement d'homologation faite par le syndic aux termes de l'article 517 du Code de commerce ? (Art. 317, t. 2, p. 337).

— *Étendue.* — L'hypothèque judiciaire frappe d'une manière générale tous les biens que le débiteur peut acquérir à l'avenir et au cas d'acquisitions successives, son rang se détermine, relativement aux autres hypothèques, par la date des diverses inscriptions (Cass., 5 nov. 1873, S. 74-1-81).

Décidé, au contraire, que l'hypothèque judiciaire ne frappe pas nécessairement les biens présents et à venir du débiteur et qu'elle n'atteint ce dernier qu'autant que le créancier s'en est formellement expliqué dans son inscription sans qu'il soit, d'ailleurs, nécessaire qu'il ait employé des termes sacramentels (Limoges, 3 juin 1871, S. 71-2-84).

— *Inscription, Date du titre.* — La date du titre doit être mentionnée, à peine de nullité, dans le bordereau d'inscription (Limoges, 28 fév. 1879, S. 80-2-265).

— *Inscription, Évaluation de la créance.* — L'inscription d'hypothèque judiciaire doit, à peine de nullité, contenir l'évaluation de la créance (Chambéry, 22 déc. 1879, S. 80-2-241). Mais l'indication d'une date précise ne peut être exigée si l'échéance est certaine; dans ce cas il suffit que le bordereau indique avec certitude l'acte ou le fait qui doit déterminer l'exigibilité et régler l'échéance jusque-là sans fixité (Cass., 1er mai 1876, S. 76-1-303.) Et l'époque d'exigibilité est suffisamment indiquée dans l'inscription prise en exécution d'une convention d'ouverture de crédit lorsque le créancier a analysé dans l'inscription l'acte intervenu, y a indiqué sommairement les clauses stipulées et, enfin, a ajouté la mention suivante : *Pour sûreté de crédit ouvert aux termes de l'acte précité exigible comme il est dit ci-dessus* (Limoges, 28 fév. 1879, S. 80-2-265).

— *Inscription, Erreur sur la désignation du débiteur.* — Une erreur portant sur la désignation du débiteur n'entraîne pas la nullité de l'inscription si l'indication dans son ensemble contient une désignation individuelle et spéciale permettant sans difficulté de reconnaître et distinguer le débiteur (Rouen, 24 avril 1874, S. 74-2-277).

— *Inscription, Election de domicile.* — L'élection de domicile dans un bordereau d'inscription n'est pas une formalité substantielle et son omission n'entraîne pas la nullité de l'inscription (Rennes, 27 janv. 1874, S. 74-2-278 ; — Poitiers, 10 juin 1878, S. 79-2-109).

— *Inscription hypothécaire, Créancier, Election de domicile, Défaut, Nullité.* — L'élection de domicile dans l'arrondissement du bureau des hypothèques par le créancier qui prend inscription est prescrite dans l'intérêt tant du débiteur que des autres créanciers inscrits et du tiers détenteur ; par suite, elle constitue une formalité subtantielle dont l'omission entraîne la nullité de l'inscription (Cass. civ., 28 mars 1882, art. 673, t. 4, p. 311).

— *Domicile élu, Avoué, Mandataire, Responsabilité.* — L'avoué chez lequel il a été élu domicile dans une inscription hypothécaire est présumé avoir accepté le mandat qu'impliquait cette élection de domicile, quand il accepte, sans faire de réserves, une sommation adressée au créancier de prendre communication d'un cahier des charges.

Il doit, dès lors, faire parvenir à la connaissance de son mandant la sommation reçue, sous peine d'engager sa responsabilité et de devenir responsable des suites que pourrait occasionner sa négligence à le faire.

Mais il accomplit suffisamment son mandat, et sa responsabilité est couverte s'il prouve qu'il a, en temps utile, adressé ladite sommation à son mandant. Il peut administrer cette preuve par les moyens de droit (Chambéry, 8 mai 1883, art. 741, t. 4, p. 505).

— Inscription, Transcription, Même date, Préférence, Antériorité, Biens indivis, Vente, Tiers détenteurs, Saisie immobilière. — (Doctrine, art. 109, t. 1er, p. 283).

— Privilèges et hypothèques, Tiers détenteur, Sommation de payer ou de délaisser, Expiration du délai imparti dans l'article 2183 du Code civil, Déchéance de la faculté de purger, Péremption du commandement fait au débiteur principal, Influence de cette péremption sur le droit des tiers détenteurs, Articles 2162, 2183, 2217 du Code civil, 773, 774 du Code de procédure civile. — Si le tiers détenteur qui ne fait pas aux créanciers inscrits la notification prescrite par l'article 2183 du Code civil est déchu de la faculté de purger c'est à la condition que le commandement au débiteur principal, qui doit précéder la sommation elle-même, ne soit pas tombé en péremption.

La péremption, dont se trouve frappé, d'après l'article 674 du Code de procédure civile le commandement qui n'a pas été mis à exécution dans les quatre-vingt-dix jours de sa date, s'applique au commandement exigé par l'article 2169 du Code civil.

Ce commandement doit donc être réitéré à peine de nullité de la poursuite, si la saisie elle-même n'a pas été pratiquée dans le délai de quatre-vingt-dix jours.

Le tiers détenteur peut faire valoir non seulement l'inefficacité de la sommation qui lui a été adressée, mais aussi la nullité ou la péremption du commandement signifié au débiteur principal (Chambéry, 25 mai 1881, art. 326, t. 2, p. 362).

— Hypothèque judiciaire, Biens à venir, Effet, Radiation, Certificat, Réquisition. — L'effet légal de l'hypothèque judiciaire ne peut se réaliser, quant aux biens à venir, qu'à mesure que ces biens deviennent la propriété du débiteur.

Ainsi, lorsque l'état d'inscriptions hypothécaires, délivré au propriétaire actuel d'un immeuble, sur sa réquisition, contient mention de l'hypothèque judiciaire sur biens présents et à venir, inscrite contre un débiteur qui éventuellement peut devenir propriétaire de l'immeuble, mais qui n'a encore sur cet immeuble aucun droit, le propriétaire actuel est en droit de s'adresser aux tribunaux pour obtenir la radiation totale de l'inscription prise contre le débiteur (C. civ., 2124, 2126, 2157).

Il importerait peu que la réquisition eût indiqué le débiteur au nombre des personnes du chef desquelles des inscriptions pouvaient exister sur l'immeuble, et que le conservateur eût été ainsi autorisé, au point de vue professionnel, à faire figurer à l'état par lui délivré l'inscription d'hypothèque générale prise contre le débiteur à son bureau (Cass. req., 26 fév. 1883, art. 915, t. 5, p. 529).

— Restriction, Paraphernaux, Décrets de la Défense nationale

des 9 *septembre et* 3 *octobre* 1870, *Loi du* 20 *décembre* 1879, *Renouvellement d'hypothèque, Péremption, Article* 2154 *du Code civil*. — Les restrictions d'hypothèque légale doivent être strictement interprétées. Rien n'empêche de restreindre, soit dans le contrat de mariage, soit dans un contrat postérieur, en remplissant les formalités prescrites, l'hypothèque légale de la femme à raison seulement d'une somme déterminée, notamment des sommes constituées en dot dans son contrat de mariage.

La restriction accordée dans de semblables conditions ne peut porter aucune atteinte à l'hypothèque légale de la femme pour le recouvrement de ses pharaphernaux.

L'article 2 de la loi du 26 décembre 1879, en déclarant qu'elle ne serait pas applicable aux prescriptions et péremptions tombant en échéance dans l'année de sa promulgation, a voulu parler non des prescriptions et péremptions réglées par le droit commun, mais des prescriptions et péremptions réglées par décrets de la Défense nationale, soit en tenant compte de l'augmentation résultant du délai de suspension accordé par les susdits décrets (Trib. civ. de Chambéry, 2 août 1882, art. 511, t. 3, p. 441).

— *Inscription, Radiation, Désistement, Acte d'avoué à avoué*. — La radiation d'une inscription hypothécaire ne peut être opérée en vertu d'un désistement signifié d'avoué à avoué ; ce n'est pas là un acte authentique dans le sens de l'article 2158 du Code civil (Caen, 25 mars 1871, S. 72-2-165).

— *Projet de loi sur la renonciation de la femme à son hypothèque légale* (Art. 442, t. 3, p. 236).

I

IMPOTS DIRECTS. — *Saisie-exécution, Commandement, Gardien*. — La saisie-exécution à laquelle le percepteur, lorsqu'il y a lieu de craindre un enlèvement furtif, peut procéder sans autre ordre ni autorisation, doit-elle être précédée d'un commandement fait au moins un jour avant ?

Le gardien que le percepteur est autorisé à établir d'office, soit au domicile du contribuable, soit dans le lieu où existe le gage de l'impôt pour veiller à sa conservation en attendant les poursuites, n'est qu'un surveillant ; il n'a ni le caractère ni les droits du gardien placé par autorité de justice.

S'il arrivait que cette surveillance fût insuffisante, le percepteur devrait solliciter, par voie du référé, l'établissement provisoire de gardiens ayant pouvoir d'empêcher tout divertissement (Douai, 31 mai 1881, art. 297, t. 2, p. 274).

IMPOTS INDIRECTS. — *Contributions indirectes, Jugement, Mémoires, Signification, Mention*. — Le jugement qui, en matière de contributions indirectes, ne mentionne dans aucune de ses parties les significations des mémoires sur lesquels la cause a dû être instruite et jugée, est entaché de nullité.

Il en est ainsi alors même qu'il ressort des énonciations du jugement que les moyens des mémoires ont été examinés (Cass. civ., 14 juin 1880 ; — Cass. civ., 12 juill. 1880, art. 254, t. 2, p. 175).

INSTRUCTION CRIMINELLE. — *Modification de l'article 336 du Code d'instruction criminelle, Suppression du résumé du président des assises, Rapport de M. Dauphin au Sénat* (Art. 301, t. 2, p. 284).

— *Opposition à ordonnance de non-lieu, Partie civile*. — L'opposition formée par la partie civile à l'ordonnance de non-lieu rendue par le juge d'instruction conserve l'action publique en même temps que l'action civile et la juridiction saisie à la suite de l'annulation de l'ordonnance doit statuer aussi bien sur l'application de la peine que sur les dommages et intérêts (Cass., 29 mars 1878, S. 79-1-93).

INCIDENT. — *Exception, Pouvoirs des tribunaux*. — Le principe que le juge de l'action est le juge de l'exception s'applique aux tribunaux de première instance, juridiction du droit commun (Trib. civ. de La Châtre, 24 août 1883, art. 691, t. 4, p. 374).

INSTRUCTION PRIMAIRE OBLIGATOIRE. — *Loi du 28 mars 1882, Faits constitutifs de la récidive, Procédure*. — Il n'y a pas récidive dans le sens de la loi du 28 mars 1882 si la procédure édictée par les articles 12 et 13 de ladite loi n'a pas été régulièrement suivie.

Ainsi, les dispositions pénales prévues par l'article 14 ne sont pas applicables si la commission scolaire n'a pas déjà prononcé, dans les conditions déterminées par la loi du 28 mars une première fois la réprimande et même, en cas d'absence du contrevenant, l'affichage, une deuxième fois l'affichage.

Les délibérations prises par la commission scolaire ne sont valables que sous la double condition qu'elles aient été prises à la majorité et qu'elles portent la signature des membres composant cette majorité.

Il y a violation et fausse interprétation de la loi dans le fait par un juge de paix d'appliquer les dispositions pénales prévues par l'article 14 lorsque la commission scolaire n'a pas, au préalable, infligé au contrevenant la réprimande et l'affichage (Trib. correct. de Bonneville, 28 juin 1883, art. 694, t. 4, p. 378).

INSTRUCTION PUBLIQUE. — *Lycées, Prix de pension, Proviseur, Action en justice.* — Si, aux termes des règlements administratifs, les proviseurs de lycées doivent agir par l'intermédiaire du procureur de la République pour le recouvrement du prix de la pension des élèves, il ne s'ensuit pas que l'action directe du proviseur soit irrévocable (Trib. de la Seine, 10 nov. 1882, art. 788, t. 5, p. 124).

INTERDICTION.. — *Maladies physiques.* — L'interdiction, n'ayant été établie que pour remédier aux maladies mentales, ne doit pas être appliquée aux maladies physiques. Ainsi le juge ne doit pas prononcer l'interdiction de l'individu qui n'est atteint que d'une paralysie de la langue, le mettant dans l'impossibilité de parler (Caen, 1er mai 1879, art. 32, t. 1er, p. 83).

— *Démence, Caractères, Conseil judiciaire, Faiblesse d'esprit, Caractères.* — Les actes de bouffonnerie et d'extravagance non plus que la manie de faire des opérations commerciales désastreuses ne sauraient constituer l'état de démence autorisant la mesure de l'interdiction, lorsqu'il est constant que la personne qui a commis ces actes et qui est atteinte de cette manie agit en vertu de sa volonté et a conscience de ses actions, sauf aux tribunaux à nommer à cette personne un conseil judiciaire, si son intelligence a subi un certain affaissement se caractérisant par les faits ci-dessus et dénotant la faiblesse d'esprit (Amiens, 8 déc. 1881, art, 540, t. 3, p. 535).

— *Composition du conseil de famille, Mère de l'interdit, Père poursuivant l'interdiction, Nullité.* — En matière d'interdiction, la mère doit être admise à faire partie du conseil de famille, alors même que l'interdiction est poursuivie à la requête de son mari (Caen, 10 janv. 1880, art. 222, t. 2, p. 65).

— *Demande en interdiction, Défaut d'appel de frères germains au conseil de famille, Nullité, Appréciation du juge, Défaut de signification de la délibération du conseil de famille au défendeur en interdiction.* — L'obligation de signifier à la personne, dont l'interdiction est poursuivie, la délibération du conseil de famille appelé à donner son avis sur l'opportunité de cette mesure n'est pas prescrite à peine de nullité (Art. 892, 893, C. proc. civ.).

L'irrégularité résultant du défaut d'appel à ce conseil de famille de frères germains résidant dans le périmètre indiqué par l'article 407 du Code civil, n'entraîne pas nécessairement la nullité de la délibération prise par ledit conseil ; il appartient au juge d'apprécier, suivant les circonstances de la cause, si cette nullité doit ou non être prononcée (Art. 407, 408, C. civ ; — Cour d'appel de Chambéry (ch. réun.), 11 déc. 1882, art. 570, t. 4, p. 60).

— *Demandeur, Décès Reprise d'instance, Conseil de famille, Composition, Chose jugée, Aliéné, Mandataire* ad litem, *Intervention, Mari, Séparation de corps, Conseil de famille.* — L'instance en interdiction interrompue par le décès du demandeur peut être reprise par un autre parent ou par le conjoint du défendeur ;

Un jugement qui a déclaré régulière la composition du conseil de famille dans une certaine délibération, n'a point force de chose jugée pour faire maintenir la même composition de ce conseil dans une nouvelle délibération ayant un objet tout autre que la première ;

Il n'est pas nécessaire que le mandataire *ad litem*, nommé d'après l'article 33 de la loi du 30 juin 1838, à une personne placée dans un établissement d'aliénés, soit présent dans l'instance en interdiction de cette personne ;

L'avis de parents, exigé par l'article 494 du Code civil, est un préalable indispensable à toute poursuite en interdiction, et l'annulation de cet avis fait tomber *ipso facto* toute la procédure qui l'a suivi.

Le mari qui plaide en séparation de corps est incapable de faire partie du conseil de famille chargé de donner son avis sur l'état mental de sa femme dont l'interdiction est demandée (Caen, 31 juill. 1878, art. 53, t. 1, p. 126).

— *Requête, Articulation, Juge de paix, Avis motivé, Indication de cet avis.* — La peine de nullité n'est pas attachée à l'inobservation des formalités édictées par l'article 498 du Code de procédure civile (articulation par écrit de faits pouvant donner lieu à l'interdiction) ;

La sanction de la nullité n'existe pas davantage comme conséquence de ce double fait que le juge de paix, président d'un conseil de famille n'aurait pas mentionné son avis dans le procès-verbal de délibération de ce conseil, suivant l'article 883 du Code de procédure civile, et n'aurait pas même donné son avis sur l'état du prétendu fou, en conformité des articles 416 et 494 du Code civil (Douai, 23 juin 1880, art. 179, t. 1er, p. 485).

— *Délibération du conseil de famille, Mandat spécial et impératif, Nullité de la délibération.* — L'article 412 du Code civil, en autorisant les membres d'un conseil de famille à se faire représenter par un mandataire spécial, ne les autorise point à donner un mandat impératif. Le mandataire doit avoir toute liberté de discuter et de voter. Le mandat impératif est frappé d'une nullité radicale qui doit entraîner celle de la délibération elle-même (Trib. civ. de Chambéry, 16 mars 1880, art. 113, t. 1er, p. 309).

— *Procédure, Interrogatoire du défendeur par le tribunal, Formalité substantielle*. — L'interrogatoire du défendeur à une poursuite en interdiction constitue une formalité essentielle de la procédure d'interdiction, et il ne saurait y être suppléé par aucune autre mesure (Cour de Paris, 28 avril 1879, art. 31, t. 1er, p. 82).

— *Aliéné, Mandataire spécial*. — La présence de la personne à interdire étant substantielle dans la procédure d'interdiction, il en résulte que le tribunal ne peut, par application de l'article 33 de la loi du 30 juin 1838 sur les aliénés, nommer un administrateur chargé de représenter un aliéné dans l'instance en interdiction (Caen, 26 avril 1882, art. 461, t. 3, p. 322 ; — Art. 563, t. 4, p. 44).

INTERDICTION ET CONSEIL JUDICIAIRE. —
Appel sans le concours du prodigue, Mise en cause de ce dernier.
— Le conseil judiciaire qui assiste le prodigue devant les tribunaux exerce un droit qu'il tient de la loi, et dont l'exercice le rend partie nécessaire au procès, et sur lequel le concours ou l'abstention du prodigue, une fois l'instance engagée, demeure sans aucune influence. Il peut donc interjeter appel du jugement qui repousse ses conclusions, même sans le concours du prodigue (Paris, 23 août 1879, art. 114, t. 1er, p. 311).

— *Administrateur provisoire, Appel, Référé*. — Pendant l'instance d'appel d'un jugement qui a prononcé l'interdiction d'un individu, le juge des référés est incompétent pour commettre un administrateur provisoire, chargé de veiller à la personne et aux biens (Bordeaux, 28 avril 1879, art. 7, t. 1er, p. 22).

Poursuite en interdiction. — *Partie intervenante, Contre-enquête, Validité, Délais*. — La signification de l'ordonnance, obtenue par le demandeur en interdiction pour procéder à l'enquête des faits admis à preuve, devra nécessairement être signifiée à l'intervenant pour faire courir contre celui-ci les délais des articles 256 et 257, du Code de procédure civile.
La qualité de l'intervenant étant méconnue lors de l'enquête principale, ce dernier fera valablement procéder à une contre-enquête si, dans la huitaine de la signification du jugement déclaratif d'intervention, il a obtenu ordonnance du juge-commis-

saire (Art. 256, 257, 259, C. proc. civ. ; — Trib. civ. de Bonneville, 1ʳᵉ ch., 9 juill. 1883, art. 692, p. 375).

Conseil judiciaire. — *Jugement signifié à un prodigue, Défaut
de signification au conseil judiciaire, Nullité, Prodigue réintégré
postérieurement dans ses droits, Défaut de nouvelle signification,
Délai n'ayant pas couru, Droit d'appel restant ouvert, Jugement
pris contre le prodigue, Nullité, Évocation.* — La signification
d'un jugement faite à un prodigue seul n'ouvre pas contre lui
les délais d'appel qui ne peuvent courir que par l'effet d'une
double signification faite tant au prodigue qu'à son conseil judiciaire.

Lorsqu'une signification a été faite et que le conseil judiciaire
a cessé postérieurement, une nouvelle signification doit être
faite au prodigue au moment où il est relevé de son incapacité,
pour remplacer la première qui était nulle et pour ainsi fixer le
point de départ du délai d'appel. Faute de ce faire, le droit d'appel n'est atteint d'aucune forclusion et peut être exercé utilement (Paris, 19 août 1882, art. 535, t. 3, p. 525).

— *Jugement portant nomination d'un conseil judiciaire, Sanction du défaut d'accomplissement des formalités de publicité.* — La
nullité des actes passés par le prodigue après le jugement qui
l'a pourvu d'un conseil judiciaire, peut être invoquée par lui ou
ses ayants cause, alors même que les publications prescrites par
l'article 501 du Code civil n'auraient pas encore été remplies au
moment où le prodigue s'est engagé (Poitiers, 15 mai 1882,
art. 466, t. 3, p. 330).

Conseil judiciaire. — *Partage, Licitation, Refus d'assistance,
Autorisation de la justice, Refus d'assistance, Motifs, Demande
nouvelle, Femme, Autorisation maritale, Frais et dépens.* —
1° Le prodigue ou le faible d'esprit ne peut intenter une action
en partie ou en licitation sans l'assistance de son conseil judiciaire (C. civ., 499, 513, 815).

2° Au cas de refus par le conseil judiciaire d'un prodigue ou
d'un faible d'esprit d'assister ce dernier dans un procès soutenu
par lui, il ne peut être suppléé à cette assistance par l'autorisation de la justice (C. civ., 499 et 513).

3° Les juges d'appel n'ont pas le droit d'apprécier le mérite
des motifs pour lesquels le conseil judiciaire refuse d'assister le
prodigue ou le faible d'esprit, alors que cette question n'a pas
été soumise aux premiers juges (C. proc. civ., 464).

4° Les juges, en déclarant non recevable à ester en justice une
femme mariée qui, sur le refus d'assistance de la part du conseil
judiciaire dont elle est pourvue, plaide avec l'autorisation et le
concours à elle indûment donnés par son mari, doivent la con-

damner, ainsi que ce dernier, aux dépens de l'incident (Rennes, 3 janv. 1880, art. 246, t. 2, p. 160).

— Assignation nulle mais nullité relative, Prescription, Arrêt. — Le prodigue pourvu d'un conseil judiciaire est inhabile à intenter seul une action en justice, mais la nullité qui s'attache à l'assignation par lui personnellement donnée n'est que relative; elle est présumée n'avoir jamais existé si l'incapable comparaît en justice assisté de son conseil judiciaire.

Conséquemment, cette assignation est interruptive de la prescription, et c'est à tort qu'une Cour d'appel déclare le contraire (Cass. crim., 27 juin 1884, art. 876, t. 5, p. 392).

Interdiction et conseil judiciaire. — Prodigue plaidant contre son conseil judiciaire, Droit d'ester en justice, Autorisation de justice, Nomination d'un conseil judiciaire ad hoc. — Lorsqu'une action en justice est intentée par un prodigue contre son conseil judiciaire à l'effet d'obtenir contre ce dernier une véritable condamnation, c'est l'article 513 du Code civil qui doit être appliqué.

En conséquence, aucune autorisation ou ratification soit du conseil judiciaire, soit de justice, ne peut habiliter ledit prodigue soit à ester en justice, soit à poursuivre son action introduite au mépris des prescriptions portées en l'article 513 du Code civil.

Et dans ce cas, le prodigue, plaidant contre son conseil judiciaire, doit se pourvoir à l'effet d'obtenir la nomination d'un conseil judiciaire *ad hoc* sans l'assistance duquel il ne peut régulièrement procéder (Trib. civ. de la Seine, 15 mars 1881, art. 328, t. 2, p. 366).

INTÉRÊTS. *— Demande en payement, Intérêts non réclamés, Payement, Répétition, Non-recevabilité.* — La demande en payement d'une somme en capital entraîne par là même la demande en payement des intérêts;

Cette dernière demande n'a pas besoin d'être formellement formulée;

En conséquence, quand bien même ni les conclusions de la demande du capital, ni le jugement qui a prononcé une condamnation ne contiendraient de dispositions relativement aux intérêts des sommes dues, le débiteur qui a payé, en même temps que le principal des condamnations, les intérêts de ce principal du jour de la demande, ne peut agir en répétition de l'indu pour la restitution des intérêts ainsi payés;

Il y a là l'acquittement d'une véritable dette naturelle qui ne saurait donner ouverture à l'action en répétition (Trib. civ. de la Seine, 25 juill. 1879, art. 8, t. 1er, p. 23).

INTERROGATOIRE SUR FAITS ET ARTICLES. —
Pouvoir d'appréciation des tribunaux. — Les tribunaux ne sont
pas obligés d'ordonner l'interrogatoire dans tous les cas; ils ont
un pouvoir souverain d'appréciation pour décider lorsqu'il.y a
lieu de recourir à cette mesure d'instruction (Cass., 15 avril 1874,
S. 75-1-345; — V. *Dict.*, n. 22).

— *Clôture des débats, Non-recevabilité.* — Est non recevable
la demande d'interrogatoire sur faits et articles, introduite après
les conclusions du ministère public et la clôture des débats
(Paris, 1ʳᵉ ch., 12 mars 1884, art. 816, t. 5, p. 202).

— *Appel.* — Le jugement qui statue sur une demande à fin
d'interrogatoire sur faits et articles n'est pas susceptible d'appel
(Caen, 23 juin 1879, art. 41, t. 1ᵉʳ, p. 109).

— *Défaut, Appel, Interrogatoire.* — La partie qui n'a pas comparu devant le juge commis pour l'interroger sur faits et articles
peut, même après le jugement sur le fond, demander en appel
de subir cet interrogatoire (Douai, 11 juill. 1878, S. 80-2-131;
— V. *Dict.*, n. 80).

— *Tierce opposition, Irrecevabilité.* — L'ordonnance ou jugement prescrivant un interrogatoire sur faits et articles ne préjuge pas la décision définitive et laisse entiers tous les moyens
à faire valoir par les parties en cause ou les tiers.

En conséquence, la tierce opposition est irrecevable (Trib.
civ. de Grenoble, 27 déc. 1883, art. 905, t. 5, p. 486).

— *Article.* 330 *du Code de procédure civile, Refus de répondre,
Appreciation des motifs de ce refus.* — Le refus de répondre n'emporte pas nécessairement la reconnaissance des faits sur lesquels on doit être interrogé. L'article 330 du Code de procédure
civile laisse aux tribunaux la faculté de tenir, ou de ne pas tenir,
pour avérés, les faits articulés. Ce point est entièrement soumis à
leur appréciation (Chambéry, 31 janv. 1881, art. 268, t. 2, p. 209).

INTERVENTION. — *Appel, Recevabilité, Intérêt, Préjugé.*
— Il suffit, pour que l'intervention soit recevable en appel, que
l'arrêt qui sera rendu soit de nature, en supposant qu'il confirme la décision des premiers juges, à former un préjugé contraire aux prétentions que l'intervenant est intéressé à soutenir
(C. pr. civ., 466, 474; — Cass., 15 janv. 1880, art. 171, t. 1ᵉʳ,
p. 465).

— *Absence d'intérêt dans la cause, Indivision, Droit du copropriétaire d'intenter l'action négatoire, Enclave provenant d'une
vente, Demande de passage, Article* 684 (*C. civ.*) *modifié par la*

loi du 29 juillet 1881. — On ne peut intervenir dans une instance qu'en justifiant qu'on a un intérêt direct et personnel qui peut être lésé par la décision à rendre entre les parties en cause.

Tout copropriétaire d'un immeuble indivis a le droit d'intenter l'action négatoire sans être obligé de mettre en cause les autres copropriétaires ni même de justifier de leur adhésion. Il a le droit de protéger l'immeuble indivis, dans son propre intérêt en même temps que dans l'intérêt commun.

Lorsque l'enclave est le résultat d'une vente, l'acquéreur doit demander passage, non aux propriétaires voisins, mais au vendeur lui-même. Les propriétaires voisins sont fondés à faire maintenir la liberté de leurs fonds.

L'obligation pour le vendeur de fournir passage, déjà consacrée par la doctrine et la jurisprudence à défaut de disposition législative sur ce point, est aujourd'hui imposée d'une manière formelle par la loi du 29 juillet 1881, qui a modifié l'article 694 du Code civil (Chambéry, 14 mai 1884, art. 873, t. 5, p. 386).

— *Appel, Préjugé.* — L'intervention en cause d'appel est recevable par cela que l'arrêt à rendre serait de nature, en cas de confirmation du jugement, à former un préjugé contraire aux prétentions de l'intervenant (Cass. civ., 5 janv. 1880, art. 220 t. 2, p. 61).

— *Étendue de la demande de l'intervenant.* — L'intervention dont les conclusions sont plus étendues que celles de la demande principale et qui n'ont avec celles-ci qu'un rapport indirect, est irrecevable en tant qu'intervention.

Elle doit, comme action principale, être engagée par une assignation régulière (Paris, 1er fév. 1882, art. 475, t. 3, p. 351).

— *Intervention en instance d'appel après désistement de l'appelant, Conditions du désistement. Désistement par lettre missive, Date certaine, Non-recevabilité de l'intervention.* — Une intervention en instance d'appel n'est recevable qu'autant qu'elle peut se lier à une instance réellement et juridiquement existante ; aussi n'est-elle plus recevable après le désistement émané de l'appelant.

Le désistement n'est assujetti par la loi à aucune forme sacramentelle ; il suffit qu'il soit précis et formel, qu'il émane de celui vis-à-vis duquel il peut être invoqué et qu'il soit accepté par la partie qu'il intéresse ; cette acceptation peut résulter des circonstances de la cause et notamment du fait de la production par l'intimé de la pièce constatant le désistement.

Le désistement de l'appel peut résulter des termes d'une lettre missive.

La certitude de la date d'un acte ou d'une pièce produite en justice peut être établie par d'autres moyens de preuve que leur enregistrement. Elle peut résulter notamment des différents timbres apposés sur l'enveloppe d'une lettre, rapprochés de la date inscrite dans cette même lettre (Chambéry, 12 fév. 1883, art. 626, t. 4, p. 195).

J

JUGE DE PAIX. — *Jugement, Qualités, Objet de la demande, Appel, Taux du ressort.* — Le juge d'appel d'un jugement de justice de paix peut rechercher l'objet de la demande pour déterminer le taux du ressort, aussi bien dans les qualités du jugement que dans les énonciations mêmes du jugement, lesquelles sont l'œuvre du juge (Trib. civ. d'Angers, 8 fév. 1871, art. 252, t. 2, p. 172).

PROJET *de loi sur les justices de paix.* — (Art. 794, t. 5, p. 138).

JUGEMENT. — *Tribunal incomplet, Avocat ou avoué appelé à siéger, Serment, Expropriation pour cause d'utilité publique, Jurés choisis par le tribunal du chef-lieu, Jury, Décision, Majorité, Président, Voix prépondérante.* — La régularité de la composition d'un tribunal qui choisit les jurés, en matière d'expropriation, est un moyen d'ordre public.

L'avocat ou l'avoué étant apte à remplir tous les devoirs que lui impose sa profession, il ne doit pas être tenu de prêter le serment spécial aux magistrats, quand il est appelé à remplacer des juges (Cass., 24 et 26 déc. 1883, art. 753, t. 5, p. 23).

— *Arrêt, Publicité, Noms des juges, Mention.* — La mention de publicité et de celle du nom des juges qui ont statué s'applique à l'arrêt sur incident compris dans le même contexte que l'arrêt définitif au bas duquel se trouvent ces mentions (Cass., 14 déc. 1881, art. 395, t. 3, p. 97).

— *Publicité, Magistrats, Nombre, Constatation, Minute, Jugement, Qualités, Point de fait et de droit, Défense, Conclusions, Discipline, Notaire, Appel, Procédure, Formes, Délai, Ministère public, Assignation.* — L'arrêt dont la minute constate la publicité de l'audience où il a été rendu, et contient les noms des magistrats, au nombre fixé par la loi, ainsi que le nom de l'avocat général qui assistaient à cette audience, est régulier, bien

que les mêmes mentions ne se trouvent pas dans la copie signifiée dudit arrêt.

En matière disciplinaire, les prescriptions des articles 141 et
142 (C. proc. civ.) concernant la rédaction des qualités ne sont
pas obligatoires.

Spécialement, il n'est pas nécessaire que le jugement ou l'arrêt contienne l'exposé des points de fait et de droit ; la procédure est régulière, pourvu qu'il soit constaté que le prévenu a
été mis à même de présenter sa défense, et que ses conclusions
soient mentionnées ainsi que celles du ministère public.

L'appel des décisions rendues sur les poursuites disciplinaires
exercées contre les notaires n'est pas assujetti à toutes les formalités de la procédure civile, mais seulement aux règles qui
ont pour objet de sauvegarder les droits de la défense, telles
que celles qui déterminent le délai dans lequel le recours doit
être formé et signifié à peine de déchéance.

Spécialement le ministère public qui interjette cet appel n'est
pas tenu de se conformer à la disposition de l'article 456 C.
proc. civ., d'après laquelle l'intimé doit être assigné, dans le
délai de deux mois, à comparaître devant la Cour ; cette assignation peut être valablement notifiée à une époque ultérieure
(Cass. civ., 1er déc. 1880, art. 316, t. 2, p. 334).

— *Mise en délibéré, Prononcé à une autre audience, Indication
du renvoi, Omission.* — Les juges ne sont pas tenus, lorsqu'ils
mettent une cause en délibéré, d'indiquer le jour où ils rendront
leur jugement (Cass. req., 5 juill. 1881, art. 439, t. 3, p. 234.)

— *Délibéré, Cause continuée, Rapport.* — Le tribunal qui ordonne qu'il sera délibéré sur l'affaire au rapport d'un juge sans
nommer le juge rapporteur et sans fixer le jour du rapport, entend se référer uniquement au simple délibéré en chambre du
conseil prévu par l'article 116 C. proc. civ., et non à la procédure spéciale du délibéré sur rapport réglé par les articles 93
et suivants du même Code. En conséquence ce jugement ne peut
être annulé pour inobservation des formalités prescrites par ces
derniers articles (Cass., 7 fév. 1881, art. 519, t. 3, p. 483).

— *Juge rapporteur devant concourir au jugement, Nullité en
cas contraire, Evocation, Cause non en état.* — En matière commerciale le juge rapporteur doit concourir au jugement à peine
de nullité, article 35, § 3, du décret du 28 mars 1808.

L'affaire n'est pas en état et les juges d'appel n'ont pas le
droit d'évocation lorsque les parties ont demandé un supplément
d'instruction devant le juge-commissaire (Limoges, 28 nov. 1883,
art. 769, t. 5, p. 75).

— *Qualités, Règlement, Formalités antérieures à l'ordonnance,*

Mention non obligatoire. — Aucune loi ne prescrit, à peine de nullité, que l'expédition des jugements et arrêts mentionne l'accomplissement des formalités qui précèdent l'ordonnance réglant les qualités, et spécialement la signification de l'acte d'avoué à avoué (Cass., 12 av. 1879, art. 152, t. 1er, p. 413).

— *Qualités, Règlement, Jour, Délai.* — Aucune disposition de loi n'exige que la sommation en règlement des qualités soit donnée à un jour absolument fixe, à peine de nullité ;

Ainsi sur une sommation en règlement de qualités signifiée pour un jour déterminé et les jours suivants, le règlement a pu intervenir en l'absence de l'avoué de l'une des parties, seize jours après la date indiquée (Cass. req., 14 juill. 1879, art. 96, t. 1er, p. 257).

— *Qualités de jugement ou d'arrêt, Jugement par défaut.* — Il n'y a pas lieu à signification de qualités d'un jugement par défaut contre avoué ou faute de conclure. — Par suite, la partie défaillante n'est pas recevable à se plaindre des irrégularités qui se trouveraient dans la signification ou le règlement des qualités (Cass. req., 24 juin 1878, art. 218, t. 2, p. 59).

— *Qualités de jugement ou d'arrêt, Règlement, Motifs.* — La décision du magistrat, qui fait main levée de l'opposition aux qualités, n'a pas besoin d'être motivée. (Cass. req., 17 déc. 1879, art. 257, t. 2, p. 183).

— *Qualités, Règlement, Opposition, Magistrats, Avoués, Cessation de fonctions, Compétence.* — Dans le cas où, depuis le jugement ou arrêt aux qualités duquel il a été formé opposition, tous les magistrats qui ont concouru à la décision et les avoués qui occupaient dans l'instance ont cessé leur fonctions, c'est au tribunal ou à la Cour de qui cette décision émane qu'il appartient de régler les qualités, sur assignation donnée à la partie adverse. (Paris, 22 juill. 1876, art. 296, t. 2, p. 273).

— *Qualités, Développements utiles, Suppression, Points de fait et de droit, Pouvoir discrétionnaire.* — Le président du tribunal qui a rendu le jugement est investi d'un pouvoir souverain pour le règlement des qualités (C. proc. civ., 141 et 145).

Il peut en supprimer les passages renfermant des développements inutiles, alors, d'ailleurs, que la rédaction maintenue résume avec précision et clarté les points de fait et de droit dont le tribunal était réellement saisi (Décr., 16 fév. 1807, art. 87).

... Sauf à la partie qui aurait à se plaindre de ces suppressions à soumettre au juge, saisi de l'appel du jugement rendu sur le fond, des chefs dont elle se croirait en droit de réclamer la solution (Cass. req., 2 fév. 1881, art. 484, t. 3, p. 370).

~ 1° *Qualités de jugements ou d'arrêts, Réserves, Suppression, Erreurs, Omissions, Rectification, Opposition, Action principale* ; 2° *Arbitrage, Opérations, Délai.* — 1° Les articles 141 et 142 du Code de procédure relatifs à la rédaction des jugements, ne s'opposent pas à ce qu'une partie, au cours d'une instance, poursuive la rectification de faits abusivement allégués dans l'assignation de son adversaire, et de nature à porter atteinte à ses intérêts. Par suite, un jugement peut déclarer erronées des réserves insérées dans l'assignation et refuser de les introduire dans les qualités, pourvu d'ailleurs que celles-ci renferment toutes les énonciations exigées par la loi (C. proc., 141 et 142). — 1re espèce.

La partie qui prétend que les qualités d'un jugement contiennent des erreurs ou omissions doit en demander la rectification par une opposition formée conformément aux articles 144 et 145 du Code de procédure, et elle est non recevable à réclamer cette rectification par une instance principale distincte et postérieure à l'instance primitive (C. proc., 144, 145). — 2° espèce.

2° Le délai légal ou conventionnel dans lequel les arbitres doivent avoir terminé leurs opérations, notamment à l'obligation de constituer en temps utile le tribunal arbitral (C. proc., 1007, 1012). — 1re espèce.

Par suite, lorsque le compromis a autorisé les arbitres à statuer dans tel délai qu'ils fixeraient, sans déterminer le délai dans lequel les arbitres devraient procéder à la constitution du tribunal arbitral, la mission de ceux-ci est terminée après qu'ils ont laissé passer trois mois sans constituer leur tribunal (*Id*). — 1re espèce (Cass. req., 1er déc. 1880, deux arrêts, art. 647, t. 4, p. 254).

— 1° *Qualités, Rédaction, Partie gagnante, Déchéance* ; 2° *Compétence, Tribunaux civils, Exception, Cause commerciale.* — 1° C'est à l'avoué de la partie gagnante, et non au plus diligent des avoués en cause, que revient le droit de rédiger les qualités du jugement. Si l'avoué de la partie perdante peut, en cas de négligence de l'avoué de la partie gagnante, sommer ce dernier de lever le jugement dans les trois jours, et si, faute par celui-ci de satisfaire à cette sommation, il est autorisé à lever lui-même, il n'y a pas déchéance, dans cette hypothèse, contre l'avoué de la partie gagnante, ni même de droit de priorité au profit de l'avoué de la partie perdante qui, après l'expiration du délai imparti, a dressé, le premier, les qualités.

2° Le juge de l'action étant le juge de l'exception, quand aucune disposition de loi ne lui interdit la connaissance de cette exception, les tribunaux civils sont compétents pour décider, incidemment à une contestation dont ils sont saisis, qu'une société commerciale est nulle pour n'avoir pas été régulièrement constituée, alors d'ailleurs qu'en prononçant cette nullité, ils en restreignent les effets légaux aux parties en cause et dans la limite du litige qui leur est soumis (Cass. req., 26 avril 1880, art. 527, t. 3, p. 502).

— *Qualités de jugement et d'arrêt, Règlement, Compétence, Vacations, Premier président.* — Les magistrats de la chambre des vacations ont pouvoir de régler les qualités d'un jugement ou d'un arrêt, alors même qu'ils n'y ont pas concouru, ce règlement étant de sa nature une matière urgente (C. proc., 145 ; — Décr. 30 mars 1808, art. 44 et 78).

Spécialement ce pouvoir appartient au premier président de la Cour d'appel, ce magistrat ayant le droit de présider toutes les chambres, et par conséquent la chambre des vacations (Cass. civ., 24 août 1881, art. 159, t. 3, p. 318).

— *Qualités (règlement de), Avenir, Date, Erreur, Énonciation suffisante, Rectification, Nullité, Exploit, Enquête, Preuve (en général), Pertinence, Admissibilité, Appréciation souveraine, Cassation.* — L'erreur commise dans les indications essentielles d'un acte de procédure n'a pas pour effet d'en entraîner la nullité, lorsque la partie à laquelle il a été signifié a trouvé dans les autres énonciations qu'il contient le moyen de rectifier cette erreur et n'en a éprouvé aucun préjudice.

Et spécialement, l'avenir en règlement de qualités, donné le 9 août 1880 pour comparaître le mercredi prochain, 11 mai 1880, ne saurait être annulé ; la date manifestement erronée du 11 mai, antérieure à la sommation elle-même, n'ayant pu altérer celle si précise du mercredi prochain qui en est le correctif évident, et qui n'a pas permis à l'avoué adverse d'ignorer le jour fixé pour la comparution.

La décision des juges du fond sur la pertinence et l'admissibilité d'une offre de preuve est souveraine et ne saurait tomber sous la censure de la Cour de cassation (Cass. civ., 15 mars 1882 art. 532, t. 3, p. 518).

JUGEMENT PAR DÉFAUT. — *Défaut-congé, Chose jugée, Non-application de la péremption, Contradiction avec un jugement étranger, Refus d'exequatur.* — Le jugement de défaut-congé peut être attaqué par opposition ou appel ; mais il acquiert l'autorité de la chose jugée, s'il n'est l'objet d'un recours dans les délais légaux, alors surtout que le jugement constate l'appréciation des conclusions des parties.

Un tel jugement étant faute de conclure, ne peut tomber en péremption.

L'*exequatur* doit, dans l'intérêt de l'ordre public, être refusé au jugement étranger diamétralement opposé au jugement français, précédemment rendu dans les conditions susindiquées (Paris, 1re ch., 1er fév. 1884, art. 783, t. 5, p. 111).

— *Jonction, Réassignation, Tribunaux de commerce.* — Les tribunaux de commerce ne sont pas astreints à joindre le profit du défaut au fond et à ordonner la réassignation, lorsque, parmi plusieurs défendeurs cités, quelques-uns sont défaillants.

Cette mesure peut être ordonnée par eux ou refusée suivant les circonstances (Marseille, 15 fév. 1882, art. 552, t. 4, p. 26).

— *Profit-joint, Exception, Nullité ouverte.* — L'inobservation de l'article 153 C. proc. civ., relatif au défaut profit-joint qui, en cas de comparution de quelques-uns seulement des défendeurs, doit être prononcé contre les défaillants, ne peut être invoquée, comme moyen de cassation, par le demandeur, lorsqu'il a négligé de requérir cette décision de jonction (Cass. req., 19 juill. 1881, art. 573, t. 4, p. 66).

— *Profit-joint, Mari, Autorisation.* — L'article 153 du Code de procédure civile n'est pas applicable au cas où le défaillant ne peut être frappé d'aucune condamnation, et, par exemple, au cas où il s'agit d'un mari appelé pour autoriser sa femme (Trib. civ. de Sancerre, 17 fév. 1880, art. 79, t. 1, p. 210).

— *Mari assigné avec sa femme, Demande à fin d'autorisation maritale et à fin de condamnation solidaire du mari aux dépens, Comparution seule de la femme, Conclusions à fin de jugement par défaut pur et simple, Possibilité de contrariété de jugement, Ordre public, Pouvoir du juge, Décision d'office, Défaut profit-joint, Assignation à bref délai.*
Constitution sur la barre, Jugement qui en donne acte, Constitution désormais parfaite, Simple conséquence en cas de non-réitération, Frais de levée du jugement à la charge de l'avoué du défendeur, Femme mariée défenderesse, Obligation qui incombe au demandeur, Constitution d'avoué sans autorisation maritale, Nullité relative. — Dans le cas où un mari, assigné avec sa femme à fin d'autoriser celle-ci à ester, fait défaut et se trouve en outre assigné avec sa femme afin d'être condamné personnellement ou comme chef de la communauté, les tribunaux civils doivent, même d'office, par mesure d'ordre public et pour éviter une contariété de jugements, prononcer contre le mari défaillant, non pas un jugement de défaut pur et simple, mais un jugement de défaut profit-joint, si la femme comparaît.

L'article 76 du Code de procédure civile ne subordonne point la validité de la constitution faite sur la barre, à sa réitération le même jour et par acte ; cette constitution est parfaite en vertu du jugement qui contient acte de la déclaration de l'avoué du défendeur, et le défaut de réitération a seulement pour conséquence d'exposer l'avoué à supporter les frais de levée dudit jugement.

La femme mariée défenderesse peut, sans autorisation maritale, constituer avoué en attendant l'autorisation de justice ; le demandeur, qui a pour obligation de la faire autoriser, est non recevable à exciper de la nullité de cette constitution ; le mari et la femme ont seuls qualité pour opposer une nullité fondée sur le défaut d'autorisation (Niort, 10 avr. 1883, art. 629, t. 4, p. 207).

— *Tribunal de commerce, Défaut faute de conclure, Opposition, Délai, Arbitre.* — Doit être réputé par défaut faute de conclure et par suite n'est susceptible d'opposition que dans la huitaine de la signification, le jugement du tribunal de commerce qui statue en l'absence du défendeur assigné pour plaider sur le rapport d'un arbitre nommé par un jugement contradictoire (Cass. civ., 14 janv. 1880, art. 212, t. 2, p. 41).

— *Exécution dans les six mois, Article 156 (C. proc. civ.), Procès-verbal de carence, Non-représentation de ce procès-verbal, Déclaration du receveur de l'enregistrement, Justification par la femme du payement de sa dot à son mari, Reçu sous seing privé, Simulation.* — Un jugement par défaut, régulièrement signifié ne peut être considéré comme ayant acquis l'autorité de la chose jugée que lorsqu'il est justifié qu'il a été exécuté dans les six mois.

Un procès-verbal de carence suffit pour que, au point de vue de la péremption, le jugement par défaut puisse être tenu pour exécuté, mais à la condition que ce procès-verbal soit représenté au tribunal ; s'il a été égaré et si la partie qui l'invoque ne peut représenter ni l'original ni la copie, le tribunal ne peut passer outre et considérer le jugement par défaut comme exécuté.

Il importerait peu qu'un certificat du receveur de l'enregistrement constatât que ce procès-verbal a été enregistré car si ce certificat constate la réalité du procès-verbal et la date à laquelle il a été rédigé, il ne peut constater que toutes les formalités prescrites à peine de nullité, ont été régulièrement remplies.

Une femme mariée sous le régime dotal et colloquée dans un ordre pour le montant de sa dot, à charge de justifier que son mari l'a réellement reçue, peut prouver cette circonstance par tous les moyens de droit. Elle fait une preuve suffisante en produisant un reçu sous seing privé de son mari. De simples présomptions de simulation ne suffiraient pas pour faire rejeter cette justification, sauf aux parties intéressées à la prouver en contradictoire du mari et de celui qui est censé avoir payé la dot à ce dernier (Trib. civ., de Chambéry, 20 janv. 1884, art. 899, t. 5, p. 457).

— *Opposition, Suspension de procédure pendant plus de trois ans,*

Demande en péremption réciproque, Péremption encourue par le demandeur originaire. — L'opposition au jugement par défaut remet les parties au même état qu'avant ce jugement, et l'opposant ne cesse pas pour cela d'être défendeur à l'action dirigée contre lui ;

En conséquence, non seulement le demandeur originaire ne peut demander la péremption faute d'avoir pris l'initiative et fait statuer sur ladite opposition (Trib. civ. de la Seine, 30 juin 1880, art. 191, t. 1er, p. 533).

JUGEMENT INTERLOCUTOIRE. — *Procédure criminelle, Présomptions, Abus de confiance, Preuve testimoniale.* — 1° Est interlocutoire et peut, dès lors, être attaqué par la voie de l'appel avant le jugement définitif, le jugement qui, malgré les conclusions contraires des défendeurs, autorise le demandeur à invoquer une procédure criminelle terminée par une ordonnance de non-lieu, pour y puiser des présomptions graves, précises et concordantes à l'appui de la demande.

2° Les faits constitutifs d'un abus de confiance ne peuvent être prouvés par témoins (au-dessus de 150 fr.), à défaut d'un commencement de preuve par écrit (Cass. crim., 5 août 1880, art. 272, t. 2, p. 215).

L

LÉGATAIRE UNIVERSEL. — *Légataire particulier, Légataire déchu, Exécuteurs testamentaires, Héritiers du sang, Délivrance de legs imparfaite.* — Le directeur d'un hospice, bénéficiaire d'un legs, peut valablement demander en justice la délivrance de ce legs, lorsque la délivrance volontaire a été incomplète.

C'est contre les légataires universels seuls que doit être formée cette demande en délivrance, les héritiers du sang, ainsi que les exécuteurs testamentaires, ne doivent pas être mis en cause.

Les fruits et intérêts du legs particulier courent seulement à partir du jour de la demande en délivrance (Trib. civ. d'Hazebrouck, 26 août 1882, art. 607, t. 4, p. 138).

LEGS. — *Préliminaire de conciliation, Juge de paix, Compétence.* — En matière de délivrance de legs, c'est devant le juge de paix du lieu où la succession s'est ouverte que l'héritier est valablement assigné en préliminaire de conciliation.

L'héritier même unique soutient vainement qu'en vertu du paragraphe 1ᵉʳ de l'article 50 du Code de procédure, il doit être cité devant le juge de paix de son domicile (Agen, 24 avril 1882, art. 612, t. 4, p. 162).

LÉGISLATION. — *Rapport au garde des sceaux, ministre de la justice, sur les travaux du comité de législation étrangère* (Art. 587, t. 4, p. 93).

M

MARIAGE. — *Opposition, Ascendants, Motifs, Démence, Mainlevée.* — L'opposition formée par les ascendants au mariage de leurs enfants, en vertu des articles 173 et 176 du Code civil, ne peut être accueillie par les tribunaux qu'autant qu'elle est fondée sur un motif légal d'empêchement (Cass., 30 juin 1879, art. 42, t. 1ᵉʳ, p. 111).

— *Opposition, Mainlevée, Délai.* — La demande en mainlevée de l'opposition à mariage peut être formée avant l'expiration du délai d'un mois, à partir de l'acte respectueux (Amiens, 2 juin 1879, art. 43, t. 1ᵉʳ, p. 112).

MATIÈRE SOMMAIRE. — *Ordonnance du président, Défenses, Conclusions, Signification, Intervention.* — L'article 77 du Code de procédure qui accorde un délai de quinzaine au défendeur pour faire signifier ses défenses au demandeur est inapplicable aux matières sommaires. Il en est ainsi spécialement lorsqu'une ordonnance du président a autorisé l'assignation à bref délai pour cause d'urgence, et que l'urgence non contestée par les parties a été reconnue par les juges (C. proc., 77, 405); — 1ʳᵉ et 2ᵉ espèces).

L'article 70 du décret du 30 mars 1808, disposant que les conclusions doivent être respectivement signifiées trois jours au moins avant d'être prises à l'audience, ne s'applique ni aux affaires sommaires ni aux demandes en intervention (Décr., 30 mars 1808, art. 70);

Dès lors, l'intervention en matière sommaire est régulièrement formée par un acte d'avoué à avoué la veille du jugement (Cass., 13 mars 1878; — Trib. civ. de la Seine, 13 août 1879, art. 4, t. 1ᵉʳ, p. 16).

MINEUR. — *Licitation, Autorisation du conseil de famille, Homologation du tribunal.* — (Art. 143, t. 1ᵉʳ, p. 385).

— *Aliénation de valeurs mobilières, Indivision, Licitation.* — Le conseil de famille qui, aux termes de la loi des 27-28 février 1880, doit autoriser la vente des valeurs mobilières appartenant à un mineur, ne peut autoriser l'aliénation de la part indivise appartenant à un mineur dans des valeurs mobilières dépendant d'une succession. Il faut préalablement que ces valeurs aient été, entre les divers intéressés, l'objet d'une attribution régulière et définitive, suivant les formes des articles 836 du Code civil, et 976 et suivants du Code de procédure civile (Doctrine, art. 145, t. 1er, p. 396).

— *Commentaire de la loi des* 27-28 *février* 1880, relative aux valeurs mobilières appartenant aux mineurs interdits, et à conversion de tous titres nominatifs en titres au porteur (Art. 142, p. 380 ; — art. 158, p. 425 ; — art. 176, p. 473 ; — art. 188, t. 1er, p. 505).

— *Lorsque pendant le mariage, et alors que le père est administrateur légal des biens de ses enfants mineurs, il existe une opposition d'intérêts, à raison d'une affaire déterminée entre le père et ses enfants, y a-t-il lieu à nomination d'un tuteur* ad hoc ?

Ce tuteur doit-il être nommé par le conseil de famille ou par le tribunal ? (Art. 302, t. 2, p. 289).

— *Loi des* 27-28 *février* 1880, *Son application, Son étendue, Tutelle du père ou de la mère survivant, Jouissance légale, Emploi des capitaux.* — La loi des 27-28 février 1880 est une loi de procédure qui s'applique à toute tutelle en cours au moment de sa promulgation. Son exécution peut être pour la première fois réclamée en appel.

L'obligation de faire emploi des capitaux appartenant aux mineurs s'étend à toute tutelle même à celle du père ou de la mère, aux biens dont il a la jouissance légale comme à ceux dont il n'a que l'administration.

Dans le cas où, par disposition régulière, le survivant serait dispensé de faire emploi et de donner caution, il y aurait lieu de distinguer les biens soumis à son usufruit conventionnel de ceux sur lesquels l'article 384 du Code civil lui donne un droit de jouissance légale ; les premiers échappent à la loi du 28 février 1880, les autres, au contraire, sont protégés par elle (Douai, 24 juin 1881, art. 341, t. 2, p. 403).

— *Aliénation de valeurs mobilières, Jugement de chambre du conseil, Transfert d'obligations du Crédit foncier, Tiers, Partage.* — Un jugement de chambre du conseil est un acte de juridiction gracieuse, qui n'a aucune force exécutoire surtout à l'égard des tiers.

La loi du 27 février 1880 n'a nullement entendu déroger aux dispositions des articles 838 du Code civil et 967 et suivants du Code de procédure civile ; elle n'a eu pour objet que de sauve-

garder les intérêts du mineur en restreignant les pouvoirs at-
tribu s par le Code au tuteur.

Une société de crédit se refuse donc, à bon droit, d'opérer le
transfert de valeurs nominatives appartenant à un mineur,
même avec le concours de son tuteur, autorisé par le conseil de
famille, tant qu'un partage régulier n'a pas fait tomber lesdites
valeurs dans le lot du mineur (Trib. civ. de la Seine, 1re ch.,
7 décembre 1883, art. 756, t. 5, p. 39).

— *Valeurs mobilières, Titres nominatifs, Indivision, Transfert,
Conseil de famille.* — Le conseil de famille ne peut véritablement autoriser l'aliénation de valeurs mobilières, spécialement
de titres au porteur dépendant d'une succession indivise entre
un mineur et des majeurs, alors qu'il n'a pas encore été fait de
partage : la loi du 27 février 1880 n'a pas voulu déroger aux articles 838 du Code civil, 966 et suivants du Code de procédure, et
priver ainsi le mineur de la protection que ces dispositions légales
lui assurent pour le partage des successions auquel il est appelé
(C. civ., 838 ; — C. proc., 966 et suiv. ; — L. 27 fév. 1880, art. 1er).

Par suite, c'est à bon droit qu'une société de crédit se refuse
au transfert d'obligations nominatives dépendant d'une succession où figure un mineur, même avec le concours du tuteur autorisé par le conseil de famille, tant qu'un partage régulier n'a
pas fait tomber lesdites obligations dans le lot du mineur
(*Id.* ; — Trib. de la Seine, 5 déc. 1883, art. 881, t. 5. p. 410).

— *Valeurs industrielles ou mobilières, Aliénation, Mineur émancipé, Mariage, Conseil de famille.* — Le mineur émancipé par le
mariage, a-t-il besoin de l'autorisation de son conseil de famille
pour l'aliénation des valeurs mobilières qui lui appartiennent?
(Trib. de Lille, 6 août 1882. — Trib. de Dunkerque, 24 novembre 1881, art. 886, t. 5, p. 411).

— Lorsque, au cours de la tutelle, il existe une opposition
d'intérêts entre le mineur et le subrogé tuteur, y a-t-il lieu de
nommer un subrogé tuteur *ad hoc*? (Art. 449, t. 3, p. 289).

— *Inapplicabilité de la loi du 27 février 1880 au père administrateur.* — La loi du 27 février 1880, portant que le tuteur ne
pourra aliéner les rentes et actions, parts d'intérêts, obligations
et autres meubles incorporels quelconques appartenant au mineur, n'est pas applicable au père administrateur légal (Trib. civ.
de la Seine, 2e ch., 27 av. 1882, art. 470, t. 3, p. 341).

— *Loi des 27-28 février* 1880, *Rétroactivité, Caractère, État et
capacité des personnes.* — Les lois étant exécutoires, dès qu'elles
ont été promulguées, régissent tous les actes qui se régissent depuis cette promulgation, et s'appliquent notamment, à partir de
cette époque, sans qu'il y ait effet rétroactif, à l'état et à la capa-

cité des personnes, à la puissance et à l'autorité civile que certaines d'entre elles peuvent avoir sur d'autres ainsi qu'aux droits que les unes peuvent avoir sur les biens des autres (C. civ., 1, 2).

Spécialemént, depuis la promulgation de la loi du 27 février 1880, le tuteur ne peut recevoir le prix d'un immeuble ayant appartenu au mineur et aliéné avant cette époque, mais non encore payé, qu'en se soumettant aux obligations imposées au tuteur pour l'emploi de ce prix par ladite loi (L. 27-28 fév. 1880, art. 6 et 9).

La défense de former une demande nouvelle en cause d'appel ne s'applique point aux conclusions prises par le subrogé tuteur pour faire appliquer au tuteur les dispositions de la loi du 27 février 1880 sur l'emploi des capitaux appartenant à son pupille, bien que cette loi n'ait été promulguée qu'après la prononciation du jugement : c'est là, non une demande nouvelle, mais un moyen nouveau (C. pr. civ., 464, résolu par la Cour d'appel).

La disposition de l'article 6 de la loi du 27 février 1880, d'après laquelle le tuteur doit faire, dans le délai de trois mois, emploi des capitaux appartenant ou échus au mineur, s'applique sans distinction à tout tuteur, même à celui qui a l'usufruit légal (résolu par la Cour d'appel).

Lorsqu'un tuteur a délégué à ses créanciers personnels le prix d'un immeuble de son pupille, sous la condition d'être autorisé par justice à disposer de la somme déléguée, le jugement qui dénie à ce tuteur le droit de disposer de cette somme, doit, par voie de conséquence, annuler la délégation (Paris, 12 mars 1881, art. 391, t. 3, p. 62).

— *Demande en nullité d'une délibération du conseil de famille emportant destitution de tutelle, Nécessité d'assigner tous les membres du conseil de famille qui ont été d'avis de la délibération.* — Aux termes de l'article 883, § 2, du Code de procédure civile, le tuteur destitué qui se pourvoit devant le tribunal contre une délibération du conseil de famille qui a prononcé sa destitution, doit mettre en cause non seulement le subrogé tuteur, mais tous les membres du conseil qui ont donné un avis conforme à la délibération attaquée (Trib. civ. de la Seine, 1re ch., 20 avril 1880, *Droit*, 12 sept. 1880).

— *Mineur émancipé, Bénéfice d'inventaire, Meubles incorporels, Rentes sur l'État, Dissentiment qui existe entre le ministre des finances et l'autorité judiciaire.* — L'avis du conseil d'État approuvé le 11 janvier 1808 ne concerne que les héritiers bénéficiaires volontaires et par conséquent majeurs. Par suite, l'article 4 de la loi du 27 février 1880, qui autorise le mineur émancipé par le mariage à vendre ses meubles incorporels avec la seule assistance de son curateur, s'applique même aux meubles de

cette nature qui appartiennent audit mineur à titre d'héritier-
bénéficiaire, et, par conséquent, aux rentes sur l'État (Cass.
civ., 13 août 1883, art. 704, t. 4, p. 401).

— *Subrogé tuteur, Appel.* — Le subrogé tuteur a qualité pour
interjeter appel, à défaut du tuteur, des jugements rendus au
préjudice du mineur (Paris, 11 fév. 1874, S. 74-2-197).

Cette question est vivement controversée (V., dans le sens
de l'arrêt ci-dessus, Chauveau sur Carré, Q. 1592 ; — Tallandier,
De l'appel, n. 27 ; — Mourlon, *Répétitions écrites sur le Code de
procédure*, p. 363 ; — Coffinière, *Encyclopédie du droit*, v. *Appel civil*, n. 181 ; — *Contra*, Carré, Q. 1592 ; — Boistard et
Colmet-d'Aage, *Leçons de procédure*, t. 2, n. 682 ; — Demolombe, t. 1er, n. 373 ; — Aubry et Rau, t. 1er, § 117, p. 477).

N

NOTAIRES. — *Honoraires, Action en payement, Exécutoire,
Loi du 5 août 1881, article 3, Hypothèque judiciaire, Option, Article 60 du Code de procédure civile.* — La loi du 5 août 1881 qui
a eu pour but de protéger les intérêts des parties en supprimant la nécessité, pour les notaires, de poursuivre par-devant
justice le recouvrement de leurs frais, n'a pas privé pour autant
ces derniers d'agir devant le tribunal civil, s'ils peuvent y avoir
intérêt.

Ils ont l'option entre l'action civile et l'exécutoire qu'ils peuvent obtenir, aux termes de la loi du 5 août 1881 (Trib. civ.
de Chambéry, 30 déc. 1882, art. 580, t. 4, p. 82).

O

OBLIGATION. — *Engagement par le créancier de ne pas
inquiéter le débiteur, Poursuites, Jugement favorable à la demande, Appel, Confirmation.* — L'engagement pris par un créancier de ne pas inquiéter son débiteur ne peut indéfiniment
être invoqué par le débiteur, et les tribunaux demeurent souverains appréciateurs du délai à accorder au débiteur (Paris,
10 août 1882, art. 525, t. 3, p. 493).

OFFICES. — *Suppression, Fixation de l'indemnité* (Art. 243,
t. 2, p. 145).

— *Office ministériel, Suppression, Indemnité, Préparation, Pourvoi discrétionnaire.* — Le gouvernement exerce un pouvoir discrétionnaire dont l'exercice ne saurait être discuté devant les tribunaux quand, en supprimant un titre d'office, il fixe, au profit du titulaire supprimé, une indemnité qu'il met à la charge des titulaires conservés et dont il fait entre eux la répartition.

En conséquence, le décret qui dispose ainsi confère au titulaire supprimé ou à ses ayants cause un titre dont il leur appartient de poursuivre l'exécution, par les voies judiciaires, contre chacun des débiteurs de l'indemnité répartie (*Gaz. des Tribunaux* des 3 et 4 fév. 1879).

— *Cession, Contre-lettre, Nullité.* — En matière de cession d'office, les contre-lettres sont entachées de nullité radicale et ne peuvent produire aucun effet (Cass., 9 et 10 déc. 1878 ; — *Droit* du 11 déc. 1878).

OFFRES RÉELLES. — *Domicile élu, Sommation préalable.* — Les offres réelles doivent être faites au domicile élu pour le payement ;

Il n'est pas nécessaire que les offres soient précédées d'une sommation au débiteur indiquant le jour et l'heure auxquels elles auront lieu (Cass., 18 mars 1879, art. 97, t. 1er, p. 258).

— *Domicile élu, Commandement tendant à saisie immobilière, Nullité.* — En principe, les offres réelles doivent être notifiées au domicile du créancier.

La loi a dérogé à cette règle pour le cas de saisie-exécution, et l'article 584 (C. proc. civ.) autorise le débiteur poursuivi mobilièrement à signifier au domicile élu dans le commandement des offres réelles. Mais l'article 672 du Code de procédure civile, qui a trait à la saisie immobilière ne reproduisant pas la même disposition, le débiteur poursuivi immobilièrement qui peut se libérer doit se conformer strictement à l'article 1258 du Code civil (Trib. d'Albi, 27 mai 1881, t. 2, art. 320, p. 346).

— *Compétence du juge de paix, Frais de référé.* — I. Le juge de paix est compétent en matière d'offres réelles, l'article 815 C. proc. civ. n'établissant aucune règle particulière de compétence pour ces sortes de demande.

II. Une demande en frais de référé peut être portée devant le juge de paix saisi de la demande principale dont ces frais ne sont que l'accessoire (Paris, 14 déc. 1881, art. 616, t. 4, p. 169).

— *Frais non liquidés.* — L'offre réelle d'une certaine somme pour les frais non liquidés que la partie sait toutefois être très inférieure aux frais mis à sa charge ne peut être considérée comme libératoire, alors même qu'elle aurait été faite avec les clauses habituelles, sauf à reduire ou à parfaire (Cass., 5 avril 1870, S. 72-1-173).

— *Conditions*. — Le débiteur qui fait des offres réelles ne peut imposer à son créancier des conditions contraires aux obligations que ce dernier est tenu d'exécuter. Ainsi, sont nulles les offres de payement faites à un expert sous la condition qu'il rectifiera son rapport conformément à un jugement étranger à l'instance dans laquelle ce rapport a été déposé (Cass., 16 mars 1880, S. 80-1-301).

— *Appel, Rétractation*. — On peut en appel rétracter des offres qui ont servi de base au jugement de première instance lorsque ces mêmes offres ont été refusées par celui qui demande la réformation du jugement (Lyon, 25 mars 1873, S. 73-2-179).

ORDONNANCE. — *Magistrat décédé, Référé, Minute non signée, Réquisitoire, Juge commis par la Cour*. — Lorsque le président d'un tribunal, après avoir rendu une ordonnance de référé, vient à décéder sans avoir pu apposer sa signature sur la minute de ladite ordonnance où ne figure que la signature du greffier audiencier, il appartient au procureur de la République, sur le rapport du greffier du tribunal, de présenter telles réquisitions à la Cour d'appel, afin de faire désigner le magistrat du tribunal qui souscrira de sa signature l'ordonnance restée incomplète. — Le réquisitoire est communiqué au procureur général, et la Cour, sur les conclusions écrites de ce magistrat, reconnaissant l'authenticité de l'ordonnance de référé dont s'agit, peut désigner, en chambre du conseil, l'un des vice-présidents du tribunal, par exemple, pour revêtir de sa signature ladite ordonnance de référé (Rouen, 10 janv. 1882, art. 551, t. 4, p. 25).

ORDRE ET CONTRIBUTION. — *Contribution, Contredit, Production, Titre nouveau, Forclusion*. — La forclusion de contredire, prononcée par l'article 664 C. proc. civ., entraîne nécessairement, lorsqu'elle est acquise, celle de produire un titre nouveau.

Lorsque le titre en vertu duquel une saisie-exécution a été pratiquée vient à être annulé, la demande de collocation faite par le créancier poursuivant dans la distribution par contribution ouverte à la suite de cette saisie et la collocation provisoire qu'il a obtenue de ce chef sont sans valeur et non existantes à son égard.

... Encore bien que la procédure de distribution puisse profiter aux autres créanciers (Douai, 27 déc. 1880, art. 307, t. 2, p. 312).

— *Hypothèque maritime, Vente du navire, Distribution du prix, Procédure* (Art. 160, t. 1er, p. 439).

— *Distribution des deniers par contribution.* (Projet de loi, art. 17, p. 40 ; — art. 34, p. 86 ; — art. 58, p. 140 ; — art. 75, t. 1er, p. 183).

— *Contribution ouverte sur le montant de l'indemnité payée à un locataire par une compagnie d'assurance contre l'incendie, Contestations, Privilège du propriétaire pour ses loyers anéanti par suite de la disparition du gage, Droit d'interjeter appel déterminé par le montant de la somme contestée.* — Lorsque des meubles qui servaient de gage à un bailleur sont détruits par un incendie, le privilège de l'article 2102 du Code civil ne passe pas sur l'indemnité payée au locataire incendié par son assureur ; cette indemnité, en effet, n'est pas le prix du gage du propriétaire, mais simplement le prix d'une œuvre absolument facultative au locataire qui, en faisant assurer son mobilier, n'a stipulé que dans son intérêt personnel pour se garantir contre le risque d'un événement qui lui causerait un préjudice éventuel et possible ; cette indemnité devient, en tombant dans le patrimoine du locataire, le gage commun de ses créanciers et ne peut être affectée au privilège du propriétaire.

En matière de contribution, le droit d'interjeter appel doit être, comme en matière d'ordre (art. 762 du Code de procédure civile), déterminé, non pas par le montant des sommes à distribuer, mais par celui de la somme contestée (C. d'appel de Paris, 5e ch., 8 déc. 1879, *Gazette des Tribunaux*, 13 fév. 1880).

— *Saisie-arrêt, Indisponibilité, Transport, Contribution.* — Lorsqu'au moment où un transport est consenti la somme ainsi transportée est frappée d'indisponibilité partielle, par suite de saisies-arrêts antérieures ; cette somme indisponible est distribuée au centime le franc entre les créanciers opposants et celui porteur du transport pour la partie de sa créance dont il n'a pas été payé en vertu de son titre (Trib. civil de la Seine, 2e ch., 20 déc. 1879 ; — *Droit*, 14 fév. 1880).

— *Meubles, Saisie, Prix, Contribution, Privilège.* — Le vendeur d'objets mobiliers qui peut justifier par un relevé de ses livres et par le procès-verbal de vente que les meubles par lui vendus représentent une partie des sommes qui font l'objet de la contribution doit être admis par privilège sur cette somme, en vertu de l'article 2102, § 4, du Code civil, après le payement des loyers qui seraient dus au propriétaire.

Ainsi jugé, au rapport de M. Delalain-Chomel, juge-commissaire, sur les plaidoiries de Mes Vavasseur, Regnault et Berlin, avocats des parties, et les conclusions de M. le substitut Boudet sur les contestations de divers créanciers dans la contribution ouverte sur M. Reynal de Choiseul (Trib. civil de la Seine, 2° ch., 6 avril 1880 ; — *Droit*, 7 avril 1880).

— *Constructions élevées sur le terrain d'autrui, Hypothèques, Nullité, Droit au bail et à la jouissance des constructions, Nantissement, Validité.* — Lorsque dans un bail le propriétaire a stipulé l'obligation pour le locataire de construire et de laisser sans indemnité ces constructions à la fin du bail, les hypothèques consenties par le locataire sur ces constructions sont nulles.

Mais le locataire a pu donner en nantissement à ses créanciers les droits mobiliers résultant à son profit du bail (Trib. civil de la Seine, 2e ch., 3 avril 1880 ; — *Droit*, 7 juill. 1880).

— *Contribution, Femme, Faillite du mari, Séparation de biens, Dividende, Frais de justice, Privilège.* — Lorsque la somme à distribuer dans une contribution se compose uniquement du dividende obtenu par une femme dans la faillite de son mari, ce dividende n'ayant pu être obtenu que par suite de la séparation de biens prononcée, les frais avancés par l'avoué de la femme demanderesse distractionnaire des dépens sont privilégiés (Trib. civil de la Seine, 2e ch., 8 mars 1881 ; — *Droit*, 10 mars 1881).

ORDRE. — *Distribution, Droit des créanciers hypothécaires, Article 552 du Code de comm.* — Lorsqu'un ordre est ouvert, en même temps qu'une distribution par contribution, sur un même débiteur en déconfiture, on doit régler définitivement les droits des créanciers hypothécaires dans la contribution d'après leur collocation dans l'ordre, par application des articles 552 et suivants du Code de commerce, au titre de la faillite, et non d'après le montant total de leurs créances (Trib. civil de Dunkerque, 15 mai 1884, art. 912, t. 5, p. 503).

— *Libération par voie de consignation* (Art. 777, C. pr. civ.). — *Ordre, Créancier acquéreur, Subrogation légale* (Art. 1251, §§ 1 et 2 ; — Art. 2, t. 1er, p. 10).

— *Peut-on tenter le préliminaire de l'ordre amiable quand l'état sur transcription délivré par le conservateur des hypothèques ne révèle l'existence que d'un seul créancier hypothécaire?* Article de doctrine ; art. 76, t. 1er, p. 193).

— *Acquéreur, Libération, Offres préalables à la consignation.*
— En cas d'aliénation autre que celle sur expropriation forcée
l'acquéreur qui, après avoir rempli les formalités de purge, veut
obtenir la libération définitive de tous privilèges et hypothèques
par la voie de la consignation, peut opérer cette consignation
sans faire d'offres préalables (Cass., 5 juill. 1881, t. 2, p. 372).

— *Ordre amiable, Capacité pour y consentir, Femme dotale,
Renonciation à hypothèque, Nullité de l'ordre.* — L'ordre amiable
est une convention privée, formée en la présence du juge qui a le
mandat de la rédiger, mais non le pouvoir de résoudre les questions litigieuses soulevées devant lui. Les causes qui vicient les
contrats empêchent donc l'ordre amiable de produire ses effets,
en telle sorte que les actions en nullité ou en rescision des conventions sont recevables à l'encontre des règlements amiables,
toutes les fois qu'il est établi qu'il n'y a pas eu consentement valable ou que le consentement a été donné par une personne incapable de contracter.

Spécialement, une femme dotale ne peut renoncer, devant le
juge chargé du règlement d'un ordre, à son hypothèque légale,
cela même avec le concours de son mari.

Il n'y a lieu à collocation en sous-ordre que lorsque le créancier qui sollicite cette collocation n'a aucun droit personnel sur
le prix.

Un ordre amiable, dans lequel les principes ci-dessus posés
ont été violés, est irrégulier et doit être annulé sur la demande
des partis lésés (Trib. civ., 22 fév. 1882, art. 446, p. 256).

— *Acquéreur, Créancier unique.* — L'acquéreur ne doit pas
provoquer l'ouverture d'un ordre quand il n'y a qu'un seul créancier hypothécaire, alors même qu'il existe à son profit deux inscriptions distinctes ; l'acquéreur peut se borner à offrir au créancier inscrit le montant intégral de sa créance (Cass., 25 nov. 1874,
S. 75-1-445 ; — V. *Dict.*, n. 334). Mais il y a lieu de procéder par
voie d'ordre et non par voie d'attribution dès lors qu'au début il
y a au moins quatre créanciers inscrits (Douai, 15 janv. 1876,
S. 76-2-213 ; — V. *Dict.*, n. 335).

— *Ordre entre créanciers, Ordre ayant moins de quatre créanciers, Appel, Signification à personne nécessaire, Signification à
avoué insuffisante.* — L'appel du jugement ayant statué en matière d'ordre, pendant entre moins de quatre créanciers, est soumis aux formes de l'article 456 du Code de procédure civile et
non de l'article 762 du Code de procédure civile (Agen, 30 juin
1882, art. 801, t. 5, p. 163).

— *Lors de la tentative amiable, si certains créanciers déclarent, soit par lettres, soit sur le procès-verbal, avoir été pleinement*

désintéressés et ne rien prétendre sur le prix de l'immeuble en dis-
tribution, le poursuivant sera-t-il tenu, pour l'ordre judiciaire,
de faire à ces créanciers la sommation prescrite par l'article 753
du Code de procédure civile? (Art. 747, t. 5, p. 5).

— *Adjudicataire, Frais de notification, Productions distinctes*
(Art. 263, t. 2, p. 200).

— *Sommation de produire, Créancier produisant.* — Le produisant d'un ordre est le directeur légal de la procédure, il se
donne à lui-même connaissance, par la sommation de produire
qu'il adresse aux créanciers inscrits, de l'expiration des délais,
il encourt donc la déchéance si, étant créancier inscrit, il n'a pas
produit dans les délais fixés par sa sommation, il prétendrait en
vain qu'on eût dû lui faire à lui-même une sommation spéciale.
(Nîmes, 6 nov. 1869, S. 71-2-157).

— *Dénonciation de l'ouverture à l'adjudicataire.* — La dénonciation de l'ouverture de l'ordre à l'adjudicataire n'est pas prescrite à peine de nullité : elle a seulement pour but de mettre
l'adjudicataire en demeure d'user des avantages que lui procure
la loi, notamment l'article 777 du Code de procédure, et le défaut
de dénonciation a pour conséquence unique de laisser à l'adjudicataire le droit d'user de ses avantages en tout état de cause,
mais non de lui permettre de remettre en question la position
faite aux créanciers par le procès-verbal (Lyon, 15 juill. 1870,
S. 71-2-38 ; — V. au *Dict.*, n. 426).

— *Article 753, Sommation au vendeur.* — L'obligation imposée
par l'article 753 du Code de procédure de faire au vendeur,
c'est-à-dire au vendeur de la partie saisie, la sommation de produire à l'ordre, doit être restreinte au cas où ce vendeur est
resté créancier et a fait inscrire son privilège conformément à la
loi. Si le vendeur a subrogé des tiers à l'entier effet de son inscription, l'inscription n'a plus d'effet en ce qui le concerne et il
suffit d'adresser la sommation de produire aux créanciers subrogés (Douai, 23 déc. 1876, S. 79-2-50).

— *Sommation de produire, Délai de huitaine.* — L'observation
du délai de huitaine pour faire la sommation de produire n'est
pas prescrite à peine de nullité de l'ordre (Lyon, 15 juill. 1870,
S. 71-2-38 ; — Toulouse, 29 nov. 1877, S. 78-2-57 ; — V. *Dict.*,
n. 385).

— *Créancier, Hypothèque légale, Inscription d'office, Domicile élu.* — La sommation de produire à un ordre faite à un
créancier dont l'hypothèque légale a été inscrite d'office par le
ministère public avec élection de domicile au parquet est vala-

blement signifiée à ce domicile élu (Aix, 28 janv. 1871, S. 72-2-110 ; — V. aussi Toulouse, 29 nov. 1877, S. 78-2-57).

— *Sommation de produire, Absence.* — Le créancier hypothécaire qui n'a pas été sommé de produire à un ordre où il serait venu' en rang utile est en droit de répéter les créanciers colloqués dont l'hypothèque est postérieure à la sienne, les sommes par eux touchées jusqu'à concurrence du montant intégral de sa créance (Aix, 25 juill. 1874, S. 77-2-235).

— *Sommation de produire, Erreur dans le délai.* — L'indication dans la sommation d'un délai de trente jours au lieu du délai de quarante jours ne peut être invoquée comme moyen de nullité par le créancier si celui-ci n'a demandé à être colloqué qu'après le délai de quarante jours (Toulouse, 29 nov. 1877, S. 78-2-57 ; — V. *Dict.*, n. 399).

— *Femme mariée, Défaut d'autorisation.* — La femme mariée non séparée de biens ne peut, sans autorisation de son mari ou de justice, produire dans un ordre judiciaire (Cass., 6 mars 1878, S. 78-1-324). Même solution au cas de séparation de biens (Aix, 28 janv. 1871, S. 72-2-110). Mais les créanciers produisants colloqués après la femme, ne peuvent invoquer la nullité purement relative qui résulte du défaut d'autorisation (Cass., 6 mars 1878, S. 78-1-324).

De ce qui précède il résulte que le créancier pourvu d'un conseil judiciaire et la femme mariée ne peuvent encourir de déchéance dans une procédure d'ordre pour défaut de production tant qu'ils n'ont pas été, l'un assisté de son conseil, l'autre autorisée de son mari ou de justice (Cass., 29 août 1870, S. 71-1-57).

— *Délai de quarante jours, Point de départ.* — Le délai de quarante jours, accordé pour produire, court des sommations aux créanciers et non de la dénonciation de l'ordre à l'adjudicataire (Douai, 28 déc. 1876, S. 77-2-50).

Le délai court pour chaque créancier individuellement du jour de la sommation à lui faite et ne court pas pour tous du jour de la dernière sommation (Trib. de Rodez, 19 janv. 1871, sous Montpellier, 27 mai 1872, S. 72-2-165).

— *Ordonnance de clôture partielle, Dénonciation.* — L'ordonnance de clôture partielle intervenant après un règlement provisoire même non contesté doit être dénoncée conformément à l'article 767 du Code de procédure (Bordeaux, 27 mai 1874, S. 75-2-261).

— *Créancier hypothécaire, Novation.* — Si tout créancier hypothécaire inscrit doit être appelé à la procédure de saisie, il ne peut en résulter aucune novation ni confirmation de son titre hypothécaire, dont l'existence et l'efficacité seront soumises, dans la procédure distincte de l'ordre, à toutes les critiques des intéressés (Cass. req., 22 fév. 1881, art. 836, t. 5, p. 268).

— *Contredit, Délai, Forclusion, Dépens, Syndic, Faute, Condamnation personnelle.* — En matière d'ordre, les délais pour contredire sont de rigueur et entraînent la forclusion contre ceux qui les laissent expirer sans user de leur droit.

Le syndic d'une faillite, qui a encouru cette forclusion et qui interjette appel du jugement ayant rejeté sa demande tardive, peut être personnellement condamné à l'amende et aux dépens par application de l'article 132 du Code de procédure civile, s'il apparaît des faits de la cause que son appel, dénué de toute portée juridique, a été relevé dans le seul but d'atténuer et de masquer sa responsabilité (Agen, 27 fév. 1878, art. 112, t. 1er, p. 307).

— *Délai pour contredire l'état de collocation provisoire, Point de départ.* — Le délai de trente jours pour contredire l'état de collocation provisoire court seulement à partir de la dernière dénonciation faite au créancier produisant et non pas contre chaque créancier en particulier à partir de la dénonciation qui lui est faite (Cass., 14 juin 1875, S. 75-1-412).

Créance commune, Requêtes distinctes, Collocation unique, Privilège, Copartageant, Hypothèque légale, Mineur, Cessionnaire, Usufruit, Dispense de caution, Liquidation, Abandonnement, Confusion. — Si des parties, ayant une créance commune et le même avoué, croient devoir présenter des requêtes distinctes, le devoir du juge est de restreindre les frais de l'ordre à ce qui est nécessaire, et de n'accorder qu'une collocation commune aux parties ayant le même intérêt, et de n'admettre comme frais accessoires que ceux d'une requête et d'une collocation.

Le cessionnaire du fils, devenu héritier de son père prédécédé au cours de sa minorité, ne peut prétendre ni à un privilège de copartageant, ni à une hypothèque légale sur les biens ayant dépendu de la communauté et acquis par la mère tutrice et usufruitière sans caution, lorsque le prix de ces immeubles, compris dans la liquidation des sociétés d'acquêts et succession du mari, lui a été en totalité attribué pour le remplir de ses droits en propriété et aussi de ses droits en usufruit ; alors il s'est en effet opéré entre les qualités de créancière et de débitrice de cette dernière, aux termes de l'article 1300 du Code civil, une confusion de droit qui a atteint les deux créances (Trib. civ. de Rouen, 18 janv. 1883, art. 697, t. 4, p. 383).

— *Contredit, Créance prescrite, Appel en cause du saisi, Aveu,*

Serment litis-décisoire, Recevabilité. — Le créancier, dont le titre de créance est prescrit, n'est pas recevable à interpeller le débiteur exproprié, pour obtenir de ce dernier l'aveu et les intérêts ont été régulièrement payés, et que, par suite, la prescription a été interrompue.

Dans ces mêmes conditions, le créancier, auquel d'autres créanciers opposent la prescription, ne peut pas déférer le serment litis-décisoire à la partie saisie (Trib. civ. de Bonneville, 1re ch., 30 déc. 1882, art. 572, t. 4, p. 64).

— *Contredit, Inscription sur le procès-verbal.* — La disposition de l'article 755 du Code de procédure ne s'applique qu'au créancier produisant qui soulève personnellement un contredit et non à ceux qui interviennent pour adhérer au contredit fait par un autre créancier dans la forme et les délais voulus par la loi. Il suffit, en pareil cas, que l'intervention soit faite dans les termes de l'article 339 du Code de procédure pour être valable (Chambéry, 28 juill. 1871, S. 71-2-272).

De même, le créancier colloqué dans le règlement provisoire d'un ordre et contredit par un créancier postérieurement colloqué peut, sans être passible des délais et forclusions de l'article 756 du Code de procédure, contester lui-même la collocation de de celui qui l'attaque (Cass., 28 août 1878, S. 79-1-156).

— *Créancier, Forclusion, Intervention.* — Le créancier forclos faute de contredire peut néanmoins intervenir pour faire maintenir son rang de collocation sur un contredit formé contre lui (Douai, 21 nov. 1872, S. 73-2-227 ; — V. *Dict.*, n. 831).

— *Contredit, Forclusion, Développement.* — La forclusion de l'article 756 n'est pas applicable au contredit qui ne fait qu'expliquer et développer un premier contredit présenté utile (Cass., 27 mai 1872, S. 72-1-285).

— *Contredit, Motifs.* — La disposition de l'article 758 qui oblige tout contestant à motiver son contredit n'exige pas des motifs formellement exprimés, il suffit que le contredit explique implicitement les causes sur lesquelles il est fondé (Lyon, 8 janvier 1874, S. 74-2-194).

— *Contredits, Mineurs, Allocation définitive, Allocation éventuelle.* — Tant que dure la tutelle, le mineur ne peut qu'exceptionnellement recevoir une allocation précise et définitive sur le prix des biens de son tuteur, et il appartient aux tribunaux de fixer le chiffre de l'allocation éventuelle destinée à garantir au profit du mineur le reliquat du compte de tutelle (Trib. civ. de Gap, 25 fév. 1881, art. 299, t. 2, p. 282).

— *Créance commerciale, Compétence.* — L'ouverture de l'ordre date du procès-verbal du juge-commissaire.

Dès cette ouverture, le tribunal civil est saisi de la connaissance de toutes les contestations qui peuvent s'élever au cours de la procédure d'ordre sur l'existence de la quotité, les causes de préférence ou le rang des créanciers, soit qu'elles se produisent sous la forme de contredits sur le procès-verbal ou de conclusions directement prises à la barre, et soit que l'ordre doive être poursuivi par voie de règlement sur procès-verbal ou d'attributions par jugement.

Et il n'y a lieu de distinguer entre les contestations qui ont pour cause des engagements commerciaux et celles qui se rapportent à des actes purement civils.

En conséquence, le tribunal de commerce est incompétent pour connaître de la demande formée par le syndic de la faillite et tendant à ce qu'une créance hypothécaire sur l'un des immeubles figurant dans l'ordre soit déclarée sans cause et inexistante, outre la condamnation à dommages-intérêts (Paris, 26 janvier 1882, art. 405, t. 3, p. 136).

— *Créances distinctes, Productions séparées, Contestations, Jugement, Dernier ressort, Hypothèque, Intérêts, Collocation, Saisie immobilière, Adjudication.* — Est en dernier ressort et, dès lors, non susceptible d'appel, le jugement rendu en matière d'ordre, sur une contestation relative à la collocation de trois créances distinctes. Il en est ainsi, encore bien que ces créances, dans lesquelles un tiers avait été subrogé, s'élèvent ensemble à plus de 1,500 francs, si lors du règlement provisoire, le titre subrogé ne s'est pas lui-même prévalu de cette subrogation pour demander à être colloqué en son propre nom pour les trois créances réunies, et alors d'ailleurs que chacune de ces créances, qui ont fait l'objet de demandes en production et de collocations séparées, est inférieure au taux du dernier ressort.

Les deux années et l'année courante d'intérêts, conservées par l'inscription de l'hypothèque, s'arrêtent au jour où l'hypothèque a produit son effet. Ainsi, en cas d'adjudication sur saisie immobilière, les deux années et l'année courante s'arrêtent au jour de l'adjudication elle-même, et non au jour de la transcription de la saisie (Cass. civ., 7 avril 1880, art. 221, t. 2, p. 62).

— *Rapport du juge, Chose jugée, Mise hors de cause, Pourvoi, Appel, Ordre, Appel, Rapport du juge, Acquéreur, Consignation, de prix, Libération, Offres réelles, Sommation.* — On ne peut proposer pour la première fois, devant la Cour de cassation, le moyen tiré de ce qu'un jugement rendu en matière d'ordre n'avait point été précédé du rapport du juge-commissaire (C. proc., 762).

En matière d'ordre, l'arrêt rendu sur l'appel ne doit pas être précédé d'un rapport (C. proc., 761, 762, 764).

La consignation du prix, dans les termes de l'article 777 du Code de procédure, ne libère l'acquéreur de l'immeuble qu'à la double condition d'être régulière en la forme et de comprendre la totalité du prix exigible. — Par suite, le vendeur a le droit de contester, non seulement le chiffre, mais la validité même de la consignation (C. civ., 1257 et 1259 ; — C. proc., 777 — Rés. par la Cour d'appel).

Si, en matière d'aliénation autre que la vente sur expropriation forcée, l'acquéreur a la faculté de consigner son prix sans offres réelles préalables, cette faculté ne lui est concédée qu'autant qu'il a sommé le vendeur de lui rapporter, dans la quinzaine, mainlevée des inscriptions existantes, et qu'il lui a fait connaître le montant de la somme en principal et intérêts qu'il se propose de consigner. — Autrement, la faculté de consigner sans offres disparaît, et la consignation, ainsi opérée, devient nulle et sans effet (C. proc., 777 ; — Cass. req., 21 mars 1881, art. 454, p. 301).

— *Appel, Valeur de la cause, Article* 762 *du Code de procédure civile, Intérêts communs, Chose jugée.* — « L'appel sur les contredits en matière d'ordre est recevable, aux termes de l'article 762 (C. proc. civ.), lorsque la somme contestée excède 1,500 francs.

Il importerait peu que le montant de la créance contestée eût été réparti au décime le franc sur quelques-uns seulement des immeubles dont le prix était en distribution dans l'ordre, et que, par suite de cette circonstance, la créance réellement colloquée fût d'une valeur de moins de 1,500 fr., car ce n'est pas ce qui a été jugé, mais ce qui a été contesté qui détermine le taux du ressort.

La décision sur l'appel d'un créancier ne profite qu'à ce dernier. — Le créancier qui n'a pas contredit dans l'ordre, qui ne s'est pas approprié le contredit soulevé par un autre créancier et n'a pas appelé de la décision qui lui causait préjudice, ne peut profiter de celle qui a déclaré fondé le contredit soulevé par un autre créancier et fondé sur des motifs qu'il aurait pu invoquer lui-même. — Il y a, pour ce dernier, chose irrévocablement jugée. — Les créanciers contredisants n'ont à surveiller dans l'ordre que leurs propres intérêts. Ils n'ont pas à se préoccuper d'intérêts identiques que pourraient avoir d'autres créanciers (Chambéry, 1er juill. 1881, art. 358, t. 2, p. 459).

— *Incident, Article* 762. — Constitue un incident assujetti aux règles de l'article 762 la demande en réduction du prix de l'adjudication d'un immeuble formée par un contredit sur un procès-verbal d'ordre (Cass., 23 juill. 1873, S. 73-1-364).

— *Cassation, Règlement modifié, Répétition de l'indu contre les créanciers primitivement colloqués et payés, Bordereaux non exécutoires, Commandement.* — Quand un créancier éliminé dans un ordre a, en suite d'un pourvoi en cassation, obtenu la rectification de cet ordre, et la collocation qui lui avait été primitivement refusée, il peut exercer l'action en répétition de l'indu contre les créanciers qui ont touché à son préjudice et n'auraient dû passer qu'après lui. — Ces derniers ne peuvent exciper de la chose jugée quand le créancier s'est régulièrement pourvu devant la Cour de cassation, que le second règlement leur a été signifié et qu'ils n'y ont pas formé opposition.

Les créanciers qui ont touché dans l'ordre ne peuvent exciper de la chose jugée, après décision de la Cour de cassation et de la Cour de renvoi. — Mais on ne peut agir contre eux par voie de commandement. — Et les bordereaux délivrés au créancier primitivement éliminé et colloqué seulement dans l'ordre rectificatif ne peuvent être exécutoires quand ils sont délivrés contre les créanciers qui doivent restituer (Trib. civ. de Chambéry, 28 nov. 1883, art. 755, t. 5, p. 36).

— *Appel, Délai, Décès.* — Les délais de l'appel en matière d'ordre comme en matière ordinaire, sont suspendus par le décès de la partie condamnée (Art. 44, t. 1er, p. 113).

— *Appel : 1° Signification, Avoué, Nullité couverte ; 2° Dernier créancier colloqué, Avoué, Intimation ; 3° et 4° Chose jugée, Identité de cause, Quittances, Production ; 5° Tierce opposition, Créanciers hypothécaires, Non-recevabilité ; 6° Demande nouvelle, Ordre, Intérêts.* — L'appel d'un jugement rendu en matière d'ordre est nul lorsque, au lieu d'être signifié à l'avoué de l'intimé, il l'est au domicile de ce dernier ; mais cette nullité est couverte par la comparution et les conclusions au fond de la partie irrégulièrement intimée (C. proc. civ., 762).

Le défaut d'intimation, sur l'appel d'un jugement d'ordre, de l'avoué du dernier créancier colloqué, n'entraîne pas la nullité de l'appel, surtout lorsque le dernier créancier colloqué est sans intérêt dans le litige (C. proc. civ., 763).

Le débiteur ne peut, après un jugement passé en force de chose jugée qui l'a condamné au payement, produire des quittances établissant sa libération, si l'exception de payement avait été proposée par lui et rejetée, alors surtout qu'en fait le débiteur, qui ne pouvait ignorer l'existence de ces quittances passées devant notaire, s'est volontairement abstenu de les présenter à l'appui de son exception, et que, d'ailleurs, leur sincérité n'est pas admissible (C. civ., 1351).

En conséquence le jugement qui condamne la partie produisante au payement conserve l'autorité de la chose jugée (C. civ., 1351).

Les créanciers hypothécaires sont légalement représentés, sauf le cas de dol ou de fraude, par leur débiteur, dans un débat ayant pour objet, non une question de validité d'inscription ou de rang de collocation, mais une question de libération de ce débiteur envers un autre créancier dont l'hypothèque n'est pas contestée ; par suite, ils ne sont pas recevables à former tierce opposition au jugement intervenu entre ce créancier et ce débiteur (C. civ., 1351 ; — C. pr. civ., 474).

On ne peut considérer comme une demande nouvelle, en matière d'ordre, les conclusions de l'appelant tendant à ce que les intérêts de la créance contestée soient réduits, lorsqu'il a présenté un contredit demandant le rejet de tous les intérêts (C. proc. civ., 464 ; — Riom, 23 fév. 1882, art. 672, t. 4, p. 307).

— *Appel, Saisi, Signification, Délai, Créancier, Nullité absolue.* — En matière d'ordre, l'appel doit être signifié dans le délai de dix jours au saisi ou au vendeur, alors même qu'il n'a pas été partie au jugement, à peine d'une nullité absolue opposable par les créanciers intimés (art. 45, t. 1er, p. 114).

— *Appel, Moins de quatre créanciers inscrits.* — L'appel d'un jugement réglant la distribution d'un prix d'immeuble au cas où il y a moins de quatre créanciers inscrits doit être signifié à personne ou à domicile. Ici est inapplicable l'article 762 du Code de procédure pour les jugements d'ordre (Nancy, 23 mai 1874, S. 75-2-262 ; — Caen, 6 avril 1876, S. 77-2-262).

— *Délai d'appel, Décès, Suspension.* — En matière d'ordre comme en toute autre matière les délais d'appel sont suspendus par le décès de la partie condamnée (Bordeaux, 19 mars 1879, S. 79-2-300 ; — V. *Dict.*, n. 988).

— *Jugement sur un contredit, Chose jugée.* — En matière d'ordre les jugements rendus sur contredit fixent irrévocablement, quand ils ont acquis l'autorité de la chose jugée, le rang et le montant des créances colloquées (Cass., 12 mai 1875, S. 75-1-412 ; — V. *Dict.*, n. 929).

— *Appel, Syndic.* — L'appel d'un jugement en matière d'ordre doit être signifié au syndic de la faillite et non au failli. L'article 762 ne déroge pas aux règles du droit commun établies par l'article 443 du Code de commerce (Caen, 29 déc. 1870, S. 71-2-265).

— *Recours contre les créanciers indûment colloqués dans une procédure d'ordre.* — L'article 767 du Code de procédure civile n'est applicable qu'à l'opposition formée contre l'ordonnance de clôture de l'ordre en suite de laquelle sont opérées et la radiation d'hypothèque et la délivrance des bordereaux ; elle ne peut être appliquée au cas où l'ordonnance ne contiendrait qu'une modification à la liquidation de cet ordre, nécessitée par des décisions judiciaires intervenues après la clôture même et par suite d'un recours en cassation de la part d'un créancier.

Lorsque les adjudicataires ont payé leur prix aux créanciers utilement colloqués dans un ordre et nantis de bordereaux réguliers ils sont valablement libérés. Il importerait peu qu'un créancier ait, par suite d'un recours en cassation, fait modifier la liquidation d'un ordre en obtenant la cassation de l'arrêt qui avait limité sa créance, cette circonstance ne pouvant avoir pour conséquence l'invalidation d'un payement régulièrement effectué et ordonné par justice. Tout droit hypothécaire de ce créancier s'est trouvé purgé par la transcription du jugement d'adjudication. Ce créancier n'a de recours possible que contre les autres créanciers qui ont touché indûment et à son préjudice (Chambéry, 8 mai 1882, art. 549, t. 4, p. 20).

— *Ordre entre créanciers, Payement des frais, Frais exposés par l'avoué du dernier créancier colloqué.* — Les frais exposés par les créanciers contestés pour défendre aux contestations soulevées par le saisi ne peuvent être alloués comme frais d'ordre et doivent demeurer à la charge de la partie qui succombe.

Il en est autrement des dépens exposés par l'avoué du dernier créancier colloqué ; ils sont prélevés sur ce qui reste de deniers à distribuer après le payement des créanciers antérieurs (Agen, 19 juin 1882, art. 553, t. 4, p. 28).

— *Le juge-commissaire d'un ordre peut-il prononcer, au profit de l'avoué, la distraction des dépens, dont ce dernier affirme avoir fait l'avance ?* (Art. 423, t. 3, p. 193.)

— *Incidents, Matières sommaires, Conclusions motivées, Émoluments* (Art. 303, t. 2, p. 295).

— *Prescription, Serment* (Doctrine) ; art, 609, p. 145).

— *Ordonnance de clôture, Déchéance, Article 767 du Code de procédure civile, Règlement modificatif intervenu après une décision judiciaire, Payement du prix par les adjudicataires avant ce règlement modificatif, Recours contre les créanciers indûment colloqués.* — La déchéance prononcée par l'article 767 du Code de procédure civile n'est applicable qu'à l'opposition formée contre l'ordonnance de clôture de l'ordre en suite de laquelle sont opérées et la radiation d'hypothèques et la délivrance des bordereaux ; elle ne peut être appliquée au cas où l'ordonnance ne contiendrait qu'une modification à la liquidation de cet ordre, nécessités par des décisions judiciaires intervenues après la clôture même et par suite d'un recours en cassation de la part d'un créancier.

Les adjudicataires qui ont payé leurs prix aux créanciers utilement colloqués dans un ordre et nantis de bordereaux réguliers sont valablement libérés. Il importerait peu qu'un créancier ait, par suite d'un recours en cassation, fait modifier la liquidation d'un ordre en obtenant la cassation de l'arrêt qui avait limité sa créance, cette circonstance ne pouvant avoir pour conséquence la validation d'un payement régulièrement effecté et ordonné par justice. Tout droit hypothécaire de ce créancier s'est trouvé purgé par la transcription du jugement d'adjudication. Ce créancier n'a de recours possible que contre les autres qui ont touché indûment et à son préjudice (Chambéry, 8 mai 1882, art. 497, t. 3, p. 401).

— *Acquéreur, Article* 774. — L'article 774 du Code de procédure qui accorde un privilège à l'acquéreur pour le coût de l'extrait des dénonciations aux créanciers inscrits comprend, sous le mot dénonciation, les notifications prescrites par l'article 2183 pour faire courir le délai de surenchère et le privilège s'étend même aux frais que, d'après ledit article 2183, ces notifications rendent nécessaires (Cass., 8 avril 1874, S. 74-1-297).

ORGANISATION JUDICIAIRE. — *Loi sur la réforme de l'organisation judiciaire* (Art. 711, t. 4, p. 427).

P

PARTAGE ET LICITATION. — Le créancier de l'un des héritiers qui, en vertu de l'article 2205 du Code civil, a formé une demande en partage et licitation, peut-il être déclaré adjudicataire de l'immeuble indivis, si la mise à prix fixée par le tribunal n'a point été couverte ? (Article de doctrine ; art. 59, t. 1er, p. 145).

— *Licitation*. — *Expertise, Remise proportionnelle* (Art. 565, p. 49).

— *Partage*. — *Demande judiciaire, Registre à tenir*. (Législation ; art. 213, p. 42).

— *Exploit de demande, Visa, Priorité, Créancier exerçant les droits de son débiteur*. — Le créancier ne peut prétendre à la priorité de l'exercice de l'action en partage compétent à l'un de ses débiteurs, encore bien qu'il ait fait viser le premier son exploit, si le débiteur n'a apporté aucune négligence dans l'introduction de la demande. L'article 967, (C. pr. civ.), se réfère uniquement aux cas prévus par les articles 823 et 838 du Code de procédure civile qui visent les demandes en partage émanées des cohéritiers (Trib. civ., d'Avignon, 27 juin 1881, art. 335, t. 2, p. 301).

— *Poursuite de l'instance, Créanciers de l'un des copartageants, Concours entre deux créanciers, Visa du greffe de l'original de l'exploit, Article 967 du Code de procédure civile.* — Aux termes de l'article 967 du Code de procédure civile, le droit de priorité dans la poursuite de l'instance en partage appartient entre deux demandeurs, à celui qui, le premier, a fait viser, au greffe du tribunal, l'original de son exploit.

Les dispositions de cet article sont applicables non seulement au cas où les demandeurs sont des copartageants, mais aussi au cas où le partage est demandé par les créanciers d'un copartageant.

Lorsque plusieurs exploits ont été signifiés, ils doivent tous être visés au greffe du tribunal ; mais il suffit néanmoins que le visa ait été apposé sur l'un d'eux pour que les dispositions du susdit article puissent être invoquées (Chambéry, 7 mars 1883, art. 642, t. 4, p. 235).

— *Décès de l'un des poursuivants avant la vente mais postérieurement au jugement qui l'a ordonnée, Absence de notification à l'avoué demandeur, Continuation du mandat, Validité de la procédure et de la vente.* — La procédure en compte, liquidation et partage est une véritable instance qui ne se termine qu'au jugement d'homologation.

En conséquence, si l'une des parties vient à décéder au cours de la procédure, ce décès ne peut donner lieu à reprise d'instance qu'autant qu'il a été notifié au poursuivant; à défaut de notification, la procédure postérieure au décès est régulière.

Est donc régulier un jugement d'adjudication, rendu sur un cahier des charges, dans lequel figure, comme venderesse, une partie décédée avant la vente, mais postérieurement au jugement, qui a ordonné le partage et la licitation (Trib. civ. de la Seine, 3 mai 1884, art. 877, t. 5, p. 394).

— *Licitation, Succession bénéficiaire, Créancier, Sursis.* — Le créancier d'une succession bénéficiaire a le droit de demander au tribunal, devant lequel il doit être procédé à la vente des immeubles de la succession, un sursis à la licitation (Trib. civ. de Montpellier, 26 juin 1884, art. 908, t. 5, p. 494).

— *Immeuble appartenant pour la nue propriété à plusieurs et pour l'usufruit à un seul, Licitation de la nue propriété seule.* —

Lorsque l'usufruit d'immeubles impartageables appartient pour la totalité à un seul et la nue propriété à plusieurs, il n'y a lieu à licitation que pour la nue propriété. Lors même que l'usufruitier serait copropriétaire de la nue propriété des biens (Rouen, 24 nov. 1881, art. 398, t. 3, p. 117).

— *Créancier, Article 1116, Visa, Licitation de la toute propriété des immeubles de la communauté alors que la veuve en a l'usufruit.* — 1° L'action en partage étant une action de famille appartient de préférence aux copartageants ; la priorité du visa obtenu par le créancier d'un des cohéritiers sur son exploit introductif d'instance ne suffit pas pour lui faire attribuer la poursuite de la liquidation en le substituant à l'héritier, du moment que ce dernier a, dans le délai fixé par la loi, provoqué liquidation ;

2° Dans ce cas la poursuite intentée par le créancier ne vaut que comme opposition ; son droit se résout en un droit d'intervention qu'il doit exercer à ses frais conformément aux prescriptions de l'article 882 du Code civil ;

3° La veuve, commune en biens et donataire universelle en usufruit, ne peut être contrainte à la vente des immeubles avec report de son droit sur le prix : les héritiers du mari ou leurs créanciers ne peuvent provoquer le partage des biens dans ce cas que quant à la nue propriété.

Ils ne peuvent provoquer cette vente sous le prétexte d'assurer le payement des dettes de la succession, alors qu'il résulte de l'inventaire que les dettes peuvent être acquittées en dehors des prix à provenir de la liquidation, et qu'au surplus la veuve usufruitière s'offre d'en faire l'avance dans les conditions prévues par l'article 612 du Code civil (Orléans, 8 déc. 1881, art. 467, t. 3, p. 331).

— *Immeubles provenant d'une succession, Enfant naturel, Copropriétaire indivis ayant accepté la succession purement et simplement, Adjudication à son profit, Droit de transcription.* — Lorsqu'un enfant naturel reconnu se rend adjudicataire, sur licitation, d'immeubles dépendant d'une succession qui lui est échue pour partie et qu'il a acceptée purement et simplement, le droit de transcription est exigible, bien que l'adjudication ait fait cesser toute indivision (Solution de l'adm. de l'enreg., 8 janv. 1883, art. 779, t. 5, p. 102).

— *Licitation, Droit de chaque copartageant, Immeubles pouvant être partagés pour une partie seulement, Articles 826, 827 du Code civil.* — La licitation est une mesure exceptionnelle qui peut être commandée par les circonstances lorsque les immeubles ne peuvent être partagés commodément et sans dépréciation, mais la règle générale est que chaque copartageant peut demander le partage lorsque ce partage est possible.

Ainsi, lorsqu'une succession doit être partagée par moitié entre un préciputaire et tous les cohéritiers, le préciputaire a droit de refuser la licitation de tous les immeubles, du moment qu'ils peuvent être partagés commodément en deux parts.

Peu importe que le lot à échoir aux cohéritiers soit impartageable (Chambéry, 31 janv. 1882, art. 430, t. 3, p. 220).

— *Immeubles indivis, Opposition à partage, Licitation, Adjudication à un colicitant, Demande en nullité par les créanciers opposants, Absence de préjudice.* — L'acte par lequel un débiteur, propriétaire de biens indivis entre lui et un cohéritier desdits biens, consent à un créancier transport du prix éventuel desdits biens ou des suites en cas de licitation, avec interdiction de procéder hors présence à aucun partage, équivaut à l'opposition à partage prévue à l'article 882 du Code civil, alors même que le mot opposition à partage n'est pas textuellement écrit dans l'acte, et vaut comme tel à l'égard du cohéritier auquel il a été signifié.

L'adjudication des biens indivis prononcée sur licitation, au profit d'un copartageant, équivaut à partage, comme moyen légal de faire cesser l'indivision (Art. 883 du Code civil).

Le créancier opposant est mal fondé à arguer de nullité l'adjudication prononcée au profit d'un copartageant, même hors sa présence, alors qu'il est constant en fait que les opérations de la licitation n'ont pu être ignorées de lui, et que, non seulement les imeubles ont été vendus sans fraude, mais ont atteint leur valeur vénale lors de l'adjudication (1re ch., Paris, 29 nov., 6-7, 14 et 20 déc. 1878, *Gazette des Tribunaux* du 5 janv. 1879).

— *Juge commissaire, Nomination.* — La nomination d'un juge-commissaire pour surveiller les opérations de partage alors, d'ailleurs, qu'aucune partie de la demande n'est pas prescrite à peine de nullité (Cass., 18 juin 1877, S. 78-1-417).

— *Nomination d'un notaire, Faculté.* — Jugé que la nomination d'un notaire à l'effet d'opérer le partage d'une succession est facultative pour le juge (Cass., 2 déc. 1873, S. 74-1-62; — V. en sens contraire, *Dict.*, n. 58).

— *Jugement d'homologation de liquidation, Opposition, Non-recevabilité.* — Lorsque l'instance en partage a été contradictoirement liée entre les parties, et que l'affaire revient devant le tribunal pour faire statuer sur les contestations et dires insérés au procès-verbal de lecture de la liquidation, le jugement qui intervient est un jugement contradictoire qu'une partie qui n'est pas représentée ne peut attaquer par la voie de l'opposition, lors même que, par une erreur rectifiée depuis, des conclusions de la partie intéressée auraient considéré ce jugement comme un jugement rendu par défaut; cette règle étant de droit et les par-

ties ne pouvant y déroger (Trib. civ. de la Seine, 28 juin 1881,
art. 342, t. 2, p. 406).

PATERNITÉ. — *Paternité, Désaveu, Tuteur* ad hoc, *Provision.* — Le tuteur *ad hoc* de l'enfant contre lequel est exercée
une action en désaveu, est fondé à demander au désavouant la
provision nécessaire pour subvenir aux frais du procès (Angers,
24 fév. 1880, art. 86, t. 1er, p. 226).

PÉREMPTION. — *Jugement interlocutoire, Chefs définitifs.*
— L'instance dans laquelle est intervenu un jugement interlocutoire qui contient en même temps des chefs définitifs, n'est
point susceptible de tomber en péremption (Cass., 20 nov. 1878,
art. 13, t. 1er, p. 32).

— *Exception, Preuve, Présomption, Indivisibilité.* — Le tribunal saisi d'une demande en péremption dirigée contre toutes
les parties dénommées dans l'exploit contenant assignation en
reprise d'instance ne peut, sur le fondement de simples présomptions, rejeter cette demande comme n'ayant pas été dirigée
contre toutes les parties qui avaient figuré dans l'instance originaire (C. proc., 400).

C'est aux défendeurs à prouver l'omission qu'ils invoquent, et
cette preuve ne peut résulter que de la production de l'exploit
introductif de l'instance originaire, sauf le cas où cet acte aurait
été perdu par suite d'un cas fortuit, imprévu et résultant de
la force majeure (C. civ., 1315 et 1348 ; — C. proc., 400).

La demande en péremption n'est recevable qu'à la condition
d'être dirigée contre toutes les parties en cause (C. proc., 400 ;
— Jugé par la Cour d'appel ; — Cass. civ., 3 août 1881, art.
396, t. 3, p. 113).

— *Appel.* — L'appel constitue une demande nouvelle dans
laquelle l'intimé devient défendeur et ce dernier est donc recevable à opposer la péremption de l'instance d'appel, encore bien
qu'il ait été demandeur en première instance (Cass., 28 juin
1875, S. 76-1-158).

— *Assistance judiciaire, Interruption.* — Une demande d'assistance judiciaire et même l'obtention de cette assistance ne
sont pas des actes interruptifs de la péremption d'instance (Besançon, 31 août 1870, S. 71-2-120).

— *Radiation du rôle.* — La radiation d'une cause du rôle
opérée par le greffier constitue une mesure d'ordre intérieur qui
ne peut, par cela même qu'elle n'émane pas des parties, constituer une cause interruptive de la péremption (Paris, 27 mai 1872,
S. 72-2-112).

— *Juge de paix*. — L'article 15 du Code de procédure qui, au cas où un interlocutoire a été ordonné en justice de paix, déclare l'instance périmée si elle n'a pas été définitivement jugée dans les quatre mois du jugement interlocutoire, n'est pas applicable au cas où le jugement avant faire droit est simplement préparatoire (Cass., 30 avr. 1873, S. 73-1-384).

— *Juge de paix, Appel*. — Les dispositions de l'article 15 du Code de procédure sont spéciales à l'instance devant le juge du premier degré ; elles n'ont donc aucune application à la procédure devant les tribunaux civils statuant comme juges du second degré sur l'appel des jugements de justice de paix (Cass., 11 août 1874, S. 75-1-29).

PRESCRIPTION D'INTERRUPTION. — *Assignation, Acte équipollent*. — Un extrait du registre de l'enregistrement relatif à une assignation au civil ne peut être admis comme équipollent à cette assignation pour prouver l'interruption de la prescription (Limoges, 27 janv. 1882, art. 406, t. 3, p. 139).

PRESSE. — *Loi du 29 juillet 1881, sur la liberté de la presse* (Art. 378, t. 2, p. 515).

— *Commentaire de la loi du 29 juillet 1881 sur la liberté de la Presse* (Art. 422, t. 2, p. 185).

— *Loi du 29 juillet 1881 sur la liberté de la presse* (Circulaire du garde des sceaux ; — Art. 379, t. 2, p. 529).

DIVISION

TABLE ALPHABÉTIQUE

§ 1er. — Généralités.

1. La loi du 29 juillet 1881 sur la presse a apporté dans la législation existant jusqu'alors des modifications assez importantes. Elle a fait un progrès considérable dans la voie de la liberté de la presse et elle a réalisé l'unité dans la législation sur cette matière si délicate. Nous ne pouvons entrer ici dans l'examen complet de cette loi et nous devons borner ce travail à l'énoncé des règles de procédure à suivre pour la poursuite des délits commis par la voie de la presse ; encore faut-il ajouter que ce cadre devra être restreint aux délits commis contre les personnes, car nous ne pouvons nous livrer à une étude complète de toutes les dispositions que la loi de 1881 a édictées dans ses différents chapitres sur le droit de réponse et sur les crimes et délits commis envers la chose publique. Nous nous bornerons à traiter dans les pages suivantes des délits commis contre les personnes, des publications interdites, des immunités de la défense, des personnes responsables et de la procédure à suivre à la requête de particuliers contre les auteurs de diffamations ou d'injures commises par la voie de la presse ou par tout autre mode de publicité.

§ 2. — Crimes et délits punis par la loi de 1881. — Délits contre les personnes. — Preuve des faits diffamatoires.

2. La diffamation et l'injure n'ont pas été prévues par le Code pénal qui s'est borné à réprimer les abus de la parole et de la presse au détriment des particuliers seulement lorsqu'ils se produisent sous la forme de l'outrage ou de l'injure non publics, et, cependant, on ne peut contester le caractère de délit de droit commun à l'injure et à la diffamation. La loi du 17 mai 1819 est la première qui, en France, ait régi la diffamation ; l'article 29 de la loi du 29 juillet 1881 n'a fait que reproduire à cet égard l'article 13 de la loi de 1819 qui définissait l'injure et la diffamation. Voici le texte de la loi :

« Toute allégation ou imputation d'un fait qui porte atteinte à l'honneur ou à la considération de la personne ou du corps auquel le fait est imputé est une diffamation ; toute expression outrageante, terme de mépris ou invective qui ne renferme l'imputation d'aucun fait est une injure. »

3. Les interprétations doctrinales et la jurisprudence auxquelles a donné lieu l'application de l'article 13 de la loi du 17 mai 1819 conservent donc aujourd'hui toute leur autorité. Il nous suffira à cet égard de résumer aussi brièvement et aussi exactement que possible ce qui se dégage des arrêts rendus sur la matière.

4. La définition que l'article 13 de la loi de 1819 et l'article 29 de la loi de 1881 donnent de la diffamation ne peut soulever une difficulté bien sérieuse : elle exige l'allégation ou l'imputation d'un fait portant atteinte à l'honneur ou à la considération d'une personne ; c'est donc un fait déterminé, vrai ou faux, qui doit être allégué ou imputé, une simple qualification, si offensante qu'elle soit, et quelque mauvaise action qu'elle implique, ne présente pas le caractère de la diffammation, parce qu'elle ne se rattache à un acte précis (Cass., 7 mai 1880, S. 81-1-280).

5. Le fait allégué doit, pour constituer un délit, porter atteinte à l'honneur d'une personne, c'est-à-dire à ses qualités de probité, de droiture, de sagesse qui lui permettent de s'estimer elle-même, ou à sa considération, c'est-à-dire à l'estime que lui accordent les autres, à la réputation dont elle jouit (Dutruc, *Explication pratique de la loi du* 29 *juillet* 1881, n. 213).

6. L'allégation ou l'imputation doit être dirigée contre une personne, ce qui implique même les personnes morales, par exemple des sociétés commerciales ou des congrégations religieuses (Dutruc, n. 214).

7. Pour constituer le délit il faut, en matière de diffamation comme en toute autre, l'existence de l'intention frauduleuse ; mais, d'après la jurisprudence de la Cour de cassation, les imputations de nature à porter atteinte à l'honneur et à la considération sont réputées de plein droit faites avec intention coupable (Cass., 26 nov. 1864 ; — 4 août 1865, S. 65-1-102 et 467 ; — 2 août 1873 ; — *Journal du Ministère public*, t. 17, p. 264 ; — 18 mars et 18 nov. 1881, S. 81-1-435 et 82-1-236).

8. L'injure ne renferme l'imputation d'aucun fait, et pour qu'elle tombe sous le coup de la loi pénale, il suffit qu'elle résulte d'une expression outrageante, d'un terme de mépris ou d'une invective.

9. Par expression outrageante il faut entendre l'outrage sous une forme grossière, indécente ou violente, une attaque dépassant les limites des convenances et dégénérant en insulte ou en provocation. L'outrage est une attaque brutale, grossière, indécente, une voie de fait par la parole ou sur le papier. Une opinion peut être exposée avec chaleur, même avec emportement, et on ne saurait y voir un outrage. Une attaque, lorsqu'elle n'est pas accompagnée d'insultes, ne constitue pas un outrage, mais la violence qui appelle la violence, la brutalité qui repousse toute discussion, la grossièreté qui l'irrite, tout ce qui, enfin, provoque à la lutte, aux voies de fait, constitue dans le sens de la loi un outrage.

10. Aucune difficulté ne peut surgir dans l'appréciation de ce qui constitue un terme de mépris.

11. L'invective résulte de toute expression amère ou violente qui, même sans offrir un caractère outrageant ou dégénérer en terme de mépris, est de nature à blesser la personne à qui elle s'adresse.

12. Pour l'injure comme pour la diffamation il faut l'intention méchante pour constituer le délit.

13. La diffamation présente un caractère de gravité particulière lorsqu'elle est dirigée contre des corps constitués, contre des fonctionnaires publics ou contre des citoyens chargés, même temporairement, d'un mandat ou d'un service public. L'article 16 de la loi du 17 mai 1819 et l'article 5 de la loi du 25 mars 1882, avaient réservé des dispositions spéciales à la diffamation commise envers de telles personnes ; la loi du 29 juillet 1881 a reproduit ces dispositions avec certaines modifications et quelques compléments. Voici, à cet égard, ces prescriptions :

Art. 30. La diffamation commise par l'un des moyens énoncés en l'article 23 et en l'article 28 envers les Cours, les tribunaux, les armées de terre et de mer, les corps constitués et les administrations publiques sera punie d'un emprisonnement de huit jours à un an et d'une amende de 100 à 3,000 francs ou de l'une de ces deux peines seulement.

Art. 31. Sera punie de la même peine la diffamation commise par les mêmes moyens, à raison de leurs fonctions ou de leurs qualités, envers un ou plusieurs membres du ministère, un ou plusieurs membres de l'une ou de l'autre chambre, un fonctionnaire public, un dépositaire ou agent de l'autorité publiques, un ministre de l'un des cultes salariés par l'État, un citoyen chargé d'un service ou d'un mandat public temporaire ou permanent, un juré ou un témoin à raison de sa déposition.

14. La diffamation commise envers les particuliers, c'est-à-dire envers les individus ou les êtres collectifs qui ne sont revêtus du caractère public à aucun degré présente moins de gravité que celle qui est dirigée contre les personnes publiques ; aussi l'article 32 de la loi du 29 juillet 1881, atténue-t-il à cet égard les pénalités. La loi porte :

15. La diffamation envers les particuliers par l'un des moyens énoncés en l'article 23 et en l'article 28 sera punie d'un emprisonnement de cinq jours à six mois et d'une amende de 20 à 2,000 francs ou de l'une de ces deux peines seulement.

16. Les personnes publiques doivent être assimilées aux particuliers lorsque la diffamation dont elles ont été l'objet n'a pas été dirigée contre elles à raison de leurs fonctions.

17. Nous venons de voir que, pour que la diffamation, aussi bien envers les personnes publiques qu'envers les particuliers, constitue un délit, il est nécessaire qu'elle se trouve commise par les moyens énoncés dans les articles 23 et 28, c'est-à-dire qu'il faut que la diffamation soit publique. On trouvera dans notre *Recueil périodique*, t. 2, p. 515, le texte de la loi auquel nous devons nous référer uniquement en ce qui concerne les caractères de la publicité.

18. Relativement à l'injure la loi devait également distinguer entre celle qui s'applique aux personnes publiques et celle qui est adressée aux particuliers.

19. L'article 33 de la loi du 29 juillet 1881 frappe d'une peine d'un emprisonnement de six jours à trois mois et d'une amende de 18 à 500 francs avec faculté d'application alternative de l'une ou de l'autre de ces deux peines l'injure envers les corps ou les personnes que désignent les articles 30 et 31. Quant à l'injure envers les particuliers, la loi nouvelle a proscrit toute distinction entre l'injure renfermant l'imputation d'un vice déterminé et l'injure simple, et, par une innovation grave, elle a admis l'excuse de provocation sans distinguer entre l'injure publique et celle qui ne l'est pas, conservant seulement cette dernière distinction quant à la pénalité ; elle a puni l'injure commise publiquement et non provoquée d'un emprisonnement de cinq jours à deux mois et d'une amende de 16 à 300 francs ou de l'une de ces deux peines seulement, tandis qu'elle a maintenu l'application de l'article 471, article 11 du Code pénal, à l'injure non publique dépourvue également du caractère de provocation.

20. Les articles 29, 30 et 31 sont applicables, aux termes de l'article 34 de la loi de 1881, aux diffamations ou injures dirigées contre la mémoire des morts, mais seulement dans le cas où les auteurs de ces diffamations ou injures auraient eu l'intention de porter atteinte à l'honneur où à la considération des héritiers vivants.

21. La vérité d'un fait qui porte atteinte à l'honneur ou à la considération d'une personne n'empêche point, en principe, que l'allégation ou l'imputation de ce fait ne constitue une diffamation ; aussi, en règle générale, l'auteur de l'allégation ou de l'imputation ne saurait être admis à prouver que le fait est vrai. Mais la loi de 1881 reproduisant des dispositions abrogées de la loi du 26 mai 1819 a apporté à ce principe un tempérament. Les personnes revêtues d'un caractère public ne peuvent dérober leurs actes au contrôle de tous ; elles ne peuvent donc se prétendre diffamées si la vérité du fait relatif à leur fonction, à leur ministère ou à leur mandat qui a été allégué ou imputé contre elles vient à être établie. De même envers les particuliers le prévenu de diffamation ne peut pas être considéré comme coupable si la justice, devant laquelle le fait allégué ou imputé a été l'objet d'une poursuite ou d'une plainte, vient à prononcer pour ce fait une condamnation contre celui qui se prétendait diffamé. Voici donc, à cet égard, les dispositions de la loi nouvelle :

Art. 35. La vérité du fait diffamatoire, mais seulement quand il est relatif aux fonctions, pourra être établie par les voies ordinaires dans le cas d'imputation contre les corps constitués, les armées de terre ou de mer, les administrations publiques et contre toutes les personnes énumérées dans l'article 31.

La vérité des imputations diffamatoires et injurieuses pourra également être établie contre les directeurs ou administrateurs de toute entreprise commerciale ou financière faisant publiquement appel à l'épargne ou au crédit.

Dans les cas prévus aux deux paragraphes précédents la preuve contraire est réservée. Si la preuve du fait diffamatoire est rapportée le prévenu sera renvoyé des fins de la plainte ; dans toutes autres circonstances et envers toutes autres personnes non qualifiées, lorsque le fait imputé est l'objet de poursuites commencées à la requête du ministère public ou d'une plainte de la part du prévenu, il sera, durant l'instruction qui devra avoir lieu, sursis à la poursuite et au jugement du délit de diffamation.

22. Les faits dont le paragraphe 1er de l'article 35 de la loi nouvelle permet de prouver la vérité sont exclusivement les faits diffamatoires ; l'injure et l'outrage, ne renfermant point l'imputation d'un fait précis, ne sauraient comporter aucune preuve de vérité : il ne peut y avoir à cet égard aucune difficulté (V. Cass., 3 fév. 1877, D. 77-1-281 ; — Dutruc, n. 260).

23. De même la preuve ne peut porter que sur les faits mêmes qui ont donné lieu à la poursuite en diffamation ; on ne pourrait sans abus l'étendre à d'autres faits imputés, à moins qu'il n'y ait indivisibilité entre tous ces faits (Cass., 23 juin 1882, affaire du journal la *Lanterne* contre Tourné).

24. La preuve est admissible même après que la personne a cessé d'exercer les fonctions à raison desquelles a eu lieu l'imputation (Dutruc, n. 262).

25. Nous venons de voir que l'article 35 autorise également la preuve des faits diffamatoires à l'égard des administrateurs ou directeurs des entreprises industrielles, commerciales ou financières faisant publiquement appel à l'épargne ou au crédit et la loi ajoute qu'elle autorise la preuve des imputations diffamatoires et injurieuses. Il semblerait résulter de ce texte, à première lecture, que, contrairement à la règle posée dans l'arrêt de cassation du 3 février 1877, la loi permet de prouver la vérité, même des simples injures ; mais, d'avis unanime, il faut considérer ces mots *et injurieuses* comme échappés à la plume du rédacteur de la disposition additionnelle qui est devenue le paragraphe 3 de l'article 35, sans qu'on puisse croire un instant que ces mots expriment une dérogation qui ne se concevrait pas et à laquelle il n'a été fait aucune allusion au cours de la discussion, soit devant les Chambres, soit au Sénat (Dutruc, n. 263).

26. Bien entendu, si la preuve des imputations dirigées contre les directeurs ou administrateurs d'entreprises industrielles, commerciales ou financières est rapportée, aucune peine ne peut être prononcée contre le prévenu. Bien que la loi ne reproduise pas dans le paragraphe dernier de l'article 35 cette disposition insérée dans ses deux premiers paragraphes, il en faut conclure que l'esprit du législateur est bien le même pour l'application du paragraphe 3 que pour celle des deux premiers (Dutruc, n. 264).

27. Le tribunal saisi d'une action en diffamation contre un particulier doit prononcer le sursis mais seulement lorsqu'il y a commencement de poursuites à la requête du ministère public ou plainte de la part du prévenu (§ 4 de l'art. 35). La plainte portée par une autre personne ne pourrait autoriser le sursis que dans le cas où elle aurait suscité des poursuites de la part du ministère public.

§ 3. — Publications interdites. — Immunité de la défense.

28. Aux termes de l'article 38 de la loi de 1881 il est interdit de publier les actes d'accusation ou tous autres actes de procédure criminelle ou correctionnelle avant qu'ils aient été lus en audience publique, et ce sous peine d'une amende de 50 à 1,000 francs. Cette disposition a été inspirée par le respect du droit de défense qui ne permet pas que l'acte d'accusation ni aucun acte de procédure criminelle ou correctionnelle soit publié avant d'avoir été lu en audience publique.

29. L'article 38 doit être combiné avec l'article 39 qui interdit de rendre compte des procès en diffamation où la preuve des faits diffamatoires n'est pas autorisée. Cette interdiction s'applique à tous les moyens par lesquels la publicité aura été réalisée et, par exemple, à la reproduction dans un mémoire publié (Trib. correct. de Lyon, 24 fév. 1858, D. 58-3-40). Et il n'y a pas à distinguer entre une publication partielle ou une publication intégrale (Cass., 31 mars 1854, S. 54-1-412).

30. Aux termes de l'article 39 de la loi de 1881 il est interdit de rendre compte des procès en diffamation où la preuve des faits diffamatoires n'est pas autorisée ; la plainte seule pourra être publiée par le plaignant.

31. Dans toute affaire civile, les Cours et tribunaux peuvent interdire le compte rendu du procès, mais ces interdictions ne s'appliquent pas aux jugements qui pourront toujours être publiés. Il est également interdit de rendre compte des délibérations intérieures, soit des jurys, soit des Cours et tribunaux ; toute infraction à ces dispositions est punie d'une amende de 100 à 2,000 francs.

32. Cette disposition doit être entendue dans un sens restreint. Ainsi le premier paragraphe ne prohibe que le compte-rendu des procès en diffamation ; la publication des procès pour outrages ou pour injures que proscrivait l'article 11 de la loi de 1849 est donc aujourd'hui parfaitement licite. Il en est de même des procès pour offenses soit envers le président de la République, soit envers les chefs d'États étrangers, puisque l'offense n'est qu'une sorte d'outrage.

33. Quant aux procès en diffamation il n'y a pas à distinguer entre ceux jugés devant la juridiction civile et ceux portés devant la juridiction criminelle (Paris, 27 nov. 1868, *Gazette des Tribunaux* du 29 nov. ; — Cass., 15 janv. 1869, S. 69-1-141).

34. La loi autorise la publication de la plainte en diffamation, ce qui s'entend, non point de la dénonciation adressée au juge d'instruction ou au ministère public, mais de la citation devant la juridiction criminelle ou correctionnelle ou de l'assignation devant le tribunal civil donnée à la requête de la personne diffamée. D'ailleurs, ce n'est que le plaignant qui puisse faire cette publicité et le prévenu ne pourrait prendre lui-même l'initiative de la publication (Dutruc, n. 290).

35. L'article 39 interdit tout compte rendu quel qu'il soit, quelle que soit la forme que ce compte rendu puisse revêtir et il ne suffirait pas, pour échapper à la prohibition de la loi, que le compte rendu fût renfermé dans un article de discussion générale ou d'appréciation critique (Cass., 19 oct. 1833 ; — 23 février et 12 mai 1837 ; — 2 mars 1838 ; — Haute-Cour de justice, 26 oct. 1849 ; — Dutruc, n. 291).

36. Quant aux jugements il faut décider que tous ils peuvent être publiés, aussi bien les jugements préparatoires que ceux statuant sur la compétence ou des incidents et les jugements sur le fond (Dutruc, n. 294).

37. L'article 39 autorise les tribunaux civils à interdire le compte rendu des procès portés devant eux, ce qui implique que les tribunaux de répression n'ont pas le droit d'édicter la même interdiction ; mais la disposition de l'article 39 ne porte pas atteinte au droit que tous les tribunaux tiennent de l'article 81 de la Constitution du 4 novembre 1848, d'ordonner le huis clos dans le cas où la publicité de l'audience constituerait un danger pour l'ordre ou pour les mœurs. Le rapport de M. Lisbonne devant la Chambre des députés sur la loi de 1881 est formel à cet égard.

38. L'article 40 interdit d'ouvrir ou d'annoncer publiquement des souscriptions ayant pour objet d'indemniser des amendes, frais et dommages et intérêts prononcés par des condamnations judiciaires en matière criminelle et correctionnelle sous peine d'un emprisonnement de huit jours à six mois et d'une amende de 100 à 1,000 francs ou de l'une de ces deux peines seulement.

39. Les discussions des assemblées politiques et les plaidoiries et productions de pièces devant les tribunaux ont droit à des franchises particulières.

40. Les articles 21, 22 et 23 de la loi du 27 mai 1819 déclaraient qu'aucune action ne pourrait être exercée à raison, soit des discours tenus dans le sein des Chambres ainsi que des rapports ou autres pièces imprimées par ordre de l'une ou de l'autre de celles-ci, soit de comptes rendus de séances publiques de la Chambre des députés faits fidèlement et de bonne foi dans les journaux, et que les discours prononcés ou les écrits produits devant les tribunaux ne donneraient ouverture à aucune action en diffamation ou injure, à moins qu'elle n'ait été réservée par le juge et sauf, dans tous les cas, l'action civile des tiers. Ces dispositions devaient trouver place dans la loi nouvelle et après de longues discussions, tant au Sénat qu'à la Chambre des députés qu'on trouvera résumées dans l'ouvrage de M. Dutruc, n. 302 et suivants. Voici comment se touve rédigé, en définitive, l'article 41.

« Ne donneront ouverture à aucune action les discours tenus dans le sein de l'une des deux Chambres ainsi que les rapports ou toutes pièces imprimées par ordre de l'une des deux Chambres.

« Ne donnera lieu à aucune action le compte rendu des séances publiques des deux Chambres fait de bonne foi dans les journaux.

« Ne donneront lieu à aucune action en diffamation, injure ou outrage, ni le compte rendu fidèle fait de bonne foi des débats judiciaires, ni les discours prononcés, ni les écrits produits devant les tribunaux. Pourront, néanmoins, les juges saisis de la cause et statuant sur le fond, prononcer la suppression des discours injurieux, outrageants ou diffamatoires et condamner qui il appartiendra à des dommages et intérêts. Les juges pourront aussi, dans le même cas, faire des injonctions aux avocats et officiers ministériels et même les suspendre de leurs fonctions. La durée de cette suspension ne pourra excéder deux mois et six mois en cas de récidive dans l'année. Pourront toutefois les faits diffamatoires étrangers à la cause donner ouverture soit à l'action publique, soit à l'action civile des parties, lorsque ces actions leur auront été réservées par les tribunaux et dans tous les cas à l'action civile des tiers. »

41. Ne nous occupons ici que du compte rendu des débats judiciaires.

Pour ne donner lieu à aucune action en diffamation, injure ou outrage, le compte rendu des débats judiciaires ne doit pas seulement être fait de bonne foi, il doit encore être fidèle, c'est-à-dire exact et impartial. Le compte rendu fait de mauvaise foi des débats judiciaires et le compte rendu infidèle de ces mêmes débats ne donne lieu qu'à l'action civile en dommages et intérêts de la part des personnes auxquelles il porte préjudice ; les auteurs de ces comptes rendus ne sont soumis à aucune responsabilité pénale excepté lorsque les comptes rendus renferment quelque délit ordinaire comme celui de diffamation, d'injure ou d'outrage.

42. Il a été jugé que l'annonce publiée par un journal d'une condamnation correctionnelle prononcée contre un individu et de l'acquittement obtenu par celui-ci en appel, alors que cette annonce qui n'a pas aggravé d'une manière appréciable la publicité que les deux décisions avaient reçue par leur prononciation à l'audience et n'a pas été publiée avec intention malveillante ou commentaire hostile, ne saurait être assimilée à un compte rendu fait de mauvaise foi (Lyon, 26 nov. 1881, *Gazette des Tribunaux*). Mais le récit publié par un journaliste des circonstances d'un procès correctionnel n'a pas le caractère d'un simple compte rendu couvert par l'immunité de l'article 41 lorsqu'il est accompagné d'appréciations malveillantes et qu'il est précédé d'un historique étranger au débat et intentionnellement mensonger (Dijon, 28 mars 1882, cité par Dutruc, n° 315).

43. Le journaliste qui fait de bonne foi le compte rendu d'un procès civil ne commet aucune diffamation.

L'immunité résultant de l'article 41 de la loi de 1881, est distincte et indépendante du droit de réponse tel que la règle l'article 13 de la même loi.

Le journaliste, renvoyé de la prévention de diffamation, peut donc être condamné pour avoir méconnu le droit de réponse tel qu'il est établi par l'article 13 et refusé d'insérer une note rectificative émanant les intéressés (C. d'appel de Rouen, 29 mars 1884, art. 858, t. 5, p. 318).

44. Celui qui, sans être partie en cause dans un procès plaidé devant le juge des référés, intervient cependant au débat oral, ne saurait être considéré comme un tiers dans le sens de l'article 41 de la loi du 29 juillet 1881, s'il résulte des circonstances qu'il est personnellement intéressé dans l'affaire qui fait l'objet de référé (Paris, ch. corr., 30 juin 1884, art. 868, t. 5, p. 370).

45. Le rapport lu par le syndic d'une faillite aux créanciers de cette faillite, réunis sous la présidence du juge-commissaire est-il, alors qu'il contient des imputations diffamatoires pour un tiers, couvert par l'immunité édictée par l'article 41 de la loi du 29 juillet 1881, en ce qui concerne les écrits produits en justice? (*Non résolu par l'arrêt. — Solution affirmative résultant du rapport*).

L'action civile, raison d'un délit de diffamation, intentée séparément de l'action publique, se prescrit comme cette dernière, dans les termes de l'article 65 de la loi du 29 juillet 1881, après trois mois révolus à partir du jour où le délit a été commis ou du jour du dernier acte de poursuite, s'il en a été fait.

Lorsqu'une action civile, tendant à la condamnation solidaire de deux personnes à des dommages-intérêts, à raison d'un même délit, est déclarée prescrite à l'une d'elles, la prescription de l'action à l'égard de l'autre, considéré comme coauteur ou complice du délit, s'ensuit nécessairement (Cass., ch. req., 14 mai 1884, art. 870, t. 5, p. 373).

46. M. Le Royer a présenté au Sénat un amendement ainsi conçu : « Dans le cas où le compte rendu donnerait ouverture à une action en justice cette action serait portée devant le tribunal qui a connu de l'affaire. » Cet amendement a vivement été combattu par M. Griffe. « Le juge qui a connu de l'affaire, disait le rapporteur de la loi de 1881 au Sénat, peut être un juge d'exception, un tribunal de commerce, un tribunal administratif, une Cour d'assises, etc. ; faudra-t-il accorder le droit à ces tribunaux d'exception d'apprécier une question d'exactitude ou d'inexactitude du compte rendu des débats déroulés devant eux ? il y aurait là de graves inconvénients. » Aussi le Sénat a-t-il refusé de prendre en considération l'amendement de M. Le Royer et il en faut conclure que l'action civile à raison d'un compte rendu infidèle ou de mauvaise foi, ne peut être portée que devant le tribunal du domicile du défendeur.

47. La partie qui se prétend lésée par un compte rendu de débat judiciaire peut, au lieu d'en poursuivre l'auteur sous l'inculpation du délit de compte rendu infidèle ou de mauvaise foi, introduire contre lui une action en diffamation (Lyon, 18 août 1870, *Journal du Ministère public*, t. 19, p. 209 ; — Cass., 14 janv. 1881, même recueil, t. 24, p. 103).

48. La disposition de la loi qui interdit toute action en diffamation, en injure ou en outrage à raison des discours prononcés ou des écrits produits devant les tribunaux à l'exception seulement de ceux portant sur des faits étrangers à la cause, s'applique aux tiers comme aux parties plaidantes et il a été décidé que c'est en cette qualité de tiers que le témoin est à l'abri de toute action de la part des parties contre lesquelles dans sa déposition il a dirigé des imputations diffamatoires se référant à la cause (Cass., 8 déc. 1876, *Journal du ministère public*, t. 20, p. 34 ; — Angers, 5 fév. 1877 *ibid*).

49. La loi n'exclut que l'action en diffamation, en injure ou en outrage pour les faits qui se rattachent à la cause, toutes autres actions sont admissibles et il a été décidé que les faux certificats produits dans une cause peuvent donner lieu à une poursuite criminelle, même à la requête de la partie civile (Rennes, 22 janv. 1879, S. 81-2-153).

50. En ce qui concerne les faits étrangers à la cause, la réserve de l'action en diffamation doit être précise et ne pas consister dans une forme vague et générale ; le juge doit, dans cette réserve, spécifier les imputations prétendues diffamatoires qui se sont produites devant lui et déclarer que le fait auquel elles se rapportaient était étranger à la cause (Cass., 28 déc. 1878, *J. du ministère public*, t. 22, p. 222).

51. L'action des tiers n'a pas besoin de leur avoir été réservée par le tribunal et elle n'est pas subordonnée à la condition que les faits soient étrangers à la cause (Cass., 8 juill. 1852, D. 52-5-438 ; — Dutruc, n. 322).

52. Les témoins doivent être considérés comme des tiers parce qu'ils sont sans intérêt personnel dans la cause.

53. Le paragraphe 4 de l'article 41 porte, comme nous l'avons vu, que les juges saisis de la cause peuvent prononcer la suppression des discours injurieux, outrageants et diffamatoires. Il ne faut pas attacher un sens trop précis à ce mot « discours » et par ce terme général il faut entendre aussi bien les discours que les écrits (V. Dutruc, n. 324).

54. Il a été jugé par la Cour de cassation le 4 mars 1882 que la juridiction commerciale était incompétente pour statuer sur les dommages et intérêts réclamés par un tiers qui se prétend diffamé dans un acte de procédure; il en serait autrement à l'égard des dommages et intérêts réclamés par une partie (*J. du Ministère public*, t. 26; — Dutruc, n. 326).

§ 4. — Des personnes responsables des crimes et délits commis par la voie de la presse et de la compétence.

A. — Responsabilité.

55. Avant la loi de 1881 la responsabilité pénale des crimes et délits commis par la voie de la presse se trouvait régie ainsi qu'il suit :

56. Les éditeurs des livres et les gérants des journaux étaient punis comme auteurs principaux lorsque des délits se trouvaient relevés dans les publications; de même les crieurs, afficheurs, vendeurs et distributeurs en raison de leur coopération directe à la publication (Code pénal, art. 283, 284, 287, 288; — Loi du 17 mai 1819, art. 26; — Loi du 18 juill. 1829, art. 8; — Loi du 19 juin 1819, art. 9).

57. On considérait comme complices les auteurs des écrits comme ayant fourni aux éditeurs ou gérants l'œuvre destinée à être publiée. On considérait également comme complices les crieurs, afficheurs, vendeurs et distributeurs lorsque l'écrit contenait une provocation à des crimes ou délits à moins qu'ils ne fissent connaître ceux de qui ils tenaient cet écrit. Quant aux imprimeurs, ils ne pouvaient être incriminés pour le seul fait d'impression des écrits lorsqu'ils avaient rempli les obligations que leur imposait le titre 2 de la loi du 21 octobre 1814, à moins qu'ils n'aient agi sciemment, auquel cas l'article 60 du Code pénal leur était applicable (Loi du 17 mai 1819, art. 24).

58. Les articles 42 et 43 de la loi de 1881 ont modifié ces dispositions.

Seront passibles, dit l'article 42, comme auteurs principaux, des peines qui constituent la répression des crimes et délits commis par la voie de la presse dans l'ordre ci-après, savoir : 1° les gérants ou éditeurs, quelle que soit leur profession ou leur dénomination ; 2° à leur défaut les auteurs ; 3° à défaut des auteurs les imprimeurs ; 4° à défaut des imprimeurs les vendeurs, distributeurs ou afficheurs.

Art. 43. Lorsque les gérants ou les éditeurs seront en cause, les auteurs seront poursuivis comme complices. Pourront l'être au même titre et dans tous les cas toutes personnes auxquelles l'article 60 du Code pénal pourrait s'appliquer.

Ledit article ne pourra s'appliquer aux imprimeurs pour faits d'impression sauf dans le cas et les conditions prévus par l'article 6 de la loi du 7 juin 1848 sur les attroupements.

59. De ces dispositions il résulte donc que la poursuite pour crimes ou délis commis par la voie de la presse peut atteindre comme auteurs principaux : 1° les gérants et éditeurs ; 2° à leur défaut les rédacteurs et écrivains ; 3° à défaut de ceux-ci les imprimeurs ; 4° les colporteurs et distributeurs à défaut des imprimeurs ; comme complices : 1° les rédacteurs ou écrivains lorsque les gérants ou éditeurs sont en cause ; 2° les imprimeurs dans le cas de provocation à un attroupement s'ils ont agi sciemment, 3° les colporteurs ou distributeurs lorsque c'est aussi sciemment qu'ils ont propagé la publication.

60. Lorsque les imprimeurs, vendeurs ou distributeurs ont participé au délit par des actes étrangers à leur industrie ils peuvent être poursuivis pour complicité, car ce n'est plus alors comme imprimeurs, vendeurs ou distributeurs qu'ils seraient poursuivis « c'est, a dit très exactement M. Lisbonne dans son rapport à la Chambre des députés, la nature du concours prêté à la perpétration du délit et non la qualité ou la profession de la personne qui l'a prêté qui détermine la responsabilité. »

61. Les articles 42 et 43 disposent seulement relativement aux délits commis par la voie de la presse; les délits de parole restent donc soumis aux règles ordinaires et quant aux contraventions, le législateur a pris soin de désigner expressément les personnes qui en sont pénalement responsables.

62. L'article 43 doit être complété par l'article 44 qui n'a pas été voté sans discussion et qui est ainsi conçu : Les propriétaires des journaux ou écrits périodiques sont responsables des condamnations pécuniaires prononcées au profit des tiers contre les personnes désignées dans les deux articles précédents, conformément aux dispositions des articles 1382, 1383 et 1384 du Code civil.

B. — Compétence.

63. La compétence en matière de crimes ou délits commis par la voie de la presse est fixée par l'article 45 de la loi de 1881. Voici les termes de cet article :

Les crimes et délits prévus par la présente loi seront déférés à la Cour d'assises; sont exceptés et déférés aux tribunaux de police correctionnelle les délits et infractions prévus par les articles 3, 4, 9, 10, 11, 12, 13, 14, 17 §§ 2 et 4, 28 § 2, 32, 33 § 2, 38, 39 et 40 de la présente loi. Seront encore exceptées et renvoyées devant les tribunaux de simple police les contraventions prévues par les articles 2, 15, 17 §§ 1 et 3, 21 et 33 § 3 de la présente loi.

64. Il n'est pas inutile, si l'on veut se convaincre de l'esprit qui a inspiré la rédaction de cet article 45, de se reporter aux discussions soit devant la Chambre des députés, soit devant le Sénat ; mais cet examen nous entraînerait beaucoup trop loin et nous ferait sortir du cadre que nous nous sommes tracé; qu'il nous suffise de dire que, en principe, le législateur a voulu que les crimes ou délits fussent tous déférés à la Cour d'assises et ce n'est que par exception que le tribunal correctionnel a reçu une attribution de compétence. Voici, résumées en tableau, les différentes infractions prévues par la loi de 1881 comparées à la juridiction compétente pour statuer sur la répression.

COURS D'ASSISES.

1° Provocation à commettre un crime ou un délit, lorsque cette provocation a été suivie d'un effet (Art. 23, § 1er) ;

2° Provocation à commettre un crime, lorsqu'elle n'a été suivie que d'une tentative de crime (Art. 23, § 2) ;

3° Provocation, non suivie d'effet, à commettre les crimes de meurtre, de pillage ou d'incendie (Art. 24, § 1er) ;

4° Cris séditieux (Art. 24, § 2) ;

5° Provocation à des militaires, dans le but de les détourner de leurs devoirs (Art. 25) ;

6° Offense au président de la République (Art. 26) ;

7° Publication de nouvelles fausses et de pièces falsifiées (Art. 27) ;

8° Outrage aux bonnes mœurs commis par l'un des moyens énoncés en l'article 23 (Art. 28) ;

9° Diffamation envers les Cours, les tribunaux, les armées de terre ou de mer, les corps constitués et les administrations publiques (Art. 30) ;

10° Diffamation envers les membres du ministère, les membres des Chambres, les fonctionnaires, les dépositaires ou agents de l'autorité publique, les ministres des cultes, les citoyens chargés d'un service ou d'un mandat public, les jurés ou les témoins (Art. 31) ;

11° Diffamation envers la mémoire d'une personne publique décédée, lorsque l'auteur de cette diffamation a voulu porter atteinte à l'honneur ou à la considération des héritiers vivants (Art. 31 et 34) ;

12° Injure envers les corps ou personnes désignés dans les articles 30 et 31 (Art. 33, § 1er) ;

13° Offense envers les chefs d'État étrangers (Art. 36);

14° Outrage envers les ambassadeurs ou autres agents diplomatiques étrangers (Art. 37).

TRIBUNAUX CORRECTIONNELS.

1° Omission par l'imprimeur du dépôt des imprimés au ministère de l'intérieur ou à la préfecture (Art. 3 et 4) ;

2° Absence du gérant (Art. 6 et 9) ;

3° Défaut de déclaration au parquet (Art. 7 et 9) ;

4° Continuation de publication irrégulière (Art. 9) ;

5° Omission par le gérant de dépôt d'imprimés au parquet et au ministère de l'intérieur ou à la préfecture (Art. 10) ;

6° Défaut d'impression du nom du gérant au bas de chaque exemplaire (Art. 11) ;

7° Refus d'insertion des rectifications des dépositaires de l'autorité publique (Art. 12) ;

8° Refus d'insertions des particuliers (Art. 13) ;

9° Mise en vente ou distribution de journaux étrangers dont la circulation est interdite en France (Art. 14) ;

10° Enlèvement, lacération ou altération par un fonctionnaire ou agent de l'autorité publique des affiches apposées par ordre de l'administration (Art. 17, § 2) ;

11° Enlèvement, lacération ou altération d'affiches électorales par un fonctionnaire ou agent de l'autorité publique (Art. 17, §4).

12° Outrage aux bonnes mœurs par vente, exposition ou distribution de dessins, gravures, peintures, emblèmes ou images obscènes (Art. 28, § 2) ;

13° Diffamation envers les particuliers (Art. 32) ;

14° Injure envers les particuliers (Art. 33, § 2);

15° Diffamation envers la mémoire d'un particulier décédé, lorsque l'auteur de cette diffamation a voulu porter atteinte à l'honneur ou à la considération des héritiers vivants (Art. 32 et 34).

16° Publication des actes d'accusation ou autres actes de procédure criminelle avant leur lecture à l'audience publique (Art. 38).

17° Compte rendu des procès en diffamation où la preuve des faits diffamatoires n'est pas autorisée (Art. 39, § 1er) ;

18° Compte rendu des procès lorsque les Cours et les tribunaux l'ont interdit (Art. 39, § 1er) ;

19° Compte rendu des délibérations intérieures soit des jurys, soit des Cours et tribunaux (Art. 39, § 2) ;

20° Ouverture ou annonce publique de souscription ayant pour objet d'indemniser des condamnations pécuniaires en matière criminelle ou correctionnelle (Art. 40).

TRIBUNAUX DE SIMPLE POLICE.

1° Omission sur les imprimés du nom et du domicile de l'imprimeur (Art. 2) ;

2° Apposition d'affiches particulières aux endroits exclusive- •

ment destinés aux affiches des lois et autres actes de l'autorité publique (Art. 15, §§ 1er, 2 et 4) ;

3° Apposition d'affiches particulières imprimées sur papier blanc (Art. 15, §§ 3 et 4) ;

4° Enlèvement, lacération ou altération, par un particulier, des affiches apposées par ordre de l'administration (Art. 17, § 1er);

5° Enlèvement, lacération ou altération, par un particulier, des affiches électorales apposées ailleurs que sur la propriété de celui qui a commis l'enlèvement, la lacération ou l'altération (Art. 17, § 3) ;

6° Colportage de livres, écrits, brochures, journaux, etc., sans déclaration préalable ou après une fausse déclaration (Art. 21) ;

7° Défaut de présentation par le colporteur du récépissé de sa déclaration (Art. 21) ;

8° Injure non publique (Art. 33, § 3).

65. Aussitôt après la promulgation de la loi de 1881, une question délicate a été soulevée, celle de savoir si la loi modificative de la compétence devait recevoir son exécution même à l'égard des procès commencés et bien qu'au moment de leur promulgation une décision au fond fût intervenue dans ces procès. Cette question est aujourd'hui sans intérêt, car il ne peut plus exister de procès entamés avant la promulgation de la loi de 1881, mais la Cour de Paris avait décidé, à la date du 8 novembre 1881, que les juges du second degré qui, au moment de la promulgation, se trouvaient saisis de l'appel d'un jugement correctionnel portant condamnation à raison d'un délit de presse, sont restés compétents pour statuer sur l'appel, malgré l'attribution que la loi précitée a fait de ce délit à la Cour d'assises. Le pourvoi formé contre cette décision a été rejeté par la Cour de cassation à la date du 18 février 1882 (S. 82-1-185).

66. Il avait été aussi décidé que le tribunal correctionnel auquel la loi nouvelle a enlevé la connaissance d'un délit de presse, ne peut retenir l'action civile en réparation du dommage causé par ce délit (Trib. correct. de la Seine, 17 août 1881. S. 82-2-92).

67. L'action civile résultant du délit de diffamation verbale ou d'injures verbales ou par écrit envers un particulier, autrement que par la voie de la presse, continue, même depuis la loi du 29 juillet 1881, à être de la compétence du juge de paix (LL. 25 mai 1838, art. 5, § 5 ; — 29 juill. 1881, art. 68 ; — Trib. de Mantes, 13 janv. 1883, art. 787, t. 5, p. 122).

68. Il peut se faire que des injures et des diffamations dirigées contre une personne revêtue d'un caractère public soient
relatives tout à la fois à la vie publique et à la vie privée de cette
personne : la Cour d'assises est, dans ce cas, compétente pour
connaître de la double infraction que renferme l'écrit lorsque les
diverses parties de cet écrit sont indivisibles (Cass. 17 juin 1842,
Gazette des Tribunaux du 9 septembre ; — Amiens, 15 juillet 1882,
Journal du ministère public, t. 26). Mais au tribunal correctionnel
seul appartient compétence pour statuer sur les injures ou diffamations concernant la vie privée lorsqu'elles sont distinctes
de celles concernant la vie publique (Cass. 15 fév. 1834. S. 34-
1-79 ; — 19 avril 1849, S. 50-1-236 ; — Dutruc, n. 352 *bis*).

69. La loi du 29 juillet 1881 sur la presse n'a pas abrogé l'article 479 du Code d'instruction criminelle ; le procureur général
et la chambre de la Cour d'appel sont seuls compétents : le premier pour citer et la Cour d'appel pour statuer sur la poursuite
en diffamation dirigée contre un préfet, diffamation contenue
dans un arrêté par lui pris.
Conséquemment, la Cour d'assises est irrégulièrement saisie
par la partie civile ; elle doit purement et simplement déclarer
son incompétence et non la fonder sur ce que l'arrêté du préfet
étant un acte administratif, il doit être préalablement apprécié
par l'autorité administrative (Cass. crim., 4 juill. 1884, art. 867,
t. 5, p. 354).

70. La compétence de l'article 45 de la loi de 1881 n'est pas exclusive de l'application de l'article 181 du Code d'instruction criminelle aux termes duquel les tribunaux correctionnels sont investis du droit de réprimer instantanément les délits commis à
leur audience. Il a donc été jugé que lorsqu'un témoin est in-
jurié ou diffamé à l'audience d'un tribunal correctionnel, il appartient à ce tribunal de se saisir de la connaissance du délit
(Amiens, 26 mai 1882, *Journal du ministère public*, t. 26 ; —
Dutruc, n. 352 *ter*).

71. On a soutenu que la Cour d'assises était seule compétente pour connaître des diffamations commises envers les directeurs et administrateurs d'entreprises commerciales, industrielles
et financières, et cela parce que la loi autorisait contre ces personnes la preuve des faits diffamatoires, mais cette prétention a
été repoussée par la jurisprudence et il a été jugé très exactement, selon nous, que si ces personnes étaient assimilées aux
personnes publiques relativement à la preuve des faits qui leur
étaient imputés, c'est uniquement au point de vue de la procé-

dure à suivre pour poursuivre cette preuve, mais que les règles de la compétence ne pouvaient en être modifiées; en conséquence, le tribunal correctionnel seul est compétent pour connaître de semblables poursuites en diffamation.

72. Ainsi jugé dans les termes suivants :

Si l'article 35 de la loi du 29 juillet 1881 a pu, par mesure d'intérêt général, réserver exceptionnellement la preuve des faits diffamatoires au dénonciateur de l'administrateur d'une entreprise financière dont la gestion intéresse directement le public, comme au diffamateur lui-même d'un agent de l'autorité, ces différentes personnes n'en conservent pas moins le caractère et la qualité propres à chacune d'elles, et, sous la réserve de l'exception relative à la preuve, l'administrateur d'une entreprise financière reste un simple particulier, dont le diffamateur devient justiciable du tribunal correctionnel et passible seulement des peines portées à l'article 32 de la loi.

D'ailleurs, l'article 47, énumérant les différents cas où l'action, pour injure et diffamation, doit être soumise au jury, n'a pas fait mention des administrateurs d'une entreprise financière, et le tribunal correctionnel reste seul compétent pour juger de la plainte, quand la diffamation s'adresse à une personne de cette qualité (Aix, 17 mars 1882, art. 455, t. 3, p. 309).

73. Bien que la preuve des faits diffamatoires puisse être rapportée contre les directeurs et administrateurs d'entreprises financières, commerciales et industrielles faisant appel à l'épargne et au crédit, il appartient au tribunal correctionnel et non à la Cour d'assises de connaître de la diffamation commise envers eux.

La procédure à suivre devant le tribunal correctionnel quant à l'administration de la preuve des faits diffamatoires, est celle tracée pour la Cour d'assises par les articles 52 et suivants de la loi du 29 juillet 1881, et non celle tracée par le Code d'instruction criminelle, et la preuve des faits diffamatoires ne peut être ordonnée d'office par le juge, mais seulement quand elle est offerte par le prévenu et qu'il a accompli les formalités exigées par la loi (Cass., 29 juin 1882, art. 599, t. 4, p. 122).

74. Quant à la compétence territoriale, il est incontestable que ce sont les règles de droit commun qui doivent être suivies.

75. Aux termes de l'article 46, l'action civile résultant du délit de diffamation prévu et puni par les articles 30 et 31, ne peut, sauf dans le cas de décès de l'auteur du fait incriminé ou d'amnistie, être poursuivie séparément de l'action publique. Cette disposition se comprend aisément et le législateur a voulu éviter que des fonctionnaires ou autres personnes publiques échappassent à la preuve qui peut être faite contre elles en renonçant à une action criminelle pour renfermer la poursuite dans une action civile.

76. Lorsque, par suite d'une amnistie, la personne diffamée ne peut plus porter son action devant le tribunal correctionnel, l'action en dommages-intérêts doit être portée devant le tribunal civil.

Peu importerait que le diffamateur eût déjà été cité devant le tribunal correctionnel si, au moment où ce dernier a été touché par la citation, le tribunal était devenu incompétent, la loi d'amnistie qui fait disparaître le délit, se trouvant déjà promulguée.

Il ne pourrait dans ce cas opposer la maxime : *electa una via non datur recursus ad alteram.*

L'action en dommages étant portée devant le tribunal civil, la personne accusée d'avoir diffamé un fonctionnaire peut, comme devant la juridiction répressive, être admise à prouver la vérité des faits reprochés comme diffamatoires.

Cette preuve doit être faite suivant les formes prescrites en matière civile (Trib. civil de Chambéry, 25 janvier 1882, art. 399, t. 3, p. 124).

§ 5. — Procédure.

ARTICLE 1er.

COUR D'ASSISES.

77. La loi du 26 mai 1819, qui avait déjà attribué aux Cours d'assises la connaissance des délits de presse, avait maintenu toutes les règles propres aux grands criminels pour des procès cependant bien différents de ceux que la Cour d'assises est appelée chaque jour à réprimer ; ce n'était que par la voie de l'information préalable que la Cour d'assises pouvait être saisie du délit de presse. Cette anomalie avait disparu sous l'empire des lois du 8 avril 1831 (art. 1er) et 9 septembre 1835 (art. 24). Sous l'empire de cette législation, le ministère public avait le droit de faire citer directement le prévenu devant la Cour d'assises lorsqu'il n'y avait pas eu saisie de l'écrit délictueux selon la première loi et même dans le cas de saisie suivant la seconde loi. Ces dispositions cessèrent d'être applicables sous l'empire du décret du 17 février 1852 ; elles avaient été remises en vigueur par la loi du 15 avril 1871 et par celle du 29 décembre 1875; le législateur de 1881 s'est montré plus libéral et il a admis la voie de la citation directe pour les délits comme pour les crimes.

78. L'article 47, qui vise le droit d'action devant la Cour d'assises, est ainsi conçu :

Art. 47. — La poursuite des crimes et délits commis par la voie de la presse ou par tout autre moyen de publication aura lieu d'office et à la requête du ministère public, sous les modifications suivantes : 1° dans le cas d'injure ou de diffamation envers les cours, tribunaux et autres corps indiqués en l'article 30, la poursuite n'aura lieu que sur une délibération prise par eux en assemblée générale, et réquérant les poursuites, ou, si le corps n'a pas d'assemblée générale, sur la plainte du chef du corps ou du ministre duquel ce corps relève ; — 2° dans le cas d'injure ou de diffamation envers un ou plusieurs membres de l'une ou de l'autre Chambre, la poursuite n'aura lieu que sur la plainte de la personne ou des personnes intéressées ; — 3° dans le cas d'injure ou de diffamation envers les fonctionnaires publics, les dépositaires ou agents de l'autorité publique autres que les ministres, envers les ministres des cultes salariés par l'État et les citoyens chargés d'un service ou d'un mandat public, la poursuite aura lieu, soit sur leur plainte, soit d'office, sur la plainte du ministre dont ils relèvent ; — 4° dans le cas de diffamation envers un juré, ou un témoin, délit prévu par l'article 31, la poursuite n'aura lieu que sur la plainte du juré ou du témoin qui se prétendra diffamé ; — 5° dans le cas d'offense envers les chefs d'État ou d'outrage envers les agents diplomatiques étrangers, la poursuite aura lieu soit à leur requête, soit d'office sur leur demande adressée au ministre des affaires étrangères et par celui-ci au ministre de la justice ; — 6° dans les cas prévus par les paragraphes 3 et 4 du présent article, le droit de citation directe devant la Cour d'assises appartiendra à la partie lésée. Sur sa requête le président de la Cour d'assises fixera les jours et heure auxquels l'affaire sera appelée.

79. La loi ne soumet à aucune forme particulière la plainte qui doit servir de base à la poursuite du ministère public pour délit d'injure ou de diffamation ; aussi ne peut-on dire que cette plainte est assujettie aux conditions exigées par les articles 31 et 65 du Code d'instruction criminelle pour les dénonciations et pour les constitutions de la partie civile, mais on ne peut méconnaître qu'il appartient au juge d'apprécier si l'acte considéré comme plainte par le ministère public manifeste suffisamment l'intention par le plaignant de mettre l'action publique en mouvement (Dutruc, n° 363.)

80. Il est nécessaire de bien se pénétrer de l'esprit de l'article 47 de la loi relatif aux poursuites qui ne peuvent être exercées d'office par le ministère public sans une plainte des personnes atteintes par l'injure ou la diffamation.

81. La poursuite dirigée pour diffamation et injures publiques envers un particulier doit être précédée d'une plainte régulière et valable de la part de la personne offensée et telle que l'exige l'article 5 de la loi du 26 mai 1819.

Cette plainte, pour être régulière et valable, doit être adressée par l'offensé à une personne ayant qualité pour mettre en mouvement l'action publique ou tout au moins à un officier de police judiciaire (art. 63, 64, Code inst. crim.).

Ainsi un instituteur qui adresse sa plainte à son supérieur hiérarchique, qui la transmet à son tour au parquet après en avoir apprécié l'opportunité, n'est pas censé avoir déposé lui-même cette plainte qui dès lors ne peut être considérée comme régulière.

Il doit en être ainsi alors surtout que l'instituteur qui se prétend diffamé déclare dans la plainte transmise à son supérieur, ne pas vouloir porter plainte à raison des injures à lui adressées comme particulier, mais à raison de celles seulement qui visaient l'instituteur. (Chambéry, 3 janv. 1882, art. 253, t. 2, p. 173).

82. Aux termes de la disposition finale de l'article 47, c'est le président de la Cour d'assises qui fixe les jour et heure auxquels l'affaire sera appelée ; mais que décider lorsque la session des assises est close ? quel magistrat doit, en ce cas, répondre la requête ? On a décidé que ce magistrat ne pouvait être que celui qui a présidé la dernière session puisque, d'après l'article 81 du décret du 6 juillet 1810, dans le cas d'une tenue d'assises extraordinaire, les présidents de la dernière assise sont nommés de droit pour présider l'assise extraordinaire et que dans l'hypothèse par nous prévue il y avait lieu à réunion d'assise extraordinaire, conformément à l'article 59 de la loi de 1881. Mais si le plaignant attend la prochaine session d'assise pour introduire sa poursuite c'est le président désigné pour cette session qui doit rendre l'ordonnance fixant le jour où sera appelée l'affaire.

83. Le plaignant qui assigne directement devant la Cour d'assises est tenu de présenter requête au président des assises, mais il n'en est pas de même du ministère public ; il suffit donc que le ministère public se concerte à cet effet avec le président.

84. Le ministère public n'est point dans l'obligation de citer directement devant la Cour d'assises : c'est pour lui une simple faculté. Lorsqu'il reçoit une plainte il peut faire ouvrir une information et la loi du 29 juillet 1881 a réglé dans ses articles 48 et 49 les règles spéciales de cette information. Voici quel est le texte de l'article 48 :

Art. 48. — Si le ministère public requiert une information, il sera tenu, dans son réquisitoire, d'articuler et de qualifier les provocations, outrages, diffamations, injures, à raison desquels la poursuite est intentée, avec indication des textes dont l'application est demandée, à peine de nullité du réquisitoire et de la dite poursuite.

85. Il a été décidé que le réquisitoire du ministère public afin d'information doit non seulement articuler et qualifier les faits incriminés, c'est-à-dire les énoncer d'une façon précise et détaillée et désigner par sa dénomination légale le délit qu'ils constituent, mais encore indiquer les textes de lois qui la prévoient et les punissent. Cette indication s'entend, d'ailleurs, de la mention de la date de la loi et du numéro de l'article ou de chacun des articles invoqués et non de la reproduction du texte de ces articles (Cour d'assises de la Seine, 26 déc. 1881, S. 82-2-233).

86. On a remarqué que l'inobservation des prescriptions rigoureuses de l'article 48 entraîne la nullité absolue de la poursuite : comment, à la suite d'une information, la Cour d'assises doit-elle être saisie ? Faut-il que le ministère public fasse dresser un acte d'accusation et fasse notifier cet acte au prévenu en même temps que l'arrêt de renvoi ? La Cour de cassation, par arrêt du 4 mars 1882 (*Journal du ministère public*, t. 26), a décidé que cela était inutile et que le ministère public peut se borner, même après information, à faire citer directement le prévenu devant la Cour.

87. L'article 49 réglemente le droit de saisie qui appartient au juge d'instruction en même temps que le droit d'arrestation préventive ; il fixe également le droit, après la condamnation, de suppression et de destruction des exemplaires incriminés. Il est ainsi conçu :

Art. 49. — Immédiatement après le réquisitoire, le juge d'instruction pourra, mais seulement en cas d'omission du dépôt prescrit par les articles 3 et 10 ci-dessus, ordonner la saisie de quatre exemplaires de l'écrit du journal ou du dessin incriminé.

Cette disposition ne déroge en rien à ce qui est prescrit par l'article 28 de la présente loi. — Si le prévenu est domicilié en France, il ne pourra être arrêté préventivement, sauf en cas de crime. — En cas de condamnation, l'arrêt pourra ordonner la saisie et la suppression ou la destruction de tous les exemplaires qui seraient mis en vente, distribués aux regards du public. — Toutefois, la suppression ou la destruction pourra ne s'appliquer qu'à certaines parties des exemplaires saisis.

88. L'article 50 de la loi du 29 juillet 1881 applique à la citation en général, tant celle du ministère public que du plaignant, les prescriptions édictées à l'égard du réquisitoire par l'article 48, en assujettissant cette citation à d'autres formalités qui lui sont propres. « La citation, dit l'art. 50 ».

Art. 58. — La citation contiendra l'indication précise des écrits, des imprimés, placards, dessins, gravures, peintures, médailles, emblèmes, des discours ou propos publiquement proférés qui seront l'objet de la poursuite, ainsi que la qualification des faits. Elle indiquera les textes de la loi invoqués à l'appui de la demande. — Si la citation est à la requête du plaignant, elle portera, en outre, copie de l'ordonnance du président, elle contiendra élection de domicile dans la ville où siège la Cour d'assises et sera notifiée tant au prévenu qu'au ministère public. — Toutes ces formalités seront observées à peine de nullité de la poursuite.

89. Ainsi, d'après le paragraphe 1er de l'article 50, la citation doit contenir l'indication précise des écrits, imprimés, placards, etc., poursuivis, ainsi que la qualification des faits ; elle doit également indiquer les textes de la loi invoqués. Ce que nous avons dit ci-dessus, à l'occasion de l'article 48, reçoit son application.

90. Le plaignant doit également faire élection de domicile dans la ville ou siège la Cour d'assises. La loi n'applique pas la peine de la nullité à l'inobservation de cette disposition et il est impossible, par conséquent, de suppléer à son silence pour créer une nullité qu'elle n'a pas prévue (Dutruc, n. 383).

91. L'article 50 dit que la citation doit être notifiée tant au prévenu qu'au ministère public, ce qui ne signifie pas que le plaignant doit assigner le ministère public à comparaître devant la Cour d'assises : ce que veut la loi, c'est que la citation donnée au prévenu soit portée à la connaissance du ministère public par une notification qui lui sera faite séparément ; elle ne fixe pas, d'ailleurs, de délai dans lequel cette notification doit être faite avant le jour de l'audience, elle détermine dans l'article 51, que nous examinerons ci-après, l'intervalle qui doit séparer la citation du prévenu de sa comparution en Cour d'assises ; mais, quant à la notification au ministère public, la loi est muette, on en peut donc conclure que cette notification sera valable alors même qu'elle serait faite à la dernière heure ; il est cependant préférable de la faire quelques jours avant l'audience.

92. Lorsque le domicile du prévenu est ignoré ou lorsqu'il a abandonné son domicile au moment de la citation, la citation est valablement signifiée par affiche à la principale porte de l'auditoire de la Cour d'assises et par remise d'une seconde copie au parquet selon les prescriptions de l'article 69, § 8, du Code de procédure civile (Cass., 4 mars 1882).

93. Le délai entre la citation et la comparution en Cour d'assises, porte l'article 51, sera de cinq jours, outre un jour par cinq myriamètres de distance.

94. On décide que la règle établie par l'article 1033 du Code de procédure d'après laquelle, dans le calcul du délai supplémentaire d'un jour par cinq myriamètres, les fractions de moins de quatre myriamètres ne soit pas comptées, doit recevoir son application en cette matière : les fractions de quatre myriamètres et au-dessus augmentent le délai d'un jour entier. L'article 1033 ne dispose, il est vrai, que pour les exploits en matière civile ; mais, en l'absence de toute règle relative aux exploits en matière criminelle, il faut bien se référer aux dispositions de droit commun.

95. Le prévenu poursuivi pour diffamation a le droit, ainsi que nous l'avons vu, de faire devant la Cour d'assises la preuve de la vérité des faits diffamatoires ; l'administration de cette preuve exige un échange de notification pour lesquelles le délai de cinq jours entre la citation et la comparution à l'audience serait manifestement insuffisant : c'est pour cette hypothèse que dispose l'article 52 de la loi dans les termes suivants :

Art. 52. — En matière de diffamation, ce délai sera de douze jours, outre un jour par cinq myriamètres. — Quand le prévenu voudra être admis à prouver la vérité des faits diffamatoires, conformément aux dispositions de l'article 35 de la présente loi, il devra, dans les cinq jours qui suivront la notification de la citation, faire signifier au ministère public près la Cour d'assises ou au plaignant, au domicile par lui élu, suivant qu'il est assigné à la requête de l'un ou de l'autre : 1° les faits articulés et qualifiés dans la citation, desquels il entend prouver la vérité ; 2° La copie des pièces ; 3° Les noms, professions et demeures des témoins par lesquels il entend faire sa preuve. Cette signification contiendra élection de domicile près la Cour d'assises, le tout à peine d'être déchu du droit de faire la preuve.

96. Le délai de douze jours dont parle notre article est, comme celui de l'article 51, un délai franc : un délai, par conséquent, dans lequel ne sont compris ni le jour de la signification de la citation en Cour d'assises, ni celui de la comparution. Quant au délai de distance, ce que nous avons dit ci-dessus doit recevoir son application (Dutruc, n. 389).

97. Dans les cinq jours suivants, dit l'article 53 :

Art. 53. — Dans les cinq jours suivants, le plaignant ou le ministère public, suivant le cas, sera tenu de faire signifier au prévenu, au domicile par lui élu, la copie des pièces et les noms, professions et demeure des témoins par lesquels il entend faire la preuve contraire, sous peine d'être déchu de son droit.

98. Nous avons pensé, a dit M. Lisbonne à la Chambre des députés, que le délai de cinq jours était suffisant, d'autant mieux qu'un pareil délai doit être accordé à la partie adverse et que celui de la comparution ne doit être que douze jours en vue de la célérité qu'exige la solution de semblables procès devant une juridiction qui n'est pas permanente. Si la loi du 29 mai 1849, article 21, a fixé un délai de huit jours, c'est qu'à cette époque les communications étaient moins faciles et moins rapides qu'au temps où nous vivons.

99. Dans chacun des deux délais impartis au prévenu d'une part, au plaignant ou au ministère public d'autre part, le jour du terme se trouve compris. Le délai est accompli le cinquième jour qui suit la notification à partir de laquelle il commence (Dutruc, n. 393).

100. Lorsque le prévenu s'est laissé condamner par défaut et qu'il veut frapper l'arrêt d'opposition a-t-il le droit d'invoquer pour la notification de ses moyens de preuve le délai imparti par la loi et, s'il jouit de cette faculté, quel est le point de départ du délai ? L'article 20 de la loi 1819 résolvait affirmativement la première question et faisait courir le délai à partir du jour de l'opposition. La loi du 9 septembre 1835, article 25, décidait que l'opposition emportait citation à la première audience ; d'où l'on avait conclu que le prévenu n'avait plus droit qu'au délai qui s'écoulerait entre l'opposition et l'audience la plus prochaine. C'est la thèse que soutenait à Paris le procureur général dans une affaire soumise à la Cour d'assises ; mais la Cour s'appuyant sur ce que, d'après l'article 56, l'opposition vaut citation à la première audience utile et sur ce que la disposition finale de cet article laisse entendre qu'une nouvelle citation doit être donnée à l'opposant, a jugé par arrêt du 15 novembre 1881 (*Journal du ministère public*, t. 26) que l'opposant a droit à un nouveau délai de cinq jours à partir de cette seconde citation. Un délai semblable appartenant nécessairement au plaignant et au ministère public il en découle que la première audience utile pour statuer sur l'opposition doit être celle qui suivra l'expiration du double délai de cinq jours.

101. La partie qui a laissé expirer les délais édictés par les articles 52 et 53 sans faire les notifications prescrites est déchue du droit d'administrer la preuve conformément à la loi, et cette déchéance est d'ordre public ; il n'est personne qui puisse en relever la partie qui l'a encourue (Cass. 1er avril 1881, *Journal du Ministère public*, t. 25 ; — Cour d'assises de la Seine, 15 nov. 1881, précité).

102. V. ci-dessus, n. 73, l'arrêt de cassation du 10 mars 1882.

103. Les juges ne peuvent, ni en Cour d'assises, ni en police correctionnelle, ordonner d'office la preuve des faits imputés, il faut que cette preuve soit offerte ou demandée par le prévenu (Cass., 29 juin 1882, *précité*).

104. Le législateur devait nécessairement indiquer jusqu'à quelle phase de la procédure il appartenait au prévenu de pouvoir faire défaut et c'est dans ce but que dispose l'article 54 de la loi. « Toutes demandes, dit cet article, en renvoi pour quelque cause que ce soit, tous incidents sur la procédure suivie, devront être présentés avant l'appel des jurés à peine de forclusion.

105. Si le prévenu, ajoutait l'article 55, a été présent à l'appel des jurés il ne pourra plus faire défaut quand bien même il se serait retiré pendant le tirage au sort. En conséquence, tout arrêt qui interviendra, soit sur la forme, soit sur le fond, sera définitif, quand bien même le prévenu se retirerait de l'audience ou refuserait de se défendre : dans ce cas, il sera procédé avec le concours du jury et comme si le prévenu était présent.

106. Les dispositions de ces deux articles doivent recevoir leur application aussi bien dans le cas où le ministère public a pris la voie de l'information préalable que dans la cas de citation directe (Circ. du ministre de la justice).

107. Encore bien qu'en matière de presse toutes les dispositions du Code d'instruction criminelle qui supposent la détention préventive soient inapplicables, il n'en est pas moins vrai que la liste des jurés doit être signifiée au prévenu, à peine de nullité des débats et de tout ce qui a suivi (Cass., 8 déc. 1881, *Gazette des Tribunaux* du 16 déc.).

108. L'article 56 règle la procédure à suivre dans le cas où le prévenu ne comparaît pas devant la Cour d'assises :

Art. 56. — Si le prévenu ne comparaît pas au jour fixé par la citation, il sera jugé par défaut par la Cour d'assises, sans assistance ni intervention des jurés. — La condamnation par défaut sera comme non avenue si, dans les cinq jours de la signification qui en aura été faite au prévenu ou à son domicile, outre un jour par cinq myriamètres, celui-ci forme opposition tant au ministère public qu'au plaignant. Toutefois, si la signification n'a pas été faite à personne ou s'il ne résulte pas de l'acte d'exécution de l'arrêt que le prévenu en a eu connaissance, l'opposition sera recevable jusqu'à l'expiration des détails de la prescription de la peine. L'opposition vaudra citation à la première audience utile. Les frais de l'expédition de la signification de l'opposition et de la réassignation pourront être laissés à la charge du prévenu.

109. M. Lisbonne, dans son rapport, a donné à cet égard les explications suivantes: « Nous avons, dit-il, reproduit les dispositions de l'article 17 de la loi du 27 juillet 1849; nous y avons introduit deux modifications que nous avons empruntées au nouvel article 187 du Code d'instruction criminelle. En premier lieu, le délai pour l'opposition sera de cinq jours au lieu de trois à partir de la signification de l'arrêt; en second lieu, le délai ne courra que si cette signification a été faite à la personne même du prévenu ou s'il résulte de l'acte d'exécution de l'arrêt que le prévenu en a eu connaissance. Dans le cas contraire, l'opposition sera recevable jusqu'à l'expiration des délais de la prescription. Adoptant une règle consacrée par l'usage en matière civile nous donnons à la Cour d'assises la faculté de laisser à la charge

du prévenu demandeur en opposition les frais de l'expédition de
la signification de l'arrêt et de l'opposition. »

110. Le délai imparti au prévenu pour former opposition est
exactement de cinq jours et ce délai n'est pas prorogé au lendemain si le dernier jour est férié (Faustin-Hélie, *Instruction criminelle*, n. 2971).

Quant à l'augmentation à raison des distances, nous devons
nous en référer à l'application de l'article 1033 tel que nous
l'avons indiqué ci-dessus.

111. Le plaignant auquel doit être notifiée l'opposition est
celui qui s'est porté partie civile et non la personne qui a simplement adressé une plainte au parquet. L'opposition signifiée à
la partie civile seule, mais non dénoncée au ministère public, ne
serait point valable quant aux intérêts civils, malgré l'acquiescement donné par le prévenu au jugement par défaut relativement aux condamnations prononcées contre lui sur l'action publique (Faustin-Hélie, n. 2972 ; — *Contra*, Cass., 18 juin 1863,
J. du Ministère public, t. 6, p. 165).

112. Au contraire, la notification du prévenu est valable, relativement à l'action publique, bien que notifiée seulement au ministère public et non à la partie civile, en cas d'acquiescement du
prévenu au jugement quant à l'action civile. (Cass., 11 août 1853,
S. 53-1-800).

113. L'opposition, dit l'article 56, vaut citation à la première
audience utile, mais, dans la pratique, une nouvelle citation est
délivrée au prévenu par le ministère public. C'est ce qu'implique, d'ailleurs, implicitement l'article 56 en disant qu'il autorise
les juges à laisser à la charge du prévenu entre autres frais ceux
de la réassignation. Quant à ce qu'il faut entendre par audience
utile, voyez ci-dessus.

114. Faute par le prévenu de former son opposition dans le
délai fixé en l'article précédent, l'opposition sera réputée non
avenue et l'arrêt par défaut sera définitif (art. 57). Il est donc
nécessaire que le prévenu comparaisse lui-même.

115. L'opposition anéantit de plein droit la décision contre laquelle elle est formée; il s'ensuit que sur cette opposition la peine
prononcée par défaut peut être aggravée. (Cass., 2 mars 1882,
J. du Ministère public, t. 26).

116. En cas d'acquittement par le jury, dit l'article 58, s'il y a partie civile en cause, la Cour ne pourra statuer que sur les dommages et intérêts réclamés par le prévenu ; ce dernier devra être renvoyé de la plainte sans dépens ni dommages et intérêts au profit du plaignant.

117. Le législateur après avoir indiqué, par les dispositions qui précèdent, la procédure à suivre devant le Cour d'assises, a dû prévoir le cas où la session ordinaire des assises se trouverait terminée au moment de l'exercice de l'action, soit de la part du ministère public, soit de la part de la partie lésée, et le cas aussi où il ne doit pas s'ouvrir de session ordinaire à une époque rapprochée. Différer, dans ce cas, le jugement de la poursuite jusqu'à la session suivante, c'était créer une situation difficile pour le plaignant comme pour le prévenu et l'article 59 a réglementé cette hypothèse.

118. Si au moment où le ministère public ou le plaignant exerce son action, dit la loi, la session de la Cour d'assises est terminée et s'il ne doit pas s'en ouvrir d'autre à une époque rapprochée, il pourra être formé une Cour d'assises extraordinaire par ordonnance motivée du premier président. Cette ordonnance prescrira le tirage au sort des jurés, conformément à la loi.

119. L'article 81 du décret du 6 juillet 1810 sera applicable aux Cours d'assises extraordinaires formées en exécution du paragraphe précédent.

120. L'article 81 du décret du 6 juillet 1810 décide que, en cas d'assises extraordinaires, les présidents de la dernière assise sont nommés de droit pour présider les assises extraordinaires.

121. En cas de décès ou empêchement légitime, le président de l'assise sera remplacé à l'instant où la nécessité de la tenue de l'assise extraordinaire sera connue ; le remplacement sera fait par le premier président. L'ordonnance de remplacement contiendra l'époque fixée de l'ouverture de cette assise.

122. La loi ne dit pas comment doit être provoquée l'ordonnance motivée du premier président, ce sera évidemment ou bien sur une réquisition du ministère public, ou bien sur une requête du plaignant, que le premier président, qui ne peut ordonner d'office la formation de la Cour d'assises extraordinaire, sera saisi de la demande tendant à cette mesure.

123. La circulaire du ministre de la justice, rapportée au *Recueil* (art. 379, p. 529, t. 2), fait aux magistrats du parquet les recommandations suivantes : « Le ministère public ne devra évidemment provoquer la formation de ces assises que dans le cas d'absolue nécessité ; il aura, d'ailleurs, d'autant moins l'occasion d'y revenir, qu'il a, comme le plaignant, la faculté d'exercer ses poursuites devant toutes les Cours compétentes, à raison du délit, et qu'à défaut de celle du domicile il pourra parfois porter l'affaire dans telle autre où s'ouvrirait une session prochaine sans préjudice sérieux pour les personnes. »

ARTICLE 2.

Police correctionnelle et de simple police.

124. Le projet de la commission de la Chambre des députés se contentait, relativement à la procédure à suivre dans les tribunaux correctionnels et devant les tribunaux de simple police de renvoyer aux règles établies par le Code d'instruction criminelle en rappelant seulement, pour les formes de la citation en police correctionnelle ou en simple police, les prescriptions dictées à l'égard de la citation en Cour d'assises. Diverses additions ont été faites à ces dispositions du projet.

125. M. Lorois a proposé de réduire à vingt-quatre heures pendant la période électorale et en cas de diffamation ou injure contre un candidat à une fonction élective le délai d'assignation devant le tribunal correctionnel. La commission a adhéré à la pensée de l'amendement et la rédaction suivante a été intercalée dans l'article du projet :

126. En cas de diffamation ou d'injure pendant la période électorale contre un candidat à une fonction élective, le délai de la citation sera réduit à vingt-quatre heures outre le délai de distance.

127. Après plusieurs modifications de détail voici le texte de l'article 59, définitivement adopté.

La poursuite devant les tribunaux de police correctionnelle et de simple police aura lieu conformément aux dispositions du chapitre II du titre 1er du livre 2 du Code d'instruction criminelle, sauf les modifications suivantes : 1° dans le cas de diffamation envers les particuliers, prévu par l'article 33, § 2, la poursuite n'aura lieu que sur la plainte de la personne diffamée ou injuriée ; 2° dans le cas d'outrage envers les chefs d'États ou agents diplomatiques étrangers, la poursuite aura lieu, soit à leur requête, soit d'office sur leur demande adressée au ministre des affaires étrangères et par celui-ci au ministre de la justice ; 3° en cas de diffamation ou d'injure pendant la période électorale (comme il est dit ci-dessus) ; 4° la citation précisera et qualifiera les faits incriminés ; elle indiquera les textes de lois applicables à la poursuite, le tout à peine de nullité de la dite poursuite.

Sont applicables au cas de poursuites et de condamnation les dispositions de l'article 48 de la présente loi.

128. Sur une observation de M. Lelièvre, les dispositions du n° 2 relative à la poursuite pour outrage envers les chefs d'États et agents diplomatiques étrangers, a été retranchée comme appartenant à l'article 47, par suites de fautes antérieures qui attribuaient la compétence de ce chef à la Cour d'assises, puis le nouveau texte a été lui-même adopté.

129. La commission du Sénat a introduit une disposition finale proposée par M. Bozérian et portant que le désistement du plaignant arrêtera la poursuite commencée. Dans ces conditions, l'article ainsi modifié est devenu l'article 60 de la loi et se trouve conçu en ces termes :

Art. 60. — La poursuite devant les tribunaux correctionnels et de simple police aura lieu conformément aux dispositions du chapitre II du titre 1er du livre 2 du Code d'instruction criminelle, sauf les modifications suivantes : 1° dans le cas de diffamation envers les particuliers prévu par l'article 32 et dans le cas d'injure prévu par l'article 33 § 2, la poursuite n'aura lieu que sur la plainte de la personne diffamée ou injuriée ; 2° en cas de diffamation ou d'injure pendant la période électorale contre un candidat à une fonction élective, le délai de la citation sera réduit à vingt-quatre heures outre le délai de distance ; 3° la citation précisera et qualifiera le fait incriminé ; elle indiquera le texte de la loi applicable à la poursuite.

Sont applicables au cas de poursuite et de condamnation les dispositions de l'article 48 de la présente loi. Le désistement du plaignant arrêtera la poursuite commencée.

130. Il est intéressant de remarquer tout d'abord qu'une erreur matérielle s'est glissée dans le texte : ce n'est pas l'article 48 que vise l'article 40 en réalité mais bien l'article 49. Au cours de la discussion, en effet, l'ancien article 48 est devenu l'article 49 : il ne peut y avoir à cet égard aucune espèce de difficulté et les auteurs sont d'accord sur ce point (Dutruc, n. 419).

131. En ce qui concerne la plainte préalable qu'exige le n° 1 de l'article 60, nous ne pouvons que nous en référer à ce que nous avons dit au sujet de la plainte relative à la poursuite devant la Cour d'assises.

132. Le délai de comparution de vingt-quatre heures en cas de poursuite en diffamation ou injure pendant la période électorale est applicable même pour la procédure en cause d'appel (Faivre et Benoist-Lévy, p. 457 ; — Dutruc, n. 21).

133. Le paragraphe 3 de l'article 60 a présenté en pratique quelques difficultés. Cet article, comme l'article 50 relatif à la citation en Cour d'assises, exige que l'exploit précise et qualifie le fait incriminé. Nous avons indiqué le sens de cette prescription *supra*, n. 89.

134. D'un jugement du tribunal correctionnel de la Seine, du 30 juin 1882, il résulte que la qualification du fait ne consiste pas exclusivement dans l'emploi de la dénomination légale du délit poursuivi, mais qu'elle peut résulter d'une dénonciation se bornant à indiquer les éléments de ce délit et, qu'ainsi, une citation qualifie suffisamment le fait incriminé, bien qu'elle ne déclare pas expressément que l'écrit renferme une diffamation, l'acte, après avoir reproduit les passages de l'écrit, les signale comme portant atteinte à la considération du demandeur.

135. En ce qui concerne l'indication du texte de loi applicable, le vœu de l'article 60 est suffisamment rempli si la citation indique, en général, la loi du 29 juillet 1881, sans faire connaître l'article ou les articles sous l'application desquels tombe le fait poursuivi (Trib. correct. de la Seine, 9 et 25 nov. 1881 ; — *Courrier des tribunaux du* 17 ; — Trib. correct. de Cholet 10 déc. 1881, *Journal du ministère public*, t. 25, p. 52).

136. Il n'est pas nécessaire de reproduire dans la citation le texte des articles invoqués, mais il est indispensable d'indiquer le numéro de ces articles (Paris, 25 janv. et 4 fév. 1882, S. 82-2-134), et la citation serait nulle si elle contenait une erreur sur le numéro de l'article indiqué, par exemple si la poursuite, étant exercée en raison d'une diffamation contre un particulier indiquait comme applicable l'article 33 relatif à l'injure au lieu de

l'article 32 (Trib. corr. de la Seine, 18 janv. 1882, S. 82-2-93).
Ainsi il a été jugé (Cass., 10 mars 1882).

136 *bis.* — *Diffamation, Nullité de citation, Visa de la loi pénale.* — L'arrêt sur l'appel qui évoque le fond prive le prévenu du double degré de juridiction et, dès lors, intéresse sa défense. Il est définitif sur l'incident, et le pourvoi dirigé contre lui est recevable.

Il rend recevable, par voie de conséquence, le pourvoi contre la disposition de ce même arrêt qui a validé une citation donnée en matière de diffamation par la voie de la presse ; ces deux dispositions, en effet, forment un ensemble qui ne peut être ni divisé ni distingué, parce que l'un est la conséquence de l'autre.

La loi du 29 juillet 1881 sur la presse, article 60, § 3, qui veut que la citation vise le texte de la loi applicable aux poursuites, doit être interprétée dans ce sens qu'il n'exige que le visa de l'article contenant la peine applicable.

Par suite, la citation qui vise l'article 32 de ladite loi portant la peine de la diffamation envers un particulier, satisfait pleinement aux exigences de l'article 60 (Cass. crim., 10 mars 1882, art. 433, t. 3, p. 226).

— *Loi sur la presse du 29 juillet* 1881, *Indications qui doivent être contenues dans la citation du prévenu, Articles de journal contenant une diffamation et en même temps des injures publiques, Connexité, Délai de la citation, Articles* 51 *et* 52 *de la loi du 29 juillet* 1881. — Le délai entre la citation et la comparution en Cour d'assises, devant être de douze jours, outre un jour par cinq myriamètres, en matière de diffamation, la citation à cinq jours francs doit être annulée.

La partie civile ne peut, pour se soustraire à cette nullité, déclarer qu'elle n'entend demander réparation que des injures publiques contenues dans l'article du journal dont elle se plaint, lorsqu'il résulte de l'ensemble de cet article qu'il contient en réalité une véritable diffamation et qu'il existe une connexité évidente entre la diffamation et les injures publiques.

Il appartient à la Cour d'assises de se prononcer avant tout sur le véritable caractère de l'article incriminé (C. d'assises de la Haute-Savoie, 16 déc. 1882, art. 569, t. 4, p. 57).

137. *Le texte de la loi applicable* s'entend seulement de l'article qui prononce la peine et non de ceux qui définissent le délit, règlent la compétence et déterminent la responsabilité comme auteurs ou comme complices : c'est ce qu'à jugé la Cour de Paris à la date du 25 janvier 1882 et le pourvoi formé contre cet arrêt précité de la Cour de cassation du 10 mars 1882.

138. En cas de nullité de la citation pour omission des énonciations prescrites par le n° 3 de l'article 60, le prévenu ne peut demander des dommages et intérêts contre le plaignant en se fondant sur l'article 191 du Code d'instruction criminelle parce que cet article suppose que le tribunal correctionnel a été régulièrement saisi et ne l'autorise à accorder des dommages et intérêts qu'après avoir reconnu que le fait ne constitue ni délit ni contravention (Trib. corr. de la Seine, 18 janv. 1882, S. 82-2-93).

139. Les prescriptions du paragraphe 3 de l'article 60 s'appliquent à la citation en simple police (Trib. de police de Tours, 30 mars 1882). La nullité résultant de l'inobservation de ces prescriptions peut être couverte par le prévenu et ne peut être proposée pour la première fois en appel ni prononcée d'office (Douai, 28 mars 1882, *Gazette des tribunaux* ; — Agen, 5 mai 1882, *Journal du ministère public*, t. 26 ;—Besançon, 7 juin 1882 ; — Aix, 16 juin 1882 ; — Amiens, 1er juill. 1882 ; — Angers, 17 juill. 1882). Cette jurisprudence a fait l'application de ce principe que la règle édictée par l'article 173 du Code de procédure civile est applicable en matière criminelle (Cass., 25 nov. 1875, *Journal du ministère public*, t. 19, p. 284 ; — Dutruc, n. 428).

ARTICLE 3.

Voies de recours.

140. La loi nouvelle qui a tracé des règles particulières pour l'opposition aux arrêts par défaut de la Cour d'assises est restée muette en ce qui concerne l'opposition aux jugements par défaut des tribunaux correctionnels ou de simple police ; il en faut conclure que cette opposition demeure sous l'empire des dispositions du Code d'instruction criminelle qui constitue le droit commun (art. 150, 151, 187 et 188 du Code d'instruction criminelle). C'est également d'après les règles du droit commun que doit être exercé l'appel en matière de police correctionnelle et de simple police, mais la loi de 1881 a réglementé les conditions d'admissibilité et d'exercice du pourvoi en cassation.

141. L'article 61 dispose en ces termes :

Art. 61. — Le droit de se pourvoir en cassation appartiendra au prévenu et à la partie civile, quant aux dispositions relatives à ses intérêts civils. L'un et l'autre seront dispensés de consigner l'amende et le prévenu de se mettre en état.

142. Le rapport de M. Lisbonne à la Chambre des députés s'exprime ainsi qu'il suit :

Nous donnons au prévenu, ainsi qu'à la partie civile, quant à ses intérêts civils, le droit de se pourvoir en cassation. Le même droit ne pouvait être attribué au ministère public ; ç'aurait été déroger aux règles du droit commun au préjudice de la liberté. Il est certains cas où le pourvoi en cassation est subordonné pour être recevable, en la mise en état du prévenu. Il est également nécessaire, hors le cas d'indigence constatée, de consigner l'amende qui est de 150 francs. La mise en état du prévenu nous a paru exceptionnellement rigoureuse, d'autant mieux que les tribunaux ont la faculté discrétionnaire d'en dispenser. Quant à la consignation de l'amende, c'est une sorte de cautionnement. Nous avons supprimé l'une et l'autre de ces mesures. Il y avait d'autant moins lieu d'hésiter, quant à la seconde, que la même dispense existe en fait de pourvoi contre les décisions du jury en matière d'expropriation pour utilité publique.

143. Le recours en cassation se trouve ainsi ouvert au profit du prévenu et de la partie civile contre toutes les décisions préparatoires et incidentes ou statuant sur la compétence aussi bien que contre les décisions sur le fond. Mais est-il permis de se pourvoir contre les premières avant le jugement ou l'arrêt définitif ? En thèse générale, le recours en cassation contre les arrêts ou jugements préparatoires ou d'instruction n'est ouvert qu'après le jugement ou l'arrêt définitif, excepté en ce qui concerne les arrêts ou jugements rendus sur la compétence. La loi du 9 septembre 1835 (art. 26, § 1er), prescrivait que les pourvois formés contre les arrêts qui auraient statué tant sur les questions de compétence que sur les incidents ne pourraient être formés qu'après l'arrêt définitif et en même temps que le pourvoi contre cet arrêt. La loi du 27 juillet 1849 avait décidé dans le même sens et l'article 9 de la loi du 29 décembre 1875 s'était également approprié cette disposition ; le législateur de 1881 a gardé sur ce point un silence absolu, d'où il a été conclu que le droit commun devait conserver son empire (Cass., 24 fév. 1882).

144. En ce qui concerne donc les arrêts et jugements préparatoires ou d'instruction le pourvoi ne sera recevable qu'après l'arrêt définitif, mais en ce qui concerne la compétence le pourvoi est immédiatement recevable.

145. Par le même arrêt du 24 février 1882 la Cour suprême a décidé que l'arrêt, qui statue sur l'irrégularité de la citation, doit être rangé dans la classe des arrêts préparatoires et d'instruction contre lesquels le pourvoi en cassation n'est ouvert qu'après la décision définitive ; mais, par l'arrêt précité du 10 mars 1884, la Cour de cassation, au contraire, a dénié le caractère de décision préparatoire à l'arrêt par lequel la Cour d'appel a déclaré la citation valable et évoqué le fond.

146. Le pourvoi en cassation est ouvert contre les arrêts des chambres d'accusation aussi bien que contre les arrêts de condamnation.

147. Aux termes de l'article 62 le pourvoi doit être formé dans les trois jours au greffe de la Cour ou du tribunal qui aure rendu la décision ; dans les vingt-quatre heures qui suivront les pièces seront envoyées à la Cour de cassation qui jugera d'urgence dans les dix jours à partir de la réception.

148. Il est admis en doctrine et en jurisprudence que le délai de pourvoi contre les arrêts de renvoi devant la Cour d'assises fixé à cinq jours par les articles 296 et 298 du Code d'instruction criminelle n'est applicable qu'au cas des arrêts de la Chambre d'accusation qui prononcent le renvoi pour un fait qualifié crime par la loi et que ce délai ne peut être invoqué à l'égard des arrêts qui renvoient devant la Cour d'assises un prévenu du délit de presse (Cass., 28 juill. 1820 et 19 juill. 1851 ; — Faustin-Hélie, t. 5, n. 2302 et 2304).

149. Le délai pour l'envoi des pièces et celui pour la décision de la Cour de cassation ne sont pas prescrits à peine de déchéance.

§ 6. — Prescription.

150. L'article 65 de la loi nouvelle dispose en ces termes :
« L'action publique et l'action civile résultant des crimes, délits et contraventions prévus par la présente loi se prescrivent après trois mois résolus à compter du jour où ils auraient été commis ou du jour du dernier acte de poursuite, s'il en a été fait. Les prescriptions commencées à l'époque de la publication de la présente loi et pour lesquels, suivant les lois existantes, plus de trois mois à compter de la même époque seront par ce laps de trois mois définitivement accomplies. »

PUISSANCE PATERNELLE. — *Administration légale, Étendue, Père, Décharge, Exclusion, Remplacement, Mère, Tiers.*

— Projet de loi relatif à l'administration légale du père pendant le mariage, présenté, au nom du Président de la République, par le garde des sceaux, ministre de la justice (Séance du 26 nov. 1881 ; — Art. 517, t. 3, p. 473).

PREUVE TESTIMONIALE. — *Matière commerciale, Inadmissibilité, Présomption.* — La preuve testimoniale, bien qu'en matière commerciale elle ne soit pas resserrée dans les limites tracées par le Code civil, n'est néanmoins admissible que dans le cas où des présomptions graves viennent rendre vraisemblable le fait allégué.

Spécialement elle doit être repoussée lorsqu'elle ne repose que sur une simple allégation que les circonstances rendent invraisemblable (Lyon, 6 juill. 1882, art. 586, t. 4, p. 90).

PRISE A PARTIE. — *Officier de police judiciaire.* — Un officier de police judiciaire peut être pris à partie dans les termes de l'article 505, § 3, du Code de procédure civile (Cass., 28 mai 1879, art. 46, t. 1er, p. 115).

— *Juges du tribunal de commerce, Compétence.* — La disposition du décret de 1808 portant que la partie doit être portée en audience solennelle, n'a pas abrogé implicitement l'article 515 du Code de procédure civile qui ordonne que la prise à partie sera jugée par une autre section que celle qui l'aura admise (Pau, 7 juill. 1880, art. 201, t. 2, p. 11).

PROCÉDURE. — Rapport adressé au Président de la République par le garde des sceaux, ministre de la justice et des cultes, suivi d'un décret instituant une commission extraparlementaire pour étudier les réformes qui peuvent être apportées au Code de procédure civile (Art. 710, t. 4, p. 418).

PROTÊTS. — *Recouvrement d'effets de commerce par la poste, Règlement d'administration publique* (Art. 241, t. 2, p. 131).

NOTAIRES *honoraires :* — 1° *Action en payement, Action en restitution, Demande en taxe, Prescription ; — 2° Taxe exécutoire, Opposition, Matière sommaire, Appel, Avoués et huissiers, Frais et honoraires, Demande en taxe, Action en restitution, Prescription.* — Loi du 5 août 1881, relative à la prescription des actions en taxe, en payement et en restitution des frais et honoraires, avoués et huissiers (Art. 363, **p. 479**).

R

RÉCUSATION. — *Tribunal correctionnel, Tardiveté, Juge cité comme témoin.* — Les règles du Code de procédure civile sur la récusation sont applicables en matière correctionnelle ; la récusation est tardive lorsque les parties ont conclu contradictoirement à l'audience et que le tribunal leur a donné acte de leurs conclusions ;

Si, aux termes de l'article 378, § 8 (C. proc. civ.), dont l'énumération est limitative, le juge qui a déposé comme témoin est récusable, il n'en saurait être de même du juge qui est cité comme témoin ; cette cause de récusation n'est pas spécifiée dans l'article précité (Nîmes, 8 janv. 1880, art. 47, t. 1er, p. 115).

— *Juge créancier d'un commerçant failli.* — Le juge créancier d'un commerçant failli est toujours récusable dans les procès intentés par le syndic contre le débiteur de la faillite ; dans ce cas la récusation s'impose. Ici ne s'applique pas le pouvoir discrétionnaire d'appréciation dont les tribunaux sont investis pour admettre ou rejeter la récusation des juges créanciers ou débiteurs d'une des parties dans les termes de l'article 378-4° du Code de procédure ; ce pouvoir discrétionnaire n'appartient au juge que dans le cas où le juge est créancier ou débiteur d'une partie à raison d'une obligation étrangère au litige(Cass. 1er juillet 1878, S. 78-2-329 ; — V. *Dict.*, n. 28).

— *Juge, Conseil.* — Le conseil donné par un président à une partie de consulter un avocat sur une rectification à faire à des conclusions ne peut être une cause de récusation (Cass., 29 décembre 1875, S. 76-1-27).

— *Juge ayant statué sur l'action publique.* — La circonstance que des juges ont statué sur l'action publique née d'un fait prétendu délictueux ne constitue pas une cause de récusation dans l'instance civile introduite ultérieurement à fin de dommages et intérêts par la partie qui se prétend lésée par ce fait (Cass., 16 avr. 1877, S. 77-1-265).

— *Inimitié capitale.* — L'inimitié capitale entre le juge et l'une des parties formant au profit de celle-ci cause de récusation, est abandonnée à l'appréciation du tribunal ; elle ne peut donc être admise que quand les faits invoqués sont de nature assez grave pour faire suspecter l'impartialité du juge (Cass., 13 déc. 1861, S. 71-1-220).

— *Délai.* — La récusation du juge est tardive après que les conclusions ont été contradictoirement prises à l'audience (Nîmes, 8 janv. 1880, S. 80-2-77).

— *Notification du jour où il sera statué sur la récusation.* — Il ne doit être fait au récusant aucune notification du jour indiqué par le tribunal pour statuer sur la récusation (Amiens, 5 avril 1876, S. 77-2-21).

— *Débat oral.* — En matière de récusation il est statué sans débat oral, sans plaidoirie (Amiens, 5 avr. 1876, S. 77-2-21 ; Cass., 26 avril 1876, S. 77-1-265).

— *Rapport, Publicité.* — En matière de dissolution il n'est pas dérogé au principe général prescrivant à peine de nullité des jugements la publicité des rapports et conclusions du ministère public; spécialement le rapport du président doit à peine de nullité, avoir lieu en audience publique (Caen, 1er juill. 1878, S. 78-2-329).

— *Jugement, Caractère définitif.* — Le jugement qui déclare les causes de récusation admissibles n'a pas un caractère définitif, il est tout au plus interlocutoire, et, par suite, il ne lie pas le juge qui reste maître d'apprécier le caractère et la gravité des causes de récusation et d'admettre ou de rejeter la récusation (Caen, 1er juill. 1878, S. 78-2-329).

Jugé en sens contraire (Poitiers, 31 janv. 1877, S. 77-2-168 ; — Chauveau et Carré, *Lois de la procédure*, t. 3, q. 1405-4°). En est-il de même lorsque l'adversaire du récusant n'a pas été partie au jugement? La question est vivement controversée (V. pour l'affirmative : Carré et Chauveau, q. 1407 ; — Berriat-Saint-Prix, *Commentaire de procédure civile*, t. 1er, p. 372, n. 38 ; — Crivelli sur Pijot, *Procédure civile*, t. 1er, p. 522, à la note ; — Boistard et Colmet-d'Aage, t. 1er, n. 575 ; — *Contra*, Pijot, *Procédure civile*, t. 1er, p. 522 ; — Tomine-Desmasures, *Commentaire du Code de procédure*, t. 4, p. 515 ; — Lepage, p. 257).

— *Arrêt indiquant le jour où la Cour statuera, Publicité.* — Au cas d'appel l'arrêt préparatoire pour indiquer le jour où la Cour statuera, doit-il être nécessairement rendu en audience publique? (V. dans le sens de la négative une note sous Amiens, 5 avril 1876, S. 77-2-21).

— *Matière criminelle.* — Les règles du Code de procédure sur la récusation sont applicables en matière criminelle ou correctionnelle (Nîmes, 8 janv. 1880, S. 80-2-77 ; — V. au *Dict.*, v° *Récusation*, n. 8).

· — *Impossibilité pour le tribunal de se constituer.* — Si un tribunal se trouve dans l'impossibilité de se constituer par suite des récusations exercées, c'est à la Cour d'appel à laquelle ressortit ce tribunal qu'il appartient de statuer sur ces récusations (Cass., 16 avril 1877, S. 77-1-265).

REDDITION DE COMPTE. — *Compétence exclusive du tribunal qui a connu d'un compte, pour en opérer le redressement.* — Le tribunal qui a connu d'un compte est seul compétent pour statuer sur les demandes en redressement dudit compte, et tout autre tribunal doit se déclarer d'office incompétent pour en connaître même en présence de l'accord des parties pour accepter sa juridiction (Rouen, 27 déc. 1882, art. 729, t. 4, p. 475).

RÉFÉRÉ. — *Dépens, Compétence du président* (Article de doctrine, art. 35, t. 1er, p. 97).

—L'assignation donnée devant le juge des référés a-t-elle pour effet d'interrompre la prescription ? (Article de doctrine, art. 36, p. 99, art. 61, t. 1er, p. 37).

— *Prescription, Interruption, Demande en justice, Référé, Assignation.* — Une assignation en référé qui ne contient pas de conclusions au fond et qui tend seulement à obtenir des mesures provisoires d'instruction, ne peut être considérée comme une demande en justice interruptive de la prescription (Cass. civ., 5 juin 1883, art. 834, t. 5, p. 264).

— *Matières commerciales, Compétence.* — (Doctrine, art. 286, t. 2, p. 241).

— *Matières commerciales, Compétence, Assignation, Délai, Élection de domicile.* — En matière de référé, c'est au magistrat saisi à fixer le délai de la comparution. Le vœu de la loi est rempli lorsque la partie touchée par l'assignation a comparu et a eu le temps nécessaire à la préparation de la défense.

Aux termes de l'article 111 du Code civil, l'assignation au domicile élu n'est que facultative, à moins que les termes de l'acte et les circonstances de la cause ne démontrent que cette élection de domicile renfermait une véritable attribution de juridiction ferme et rigoureuse.

Le juge des référés est incompétent pour statuer en matière commerciale. Les articles 805 et suivants du Code de procédure ne s'appliquent qu'aux matières qui sont de la compétence des tribunaux civils.

Il doit en être ainsi alors surtout que le tribunal de commerce est déjà saisi de la question au fond, et que l'exception d'incompétence a été soulevée avant toute défense devant le juge des référés (Chambéry, 15 juin 1881, art. 324, t. 2, p. 355).

— *Matières commerciales, Société, Liquidation, Jugement du tribunal de commerce, Tierce opposition, Incompétence.* — Les questions concernant l'administration et la mise en liquidation d'une société de commerce sont elles-mêmes commerciales, et le juge des référés, incompétent pour en connaître au principal, est également incompétent quant aux mesures provisoires qu'il y aurait nécessité d'ordonner en cas d'urgence (C. proc. civ., 806).

Vainement le juge des référés, pour ordonner un sursis à l'exécution d'un jugement du tribunal de commerce tranchant les questions dont il s'agit, se fonderait-il sur ce que ce jugement aurait été frappé de tierce opposition, le droit de suspendre en ce cas l'exécution du jugement n'appartenant qu'aux juges qui l'ont prononcé et qui sont saisis de la tierce opposition (Paris, 2 janvier 1883, art. 610, t. 4, p. 151).

— *Nomination d'un administrateur séquestre d'une société commerciale, Incompétence du président, Compétence exclusive de la juridiction commerciale.* — Dans tous les cas où le tribunal serait incompétent pour connaître de la demande au principal, le président en référé est incompétent pour connaître des mesures provisoires.

Le juge des référés est incompétent pour la nomination d'un administrateur séquestre à une société commerciale, toutes les questions concernant ladite société étant du ressort du tribunal de commerce (Paris, 1re ch., 9 mars 1883, art. 807, t. 5, p. 177).

— *Matières administratives, Autorité militaire, Compétence, Exercices de tir, Dommage, Expertise.* — Le président du tribunal statuant en référé est incompétent pour nommer des experts afin de constater le dommage que des individus prétendent leur avoir été causé par des exercices de tir ordonnés par l'autorité militaire (Alger, 9 février 1881, art. 382, t. 3, p. 26).

— *Séquestre, Jugement frappé d'appel, Compétence du président du tribunal civil* (Art. 365, t. 2, p. 481).

— *Appel, Nomination d'un notaire pour procéder à inventaire, Motifs de l'ordonnance.* — Est susceptible d'appel l'ordonnance de référé du président du tribunal qui, à raison d'une contestation existant entre les parties sur le choix d'un notaire pour procéder à inventaire, en nomme un d'office.

Le choix du président n'est soumis à aucune restriction. Il n'est point tenu, dès lors, de faire connaître, dans les motifs de son ordonnance, les considérations qui ont déterminé ce choix (Chambéry, 27 avril 1880, art. 181, t. 1er, 489).

— *Opposition à mariage, Mainlevée, Incompétence.* — Le juge des référés est incompétent pour statuer sur la demande en mainlevée d'une opposition à mariage (C. civ., 173 ; — C. proc. civ., 806, 809 ; — Angers, 15 avril 1879, art. 161, t. 1ᵉʳ, p. 442).

— *Exécution de jugement du tribunal de commerce, Actes d'atermoiement, Poursuite d'un créancier.* — Lorsqu'un jugement dont on poursuit l'exécution ne contient la concession d'aucuns délais de grâce, le juge de référé ne saurait ordonner la discontinuation des poursuites, alors même qu'il serait intervenu entre la partie condamnée et ses créanciers, parmi lesquels le porteur du jugement, un acte d'atermoiement postérieur audit jugement. En accordant des délais, il prononcerait, en effet, dès à présent sur les effets juridiques d'un contrat dont les parties contestent entre elles la force obligatoire et il ferait préjudice au principal (Paris, 1ᵉʳ mars 1880, art. 98, t. 1ᵉʳ, p. 259).

— *Saisie-arrêt formée en vertu d'ordonnance sur requête, Ordonnance de référé, Juridiction contentieuse, Appel recevable.* — L'ordonnance de référé rendue sur assignation à l'effet d'obtenir rétractation d'une première ordonnance rendue sur requête et autorisant saisie-opposition, ne constitue pas comme celle-ci un acte de juridiction gracieuse. Le juge qui est saisi par l'assignation ne statue que dans l'exercice de la juridiction contentieuse et l'appel de son ordonnance est recevable ; dans l'espèce, en dehors de l'objet de la première ordonnance, le juge a prescrit des mesures motivées par l'intérêt commun des parties (Paris, 6 août 1880, art. 184, t. 1ᵉʳ, p. 494).

— *Saisie-arrêt, Ordonnance sur requête, Ordonnance sur référé, Appel, Non-recevabilité.* — Une ordonnance sur référé, bien que contradictoirement intervenue, qui rapporte une ordonnance sur requête autorisant à former saisie-arrêt, ne saurait, si elle est uniquement fondée sur les réserves exprimées par le juge et sur l'inexactitude de l'appréciation première des prétentions à lui soumises, avoir un autre caractère que l'ordonnance dite de juridiction gracieuse et d'administration intérieure à laquelle elle se rattache et avec laquelle elle se confond. Elle n'est dès lors, comme elle, susceptible d'aucun recours (Paris, 21 juillet 1820, art. 175, t. 1ᵉʳ, p. 471).

— *Saisie-arrêt, Ordonnance sur requête avec réserve de référé, Caractère de la seconde ordonnance, Demande en validité d'opposition introduite au principal, Incompétence du juge de référé, Recevabilité de l'appel.* — Lorsque le juge de référé, par une première ordonnance rendue sur requête, autorise une saisie-arrêt en réservant le référé en cas de difficultés, la seconde ordonnance rendue sur le référé, par laquelle la première est rapportée, appartient à la juridiction contentieuse et est susceptible d'appel ;

Le juge de référé est incompétent pour rapporter sa première
ordonnance rendue sur requête lorsque la saisie-arrêt qu'elle a
autorisée a été dénoncée et contre-dénoncée avec assignation
en validité ; dès lors le juge du principal se trouve saisi et l'urgence n'existe plus (Paris, 28 août 1879, art. 115, t. 1er, p. 312).

— *Saisie-arrêt, Ordonnance sur requête, Juridiction gracieuse,
Ordonnance de référé, Appel des deux ordonnances, Irrecevabilité.* — Lorsqu'une ordonnance sur requête a été rendue, et
qu'il en intervient une seconde en référé après renseignements
fournis par les parties, cette seconde ordonnance participe du
pouvoir gracieux et discrétionnaire en vertu duquel la première
a été rendue et ne saurait, par suite, être l'objet d'un appel
(Paris, 27 oct. 1881, art. 371, p. 506).

— *Ordonnance de référé, Vente d'objets saisis, Action en nullité, Grief au principal, Dommages-intérêts.* — Le juge du référé qui ordonne la vente d'objets mobiliers saisis, alors que le
saisi a introduit une demande en nullité de la saisie, statue sur
le fond du droit et fait grief au principal (Art. 809, C. proc.).
La Cour réformant une ordonnance de référé, peut évoquer le
fond et statuer sur les dommages, mais à la condition toutefois
que l'affaire soit en état (Rouen, 21 déc. 1882, art. 576, t. 4,
p. 71).

— *Vente de fonds de commerce, Cahier des charges, Contestation sur la rédaction, Référé sur procès-verbal, Assignation devant le président sur l'heure, Permission de ce magistrat, Omission de la demander, Validité de la procédure.* — La permission
préalable du président du tribunal d'assigner en référé devant
lui, prescrite par l'article 808 du Code de procédure civile, n'est
pas nécessaire quand il s'agit de difficultés élevées à l'occasion
des procès-verbaux d'opérations des juges de paix, notaires, etc.,
lorsqu'il y a urgence à ce que l'opération soit parachevée le
jour même.
L'assignation peut, en conséquence, être donnée afin de comparaître devant lui immédiatement et sur l'heure (Paris,
19 août 1882, art. 501, t. 3, p. 407).

— *Appel, Délai.* — L'appel d'une ordonnance de référé doit
être interjeté au plus tard le quinzième jour, à partir et non
compris le jour de la signification (Paris, 30 sept. 1880, art. 282,
t. 2, p. 235).

— *Appel, Délai, Jugement.* — L'appel en matière de référé
doit être interjeté dans la quinzaine, alors même qu'il s'agit d'un
jugement rendu par le tribunal entier en état de référé (Pau,
21 déc. 1880, art. 334, t. 2, p. 390).

— *Arrêt par défaut, Opposition.* — Les arrêts par défaut, rendus sur l'appel d'une ordonnance de référé, sont susceptibles d'opposition ; il n'en est pas de ces arrêts comme des ordonnances de référé elles-mêmes (Cass. civ., 26 août 1879, art. 63, t. 1er, p. 155).

— *Appel, Intimé défaillant, Défaut profit-joint.* — La disposition de l'article 809 du Code de procédure civile qui déclare non susceptible d'opposition une ordonnance de référé rendue par défaut ne saurait être étendue aux arrêts rendus par défaut sur appel de ces ordonnances.

Ces arrêts sont susceptibles d'opposition — et il y a lieu à l'application de la procédure de défaut profit-joint quand, des intimés, les uns comparaissent et les autres font défaut (Bordeaux, 1re ch., 11 juill. 1883, art. 796, t. 5, p. 151).

REPRISE D'INSTANCE CONTRE UNE SOCIÉTÉ REPRÉSENTÉE PAR SON ADMINISTRATEUR. — *Démission de ce dernier, Reprise d'instance régulière, Article 345 du Code de procédure civile.* — Le principe de l'article 345 du Code de procédure civile, d'après lequel une instance qui n'est pas en état ne peut être interrompue, ni par suite du changement d'état des parties, ni par suite de la cessation des fonctions en lesquelles elles procédaient, doit recevoir son application dans le cas où on aurait agi contre un administrateur d'une société, lequel postérieurement à l'assignation, perd cette qualité par suite d'une démission régulière. Dans ce cas, l'instance se poursuit régulièrement contre cette société (Chambéry, 18 juill. 1881, art. 340, t. 2, p. 399).

— *Déclaration formelle non nécessaire.* — La reprise d'une instance interrompue par le décès de l'une des parties résulte suffisamment du fait par l'héritier de constituer avoué et de procéder d'après les derniers errements de la procédure sans qu'il y ait besoin de déclarer formellement la volonté de reprendre l'instance (Cass., 18 fév. 1880, S. 80-1-455).

REQUÊTE CIVILE. — *Parties défaillantes, Non-application du défaut profit-joint, Arrêt définitif.* — En matière de requête civile, les avoués qui ont occupé pour des parties sur le rescindant, étant tenus d'occuper sur le rescisoire pour les mêmes parties, quand la demande de requête civile est intentée dans l'année (art. 1038, C. proc. civ.). Il s'ensuit qu'il n'y a pas lieu à application du défaut profit-joint (C. d'appel de Paris, 21 et 27 août 1883, art. 754, t. 5, p. 34).

— *Dol personnel.* — Pour constituer un dol personnel admis

comme grief de requête civile il faut l'emploi de manœuvres do-
losives ayant exercé une influence déterminante sur la décision
rendue (Alger, 29 avril 1874, S. 76-2-327 ; — Dijon, 15 mars 1878,
S. 78-2-239).

— *Contrariété de décisions.* — Il y a contrariété de décisions
autorisant la requête civile contre un arrêt qui, à la suite d'un
précédent arrêt de la même Cour fixant le principe des dommages et intérêts à liquider par état, méconnaît les bases posées
par le premier arrêt et accorde des dommages et intérêts autres
que ceux qu'il s'agissait de liquider (Aix, 5 juin 1872, S. 73-2-
289).

— *Question sur laquelle il a été statué.* — On ne peut, par la
requête civile, saisir une Cour d'une question sur laquelle elle
s'est déjà prononcée (Cass., 12 avril 1875, S. 77-1-376).

Délai, Commune, Établissement public. — Le délai de deux
mois court contre les communes et les établissements comme
contre toutes les autres personnes (Pau, 31 janv. 1872,
S. 72-2-12).

S

SAISIE-ARRÊT. — *Partage, Communauté, Effet déclaratif,
Créance, Créance indivise, Mainlevée, Caution, Hypothèque,
Partage, Effet déclaratif, Saisie-execution, Domicile élu, Tiers,
Assignation, Indivision.*—L'instance en partage provoquée par le
créancier d'un communiste ne l'empêche pas de saisir-arrêter
entre les mains des autres communistes les sommes dues par
ceux-ci à son débiteur, ou touchées par ceux-ci pour son compte ;
cette saisie ayant pour effet de conférer au saisissant un droit
privatif sur les sommes à provenir au débiteur saisi par le résultat de la liquidation et du partage.

L'instance en partage ainsi introduite ne s'oppose pas non plus
à ce que le créancier forme une saisie-arrêt entre les mains des
débiteurs de l'indivision sur la part revenant à leur propre débiteur dans les créances communes. Vainement aussi on objecterait l'effet rétroactif attribué au partage par l'article 883, du
Code civil.

La fiction de l'article 883 du Code civil, propre au partage
consommé et nullement à l'instance en partage, ne saurait être
étendue aux objets déjà sortis de l'indivision au moment du par-

tage, soit par des conventions légalement formées, soit par la force de la loi, et spécialement aux obligations susceptibles de division, lesquelles, en vertu de l'article 1220, se divisent de plein de droit entre les communistes dans la proportion de la part de chacun d'eux.

Il y a excès de pouvoir de la part des juges qui déclarent nulles des saisies-arrêts pratiquées par le créancier d'un communiste entre les mains des débiteurs communs pour la part de créance revenant au communiste saisi, et qui ordonnent la mainlevée des saisies en autorisant les autres communistes à toucher la part du débiteur dans les créances saisies, à la charge de fournir préalablement caution ou hypothèque, afin de garantir la restitution du montant des causes de la saisie.

En supposant qu'un tiers revendiquant ne puisse assigner le saisissant au domicile élu dans le commandement, le saisissant n'est plus fondé à se plaindre quand il a comparu et conclu au fond, et qu'en outre, conformément à l'article 608 (C. proc.) le tiers a signifié au gardien son opposition à la vente avec dénonciation au saisissant (Cass. civ., 23 mars 1881, art. 514, t. 3, p. 450).

— *Créance, Existence, Constatation ultérieure, Fixation, Évaluation provisoire, Juge.* — Tout créancier peut, en vertu d'un titre ou de la permission du juge, saisir-arrêter les sommes dues à son débiteur, pourvu que sa créance existe réellement au moment où la saisie est pratiquée.

Et l'existence de la créance au moment de la saisie-arrêt est suffisamment déterminée par la décision qui intervient sur la validité de la saisie, les jugements ayant un caractère déclaratif et ne faisant pas naître les droits, mais constatant seulement leur existence.

Une saisie-arrêt peut être validée, encore bien que les droits du créancier saisissant, reconnus constants n'aient été fixés définitivement et exactement, quant au montant de la créance, ni par l'assignation, ni par le jugement de validité ; il suffit que le créancier demande et que le juge accorde la somme provisoirement déterminée par l'ordonnance du juge (Cass., 28 juin 1881, art. 503, t. 3, p. 412).

— *Créance certaine, Compulsoire.* — La saisie-arrêt ne pouvant être formée qu'en vertu d'une créance certaine, le compulsoire ne peut être accordé au prétendu créancier à l'effet de se procurer le titre d'une reconnaissance par le débiteur du fait constitutif de la créance (Limoges, 1re ch., 7 mars 1883, art. 750, p. 17).

— *Conditions de validité, Créance certaine, liquide et exigible,*

*Mémoire d'entrepreneur, Malfaçons, Expertise, Mainlevée de la
saisie-arrêt.* — Au jour du jugement de validité, la saisie-arrêt
doit reposer sur une créance certaine, liquide et exigible ; sinon
il doit en être fait mainlevée.

Spécialement, lorsque des malfaçons sont constatées dans des
travaux dont le payement est réclamé par un entrepreneur, et
qu'une expertise est ordonnée pour en vérifier l'importance, la
créance ne réunit pas les qualités nécessaires au maintien de la
saisie-arrêt, et il doit être fait mainlevée de cette saisie-arrêt
(Trib. civ. de Loudun, 19 janv. 1884, art. 810, t. 5, p. 182).

— *Créance certaine mais non liquide, Validité, Sursis à statuer
sur la validité.* — Une saisie-arrêt peut être pratiquée pour sûreté d'une créance dont l'existence est certaine, mais dont le
chiffre précis ne peut être fixé qu'à la suite d'un compte non
encore terminé.— On peut toujours la maintenir, sauf à surseoir
pour la valider jusqu'à l'ajournement du compte (Chambéry,
3 août 1883, art. 806, t. 5, p. 175).

— *Conditions de validité, Saisi, Tiers saisi, Préexistence d'un
droit au profit du saisi contre le tiers saisi au jour de la saisie,
Preuve.* — I. Une saisie-arrêt ne peut être validée qu'à la condition qu'au jour où elle a été formée le tiers saisi fût détenteur
de sommes ou effets appartenant au débiteur saisi, ou, du moins,
qu'il existât alors au profit du saisi un droit ou une créance
contre le tiers saisi ; qu'il existât entre eux à cette époque un
lien de droit.

II. La saisie-arrêt ne peut frapper sur les sommes qui pourront
être dues en vertu d'une convention née postérieurement à la
date de cette saisie.

III. L'objection peut être soulevée par le saisi lors de l'instance
en validité de saisie, sans qu'il y ait lieu d'attendre le débat qui
pourra ultérieurement s'élever sur la déclaration affirmative.

IV. C'est au saisissant qu'il incombe de justifier de la préexistence de ce droit du saisi (Trib. civ. de Loudun, art. 866, t. 5,
p. 351).

— *Créance à terme.* — Une saisie-arrêt ne peut avoir lieu pour
une créance à terme si d'ailleurs le débiteur n'est pas en état de
faillite, ou n'a pas diminué les sûretés par lui données à ses
créanciers (Grenoble, 26 mai 1882, art. 719, t. 4, p. 449).

— *Créances subordonnées à l'administration d'une preuve,
Nullité.* — La créance n'est pas certaine et ne peut servir de base
à une saisie-arrêt, laquelle doit être annulée, si, au moment où
le tribunal est saisi de la demande de validité, ou de la demande
en mainlevée de cette saisie-arrêt, l'existence même de la
créance est subordonnée à l'existence d'une preuve qui n'est

pas encore faite (Limoges, 6 fév. 1883, art. 611, t. 4, p. 154).

— *Saisie-arrêt formée, en vertu d'ordonnance du juge, posté-*
rieurement à une demande portée devant le tribunal de commerce
et pour sûreté du montant de la condamnation à intervenir, De-
mande en nullité de saisie formée devant le tribunal civil avant la
décision du tribunal saisi de la demande du fond, Sursis. — Le
juge qui, par son ordonnance, accorde à un créancier dépourvu
de titre, l'autorisation de former saisie-arrêt est investi tout à
fait du pouvoir d'apprécier la réalité de l'existence de la créance
et d'en fixer provisoirement le chiffre, lorsqu'elle n'est pas liquide ; mais son ordonnance ne devant avoir, sous ce double
rapport, qu'un caractère essentiellement provisoire, il s'ensuit
que, lorsque la demande en validité de saisie est portée devant
le tribunal, celui-ci est nécessairement saisi non seulement de
la question de savoir si l'opposition est régulièrement formée,
mais encore et au fond, dans le cas où la créance est contestée,
de la question de savoir, soit si le saisissant est créancier, soit
quelle est l'importance de la dette.

La décision à intervenir sur la demande en validité étant, en
définitive, subordonnée à la solution du débat au fond, il s'ensuit que ce tribunal doit surseoir à statuer sur la demande en
validité, lorsque en raison de sa compétence propre, un autre
tribunal a été saisi du débat, au fond (Paris, 16 avril 1880,
art. 146, t. 1er, p. 399)

— *Défaut de préliminaire de conciliation de la demande en*
mainlevée, Demande en validité de ladite saisie-arrêt précé-
demment formée, Recevabilité de la demande, Saisie-arrêt auto-
risée par ordonnance, Valeurs limitées, Nullité partielle. — Ne
peut être admise l'exception tirée du défaut de préliminaire de
conciliation d'une demande en mainlevée de saisie-arrêt quand
le tribunal est déjà saisi de la demande en validité de la même
saisie-arrêt.

Est nulle pour partie la saisie-arrêt autorisée par ordonnance,
et qu'on a étendue à d'autres valeurs que celles pour lesquelles
elle avait été autorisée (Tribunal civil de Lyon, 29 août 1883,
art. 775, t. 4, p. 92).

— *Saisie-arrêt formée en vertu d'un jugement de condamnation*
rendu par défaut et non encore signifié, Validité. — La saisie-arrêt, en elle-même, et abstraction faite de la demande en validité, ne constituant qu'une simple mesure de précaution dont le
but est, tout en laissant intact le droit du débiteur, de donner
une garantie aux légitimes intérêts du créancier, peut valablement être formée en vertu d'un jugement de condamnation
rendu par défaut et non encore signifié (Paris, 28 nov. 1879,
art. 55, t. 1er, p. 133).

— Jugement non signifié, Traitement de fonctionnaires, Séparation de corps, Pension alimentaire, Provision ad litem, *Quotité.*
— La saisie-arrêt, constituant en soi et indépendamment de la demande en validité une simple mesure conservatoire, peut être pratiquée en vertu d'un jugement non encore signifié.

La loi n'a déclaré le traitement des fonctionnaires publics partiellement insaisissable que dans l'intérêt de leurs familles. Dès lors, la pension alimentaire, ainsi que la provision *ad litem*, accordées à la femme d'un employé civil dans une instance en séparation de corps, peuvent être prélevées sur la portion même insaisissable (Bordeaux, 12 juill. 1880, art. 381, t. 3, p. 24).

—Jugement exécutoire par provision à charge de donner caution, Absence de caution, Défaut de signification, Saisie-arrêt en vertu du jugement, Référé, Mainlevée de la saisie-arrêt, Appel interjeté, Validité. — La partie au profit de laquelle a été rendu un jugement de condamnation exécutoire par provision, à charge de fournir caution, peut alors même que la caution n'a pas été fournie, que le jugement n'est pas signifié, et qu'il est déjà frappé d'appel, former saisie-arrêt, en vertu dudit jugement, sur les sommes dues à l'adversaire.

La saisie-arrêt doit être considérée comme un acte conservatoire et non comme une mesure d'exécution (Paris, 11 mars 1880, art. 120, t. 1er, p. 321).

— Jugement frappé d'appel, Sursis. — On peut pratiquer une saisie-arrêt en vertu d'un jugement déjà frappé d'appel. Tant que l'appel n'est pas jugé, il doit être sursis à statuer sur la validité de la saisie (Chambéry, 21 janv. 1880, art. 141, t. 1er, p. 379).

— Titre exécutoire, Créance certaine et liquide, Jugement, Articles 531-538 du Code de procédure civile. — Lorsqu'une saisie est faite en vertu d'un jugement, ce jugement doit successivement être devenu définitif et avoir acquis force et autorité de chose jugée.

Ce principe ne doit pas être méconnu même dans le cas où la faculté de saisie est accordée par le président du tribunal, conformément aux dispositions de l'article 538 du Code de procédure civile (Chambéry, 24 fév. 1881, art. 298, t. 2, p. 278).

— Nullité de la saisie-arrêt pratiquée par le créancier pendant la durée du délai de grâce accordé au débiteur. — Est nulle la saisie-arrêt pratiquée par le créancier pendant la durée du délai de grâce accordé par jugement en ce qu'elle modifie l'état de choses existant et ne constitue pas dans ces conditions un simple acte conservatoire (Trib. civ. de la Seine, 23 juin 1883, art. 714, t. 4, p. 439).

— *Permission du juge, Évaluation.* — Il n'est pas nécessaire que l'ordonnance portant autorisation de saisir-arrêter sans titre contienne l'évaluation de la créance pour laquelle on veut saisir, lorsque la requête présentée pour obtenir l'autorisation énonce cette somme, et que l'ordonnance, en se référant à la requête, s'approprie cette évaluation (Cass. req., 16 mai 1882, art. 883, t. 5, p. 406).

— *Commissionnaire de transports, Marchandises, Saisie-arrêt au préjudice du destinataire :* 1° *Litige entre expéditeur et transporteur, Commerçants, Saisie-arrêt, Constatation, Compétence commerciale ;* 2° *Saisie-arrêt de toutes valeurs généralement quelconques, Applicabilité à des tourteaux de sésame et à des balles de soie ;* 3° *Refus de livraison, Validité ;* 4° *Refus de restitution à l'expéditeur et de livraison à un nouveau destinataire, Validité ;* 5° *Défaut d'avis de l'existence de la saisie, Irresponsabilité du transporteur ;* 6° *Suspension du transport, Absence de faute.* — I. En vertu de la règle que *le juge de l'action est le juge de l'exception*, le tribunal de commerce saisi d'une contestation entre l'expéditeur et le transporteur, tous deux commerçants, relative à l'exécution du contrat de transport, est compétent pour constater l'existence ou l'absence en fait d'une saisie-arrêt frappant les objets confiés au voiturier.

II. Par ces termes larges et généraux, une saisie-arrêt pratiquée sur toutes valeurs générales quelconques, s'applique :

A des tourteaux de sésame et à des ballots de soie.

III. Une compagnie de chemin de fer n'a pas à s'enquérir du propriétaire des objets qu'elle transporte ni à se faire juge du mérite de l'opposition pratiquée entre ses mains. En conséquence, lorsque rien n'indique que le destinataire saisi ne soit pas le propriétaire de la chose transportée, elle ne peut livrer la marchandise à ce destinataire tant que l'opposition n'a pas été levée.

IV. Dans ces conditions, une compagnie ne peut sans mainlevée de l'opposition ou sans décision judiciaire, restituer la marchandise à l'expéditeur ni la livrer à un nouveau destinaire.

V. Une compagnie de chemin de fer n'est pas tenue de faire connaître à l'expéditeur l'existence d'une saisie-arrêt au préjudice du destinataire.

VI. Dans ces mêmes circonstances, une compagnie est fondée à suspendre l'exécution du contrat de transport jusqu'à mainlevée de la saisie (Chambéry, 21 avril 1882, art. 688, t. 4, p. 366).

— *Tribunal compétent, Sursis, Saisie entre les mains de détenteurs de deniers publics, Exceptions de forme soulevées par le débiteur saisi, Décret du 18 août 1807, Loi du 9 juillet 1836.* — Le tribunal civil doit surseoir à statuer sur la validité d'une saisie-arrêt jusqu'à solution sur le fond par le tribunal compétent ; mais cette règle peut fléchir alors que la question en validité repose non sur le fond, mais exclusivement sur la forme de la saisie.

Le décret du 18 août 1807 ne modifie en rien les dispositions du droit commun qui règlent les rapports du saisissant et du saisi. Les modifications introduites par ce décret ont été établies exclusivement dans l'intérêt du Trésor dont elles ont pour unique but de simplifier la comptabilité. Le débiteur saisi ne peut être fondé à exciper d'une nullité dont le tiers saisi ne se serait pas prévalu (Chambéry, 25 fév. 1880, art. 189, t. 1er, p. 529).

— *Rentes sur l'État français déclarées incessibles et insaisissables par le testateur, Mandat donné par le légataire à un créancier de toucher les arrérages pour les appliquer en partie au remboursement de la créance, Saisie-arrêt formée entre les mains d'un séquestre chargé de toucher les arrérages, Validité, Créancier postérieur à l'ouverture du legs, Portion saisissable.* — Un titre de rente sur l'État français, dont les arrérages ont été déclarés incessibles et insaisissables par la personne qui les a légués, peut être valablement remis par le légataire à son créancier avec mandat à celui-ci de toucher les arrérages pour les appliquer partie aux besoins du débiteur et partie au remboursement de la créance.

L'insaisissabilité qui frappe les rentes sur l'État français cesse, lorsque ces rentes ont été perçues ; elles peuvent donc faire l'objet d'une saisie-arrêt entre les mains d'un séquestre chargé d'en toucher les arrérages.

Les sommes déclarées insaisissables par le testateur peuvent être saisies pour portion déterminée par le juge, par le créancier postérieur à l'ouverture du legs, alors même que ce créancier a connu l'insaisissabilité qui frappait lesdites sommes (Paris, 7 juin 1880, art 217, t. 2, p. 54).

— *Femme mariée, Dette alimentaire due par le mari, Mari fonctionnaire civil, Saisie-arrêt sur le traitement, Quotité de la retenue fixée par la loi du 21 ventôse an IX.* — La femme mariée qui actionne son mari fonctionnaire civil pour avoir payement d'une pension alimentaire à laquelle il a été condamné, ne peut pas saisir-arrêter son traitement pour une portion supérieure à celle indiquée pour toute autre dette par l'article 580 du Code de procédure civile, combiné avec la loi du 21 ventôse an IX (Paris, 10 août 1882, art. 652, p. 269).

— *Pension alimentaire, Créance d'aliments, Saisissabilité.* — Si, aux termes de l'article 581, § 2 (C. proc. civ.), les provisions alimentaires adjugées par justice sont insaisissables, d'après l'article 582, les provisions alimentaires peuvent être saisies pour cause d'aliments, et dans ce cas il n'y a pas lieu de distinguer entre les créances antérieures et celles postérieures à la décision qui en a admis le principe (Trib. civ. de la Seine, 28 fév. 1884, art. 851, t. 5, p. 808).

— *Aliments.* — Les créanciers pour cause d'aliments peuvent saisir les sommes dues à titre alimentaire à leur débiteur, encore bien que leurs créances soient antérieures au droit conféré à ce dernier sur lesdites sommes et qu'aucune permission ne leur ait été accordée (Cass., 18 janv. 1875, S. 75-1-153). Et par créanciers pour cause d'aliments il faut entendre tous ceux dont les créances ont pour cause des aliments fournis au débiteur (Même arrêt, voir au *Dict.*, n° 332).

— *Victimes du coup d'Etat, Indemnité, Créanciers pour cause d'aliments* (Art. 839, t. 5, p. 289).

— *Pension de retraite, Veuve d'officier, Débit de tabac, Loi du 18 août 1881.* — Les produits de la location d'un débit de tabac ne sont point, en principe, insaisissables.

Cependant, lorsque le titulaire est soit officier ou un assimilé de l'armée de terre, soit une veuve d'officier retraité en vertu des lois antérieures à celle du 22 juin 1878, le produit de cette location doit être déclaré insaisissable jusqu'à concurrence du supplément de pension, auquel il a droit en vertu de la loi du 21 août 1881, mais dont l'article 1er de ladite loi le déclare privé tant qu'il sera en possession de sa commission (Trib. civ. de la Seine, 21 mars 1884, art. 862, t. 5, p. 343).

— *Salaire d'ouvrier.* — Les salaires des ouvriers peuvent être déclarés insaisissables, soit pour partie, soit même pour le tout, lorsqu'il est constaté qu'ils ont un caractère alimentaire (Trib. civ. de Moulins, 16 mai 1884, art. 865, t. 5, p. 349).

— *Indisponibilité.* — La saisie-arrêt ne frappe d'indisponibilité les créances saisies que jusqu'à concurrence des causes de la saisie, en conséquence l'excédent peut être cédé et la cession doit recevoir son effet nonobstant toute autre saisie postérieure à sa signification (Caen, 15 mai 1871, S. 71-2-247. — V. sur cette question *Dict.*, n. 549 et suiv.).

— *Déclaration affirmative, Tiers-saisi, Justifications, Insuffisance, Réticences, Défaut de déclaration, Assimilation, Dissimulations frauduleuses, Énonciations mensongères, Quasi-délit, Saisie-arrêt, Mesure conservatoire, Jugement de validité, Actes d'exécution, Jugement non signifié, frappé d'appel, Saisie-arrêt, Titre suffisant.* — La déclaration affirmative faite par le tiers-saisi peut, à raison des réticences volontaires qu'elle contient et de l'insuffisance des justifications par lesquelles elle est appuyée, être assimilée à un défaut de déclaration, et dans ce cas, le tiers-saisi peut, conformément à l'article 577 du Code de procédure civile, être déclaré débiteur pur et simple de la saisie.

Les énonciations mensongères et les dissimulations frauduleuses commises par le tiers-saisi dans la déclaration affirmative constituent de sa part, à l'égard du saisissant, un quasi-délit, qui le fait tomber sous l'application des articles 1382 et 1383 du Code civil.

La saisie-arrêt est une mesure simplement conservatoire; tant qu'elle subsiste seule, elle garde ce caractère, et si des actes d'exécution peuvent s'en suivre, ce n'est pas à la saisie-arrêt qui serait impuissante à les produire qu'ils se rattachent, mais c'est le jugement de validité, qui seul leur donne naissance, et ce, en vertu de la force exécutoire qui lui appartient.

Un jugement, même non signifié et frappé d'appel, est un titre suffisant pour former une saisie-arrêt (Paris, 21 mai 1879, art. 15, t. 1er, p. 34).

— Déclaration affirmative, Justifications, Fraude, Dommages-intérêts, Jugement non signifié, Appel. — Le tiers-saisi, qui a fait une déclaration affirmative accompagnée de certaines justifications, doit-il néanmoins être déclaré débiteur pur et simple des causes de la saisie par cela seul que la déclaration serait inexacte ou incomplète et que les justifications seraient insuffisantes ? (Non résol. par la Cour de cass; — mais V. la note).

Il peut, en tout cas, si la déclaration affirmative est inexacte et frauduleuse, être condamné à des dommages-intérêts envers le saisissant.

Et ces dommages-intérêts peuvent consister en une somme égale aux causes de la saisie.

La saisie-arrêt, constituant en soi et indépendamment de la demande en validité une simple mesure conservatoire, peut être pratiquée en vertu d'un jugement non encore signifié (C. proc., 147. 557).

Il n'importe que ce jugement ait déjà été frappé d'appel (Cass. civ., 10 août 1881, art. 457, t. 3, p. 312).

— Tiers-saisi, Déclaration, Pièces justificatives, Livres de commerce. — Le tiers-saisi qui, sommé de produire ses livres de commerce à l'appui de sa déclaration, refuse d'obtempérer à cette sommation, est à bon droit condamné comme débiteur pur et simple des causes de la saisie-arrêt (Cass. req., 9 mars 1880, art. 248, t. 2. p. 169).

— Demande en déclaration affirmative, Taux du ressort, Déclaration affirmative faite, Contestation, Tiers saisi débiteur pur

et simple. — Le taux du ressort, quant à un jugement qui statue en matière de déclaration affirmative, doit être déterminé par le chiffre même de la demande et n'est point subordonné à la fixation du ressort de la demande en validité de saisie-arrêt.

Le tiers-saisi ne peut être condamné comme débiteur pur et simple que s'il n'a pas fait de déclaration affirmative (Limoges, 1er fév. 1882, art. 489, t. 3, p. 380).

— *Attribution, Chose jugée, Consignation.* — Le jugement de validité d'une saisie-arrêt n'emporte au profit du saisissant, attribution exclusive des sommes saisies que du jour où il a acquis l'autorité de la chose jugée : la connaissance du jugement de validité ne saurait vis-à-vis du tiers saisi, équivaloir à un transport lui donnant le saisissant pour créancier (Cass. req., 28 déc. 1888, art. 315, t. 2, p. 331),

— *Détournement, Vol, Article 400 du Code pénal.* — La saisie-arrêt est comme la saisie-exécution, protégée par l'article 400 du Code pénal contre les détournements qui auraient pour objet de la rendre inefficace (Trib. de Loudun, 10 fév. 1882, art. 407, t. 3, p. 147 ; — V. aussi Cass., 24 fév. 1872, S. 72-1-196).

— *Jugement de validité, Hypothèque.* — Le jugement qui prononce la validité d'une saisie-arrêt donne au créancier saisissant le droit de prendre une inscription hypothécaire sur les biens du débiteur saisi (Cass., 1er août 1881, art. 376, t. 2, p. 512).

SAISIE-BRANDON. — *Époque à laquelle elle peut être pratiquée.* — Bien que l'usage se soit introduit de ne pas procéder en Berry aux saisies-brandon avant le 11 juin, cette date ne s'impose point cependant aux magistrats pour annuler la saisie pratiquée avant cette époque (Bourges, 28 mars 1882, art. 556, p. 33.

SAISIE CONSERVATOIRE. — *Validité, Titre, Permission du juge.* — La saisie conservatoire autorisée en matière commerciale est régie, non par l'article 551 (C. proc.), qui exige un titre exécutoire, mais par l'article 417 (C. proc.), qui permet d'y procéder sans titre et sur simple autorisation du président (Cass. civ., 9 mars 1880, art. 275, p. 221 ; — V. *Dict.*, n. 1).

— *Validité, Titre, Domicile, Changement, Déclaration, Résidence, Signification.* — La saisie conservatoire autorisée par l'article 417 (C. proc. civ.) peut, à la différence de la saisie-exécution, être pratiquée sans titre et sur la simple autorisation du président.

Une personne ne saurait être considérée comme ayant changé de domicile par cela seul qu'elle a fait une déclaration en ce sens au greffe du tribunal du lieu où elle était domiciliée, alors surtout qu'il n'est pas constaté qu'elle ait transféré ailleurs sa résidence.

Par suite, les significations qui lui ont été adressées depuis lors au domicile indiqué comme abandonné, ne peuvent être annulées comme irrégulières (C. pr. civ., 68; — Paris, 1er mars 1880, art. 157, t. 1er, p. 422).

— *Frais de garde, Tribunal de commerce, Incompétence, Évocation.* — Le tribunal de commerce qui a valablement, aux termes de l'article 417, ordonné une saisie conservatoire, est incompétent pour connaître des difficultés qui surviennent à ce sujet.

C'est donc aux tribunaux ordinaires à statuer au sujet des frais de garde provoqués par cette saisie.

La Cour a le droit d'évoquer la cause, du moment que l'appelant a conclu sur le fond (Limoges, 27 nov. 1883, art. 886, t. 5, p. 416).

— *Demande en validité, Compétence.* — Les tribunaux de commerce sont incompétents pour connaître des demandes en validité ou en mainlevée des saisies que leur président peut autoriser dans les cas prévus par l'article 417 du Code de procédure.

Et cette incompétence étant absolue, ne saurait être couverte par le consentement des parties, et peut être proposée pour la première fois en appel (Cass. civ., 22 août 1882, art. 850, t. 5, p. 307).

— *Terrain loué, Constructions élevées par le locataire, Caractère immobilier, Saisie des constructions par le propriétaire, Interprétation des articles 518-555 du Code civil, 675 du Code de procédure civile* (Doctrine, art. 91, t. 1er, p. 241).

— *Incident, Référé, Compétence, Dernier ressort, Appel irrecevable sur le fond.* — La question de savoir auquel des deux créanciers saisissants appartient le droit de faire vendre les objets saisis sur un débiteur commun constitue un simple incident de la procédure de saisie.

En conséquence, le juge des référés est compétent pour connaître d'un incident de cette nature et décider si le consentement d'un débiteur à la vente de ses meubles et objets mobiliers donné après une saisie-gagerie, fait valoir cette dernière comme saisie-exécution et empêche un créancier postérieur qui se présente, porteur d'un titre exécutoire, de saisir-exécuter le débiteur commun et de faire, à sa requête, procéder à la vente.

On ne peut considérer la question ainsi posée comme une question de concurrence entre officiers ministériels.

L'ordonnance de référé ainsi rendue ne peut être frappé d'appel, quand les causes des saisies sont inférieures à 1,500 francs (C. d'appel de Rouen, 1er déc. 1883, art. 763, t. 5, p. 60).

SAISIE-EXÉCUTION. — *Indivision.* — Des meubles indivis peuvent être saisis avant que le partage en soit effectué, sauf au copropriétaire à former une demande en distraction, et à obtenir du tribunal un sursis pour provoquer le partage (Bordeaux, 20 mars 1879, art. 418, t. 3, p. 176).

— *Revendication, Mise en cause du saisissant et de la partie saisie, Défaillant, Obligation de prendre un défaut profit-joint.* — L'obligation, pour celui qui revendique des meubles saisis, de mettre en cause, à peine de nullité, la partie saisie (art. 608 du Code de procédure civile) en même temps que le saisissant, implique en même temps l'obligation pour lui de prendre contre la partie défaillante un défaut profit-joint de manière à faire statuer sur la revendication contradictoirement entre toutes les parties (Paris, 19 août 1882, art. 499, t. 3, p. 405).

— *Revendication, Opposition, Défaut de dénonciation au saisissant et au saisi et d'énonciation des titres, Passé outre, Nullité.* — L'article 608 (C. proc. civ.), exigeant que l'opposition-revendication, signifiée au gardien, soit, en outre, l'objet d'une dénonciation au saisissant et au saisi, avec énonciation de titres, à peine de nullité, n'entend point par là que la simple revendication ne doive arrêter la vente.

Le saisissant doit, au contraire, surseoir à la vente dès qu'il y a opposition, sauf à se pourvoir.

Et, s'il passe outre, la vente est nulle (Nîmes, 21 juin 1883, art. 687, t. 4, p. 362).

— *Opposition, Notification au gardien, Dénonciation au saisissant et au saisi postérieure à la vente, Nullité de la vente, Responsabilité du gardien et de l'huissier.* — L'article 608 du Code de procédure civile, en exigeant que l'opposition formée à la vente par celui qui se prétend propriétaire des objets saisis, soit notifiée au gardien et dénoncée au saisissant et au saisi, ne fixe pas un délai pour cette dénonciation.

Dès lors, quand l'opposition a été notifiée au gardien par le revendiquant, la vente est nulle, bien que la dénonciation au saisissant et au saisi n'ait lieu que quatre jours après la vente, et cette nullité entraîne la responsabilité du gardien et de l'huissier qui a procédé à la vente (Nîmes, 22 juin, art. 706, t. 4, p. 409).

— *Créancier, Vente par commissaire-priseur, Absence de toute opposition aux mains de celui-ci, Remise des deniers de la vente à l'huissier saisissant, Opposition entre les mains de l'huissier par le propriétaire du saisi, Validité de cette opposition.* — Quoique l'huissier n'ait pu, d'après la loi, procéder lui-même à la vente des meubles qu'il avait saisis, et ait dû, à cet égard, recourir à un commissaire-priseur, l'opposition de l'article 689 a pu, néanmoins, être faite en ses mains jusqu'à ce qu'il ait remis au saisissant les deniers de la vente (Trib. civ. de Lille, 2ᵉ ch., 15 janvier 1884, art. 818, t. 5, p. 204).

— *Tiers propriétaire des meubles saisis, Action en nullité, Fin de non-recevoir, article* 608 *(C. proc. civ.), Saisie conservatoire devant être convertie en saisie-exécution, Validité de l'action en nullité.* — La voie de la saisie-exécution n'est ouverte au créancier qu'autant que les meubles qu'il veut saisir sont entre les mains de son débiteur. S'ils sont entre les mains d'un tiers, il ne peut agir que par la voie de la saisie-arrêt.

Le tiers saisi n'est point obligé, dans ce cas, d'agir par la voie de la revendication contre le saisissant, et en conformité des dispositions de l'article 608 du Code de procédure civile, il peut *de plano* demander la nullité de la saisie.

Peu importe que la saisie dont la nullité est demandée ait été une saisie conservatoire, du moment qu'elle n'avait été accordée par le président du tribunal de commerce et pratiquée que dans le but de la convertir en une saisie-exécution avec toutes ses conséquences (Trib. civ. de Chambéry, 1ʳᵉ ch., 12 mars 1884, art. 882, t. 5, p. 404).

— *Tiers, Revendication, Domicile élu.* — Le tiers qui revendique des objets saisis au cas de saisie-brandon et au cas de saisie-exécution peut assigner le créancier saisissant au domicile élu par celui-ci en conformité de l'article 584 du Code de procédure civile ; la disposition de cet article est applicable aux tiers aussi bien qu'à la partie saisie (Chambéry, 28 oct. 1882, art. 559, p. 37 ; — V. *Dict.*, n. 184).

— *Poursuite pour frais de garde, Action principale.* — Un gardien de saisie qui a obtenu taxe pour le payement de ses frais de garde, ne peut agir par voie de commandement ; il doit prendre la voie d'action principale (Trib. civ. d'Albi, 26 juin 1882, art 483, p. 368. — V. en sens contraire l'arrêt de cassation ci-dessus).

— *Frais de garde, Exécutoire.* — Le gardien peut, après avoir fait taxer ses frais, requérir un exécutoire et en poursuivre le payement contre le saisissant par voie de commandement ; il n'est pas obligé d'agir par voie d'action principale (Cass., 8 août 1877, S. 78, 1, 299. — V. *Dict.*, n° 147).

SAISIE-GAGERIE. — *Défaut de payement des contributions,
Validité.* — Le propriétaire a le droit de faire procéder à la
saisie-gagerie des meubles de son locataire, conformément à
l'article 819 (C. proc. civ.), pour avoir payement des contributions non acquittées par le locataire et dont le propriétaire est
responsable (Civ. Seine, 5 déc. 1879, art. 116, t. 1ᵉʳ, p. 314).

— *Propriétaire, Aliénation antérieure de l'immeuble, Nullité.*
— Le droit de saisir-gager conféré par l'article 819 (C. proc.
civ.) ne peut être exercé que par le propriétaire actuel de l'immeuble où se trouvent les meubles du débiteur.

En conséquence, est nulle la saisie-gagerie pratiquée par le
créancier, qui a antérieurement aliéné l'immeuble à raison de la
location duquel a pris naissance la créance de loyer, dont il
poursuit le recouvrement (Trib. civ. de Lyon, 2ᵉ ch., 10 avril 1883,
art. 736, t. 4, p. 496).

— *Payement de loyers, Formalités.* — Le propriétaire ne peut,
pour avoir payement des loyers qui lui sont dus, mettre la main,
sans aucune formalité judiciaire ou extrajudiciaire, sur les meubles de son locataire et les conserver comme un gage réel de sa
créance.

Il ne peut procéder à cet effet que par la voie de la saisie-
gagerie, dans les formes prescrites par l'article 819 du Code
de procédure civil. (Cass. civ., 14 mars 1883, art. 737, p. 498).

— *Saisie foraine, Action en validité, Compétence.* — Le tribunal compétent pour connaître d'une action en validité de
saisie foraine ou de saisie-gagerie est le tribunal du lieu de la
saisie (Trib. civ. de Caen, 1ʳᵉ ch., 21 déc. 1881, art. 765, t. 5,
p. 65).

— *Fermages ou loyers non échus, Nullité.* — Est nulle une
saisie-gagerie faite pour une créance non à terme et la nullité
doit en être prononcée (Trib. de Chambéry, 29 nov. 1883,
art. 774, t. 5, p. 89).

SAISIE IMMOBILIÈRE. — *Péremption décennale des saisies immobilières, Projet de loi, Rapport.* (Art. 124, t. 1ᵉʳ,
p. 329).

— *Péremption décennale.* (Art. 491, t. 3, p. 384).

— *Modifications des articles 674, 695, 722 et 723.* (Art. 90,
t. 1ᵉʳ, p. 235).

— *Biens dotaux mobiliers transformés en biens immeubles, Validité de la saisie.* — La dot stipulée mobilière dans le contrat de
mariage ne peut être transformée en une dot immobilière lorsque

ce changement n'a pas été prévu par le contrat de mariage (Art. 1395 et 1533, C. civ.).

En conséquence, un créancier peut saisir l'immeuble acquis par la femme des deniers provenant de la dot mobilière. Cet immeuble doit être considéré comme la représentation de la dot mobilière et n'est pas inaliénable comme l'immeuble dotal (Toulouse, 23 fév. 1802, art. 453, t. 3, p. 299).

— *Dot, Nullité, Déchéance, Echange, Tiers détenteur, Remploi, Immeuble, Echange, Soulte, Péril d'éviction.* — La déchéance prononcée par l'article 728 (C. proc. civ.), contre les nullités, tant en la forme qu'au fond, qui n'auraient pas été proposées trois jours avant la publication du cahier des charges, ne s'applique pas à l'action intentée par une femme dotale et ayant pour objet, non la nullité de l'adjudication et la revendication des biens adjugés, mais la nullité d'un échange fait par elle et la revendication des biens adjugés, mais la nullité d'un échange fait par elle et la revendication contre les tiers détenteurs des immeubles dotaux qu'elle avait aliénés en échange des immeubles saisis.

Quand une femme s'est mariée sous le régime dotal avec constitution de tous ses biens présents et à venir, mais avec réserve de pouvoir les vendre, les échanger ou les aliéner, à charge de remploi du prix de vente ou de la soulte d'échange sur des immeubles libres et suffisants, on ne saurait considérer comme remploi valable l'acte par lequel elle a reçu en échange d'un immeuble dotal un autre immeuble grevé par l'acte lui-même d'une soulte dont l'existence constitue une cause d'éviction (Cass. civ., 31 avril 1883, art. 812, t. 5, p. 189).

— *Meubles garnissant un hôtel meublé saisis immobilièrement comme immeubles par destination.* — Les meubles garnissant un hôtel meublé doivent être considérés comme immeubles par destination, par application de l'article 524 du Code civil, lorsqu'il est constant que l'immeuble dans lequel ils se trouvent a été élevé et aménagé dans le but exclusif de faire un établissement devant servir d'hôtellerie, et que son appropriation à une destination autre nécessiterait des transformations matérielles graves, qui en modifieraient sensiblement la nature et la valeur (Toulouse, 3e ch., 4 août 1883, art. 751, t. 5, p. 19).

— *Jugement par défaut, Délai par huitaine, Commandement.* — Un commandement tendant à saisie immobilière ne constitue pas un acte d'exécution ; il peut donc être valablement signifié dans la huitaine qui suit la signification d'un jugement par défaut (Tribunal civil de Saint-Étienne, 4 sept. 1879 ; — Lyon, 22 janv. 1880, art. 468, t. 3, p. 334).

— *Commandement.* — 1° Aux termes de l'article 673 du Code de procédure civile, la saisie immobilière doit être précédée d'un commandement contenant élection de domicile dans le lieu où siège le tribunal qui doit connaître de la saisie et suivant les dispositions de l'article 715 du même Code; ces formalités doivent être observées à peine de nullité;

2° Quand il y a des immeubles situés dans des ressorts différents, il faut, à peine de nullité du commandement, qu'il y ait autant de domiciles élus que de tribunaux saisis (Lyon, 31 août 1882, art. 730, t. 4, p. 477).

— *Commandement, Opposition, Incident, Appel, Délai, Signification au greffier.* — L'opposition à un commandement, tendant à saisie immobilière, peut-elle être considérée comme un incident de la saisie? En conséquence, l'appel du jugement rendu sur cette opposition est-il soumis, quant à sa validité, à la nécessité de la notification au greffier, prescrite par l'article 732 du Code de procédure civile et doit-il être interjeté dans les dix jours.

Mais, si malgré l'opposition au commandement, le créancier ayant passé outre à la saisie, l'instance sur l'opposition du débiteur au commandement et l'instance sur la saisie sont jointes, le jugement, qui statue sur le tout, ne peut être réputé rendu sur l'incident de saisie immobilière. Spécialement, la notification de l'appel au greffier n'est encore, dans ce cas, pas nécessaire.

L'intervention du créancier, dans une instance en nullité de commandement ou de saisie aux mêmes fins que le débiteur, participe de la nature de cette instance. Lors donc que l'instance principale revêt le caractère d'incident de saisie immobilière, les formes et délais des articles 731 et 732 du Code de procédure civile s'imposent, en cas d'appel, à l'intervenant, comme au débiteur lui-même (Riom, 31 janv. 1884 ; — Grenoble, 22 janv. 1884, art. 863, t. 5, p. 344).

— *Commandement, Exécution des actes et jugements, Héritier, Titre exécutoire, Signification par le même acte, Saisie immobilière, Commandement, Nullité, Fin de non-recevoir, Rejet, Motifs.* — La signification du titre aux héritiers du débiteur en vertu de l'article 877 (C. civ.), et le commandement préalable à la saisie immobilière contre ces héritiers, ne peuvent être valablement faits par le même exploit : il faut qu'indépendamment de cet exploit, une nouvelle notification du titre avec commandement spécial soit faite aux héritiers du débiteur, conformément à l'article 673 du Code de procédure (C. civ., 77 ; — C. proc., 673 ; — Rés. par la Cour d'appel).

Les juges ne peuvent, en statuant au fond, rejeter implicitement la fin de non-recevoir opposée à la demande en nullité du commandement à fin de saisie immobilière fait en même temps que la signification prescrite par l'article 877 du Code de procédure, et tirée de la renonciation que le débiteur aurait faite à ce grief, sans donner de motifs à l'appui de ce rejet (Riom, 26 août 1879 ; — Cass., ch. civ., 28 fév. 1883, art. 782, t. 5, p. 109).

— *Commandement, Formule exécutoire, Copie.* — La copie du commandement doit contenir, outre la copie du titre, la copie de la formule exécutoire à peine de nullité (Poitiers, 17 juin 1875, S. 75-2-95 ; — V. *Dict.*, n. 268).

Jugé cependant qu'une saisie immobilière ne peut être annulée par le motif que la grosse du titre, dont le commandement contient copie, ne serait pas revêtue de la formule exécutoire en vigueur si la grosse porte toutes les mentions exigées par le décret du 13 mars 1848 (Toulouse, 16 mars 1877, S. 77-2-80).

— *Commandement, Délai.* — Le délai de quatre-vingt-dix jours fixé pour la durée du commandement afin de saisie immobilière est un délai franc ; en conséquence, la saisie est régulièrement faite avant l'expiration du quatre-vingt-onzième jour après celui du commandement (Bordeaux, 28 mars 1876, S. 77-2-85 ; — V. *Dict.*, n. 244).

— *Délai, Abréviation.* — Le délai de trente jours entre le commandement et la saisie immobilière ne peut être abrégé même avec le consentement du débiteur (Caen, 10 juin 1879, S. 80-2-321).

— *Énonciation du procès-verbal, Visa du maire, Opérations de la transcription.* — Quand plusieurs biens sont situés dans le même arrondissement, mais dans différentes communes, une seule mention de l'arrondissement après les noms des communes, suffit pour remplir les prescriptions de la loi.

Il suffit que le procès-verbal de saisie soit visé par le maire de la commune, la copie peut ne pas avoir mention de ce visa.

La transcription au bureau des hypothèques qui est exigée dans les quinze jours de la dénonciation, peut avoir lieu le jour même de cette dénonciation (Mont-de-Marsan, 28 nov. 1882, art. 605, t. 4, p. 133).

— *Transcription, Vente, Créancier chirographaire.* — La vente d'un immeuble par acte ayant date certaine est opposable au créancier chirographaire qui a fait ultérieurement saisir cet immeuble, bien que la transcription de la vente n'ait eu lieu qu'après la transcription de la saisie ; le créancier n'est pas au nombre des tiers ayant des droits réels sur l'immeuble auxquels, d'après l'article 3 de la loi du 23 mars 1855, la vente ne peut être opposée tant qu'elle n'est pas transcrite (Cass. civ., 31 août 1881, art. 496, p. 599).

— *Dénonciation, Transcription, Nullité résultant de l'inobservation des articles 67 et 678 (C. proc. civ.), Vente par le saisi le
jour même de la transcription du procès-verbal de saisie, mais antérieurement à la dénonciation de la saisie, Vente simulée faite en
fraude des droits d'un créancier.* — Aux termes des articles 677,
678 et 715 du Code de procédure civile, la dénonciation de la
saisie doit, à peine de nullité, précéder la transcription du procès-verbal de saisie et la dénonciation.

En l'absence de tous autres indices de fraude, une vente ne
peut être déclarée simulée et faite en fraude des droits d'un
créancier, par ce motif seul que le vendeur a pour but d'éviter
le scandale d'une vente publique, alors qu'il a été stipulé que le
prix ne serait payé que sur justification de la libération de toutes
hypothèques (Trib. civ. de Carcassone, 1re ch., 16 avril 1883, t. 4,
art. 700, p. 391).

— *Saisie réelle, Transcription, Aliénation des immeubles, Défaut de radiation de la saisie, Nouveaux créanciers, Droit de préférence.* — La vente faite par un débiteur postérieurement à la
transcription de la saisie des immeubles, est nulle, à moins qu'il
n'y ait eu consignation du prix par l'acquéreur avant le jour de
l'adjudication et notification de la consignation.

En conséquence, la vente poursuivie sur l'acquéreur, qui a négligé de faire opérer la radiation de la saisie, doit être réputée
faite vis-à-vis du vendeur lui-même, et le prix, en provenant,
doit être attribué aux créanciers de ce dernier (Trib. civ. de Nan-
tua, 14 mai 1880, art. 187, t. 1, p. 502).

— *Opposition à saisie, Vente d'immeubles compris dans la saisie, Transcription de la vente et de la saisie opérée le même jour,
Préférence, Nullité de la saisie, Distraction d'immeubles.* —
Entre deux actes en conflit et tous deux soumis à la formalité
de la transcription, celui-là est préférable à l'autre, qui a été
transcrit le premier.

Par exemple, si une vente et une saisie immobilière ont été
transcrites le même jour, cette circonstance ne fait point qu'elles
n'aient été opérées l'une après l'autre et qu'ainsi il n'y ait entre
elles un ordre d'antériorité.

Dans l'espèce, l'acte de vente, ayant été transcrit avant la saisie, entraîne la nullité de celle-ci à l'encontre des immeubles
compris dans l'acte d'acquisition ; d'où la conséquence que ces
immeubles doivent être distraits de cette saisie.

Un certificat du conservateur des hypothèques rend inadmissible les faits articulés tendant à établir la priorité de la saisie
sur la vente puisque ce certificat équivaut à la déclaration que
ce fonctionnaire aurait été tenu de donner au moment de la pré-

sentation des actes s'il en avait été requis par les parties (Trib. de Bonneville, 29 déc. 1882, art. 571, t. 4, p. 62).

— *Indivision, Déchéance, Adjudicataire, Partie en cause.* — La déchéance prononcée par les articles 728 et 729 du Code de procédure, à l'égard des moyens de nullité qui n'ont pas été proposés dans les délais fixés, est générale et absolue.

Elle s'étend donc au moyen tiré de l'état d'indivision de l'immeuble saisi.

Elle peut être opposée par l'adjudicataire.

Elle est encourue par la partie qui, ayant figuré dans la procédure tant en son nom personnel que pour autoriser sa femme et en sa qualité de tuteur, a, par son intervention, obtenu la restriction de la saisie aux immeubles adjugés ; cette partie est, à bon droit, considérée comme une partie en cause à laquelle s'applique la déchéance prononcée par les articles 728 et 729 (Cas. req., 18 mai 1881, art. 638, t. 4, p. 277).

— *Cahier des charges, Mise à prix, Fixation par le poursuivant.* — En matière de saisie immobilière, la mise à prix pour arriver à l'adjudication de l'immeuble saisi est fixée par le poursuivant. Le saisi et les créanciers inscrits ne peuvent, sous prétexte d'insuffisance, faire porter cette mise à prix à un chiffre supérieur contre le gré du poursuivant, et le tribunal n'a pas qualité pour modifier cette mise à prix sans le consentement de celui-ci (Cass. req., 13 août 1883, art. 843, t. 5, p. 296).

— *Fixation de mise à prix, Avoué, Mandat.* — La fixation de la mise à prix en matière de saisie immobilière est un acte que l'avoué constitué pour le saisissant exécute en vertu du mandat général qui lui a été confié, elle n'a pas le caractère d'une offre qui ne puisse être faite sans un pouvoir spécial à peine de désaveu, encore bien que le saisissant puisse demeurer adjudicataire pour la mise à prix à défaut d'enchérisseur (Aix, 5 mai 1870 S. 72-2-229).

— *Cahier des charges, Modification, Dires et observations, Délai, Déchéance, Poursuivant, Partie saisie et créanciers inscrits, Publication dudit cahier, Intervention d'un donateur crédirentier, Recevabilité, Donation, Partage, Prohibition d'aliéner et d'hypothèque pendant la vie du donateur, Conséquence, Insaisissabilité temporaire, Action paulienne, Titre de créance postérieur à l'acte attaqué.* — N'est pas applicable au donateur crédirentier qui demande qu'une modification soit faite au cahier des charges, la déchéance édictée en matière de saisie immobilière par l'article 694 du Code de procédure civile contre le poursuivant, la partie saisie et les créanciers inscrits qui n'ont pas, trois jours au plus tard avant la publication dudit cahier fait insérer leurs dires et observations.

La prohibition d'aliéner et d'hypothéquer durant la vie du donateur les biens que celui-ci a donnés, à charge d'une rente viagère, a pour conséquence l'insaisissabilité de ces mêmes biens.

Mais il n'y a pas lieu de prononcer d'office la nullité de la saisie immobilière, lorsque le donateur crédirentier, maître de ses droits et par conséquent libre de demander ou non cette nullité, n'excipe point de l'état d'insaisissabilité temporaire des immeubles.

Un créancier ne peut attaquer, comme frauduleux, un acte antérieur à son titre de créance, à moins que cet acte n'ait eu pour objet de frustrer d'avance ce créancier (Niort, 15 fév. 1883, art. 630, t. 4, p. 210).

— *Insertions et affiches, Mention, Copie littérale de la matrice cadastrale.* — Dans les insertions et affiches prescrites, en matière de saisie immobilière, par les articles 696, § 3, et 699 du Code de procédure civile, il n'est pas nécessaire de faire entrer, en outre des mentions exigées par le troisième paragraphe de l'article 675 du Code, la copie littérale de la matrice cadastrale (Cass. req., 19 août 1884, art. 874, t. 5, p. 389).

— *Adjudication, Surenchère, Demande à fin d'insertion d'un dire dans le cahier des charges avant la nouvelle adjudication, Rejet.* —L'adjudicataire surenchéri ne peut, avant l'adjudication nouvelle, faire insérer dans le cahier des charges un dire ayant pour but de réclamer au nouvel acquéreur le payement d'impenses faites sur l'immeuble.

Ce n'est qu'après la vente et au regard des créanciers inscrits et de l'adjudicataire nouveau qu'une telle demande peut se produire (Trib. civ. de la Seine, ch. des saisies immobilières, 6 mars 1879 ; — *Droit* du 9 avril 1879).

— *Immobilisation des fruits saisis, Pension alimentaire.* — Le principe de l'immobilisation des fruits de l'immeuble saisi fait obstacle à ce que la partie saisie s'en fasse attribuer une portion à titre de pension alimentaire (Cass., 24 janv. 1872, S. 72-1-37).

— *Baux.* — L'article 684 du Code de procédure, en disposant que les baux n'ayant pas acquis date certaine avant le commandement à fin de saisie immobilière peuvent être annulés si les créanciers ou l'adjudicataire le demandent, laisse aux tribunaux la faculté de prononcer ou de ne pas prononcer la nullité de ces baux ; ils ont en cela un pouvoir souverain (Cass., 9 déc. 1878, S. 79-1-360).

— *Conversion, Surenchère du dixième.*—Dans le cas d'adjudication après conversion de saisie immobilière en vente volontaire, la surenchère du dixième n'est pas admise de la part des créanciers inscrits, lorsqu'ils ont été liés à la procédure qui a précédé l'adjudication ; ces créanciers ne peuvent, en pareil cas, former que la surenchère du sixième, l'article 2185 du Code civil n'étant point ici applicable (Trib. civ. de la Seine, 13 avril 1882, t. 3, art. 505, p. 418).

— *Créancier inscrit, Purge, Adjudication sur conversion, Sommation, Saisissant, Surenchère, Nullité.* — L'adjudication sur conversion de saisie immobilière en vente sur publications volontaires, opère la purge des hypothèques vis-à-vis des créanciers appelés ou intervenus dans l'instance en conversion, et, par exemple, à l'égard du saisissant. Il ne reste à ces créanciers que le droit de surenchérir d'un sixième dans la huitaine ;

Il importe peu que l'adjudicataire ait cru devoir faire notifier son contrat au saisissant en vertu des articles 2183 et 2184. Cette notification ne peut créer au profit du saisissant le droit de faire la surenchère du dixième, alors que la procédure suivie est exclusive de cette enchère (Douai, 13 nov. 1879, art. 56, t. 1er, p. 136).

— *Conversion en vente sur publications judiciaires, Mise en vente prononcée dans des conditions autres que celles prescrites par le jugement de conversion, Demande formée par l'un des créanciers inscrits à fin d'annulation des formalités, Sursis à l'adjudication et mise en vente dans les conditions et sur les mises à prix fixées par le jugement de conversion, Appel du jugement faisant droit à ces conclusions, Interprétation de l'article 703 du Code de procédure civile, Recevabilité de l'appel, Droit d'intervention des créanciers inscrits à fin d'assurer l'exécution du jugement de conversion, même rendu hors de leur présence.* — Lorsque des poursuites de saisie immobilière sont exercées par un des créanciers, le saisissant est réputé agir non seulement dans son propre intérêt, mais aussi comme le représentant de tous les autres créanciers inscrits qui devront être ultérieurement appelés à la répartition du gage, de telle sorte que, en cas de négligence ou de collusion de la part du saisissant, ceux-ci peuvent requérir la subrogation et mettre à fin, sur les derniers errements de la procédure, la poursuite commencée. Le jugement qui convertit la vente sur ces poursuites en vente sur publications judiciaires, quoique modifiant la procédure à suivre pour la réalisation du gage, ne porte pas atteinte aux droits résultant pour les créanciers inscrits de la saisie qui a été pratiquée et, lors même qu'ils n'y ont pas été appelés, si la conversion est demandée avant les sommations prescrites par l'article 692 du Code de procédure civile ; ce jugement constitue, néanmoins, à leur profit la chose définitivement jugée.

En conséquence, et par suite, il ne peut appartenir ni au saisissant ni au saisi de modifier d'un commun accord et à leur gré, les conditions prescrites par ce jugement pour la mise en vente des immeubles précédemment saisis, et les créanciers inscrits, qui y ont intérêt pour assurer la réalisation du gage commun, peuvent demander l'annulation des publications faites pour la mise en vente dans des conditions de lotissement et de mise à prix autres que celles prescrites par le jugement de conversion.

Cette demande n'est elle-même qu'un incident aux poursuites qui ont amené le jugement de conversion, et doit être formée par acte d'avoué à avoué et conclusions conformément à l'article 718 du Code de procédure civile ;

Le jugement qui, statuant sur ces conclusions incidentes, a annulé les publications de mise en vente, sursis à l'adjudication et renvoyé la vente à un autre jour, n'est pas simplement un jugement de remise dans les cas de l'article 703 du Code de procédure civile, il est, en conséquence, susceptible d'appel (Paris, 12 mars 1881, art. 362, t. 2, p. 475).

— *Conversion en vente volontaire, Garantie.* — La conversion d'une saisie immobilière en vente volontaire ne pouvant avoir lieu qu'avec le consentement et même sur la demande du saisi, il en résulte que celui-ci est soumis à toutes les garanties du vendeur en matière de vente (Cass., 26 janv. 1875, S. 75-1-121 ; — V. sur cette question : Persil fils, *Vente judiciaire d'immeubles,* t. 2, nᵒˢ 394 et 401 ; Jacob, *Commentaire sur la saisie immobilière,* t. 2, nᵒ 205 ; Colmet-d'Aage sur Boistard, *Leçons de procédure civile,* t. 2, nᵒˢ 1016 et suiv. ; Chauveau sur Carré, q. 2436).

— *Jugement surséant à l'adjudication, Recevabilité de l'appel, Sursis accordé au saisi pour payer, Inapplicabilité de l'article* 1244 *du Code civil.* — On peut appeler de tous jugements rendus en matière de saisie immobilière, sauf les exceptions de l'article 730 du Code de procédure civile, et l'observation de délai de l'article 731.

Le tribunal, en donnant acte de la lecture du cahier des charges, est tenu de fixer le jour de l'adjudication.

Ce n'est qu'à la fin de la procédure de saisie que des délais peuvent être accordés. Mais encore faut-il que ce soit pour des causes graves et justifiées, et non pour permettre au saisi de payer, l'article 1244 du Code de commerce, n'ayant plus ici d'application (C. d'appel de Nîmes, 23 avril 1883, t. 4, art. 740, p. 502).

— *Purge, Hypothèque légale.* — La disposition de l'article 717 (C. proc.), aux termes de laquelle le jugement d'adjudication dûment transcrit purge les hypothèques légales non inscrites, ne s'entend que d'un jugement intervenu contre le véritable propriétaire. — Ainsi le jugement d'adjudication rendu contre un tiers non propriétaire ne porte aucune atteinte à l'hypothèque légale de la femme du véritable propriétaire ;

Il en est ainsi, du moins lorsque la sommation prescrite par les articles 691 et 692 du Code de procédure, ne lui a pas été signifiée (Nîmes, 14 janv. 1878, art. 77, t. 1er, p. 201).

— *Créance inférieure à 1,500 fr., Fin de non-recevoir d'appel.* — En cas de demande en nullité d'une saisie immobilière, l'importance du litige qui sert à déterminer le degré de juridiction, s'apprécie non d'après la valeur de l'immeuble saisi, mais d'après le chiffre de la créance indiqué dans le commendement. — En conséquence, si ce chiffre est inférieur au taux du premier ressort, le jugement qui valide la saisie n'est pas susceptible d'appel quelle que soit la valeur de l'immeuble saisi (Poitiers, 5 déc. 1879, art. 51, t. 1er, p. 121).

— *Demande incidente, Dire.* — La demande incidente à une saisie immobilière n'est pas valablement formée par un dire inséré au cahier des charges, elle doit être faite par acte d'avoué à avoué (Alger, 18 déc. 1873, S. 74-2-213. — V. au *Dict.*, n° 1052).

— *Incident, Intervention.* — La demande formée contre le poursuivant par l'acquéreur d'un immeuble saisi afin de validité de la consignation par lui opérée conformément aux dispositions de l'article 687 du Code de procédure civile, constitue un incident de saisie immobilière et ne perd pas ce caractère par l'intervention au procès d'un autre acquéreur du même immeuble qui prétend devoir être préféré au premier (Cass., 22 juil. 1882, S. 73-1-9). En conséquence, l'appel d'un tel jugement doit être signifié, conformément à l'article 732 du Code de procédure civile, au domicile de l'avoué de l'intimé.

— *Incident, Femme dotale.* — La demande en nullité de saisie formée par une femme dotale pour cause de dotalité de l'immeuble saisi sur elle et sur son mari bien que reposant sur un moyen tiré du fond du droit n'en constitue pas moins un incident de saisie immobilière (Caen, 29 août 1873, S. 75-2-330).

— *Incident, Appel, Parties multiples, Intérêts distincts.* — En cas d'appel interjeté contre plusieurs parties ayant des intérêts distincts du jugement rendu sur un incident en matière de saisie immobilière il doit être laissé au domicile de l'avoué autant de copies de l'exploit d'appel qu'il y a d'intimés (Cass., 9 avril 1877, S. 77-1-244).

— *Moyens de nullité, Moyens d'office.* — Les moyens de nullité qui peuvent être invoqués par la partie saisie et qui n'ont pas été proposés dans le délai fixé par l'article 728 du Code de procédure civile ne peuvent être suppléés d'office par le juge (Cass., 20 mai 1874, S. 75-1-15).

— *Appel, Effet suspensif.* — L'appel du jugement qui a prononcé la nullité d'une saisie immobilière, suspensif au point de vue de l'adjudication définitive, ne saurait l'être au point de vue de la marche de la procédure et ne porte pas, dès lors, obstacle aux actes destinés seulement à préparer l'adjudication, spécialement la publication du cahier des charges qui peut être poursuivie et effectuée malgré l'appel avant l'arrêt qui statue sur cet appel (Aix, 8 juin 1870, S. 71-2-30 ; — V. au *Dict.*, n. 1213).

— *Créance inférieure à 1,500 fr., Fin de non recevoir d'appel.* — En cas de demande en nullité d'une saisie immobilière, l'importance du litige qui sert à déterminer le degré de juridiction s'apprécie non d'après la valeur de l'immeuble saisi, mais d'après le chiffre de la créance indiqué dans le commandement ;

En conséquence, si ce chiffre est inférieur au taux du premier ressort, le jugement qui valide la saisie n'est pas susceptible d'appel, quelle que soit la valeur de l'immeuble saisi (Poitiers, 5 déc. 1879, art. 51, t. 1er, p. 121).

— *Appel, Incident, Enonciation des griefs sans développement de motifs, Recevabilité, Délai de rigueur, Article 674 du Code de procédure civile.* — Dans les incidents sur saisie immobilière, l'acte d'appel énonçant, sans aucun développement de motifs, ce qui fait grief à l'appelant, satisfait au vœu de la loi.

La loi a soumis la saisie immobilière à des formalités spéciales et à des délais de rigueur dont l'observation est prescrite à peine de nullité par l'article 715 du Code de procédure civile ;

En conséquence le délai fixé par l'article 674 du Code de procédure ne peut être abrégé, même avec le consentement du débiteur, et la saisie pratiquée pendant les trente jours qui suivent le commandement est nulle (Caen, 10 juin 1879, art. 52, t. 1er, p. 124).

— *Appel, Effet suspensif, Saisie immobilière, Incident, Cahier des charges, Lecture, Exécution des jugements, Signification des jugements, Signification à avoué, Mentions, Saisie immobilière, Adjudication, Jugement, Appel, Acquiescement, Exécution volontaire, Motif des jugements, Motifs implicites, Motifs généraux, Conclusions subsidiaires.* — L'appel d'un jugement rendu dans une procédure de saisie immobilière sur un incident, produit un effet suspensif à l'égard de l'adjudication et met obstacle à ce qu'il y soit procédé ; mais il n'empêche pas d'accomplir les formalités préalables à cette adjudication, et spécialement de procéder à la lecture du cahier des charges ;

Il n'est pas nécessaire que l'exploit de signification à avoué d'un jugement mentionne la réquisition et les noms de l'avoué requérant ainsi que ceux de sa partie, si ces noms sont indiqués suffisamment dans le texte du jugement signifié ;

Le défaut de mention, dans la **signification à partie**, que le jugement a été préalablement signifié à l'avoué, n'entraîne pas, quand d'ailleurs cette dernière signification a eu lieu, la nullité de celle faite à la partie ;

Les jugements d'adjudication en matière de saisie immobilière ne peuvent être attaqués que par voie d'action principale en nullité et non par voie d'appel ;

La partie saisie est réputée acquiescer au jugement d'adjudication, lorsqu'à la suite d'un commandement, elle a vidé les lieux et laissé les adjudicataires en prendre possession, et, qu'en outre, elle a laissé ouvrir et clore, sans protestation, l'ordre sur le prix des immeubles entre les créanciers inscrits;

Il en est ainsi alors surtout qu'elle a reçu personnellement, soit avant, soit depuis la clôture de l'ordre, une partie du prix d'adjudication restant libre après le payement des créanciers inscrits ;

Le juge d'appel n'est pas tenu de donner des motifs spéciaux sur le rejet de conclusions prises pour la première fois devant lui, si ce rejet est justifié par les motifs contenus dans le jugement que la Cour s'est approprié ;

Est suffisamment motivé l'arrêt qui rejette, en se fondant sur l'acquiescement général donné par la partie saisie au jugement d'adjudication, les conclusions nouvelles de cette partie tendant à établir une distinction entre le droit de l'un des adjudicataires et du poursuivant (Cass., 14 mai 1879, art. 85, t. 1er, p. 221).

— *Adjudication, Nullité, Eviction, Saisissant, Poursuivants subrogés, Garantie*. — Si l'adjudication intervenue sur une saisie immobilière faite en conformité de l'article 675 du Code de procédure civile, est nulle, parce que l'immeuble adjugé n'appartient pas à la partie saisie, l'adjudicataire évincé n'est pas fondé à exercer un recours en garantie contre le créancier poursuivant qui a fait procéder à la vente régulièrement ;

Et si celui-ci appelle à son tour en garantie le créancier saisissant auquel il a été subrogé, les frais de cet appel en garantie restent à sa charge, sauf à lui à se faire relever par l'adjudicataire qui l'a appelé en cause. Dans ce cas, c'est le saisi qui est fautif pour avoir mal assuré ses droits à la propriété, et c'est lui qui est responsable de l'éviction (Chambéry, 23 fév. 1880, art. 149, t. 1er, p. 404).

— *Adjudication, Magistrat, Nullité relative, Prescription, Nullité*. — La règle qui interdit aux avoués d'enchérir pour les membres du tribunal devant lequel se poursuit la vente sur saisie immobilière, n'est pas d'ordre public.

En conséquence, la nullité de l'adjudication intervenue con-

trairement à cette règle est purement relative, et susceptible
d'être couverte par la prescription de dix ans (Cass. civ.,
1er mars 1382, art. 674, t. 4, p. 313).

— *Adjudication, Fonds de commerce, Enseigne.* — L'enseigne
étant l'accessoire du fonds de commerce et non de l'immeuble
dans lequel il est exploité, ne peut être réputé avoir été com-
prise dans l'adjudication sur saisie de cet immeuble ; elle demeure la propriété de la partie saisie, alors que le fond de commerce a continué d'être exploité, après comme avant l'adjudication, par cette dernière (Bordeaux, 21 juin 1880, art. 274, t. 2,
p. 219).

— *État sur transcription, Saisie, Adjudication, Payement de
prix.* — Lorsqu'une saisie a été mise à fin par un jugement
d'adjudication qui lui-même a été transcrit, et que, lors d'une
vente ultérieure de cet immeuble, le conservateur des hypothèques a délivré un état contenant la transcription de cette saisie, le nouvel acquéreur ne peut, se fondant sur ce fait, se refuser au payement de son prix (Trib. civ. de la Seine, 2e ch., 10 janv.
1883, art. 715, t. 4, p. 411).

— *Droit du propriétaire, Appréciation des tribunaux.* — Si
l'article 2102 du Code civil confère le droit au propriétaire de
faire saisir les meubles sur lesquels porte son privilège lorsqu'ils ont été déplacés sans son consentement, ce droit n'est
cependant pas absolu et il appartient aux tribunaux de le restreindre lorsque la garantie due au propriétaire n'est pas com-
prise (Trib. civ. d'Hazebrouck, 27 janv. 1883, art. 602, t. 4,
p. 128).

SCELLÉS. — *Nullité, Frais de garde.* — Les scellés peuvent-
ils être apposés d'office au domicile d'une personne encore vivante, en dehors des cas prévus par la loi ? (C. proc., 907.)

En cas de nullité d'une opposition de scellés prononcée ultérieurement par le tribunal, le gardien des scellés a-t-il le droit
de réclamer les salaires qui lui sont alloués par le tarif? (Trib. civ.
d'Alençon, 21 nov. 1882, art. 606, p. 135.)

— *Inventaire parachevé, Inutilité de scellés, Référé, Chose jugée.*
— Lorsqu'il a été procédé à un inventaire des forces et charges
de la succession, des héritiers inconnus au moment de cet inventaire ne peuvent demander l'apposition des scellés, s'ils ne demandent pas la nullité de cet inventaire.

La demande en nullité de l'inventaire formée postérieurement
à un référé qui a ordonné la levée des scellés, et au cours de l'appel de cette ordonnance, ne peut avoir pour effet de faire considérer l'inventaire comme attaqué dans le sens de l'article 923
du Code de procédure civile.

C'est uniquement dans le dispositif d'une décision que réside l'autorité de la chose jugée. Dès lors, le dispositif d'un premier arrêt, quelle que soit l'insuffisance ou l'absence de motifs et quelle que soit même, en fait, la contradiction de ces motifs avec un nouvel état de la cause, fait obstacle à ce qu'une seconde demande tendant aux mêmes fins soit reproduite en justice (Paris, 12 nov. 1881, art. 390, t. 3, p. 59).

SÉPARATION DE BIENS. — *Interdiction judiciaire du mari*. — L'interdiction du mari prononcée en vertu de l'article 489 du Code civil n'autorise pas la femme à poursuivre contre lui la séparation de biens ; cette séparation ne peut être obtenue que si la femme justifie qu'elle est dans les conditions prévues par l'article 1443 du même Code (Amiens, 18 août 1882, art. 534, t. 3, p. 523).

— *Propriété acquise au cours du mariage, Aliénation, Purge, Défaut d'inscription d'hypothèque légale, Demande en séparation de biens*. — L'aliénation par le mari d'immeubles acquis au cours du mariage et le défaut d'inscription d'hypothèque légale sur ces biens, après l'aliénation, ne sauraient donner ouverture à une demande en séparation de biens fondée uniquement sur ces deux motifs (Trib. civ. de la Seine, 15 avril 1880, art. 1 21, t. 1ᵉʳ, p. 323).

— *Faillite d'une société commerciale en nom collectif, Demande en séparation de biens d'un associé, Mise en cause du syndic, Validité*. — Le syndic de la faillite d'une société en nom collectif est valablement mis en cause à l'occasion de la demande en séparation de biens formée par la femme de l'un des associés (Tribunal civil de la Seine, 16 juin 1881, art. 370, t. 2, p. 505).

— *Demande en séparation de corps, Instance pendante, Demande en séparation de biens par action principale, Recevabilité de cette seconde demande*. — Au cours d'une demande en séparation de corps par elle formée, la femme peut intenter une demande principale en séparation de biens lorsque sa dot est en péril, sans qu'on puisse lui opposer que sa première demande pouvant la conduire au but recherché par elle par la seconde, cette dernière n'est pas recevable.

Indépendamment de ce qu'elle peut échouer dans sa demande en séparation de corps, elle est fondée à soutenir, pour établir son intérêt et son droit, que les effets de la séparation de biens prononcée directement remontant au jour de la demande, tandis que les effets de la séparation des biens prononcée comme conséquence de la séparation de corps ne peuvent être opposés aux tiers qu'à partir de la publicité donnée au jugement qui la dé-

SEPARATION DE BIENS. 357

clâre, sa demande principale en séparation de biens peut seule parer aux nécessités de la situation et qu'elle est recevable (Paris, 12 janv. 1882, art. 400, t. 3, p. 128).

— *Créanciers du mari, Action en nullité, Interruption de poursuites, Compétence, Exception, Délai.* — L'action des créanciers du mari en nullité du jugement de séparation de biens est valablement portée par voie d'exception devant le tribunal saisi d'une demande de la femme tendant à obtenir collocation, pour ses reprises, sur le prix de vente d'immeubles du mari.

Le délai d'un an, imparti aux créanciers du mari par l'article 873, du Code de procédure, pour former tierce opposition au jugement de séparation de biens, est inapplicable au cas où la nullité du jugement de séparation est demandée par eux pour interruption des poursuites d'exécution par la femme, alors surtout que l'interruption ne s'est produite et n'a pu être constatée qu'après l'expiration du délai d'un an (Cass., 28 avril 1870, art. 279, t. 2, p. 227).

— *Jugement, Acte d'exécution, Procès-verbal de carence, Signification au mari, Copie remise à la femme, Validité.* — Un procès-verbal de carence est un acte d'exécution suffisant dans le sens de l'article 1444 du Code civil et 156 du Code de procédure civile.

La femme séparée de biens qui poursuit contre son mari l'exécution de son jugement de séparation, peut valablement recevoir copie des exploits signifiés à sa propre requête, lorsqu'elle se trouve au domicile de son mari (Trib. civ. de Bourg, 4 mai 1883, art, 696, t. 4, p. 381).

— *Instance en séparation de biens.* — *Femme succombant et condamnée aux dépens, Frais exposés par l'avoué, Régime de la communauté, Recouvrement contre le mari.* — L'autorisation spéciale accordée à la femme pour former une demande en séparation de biens, doit avoir pour résultat de lui donner le crédit nécessaire pour que les officiers ministériels chargés d'occuper pour elle, lui fassent les avances dont elle peut avoir besoin.

A défaut par la femme qui a succombé sur sa demande, de pouvoir acquitter le montant des dépens, l'avoué qui en a fait l'avance a le droit de se retourner contre le mari pour en obtenir le payement (Trib. civ. de la Seine, 14 iuin 1882, art. 709, t. 4, p. 415).

— *Tierce opposition, Délai, Inobservation du délai d'un mois à compter de la publicité de la demande, Nullité.* — Le délai prescrit par l'article 869 du Code de procédure civile court, non pas du jour de la demande, mais du jour de la publicité de la demande en séparation de biens.

Lorsque le jugement de séparation de biens a été obtenu avant l'expiration du délai d'un mois à partir de la publicité, les créanciers ont un délai de trente ans pour faire déclarer nul le jugement. Le délai d'une année imparti par l'article 873 n'est applicable qu'au cas où les formalités du titre VIII ont été observées (Trib. civ. — de la Seine, 16 déc. 1880, art. 238, t. 2, p. 125).

SÉPARATION DE CORPS. — *Tribunal, Compétence, Président, Requête, Ordonnance, Permission de citer, Notification, Citation, Mari, Domicile, Changement, Resaisissement, Connexité, Règlement de juges, Séparation de corps, Reprise d'instance.* — La requête introductive d'une instance en séparation de corps, présentée au président du tribunal, constitue, du moment où l'époux défendeur en est touché, le premier acte de l'instance soumise à la juridiction de ce tribunal.

En conséquence, le tribunal saisi par la notification faite par la femme demanderesse à son mari de ladite enquête répondue d'une ordonnance du président portant permission de citer en conciliation devant lui, avec citation à cet effet, n'est pas dessaisi par le changement de domicile qu'a opéré le mari postérieurement à cette notification.

Lorsqu'une instance en séparation de corps, intentée par la femme devant le tribunal du domicile des époux, après avoir été provisoirement suspendue du consentement des deux époux, a été ultérieurement reprise par la femme à la suite d'une instance en séparation également formée par le mari devant le tribunal de son nouveau domicile, la Cour est autorisée, à raison de la connexité, à renvoyer, par voie de règlement de juges, les deux instances devant les juges originairement saisis (Cass. req., 8 déc. 1880, art. 490, t. 3, p. 382).

— 1° et 2° *Requête, Tribunal saisi, Domicile, Changement,* 3° *Reprise d'instance, Connexité, Règlement des juges.* — La requête présentée par l'époux demandeur en séparation de corps au président du tribunal est le premier acte de l'instance ; dès lors, la notification de cette requête, laquelle a été répondue par ordonnance du président permettant de citer en conciliation devant lui et qui a été suivie de la citation donnée en conséquence à l'époux défendeur, lie l'instance et saisit le tribunal.

Par suite, ce tribunal ne peut être dessaisi par le changement de domicile du défendeur opéré postérieurement à cette notification.

Lorsque l'instance en séparation de corps, tenue provisoirement en suspens du consentement des deux époux, est reprise par le demandeur et portée devant un tribunal autre que celui qui avait été primitivement saisi, il y a lieu, par voie de règlement de juges et à raison de la connexité, de renvoyer l'affaire devant le premier tribunal (Cass., 8 déc. 1880, art. 375, t. 2, p. 511).

— *Conciliation, Ordonnance du président, Enfant confié à la mère, Autorité paternelle, Caractère, Contentieux, Appel, Recevabilité, Mari, Assignation à son domicile, Service militaire, Vingt-huit jours, Absence, Validité de la procédure, Enfant, Instance en séparation. Sa garde, Son intérêt exclusif.* — L'ordonnance du président du tribunal civil qui, après avoir autorisé la femme à poursuivre sa demande en séparation de corps, lui confie pendant l'instance la garde de son enfant, porte atteinte à l'autorité que le père tient de la loi ; elle revêt dès lors un caractère contentieux et elle est susceptible d'appel, alors même qu'elle a été rendue par défaut.

Le mari cité en conciliation à son domicile par sa femme, pendant qu'il accomplit un service militaire momentané (vingt-huit jours), ne peut arguer de son absence pour demander la nullité de la procédure suivie contre lui.

L'intérêt de l'enfant est la considération qui doit seule guider les tribunaux quand il s'agit pour eux de le confier aux soins de son père ou de sa mère (Paris, 4 mars 1881, art. 269, t. 2, p. 211).

— *Mesures provisoires, Gestion du fonds de commerce, Juridiction contentieuse.* — Le président peut, dans l'ordonnance qu'il rend, faute d'avoir pu concilier des époux qui plaident en séparation de corps, autoriser la femme à résider seule au domicile conjugal et à gérer et à administrer le fonds de commerce exploité par elle ; mais l'ordonnance, en ce qui touche ces mesures, présente le caractère contentieux et est susceptible d'appel (3ᵉ ch., Paris, 14 déc. 1878 ; — *Droit* des 20 et 21 janv. 1879).

— *Garde des enfants, Urgence, Ordonnance du président, Référé, Appel.* — Le président du tribunal jugeant en référé est compétent pour statuer provisoirement, en cas d'urgence, sur la garde des enfants au début ou au cours de l'instance en séparation de corps (C. proc., 806, 878 ; — C. civ., 267, 306) ;

Le président, après avoir accordé à la femme l'autorisation de former sa demande, peut statuer immédiatement et sans désemparer par la même ordonnance sur la garde des enfants, lorsque la femme a assigné le mari, tant à fin d'être autorisée à poursuivre sa séparation de corps que de faire statuer pour cause d'urgence sur la garde des enfants ;

L'ordonnance du président, en tant qu'elle règle la garde des enfants, présente le caractère d'un acte de juridiction contentieuse ; elle peut donc être frappée d'appel (Rés. par la Cour d'appel ; — Cass. req., 15 juill. 1879, art. 168, t. 1ᵉʳ, p. 454).

— *Provision* ad litem, *Insuffisance des ressources du mari, Obligation pour la femme de secourir son mari.* — La femme doit à son mari une provision *ad litem* pour plaider sur l'instance en séparation de corps, lorsque ce dernier n'a pas de ressources suffisantes.

Le mari qui n'a pas les ressources suffisantes pour retirer de chez son avoué de première instance le dossier qui lui est nécessaire en appel, peut demander à sa femme une provision nécessaire pour désintéresser cet officier ministériel et faire face aux frais de l'appel.

Il en est ainsi, même lorsqu'une semblable provision n'a point été demandée devant les premiers juges (Angers, 13 mai 1884, art. 330, t. 2, p. 370).

— *Faillite, Provision alimentaire et provision* ad litem, *Jugement antérieur à la faillite, Rétroactivité.* — Quand un jugement antérieur à la faillite du mari a, dans une instance en séparation de corps, alloué à la femme une provision alimentaire et une provision *ad litem,* et quand, sur l'appel interjeté en temps utile intervient le syndic de la faillite du mari qui réclame contre cette double allocation, il est légalement possible de maintenir, même à l'égard de l'intervenant, les deux provisions, sauf à apprécier en fait si l'une d'elles au moins ne doit pas être réduite à raison des circonstances (Dijon, 4 fév. 1880, art. 165, t. 1er, p. 448).

— *Pension alimentaire réclamée par la femme demanderesse, en séparation de corps, au syndic de la faillite du mari.* — L'article 268 du Code civil a une portée générale, à laquelle l'article 474 du Code de commerce n'apporte aucune dérogation, en réglant une mesure purement gracieuse, que le mari seul peut autoriser·

En conséquence, l'action en pension alimentaire et en provision *ad litem,* incidenté à une action en séparation de corps est régulièrement intentée contre le mari et contre le syndic de la faillite de celui-ci, et c'est le syndic qui doit en sa qualité d'administrateur des biens du mari, être condamné aux dépens même de l'instance en séparation de corps (Trib. civ. de Nancy, 22 août 1882, t. 3, p. 403).

— *Jugement provisionnel non exécuté par le mari, Jugement par défaut rendu contre ce dernier, Opposition, Exception de non recevabilité en raison du non payement des condamnations provisionnelles, Rejet.* — Ne peut être déclarée non recevable, l'opposition formée par le mari à un jugement qui prononce contre lui la séparation de corps par le motif que l'opposant n'aurait pas exécuté un précédent jugement le condamnant à payer une provision et une pension (Trib. d'Angers, 29 août 1881, art. 401, t. 3, p. 130).

— *Réconciliation, Appel, Enquête.* — La Cour saisie de l'appel d'un jugement qui a rejeté une demande en séparation de corps en se fondant sur des faits de réconciliation, est investi du jugement du fonds commun de l'exception de réconciliation elle-même.

Elle peut, dès lors, ordonner toutes mesures d'instruction qu'elle juge nécessaires, tant sur l'exception de réconciliation que sur le fond, encore bien qu'un jugement antérieur, non frappé d'appel, ait décidé qu'il serait sursis à statuer sur la demande en séparation de corps jusqu'au jugement de l'exception de réconciliation.

Ainsi, la Cour peut ordonner une enquête sur certains des faits allégués à l'appui de la demande en séparation, lorsqu'elle constate que l'appréciation des faits qui auraient constitué la réconciliation ne peut avoir lieu qu'en mettant ces faits en présence de ceux qui les auraient précédés (Cass., 15 nov. 1880, art. 325, t. 2, p. 360).

— *Demande reconventionnelle, Appel.* — La demande reconventionnelle en séparation de corps intentée par l'époux défendeur à une demande principale de même nature, peut être formée pour la première fois en cause d'appel ; ce n'est pas là une demande nouvelle, mais une défense à l'action principale (Angers, 27 avril 1880, art. 223, t. 2, p. 66).

— *Jugement par défaut, Décès de la femme, Opposition formée par le mari, Non recevabilité des héritiers de la femme.* — La mort de l'un des époux survenue avant qu'une décision irrévocable ait statué sur l'action en séparation de corps anéantit l'instance entière et, spécialement, le jugement rendu par défaut ;

En conséquence, les héritiers de la femme, demanderesse en séparation et décédée après l'obtention d'un jugement rendu par défaut contre son mari, n'ont aucun droit pour poursuivre l'exécution du jugement et répondre à l'opposition formée par le mari (Trib. civ. de la Seine, 20 mars 1880, art. 162, t. 1, p. 443).

— *Jugement prononçant la séparation et statuant sur la garde des enfants, Demande en modification des dispositions relatives à cette garde, Epoux défendeur, Changement de domicile, Nouvelle instance, Action personnelle principale, Compétence.* — L'article 302 du Code civil, placé au chapitre IV, relatif aux effets du divorce et, par suite, aux effets de la séparation de corps, n'a point eu pour but d'attribuer compétence exclusive au tribunal saisi de la demande en séparation de corps pour statuer sur les mesures à prendre relativement à la garde des enfants. Si par cette disposition le législateur se réfère à ce tribunal, c'est uniquement pour poser en règle générale qu'en cas de silence gardé par lui, les enfants issus du mariage d'entre les époux divorcés ou séparés, seront de plein droit confiés à l'époux qui aura obtenu le divorce ou la séparation ; ce serait en dénaturer le caractère et la portée que de voir, dans un texte dont le sens est si nettement défini, une attribution de compétence aussi exclusive qu'exceptionnelle.

En conséquence, et alors que postérieurement au jugement de séparation de corps qui a confié la garde de l'enfant à l'époux avec certaines dispositions accessoires, l'épouse sollicite une décision nouvelle relativement à cette garde, c'est au tribunal compétent, d'après les règles générales posées par le Code de procédure pour toute action principale personnelle qu'elle doit porter sa demande.

Spécialement, en cas de changement de domicile par l'époux, le tribunal compétent pour connaître de cette demande, n'est plus le tribunal qui a prononcé la séparation de corps et statué en même temps sur la garde de l'enfant, mais bien celui du nouveau domicile de l'époux défendeur (Paris, 1re ch., 28 fév. 1884, art. 804, t. 5, p. 168). — Arrêt cassé par un arrêt de cassation inédit qu'on trouvera dans le Recueil de 1885.

— *Séparation de corps entre étrangers.* — *Sujets suisses, Interprétation du traité du 15 juin 1869, Incompétence, Mesures provisoires, Provision* ad litem, *Délai pour intenter l'action, Compétence.* — Les termes de l'article 2 du traité franco-suisse du 15 juin 1869 n'attribuent compétence aux tribunaux français pour statuer sur les contestations pendantes entre sujets suisses, domiciliés ou ayant un établissement commercial dans l'étendue de leur ressort, qu'autant qu'elles rentrent dans les termes de l'article premier du même traité, lequel vise uniquement les contestations en matière mobilière, personnelle, civile ou de commerce.

Et l'on ne peut qualifier ainsi que des actions ayant pour objet une chose étant dans le commerce et devant aboutir à une condamnation pécuniaire, ce qui exclut les séparations de corps.

Si, en principe, la partie à laquelle a été accordée l'assistance judiciaire n'a droit à aucune provision *ad litem*, il n'en saurait être de même lorsqu'elle se trouve exposée à des frais et débours exceptionnels.

Mais dans ce cas, il y a lieu d'impartir à la femme, demanderesse en séparation de corps, sur l'action de laquelle les tribunaux français se déclarent incompétents, un délai dans lequel elle sera tenue de faire valoir ses droits devant le tribunal compétent (Trib. civ. de la Seine, 13 fév. 1883, art. 702, t. 4, p. 395).

SERMENT. — *Acceptation, Décès.* — Le serment déféré par le juge à une partie qui décède avant la prestation ne saurait être considéré comme prêté, quand même cette partie aurait accepté le serment (Chambéry, 21 mars 1879, art. 48, t. 1er, p. 117).

SERVITUDE. — *Ouverture de jours, Fenêtres à tabatières.* — Est-il permis à un propriétaire de pratiquer dans la toiture de sa maison des ouvertures dites tabatières, dont le bord inférieur repose sur le mur qui le sépare d'avec l'héritage voisin, de telle sorte que ces fenêtres étant maintenues ouvertes à l'aide d'une crémaillère, la vue peut directement s'exercer par l'espace qui reste libre entre la crête du mur et le bord inférieur de l'ouverture, comme s'il s'agissait d'une véritable fenêtre de mansarde ? — (Art. 234, t. 2, p. 116).

SUCCESSION BÉNÉFICIAIRE. — *Rentes sur l'État, Vente, Abrogation de la loi de 1806 par la loi de 1880, Autorisation nécessaire dans tous les cas.* — L'article 12 de la loi du 27-28 février 1880 portant abrogation de la loi du 24 mars 1806, on doit considérer comme implicitement rapportés l'avis du conseil d'État du 15 novembre 1807, approuvé le 18 du même mois, celui du 17 novembre 1807 approuvé le 11 janvier suivant qui en avaient étendu le bénéfice aux curateurs des successions vacantes et aux héritiers bénéficiaires.

En conséquence les héritiers bénéficiaires ne peuvent plus vendre, sans y être autorisés par justice, les inscriptions de rentes sur l'état dépendant des successions qu'ils administrent, même lorsque les arrérages de ces inscriptions sont inférieurs à cinquante francs (Cass., 4 avril 1881, art. 294, t. 2, p. 262.

SURENCHÈRE. — *Mineur, Nullité.* — La surenchère faite par un mineur est nulle alors même que, devenu majeur avant le jugement de validité, il ratifie cette surenchère (Trib. civ. de Montauban, 13 nov. 1882, art. 656, t. 4, p. 274).

— *Surenchère du dixième, Charge.* — La surenchère du dixième doit porter sur toutes les sommes mises à la charge de l'acquéreur ou de l'adjudicataire pour remboursement des sommes et frais de culture avancés par le vendeur : ces sommes font partie du prix de la vente ou d'adjudication (Cass., 13 mai 1872, S. 72, 1, 244).

— *Surenchère du dixième, Créancier hypothécaire.* — Le créancier hypothécaire auquel l'acquéreur a notifié son contrat et offert son prix conformément à l'article 2184 du Code civil a toujours le droit de surenchérir, même dans le cas où le prix suffirait pour le payer intégralement ; l'acquéreur ne peut faire cesser les effets de la surenchère qu'en consignant ou en offrant réellement une somme suffisante pour assurer le remboursement intégral des créanciers inscrits (Douai, 5 fév. 1874, S. 75-2-267).

.— *Surenchère du dixième, Negociorum gestor.* — Est nulle la surenchère formée au nom d'un créancier inscrit par un simple *negociorum gestor* (Dijon, 27 déc. 1871, S. 71-2-277).

— *Consignation, Dépôt au greffe, Nullité, Obligation de déposer à la Caisse des dépôts et consignations.* — Une surenchère est nulle lorsque le nantissement en argent fourni par le surenchérisseur a été versé au greffe du tribunal au lieu d'être déposé à la Caisse des dépôts et consignations.

Le juge ne peut valider cette surenchère, en ordonnant que le nantissement en rentes sur l'État sera déposé à la Caisse des dépôts et consignations, alors surtout que le délai de quarante jours accordé pour opérer le nantissement est expiré (Nîmes, 7 août 1883, art. 703, t. 4, p. 398).

SURENCHÈRE DU DIXIÈME. — *Caution, Frais et enregistrement du contrat de vente.* — En matière de surenchère du dixième, la caution à fournir par le surenchérisseur ne doit pas comprendre les frais et enregistrement du contrat de vente;

Par ces mots : « *prix et charges* », la loi (art. 2185, § 5) n'a entendu parler que de ce dont le vendeur doit profiter, ou ce qui peut revenir à ses créanciers (Trib. civ. de Compiègne, 7 juin 1880, art. 192, t. 1er, p. 535).

— *Surenchère du dixième, Caution.* — La caution présentée par le surenchérisseur peut être admise à compléter la justification de sa solvabilité par un nantissement en rente sur l'État; à cet égard, elle a la même faculté que le surenchérisseur lui-même (Cass., 15 mai 1877, S. 77-1-262 ; — V. *Dict.*, n. 154).

— *Licitation, Surenchère, Transcription, Purge d'hypothèques inscrites, Requête à fin de commission d'huissier, Ordonnance, Appel.* — L'adjudicataire d'immeubles licités à la barre du tribunal au cours d'une instance en partage est fondé à faire les notifications prescrites par l'article 2183 du Code civil, alors même qu'il est devenu adjudicataire après surenchère, et que le droit de surenchérir est éteint;

Les notifications prescrites par l'article 2183 du Code civil n'ont pas seulement pour but de donner ouverture au droit de surenchérir, mais aussi de purger les hypothèques grevant l'immeuble acquis (Agen, 2 déc. 1879, art. 133, t. 1er, p. 364).

— *Immeuble vendu avec faculté d'achat du mobilier, Surenchère ne pouvant porter sur le mobilier* (Art. 814, t. 5, p. 193).

— *Signification, Huissier commis, Président incompétent, Cautionnement en titres déposé au greffe, Loi du 28 juillet 1875, Nullité.* — Les formalités prescrites par les articles 2185, du Code civil et 832 du Code de procédure civile, en matière de surenchère du dixième, le sont à peine de nullité.

En conséquence, est nulle la surenchère du dixième dont la notification prescrite par l'article 832, (C. proc. civ.), a été faite par un huissier commis par un président autre que celui du tribunal, dans le ressort duquel cette notification doit être délivrée à la personne qu'elle doit atteindre.

Et dans le silence de la personne à laquelle la notification entachée de cette irrégularité a été faite, la nullité en résultant peut être proposée par toute autre personne partie à la procédure.

Est également nulle la surenchère dans laquelle le dépôt de nantissement prescrit par l'article 832 (C. proc. civ.), a été effectué en rentes sur l'État non point à la Caisse des dépôts et consignations, mais au greffe du tribunal devant lequel ladite surenchère a été portée.

Le préposé à la Caisse des dépôts et consignations a seul, en effet, qualité pour délivrer le certificat de dépôt de nature à établir la réalisation du nantissement (Poitiers, 9 janv. 1884, art. 778, t. 5, p. 99).

= *Faillite, Tribunal compétent.* — La surenchère doit être faite au greffe du tribunal qui a ordonné la vente.

En conséquence lorsque la vente a été renvoyée devant notaire, la surenchère doit être faite, non au greffe du tribunal dans l'arrondissement duquel réside le notaire, mais au greffe du tribunal qui a renvoyé devant le notaire (Limoges, 27 nov. 1880, art. 205, t. 2, p. 25).

— *Syndic d'une faillite.* — Le syndic d'une faillite ne peut valablement former une surenchère pour le failli, même avec l'autorisation du juge-commissaire (Chambéry, 31 déc. 1874, S. 75-2-50).

= *Vente judiciaire d'immeubles.* — *Notaire commis dans un autre ressort, Surenchère, Tribunal compétent.* — Dans les ventes judiciaires des immeubles d'un failli, lorsque ces immeubles sont situés dans un ressort qui n'est pas celui du lieu de la faillite et qu'un notaire a été délégué dans l'arrondissement des biens pour recevoir les enchères et prononcer l'adjudication, la surenchère du dixième, doit être déclarée non au greffe du tribunal du notaire et de la situation des immeubles mais au greffe du lieu de la faillite, lequel a ordonné l'adjudication et, délégué le notaire (Toulouse, 10 janv. 1884, art. 835, t. 5, p. 266).

— *Jugement par défaut profit-joint, Surenchère sur aliénation volontaire, Non application de l'article 153 du Code de procédure civile.* — En matière de surenchère sur aliénation volontaire, les jugements et arrêts n'étant pas susceptibles d'opposition, la procédure du défaut profit-joint ne reçoit pas d'application (Trib. civ. de Loudun, 24 nov. 1883, art. 762, t. 5, p. 59).

— *Faillite, Soumission, Greffe, Tribunal compétent, Dixième en sus, Prix principal, Rente viagère, Extinction, Capital, Fixation.* — L'adjudication d'immeubles dépendant d'une faillite, poursuivie, avant la formation de l'union, par le syndic, avec le consentement du failli et l'autorisation du tribunal, et à laquelle l'article 2185, du Code civil a été déclaré applicable par une décision passée en force de chose jugée, a le caractère d'une vente volontaire ; par suite, la surenchère dont elle est suivie doit être faite, non au greffe du tribunal qui a prononcé l'adjudication, mais au greffe du tribunal de la situation des biens.

La surenchère de l'article 2185, du Code civil peut être formée alors même que l'un des éléments du prix d'adjudication consisterait dans l'obligation de servir une rente viagère, et que cette rente viagère est éteinte par le décès du crédi-rentier survenu depuis l'adjudication.

Il suffit, en ce cas, pour que la surenchère soit valable, que le surenchérisseur ait exprimé clairement son intention de faire porter à un dixième en sus tous les éléments du prix d'adjudication, bien qu'il ait offert seulement d'augmenter d'un dixième les arrérages de la rente viagère.

Dans ce cas, le prix d'adjudication que la surenchère doit augmenter d'un dixième se compose d'abord du prix principal, et, en outre, du capital de la rente viagère que le juge évalue en se reportant au jour de l'adjudication et en ayant égard à l'âge du crédi-rentier (Besançon, 30 nov. 1880, art. 366, t. 2, p. 484).

— *Greffe.* — La surenchère reçue par le greffier hors du greffe est nulle (Douai, 3 juill. 1840, S. 72-2-9, à la note ; — Trib. de Grenoble, 16 juin 1853, S. 72-2-9, à la note ; — Cass., 7 avril 1873, S. 73-1-467 ; — V. *Dict.*, n. 297).

— *Surenchère reçue dans l'étude d'un avoué, Frais à la charge du greffier.* — Les frais d'un acte de surenchère annulé pour avoir été reçu par le greffier au domicile de l'avoué doivent être laissés à la charge du greffier et de l'avoué, alors même que l'irrégularité aurait été commise à la sollicitation du surenchérisseur lui-même (Cass., 20 déc. 1876, S. 77-1-249. — V. aussi le principe de la nullité, Montpellier, 4 mars 1872, S. sur 72-2-9).

— *Faillite, Créancier inscrit, Chose jugée, Vente volontaire, Concordat, Compétence, Situation des biens, Rente viagère, Crédi-*

rentier, Décès, Évaluation. — L'article 573 du Code de commerce qui limite à la quinzaine, à partir de l'adjudication, la faculté de surenchérir ouverte à toute personne en cas de vente des immeubles d'un failli sur la poursuite des syndics, enlève-t-il aux créanciers inscrits le droit de former, en vertu de l'article 2185 du Code civil une surenchère dans les quarante jours de la notification qui leur est faite par l'acquéreur de son contrat d'acquisition. — Non rés. par la Cour de cassation. — Voir la note.

En tous cas, ce cas ne peut être contesté par l'acquéreur aux créanciers inscrits, lorsqu'une décision passée en force de chose jugée a validé la sommation que ces derniers lui avaient faite dans le but de provoquer la notification de son contrat.

L'article 573 (C. comm.), n'est applicable qu'à la vente faite par le syndic, alors que les créanciers sont en état d'union, et non à l'adjudication opérée au cours des premières opérations de la faillite, et qui a été suivie d'un concordat ; une telle adjudication tombe sous l'empire de l'article 2185, du Code civil.

En pareil cas, la réquisition de surenchère est régulièrement faite devant le tribunal dans le ressort duquel sont situés les immeubles vendus, et non devant celui qui a prononcé l'adjudication.

La surenchère d'un prix de vente, consistant pour partie en une rente viagère, est possible, malgré le décès du crédi-rentier survenu avant la notification de la vente aux créanciers inscrits.

Dans ce cas, pour déterminer la consistance du prix sur lequel doit porter la surenchère, il faut se placer à l'époque de la vente : la soumission doit, dès lors, porter sur le capital de la rente.

Il appartient au tribunal saisi de la demande en validité de la surenchère d'apprécier, d'après les clauses de cette soumission, si elle est suffisante (Cass. req., 6 juill. 1881, art. 460, t. 3, p. 319).

— *Avoué, Responsabilité, Insolvabilité notoire, Dommages-intérêts, Non recevabilité.* — La loi n'impose pas à l'avoué l'obligation de vérifier la solvabilité de l'enchérisseur. Elle lui défend seulement de surenchérir pour une personne notoirement insolvable.

Et l'insolvabilité dont parle l'art. 711 du Code de procédure civile est celle-là seule dont la notoriété s'attache aux personnes dont la profession et l'état social indiquent communément et extérieurement d'infimes ressources ou dont le discrédit éclate à la suite de condamnations civiles ou commerciales (Trib. civ. de Marseille, 11 fév. 1880, art. 150, t. 1er, p. 408).

— *Nullité, Appel, Exploit, Clerc, Serviteur.* — 1° Les intéressés auxquels a été dénoncée la surenchère du dixième sont

fondés, au cas où la nullité est demandée, à contester cette nullité en vertu d'un droit qui leur est personnel. — Par suite,
dans le cas d'une vente sur licitation suivie de surenchère, le jugement qui prononce la nullité de la surenchère sur la demande
de l'adjudicataire formée à la fois contre le surenchérisseur et
contre les colicitants, peut être frappé d'appel par ces derniers
en leur nom personnel, bien que le surenchérisseur ne l'attaque
point lui-même.

2° Les clercs doivent être assimilés aux serviteurs, auxquels
la copie de l'exploit peut être remise dans les termes de l'article
68 du Code de procédure civile.

On doit considérer comme serviteur d'une partie dans les
termes de l'article 68, le serviteur du parent vivant avec cette
partie dans un appartement et un ménage communs.

L'huissier peut remettre à un serviteur copie de l'exploit signifié au maître, sans être tenu de s'assurer d'abord de l'absence
de celui-ci. (*Rés. par la Cour d'appel* ; — Cass., 2 mars 1880,
art. 204, t. 2, p. 19).

— *Nullité, Licitation, Appel, Qualité, Exploit, Signification,
Serviteur, Clerc, Parent, Cohabitation*. — Les intéressés auxquels a été dénoncée la surenchère du sixième sont fondés, au
cas où la nullité en est demandée, à contester cette nullité en
vertu d'un droit qui leur est personnel (C. proc. civ., 709).

Par suite, le jugement qui prononce la nullité de la surenchère du sixième faite sur le prix d'une vente par licitation, à la
demande de l'adjudicataire formée tant contre le surenchérisseur que contre les colicitants, peut être frappé d'appel par ces
derniers, en leur propre nom, bien que le surenchérisseur
ne l'attaque point lui-même (C. proc. civ., 443, 444 et 965).

Les clercs employés dans la maison de la partie à laquelle est
signifié un exploit sont au nombre des *serviteurs* de cette partie,
auxquels la copie peut être remise, aux termes de l'article 68 du
Code de procédure civile.

Et l'on doit considérer comme serviteurs de la partie, dans le
sens de cet article, le serviteur du parent vivant avec elle dans
un appartement et un ménage communs.

En conséquence, est valable la signification d'un exploit faite
au domicile de la partie, en parlant au clerc de son frère, alors
que cette partie habite avec ce dernier, qu'elle mange à la
même table que lui, et est servie par les mêmes domestiques.

L'huissier peut remettre à un serviteur copie de l'exploit signifié au maître sans être tenu de s'assurer d'abord de l'absence
de celui-ci (C. proc. civ., 68 ; *rés. par la Cour d'appel* ; — Cass.,
req., 2 mars 1880, art. 416, t. 3, p. 166).

— *Dénonciation à l'adjudicataire, Epoux solidairement acqué-*

reurs, Notification au mari seulement, Nullité (Art. 292, p. 261).

— *Époux communs adjudicataires, Dénonciation que doit faire à ceux-ci le surenchérisseur, Articles* 709 *et* 715 *du Code de procédure civile.* — Lorsque deux époux, mariés sous le régime de la communauté, deviennent adjudicataires conjoints et solidaires de certains immeubles, le surenchérisseur n'est pas tenu de faire aux deux époux la dénonciation prescrite par la loi, il suffit qu'il la fasse au mari, chef de la communauté (Amiens, 4 juin 1880, art. 163, t. 1, p. 444).

— *Faillite, Adjudication, Créancier inscrit, Union.* — L'adjudication des immeubles d'un failli, faite à la diligence du syndic, reste soumise à la surenchère spéciale autorisée, au profit des créanciers inscrits par l'article 2185, du Code civil même après l'expiration du délai fixé par l'article 573, *du Code de commerce.*

Il en est ainsi surtout lorsque l'époque où l'adjudication a été poursuivie par le syndic et ordonnée par jugement, l'état d'union n'était pas encore constitué (Besançon, 15 mars 1880, t. 2, art. 221, p. 348).

— *Surenchère après adjudication par-devant notaire d'un immeuble de failli.* — *Dénonciation, Délai, Nullité d'exploit, Article* 573 *du Code de commerce,* 709 *du Code de procédure civile, Article* 68, 69, 70 *du même Code.* — En cas d'adjudication devant notaire d'un immeuble dépendant des biens d'un failli, par conséquent, sans le ministère d'un avoué, la surenchère formée aux termes de l'article 573 du Code de commerce, doit être dénoncée à la personne ou au domicile de l'adjudicataire, dans le délai fixé par l'article 709 du Code de procédure civile, c'est-à-dire dans les trois jours.

La non-présence d'une personne à son domicile, n'autorise pas l'huissier, sur la déclaration vague émanée d'un voisin, à considérer cette personne comme étant sans résidence ni domicile connus en France, et à faire, dès lors, une notification au parquet.

Le parquet compétent pour recevoir cette notification est, en tout cas, celui du tribunal devant lequel la demande est portée, et, en matière de surenchère, celui devant lequel devait avoir lieu la nouvelle adjudication (Caen, 13 août 1883, art. 717, t. 4, p. 444).

— *Délai expirant un jour férié, Prorogation.* — Lorsque le délai de huitaine, imparti par les articles 708, 965 et 973 du Code de procédure civile pour former une surenchère du sixième sur une adjudication prononcée en exécution d'une décision de justice, expire un dimanche ou un jour férié, l'expiration du délai légal est prorogée au lendemain.

En conséquence, est régulière dans ce cas la surenchère formée le neuvième jour après l'adjudication prononcée au profit de l'adjudicataire surenchéri (Trib. civ. d'Évreux, (1re ch., 18 août 1883, art. 745, t. 4, p. 532).

— *Délai, Jour férié, Prolongation.* — Le délai de huitaine, édicté par la loi pour faire une surenchère du sixième est prorogé au lendemain lorsque le dernier jour du délai expire un jour férié (Trib. civ. de la Seine, 23 déc. 1880, art. 259, t. 2, p. 185).

— *Délai, Prorogation, Jour férié.* — Le délai de huitaine accordé pour déclarer la surenchère du sixième, lorsqu'il expire un jour férié, est prorogé au lendemain, par application, de l'article 1033 du Code de procédure civile, modifié par la loi du 3 mai 1862 (Trib. civ. de Montbrison, 18 oct. 1879, art. 118, t. 1er, p. 318).

— *Revente, Jour fixé.* — L'adjudication sur surenchère doit avoir lieu non pas à la première audience après la dénonciation de la surenchère, mais seulement à un jour ultérieur fixé par le tribunal, de manière qu'il y ait accomplissement préalable des formalités de publication et d'affichage, quarante jours au plus tôt et vingt jours au plus tard avant le jour de l'adjudication (Grenoble, 27 mars 1876, S. 79-2-46 ; — V. sur cette question : Bazot , *Revue pratique*, t. 8, p. 553).

— *Vente volontaire, Revente sur folle-enchère, Créanciers inscrits, Surenchère du dixième, Défaut de la sommation prescrite par l'article 2183 du Code civil, Validité.* — La revente sur folle-enchère n'enlève pas aux créanciers inscrits le droit de faire une surenchère du dixième.

La notification prescrite par l'article 2183 du Code civil, n'est pas prescrite par la loi comme une condition préalable indispensable à l'exercice du droit de surenchère du dixième (Trib. de Boulogne-sur-Mer, 19 mai 1882, art. 502, t. 3, p. 409).

— *Folle-enchère.* — La surenchère du sixième n'est pas admissible après une adjudication sur folle-enchère (Cass. civ., 24 juill. 1882, art, 646, t. 4, p. 253.)

— *La surenchère du dixième est-elle admissible après une adjudication volontaire, suivie d'une surenchère du sixième, quand cette dernière se trouve résolue par suite d'une adjudication sur folle-enchère* (Art. 827, t. 5, p. 241).

Vente judiciaire d'immeuble. — *Saisie immobilière, Conversion, Surenchère, Folle-enchère, Nouvelle surenchère.* — Par application de la maxime *surenchère sur surenchère ne vaut*, une surenchère du dixième ne peut-être valablement formée, alors que l'immeuble a déjà été, avant une revente sur folle-enchère, l'objet d'une surenchère du sixième (Rouen, 4 juill. 1884, art. 872, t. 5, p. 383).

— *Adjudication au profit du premier acquéreur, Effets de cette adjudication.* — L'adjudication sur surenchère du sixième, lorsqu'elle est tranchée au profit du premier acquéreur, confirme les droits de celui-ci qui doit être considéré comme n'ayant jamais cessé d'être propriétaire à partir de la première vente. En conséquence, les fruits recueillis entre la première et la deuxième adjudication sont la propriété de l'acquéreur et non celle des créanciers inscrits sur l'immeuble (C. — de la Martinique, 9 déc. 1878, S. 79-2-204). — Jugé de même que l'adjudication sur surenchère, en cas d'aliénation volontaire, lorsqu'elle a lieu au profit de l'adjudicataire primitif, ne crée pas un titre nouveau au profit de celui-ci mais confirme seulement la translation de propriété résultant de la première adjudication (Besançon, 14 déc. 1877, S. 72-2-211 ; — V. Pigeau, *Procédure civile*, t. 2, p. 272 ; — Troplong, *Privilèges et hypothèques*, t. 4, n. 938 948, 949 ; — Aubry et Rau, t. 3, n. 534, § 294).

— *Revente, Enchère.* — Le créancier surenchérisseur se trouve dégagé de son obligation et de son cautionnement par cela seul que l'immeuble étant exposé aux enchères, son offre a été couverte par une autre enchère et cela alors même que concourant aux enchères il serait, en définitive, déclaré adjudicataire. C'est donc à bon droit qu'en pareil cas le tribunal ordonne, par le jugement d'adjudication, qu'il sera fait restitution du nantissement déposé (Paris, 12 avril 1860, S. 71-1-17, à la note ; — Cass., 2 août 1870, S. 71-1-17).

— *Nouveau jugement d'adjudication, Voies de recours.* — Le jugement d'adjudication intervenu après surenchère sur vente volontaire n'est susceptible ni d'opposition ni d'appel, même dans sa disposition qui, comme conséquence nécessaire de l'adjudication, ordonne le retrait du cautionnement ou du nantissement fourni par le surenchérisseur (Cass., 2 août 1870, S. 71-1-17).

— *Adjudicataire dépossédé, Impenses, Privilège, Ordre.* — L'adjudicataire dépossédé par une surenchère a, pour le montant des dépenses faites par lui pendant sa jouissance, un privilège qu'il peut faire valoir dans l'ordre ouvert pour la distribution du prix de la seconde adjudication (Trib. civ. de la Seine, 2° ch., 21 déc. 1880, art. 284, t. 2, p. 237).

T

TAXE. — *L'opposition à exécutoire peut-elle être formée par acte d'avoué à avoué ?* (Art. 3, t. 1er, p. 14).

— *Avoué, Frais dus par le client à l'avoué, Mode de taxe, Opposition.* (Art. 159, t. 1er, p. 433).

— *Exécutoire de dépens, Signification, Détail des frais, Remise de cause, Abonnement, Convenances personnelles, Constatation de griefs d'appel, Décharges, Timbre.* — 1o La signification de l'exécutoire de dépens à la partie condamnée ne doit point contenir le détail des dépens taxés, mais seulement leur montant en total ;

2o Les droits de remise de cause ne peuvent être réglés au moyen d'un abonnement ou forfait ; le juge taxateur doit admettre toutes les remises autres que celles qui, sans avoir été motivées par l'encombrement du rôle ou les nécessités de la procédure, auraient eu pour motif les convenances personnelles des avoués ou des avocats ;

3o Un écrit de griefs d'appel ne peut être rejeté de la taxe sous prétexte qu'il n'aurait pas été notifié trois jours avant les plaidoiries, alors qu'il est établi que cet écrit avait été communiqué à l'intimé avant que les plaidoiries ne fussent commencées :

4o Le coût du timbre de la feuille de papier contenant la décharge donnée à l'avoué par son client doit être admis en taxe (Rennes, 6 juill. 1878, art. 267, t. 2, p. 206).

— *Actes notariés, Honoraires, Taxe, Loi du 5 août 1881, Ordonnance, Exécutoire, Opposition, Délai.* — En matière d'exécutoire délivré à un notaire, le décret du 16 février 1807, fixant à trois jours le délai dans lequel l'opposition doit être faite, n'est pas applicable.

La loi du 5 août 1881 n'ayant pas fixé le délai de l'opposition, le droit commun est applicable, et l'opposition à l'exécutoire obtenue par un notaire est recevable, comme en matière de jugement par défaut, jusqu'à l'exécution (Trib. civ. de Périgueux, 31 janvier 1884, art, 824, t. 5, p. 229).

Le droit de recourir à la taxe des honoraires réclamés par un officier ministériel est d'ordre public et ne peut être compromis par aucune stipulation ou renonciation (Cass., 25 juill. 1871, S. 71-1-102 ; — Cass., 22 août 1871, S. 71-1-228).

— *Huissier, Vente, Taxe par le juge, Acquiescement, Taxe devenue définitive*. — L'huissier qui a procédé, en vertu d'une commission judiciaire, à la vente d'objets composant l'actif d'une société dissoute, doit faire taxer le mémoire de ses frais et honoraires par un juge du tribunal qui l'a commis (Tarif du 16 fév. 1807, art. 42) et non par le tribunal lui-même.

La partie qui a payé le montant de cette taxe est non recevable à la critiquer ultérieurement (Nancy, 29 déc. 1881, art. 452, t. 3, p. 295).

— *Double état* (Art. 588, t. 4, p. 97).

— *Expertise, Honoraires d'experts, Opposition à exécutoire, Jugement de la chambre du conseil, Appel, Audience publique, Incompétence*. — La Cour est incompétente pour statuer, en audience publique, sur l'appel d'un jugement rendu en chambre du conseil sur l'opposition formée à un exécutoire de dépens. C'est devant la Cour en chambre du conseil, juridiction supérieure de celle qui a statué en première instance, que doit être portée l'affaire (Paris, 27 nov. 1882, art. 577, t. 4, p. 72).

— *Chambre du conseil, Exécutoire de taxe, Frais et honoraires des experts, Procédure, Audience publique*. — La procédure de la chambre du conseil, organisée par le deuxième décret du 17 février 1807 pour les oppositions aux exécutoires de taxe, est applicable à tous les dépens dont le tarif a été fixé par le décret du même jour et notamment aux frais et honoraires des experts qui en font partie intégrante.

Mais ces règles ne sont pas prescrites à peine de nullité ; elles ont toujours été interprétées en ce sens qu'il peut être procédé à l'instruction et au jugement de ces affaires en audience publique, suivant les circonstances dont les tribunaux sont souverains appréciateurs.

Dans tous les cas, les parties ne sont pas recevables à se plaindre de ce que la cause en cette matière a été instruite et jugée en audience publique lorsqu'elles ont été d'accord pour provoquer cette publicité, et qu'elles l'ont rendue nécessaire en formulant des chefs de demande sur lesquels il ne pouvait être statué qu'en audience publique (Lyon, 2e ch., 29 mars 1884, art. 903, t. 5, p. 481).

— *Chambre du conseil*. — La chambre du conseil n'est compétente pour statuer sur l'opposition à une taxe qu'autant qu'il s'agit de dépens adjugés par suite d'une instance ; dès lors, elle est incompétente en ce qui concerne l'opposition à la taxe faite par le juge, conformément à l'article 657 du Code de procédure, des frais dus à l'officier ministériel qui a procédé à une vente en exécution d'un acte notorié (Trib. d'Epernay, 12 août 1871, S. 71-2-122).

— *Irrecevabilité sur opposition à ordonnance de taxe de la demande reconventionnelle en payement du montant de ladite taxe.* — La chambre du conseil saisie d'une opposition à ordonnance de taxe, n'est point compétente pour statuer sur une demande reconventionnelle en payement du montant de ladite taxe en dommages-intérêts pour le préjudice causé par l'opposition qui serait purement dilatoire (Trib. civ. de la Seine, ch. du cons., 28 juin 1883, art. 699, p. 390).

— *Opposition à une ordonnance de taxe rejetant comme frustratoires les significations d'un jugement de validité de saisies-arrêts aux tiers saisis.* — 1° Le transport judiciaire résultant d'un jugement de validité de saisie-arrêt, qui fait attribution des sommes saisies-arrêtées au créancier saisissant ne produit effet à l'égard des tiers, et notamment des créanciers saisissants postérieurs, que par la signification qui est faite de ce jugement aux tiers saisis.

En conséquence ne sauraient être considérés comme frustratoires, et doivent être admis en taxe les frais de signification aux tiers saisis du jugement de validité de saisie-arrêt;

2° Le fait de la nomination d'un séquestre autorisé à toucher les sommes saisies-arrêtées, nonobstant les oppositions dont l'effet est réservé entre ses mains, ne saurait dispenser le saisissant devenu attributaire de ces sommes, de la formalité de la signification aux tiers saisis.

La signification, qui en est faite au séquestre, ne saurait suffire, s'il n'a reçu mandat spécial à l'effet de recevoir les significations aux lieu et place des tiers saisis eux-mêmes (Trib. civ. de la Seine, ch. du cons., 10 juill. 1883, art. 684, t. 4, p. 356).

— *Opposition à taxe de frais, Matière sommaire ou ordinaire, Articles 404 et 608 du Code de procédure civile.* — Lorsque, à l'occasion d'une action en revendication d'objets saisis, introduite en vertu des dispositions de l'article 608 du Code de procédure civile, des questions de propriété sont soulevées et que le litige porte alors principalement sur l'interprétation des actes invoqués et leur portée légale, l'affaire, de sommaire qu'elle était dans le principe, devient ordinaire.

La taxe des frais doit, dès lors, être faite comme en matière ordinaire (Chambéry, 12 mars 1883, art. 631, t. 4, p. 213).

— *Jugement statuant sur un incident de sursis, Levée et signification, Appel antérieur, Matière ordinaire, Liquidation des dépens, Coût de l'exécutoire.* — 1° Le jugement qui statue sur une demande de sursis, spécialement sur une demande de sursis fondée sur l'article 3 du Code d'instruction criminelle, n'a rien de commun avec les simples jugements de remise de cause mentionnés en l'article 83 du tarif de 1807.

Il peut donc être levé et signifié, nonobstant la prohibition contenue audit article 83 du tarif qui, dans l'espèce, n'est aucunement applicable.

2° La levée et la signification d'un jugement tant à avoué qu'à partie, s'il y a lieu, ne doivent pas être considérées comme frustratoires, malgré l'appel interjeté antérieurement dudit jugement.

Elles se justifient, dans ce cas, par l'intérêt qu'a l'intimé à faire courir les délais d'appel, en prévision du cas où l'appel interjeté serait déclaré non recevable pour toute autre cause, que des motifs tirés du fond, et pour mettre ainsi l'appelant dans l'impossibilité de réitérer son appel ;

3° Les demandes incidentes formées au cours d'une instance, ayant le caractère d'affaire ordinaire, ont elles-mêmes le caractère ordinaire, comme l'affaire principale dont elles sont l'accessoire (Trib. civ., ch. du conseil, 29 mai 1883, art. 792, t. 5, p. 132).

— *Dépens, Conseil de préfecture, Expertise, Intérêts.* — Les conseils de préfecture ne sont pas tenus de se conformer, pour la taxe des frais et des dépens faits devant eux, aux dispositions du décret du 16 février 1807, qui règlent le tarif des frais et dépens en matière civile devant les Cours et tribunaux.

Par suite, ils n'ont à prendre d'autre base d'appréciation, pour déterminer le montant d'honoraires d'expertise, que l'importance du travail auquel les experts se sont livrés dans les limites de leur mission et le chiffre des dépenses légitimement faites dans les mêmes limites.

Les experts ne peuvent réclamer les intérêts des sommes qui leur sont allouées à titre de frais et honoraires (Conseil de préfecture de la Seine, 30 juin 1880, art. 236, t. 2, p. 120).

— *Acte nul, Officier ministériel.* — Les frais des actes nuls doivent, dans les cas, être mis à la charge des officiers ministériels ; il n'en est pas de ces frais comme des dommages et intérêts, qui peuvent, suivant les circonstances, être prononcés ou non contre l'officier ministériel en raison des actes annulés (Cass., 20 déc. 1876, S. 77-1-249).

— *Tribunal de commerce, Huissier.* — Le tribunal de commerce est incompétent pour statuer sur une demande formée par un huissier en remboursement des frais par lui faits, c'est au tribunal civil auquel est attaché l'officier ministériel qu'il appartient de statuer (Paris, 14 mars 1874, S. 76-2-292).

TIERCE OPPOSITION. — *Créanciers, Partage.* — Les créanciers, même hypothécaires ne peuvent, hors le cas de fraude, former tierce opposition aux jugements rendus, avant leur intervention, avec leur débiteur ; ils sont censés avoir été représentés par ce dernier.

Spécialement, les créanciers d'un des cohéritiers sont non recevables à former tierce opposition au jugement qui a posé les bases d'un partage et commis un notaire pour y procéder, si ce jugement est antérieur à leur intervention dans les opérations du partage (Cass. civ., 8 janv. 1883, art. 683, t. 4, p. 355).

— *Effets, Inconciliabilité des deux demandes, Révocation du premier jugement au bénéfice du tiers opposant.* — En principe, la tierce opposition n'a pas pour effet d'entraîner l'annulation du premier jugement mais seulement d'empêcher que son exécution n'ait lieu au préjudice du tiers opposant.

Mais quand la décision portée au premier jugement et la demande du tiers opposant sont inconciliables, et que le premier jugement ne peut être exécuté sans anéantir complètement les droits du tiers opposant, il y a lieu pour le juge d'annuler sa décision première (Trib. civ. de Loudun, 4 août 1883, art. 808, p. 179).

TRANSCRIPTION. — *Effets de la mention du jugement d'adjudication sur saisie, en marge de la transcription de ladite saisie.* — Lorsque mention du jugement d'adjudication sur saisie immobilière a été faite en marge de la transcription de ladite saisie non radiée, et que le conservateur des hypothèques a cru devoir délivrer dans son état sur transcription ladite transcription de saisie, seulement avec les mentions qui démontrent que la saisie a produit tous ses effets légaux, c'est à tort que l'acquéreur s'oppose à la remise entre les mains du vendeur du prix de propriété, jusqu'à ce qu'il ait justifié de la radiation de la transcription de la saisie dont s'agit (Trib. civ. de la Seine, 2e ch., 10 janvier 1883, art. 600, t. 4, p. 125).

TRAVAUX PUBLICS. — *Dommages aux personnes, Quasi-délit, Compétence.* — La demande en dommages-intérêts fondée sur un accident arrivé à des ouvriers employés à des travaux publics n'est pas nécessairement de la compétence des conseils de préfecture.

Spécialement, quand l'action en responsabilité n'est pas dirigée contre l'État, mais bien contre l'entrepreneur, c'est le tribunal civil qui doit en connaître (Trib. civ. de Saint-Étienne, 1re ch., 7 janv. 1884, art. 831, t. 5, p. 260).

TRIBUNAL CORRECTIONNEL. — *Citation, Nullité, Dommages-intérêts, Peine.* — Il n'est pas nécessaire que la citation donnée par la partie civile, en matière correctionnelle, contienne une conclusion formelle à des dommages-intérêts ; il suffit pour sa validité qu'elle contienne l'énonciation des faits.

Comme aussi la citation donnée par la partie civile ne peut être annulée par cela seul qu'elle conclut à l'application de la peine édictée par la loi ; une semblable conclusion doit simplement être réputée non avenue, comme étant une erreur de rédaction (Paris, 31 déc. 1880, art. 256, t. 2, p. 182).

— *Ordonnance de renvoi, Qualification nouvelle.* — La qualification donnée au fait incriminé, dans l'ordonnance de renvoi, ne lie pas le tribunal correctionnel. — Ce tribunal peut, tout en déclarant le fait constant, en changer la qualification (Cass. crim., 9 nov. 1878, art. 39, t. 1er, p. 107).

— *Citation directe, Défaut-congé, Acquittement, Non-recevabilité de l'opposition formée par le demandeur.* — Lorsque le plaignant, qui a cité directement devant le tribunal correctionnel, ne se présente pas pour soutenir sa plainte, et qu'un acquittement est intervenu en faveur du cité, le plaignant est non recevable à former opposition à ce jugement qui a donné défaut-congé contre lui, par ce motif que le tribunal correctionnel ne pouvant être saisi que par l'action publique, celle-ci se trouve éteinte par suite de l'acquittement prononcé (Trib. de la Seine, 2 déc. 1881, art. 389, t. 3, p. 58).

— *Citation directe, Défaut-congé donné contre la partie civile, Opposition par elle formée.* — La partie civile peut-elle être reçue opposante au jugement de défaut-congé rendu contre elle en matière correctionnelle, alors même qu'il ne s'agirait plus au débat que des intérêts civils? (Trib. Seine, 28 juin 1882, art. 513, t. 2, p. 447.)

— *Compétence, Jugement par défaut, Opposition par la partie civile, Article 182 du Code d'instruction criminelle* — La partie civile qui a saisi directement un tribunal correctionnel et fait ensuite défaut, a le droit de former opposition au jugement de défaut. Peu importe que l'action publique soit éteinte, le tribunal ayant été saisi de l'action civile en même temps que de l'action publique (Chambéry, 16 fév. 1882, art. 438, t. 3, p. 233).

— *Partie civile, Frais, Consignation.* — L'article 160 du décret du 18 juin 1811, qui exige qu'avant toutes poursuites la partie civile soit tenue de consigner la somme présumée nécessaire pour les frais de la procédure, ayant pour but de protéger le Trésor et les citoyens contre les plaintes légères ou irréfléchies, ne saurait s'appliquer au cas où la partie civile se constitue à l'audience, dans le cours d'un procès correctionnel intenté d'office par le ministère public (Décr. 18 juin 1811, art. 160 ; — Cass. crim., 8 juill. 1881, art. 458, t. 3, p. 313).

TRIBUNAL DE COMMERCE. — *Elections* (Art. 380, p. 5).

— *Loi relative à l'élection des juges consulaires* (Art. 759, p. 43, art. 826, p. 234).

— *Elections, Pourvoi, Procureur général, Acquiescement, Dénonciation du pourvoi, Huissier, Agent assermenté, Président, Ancien juge.* — La légalité des élections consulaires est d'ordre public, et par suite l'acquiescement du procureur général à un arrêt validant une élection, fût-il établi, ne rendrait pas irrecevable le pourvoi formé par ce magistrat dans les délais fixés par la loi.

Ce pourvoi devant être instruit et jugé sans frais aux termes des articles 21 et 22 du décret organique du 2 février 1852, déclaré applicable aux élections consulaires, la dénonciation en est régulièrement faite par le ministère d'un agent assermenté ; il n'est pas nécessaire de recourir à un huissier dont le concours ne pourrait être requis sans attribution de la taxe affectée aux actes de son ministère.

En déférant à la chambre civile de la Cour de cassation la connaissance des pourvois formés contre les décisions rendues en matière électorale, la loi du 26 janvier 1877 n'a pas modifié la procédure établie par l'article 23 du décret du 2 février 1825 qui attribuait ces pourvois à la chambre des requêtes. — Il suffit donc au demandeur de dénoncer la requête au défendeur dans les dix jours qui suivent la déclaration du recours en cassation, et aucune autre mise en demeure de défendre au pourvoi ne doit être adressée au défendeur par voie d'assignation ou autrement.

Ne saurait être considéré comme ancien juge dans le sens de l'article 620 (C. comm.), et, comme tel, être élu président, le juge en cours d'exercice du mandat qu'il a reçu et qui ne réunit pas à la qualité de juge actuellement en fonctions celle de juge ayant déjà accompli un premier mandat (Cass. civ., 8 mars 1881, art. 332, t. 2, p. 374).

— *Greffiers, Revision de tarif* (Art. 88, t. 1, p. 232).

— *Incident, Matière commerciale, Demande reconventionnelle, Conclusions, Ajournement, Demande distincte, Défendeur, Codéfendeur. Ajournement.* — En matière commerciale, les demandes reconventionnelles sont valablement formées par de simples conclusions déposées sur la barre, au cours de l'instance ; il n'est pas nécessaire qu'elles soient introduites par un exploit d'ajournement (C. proc. civ., 337, 417 ; 1re espèce).

Au contraire, un exploit d'ajournement est nécessaire, lorsque le défendeur forme une demande distincte contre son codéfendeur en cours de l'instance (2e espèce ; — Cass. req., 9 nov. 1880, art. 397, t. 3, p. 115).

— Conclusions prises par le défendeur, Instance engagée, Affaire en état, Renvoyant devant un arbitre. Assignation en ouverture, Continuation de l'instance. — Lorsque dans une instance engagée devant un tribunal de commerce le défendeur a déposé des conclusions au fond et que l'affaire s'est ainsi trouvée en état, le jugement contradictoire qui renvoie les parties devant un arbitre rapporteur ne termine pas le débat ; l'instance demeure liée sur la demande en ouverture de rapport quoique le défendeur ne pose pas de conclusions nouvelles, cette demande en ouverture n'étant que la continuation de l'instance originaire (Paris, 29 juill. 1882, art. 537, t. 3, p. 531).

— Demande reconventionnelle, Conclusions, Ajournement. — Devant les tribunaux de commerce, les demandes reconventionnelles peuvent être valablement formées par de simples conclusions déposées sur la barre au cours de l'instance, il n'est pas nécessaire de procéder par voie d'ajournement (Caen, 19 mai 1880, art. 240, t. 2, p. 128).

— Jugement par défaut faute de conclure, Délai de l'opposition, Exploit, Signification à partie absente, Porte fermée, Concierge, Déménagement, Mairie, Nullité. — L'opposition à un jugement du tribunal de commerce faute de conclure, doit être faite dans la huitaine.

La mention faite dans son exploit par l'huissier, qu'il a trouvé « porte fermée » constate suffisamment qu'il a en vain présenté la copie au logis et au concierge.

En cas d'absence provenant d'un déménagement sans laisser de nouvelle adresse, l'huissier doit, sous peine de nullité, remettre la copie au parquet et non à la mairie (Nîmes, 18 mai 1883, art. 722, t. 4, p. 459).

— Jugement par défaut faute de conclure, Signification par huissier commis. — La signification d'un jugement par défaut, faute de conclure, faite par un huissier autre que celui commis par le tribunal, est nulle et ne fait point courir le délai de huitaine pendant lequel ce jugement est susceptible d'opposition (Trib. comm. de la Seine, 12 oct. 1882, art. 564, t. 4, p. 47).

— Jugement, Disposition par voie réglementaire, Mandataire, Nécessité de faire légaliser la signature apposée au bas du pouvoir. — Alors même qu'un jugement pris en lui-même et par suite de la combinaison, nécessaire dans l'espèce, des motifs et du dispositif, aurait statué par voie réglementaire, si le dispositif de ce jugement séparé des motifs ne contient aucune réglementation générale, et que la Cour d'appel s'approprie exclusivement ce dispositif en répudiant les motifs des premiers juges,

son arrêt ne peut pas être cassé pour violation de l'article 5 du Code civil.

Un tribunal de commerce auquel on présente un pouvoir peut, dans une espèce donnée et s'il n'agit pas en vertu d'un règlement antérieur qui serait entaché d'excès de pouvoir, mais seulement pour s'éclairer sur la sincérité d'une signature, ordonner que cette signature sera légalisée (Cass., 1ᵉʳ mai 1883, art. 644, t. 4, p. 241).

— *Assignation après dépôt d'un rapport d'arbitres, Jugement par défaut, Nature du défaut, Délai de l'opposition.* — Doit être réputé par défaut faute de conclure, et par suite n'est susceptible d'opposition que dans la huitaine de la signification, le jugement du tribunal de commerce qui statue en l'absence du défendeur assigné pour plaider sur le rapport d'un arbitre nommé par un précédent jugement contradictoire (Art. 435 du C. de proc. civ. et art. 643 du C. de comm.; — Cass., 14 janv. 1880, art. 384, t. 3, p. 31).

— *Jugement de défaut profit-joint, Procédure facultative, Commission d'huissier audiencier pour la signification, Signification faite par un autre huissier, Validité, Absence de copie du jugement de défaut profit-joint, Réassignation sans motifs, Validité, Énonciation du jugement de défaut profit-joint, sans assignation suffisante.* — La procédure de défaut profit-joint est facultative devant les tribunaux de commerce.

La signification d'un jugement par défaut profit-joint est régulière bien qu'elle n'ait pas été délivrée par l'huissier audiencier commis audit jugement, mais par un autre huissier audiencier ; l'identité de l'huissier n'est pas prescrite à peine de nullité.

L'absence de motifs dans la réassignation ne la rend pas nulle; l'énonciation pure et simple du jugement de défaut profit-joint rendu est suffisante (Paris, 15 janv. 1883, art. 721, t. 4, p. 457).

— *Jugement par défaut profit-joint : 1° Prononciation facultative ; 2°, 3° Réassignation, Huissier non commis, Motifs (Défaut de).* — 1° Il est, sinon obligatoire, du moins facultatif pour les tribunaux de commerce, de prononcer, dans le cas prévu par l'article 153, du Code de procédure civile, des jugements par défaut profit-joint ;

2° La réassignation donnée, en pareil cas, aux parties défaillantes n'est pas nulle, bien qu'elle n'ait pas été signifiée par l'huissier commis, si elle l'a été par l'un des huissiers audienciers du tribunal qui a rendu le jugement ;

3° Le défaut de motifs dans l'exploit de réassignation n'est pas non plus une cause de nullité ; l'énonciation du jugement par défaut profit-joint constitue une indication suffisante de l'instance engagée contre la partie réassignée (Paris, 4e ch., 13 janv. 1883, art. 617, t. 4, p. 171).

— *Exécution provisoire, Caution, Signification en l'étude de l'avoué d'appel.* — Ne commet aucune nullité celui qui, présentant une caution pour l'exécution provisoire d'un jugement du tribunal de commerce, fait signifier l'acte au domicile élu par l'appelant en l'étude de son avoué près la Cour, au lieu de le faire signifier au domicile réel ou au greffe du tribunal de commerce conformément aux articles 442 et 440 du Code de procédure (Marseille, 16 déc. 1881, art. 561, t. 4, p. 42).

— *Jugement, Exécution provisoire, Consignation à défaut de caution, Faillite du créancier, Demande en nullité de la consignation, Validité.* — Le créancier qui veut poursuivre l'exécution d'un jugement rendu à son profit par un tribunal de commerce peut, à défaut de fournir caution, consigner une somme suffisante pour garantir le remboursement des condamnations prononcées.

La déclaration ultérieure et le report de la faillite de ce créancier à une époque concomitante de celle de la consignation ne sauraient avoir pour effet de l'invalider.

La nullité de cette consignation ne saurait davantage résulter des dispositions des articles 446 et 447, du Code de commerce (C. d'appel de Lyon, 8 août 1882, art. 735, t. 4, p. 488).

V

VACANCES.—*Audiences de vacations, Décret du 12 juin* 1880. (Art. 123, t. 1er, p. 328).

VALEURS MOBILIÈRES. — *Détournement par un commis d'agent de change, Revendication, Vol, Abus de confiance, Motifs de l'arrêt, Fausse qualification du vol.* — Les valeurs mobilières ne peuvent être revendiquées contre les tiers de bonne foi, par application de l'article 2279 du Code civil, § 3, que lorsqu'il y a eu vol et non simplement abus de confiance.

Lorsqu'il ressort des constatations de l'arrêt que les valeurs litigieuses ont été remises par leur propriétaire « dans le cabinet de l'agent de change, au commis, comme représentant de son patron et contre un reçu portant la signature de ce dernier » l'arrêt ne peut qualifier légalement de vol le fait de détournement commis à son profit par le commis infidèle.

En conséquence, doit être cassé l'arrêt qui a reconnu dans les constatations ci-dessus rappelées les éléments constitutifs du vol et a admis la revendication des valeurs mobilières (Cass. civ., 28 fév. 1883, art. 701, t. 4, p. 394).

VENTE JUDICIAIRE D'IMMEUBLES. — *Projet de la loi sur les ventes judiciaires d'immeubles.* — Rapport de M. Rameau (Art. 231, p. 88, 136, 186).

Instruction de la Régie, de l'enregistrement et des domaines du 3 décembre 1884, n° 2704.

Art. 1er, § 1er. Les ventes judiciaires d'immeubles dont le prix principal d'adjudication ne dépassera pas 2,000 francs, seront l'objet des dégrèvements prévus aux articles 3 et 4 de la présente loi.

§ 2. Les lots mis en vente par le même acte seront réunis pour le calcul du prix d'adjudication, et la valeur des lots non adjugés entrera dans ce calcul pour leurs mises à prix.

La vente ultérieure des lots non adjugés profitera du bénéfice de la loi, d'après les mêmes règles.

Art. 2, § 1er. Le bénéfice de la présente loi s'applique à toutes les ventes judiciaires d'immeubles de la valeur constatée, comme il est dit en l'article 1er, ainsi qu'à leurs incidents de subrogation, de surenchère et de folle-enchère.

§ 2. Dans les procédures n'ayant d'autre objet que la vente sur licitation, si les immeubles à liciter, dont les mises à prix seront inférieures à 2,000 francs, appartiennent indivisément à des mineurs ou incapables et à des majeurs, ces derniers pourront se réunir aux représentants de l'incapable pour que la vente ait lieu sur requête, comme si les immeubles appartenaient seulement à des mineurs. L'avis du conseil de famille ne sera pas nécessaire, lorsque la vente sera provoquée par les majeurs.

§ 3. Dans les procédures où la licitation est incidente aux opérations de liquidation et partage, le bénéfice de la présente loi sera acquis à tous les actes nécessaires pour parvenir à l'adjudication, à partir du cahier des charges inclusivement ; les frais antérieurs ne seront pas employés en frais de vente.

Art. 3, § 1er. Lorsque le prix d'adjudication, calculé comme il est dit en l'article 1er, ne dépassera pas 2,000 francs, et ne sera devenu définitif par l'expiration du délai de la surenchère prévue par les articles 708 et 956 du Code de procédure civile et 573 du Code de commerce, toutes les sommes payées au Trésor public pour droit de timbre, d'enregistrement, de greffe et d'hypothèques, applicables aux actes rédigés en exécution de la loi pour parvenir à l'adjudication, seront restituées ainsi qu'il est stipulé dans l'article 4 ci-après.

§ 2. Lorsque le prix d'adjudication ne dépassera pas 1,000 francs, les divers agents de la loi subiront une réduction d'un quart sur les émoluments à eux dus et alloués en taxe, conformément au tarif du 10 octobre 1841.

§ 3. L'état des frais de poursuite sera dressé par distinction entre les droits du Trésor et ceux des agents de la loi ; il sera taxé ou annexé au jugement ou au procès-verbal d'adjudication.

Art. 4, § 1er. Le jugement ou le procès-verbal d'adjudication constatera que le bénéfice de la présente loi est acquis à la vente si le prix d'adjudication ne dépasse pas 2,000 francs. Il ordonnera la restitution, par le Trésor public, des sommes à lui payées pour les causes énoncées en l'article 3, lesquelles devront être retranchées de l'état taxé, et, de plus, il réduira d'un quart les émoluments des agents de la loi compris en l'état, si le prix d'adjudication est inférieur ou égal à 1,000 francs. La disposition du jugement ou du procès-verbal d'adjudication relative à la fixation des droits à restituer sera susceptible d'opposition pendant trois jours, à compter de l'enregistrement de l'acte de vente, de la part des intéressés. Cette opposition sera formée et jugée comme en matière d'opposition à taxe. S'il n'y a pas eu d'opposition, il en sera justifié par un certificat du greffier ; en cas de jugement rendu sur l'opposition, il sera produit un extrait de ce jugement, le tout aura lieu sans frais.

§ 2. Le receveur de l'enregistrement qui procédera à l'enregistrement du jugement ou du procès-verbal d'adjudication restituera à l'avoué poursuivant, sur sa simple décharge et sur la remise d'un extrait délivré sans frais de l'ordre de restitution, le tout dans les vingt-trois jours de cette adjudication, les sommes perçues par le Trésor public et comprises en l'état taxé.

§ 3. Le greffier du tribunal ou le notaire délégué pour la vente délivrera à l'adjudicataire un extrait suffisant pour la transcription de son titre, et au vendeur, mais seulement dans le cas de non-payement du prix ou de non exécution des conditions de l'adjudication un extrait en la forme exécutoire.

Art. 5. Le tribunal devant lequel se poursuivra une vente d'immeuble dont la mise à prix sera inférieure à 2,000 francs pourra, par le jugement qui doit fixer les jours et les conditions de l'adjudication, ou par le jugement qui autorisera la vente, ordonner : 1° que les placards et insertions ne contiendront qu'une désignation très sommaire des immeubles ; le prix des insertions sera de la moitié de celui fixé pour les autres ventes judiciaires ; 2° que les placards seront même manuscrits et apposés sans procès-verbal d'huissier, dans les lieux que le tribunal indiquera, et ce, par dérogation à l'article 699 du Code de procédure civile.

Art. 6. Les dispositions de la présente loi ne pourront être appliquées qu'aux ventes judiciaires d'immeubles dont la poursuite ne serait pas commencée avant sa promulgation.

La présente loi, délibérée et adoptée par le Sénat et par la Chambre des députés, sera exécutée comme loi de l'État.

1. *Caractère des ventes judiciaires.* — La loi du 23 octobre 1884 est spéciale aux ventes judiciaires d'immeubles ; mais elle comprend, sans exception, toutes les ventes auxquelles il est procédé en vertu d'un ordre de justice, conformément aux dispositions du Code civil ou du Code de procédure.

Ce caractère appartient, notamment, aux aliénations ci-après :
— 1° Vente sur saisie immobilière ou sur conversion de saisie ;
— 2° Vente de biens de mineurs, d'absents ou d'interdits ; —
3° Vente à la suite de surenchère sur aliénation volontaire ; —
4° Vente de biens de successions vacantes ou de successions bénéficiaires ; — 5° Vente de biens dotaux ; — 6° Vente de biens dépendant d'une faillite ; — 7° Vente de biens, compris dans une substitution, etc.

Ces procédures profitent du bénéfice de la loi, dès qu'elles ont été autorisées par le tribunal et qu'elles ont été suivies d'une adjudication. Mais il importe peu que l'adjudication ait eu lieu à l'audience des criées ou devant le notaire commis pour recevoir les enchères. L'officier public étant alors le délégué du tribunal, l'aliénation passée devant lui est considérée comme une vente judiciaire.

2. *Prix principal, Charges.* — Aux termes de l'article 1er de la loi du 23 octobre 1884, le remboursement n'est accordé qu'aux ventes dont le prix principal d'adjudication ne dépasse pas 2,000 francs. L'expression de « prix principal » a été insérée dans la loi avec la signification qu'elle a dans l'article 708 du Code de procédure, afin d'exclure les charges accessoires, qui constituent, pour la perception de l'impôt, une partie du prix, mais dont l'appréciation aurait pu soulever des difficultés de nature à retarder l'exécution du remboursement.

Le prix principal comprend donc toutes les sommes que l'acquéreur doit payer au vendeur ou à ses créanciers et autres ayant cause (Dalloz, v° *Surenchère*, n. 324). Il comprend également les prestations, telles que rentes perpétuelles ou viagères qui tiennent lieu de tout ou partie du prix principal de l'aliénation.

Lorsque la valeur de ces prestations n'est pas déterminée dans le contrat ou dans les actes de la procédure, il appartient au tribunal ou au notaire commis d'en fixer le chiffre, en exécution du paragraphe 1er de l'article 4 de la loi. Mais cette fixation toute spéciale ne peut être invoquée au sujet de la liquidation du droit d'enregistrement, qui continuera à être opérée conformément aux dispositions légales en vigueur.

Les charges qui restent en dehors de la fixation du prix principal, sont toutes celles qui ne sauraient, à raison de leur caractère purement accessoire, être considérées comme une fraction réelle du prix.

Telles sont les remises proportionnelles dues aux avoués, les centimes additionnels à payer au notaire, certains frais antérieurs à la charge des vendeurs, les impôts payés d'avance, etc.

La question de savoir si une charge fait, ou non, partie du prix principal, sera résolue, en premier ordre, par le tribunal ou par le notaire commis, sauf le recours établi par l'article 4 § 1 de la loi.

Les charges proprement dites ne doivent pas servir à l'appréciation du prix principal. Par conséquent, si ce prix principal excède 2,000 francs, l'adjudication ne bénéficiera pas de la loi, alors même que les frais auraient été stipulés payables en déduction. Au contraire, si le prix ne dépasse pas 2,000 francs, le bénéfice de la loi est acquis à l'adjudication, quoique les frais soient payables en sus de ce prix.

Le prix principal étant déterminé conformément à l'article 708 du Code de procédure, sans égard aux dispositions spéciales de la loi sur l'enregistrement, il en résulte que si la vente judiciaire était faite avec réserve d'usufruit au profit du vendeur, il n'y aurait pas lieu d'ajouter au prix de la nue propriété la moitié qui représente la valeur de l'usufruit (L. 22 frimaire an VII, art. 15, n. 7).

3. *Valeur des biens*. — Le prix principal déterminé par l'adjudication est la seule base autorisée pour l'application de la loi. Le bénéfice en serait acquis à l'aliénation, quoique des documents, tels qu'un certificat d'expertise, fissent connaître que la valeur des biens vendus excède 2,000 francs.

4. *Même acte.* — Pour apprécier l'importance de la vente, la loi considère l'ensemble des immeubles exposés aux enchères

par le même procès-verbal. « Les lots mis en vente par le même acte », porte l'article 4, § 2 de la loi, « seront réunis pour le calcul du prix d'adjudication ».

Les biens appartenant au vendeur, qui feraient l'objet d'une autre adjudication, ne pourraient donc pas être réunis aux immeubles de la première vente, lors même qu'ils auraient été compris dans les mêmes poursuites. Mais si plusieurs poursuites faites séparément à l'origine, sont jointes avant la vente et aboutissent à un procès-verbal unique, c'est le résultat de la mise aux enchères de tous les lots qui déterminera le prix principal.

5. *Lots non adjugés, Mise à prix.* — La valeur des lots non adjugés entre dans le calcul du prix pour leurs mises à prix (art. 1, § 2). Ce calcul est définitif. Lors même que les lots non adjugés seraient ultérieurement vendus moyennant un prix différent, c'est la mise à prix qui sert exclusivement à régler l'application de la loi au premier procès-verbal. Les prix ultérieurs ne sauraient modifier cette situation. Il est nécessaire, toutefois, que les lots non adjugés aient été eux-mêmes exposés aux enchères. S'ils étaient retirés avant l'adjudication, soit volontairement, soit par le résultat d'une demande en distraction, ou pour toute autre cause, il n'y aurait pas lieu d'en faire état et d'ajouter leurs mises à prix aux prix des biens adjugés.

Il peut arriver que, par suite de la distraction des lots non mis en vente et retirés avant l'adjudication, celle-ci bénéficie du remboursement applicable aux actes de la procédure. Ce remboursement ne doit pas alors, bien entendu, s'étendre aux droits qui concernent spécialement les lots retirés. Par exemple, lorsque ces lots ont fait l'objet d'une poursuite distincte dont la jonction a été prononcée, les frais de cette poursuite demeurent acquis au Trésor.

6. *Non-adjudication, Poursuite abandonnée.*—Dès que les biens ont été mis aux enchères, la loi est applicable au procès-verbal, quoique aucun d'eux n'ait été adjugé ; la réunion des mises à prix détermine la somme qui sert de base à l'ordre de restitution.

Mais si la poursuite est abandonnée ou si la vente amiable est substituée à la vente judiciaire, la loi cesse de recevoir son exécution à l'égard des biens qui font l'objet de cette poursuite ou de cette vente.

7. *Revente des lots non adjugés.* — Aux termes du dernier alinéa de l'article 1er, la vente ultérieure des lots non adjugés profite du bénéfice de la loi d'après les mêmes règles.

Cette réadjudication est considérée isolément, sans égard aux résultats de la vente antérieure. Le procès-verbal tombera sous l'empire de la loi, de la même manière que si les biens n'avaient jamais été mis aux enchères. Le remboursement aura lieu ou sera refusé, selon que ce procès-verbal réunira ou non, par lui-même, les conditions de l'article 3.

Lorsque la mise à prix des lots invendus, réunie au prix des lots adjugés, ne dépasse pas 2,000 fr., le remboursement s'étend à tous les droits de la procédure, même à ceux des actes relatifs aux biens non adjugés. Si ces derniers biens font l'objet d'une réadjudication tombant aussi sous l'application de la loi, il est essentiel de ne pas ordonner de nouveau la restitution des droits antérieurement remboursés. L'ordre de remboursement doit être limité aux droits des actes relatifs à la seconde adjudication.

De même si, après avoir été compris dans une adjudication dont le prix excède 2,000 francs, un lot non vendu est remis en adjudication et vendu moyennant un prix ne dépassant pas 2,000 francs, la restitution ne doit s'appliquer qu'aux actes de la seconde procédure. Les droits qui ont été perçus à l'occasion de la première demeurent acquis au Trésor.

8. *Meubles et immeubles.* — La loi du 23 octobre 1884 ne s'applique qu'aux ventes judiciaires d'immeubles. Par conséquent, si un procès-verbal d'adjudication comprenait des immeubles et des meubles vendus pour un seul prix, le tribunal ou le notaire commis aurait à procéder à la ventilation nécessaire pour formuler l'ordre de remboursement. Mais cette ventilation demeurerait sans influence sur la liquidation du droit d'enregistrement, qui resterait soumis aux dispositions spéciales de l'article 9 de la loi du 22 frimaire an VII.

9. *Incidents de la vente.* — L'article 2, § 1, de la loi étend le bénéfice de la restitution à trois espèces d'incidents, qui se produisent fréquemment dans les ventes judiciaires d'immeubles : les incidents de subrogation, de surenchère et de folle-enchère. Cette énonciation est limitative. Elle ne comprend aucune des autres procédures accessoires auxquelles peut donner lieu la poursuite, par exemple les demandes en distraction, les instances en nullité d'exploits. Ce sont là autant de procédures distinctes, qui restent sous l'empire du droit commun, et ne sauraient entrer en compte pour le calcul des droits à restituer.

La procédure de subrogation, ayant pour effet de substituer un poursuivant à un autre, n'a aucune influence directe sur la détermination du prix de la vente. Elle ne profite de la loi que quand l'adjudication à laquelle elle se rapporte peut elle-même en bénéficier.

La folle-enchère remet en question le prix de la vente antérieure. C'est une aliénation nouvelle, qui doit être, pour l'application du remboursement, considérée isolément et sans être rattachée à la première adjudication. Si le prix de la folle-enchère, déterminée conformément à l'article 1er de la loi, dépasse 2,000 francs, la procédure de l'incident n'est pas régie par la loi du 23 octobre 1884, quoique le prix de la vente antérieure ait été inférieure à ce chiffre, et que cette vente ait bénéficié de la loi. Si, au contraire, le prix de la folle-enchère ne dépasse pas 2,000 francs, les actes de la procédure relatifs à l'incident profitent des dispositions de la loi nouvelle, bien que la vente antérieure n'en ait pu bénéficier. Dans un cas comme dans l'autre, les résultats de la folle-enchère ne peuvent réagir sur la vente primitive.

Quant aux incidents de surenchère qui, suivant les explications ci-après n° 10, restant sans influence snr le prix de la vente surenchérie, doivent être traitées comme les folles enchères. Ces incidents profitent ou non des dispositions de la loi nouvelle, selon que par eux-mêmes, ils remplissent ou non les conditions prévues, sans égards aux résultats des adjudications antérieures. Mais il en est autrement des surenchères qui, d'après la loi elle-même, servent à fixer le prix définitif de l'adjudication primitive. Ces surenchères, en effet, se relient intimement alors à la première vente, et on doit en combiner les résultats avec ceux de la vente pour appliquer la loi du 23 octobre 1884, tant à la vente qu'à l'incident de surenchère. En conséquence, si une vente dont le prix principal n'a pas excédé 2,000 francs, est l'objet d'une surenchère qui porte ce prix à un chiffre supérieur, ni la vente ni l'incident ne peuvent bénificier du remboursement. Il en est de même si la surenchère dont il s'agit a seulement porté sur l'un ou quelques-uns des lots réunis pour la fixation du prix en exécution de l'article 1er, § 2 de la loi. Dès lors que, par le résultat de cette surenchère partielle, le prix de la nouvelle adjudication, ajouté au prix des autres lots adjugés et aux mises à prix des lots invendus, dépasse la somme de 2,000 francs, la loi n'est applicable ni à la première vente ni à la procédure de surenchère.

Tous les incidents de subrogation, de surenchère ou de folle-enchère ne sont pas visés par la loi. On n'y saurait faire entrer que ceux dont les dépens sont employés en frais de vente. Souvent, en effet, ces dépens sont mis, par le tribunal, à la charge personnelle, soit du saisissant qui conteste à tort la subrogation, soit du demandeur dont la poursuite est rejetée. En pareil cas, les frais de l'incident ne font pas réellement partie de la poursuite de vente. Ils demeurent acquis au Trésor.

10. *Prix définitif.* — En droit, le prix de l'adjudication n'est pas définitif tant qu'il peut être modifié par la surenchère ou par la folle-enchère.

La surenchère est ouverte : 1° au profit de toute personne, dans les huit jours de l'adjudication qui a lieu à la suite d'une saisie immobilière, après l'accomplissement de toutes les formalités prescrites (C. proc., 708), ou sur l'autorisation de justice à la demande des parties majeures (*Id.*, 743), ou encore après la vente de biens appartenant à des mineurs (*Id.* 955), de biens appartenant à des mineurs (*Id.*, 743), ou encore après la vente de biens appartenant à des mineurs (*Id.*, 965), de biens licités (*Id.*, 973) ou dépendant de successions bénéficiaires (*Id.*, 988), de biens dotaux aliénés en conformité de l'article 1558 du Code civil (C. proc., 997), ou enfin de biens dépendant d'une succession vacante (*Id.*, 1001) ; — 2° au profit de toute personne, dans les quinze jours de l'adjudication des immeubles d'un failli, sur la poursuite des syndics (C. comm. 573) ; — 3° au profit des créanciers inscrits dans le délai de quarante jours à partir de la notification faite par le nouveau propriétaire qui veut purger les hypothèques (C. civ., 2185).

La folle-enchère peut être demandée contre l'acheteur pour défaut d'exécution des clauses de l'adjudication (C. proc., 733). Cette action est ouverte pendant trente ans (C. civ., 2263).

La loi du 23 octobre 1884 n'exige pas, pour rendre le prix définitif à l'égard du remboursement des droits, que le délai de ces diverses voies de recours soit expiré. Elle limite la justification à la surenchère de huitaine prévue par les articles 708 et 965 du Code de procédure et à celle de quinzaine autorisée par l'article 573 du Code de commerce. Mais, bien que le texte fasse seulement mention des deux surenchères de huitaine et de quinzaine réglées pour les ventes sur saisie immobilière et les ventes de biens de mineurs, ou les ventes des immeubles d'un failli, la disposition doit être étendue, par voie d'analogie aux surenchères intervenues dans les mêmes délais au sujet de procédures identiques, telles que celles des articles 745, 973, 988, 997 et 1001 du Code de procédure civile.

Les autres surenchères et la folle-enchère restent sans influence sur la fixation définitive du prix. Par conséquent, la restitution devrait être opérée au moment où elle est requise, quoique ces voies de recours soient exercées et quoique même elles aient abouti à une nouvelle adjudication fixant le prix principal à un chiffre supérieur à 2,000 francs. A l'inverse, si le prix de l'adjudication primitive a dépassé 2,000 francs, l'acte ne bénéficiera pas de la loi, alors même que plus tard, le prix de la nouvelle adjudication resterait inférieur à ce chiffre. Cette seconde procédure, considérée comme une nouvelle vente judiciaire, profiterait des dégrèvements si elle remplissait, d'ailleurs, les autres conditions imposées par la loi.

11. *Adjudication et actes postérieurs.* — **Aux** termes de l'article 3, § 1 de la loi, les droits à restituer sont ceux des actes rédigés en exécution de la loi pour parvenir à l'adjudication.

Le jugement ou le procès-verbal d'adjudication restent assujettis à la règle générale, de même que tous les actes postérieurs, tels que les déclarations de command, la quittance du prix, etc., autres que les incidents prévus par le paragraphe 1er de l'article 2 de la loi.

12. *Actes antérieurs.* — Deux conditions sont nécessaires pour que les actes antérieurs à la vente profitent du bénéfice du remboursement.

La première, c'est qu'ils aient été rédigés en exécution de la loi. Il y a donc lieu d'exclure de la restitution les droits perçus sur des actes frustratoires ou reconnus inutiles à la poursuite de vente, notamment les actes annulés pour vice de forme.

La seconde condition est que les actes aient été rédigés pour parvenir à l'adjudication. Si des procédures avaient un but ou un effet différent; si, par exemple, les actes renfermaient des dispositions étrangères à la vente, ils resteraient, pour ce motif, assujettis aux tarifs ordinaires, et le remboursement ne pourrait être autorisé. Il faut ranger dans cette catégorie, notamment les actes auxquels peuvent donner lieu tous les incidents autres que ceux nominativemeut prévus par le paragraphe 1er de l'article 2 de la loi du 24 octobre 1884.

Quant aux frais étrangers à la poursuite de vente, ils constituent, lorsqu'ils sont imposés à l'acquéreur, une charge du prix, et ils peuvent, suivant l'observation, faite ci-dessus (n° 2), entrer dans le calcul du prix principal à déterminer par le tribunal.

13. *Licitations.* — Des dispositions particulières ont été édictées au sujet des licitations.

Celles qui ont lieu entre majeurs, pour faire cesser l'indivision sont des aliénations volontaires. « La loi, porte le rapport fait à la Chambre des députés le 27 décembre 1880, ne permet pas aux parties dans ce cas, une vente judiciaire (C. civ., 827 ; — C. proc., 743). Si elles ne sont pas toutes d'accord, soit sur la cessation immédiate de l'indivision, soit sur le lotissement, la mise à prix et les conditions de la vente, c'est un procès comme un autre qui est soumis aux règles de la procédure ordinaire. » La vente ne peut donc pas profiter du bénéfice de la loi.

, Il en est autrement quand la licitation intéresse des mineurs. Soit qu'elle ait lieu dans les formes ordinaires, soit qu'elle s'opère conformément à l'article 2, § 2 de la loi du 23 octobre 1884, l'adjudication rentre dans la catégorie des ventes judiciaires proprement dites. Il y a lieu de lui en appliquer les dispositions.

La loi est limitée au cas où les mises à prix ne dépassent pas 2,000 francs. Il appartiendrait aux tribunaux d'apprécier si ces mises à prix sont sérieuses ou si elles n'ont pas été abaissées abusivement pour profiter du bénéfice de la loi.

L'article 2, § 2 de la loi dispense de produire l'avis du conseil de famille, lorsque la vente a été provoquée par les majeurs. La même règle paraît applicable, quand un accord préalable pour commencer la procédure est intervenu entre les majeurs et les représentants des mineurs.

Une règle spéciale a été édictée pour le cas où la licitation est incidente aux opérations de liquidation et de partage. Cette licitation fait partie d'une procédure générale ayant pour objet de liquider un ensemble de valeurs mobilières ou immobilières, de régler la situation des communistes au sujet de leurs reprises, rapports et autres droits individuels.

Il est évident que le bénéfice de la restitution ne peut s'appliquer à toute cette procédure. Elle doit être limitée aux frais de l'incident de la licitation. Ainsi que le constate le rapport précité, « l'immeuble à liciter profitera de la réduction de la loi nouvelle dans cette partie incidente de la procédure ; mais la procédure antérieure à la vente applicable aux opérations de compte, liquidation et partage, ainsi que celle postérieure pour leur homologation, resteront soumises aux dispositions générales du Code de procédure ». Afin de prévenir toute difficulté à cet égard, l'article 2, § 3 décide que la restitution ne s'étendra qu'aux droits du cahier des charges et des actes postérieurs rédigés avant l'adjudication. Cette restitution ne s'effectuera d'ailleurs, que dans les conditions requises au sujet des ventes ordinaires, lorsque les actes auront exclusivement pour objet la procédure de licitation et que le prix calculé comme en l'article 1er ne dépassera pas 2,000 francs.

14. *Droits à restituer.* — La restitution comprend tous les droits perçus sur les actes de la procédure. Elle embrasse, suivant le texte de l'article 3, § 1, de la loi nouvelle, « les sommes payées au Trésor public pour droits de timbre, d'enregistrement, greffe et d'hypothèques. » Il n'est fait aucune exception en ce qui concerne le droit de timbre, et le remboursement doit comprendre, dès lors, l'intégralité du prix des feuilles de papier de la débite, sans aucune retenue pour le coût de la fabrication.

15. *Droits non perçus.* — La loi prévoit le cas du remboursement des droits payés, parce que c'est le plus ordinaire. Mais le même principe conduit à reconnaître que, si les droits n'avaient pas encore été perçus au moment du procès-verbal, la déclaration régulière que le bénéfice de la loi est acquis à la vente, s'opposerait à ce que le versement en fût exigé.

16. *Amendes et droits en sus.* — La loi ne concerne, d'ailleurs, que les droits simples représentant le salaire de la formalité. Les amendes ou les droits en sus encourus à l'occasion des actes de la procédure ne profitent pas du bénéfice de la restitution.

17. *Salaires du conservateur.* — La restitution ne saurait, non plus être étendue aux conservateurs des hypothèques, ni aux droits de recherche établis au profit des receveurs. D'une part, le texte de l'article 5 est spécial aux droits payés au Trésor public ; d'un autre côté, les seuls agents de la loi passibles de la réduction des émoluments sont les avoués, huissiers, greffiers et notaires. La déclaration en a été faite, à plusieurs reprises, dans les documents parlementaires qui ont précédé le vote de la loi (*Exposé des motifs des projets de loi des* 17 *mai* 1876 *et* 14 *janvier* 1878).

18. *Déclaration du tribunal ou du notaire commis.* — Lorsque la vente réunit les conditions exigées, le jugement ou le procès-verbal d'adjudication du notaire commis doit constater que le bénéfice de la loi est acquis. C'est la prescription formelle de l'article 4, § 1, de la loi du 23 octobre 1884. En l'absence de cette déclaration, le remboursement pourrait ne pas avoir lieu. La déclaration est faite par le tribunal ou par le notaire délégué. Si elle est contenue dans un jugement, elle doit émaner du tribunal tout entier, et non pas seulement du président ou du greffier. Elle doit être insérée dans le contexte même du jugement ou du procès-verbal, dont elle forme, suivant l'article 4, une disposition. En cas d'omission, il ne pourrait y être suppléé puisque, suivant le texte précis de la loi, l'ordre de restitution ne constituerait plus alors une disposition même du jugement ou du procès-verbal d'adjudication.

19. *Ordres de restitution.* — Le tribunal ou le notaire commis sont, en outre chargés par la loi (art. 4, § 3), de déterminer exactement le montant des droits à restituer et d'ordonner ce remboursement. Ce calcul sera établi facilement, d'après les états taxés qui accompagnent le procès-verbal d'adjudication et qui, d'après l'article 3, § 3 de la loi, doivent indiquer distinctement le montant de ces droits. Mais il n'est pas nécessaire que l'ordre de restitution soit nominativement assigné sur le bureau chargé de l'enregistrement de la vente. La compétence exclusive de ce bureau résulte formellement du paragraphe 2 de l'article 3 de la loi.

20. *Oppositions, Intéressés.* — La déclaration du tribunal ou du notaire, que le bénéfice de la loi est applicable à la vente, la fixation des sommes à restituer et l'ordre de remboursement, sont susceptibles d'opposition de la part des intéressés. Ces intéressés sont tous ceux auxquels la décision peut faire grief, notamment l'administration de l'enregistrement, les agents de la loi, le poursuivant, le vendeur et les divers intervenants à la procédure.

L'opposition doit être formée dès qu'il apparaît que la loi a été indûment appliquée à la vente, soit parce que celle-ci ne constitue pas une vente judiciaire, soit parce que le prix a été mal calculé, soit parce que des erreurs ont été commises dans la fixation du chiffre de la restitution. Les appréciations du tribunal ou de son délégué ont été soumises, sur ce point, par la loi au contrôle des agents de perception. Ceux-ci exerceront ce droit avec la vigilance nécessaire pour garantir les intérêts du Trésor. Mais ils éviteront soigneusement de soulever des contredits non justifiés, afin de ne pas retarder mal à propos les remboursements.

21. *Délai de l'opposition.* — L'opposition à l'ordre de restitution doit être formée, suivant l'article 4, § 2 de la loi, dans les trois jours à compter de l'enregistrement de l'acte de vente. Ce délai est franc. Le jour de l'enregistrement n'est pas compté, et, si le troisième jour est férié, le délai est reporté au lendemain (C. proc., 1033).

Le délai de trois jours ne court qu'à partir de l'enregistrement effectif de l'acte ou du jugement, parce que c'est dès ce moment que la restitution doit avoir lieu.

L'opposition ne pourrait donc être utilement formée pendant la période qui s'écoule entre la date du jugement et celle de la formalité. Il en résulte que, si l'enregistrement est retardé au delà du délai légal par le greffier ou par le notaire, ou si le receveur refuse de donner la formalité à défaut de consignation suffisante ou des déclarations ordonnées par l'article 16 de la loi du 22 frimaire an VII, le délai d'opposition se trouve suspendu. Nulle signification extrajudiciaire ne peut le faire courir contre l'administration.

22. *Forme et procédure de l'opposition.* — L'opposition sera

formée et jugée comme en matière d'opposition à taxe. Les formalités de cette procédure sont indiquées par le décret du 16 février 1807 sur la liquidation des dépens. En règle générale, l'opposition est précédée d'une signification faite aux avoués des parties intéressées, et elle est introduite par voie de citation en chambre du conseil. L'avoué poursuivant ayant été désigné par l'article, 4, § 2 de la loi nouvelle comme le bénéficiaire de la restitution, c'est à lui seul que la signification et la sommation de comparaître doivent être notifiées.

Le tribunal compétent est celui qui a prononcé la déclaration et l'ordre de remboursement, ou, en cas de vente par notaire commis, celui qui a désigné cet officier public.

La procédure a lieu devant la chambre du conseil, sans requêtes ni écritures. Mais les plaidoiries y sont autorisées.

La loi ayant décidé, d'une manière générale, que l'opposition serait jugée comme en matière d'opposition à taxe, se réfère, par conséquent, à la procédure ordinaire et exclut implicitement les dispositions de l'article 65 de la loi du 22 frimaire an VII.

L'administration ne saurait donc revendiquer le bénéfice de l'instruction écrite ; elle doit se faire représenter par un avoué.

Le tribunal, en chambre du conseil, statue souverainement. Aucune disposition sur le fond n'étant engagée par le débat, le jugement n'est pas susceptible d'appel.

Le recours en cassation est seul admis (Décret du 16 fév. 1807, art. 6). De même que dans les autres instances civiles, ce recours en cassation n'est pas suspensif.

L'article 4 de la loi nouvelle porte que les procédures relatives à l'opposition auront lieu sans frais. Tous les actes seront donc dispensés du timbre et enregistrés gratis, quand il y aura lieu à l'enregistrement. Ils ne donneront lieu à aucun émolument de la part des agents de la loi. Par conséquent, aucune condamnation aux dépens ne saurait être prononcée contre celui qui succombe dans la procédure.

A raison de l'urgence, les receveurs n'auront pas à consulter le directeur pour introduire l'opposition. Ils pourront également défendre sans autorisation, quand la question ne présentera pas de difficultés particulières. Ils devront rendre compte au directeur des résultats de la procédure. Les receveurs des actes judiciaires représenteront leurs collègues des autres cantons, lorsque l'opposition concernera un procès-verbal d'adjudication passé devant un notaire commis, qui ne résiderait pas dans la ville où siège le tribunal.

23. *Restitution, Justifications.* — S'il n'y a pas eu d'opposition, ou si l'opposition a été régulièrement vidée, l'ordre de rembour-

sement peut recevoir son exécution. Mais, certaines justifications doivent précéder la remise des deniers.

Il est nécessaire, d'abord, que l'avoué poursuivant dépose au receveur qui a enregistré le jugement ou le procès-verbal d'adjudication, un extrait de l'ordre de restitution. Cet extrait, délivré par le greffier, ou par le notaire commis, doit contenir toutes les énonciations propres à justifier le remboursement, à savoir : la déclaration que le bénéfice de la loi est acquis à la vente, le montant de la somme à payer et l'injonction de rembourser.

L'extrait est délivré, sans frais, sur papier non timbré, et il est dispensé d'enregistrement. Le dépôt de l'extrait pouvant avoir lieu après l'enregistrement de la vente, c'est-à-dire quand le procès-verbal et les pièces annexées ont été rendues aux parties, il importe que, sans attendre la réponse dont il s'agit, les comptables opèrent, lors de l'enregistrement du procès-verbal, les vérifications nécessaires, afin de constater la régularité de l'ordre de restitution, spécialement qu'ils s'assurent de la concordance des frais compris dans l'état taxé avec le montant de l'ordre de remboursement.

24. *Restitution, Opposition.* — Il y a lieu de justifier ensuite au receveur qu'il n'a été formé aucune opposition de la part des intéressés ou que, s'il en a été signifié, elles sont devenues sans effet.

Lorsqu'il n'y a pas eu d'opposition, cette preuve résulte d'un certificat délivré par le greffier du tribunal qui a ordonné le remboursement ou commis le notaire. Lorsqu'une opposition a été levée par un jugement, il est produit un extrait constatant cette mainlevée. Enfin, en cas de désistement de l'opposition, le fait est également constaté par l'attestation du greffier. Tous ces certificats doivent être donnés sans frais et sur papier non timbré.

25. *Restitution, Surenchère.* — D'après l'article 9, § 1er, de la loi du 23 octobre 1884, le bénéfice de la loi n'est acquis que quand le prix est devenu définitif par l'expiration du délai des surenchères de huitaine et de quinzaine prévues par les articles 708 et 965 du Code de procédure et 573 du Code de commerce (V. n. 10). Il est donc indispensable de justifier au receveur de l'accomplissement de cette condition. L'avoué poursuivant lui remettra, à cet effet, un certificat délivré également sans frais par le greffier du tribunal du lieu de la vente, et constatant qu'à l'expiration des délais ci-dessus aucune surenchère n'avait été formée.

26. *Délai de la restitution.* — Lorsque toutes les justifications précédentes ont été rapportées, le receveur chargé de l'enregistrement doit exécuter l'ordre de remboursement. L'article 4, § 2, énonce que la restitution doit avoir lieu dans les vingt-trois jours de la vente. Mais, ainsi que le rapporteur de la loi l'a expliqué dans la séance de la Chambre des députés du 16 octobre 1884, cette date ne saurait être prise d'une manière absolue. La loi a parlé du cas le plus ordinaire, où le jugement d'adjudication est présenté à l'enregistrement dans les vingt jours de sa date, et où, par conséquent, le délai d'opposition de trois jours constitue une période utile de vingt-trois jours.

Mais il peut arriver qu'en raison, notamment, de l'existence de jours fériés, le jugement ne soit présenté à l'enregistrement qu'après le vingtième jour de sa date. Dans cette hypothèse, les trois jours accordés aux intéressés pour former opposition peuvent conduire au-delà des vingt-trois jours fixés par le texte de l'article 4. Ce n'est évidemment que quand le délai d'opposition est expiré que le receveur peut être contraint d'opérer la restitution. Les explications du rapporteur ne laissent aucun doute sur ce point. Les énonciations de l'article 4, § 2, ne doivent être considérées que comme se référant *eo quod plerumque fit.*

27. *Payement à l'avoué poursuivant.* — Le remboursement est effectué entre les mains de l'avoué poursuivant. S'il y en a plusieurs, c'est le plus diligent qui doit être préféré. La restitution ne peut être opérée partiellement entre chacun d'eux. En cas de décès ou de cession de l'office, l'avoué poursuivant est remplacé par son successeur ou par celui qui continue en son nom la procédure. Peu importe que le tribunal ait prononcé la distraction des dépens au profit d'un autre officier ministériel. Les termes de la loi sont précis et confient au poursuivant le soin de recevoir le remboursement.

28. *Décharge.* — L'avoué poursuivant donne au receveur une décharge, qui n'a pas été exemptée du timbre ; et comme elle n'a pas pour objet une restitution de droits perçus à la suite d'une erreur dont l'administration doit la réparation, l'exigibilité du timbre est justifiée par les dispositions de la loi générale.

29. *Emploi en dépenses, Remises.* — Les sommes remboursées seront immédiatement portées en dépense sous le titre : « Restitution de droits ; Vente judiciaire. » Mais elles ne seront pas déduites du montant des recettes passibles de la remise. Il sera fait mention de la restitution en marge de l'enregistrement du jugement ou du procès-verbal d'adjudication. Les pièces justi-

ficatives de chaque payement (extrait de l'ordre de restitution, certificats de greffier, extrait du jugement de mainlevée des oppositions, décharge de l'avoué) seront envoyées, chaque mois, avec l'inventaire des pièces de dépenses, au directeur.

Ce dernier délivrera, dans le courant du mois de décembre de chaque année, pour chaque bureau, un mandat unique, auquel sera annexé un état récapitulatif des remboursements opérés pendant l'année, ainsi que toutes les pièces justificatives des payements partiels. Ces dispositions feront, d'ailleurs l'objet d'instructions spéciales de la part du service de la comptabilité publique.

30. *Prescription.* — Le projet de loi présenté par le gouvernement, le 14 janvier 1878, renfermait une disposition portant que la demande en restitution devrait être faite dans les deux ans de l'enregistrement du procès-verbal d'adjudication. Cet article, qui soumettait l'action du poursuivant à la prescription biennale, n'a pas été maintenu. Il y a donc lieu de faire à la créance du poursuivant l'application de la règle générale relative aux créances sur l'État, et d'après laquelle le délai de la restitution est de cinq ans à partir de l'ouverture de l'exercice auquel appartient la restitution ordonnée (L. 29 janv. 1831, art. 9).

La loi du 23 octobre 1884 ne renferme aucune limitation de délai en ce qui concerne la restitution des droits perçus sur les actes de procédure. Quoique la perception remonte à plus de deux ans au moment de l'adjudication, la perception biennale établie par l'article 61 de la loi du 22 frimaire an VIII ne saurait être invoquée : elle se trouve *abrogée* par les dispositions générales et absolues de l'article 3, § 1er, de la loi nouvelle.

31. *Effet limité de la loi.* — La dispense d'impôt accordée par voie de restitution aux actes de la procédure, est spéciale à la poursuite de vente. Il est certain que ces actes ne sauraient être utilisés à d'autres fins et que, dans ce dernier cas, les droits redeviendraient exigibles. Telle serait, notamment, l'hypothèse où un cahier des charges, comprenant des lots retirés de la vente et d'autres lots vendus par un procès-verbal tombant sous l'application de la loi, servirait plus tard à la mise aux enchères des lots retirés de la première adjudication et serait suivi d'une vente dont le prix principal dépasserait 2,000 francs.

Le droit restitué sur le cahier des charges deviendrait alors recouvrable. Il appartiendra au service de constater ces faits par les moyens dont il dispose, et d'en assurer la répression.

32. *Employés supérieurs.* — Les employés supérieurs trouveront les états de frais annexés aux jugements ou aux procès-verbaux d'adjudication. Ils s'assureront qu'aucune somme n'a été restituée en dehors des cas prévus, et ils rendront compte de leurs investigations dans leur rapport sur la gestion des comptables.

33. *Date de l'exécution de la loi.* — Les dispositions nouvelles ne sont applicables qu'aux ventes judiciaires d'immeubles dont la poursuite n'était pas commencée avant la promulgation de la loi.

34. *Statistique.* — Les directeurs feront connaître sommairement à l'administration, dans l'état comparatif des produits de chaque année, après l'indication des causes générales des augmentations et des diminutions, comment la loi du 25 octobre 1884 a été exécutée et à quel chiffre se sont élevées les restrictions pendant chaque exercice.

— *Conseil de famille, Ventes d'immeubles, Homologation, Partage, Excès de pouvoir.* — S'il est vrai que l'homologation, par le tribunal, d'une délibération du conseil de famille d'un mineur concernant la vente des immeubles de celui-ci ne peut avoir lieu, aux termes des articles 458 du Code civil et 855 du Code de procédure, que sur rapport et en chambre du conseil, il en est autrement de l'homologation des partages dans lesquels les mineurs sont intéressés.

La mère de famille tutrice et usufruitière des biens de ses enfants mineurs tient de la loi le pouvoir de placer sous sa responsabilité, et comme elle l'entend, l'argent et les valeurs mobilières de ces mineurs, et le Tribunal qui, appelé à homologuer un partage intervenu entre le tuteur *ad hoc* des mineurs et la mère tutrice, impose à celle-ci l'obligation de faire un emploi déterminé, méconnaît les droits du tuteur et commet un excès de pouvoir, alors surtout que cette mesure n'a été réclamée ni par le conseil de famille, ni par le tuteur *ad hoc*.

Rejet, sur le moyen de forme, et cassation sur le moyen du fond, après délibéré en chambre du conseil, sur le pourvoi de Mme veuve Alégatière, d'un arrêt rendu à son préjudice par la Cour de Lyon le 8 juillet 1876 (Cass., ch. civ., 19 et 24 fév. 1879; — *Droit* du 26 fév. 1879).

Héritiers sous bénéfice d'inventaire, Voie de requête. — La vente d'immeubles dépendant d'une succession bénéficiaire doit

être provoquée par voie de requête et non par voie d'ajournement (Cass., 13 août 1874, S. 75-1-241).

— *Mineur, Renvoi devant notaire.* — La vente d'immeubles
appartenant à des mineurs peut avoir lieu, soit à l'audience des
criées du Tribunal, soit devant un notaire, suivant que l'un ou
l'autre mode présente plus d'avantages pour les parties; (Lyon,
6 juill. 1876, S. 77-2-207 ; — Rouen, 27 déc. 1876, S. 77-2-207 ;
— Rouen, 3 janv. 1877, S. 77-2-207 ; — Lyon, 20 juill. 1878, S.
79-2-330 ; — Bourges, 21 juill. 1879, S. 79-2-330 ; — Riom,
20 août 1879, S. 79-2-330). Il en est de même à l'égard de
la vente des meubles dépendant d'une succession bénéficiaire. (Lyon, 6 juill, 1875, *précité*), et de la vente par licitation d'immeubles indivis ; (Rouen, 27 déc. 1876 *précité*). Et
la règle suivant laquelle les ventes sur licitation de biens de
mineurs doivent avoir lieu à la barre du tribunal ne doit souffrir
d'exception qu'autant que des circonstances de faits telles que
l'éloignement des immeubles du lieu où siège le tribunal ou leur
peu d'importance permettent de penser que la vente sera plus
avantageuse sur le lieu de la situation et devant un notaire commis ; (Lyon, 17 déc. 1874, S. 76-2-15). Et le tribunal pour commettre un notaire doit avoir égard, dans la désignation de ce
notaire, à l'intérêt des parties : c'est là la seule règle qui doive
le guider (Rouen, 23 mars 1878, S. 78-2-304; — Cass. 20 janvier 1880, S. 80-1-209 ; — V. sur ces questions, *Dict.*, n. 1398).

— *Biens de mineurs, article* 717 *du Code civil.* — L'article 717 du
Code civil aux termes duquel le jugement d'adjudication sur
saisie immobilière purge toutes les hypothèques et ne laisse plus
aux créanciers d'action que sur le prix n'est pas applicable en
matière de vente de biens de mineurs (Bourges, 12 janv. 1876,
S. 77-2-101).

— *Renvoi devant notaire, Droits des avoués.* — Les avoués de
première instance ont exclusivement le droit de remplir les formalités préalables aux ventes judiciaires de biens immeubles
renvoyées devant notaire alors même que ce renvoi a lieu par
un arrêt infirmatif. Les avoués d'appel ne peuvent prétendre en
cette matière qu'à eux seuls appartient de suivre l'exécution de
l'arrêt infirmatif (Besançon, 13 fév. 1873, S. 73-2-176).

— *Jugement ordonnant une baisse de prix, Délai d'appel.* —
Les délais pour interjeter appel d'un jugement qui ordonne la
vente d'immeubles sur baisse de mise à prix, sont fixés par l'article 442 du Code de procédure civile et les articles 973 et 731
dudit Code ne lui sont pas applicables (Paris, 7 mai, art. 864,
t. 5, p. 348).

— *Adjudication, Immeuble indivis, Éviction, Créancier pour-suivant, Responsabilité, Erreur excusable.* — Le créancier qui a saisi et fait vendre en totalité un immeuble indivis entre son débiteur et un tiers n'est pas responsable du préjudice éprouvé par l'adjudicataire évincé, lorsque l'erreur est reconnue excu-sable.

Il en est ainsi spécialement lorsque, d'une part, la possession exclusive du débiteur saisi, les actes de disposition émanés de lui, et les énonciations du cadastre donnaient lieu de croire que l'immeuble saisi appartenait exclusivement à ce débiteur, et que, d'autre part, les droits de son copropriétaire étaient ignorés et incertains (Cass., 23 juill. 1879, art. 182. t. 1er, p. 490).

— *Cahier des charges, Contestation, Compétence.* — Quand le tribunal du lieu de l'ouverture d'une succession, saisi d'une de-mande de vente des immeubles, a commis rogatoirement un autre tribunal pour procéder à l'adjudication de certains im-meubles, c'est devant ce dernier tribunal et non devant le tribunal déléguant que doivent être portées les contestations élevées sur le cahier des charges (Paris, 9 avril 1880, art. 141, t. 1er, p. 411).

— *Droit de transcription, Débiteur, Licitation, Avoué.* — L'avoué qui présente à la transcription au bureau des hypothè-ques un acte donnant lieu au droit proportionnel de transcrip-tion à 1 fr. 50 c. p. 100 (dans l'espèce, une adjudication sur lici-tation au profit d'un tiers concessionnaire de l'un des copropri-é-taires), est personnellement débiteur du droit vis-à-vis de l'ad-ministration (Tribunal de Montargis, 23 juin 1879, art. 193, t. 1er, p. 536).

— *Stipulation accessoire quant aux frais en dehors de la taxe, Nullité.* — Est nulle comme modifiant la mise à prix sans l'in-tervention du juge la clause par laquelle, dans un cahier des charges rédigé par un notaire commis en matière de vente judi-ciaire d'immeubles, il est stipulé que les adjudicataires payeront tant pour cent du prix d'adjudication pour tous frais postérieurs au jugement qui ordonne la vente, la différence entre le tant pour cent et la taxe devant tourner au profit ou à la perte des vendeurs (Nancy, 28 mars 1874, S. 74-2-243 ; — Cass., 7 avril 1875, S. 75-1-175).

Est nulle également la clause qui attribue au notaire d'autres droits que ceux fixés par le tarif (Nancy, 28 mars 1874, pré-cité).

— *Adjudication volontaire, Cahier des charges, Frais, Notaire, Taxe, frais et honoraires, Taxe, Vendeur, Ordre public, Sti-pulation contraire.* — Lorsque le cahier des charges dressé

pour la vente sur adjudication volontaire d'un immeuble, sti-
pule que les frais seront payés en l'étude et dans les mains du
notaire, l'adjudicataire a le droit de se libérer entre les mains
de ce dernier, sans que, par un accord concerté entre l'officier
public et le vendeur, il soit contraint de verser les frais à celui-
ci, qui aurait, dans ce but, préalablement désintéressé le notaire.

Par suite, cet adjudicataire est fondé à faire des offres réelles
au notaire pour les frais taxés et à poursuivre la validité de ces
offres restreintes à la taxe, quel que soit d'ailleurs le droit de
l'officier public d'agir contre le vendeur pour le cas où l'adjudicataire n'aurait point acquitté ces frais.

La réduction résultant en ce cas de la taxe des frais et honoraires stipulés par le cahier des charges ne peut profiter au vendeur, les dispositions de l'article 173 du tarif du 16 février 1807
en matière d'adjudication volontaire n'étant opposables qu'au
notaire seul (Décr. 16 fév. 1807, art. 173 ; — Ord., 10 oct. 1881,
art. 18).

En matière de ventes volontaires comme en matière de ventes
judiciaires, la taxe des frais est d'ordre public, et toute stipulation qui tend directement ou indirectement à soustraire le notaire à l'application des tarifs est frappée d'une nullité absolue
(Cass. req., 22 août 1882, art. 675, t. 4, p. 317).

— *Droits de fixation de mise à prix et de vacation à l'adjudication pour les avoués colicitants, Action en partage, Contestations
sur le fond, Taxe des dépens comme matière ordinaire.* — 1° En matière de licitation sans expertise préalable, les avoués colicitants
ont droit, aussi bien que l'avoué poursuivant, aux termes de l'article 10, § 4, de l'ordonnance du 10 octobre 1841, à l'allocation
de 25 francs pour travaux et démarches nécessités par le lotissement et la fixation de la mise à prix des immeubles à liciter ;

2° Le droit de 15 francs à Paris et de 12 francs dans le ressort
pour vacation à l'adjudication, est alloué aux avoués colicitants
aussi bien qu'à l'avoué poursuivant par l'article 11, § 8, de la
même ordonnance ;

3° Les dispositions de l'article 823 du Code civil ne s'appliquent qu'aux incidents de procédure survenant au cours d'une
action en partage. Mais dans le cas de contestation sur le fond du
droit survenant au cours d'une action semblable, les dépens exposés sur les contestations doivent être taxés comme matière ordinaire (Trib. civ. de Bayeux, 10 mai 1883, art. 720, t. 4, p. 451).

— *Vente amiable, Avoué, Remise proportionnelle, Honoraires
extraordinaires* (Art. 386, t. 3, p. 49).

— *Command (Déclaration de), Jour férié, Délai.* — a prolongation du délai édictée par l'article 1033 du Code de procédure, ne s'applique qu'aux ajournements, citations et autres actes signifiés à personne ou à domicile, et ne saurait être étendue aux procédures qui doivent, d'après la loi, être accomplies dans un délai déterminé ; spécialement, l'avoué dernier enchérisseur, tenu, d'après la loi, de souscrire au greffe du tribunal, dans les trois jours de l'adjudication, la déclaration d'adjudicataire, sous peine d'être réputé acquéreur personnel, ne peut pas faire cette déclaration le quatrième jour, lorsque le troisième jour est un dimanche ou un jour férié. — La déclaration formée à cette date constitue une seconde mutation passible d'un nouveau droit proportionnel de vente (Cass., 4 avril 1881, art. 437, t. 3, p. 230).

— *Enregistrement, Command, Déclaration par l'avoué, Délai de trois jours, Jour férié, Vente devant notaire, Avoué adjudicataire en son nom, Seconde transmission.* — La vente sur conversion de saisie renvoyé devant notaire en vertu de l'article 743 du Code de procédure civile, est soumis aux formalités et conditions des ventes des biens de mineurs, et par suite aux dispositions de l'article 707 du Code de procédure civile.

L'article 707 du Code de procédure civile qui accorde un délai de trois jours à l'avoué, dernier enchérisseur, pour déclarer l'adjudicataire, ne distingue pas s'il y a ou non des jours fériés dans le délai.

En conséquence l'avoué qui laisse passer le délai de trois jours sans faire de déclaration, le dernier jour, fût-il férié, est réputé adjudicataire en son nom (art. 707). Et la déclaration qu'il fait ensuite en sa faveur d'un tiers lui ayant donné pouvoir, constitue une nouvelle transmission de l'immeuble et donne lieu à un nouveau droit proportionnel (Cass. civ., 31 déc. 1883, art. 842, t. 5, p. 294).

— *Vente d'immeubles appartenant à un failli, Jugement, Recevabilité, Tierce opposition, Syndic, Créancier, Faillite, Vente des immeubles avant l'union, Poursuites de saisie commencées par un créancier, Opposition, Continuation des poursuites.* — Les dispositions de l'article 583 (C. comm.), sont exclusivement applicables aux ventes mobilières.

Un créancier hypothécaire qui prétend avoir à l'exclusion du syndic le droit de réaliser les immeubles n'est pas représenté par ce dernier dans la requête tendant à obtenir l'autorisation de vendre. Il peut donc former tierce opposition au jugement qui a ordonné la vente, poursuite du syndic.

Jusqu'à l'époque de l'union, les créanciers hypothécaires du failli conservent le droit de poursuivre l'expropriation des immeubles. Les syndics, avant l'union, peuvent bien être admis à poursuivre la vente, avec l'intervention du failli, l'avis conforme du juge-commissaire et l'autorisation du tribunal ; mais cette autorisation ne peut être accordée aux syndics en présence d'une poursuite commencée par un créancier hypothécaire (Nancy, 17 juill. 1882, art. 473, t. 3, p. 346).

VENTE PUBLIQUE DE MEUBLES. — *Commissaire-priseur, Comice agricole, Bestiaux.* — Le ministère du commissaire-priseur est obligatoire pour la vente aux enchères faite par un comice agricole de bestiaux lui appartenant lorsque la faculté d'enchérir est accordée non seulement aux membres du comice, mais encore à toute personne sous la seule condition de déclarer séance tenante qu'elle veut faire partie du comice (Cass., 6 mars 1877, S. 77-1-291). Il en est autrement lorsque la faculté d'enchérir est rigoureusement limitée aux seuls membres actuels du comice (Cass., 6 mars 1877, S. 77-1-291).

— *Commissaire-priseur, Arbres d'une pépinière.* — Les arbres d'une pépinière plantés par un jardinier sur un terrain dont il n'est que le locataire doivent être considérés comme meubles et, par suite, les commissaires-priseurs ont seul le droit d'en opérer la vente aux enchères dans le lieu de leur résidence (Trib. de Troyes, 18 oct. 1872, S. 73-2-22).

— *Commissaire-priseur, Stipulation de terme et de garantie.* — Les commissaires-priseurs ont le droit exclusif de procéder à la vente publique de meubles avec stipulation de terme ou de garantie aussi bien qu'au comptant (Besançon, 28 juill. 1877, S. 78-2-133).

— *Vente de meubles aux enchères.* — *Vente volontaire, Opposition, Consignation, Opposition, Officier public ou ministériel, Payement, Responsabilité.* — 1° Au cas de vente volontaire de meubles aux enchères, une simple opposition sur le prix entre les mains de l'officier public ou ministériel qui a procédé à la vente suffit pour obliger celui-ci à consigner ce prix sans qu'il soit nécessaire de remplir les formalités prescrites en matière de saisie-arrêt ;

2° L'officier public ou ministériel n'est pas juge du mérite de l'opposition qui a été formée entre ses mains sur le prix de la vente mobilière à laquelle il a procédé, et sa responsabilité est engagée si, au lieu de consigner ce prix, il le paye au vendeur ou à un créancier de ce dernier (Rennes, 28 mars 1880, art. 255, p. 177).

— *Impôt, Déclaration par le commissaire-priseur* (Doctrine ; art. 199, t. 2, p. 7).

— *Vente de mobilier.* — *Vente volontaire par l'intermédiaire d'un officier ministériel, Insolvabilité d'un acquéreur, Action en responsabilité, Article 625 du Code de procédure civil, Mandat, Rejet, Serment décisoire, Pouvoir d'appréciation du juge.* — L'article 626 du Code de procédure civile, qui déclare les officiers ministériels qui ont procédé à une vente mobilière responsables des prix d'adjudication, est spécial aux ventes judiciaires ; — cette responsabilité, résultant de la règle posée par l'article précédent : « obligation de vendre au comptant, » ne saurait s'étendre aux ventes volontaires faites par l'intermédiaire d'un officier ministériel, alors surtout que, comme dans l'espèce, les délais de payement ont été accordés par les parties requérantes.

Si le serment décisoire peut être déféré par une partie à son adversaire en tout état de cause, il faut que son résultat soit de nature à terminer la contestation d'une manière péremptoire, sans quoi il n'est pas pertinent et peut, par conséquent, être rejeté par le juge (Trib. civ. de Coulommiers, 21 juill. 1882, art. 595, t. 4, p. 110).

— *Marchandises neuves, Faillite, Lieu de vente, Compétence.* — Le tribunal de commerce du lieu de la faillite peut autoriser le syndic à faire, en dehors des limites de son arrondissement, une vente de marchandises neuves dépendant de cette faillite (C. comm., 486 ; — L. 25 juin 1841, art. 4 ; — Rennes, 1er fév. 1881 ; — art. 428, t. 3, p. 214).

— *Prix, Opposition, Saisie-arrêt, Formalités, Consignation, Officier ministériel, Responsabilité, Garantie.* — En cas de vente publique volontaire de meubles il suffit, comme dans le cas de vente, sur saisie-exécution, d'une simple opposition entre les mains de l'officier ministériel qui a procédé à la vente pour en arrêter le prix et contraindre cet officier à en consigner le montant. Cette opposition n'a besoin d'être ni dénoncée, ni contre-dénoncée, ni suivie d'une demande en validité (C. proc., 609, 610, 656, 657 ; — Ordonn. 3 juill. 1816, art. 2, § 8, et art. 8).

L'officier public, vendeur de meubles, entre les mains duquel une opposition a été formée, n'est pas juge du mérite ou de la validité de cette opposition, et il engage sa responsabilité, lorsqu'il ne se conforme pas à l'obligation de consigner, qui lui est imposée par la loi et prend sur lui, au mépris de cette opposition, de payer au propriétaire des meubles une partie du prix (C. civ., 1382).

Mais au cas où ce dernier connaissant l'existence de l'opposition, s'est ainsi fait indûment remettre une fraction du produit de la vente, il doit garantir l'officier ministériel des condamnations prononcées contre lui au profit de l'opposant (Rennes, 20 mars 1880, art. 427, t. 3, p. 206).

— *Faillite, Mobilier du failli, Marchandises, Greffier du tribunal de commerce.* — Les greffiers des tribunaux de commerce ne peuvent être commis par les syndics d'une faillite pour faire la vente publique du mobilier du failli: ce droit appartient aux seuls greffiers de justice de paix.

Mais les greffiers des tribunaux de commerce peuvent, comme tous les autres greffiers, être choisis par le syndic, à l'effet de procéder à la vente publique des marchandises provenant de la faillite (Besançon, 29 juin 1881, art. 526, t. 3, p. 495).

VÉRIFICATION D'ÉCRITURE. — *Lettre anonyme, Articles 1322, 1324 du Code civil., 173 et suivants du Code de procédure civile.* — Une action principale en vérification d'écriture n'est admissible qu'à la condition d'être justifiée par un intérêt quelconque (Toulouse, 5 août 1882, art. 509, p. 429 ; — V. aussi Douai, 8 fév. 1879, S. 80-2-285).

— *Faculté d'examen.* — Rien ne s'oppose à ce que les juges vérifient eux-mêmes une écriture déniée, et ils ne sont pas astreints pour cela aux règles établies par la loi pour les vérifications par enquête ou par experts (Cass., 7 fév. 1882, art. 544, t. 3, p. 542).

— *Signature déniée, Vérification d'écriture, Appréciation souveraine des tribunaux.* — Lorsque la signature d'une convention est déniée devant un tribunal, celui-ci peut passer outre, s'il juge que la dénégation est sans influence notable sur la solution du litige (Trib. comm. de Nantes, 18 mars 1882, art. 761, t. 5, p. 57).

— *Incompétence du tribunal de commerce, Recevabilité d'appel, Motif et dispositif des conclusions.* — Le tribunal de commerce est incompétent pour statuer sur une opposition à un jugement de défaut basée sur ce que l'opposant n'est pas le signataire du billet dont le payement est réclamé, la vérification d'écriture devant se faire devant le tribunal civil (427, C. proc.).

La dénégation d'écriture formellement inscrite dans les motifs de l'opposition renferme implicitement une demande de vérification bien que le dispositif ne tende qu'à la rétractation du jugement au fond.

Dès lors, le tribunal de commerce qui juge au fond, sans s'expliquer sur cette vérification de laquelle peut ressortir le renvoi devant juridiction civile, rend une décision irrégulière.

Cette décision est toujours susceptible d'appel parce qu'elle touche à la compétence 425 (Lyon, 12 mai 1883, art. 686, t. 6, p. 360).

— *Appel, Envoi de la minute sous pli chargé.* — Une Cour d'appel saisie d'une demande en vérification d'écriture peut-elle ordonner que le greffier de première instance adressera sous pli chargé au greffe de la Cour la minute de l'obligation arguée de faux ? (Angers, 23 juill. 1889, art. 69, t. 1er, p. 168).

— *Envoi de la minute sous pli chargé.* (Doctrine ; Art. 198, p. 5).

— *Désaccord sur l'admission des pièces de comparaison, Renvoi au tribunal, Écrits privés, Solidarité, Reconnaissance formelle, Héritiers, Titres authentiques.* — En cas de désaccord sur l'admission des titres devant servir à l'expertise, le différend doit être porté devant le tribunal.

Tout document non authentique, méconnu par une partie intéressée, doit être rejeté de l'expertise, alors même que ce document porterait obligation solidaire et que le refus de reconnaissance serait opposé par celui-là des obligés solidaires qui aurait payé le montant de l'obligation sur laquelle figure la signature à vérifier.

Le fait d'avoir acquitté une obligation solidaire implique reconnaissance de sa propre signature, mais non celle des autres cosignataires de cette obligation.

Une reconnaissance formelle d'un titre est indispensable pour le faire admettre comme pièce de comparaison.

L'héritier peut se borner à déclarer ne pas reconnaître l'écriture ou la signature de son auteur (Trib. de Bonneville, 2e ch., 4 mars 1882, art. 432, t. 3, p. 224).

— *Comparution des parties devant le juge-commissaire pour convenir des pièces de comparaison, Articles 199 du Code de procédure civile* (art. 760, t. 5, p. 49).

— *Pièces de comparaison, Comparution, Avoué.* — Le demandeur en vérification d'écriture peut être valablement représenté par son avoué devant le juge-commissaire chargé de procéder à l'examen des pièces de comparaison (Trib. civ. de la Seine (6e ch.), 18 déc. 1883, art. 892, t. 5, p. 441).

VOYAGE. — *Frais, Matières sommaires.* — L'article 146 du Tarif du 16 février 1807, qui règle le compte des débours de voyage faits par une partie en vue de son procès, s'applique aux matières sommaires comme aux matières ordinaires.

L'indemnité allouée par cet article à la partie qui a régulièrement affirmé, par acte au greffe, avoir fait le voyage en vue de son procès, ne peut lui être refusée sous le prétexte que ce voyage aurait été déterminé par d'autres motifs que le procès lui-même, ou utilisé pour d'autres intérêts ;

Les 3 francs par myriamètre, alloués à forfait par l'article 146, doivent se calculer du domicile de la partie, jusqu'au lieu où siège le tribunal chargé du litige pendant, et non pas seulement depuis la frontière de France ;

Lors même qu'il n'y aurait pas lieu à application de l'article 146 en matière sommaire, le juge est investi, par le dernier paragraphe de l'article 67 du Tarif de 1807, du plein pouvoir d'allouer à la partie, les débours de voyage justifiés par elle ;

Et ces débours qui comprennent, outre les frais de transport pour l'aller et le retour, *les frais de séjour*, étant nécessairement toujours supérieurs au total des 3 francs par myriamètre, alloués par l'article 146, la partie condamnée aux dépens est sans intérêt à opposer la non-application de l'article 146 à la matière sommaire (Paris, 16 mars 1880, art. 102, t. 1, p. 264).

APPENDICE

DIVORCE

—

INSTRUCTIONS

De la Chambre des Avoués, près le Tribunal civil de la Seine, concernant les principales questions de procédure relatives à l'application de la loi sur le divorce.

CHAPITRE PREMIER

DEMANDE DIRECTE A FIN DE DIVORCE

ARTICLE 236.

Toute demande en divorce détaillera les faits : elle sera remise, avec les pièces à l'appui, s'il y en a, au président du tribunal ou au juge qui en fera les fonctions, par l'époux demandeur en personne, à moins qu'il n'en soit empêché par maladie : auquel cas, sur sa réquisition et le certificat de deux docteurs en médecine ou en chirurgie, ou de deux officiers de santé, le magistrat se transportera au domicile du demandeur pour y recevoir sa demande.

La requête que le demandeur *en personne* doit présenter à M. le président du tribunal *peut* assurément être signée par le demandeur. Doit-elle être signée d'un avoué ?

L'affirmative résulte de l'article 79, paragraphe 3 du Tarif, lequel alloue un droit de 15 francs à l'avoué, pour rédaction « de « la requête de l'époux qui se pourvoit en divorce pour cause « déterminée, contenant le détail des faits » et le paragraphe 3 renvoie à l'article 236 du Code civil.

ARTICLES 236, 237, 238, 239 et 240.

Le juge, après avoir entendu le demandeur, et lui avoir fait les observations qu'il croira convenables, paraphera la demande et les pièces, et dressera procès-verbal de la remise du tout en ses mains. Ce procès-verbal sera signé par le juge et par le demandeur, à moins que celui-ci ne sache ou ne puisse signer ; auquel cas il en sera fait mention.

Le juge ordonnera au bas de son procès-verbal, que les parties comparaîtront en personne devant lui, au jour et à l'heure qu'il indiquera ; et qu'à cet effet, copie de son ordonnance sera par lui adressée à la partie contre laquelle le divorce est demandé.

Au jour indiqué, le juge fera aux deux époux, s'ils se présentent, ou au demandeur, s'il est seul comparant, les représentations qu'il croira propres à opérer un rapprochement ; s'il ne peut y parvenir il en dressera procès-verbal, et ordonnera la communication de la demande et des pièces au ministère public, et le référé du tout au tribunal.

Dans les trois jours qui suivront, le tribunal, sur le rapport du président ou du juge qui en aura fait les fonctions et sur les conclusions du ministère public, accordera ou suspendra la permission de citer. La suspension ne pourra exercer le terme de vingt jours.

Ces cinq articles organisent un préliminaire de conciliation qui comporte trois phrases distinctes ;

La première (art. 236), où le demandeur paraît *seul* devant M. le président ;

La deuxième (art. 238 et 239), où les *deux* époux paraissent devant le même magistrat ;

La troisième enfin (art. 240), où le *tribunal*, en chambre du conseil, en dehors des parties, sur le référé qui lui en est fait par le magistrat conciliateur, accorde ou suspend la permission de citer, ou mieux d'assigner,

Jusqu'au jugement de l'article 240, les parties comparaissent seules ; et si la requête du demandeur est signée et doit être signée d'un avoué, c'est le demandeur seul en personne qui est introduit devant le magistrat. De même le défendeur est seul, sans assistance d'aucune sorte.

La circulaire du 8 novembre, émanée de la Chambre des avoués, indique les formalités matérielles à remplir pour le bien du service.

Le jugement rendu sur le rapport du magistrat conciliateur clôt les préliminaires, les tentatives de conciliation, au même titre que l'ordonnance autorisant à suivre en matière de séparation de corps. De même et en conséquence de cette assimilation le jugement prévu par l'article 240 statuera à titre provisoire et à raison de la nature urgente des mesures (comme le fait la seconde ordonnance en matière de séparation) sur les mesures *provisoires* : résidence de la femme, garde des enfants, etc.

· Il n'a pas à statuer sur la pension et la provision : ce sera l'objet de la décision qui commence la quatrième phase de la procédure (art. 241 et suiv).

La jurisprudence reconnaît que la première requête présentée en matière de séparation de corps commence, en réalité, l'instance. C'est ce qu'a jugé un arrêt de la Cour de cassation du 27 juillet 1825 (Sirey, 1825-I-161), en disant « que, si le prési-
« dent du tribunal civil fait l'office de conciliateur, il fait en
« même temps celui de juge, puisqu'il autorise, par une ordon-
« nance qu'il rend à cet effet, la femme à se retirer dans une
« maison qu'il indique, etc... Et la Cour déclare que c'est du
« jour de la requête présentée au président du domicile conjugal
« et non pas seulement du jour de l'assignation que le tribunal
« est saisi et que le même tribunal doit conserver la connais-
« sance de la demande, nonobstant tout changement ultérieur
« de domicile du mari. » (V. décision analogue : Cass., 9 déc. 1880, Sirey, 1882-1-103).

Par application de ces principes, pour éviter une déchéance, au cas où il y aurait lieu d'opposer l'incompétence, il sera nécessaire que le défendeur demande acte de l'exception proposée au jour où il se présente en conciliation dans les termes des articles 238 et 239.

Le magistrat conciliateur en donnera acte sans y statuer et l'exception pourra être utilement plaidée ultérieurement. Il en serait peut-être autrement si la comparution avait eu lieu sans réserve, l'exception pourrait être considérée comme couverte.

ARTICLES 241, 242, 243, 244, 245 ET 246.

Le demandeur, en vertu de la permission du tribunal, fera citer le défendeur, dans la forme ordinaire à comparaître en personne à l'audience à huis-clos, dans le délai de la loi ; il fera donner copie, en tête de la licitation de la demande en divorce et des pièces produites à l'appui.

Avec l'exécution de l'article 240 et le jugement sur référé qui accorde l'autorisation de citer, cesse le préliminaire de conciliation.

1° Le demandeur fait citer (assigner) le défendeur à comparaître *en personne*, *à huis-clos*, en vertu d'une ordonnance indiquant le jour de la comparution et la distribution, le tout conformément à la circulaire du 8 novembre ; à partir de ce moment, le rôle de l'avoué devient obligatoire pour les deux parties.

La citation, qui n'est autre qu'une assignation, doit contenir constitution d'avoué. Et le défendeur, tout en étant cité à comparaître en personne, est obligé de constituer avoué dans les termes ordinaires, sous peine d'être jugé par défaut. La loi l'a si bien compris ainsi, pour le défendeur aussi bien que pour le demandeur, que l'article 82, § 27, du tarif alloue 6 francs à l'avoué « *pour assister à huis-clos les époux* dans ce cas de demande en divorce, représenter les pièces, faire les observations et indiquer les témoins ».

Un placet sera rédigé, signé de l'avoué dans les termes ordinaires.

2° C'est à ce moment de la procédure que devront être soulevées par conclusions posées dans les termes ordinaires les questions de compétence, et aussi la fin de non-recevoir résultant de la réconciliation. On pourra, dans les mêmes conclusions, soulever les questions de pension et de provision.

Toutes ces questions seront ultérieurement traitée en *audience publique*. C'est ce qui résulte de la combinaison des articles 245 et 246 qui prescrivent le renvoi à l'audience publique (art. 245), et établissent l'ordre des décisions, d'abord sur les fins de non-recevoir ensuite, et s'il y a lieu, au fond (art. 246).

Le tribunal, après avoir reçu à *huis-clos* l'indication des incidents soulevés, renverra à l'audience publique, conformément à l'article 245, en donnant acte tant des fins de non-recevoir, s'il en a été opposé, que du surplus des chefs soulevés.

Le défendeur qui n'aura pas opposé, à huis-clos l'incompétence, sera-t-il déchu ?

Non, s'il n'a pas conclu au fond, mais pourvu qu'il ait demandé acte de ses réserves lors de la comparution première en conciliation, par analogie tirée de l'arrêt de 1835 *précité*. Il ne devra pas même conclure sur la pension et la provision, ni sur aucun autre chef, s'il veut se réserver l'exception d'incompétence. — Il pourra alors l'opposer à l'audience publique.

En d'autres termes, les conclusions au fond peuvent toujours être ajournées dans l'audience à huis-clos pour n'être posées qu'en audience publique. Elles *doivent* être ajournées si une fin de non-recevoir doit ou peut être opposée.

CONCLUSION : Dans la pratique, ne jamais conclure au fond, à l'audience à huis-clos.

Ce que nous avons dit des questions de pension et de provision, s'applique aussi à la garde des enfants, pour le cas où le jugement de référé rendu en conformité de l'article 240 n'y aurait pas statué.

Le procès-verbal prévu par l'article 244 qui précède immédiatement le renvoi à l'audience publique (245), doit dans tous les cas être clos avant ce renvoi, et, en même temps, est close définitivement la phase de la procédure à huis-clos.

Le tribunal, saisi en vertu de l'article 245, entend les plaidoiries et statue conformément à l'article 246.

Revenons maintenant aux articles 242, 243 et 244,

ARTICLE 242.

A l'échéance du délai, soit que le défendeur comparaisse ou non, le demandeur en personne, assisté d'un conseil, s'il le juge à propos, exposera ou fera exposer les motifs de sa demande ; il représentera les pièces qui l'appuient, et nommera les témoins qu'il se propose de faire entendre.

Que veulent dire ces mots : « Le demandeur assisté d'un conseil, s'il le juge à propos ». Si l'on reconnaît que le ministère de l'avoué est obligatoire, et cela est constant, le *conseil* dont parle l'article 242 n'est et ne peut être, *en sus de l'avoué*, qu'un des membres du barreau, les avocats ayant seuls qualité pour plaider devant les tribunaux civils.

Désignation des témoins. — L'ARTICLE 242, *in fine,* impose au demandeur l'obligation de désigner ses témoins dans l'audience à huis-clos.

L'ARTICLE 243 impose la même obligation au défendeur au même moment.

Les avoués remettront une note dans laquelle les témoins seront désignés, et par ce mot *désignés*, il faut entendre l'indication des noms, professions et domicile.

Dans la pratique, à ce moment de la procédure, la désignation des témoins sera difficilement complète. Il sera prudent, tout en indiquant, autant que possible, ceux qui seront déjà connus, de réserver à la partie le droit d'en nommer d'autres.

On remarquera que si l'article 242, confirmé par l'article 248, exige la comparution du demandeur en personne, l'article 243 autorise le défendeur à se faire représenter par un fondé de pouvoir. Ce fondé de pouvoir ne peut être autre que l'avoué, accompagné ou non d'un avocat qui serait chargé de développer en audience publique les conclusions relatives : par exemple, à l'incompétence, à la réconciliation, à la pension, etc.

ARTICLE 243.

Si le défendeur comparaît en personne ou par un fondé de pouvoir il pourra proposer ou faire proposer ses observations, tant sur les motifs de la demande que sur les pièces produites par le demandeur et sur les témoins par lui nommés. Le défendeur nommera de son côté, les témoins qu'il se propose de faire entendre, et sur lesquels le demandeur fera réciproquement ses observations.

Procès-verbal signé des parties, dit l'article 243, ou du fondé de pouvoir, en ce qui concerne le défendeur (pour être d'accord avec le texte précis de l'article 242).

Quid, si le *demandeur* ne comparaît pas en personne au jour indiqué par l'assignation à comparaître à huis-clos ? — L'avoué constitué pourra demander la remise en en donnant la raison (maladie, absence, etc.), sinon la demande pourra être supprimée. En cas de suppression, il sera nécessaire de présenter une nouvelle requête et de demander un nouveau jour. Il sera nécessaire, nous le répétons, de justifier de la cause de la remise, par exemple, par la production d'un certificat de médecin ; c'est qu'en effet le *procès-verbal* devra toujours être ouvert ; de là, nécessité pour le bon ordre de rendre ces remises aussi rares que possible.

ARTICLE 245.

Le tribunal renverra les parties à l'audience publique, dont il fixera le jour et l'heure ; il ordonnera la communication de la procédure au ministère public, et commettra un rapporteur. Dans le cas où le défendeur n'aurait pas comparu, le demandeur sera tenu de lui faire signifier l'ordonnance du tribunal, dans le délai qu'elle aura déterminé.

Après la lecture du procès-verbal ordonnée par l'article 244 le tribunal rend au bas du procès-verbal une ordonnance qui termine le *huis-clos.* Cette ordonnance *prescrit* la communication au ministère public et contient la nomination d'un rapporteur. Si le défendeur a fait défaut, il est nécessaire de lui notifier l'ordonnance qui fixe le jour et l'heure *de l'audience publique* conformément à l'article 245, mais l'ordonnance seulement, sans y joindre le surplus du procès-verbal. Si le défendeur a été représenté par un avoué, cette signification est inutile. Toutefois, dans la pratique, pour éviter les erreurs et les oublis, il sera donné un avenir d'avoué à avoué.

ARTICLE 246.

Au jour et à l'heure indiqués, sur le rapport du juge commis, le ministère public entendu, le tribunal statuera d'abord sur les fins de non-recevoir, s'il en été proposé. En cas qu'elles soient trouvées concluantes, la demande en divorce sera rejetée ; dans le cas contraire, ou s'il n'a pas été proposé de fins de non-recevoir, la demande en divorce sera admise.

L'article 246 prévoit le jugement qui statue sur la *recevabilité* de la demande en divorce. Les mots « la demande en divorce sera admise » veulent dire, sera déclarée admissible ou recevable, sauf à statuer *au fond* ultérieurement.

La communication au ministère public, puis au juge rapporteur est obligatoire ; pour que cette communication soit utile, il *sera nécessaire* que les dossiers soient remis trois jours à l'avance, par exemple, le jeudi pour le lundi.

ARTICLE 247.

Immédiatement après l'admission de la demande en divorce, sur le rapport du juge commis, le ministère public entendu, le tribunal statuera au fond. Il fera droit à la demande, si elle lui paraît en état d'être jugée ; sinon, il admettra le demandeur à la preuve des faits pertinents par lui allégués, et le défendeur à la preuve contraire.

« Immédiatement après l'admission de la demande en divorce, « sur le rapport du juge commis, le ministère public entendu « le tribunal statuera au fond. » — Les mots *immédiatement après* ne veulent pas dire : séance tenante et dans la même audience. Ils indiquent *l'ordre* de la procédure en ce sens qu'ils ne supposent pas qu'un acte d'instruction doive intervenir entre le jugement d'admissibilité et celui qui statuera, soit sur le fond si l'affaire est en état d'être jugée, soit sur l'admissibilité du demandeur à la preuve des faits pertinents dans le cas contraire (art. 247, *in fine*).

Mais pour éviter toute difficulté sur ce point, il sera nécessaire que les avoués prennent des conclusions pour demander que le tribunal, en même temps qu'il statuera sur les faits qu'il reconnaîtra pertinents, prononce par le même jugement, un sursis pour « être procédé conformément aux articles 249 et 252, en ce qui touche la preuve testimoniale ». On va voir, en effet, plus loin, qu'à défaut de ce sursis, les articles 247, 249 et 252 seraient absolument réconciliables et inexécutables.

Quid, si dans les termes de l'article 247, une des parties prétend, soit faire prononcer, soit faire rejeter le divorce *de plano* et sans enquête ?

Il semble que dans ce cas le tribunal devra laisser plaider la question ainsi posée et devra prononcer le sursis ci-dessus indiqué, soit sur les conclusions subsidiaires, soit même d'office, par le jugement qui repoussant la décision au fond immédiate, statuera sur les faits reconnus pertinents.

Ce jugement, essentiellement interlocutoire, sera nécessairement susceptible d'appel.

ARTICLES 247, 249, 252.

Aussitôt après la prononciation du jugement qui ordonnera les enquêtes, le greffier du tribunal donnera lecture de la partie du procès-verbal qui contient la nomination déjà faite des témoins que les parties se proposent de faire entendre. Elles seront averties par le président, qu'elles peuvent encore en designer d'autres, mais qu'après ce moment elles n'y seront plus reçues.

Tout jugement qui admettra une preuve testimoniale, dénommera les témoins qui seront entendus, et déterminera le jour et l'heure auxquels les parties devront les présenter.

Le tribunal a, nous le supposons, jugé que la demande ne pouvait recevoir une solution *de plano*. Il a déterminé, quels faits lui paraissent pertinents et rejeté les autres. Enfin, il a déclaré admettre le demandeur à faire sa preuve et le défendeur à faire la preuve contraire. Voilà l'article 247.

L'article 249 ajoute : « Aussitôt après la prononciation du jugement qui ordonnera les enquêtes (c'est le jugement de l'art. 247), le greffier du tribunal donnera lecture de la partie du procès-verbal (art. 244 et 243) qui contient la nomination déjà faite des témoins que les parties se proposent de faire entendre. Elles seront averties par le président qu'elles peuvent encore en désigner d'autres, mais qu'après ce moment elles n'y seront plus reçues ».

Enfin l'article 252 dispose : « Tout jugement qui admettra une preuve testimoniale, dénommera les témoins qui seront entendus, et déterminera les jour et heure, auxquels les parties devront les présenter ». « Tout jugement qui admettra une preuve testimoniale... » C'est le jugement prévu par l'article 247, *in fine*. On exige qu'il dénomme les témoins ; mais aux termes de l'article 249, *après* la prononciation de ce jugement que les parties sont appelées à compléter leurs désignations antérieures. Enfin, aux termes de l'article 250, c'est après cette désignation complémentaire que le tribunal doit statuer sur les reproches.

Comment *concilier* ces diverses dispositions ? Il faut considérer que les décisions doivent se succéder dans l'ordre naturel des choses, et pour rendre pratique autant que possible, une procédure aussi compliquée tout en restant fidèle à la loi ; voici comment il sera procédé :

Premièrement. — Un premier jugement statuera dans les termes de l'article 247 « et, en admettant les parties à la preuve, renverra à une date ultérieure pour être procédé conformément aux articles 249, 250 et 252 » ;

Nous supposons un renvoi à quinzaine. Dans ce délai, les avoués des parties devront faire connaître, par acte du Palais, les noms de leurs témoins respectifs, le demandeur d'abord, dans les cinq jours du jugement ; le défendeur, dans les cinq jours suivants. Des conclusions conformes seront posées à l'audience de quinzaine.

Deuxièmement. — Un deuxième jugement constatant la lecture prescrite par l'article 249 et l'interpellation du président donnera acte aux parties de la désignation de leurs témoins, puis renverra à quinzaine pour les reproches au cas où il s'en produirait.

Troisièmement. — Enfin un troisième jugement statuera sur les reproches, s'il y a lieu, dénommera *définitivement* les témoins qui seront entendus (art. 252) et fixera le jour de l'audition.

Nous le répétons, les témoins doivent toujours être désignés par conclusions signifiées *et posées*. Il en sera de même des reproches.

La procédure en trois parties ou en trois actes est nécessaire, ne fût-ce que par cette raison que chacune des décisions prévues est susceptible d'appel, et que par suite il est nécessaire de donner aux plaideurs le temps de prendre parti. Il en est ainsi spécialement du jugement d'admission prévu par l'article 246.

C'est du reste la procédure qui était conseillée et suivie au lendemain de la promulgation du Code civil (Voir les *Eléments du Droit*, par M. Demiau-Crouzilhac, petit-fils de Furgole, page 563).

ARTICLES 253, 254, 255.

Les dépositions des témoins seront reçues par le tribunal séant à huis-clos, en présence du ministère public, des parties, et de leurs conseils ou amis, jusqu'au nombre de trois de chaque côté.

Les parties, par elles ou par leurs conseils, pourront faire aux témoins telles observations et interpellations qu'elles jugeront à propos, sans pouvoir néanmoins les interrompre dans le cours de leurs dépositions.

Chaque déposition sera rédigée par écrit, ainsi que les dires et observations auxquels elle aura donné lieu. Le procès-verbal d'enquête sera lu tant aux témoins qu'aux parties : les uns et les autres seront requis de le signer ; il sera fait mention de leur signature ou de leur déclaration qu'ils ne peuvent ou ne veulent signer.

Les articles qui règlent les formalités des enquêtes à huis-clos devant le tribunal entier et devant le ministère public, n'exigent aucune observation particulière, sauf ce qui va suivre :

Chaque témoin doit-il signer séparément sa déposition ou seulement le procès-verbal entier ?

La première solution paraît la seule vraie : chaque témoin étant entendu séparément, hors la présence des autres, comment imaginer qu'il puisse signer des parties du procès-verbal relatant des dépositions et des faits auxquels il n'a pas été mêlé ?

Remarquer dans l'article 253 la présence autorisée de trois conseils ou amis. Bien entendu, l'avoué et l'avocat sont compris dans ce nombre de trois.

Il est bien entendu qu'en dehors des conseils on ne doit admettre que des amis. Le président aura naturellement à ce sujet un droit de contrôle.

Les interpellations doivent toujours passer par la bouche du président qui a la police de l'audience.

L'enquête peut-elle avoir lieu en l'absence du demandeur (art. 248) ? — Non. — Donc, il faut veiller à ce que le demandeur assiste à l'enquête.

ARTICLE 256.

Après la clôture des deux enquêtes ou celle du demandeur, si le défendeur n'a pas produit de témoins, le tribunal renverra les parties à l'audience publique, dont il indiquera le jour et l'heure ; il ordonnera la communication de la procédure au ministère public, et commettra un rapporteur. Cette ordonnance sera signifiée au défendeur, à la requête du demandeur, dans le délai qu'elle aura déterminé.

L'ordonnance de renvoi à l'audience publique dont parle cet article est mise à la suite du procès-verbal d'enquête, et elle en constate la clôture. Elle est signifiée *avec le procès-verbal d'enquête tout entier,* par acte d'avoué à avoué, ou, si le défendeur a fait défaut, par assignation.

ARTICLE 257.

Au jour fixé pour le jugement définitif, le rapport sera fait par le juge commis; les parties pourront ensuite faire, par elles-mêmes ou par l'organe de leurs conseils, telles observations qu'elles jugeront utiles à leur cause ; après quoi le ministère public donnera ses conclusions.

Nous revenons alors à l'audience publique. L'affaire suit son cours ordinaire et subit les remises nécessaires.

Il faut ici rappeler l'article 248 qui, en même temps qu'il autorise les parties à intervenir *en personne* « à chaque acte de la « cause », se termine ainsi : « En aucun cas le conseil du *demandeur* ne sera admis, si le demandeur n'est pas comparant en personne. »

Donc nécessité pour le demandeur de comparaître en personne au moment des plaidoiries et de les suivre. — La parole sera refusée à son avoué et à son avocat, s'il est absent. — Dans la pratique il sera nécessaire, en cas d'absence du demandeur, de justifier et légitimer la cause de cette absence, pour obtenir une remise.

Quid, si le demandeur est absent, et que le défendeur insiste pour plaider ?

Le défendeur aura certainement le droit d'insister pour plaider sauf au tribunal à rester juge de la remise à ordonner d'office, s'il y a lieu.

Le jugement sera, dans tous les cas, contradictoire, puisque

nous supposons le débat lié par le placet déposé et contenant les
conclusions de la demande, d'une part, et par les conclusions
antérieuremeut déposées au nom du défendeur, d'autre part.

ARTICLE 258.

Le jugement définitif sera prononcé publiquement ; lorsqu'il
admettra le divorce, le demandeur sera autorisé à se retirer devant
l'officier de l'état civil pour le faire prononcer.

« Le jugement définitif sera prononcé en audience publique :
lorsqu'il admettra le divorce ; le demandeur sera autorisé à se
retirer devant l'officier de l'officier de l'état civil pour le prononcer. »

La question de savoir quel est l'officier de l'état civil compétent ne se présente pas ici : les époux ayant, au moment de l'introduction de l'instance, un seul domicile légal, celui du mari.
C'est devant l'officier de ce domicile que les parties devront se
retirer, et le tribunal n'a pas à intervenir pour le désigner. Il
est désigné de plein droit. Le Code civil n'a pas, au surplus,
édicté de dispositions spéciales à ce sujet. C'est le cas de s'en
référer la loi du 20 septembre 1792, sur l'état-civil des citoyens,
laquelle, dans la section 5 du titre 4, attribue dans un cas analogue, compétence à l'officier public de la municipalité dans l'é-
tendue de laquelle le mari a son domicile.

Quid, si le mari est sans domicile ni résidence connus ?

Aux termes de l'article 17 du paragraphe 2 de la loi du
20 septembre 1792 (sur le mode et les effets du divorce), en cas
d'absence du mari depuis cinq ans, l'officier de l'état civil compétent pour la prononciation du divorce était celui du domicile
du demandeur. Dans le silence du Code civil et par voie d'a-
nalogie, il y a lieu d'appliquer la même règle, qui est conforme, d'ailleurs, aux principes généraux en matière de compétence, ainsi qu'il résulte de l'article 59, § 8, du Code de procédure
civile (Jugement de la première chambre du Tribunal civil de la
Seine du 19 novembre 1884 ; — Journal *le Droit* du 26 novembre.)

ARTICLE 261.

Lorsque le divorce sera demandé par la raison qu'un des époux
est condamné à une peine afflictive et infamante, les seules formalités à observer consisteront à présenter au tribunal de première instance une expédition en bonne forme de la décision portant condamnation, avec un certificat du greffier constatant que cette décision n'est·

plus susceptible d'être réformée par les voies légales ordinaires. Le certificat du greffier devra être visé par le procureur général ou par le procureur de la République.

Le jugement devra être signifié, comme tout autre jugement, pour faire courir les délais d'appel.

ARTICLE 263.

L'appel ne sera recevable qu'autant qu'il aura été interjeté dans les deux mois à compter du jour de la signification du jugement rendu contradictoirement ou par défaut. Le délai pour se pourvoir à la Cour de cassation contre un jugement en dernier ressort sera aussi de deux mois à compter de la signification. Le pourvoi sera suspensif.

Il résulte explicitement de cet appel que le délai d'appel court du jour de la signification (à partie) du jugement rendu « contradictoirement ou par défaut ».

D'où cette conséquence que *l'exécution* d'un jugement par défaut est inutile pour faire courir les délais d'appel.

De telle sorte qu'un jugement par défaut signifié au parquet, faute de domicile ou résidence connus pour le défendeur, deviendrait définitif, sans aucune formalité nouvelle, par le seul laps de temp de deux mois.

Il y a divergence d'opinion sur le point de savoir si le jugement par défaut en matière de divorce est comme tous les autres jugements en toute matière (sauf de très rares exceptions nettement précisées), susceptible d'opposition ; ou si, par une exception implicite, il en doit être autrement pour le jugement prononçant le divorce ; — la jurisprudence aura à se prononcer sur cette question qu'il ne nous appartient point de trancher ici.

Nous rappellerons seulement : 1° que l'article 881 du Code de procédure civile renvoie explicitement pour la procédure du divorce au Code civil, d'où l'on conclut que les dispositions spéciales du Code de procédure civile promulgué après le Code civil n'ont pas d'application possible ; 2° que l'article 265 ne mentionne que l'opposition aux arrêts par défaut et que, dans son texte actuel, l'article 263 est emprunté, non au Code civil de 1804, mais à la loi de 1884 qui l'a modifié quant au délai, et par suite l'a édicté de nouveau en son entier. La jurisprudence, avant la loi de 1815, décidait que l'opposition n'était pas recevable (Cassation, 27 décembre 1807 ; Aix, 7 mars 1809).

Il sera nécessaire de veiller avec le plus grand soin à ne pas laisser par oubli prononcer des jugements par défaut qui pourraient être définitifs.

Remarquons que les décisions doivent être définitives et irrévocables pour que l'officier de l'état civil puisse procéder. — Le pourvoi en cassation est suspensif. — La raison de ces dispositions se comprend d'elle-même.

ARTICLE 266.

L'époux demandeur qui aura laissé passer le délai de deux mois ci-dessus déterminé, sans appeler l'autre époux devant l'officier de l'état civil, sera déchu du bénéfice du jugement qu'il avait obtenu, et ne pourra reprendre son action en divorce sinon pour cause nouvelle ; auquel cas il pourra néanmoins faire valoir les anciennes causes.

L'article 266 attache la déchéance à l'expiration du délai de deux mois sans que l'officier public ait été appelé à prononcer le divorce. — Cette disposition doit attirer l'attention toute particulière des parties et de leurs avoués au cas où ces derniers auraient assumé la charge d'assurer l'exécution des jugements ou arrêts de divorce.

Le délai de deux mois édicté par l'article 265 pourrait-il être abrogé par un acte d'exécution volontaire de la part du défendeur, par exemple, par le payement des frais, ou tout autre acte comportant renonciation au droit d'appel ou de pourvoi, suivant le droit commun ? La Cour de cassation a adopté la négative par arrêt du 17 août 1807, et Toullier s'est rangé à cet avis, estimant que le délai de deux mois était d'ordre public et qu'il était laissé aux parties comme délai de réflexion. L'idée, assurément morale, s'accorde-t-elle bien avec le texte de l'article 265 qui ne vise que « l'expiration du délai d'appel ou de pourvoi » ? Le délai ne court plus, lorsque par le payement des frais le défendeur s'est rendu non recevable à appeler ou à se pourvoir ; en d'autres termes, le délai accordé par la loi expire au moment même du payement. — Quoi qu'il en soit, et en prévision d'une divergence possible de la jurisprudence sur ce point, il sera prudent au demandeur d'appeler le défendeur devant l'officier public à une date telle que la déchéance terrible prononcée par l'article 266 ne puisse être encourue dans aucune hypothèse et quelle que doive être la solution sur le point qui vient d'être énoncé.

CHAPITRE II

TRANSFORMATION (EN INSTANCES DE DIVORCE) DES INSTANCES A FIN DE
SÉPARATION DE CORPS, PENDANTES AU MOMENT DE LA PROMULGATION DE
LA LOI.

L'article 4 de la loi de 1884 (disposition transitoire) est ainsi
conçu :

« Les instances en séparation de corps pendantes au moment
« de la promulgation de la présente loi, pourront être conver-
« ties par les demandeurs en instances de divorce. Cette con-
« version pourra être demandée même en Cour d'appel.

« La procédure spéciale au divorce sera suivie à partir du
« dernier acte valable de la procédure en séparation de corps ».

D'abord que doit-on entendre par : Instances *pendantes* ? Ce
que nous avons dit plus haut (page 411) tranche la question.

L'arrêt de 1825, que nous avons cité, décide, en effet, qu'il y
a instance engagée, c'est-à-dire pendante, dès que la requête
prescrite par l'article 875 du Code de procédure civile, a été
suivie de la première ordonnance portant permis de citer (art.
876).

Cette décision se concilie à merveille avec les dispositions des
articles 270, 271 du Code civil, qui autorisent l'apposition des
scellés et qui prononce certaines nullités à partir de la première
ordonnance et concurremment avec elle.

Il serait peu juste que les mesures ainsi prises et les droits
acquis fussent réduits à néant, si l'on plaçait le demandeur dans
l'alternative ou de suivre sur la simple séparation alors qu'il
voudrait conclure au divorce, ou de supprimer la procédure
commencée pour entamer *ab ovo* celle du divorce.

On pourra donc bénéficier des dispositions de l'article 4 dès
que la requête dont il vient d'être question aura été présentée
et répondu avant la promulgation de la loi.

Ce principe posé, et, avant d'entrer dans l'examen du mode
de procéder, selon la phase de la procédure à laquelle on se
trouve, une nouvelle question se pose :

La faculté de conversion peut-elle être encore exercée après
que des actes d'instruction ou de procédure ont été accomplis
depuis la promulgation de la loi, au cours de l'instance en séparation de corps ; ou le demandeur doit-il transformer de suite
avant tout acte nouveau de procédure, sous peine de déchéance ?

La question est délicate et nous ne pouvons indiquer ici qu'une opinion personnelle.

La jurisprudence pourra offrir à cet égard des divergences.

Il semble cependant que la négative s'impose par cette seule raison que les déchéances sont de droit étroit et que la loi n'ayant pas prononcé la déchéance, n'ayant d'ailleurs imposé, pour que la transformation soit possible, que la condition que l'instance fût pendante au moment de la promulgation de la loi, on ne saurait suppléer une déchéance qu'elle n'a pas prévue. Par suite on pourrait, selon nous, continuer la procédure de séparation jusqu'au moment où il devra être plaidé pour le jugement définitif, et à ce moment encore la conversion pourrait être demandée.

Examinons maintenant comment on devra procéder selon l'état de la procédure en séparation de corps.

A. — *La première ordonnance de l'article 876 du Code de procédure civile est seule rendue.*

Dans ce cas on remplira les formalités depuis l'origine, sauf la présentation déjà faite de la requête prévue par l'article 236.

Mais il semble que, dans la pratique, cette espèce ne devra guère se présenter.

B. — *La citation à comparaître devant le président dans les termes de l'article 877 du Code de procédure civile est notifiée.*

Même observation qu'au cas précédent. L'espèce sera rare, et néanmoins il semble que la déclaration de l'intention de convertir devra être faite devant le président, qui en donnera acte et consignera la déclaration dans un procès-verbal dressé conformément à l'article 239 du Code civil. Référé sera fait à la chambre du Conseil, qui autorisera, dans les termes de l'article 240, à citer le défendeur conformément à l'article 241.

C. — *La deuxième ordonnance de l'article 878 du Code de procédure civile est rendue.*

On arrive de plain-pied à l'audience à huis-clos (art. 241 du Code civil). Il suffira donc au demandeur de présenter une requête à M. le président du tribunal, dans laquelle il déclarera vouloir transformer sa demande de séparation en demande de divorce, et demandera indication de la chambre du tribunal, ainsi que de l'heure et du jour auxquels devra avoir lieu la comparution à l'audience à huis-clos.

(Assignation). Citation sera ensuite donnée avec copie du procès-verbal de non-conciliation, dressé pour la séparation, et de l'ordonnance et de la requête dont il vient d'être question.

D. — *L'assignation à fin de séparation est délivrée.*

Il n'y a pas à distinguer s'il y a eu ou non constitution d'avoué pour le défendeur. Dans les deux hypothèses, la comparution à huis-clos doit avoir lieu dans les termes des articles 241 et suivants du Code civil.

A cet effet, requête sera présentée soit à M. le président du tribunal civil de la Seine, s'il n'y a pas encore eu distribution de l'affaire, soit à M. le vice-président de la chambre à laquelle l'affaire aurait été déjà distribuée ; pour fixation soit de chambre, soit de jour et d'heure seulement.

On procédera ensuite par avenir *motivé* contenant notification de la requête et de l'ordonnance avec sommation de faire comparaître la partie, s'il y a eu constitution, et par nouvelle assignation à la partie, s'il n'y a pas eu de constitution.

E. — *Le tribunal a été saisi par le dépôt du placet, mais l'affaire n'a pas été mise au rôle, soit qu'il n'y ait pas eu constitution, soit que la constitution n'ait pas été suivie du dépôt de conclusions au fond.*

Même solution que dans l'espèce précédente. On présentera requête à M. le vice-président de la chambre à laquelle l'affaire a été distribuée qui fixera le jour, l'heure de l'audience à huis-clos. Avenir motivé sera donné comme ci-dessus.

F. — *Les conclusions au fond ont été posées avant la loi du* 29 *juillet* 1884.

Nous supposons que l'enquête n'a pas encore été ordonnée.

Dans ce cas, on en est à la phase qui est censée avoir suivi la procédure à huis-clos. Il n'y a donc pas lieu d'y revenir. Tous les *préliminaires* sont épuisés.

On en est à l'audience publique (art. 245 et 246).

Il y a cependant une lacune à combler ; l'audience à huis-clos aurait dû se terminer par une ordonnance désignant un rapporteur, prescrivant la communication au ministère public, désignant le jour et l'heure de l'audience publique. De même les parties auraient dû à l'audience à huis-clos désigner leurs témoins. Il faudra donc, autant que possible, combler ces lacunes.

A cet effet, le demandeur devra signifier et poser des conclusions dans lesquelles il demandera acte de ce qu'il déclare convertir sa demande de séparation de corps en demande de divorce, demandera au tribunal de désigner un rapporteur, d'ordonner la communication au ministère public et de fixer le jour et l'heure de l'audience.

En même temps, il devra désigner les témoins qu'il aurait indiqués à l'audience à huis-clos (noms, profession et domicile) et faire au besoin ses réserves d'en indiquer d'autres ultérieurement.

Un jugement rendu en audience publique lui donnera acte de sa déclaration ordonnera la communication au ministère public, nommera un rapporteur, et renverra à une date déterminée.

— Ce jugement devra-t-il déterminer dans quel délai aura lieu la signification au défendeur?

Cette question nous amène à une autre qui se pose non seulement dans le cas actuel, mais aussi dans les hypothèses que nous allons examiner, à savoir : le défendeur à la séparation de corps doit-il conclure au fond sur la demande de transformation ?

Oui, car la demande de séparation de corps disparaît pour faire place à une demande de divorce, et, à défaut de conclusions, le jugement par défaut contre avoué.

Par voie de conséquence, le jugement prévu ci-dessus ne devra déterminer de délai pour la signification que dans le cas ou le défendeur n'aurait pas conclu à nouveau.

— Ici encore une autre question importante : la présence du demandeur en personne est-elle nécessaire, lors du dépôt des conclusions à fin de transformation ?

Oui, par application de l'article 248 *in fine*. C'est le premier acte de la procédure de divorce. Donc, l'assimilation est forcée.

L'article 236 oblige d'ailleurs le demandeur à comparaître en personne.

Cette comparution doit avoir lieu en audience publique, au jour qui, *sur la demande de l'avoué*, sera fixé par M. le président de la chambre à laquelle l'affaire est distribuée : avenir spécial sera donné pour le jour indiqué.

Cette solution s'applique également aux hypothèses qui vont suivre :

G. — *Le jugement ordonnant l'enquête, a été rendu, et l'enquête n'est pas effectuée.*

a. — Même nécessité que pour l'hypothèse précédente, de combler la lacune relative à l'indication des témoins.

On déposera donc des conclusions demandant acte de la transformation et indiquant les témoins. Et, sur la signification de
ces conclusions, le défendeur, en concluant au fond sur la transformation, indiquera également les témoins pour la contre-enquête. Alors, le tribunal, en donnant acte de la transformation
et en constatant l'avertissement prévu par l'article 249, renverra
pour statuer sur les reproches à une date ultérieure, comme il a
été dit pages 417 et 418.

b. — Si le jugement ordonnant l'enquête a été rendu par défaut, on présentera requête au président de la chambre à laquelle l'affaire a été distribuée, afin d'indication de jour, et il
sera donné une assignation dont les conclusions seront identiques à celles qui sont prises lorsque l'instance est contradictoire.

Le tribunal rend alors un jugement donnant acte de la déclaration de transformation, et de l'indication des témoins. A ce
moment, et pour la suite des opérations, assignation *motivée* est
donnée au défendeur défaillant, sans qu'il y ait lieu de lever ce
jugement.

S'il y avait eu constitution, on procéderait par avenir.

H. — *L'enquête a été ordonnée et le procès-verbal a été ouvert
par le juge-commissaire.*

a. — Par le fait du dépôt des conclusions à fin de transformation, le juge-commissaire se trouve dessaisi, et l'enquête ne
peut avoir lieu que dans la forme prévue au titre du divorce.

Pour ce que doivent contenire les conclusions, en demandant
et en défendant, et pour les jugements à rendre, s'en référer à
ce qui a été dit sous la lettre G.

b. — Si la procédure de séparation a été suivie par défaut,
même manière de procéder que précédemment, — par assignation après requête dont les conclusions seront semblables à
celles qui seraient posées, si l'affaire était contradictoire ; même
jugement ; même assignation — ou par avenir motivé en cas de
constitution, comme au cas prévu ci-dessus.

I. — *L'enquête et la contre-enquête ont eu lieu.*

a. — On déposera des conclusions pour demander acte de la
transformation : le tribunal rendra un jugement qui en donnera
acte, nommera le rapporteur, ordonnera la communication au
ministère public, fixera le jour de l'audience publique et déter-

minera le délai dans lequel la signification sera faite au défendeur (art. 256).

Si les enquête et contre-enquête n'ont pas été signifiées, elles le seront après ce jugement.

Nota : On devra avoir soin de mentionner en marge des conclusions si les enquête et contre-enquête ont été signifiées; afin que le tribunal fixe un délai en conséquence.

b. — Si la procédure de séparation a été suivie par défaut, même assignation que ci-dessus sur requête et ordonnance ; jugement et signification dans les termes de l'article 256.

J. — Quid *en cas d'opposition à un jugement rendu par défaut avant la promulgation de la loi?*

Le demandeur peut évidemment transformer. L'opposition fait disparaître le jugement et ce qui l'a suivi. Elle ne laisse subsister que l'assignation. Par suite, il sera procédé comme il a été dit sous la lettre D.

K. — *Avant la loi, le tribunal a été saisi, soit d'une demande principale en séparation et d'une demande reconventionnelle, soit de deux demandes principales qui ont été jointes. L'une des parties seulement demande la transformation.*

A partir du jugement donnant acte de la transformation, les procédures sont distinctes. Il semble naturel que le tribunal statue d'abord sur le divorce, qui, s'il est admis, paraît devoir rendre inutile tout débat sur la séparation de corps. Il sera par conséquent sursis sur la séparation de corps, à moins toutefois que la décision à rendre sur la demande en divorce ne soit subordonnée à la preuve des faits articulés par l'autre partie. C'est ce qui arriverait par exemple au cas où l'une des parties croirait trouver un injure grave dans les articulations produites par la partie adverse.

OBSERVATIONS GÉNÉRALES.

Il y aura lieu de conclure à la liquidation des reprises et de la communauté, et ce, comme en matière de séparation de corps, et à la commission d'un notaire et d'un juge rapporteur. Bien entendu ces opérations n'auront lieu qu'après la prononciation du divorce par l'officier de l'état civil.

— Les demandes reconventionnelles devront être formées,

non par conclusions, mais par action principal. Donc, le demandeur reconventionnel devra remplir toutes les formalités exigées par la loi, comme s'il était demandeur principal, et cela quel que soit l'état de la procédure du demandeur principal.

CHAPITRE III

CONVERSION.

Les conversions des jugements de séparation en jugement de divorce sont, quant à certaines formes de procédure, assimilables aux procédures d'autorisation maritale. C'est en chambre du Conseil qu'a lieu le débat, mais le jugement est rendu en audience publique. Le demandeur est assisté d'un avoué ; il n'est pas astreint à la comparution personnelle. Le défendeur peut comparaître seul, sans avoué. Il peut aussi se faire représenter par un avoué. Il peut, comparaissant seul, être assisté d'un avocat.

Bien entendu, l'avocat ne peut être admis que si le défendeur comparaît personnellement, ou par avoué.

Le jugement de séparation ne peut être converti en jugement de divorce que s'il est définitif. Il y aura donc à justifier :

1o De l'exécution des jugements par défaut par un procès-verbal de carence ou une liquidation dressés dans les six mois et la production des certificats de non-opposition ni appel ;

2o Du caractère définitif des jugements contradictoires ou des arrêts par les originaux de significations, et la production de certificats de non-appel ou de non-pourvoi, suivant le cas. Ces pièces justificatives devront spécialement être jointes aux dossiers d'assistance judiciaire avant qu'il soit donné suite aux demandes de conversion.

— Nous n'avons pas besoin de revenir d'une façon détaillée sur la question relative à la compétence de l'officier de l'état civil.

Si le mari a un domicile connu, c'est l'officier de ce domicile qui sera compétent ; la raison de décider dans ce cas semble devoir être puisée, non dans l'article 5 de la loi de 1792 sur l'état civil, mais dans l'article 16 de la loi du même jour, 20 septembre 1792, sur le Divorce, lequel attribuait compétence à l'officier du domicile du mari, lorsque le divorce était requis comme conséquence d'un jugement antérieur, ayant prononcé la séparation de corps.

— Si le mari est sans domicile connu, s'en référer à ce qui a été dit ci-dessus.

Dans la pratique, il sera sage de conclure à ce que le tribunal autorise le demandeur à se retirer devant l'officier de l'état civil du domicile soit du mari, soit de la femme, suivant les distinctions ci-dessus, en ajoutant : ou tout autre qui serait jugé compétent par le tribunal.

Cette dernière observation s'applique également aux chapitres 1 et 2 ci-dessus.

CIRCULAIRE

Du ministre de la justice aux procureurs généraux au sujet de l'application de la loi du 27 juillet 1884 sur le Divorce.

La loi du 27 juillet 1884, portant rétablissement du divorce, crée pour les officiers de l'état civil des devoirs nouveaux, au sujet desquels il me paraît utile que des instructions leur soient communiquées.

La dissolution du mariage ne résulte pas de la décision judiciaire qui admet le divorce. Les articles 258 et 264 du Code civil, remis en vigueur par la loi précitée, obligent les parties entre lesquelles un jugement de divorce a été rendu à se présenter devant l'officier de l'état civil dans un délai déterminé, sous peine de déchéance des effets du jugement (art. 266.); mais la loi n'indique pas devant quel officier d'état civil les parties doivent se présenter. J'estime que c'est à l'officier d'état civil du domicile du mari, au moment où la décision a été rendue, qu'il appartient de prononcer le divorce.

Le mariage, en effet, subsistant jusqu'à la prononciation du divorce, le domicile légal des deux époux est, jusqu'à ce moment, le domicile du mari. Lorsqu'une séparation de corps est intervenue antérieurement, la femme a pu acquérir un domicile spécial, mais elle n'en est pas moins soumise à l'autorité maritale, et, même en ce cas, c'est devant l'officier de l'état civil, compétent à raison du domicile du mari, qu'il convient de se présenter.

Lorsque le mari est sans domicile connu en France, je pense, conformément à la jurisprudence admise en Belgique, que le tribunal, en admettant la demande en divorce, pourra commettre un officier de l'état civil pour prononcer la dissolution du mariage ; mais, en règle générale, c'est l'officier d'état civil du domicile du mari qui devra être requis de prononcer le divorce, et, dans le plus grand nombre de cas, la prononciation interviendra ainsi dans l'arrondissement même où le divorce aura été admis judiciairement.

D'après l'article 264, c'est à l'époux qui a obtenu le divorce qu'il appartient de requérir cette formalité. L'officier d'état civil doit être mis en mesure de savoir, d'une façon précise, si la décision qui a autorisé le divorce n'est pas susceptible d'être réformée, d'autre part, si le délai de deux mois, indiqué par l'article 264, n'est pas expiré. Le Code civil ne détermine pas les pièces qui devront être produites, mais il est facile de suppléer à son silence par l'application des principes généraux (V. 548, Code proc. civ.). Les pièces qui doivent être remises au maire pour rester annexées au registre sont ;

1° L'expédition du jugement ou de l'arrêt autorisant le divorce ;

2° Un certificat de l'avoué, attestant que cette décision a été signifiée et indiquant la date de la signification ;

3° Un certificat du greffier du tribunal, ou de la Cour, constatant qu'il n'a été formé ni opposition, ni appel, et un certificat du greffier de la Cour de cassation, constatant qu'il n'y a pas de pourvoi. Cette dernière pièce est indispensable pour les décisions rendues sur une demande en divorce, par ce motif que le pourvoi en cette matière est suspensif ;

4° L'original de l'acte d'huissier par lequel l'autre époux a été appelé à comparaître devant l'officier d'état civil (art. 264). Cette pièce peut n'être pas produite quand l'époux défendeur est présente à la prononciation.

Il appartiendra aux officiers de l'état civil sur le vu de ces diverses pièces, de vérifier si les délais d'appel, d'opposition ou de pourvoi en cassation sont périmés, sans qu'aucune de ces voies de recours ait été exercée, et de rechercher ensuite si, depuis le jour où la décision est devenue définitive, il ne s'est pas écoulé plus de deux mois. Comme les autres actes de l'état civil, les actes de divorce doivent être dressées en présence de témoins. J'estime que quatre témoins devront être présents. Il en était ainsi lors de la première application du Code civil.

En leur transmettant des instructions à ce sujet, vos substituts devront inviter les officiers d'état civil à prendre l'avis des parquets dans les cas où ils éprouveraient des hésitations. Ces magistrats devront également, surtout pendant les premiers temps de l'application de la loi, exercer une surveillance très sérieuse sur cette partie des fonctions d'officier d'état civil et se faire représenter fréquemment les registres pour examiner si les actes de divorce sont dressés régulièrement.

Recevez, monsieur le procureur général, l'expression de ma considération très distinguée.

Le garde des sceaux, Ministre de la justice,

MARTIN FEUILLÉE.

INSTRUCTION

De la direction générale de l'enregistrement des domaines et du timbre, relative à la loi du 27 juillet 1884 sur le rétablissement du divorce du 5 août 1884, n. 701.

La législation fiscale a établi des tarifs particuliers sur certains actes relatifs au divorce. Elle a notamment assujetti: 1° au droit fixe de 5 francs les jugements interlocutoires ou préparatoires des divorces (loi du 28 avril 1816, art. 45, n. 8) ; 2° au droit de 50 francs les jugements de première instance prononçant un divorce (loi du 28 avril 1816, art. 48, n. 2.), et 3° au droit de 100 francs les arrêts de Cour d'appel qui prononcent définitivement sur une demande en divorce (loi du 27 avril 1816, art. 49, n. 2).

Les dispositions qui précèdent n'ont jamais été abrogées. Elles sont restées sans exécution pendant tout le temps que le divorce a été aboli (loi du 8 mai 1816, *Bull.* 84, 7ᵐᵉ série, n. 645). Mais elles reprennent de plein droit leur efficacité par le rétablissement de cette procédure (loi du 28 juill. 1884 promulguée le 29 au *Journal officiel*). Elles doivent être, par conséquent, appliquées à partir de cette dernière date, avec la modification de tarif résultant de l'article 4 du 28 février 1872.

D'après la loi du 27 juillet 1884, le divorce doit être admis par un jugement ou par un arrêt et être prononcé par l'officier de l'état civil (C. civil, art. 258 et 264). Aux termes de l'article 49, paragraphe 2 de la loi du 28 avril 1816, lorsqu'il n'y a pas appel du jugement de première instance prononçant sur la demande en divorce, le droit fixe de 100 francs (élevé à 150 francs) est dû sur l'acte de l'officier civil.

La perception est établie, suivant l'article 7 de la loi du 22 frimaire an VII sur l'expédition de l'acte du divorce (Instruction, n. 758, § 2) de la même manière que pour les expéditions des actes de l'état civil portant légitimation et reconnaissance d'enfants naturels (Loi du 28 avril 1816, art. 43, n. 22 et 45, n. 7).

On rappelle à cet égard que le droit n'est perçu que sur la première expédition, lors de la délivrance aux intéressés, que l'officier de l'état civil doit, sous sa responsabilité personnelle, indiquer en marge de la minute, la formalité donnée à la première expédition et qu'il doit faire la même indication dans les expéditions ultérieures, à défaut de quoi, le droit d'enregistrement devient exigible sur les expéditions dépourvues de la mention de la formalité.

Les directeurs auront soin de rappeler ces dispositions à MM. les préfets, en priant ces magistrats de vouloir bien les notifier aux officiers de l'état civil par une insertion dans le *Bulletin des actes administratifs* de la préfecture ou par tout autre procédé qui leur paraîtra suffisant.

Le directeur général de l'enregistrement des domaines et du timbre.

E. BOULANGER.

FORMULES

AVIS IMPORTANT.

Nous ne donnons ici que les formules de la procédure de divorce proprement dite. Toutes les formules communes au divorce et aux procédures de droit commun, telles que *Conclusions, avenirs, enquêtes,* etc., se trouvent dans le *Dictionnaire.*

FORMULE 1.

Requête *de demande en divorce pour cause déterminée* (Art. 236 C. civ. et 79, § 3, 1ᵉʳ tarif).

A Monsieur le Président du tribunal civil,
M.   (*nom, prénoms, profession, domicile*) ayant pour avoué Mᵉ
A l'honneur de vous exposer :
Qu'   a contracté mariage avec   (*nom et prénoms*) devant l'officier de l'état civil de   le
sans qu'aucun contrat de mariage n'ait précédé cette union, ou bien, qu'un contrat reçu par Mᵉ   notaire à
a précédé cette union.
Si le divorce est demandé pour cause d'adultère.
Enumérer les faits, et les condamnations prononcées, s'il y en a eu.

Si le divorce est demandé pour excès, sévices ou injures graves.
Énumérer les faits avec le plus de précision possible.

Terminer la requête ainsi :

Que ces faits constituent *ou* l'adultère *ou* des sévices, excès *ou* injures graves autorisant l requérant à demander le divorce.

Pour quoi, M. requiert qu'il vous plaise, monsieur le Président, lui donner acte de la comparution et de la remise qu' fait en vos mains de la requête et des pièces jointes.

Ordonner que l requérant, et (la femme ou le mari) comparaissent en personnes devant vous, à tels jour et heure qu'il vous plaira fixer,

Commettre un huissier à l'effet de signifier votre ordonnance a

Et ce sera justice.

Signature de l'avoué et du requérant.

Pour la compétence. V. ci-dessus au mot *divorce,* chapitre II, section **2,** n. 115 et suiv.

V. les *Instructions* de la chambre des avoués au tribunal de la Seine, ci-dessus page 409

Pour les détails de la procédure, V. au mot *divorce,* n. 133 et suiv.

FORMULE 2.

PROCÈS-VERBAL *de comparution.*

L'an mil huit cent   le   à   heure
de
Par devant nous Président, en notre cabinet, au Palais de justice.

A comparu le (*nom et prénoms*) lequel comparant nous a présenté la requête signée d   et de M^e   , son avoué, détaillant les faits à l'appui de sa demande en divorce,

Après avoir entendu *le* ou *la*, comparant, nous lui avons fait les observations que nous avons cru convenables, nous avons paraphé sa demande et les pièces jointes et du tout nous avons dictée le présent procès-verbal que nous avons signé avec le *ou* la comparant.

V. au mot *Divorce*, n. 133.
V. les *Instructions* de la chambre des avoués de Paris, p. 410.

FORMULE 3.

ORDONNANCE *du Président à la suite du procès-verbal de comparution.*

En conséquence, nous ordonnons que les sieur et dame   comparaîtront, en personne, devant nous, en notre cabinet, au Palais de justice le   à   heure   de
Commettons   huissier audiencier à l'effet de citer   pour lesdits jour et heure et lui signifier copie de notre présente ordonnance.
Donné à   le

V. au mot *Divorce*, n. 140 et suiv. et principalement le n. 143.

FORMULE 4.

SIGNIFICATION *de l'ordonnance du président, avec citation à comparaître devant lui* (1ᵉʳ tarif, art. 28 et 29 § 68).

L'an

En vertu d'une ordonnance de monsieur le président du tribunal civil de   en date du

dont copie est donnée en tête de celle des présentes.

Et à la requête de M.   (*nom, prénoms, profession et domicile*). Pour lequel domicile est élu à,   en l'étude de Mᵉ   avoué près le tribunal civil de

J'ai (*prénoms, nom, domicile et immatricule de l'huissier*),

Soussigné, commis à cet effet, donné citation à M.
(*nom, prénoms, profession et domicile*) audit domicile où étant et parlant à

A comparaître et se trouver en personne les
à   heures de

défaut de suite, par devant M. le président du tribunal civil de
en son cabinet, au Palais de justice à   , à l'effet de s'expliquer sur les faits détaillés en la requête, entendre les représentations que M. le Président croira propres à opérer un rapprochement et au cas où ce magistrat ne pourrait y parvenir, voir dresser procès-verbal des dites comparutions, ordonner la communication de la demande et des pièces au ministère public et le référé du tout au tribunal.

Déclarant au susnommé que faute par lui de comparaître aux lieu, jour et heure, il sera contre lui donné défaut.

Sous toutes réserves, dont acte.

Afin qu'il n'en ignore et je lui ai, en parlant comme dessus, laissé copie tant des requête, procès-verbal de comparution et ordonnance susénoncés que du présent dont le coût est de

---

V. au mot *divorce*, n. 143.

V. les *Instructions*, p. 441.

La signification doit être faite par huissier commis. — Tel est l'usage suivi en Belgique.

FORMULE 5.

Procès-verbal de comparution des époux.

L'an

Par devant nous

Président du tribunal civil de première instance de

en notre cabinet au Palais de justice à

En exécution d'une ordonnance en date du

dont copie a été adressée à

suivant exploit de   huissier à

ce commis, en date du   enregistré

dont l'original nous a été représenté et conformément à l'art. 239

du Code civil.

Ont comparu

demande   en divorce.

Et

défend   en divorce.

Nous avons fait aux époux comparants les représentations que nous avons cru propres à opérer un rapprochement, mais n'ayant pu y parvenir, nous avons donné le présent procès-verbal pour servir à qui de droit.

Et nous avons ordonné la communication de la demande et des pièces au ministère public et le référé du tout au tribunal.

Et nous avons signé.

V. au mot *Divorce*, n. 140 et suiv.

A Paris ce procès-verbal est préparé par l'avoué du demandeur. V. *Instructions*, p. 414.

FORMULE 6.

Procès-verbal *de comparution du demandeur et de défaut contre le défendeur non comparant.*

L'an (comme au précédent procès-verbal).

A comparu M.

demand   en divorce, lequel a requis défaut contre défendeur non comparant, quoique dûment appelé.

Et attendu que ledit

ne comparaît pas, quoique régulièrement cité

Donnons défaut contre

Après quoi nous avons fait à

les représentations que nous avons cru propre à opérer un rapprochement : mais n'ayant pu y parvenir. nous avons dressé le présent procès-verbal pour servir ce que du droit,

Et nous avons ordonné la communication de la demande et des pièces au ministère public et le référé du tout au Tribunal.

Nous avons signé

FORMULE 7.

JUGEMENT *permettant de citer* (1er tarif, art. 91, § 17).

Le tribunal sur le référé porté en la Chambre du conseil du tribunal par M.

Président

sur la demande en divorce formée par l
contre
entre lesquels un rapprochement n'a pu être opéré, ainsi que cela résulte du procès-verbal dressé par ce magistrat, le
    Ouï Monsieur
en son rapport
    Le ministère public également entendu
    Et après en avoir délibéré conformément à la loi, jugeant en premier ressort.
    Vu l'article 242 du Code civil.
    Accorde à
la permission d'assigner l
    Et statuant sur les mesures provisoires,
    En ce qui concerne les enfants, et la remise des effets personnels, dit, etc.
    Autorise   à résider
provisoirement à   chez
fait défense à   de troubler ni
fréquenter   dans la résidence qui lui est
assignée, sinon autorisée   à faire cesser
le trouble, à s'opposer à l'introduction de   et à
le faire expulser même avec l'assistance du commissaire de police, si besoin est, ce qui sera exécutoire par provision.
    Fait et jugé, etc.

V. au mot *Divorce*, n. 150 et suiv.
V. *Instructions*, p. 411.

FORMULE 8.

Requête *à fin d'être autorisé d'assigner, soit à huitaine, soit à jour fixe et devant une des chambres qui compose le tribunal.*

A monsieur le Président du tribunal civil de première instance de

M. (*nom, prénoms, domicile, résidence assignée*) ayant Mᵉ   pour avoué. A l'honneur de vous exposer

Que sur la demande en divorce par lui *ou* elle formée devant ce tribunal il est intervenu à la date du

un jugement de la chambre du conseil de la   chambre autorisant l'exposant à assigner N...

aux fins de sa demande en divorce.

Qu'il s'agit aujourd'hui de désigner la chambre qui devra connaître de la demande et de fixer le jour auquel le

devra comparaître.

Pourquoi l'exposant requiert qu'il vous plaise, monsieur le président, indiquer à quel jour et devant quelle chambre ledit requérant pourra faire assigner le   aux fins de sa demande en divorce.

Et vous ferez justice.

ORDONNANCE.

Nous, président,

Vu la requête ci-dessus et l'article 241 du Code civil,

Disons que   devra être assignée à comparaître en personne à l'audience, à huis-clos, de la

chambre de ce tribunal à laquelle nous distribuons l'affaire d'office pour le   et ce par   huissier audiencier que nous commettons à cet effet.

Fait au Palais de justice le

V. *Instructions*, p. 411.

V. au mot *Divorce*, n. 156 *bis*.

FORMULE 9.

Assignation à fin de divorce à huis-clos (Art. 241, 1ᵉʳ tarif,
art. 29, § 63).

L'an .

A la requête de (*nom, prénoms, profession, domicile*) pour
lequel domicile est élu en l'étude de Mᵉ   avoué près le
tribunal civil de première instance de   demeurant à   rue   lequel est
constitué et occupera sur la présente assignation et ses suites.

J'ai   (*prénoms, nom, domicile et immatricule de l'huissier*)
soussigné, signifié et en tête de celle des présentes laissé et
délivré copie de

1° Une requête présentée par le requérant à M. le président
du tribunal civil de   le   contenant le détail
des faits à l'appui de la demande en divorce ;

2° D'un procès-verbal dressé par M. le président à la date
du   constatant la comparution du requérant devant
ce magistrat et la remise en ses mains de la requête et des
pièces à l'appui et de l'ordonnance mise en suite ;

3° De la grosse en forme exécutoire d'un jugement de la
chambre du conseil du tribunal civil de   rendu le
enregistré accordant au requérant la permission d'assigner et
ordonnant certaines mesures provisoires ;

4° D'une ordonnance rendue sur requête par M. le président
du tribunal civil de la Seine, en date du   fixant
les jour et heure auxquels le s   sera assigné et indiquant
la chambre devant laquelle les parties comparaîtront

A M. (*nom, prénoms, profession et domicile*) audit domicile
du parvenu j'ai parlé à

A ce qu'il n'en ignore

Et de suite, à même requête, demeure et élection de domicile
et constitution d'avoué que dessus, j'ai huissier susdit et soussigné commis à cet effet, donné assignation à

susnommé, à comparaître en personne le (jour fixé par l'ordonnance, ou si l'ordonnance n'a pas fixé de jour) au délai de
huitaine franche, délai de la loi, à l'audience, à huis-clos, et

par-devant **MM.** les présidents et juges composant la
chambre du tribunal civil de   séant au **Palais de
justice**   à midi pour

Attendu que le   a contracté mariage avec
le   (*nom, prénoms*) devant l'officier de l'état civil
de   le

Que cette union a été précédée d'un contrat de mariage, reçu
par M°   notaire, le   aux termes
duquel les époux ont adopté le régime   (*énoncer le
régime*).

Que de cette union sont nés   enfants (*leurs prénoms
et âge*).

Attendu que le requérant est en droit de se plaindre de faits
constituant (soit l'adultère, soit des sévices, excès ou injures
graves)

Que le requérant offre de procéder, tant par titres et documents
que par témoins, les faits suivants :

*Enumérer les faits, avec précision, de telle sorte qu'ils soient
déclarés pertinents et admissibles.*

Par ces motifs : Voir admettre le divorce entre
et à son profit. — Voir autoriser en conséquence le requérant à
se retirer devant l'officier de l'état-civil pour le faire prononcer
et s'entendre le   condamner en tous les dépens.

*Au cas où il y a lieu à liquidation soit de la communauté, soit de
droits et reprises.*

Et attendu que le divorce entraîne la liquidation de la communauté.

Voir dire qu'il sera procédé par M°   notaire, que
le tribunal commet à cet effet, aux opérations de comptes,
liquidation et partage de la communauté, et des droits et reprises des époux.

Voir nommer tel juge qu'il plaira au tribunal désigner pour
faire son rapport en cas de difficultés et de contestations.

*S'il y a lieu à nouvelles mesures provisoires, au sujet des en-
fants, ou de la pension et de la provision* ad litem.

Voir dire que pendant le divorce, l'administration provisoire
des enfants issus du mariage sera confiée à   requérant.

S'entendre condamner également pendant ladite instance à
payer et servir au requérant une pension alimentaire pour

et ses enfants de   francs par mois, payable
d'avance et aux provisions *ad litem* de

Voir ordonner, du chef de ces mesures provisoires, l'exécution
provisoire du jugement à intervenir, nonobstant opposition ou
appel et sans caution.

Subsidiairement et pour le cas où le Tribunal ne croirait pas
devoir statuer *de plano*, voir autoriser le requérant à faire tant
par titres que par témoins la preuve des faits articulés. — Dépens dans ce cas réservés.

A ce que le sus-nommé n'en ignore.

Sous toutes réserves, dont acte   et j'ai
laissé et remis copie tant des jugements, requêtes et ordonnances
sus-énoncées que des présentes, à qui j'ai parlé. Coût :

V. au mot *divorce*, n. 155 et suiv.
V. *Instructions*, p. 411.

FORMULE 10

Procès-verbal *de comparution à huis-clos* (1ᵉʳ Tarif, art. 92, § 27).

L'an   le

A l'audience à huis-clos, tenue par la   chambre du tribunal civil de la Seine où siégeaient MM.

En présence de M.
procureur de la République, et de M.
greffier.

A comparu (*nom, prénoms,* etc.)
assisté de Mᵉ   , son avoué, lequel après avoir représenté au tribunal la citation donnée à sa requête à
suivant exploit de   , huissier à
en date du   pour la
présente audience, heure de   , a exposé les motifs de sa demande et a représenté à l'appui les pièces suivantes
et a déclaré qu'   se propose de faire entendre les témoins suivants :

1° (énoncer la liste des témoins présentés)
et qu'   se réserve de désigner ultérieurement les autres témoins qu'   fera entendre.

A également comparu M.
l quel   après avoir déclaré qu'   comparaît au désir de la citation sus-indiquée et sous la réserve expresse de tous moyens de nullité, fins de non-recevoir, exceptions de forme et de fond, a dit et observé que

L   défend   a ensuite déclaré que de son côté   se proposait de faire entendre les témoins suivants : 1°
et se réserve de nommer ultérieurement les autres témoins qu'il fera entendre.

De tout ce que dessus, il a été dressé le présent procès-verbal dont lecture a été donnée à
sur la réquisition qui leur a été faite de le signer

Le président et le greffier ont également signé

ORDONNANCE.

Le tribunal, après en avoir délibéré conformément à la loi, vu le procès-verbal dressé ce jour   de la comparution des époux   .   à l'audience à huis-clos de la   chambre du tribunal civil de   et de leurs dires et observations.

Vu les dispositions de l'article 245 du Code civil

Renvoie les parties à l'audience publique de la même chambre qui sera tenue le   prochain à   du matin.

Ordonne la communication de la procédure du ministère public. Commet M.   comme juge-rapporteur, lequel en cas d'empêchement sera remplacé par ordonnance du président de cette chambre, rendue sur simple requête.

Fait et ordonné à l'audience de la   chambre du tribunal civil de   séant à huis-clos où siégeaient MM.

En cas de non-comparution du défendeur, le procès-verbal relatera qu'il a fait défaut, et l'ordonnance du tribunal sera terminée de la manière suivante.

Et attendu que l   défend   n'a pas comparu, ni personne pour lui, dit que la présente ordonnance lui sera signifiée dans le délai du   par   huissier audiencier que le tribunal commet à cet effet.

Fait et ordonné, etc.

V. au mot *Divorce*, n. 158.

FORMULE 11

SIGNIFICATION *de l'ordonnance du tribunal en conformité de l'article. 245 du Code civil.*

L'an le

A la requête de M (*nom, prénoms, profession, domicile et rési-dence*), pour l quel domicile est élu à en l'étude de M⁰ , avoué, qui est constitué et continuera d'oc-cuper sur ladite instance.

J'ai (*nom, prénoms, domicile et immatricule de l'huissier*) soussigné, commis à cet effet, signifié et laissé copie, en tête de celle des présentes à M (*nom, prénoms, profession et domicile*) audit domicile où étant et parlant à

de l'expédition, en due forme, d'un procès-verbal de comparution, dires et observations du requérant (ou des parties), dressé en conformité de l'article 244 du Code civil, à l'audience à huis-clos de la chambre du tribunal civil de première instance du et de l'ordonnance du tribunal, du même jour qui renvoie les parties à l'audience publique de ladite chambre aux (jour et heures fixés).

A ce qu' n'en ignore.

Et je lui ai, parlant comme il est dit plus haut délivré copie tant desdits procès-verbal et ordonnance que du présent dont le coût est de

---

V. au mot *Divorce*, n. 167 et suiv.

FORMULE 12

ASSIGNATION *pour voir prononcer le divorce après une année
d'épreuve* (C. civ., art. 260. — Tarif 1ᵉʳ, art. 29.)

L'an   , le   , à la requête de M. (*prénoms,
nom, profession et domicile*) pour lequel domicile est élu à
      , rue   , nᵒ   , en l'étude de Mᵉ (*nom*), avoué
près le tribunal civil de   , lequel est constitué et
occupera sur la présente assignation et ses suites, j'ai

Soussigné, donné assignation à Mᵐᵉ   , à comparaître à huitaine franche, délai de la loi, à l'audience et par-
devant MM. les président et juges composant la   chambre du
tribunal civil de   , midi, défaut de suite pour

Attendu que, suivant jugement rendu par la chambre du tribunal de première instance, séant à   , le   ,
le tribunal avant d'admettre le divorce entre le requérant et la
dame (*nom*) a ordonné qu'ils seraient soumis à une année d'é-
preuve ;

Attendu qu'une année s'est écoulée depuis ce jugement sans
que les époux se soient rapprochés ;

Attendu que (*motifs*) ;

Par ces motifs :

Voir admettre le divorce entre le requérant et la dame son
épouse, voir dire en conséquence que le requérant se retirera devant l'officier de l'état-civil pour le faire prononcer, s'entendre la
dame (*nom*) condamner à tous les dépens.

Et je lui ai, etc.

FORMULE 13

REQUÊTE *pour demander le divorce, en cas de condamnation de l'un des époux à une peine afflictive et infamante* (art. 232-261, Code civil).

A Messieurs les présidents et juges composant la chambre du conseil du tribunal civil de

M (*nom, prénoms, profession et domicile*), ayant Mᵉ pour avoué.

A l'honneur de vous exposer

Qu' ⸱ a contracté mariage devant l'officier de l'état civil de , le , avec

Que a été condamné pour crime de , à (*indiquer la nature du crime et de la peine*) par arrêt de la Cour d'assises de , ainsi qu'il est constaté par l'expédition régulière de cette décision, laquelle est jointe à la présente requête ;

Que cet arrêt est passé en force de chose jugée, ainsi qu'il résulte d'un certificat délivré par lui. Le greffier de la Cour, en date du , enregistré, visé par M. le procureur général ;

Que les dispositions de l'article 232 du Code civil autorisent le requérant à demander le divorce.

Pourquoi l'exposant requiert qu'il vous plaise, Monsieur, admettre le divorce entre et l'autoriser à se retirer devant l'officier de l'état civil pour le faire prononcer.

Et vous ferez justice.

(*Signature de la partie et de l'avoué*).

Soit communiqué à M. , procureur de la République, pour après ses conclusions et le rapport de M. , juge que nous commettons à cet effet, être statué par ce que de droit.

Fait à le

V. au mot *Divorce*, n. 232 ter.

V. aussi *Recueil de procédure*, année 1885, art. 925, les jugements cités.

FORMULE 14

SOMMATION *d'assister à la prononciation du divorce.*

L'an   , le   , à
la requête de M. (*nom, prénoms, profession et domicile*) pour l
quel domicile, etc.

J'ai
fait sommation au s   etc.
de comparaître et se trouver le   à   heures en la salle des
mariages de la mairie de   devant l'officier de l'État civil
de ladite commune pour entendre prononcer par ce magistrat
le divorce admis   entre les époux   suivant le jugement
rendu par le tribunal civil de   ou par arrêt de la Cour
d'appel de   le   enregistré et signifié et contre lequel
aucun recours ne peut plus être formé.

Lui déclarant qu'il sera procédé tant en son absence qu'en sa
présence.

V. au mot *Divorce*, n. 235 et suiv.
V. *Instructions*, p. 419.

FORMULE 15

REQUÊTE *présentée au président pour obtenir l'ordonnance à fin
d'assigner lorsque la séparation de corps aura duré trois ans.
(C. civil, art. 310).*

A Monsieur le président du tribunal civil de la Seine,

M (*prénoms, nom, profession, domicile*), ayant M° (*nom*), pour
avoué ;

A l'honneur de vous exposer, monsieur le président, que par
un jugement rendu par le tribunal civil de   , le
                     , l'exposant a été séparé de corps d'avec
la dame (*prénoms, nom*), son épouse ;

Que cette séparation de corps a duré trois ans ;

Que conformément à l'article 310, il est en droit de convertir
le jugement de séparation de corps en jugement de divorce.

Pourquoi il requiert qu'il vous plaise, monsieur le président,
d'autoriser à assigner la dame (*nom*), son épouse, à comparaître
devant le tribunal en chambre du conseil aux jour, lieu et heure
que vous voudrez bien indiquer, pour entendre admettre le divorce entre elle et l'exposant et s'entendre condamner en tous
les dépens ;

Et vous ferez justice.

                    (*Signatures de la partie et de l'avoué*).

Le président rend l'ordonnance suivante mise au bas de la requête.

Nous, Président,

Vu la requête qui précède et les pièces à l'appui,

Vu l'article 310 du Code civil, autorisons le sieur (*nom*) à faire assigner la dame (*nom*), son épouse, à comparaître le   , heure de   , devant le tribunal en la Chambre du conseil pour entendre admettre, s'il y a lieu, le divorce entre elle et le sieur (*nom*), son mari, et ensuite à l'audience publique voir statuer sur l'admission du divorce dont s'agit ;

Ordonnons la communication de la procédure au ministère public et commettons

Assignation à fin de conversion

L'an   , le

En vertu d'une ordonnance rendue par **M.** le président du tribunal civil de   , le   , enregistré, mise à la suite d'une requête à lui présentée le   , desquelles requête et ordonnance copie est donnée en tête de celle des poursuites.

A la requête de (*nom, prénoms, profession et domicile*) pour l   quel   domicile est élu à   , en l'étude de M^e   avoué près le tribunal civil de   , demeurant en ladite ville

J'ai (*nom, prénoms, domicile et immatricule de l'huissier*), soussigné, fait sommation à M (*nom, prénoms, profession, domicile*), ou étant et parlant à

A comparaître le   , à   heures de   , en la mairie de   , par devant M. l'officier de l'état civil pour, en exécution d'un jugement rendu par le tribunal civil de première instance de   le   enregistré, signifié et passé en forme de chose jugée, lequel a admis le divorce au profit de M.   requérant, entendre prononcer le divorce dont s'agit.

A ce que l   sus-nomm   n'en ignore, lui déclarant, qu'il sera procédé à la prononciation du divorce, tant en sa présence qu'en son absence.

Et je lui ai, étant et parlant comme dessus laissé et délivré copie du présent dont le coût est de

---

V. *Instructions*, p. 419.

FORMULE 16.

ACTE *de divorce par conversion de séparation* (*C. civ. art.* 318,
et art. 4, *loi du* 27 *juillet* 1884 [1]).

Devant nous (*nom, prénoms*), maire, officier de l'état civil de
la commune de

Ont comparu :

(*Prénoms, nom, qualité*) âgé de   , demeurant à   ,
rue   , n°   , d'une part;

Et, (*prénoms, nom*), son épouse, âgée de   , sans profession, demeurant à   , rue   , n° d'autre part.

Tous deux séparés judiciairement de corps et de biens ;

Lesquels nous ont exposé que par le jugement du (*jour, mois,
an*), le tribunal civil de   a converti en jugement de
divorce avec toutes les conséquences de droit, le jugement du
(*jour, mois, an*) qui déclare lesdits époux X... séparés de
corps.

En conséquence, lesdits époux X... nous ont requis de prononcer leur divorce et nous ont produit les pièces suivantes à l'appui
de leur demande :

1° La grosse dûment en forme du jugement ci-dessus mentionné ;

2° L'original de la signification à partie dudit jugement en
date du

3° Un certificat de non-opposition ni appel délivré par le
greffier du tribunal civil de   en date du

4° Les actes de naissance de chacun des époux X et Z ;

5° L'acte de mariage desdits époux X ;

Vu les pièces ci-dessus mentionnées et dûment paraphées,
faisant droit à la réquisition des parties nous, officier de l'état
civil de la commune de   , avons prononcé le divorce
de   (*prénoms X*) et de (*prénoms Z*), unie par le mariage
le   (*jour, mois, an*), en la mairie de la commune de   ,

---

1. Cette formule et les deux suivantes ont été délivrées par la préfecture
de la Seine aux maires des différents arrondissements de Paris.

Tout ce que dessus fait en présence de A... (*qualité*) âgé de   , domicilié à   , rue   , n°   ; B... (*qualité*), âgé de   , domicilié à   , rue   , n°   ; C... (*qualité*), âgé de   , domicilié à   , rue   , n°   ; D... (*qualité*), âgé de   , domicilié à   , rue   , n°   ; témoins qui ont signé avec les comparants et nous, après lecture.

Signé X..., Z..., A..., B..., C..., D..., et... Maire.

FORMULE 17.

Acte *de divorce.*

L'an   , le   , à heures du

Acte de divorce de (*prénoms, nom*) né à   , département de   , le (*jour, mois, an*), (*qualité*), domicilié Paris, rue   , n°   , fils de (*prémons, nom*) et de (*prénoms, nom*), présent et réquérant (A), d'une part.

Et de (*prénoms, nom*), née à   , département de   , le (*jour, mois, an*) (*qualité*) résidant à   rue   , n°   , fille de (*prénoms, nom*) et de (*prénoms, nom*), présente (A), d'autre part, dressé par nous (*prénoms, nom*), maire, officier de l'état civil du   , arrondissement de Paris, qui avons procédé, publiquement, en la mairie, dans la forme suivante, à la dissolution du mariage contracté le (*jour, mois, an*), à la mairie du   arrondissement de Paris, entre le sieur (*nom*), et la dame (*nom*) :

Après avoir donné acte au requérant (à la requérante) de la production :

1° De l'expédition de l'acte dudit mariage (A) ;

2° De l'expédition du jugement rendu contradictoirement (par défaut) le (*jour, mois, an*) par le tribunal de la Seine, à la requête du sieur (*nom*), de la dame (*nom*), et autorisant le divorce entre lui (elle), et la dame (*nom*), le sieur (*nom*) ;

3° Du certificat de maître (*nom*), avoué à Paris, constatant que ledit jugement a été signifié le (*jonr, mois, an*), à Mᵉ (*nom*) avoué à Paris, et le (j*jour, mois, an*), à la dame (*nom*), au sieur (*nom*) ;

4° Du certificat du greffier du tribunal de la Seine en date du *(jour, mois, an)*, constatant que le jugement susmentionné n'a pas été frappé d'appel (B);

5° De l'exploit de *(nom)* huissier à *(domicile)*, en date du *(jour, mois, an)*, contenant sommation à la dame *(nom)*, au sieur *(nom)* de se trouver à la mairie du   arrondissement de Paris, ce jourd'hui à   heures du matin pour entendre prononcer le divorce entre elle (lui) et le sieur *(nom)*, la dame *(nom)* (C);

Même justification que ci-dessus. Toutefois, l'expédition du jugement sera remplacée par celle de l'arrêt, et le certificat de non-appel par un certificat de non-pourvoi délivré par le greffier de la Cour de cassation.

Les pièces à produire sont :

L'acte de mariage (Voir ci-dessus 1°) ;

L'expédition de l'arrêt ;

Le certificat de signification. (Voir ci-dess us 3°).

Un acte constatant l'exécution de l'arrêt (lorsqu'il est rendu contre une partie qui n'a pas constitué d'avoué). — Code de procédure civile, articles 158 et 159).

Un certificat du greffier de la Cour d'appel constatant qu'il n'a pas été formé d'opposition (E).

L'exploit d'huissier portant sommation de comparaître (Voir ci-dessus 5°).

Les pièces à produire sont :

L'acte de mariage ;

L'expédition de l'arrêt de la Cour d'appel ;

L'expédition de l'arrêt de la Cour de cassation ;

L'exploit portant sommation de comparaître.

Lesdits jugements (arrêt), certificats et exploits dûment enregistrés.

Faisant droit à la réquisition du sieur *(nom)*, de la dame *(nom)* avons prononcé, au nom de la loi, que le mariage contracté le *(jour, mois, an)*, entre *(prénoms, nom)* et *(prénoms, nom)*, est dissous par l'effet du divorce.

En présence de : 1° *(prénoms, nom* du 1er témoin) âgé de   ans *(profession)* demeurant à   , rue   ; n°   2° *(prénoms, nom* du 2e témoin) âgé de   ans *(profession)*, demeurant à   , rue   , n°   ; 3° *(prénoms, nom,* du 3e témoin), âgé de   , ans *(profession)*, demeurant à   rue   , n°   ; 4° *(prénoms,*

nom du 4ᵉ témoin) âgé de   ans (*profession*) demeurant
à   , rue   , nᵒ   ; témoins
qui ont signé avec les comparants (A) et nous, après lecture
(B).

FORMULE 18.

MENTION *à faire sur les registres de l'état civil, en marge de
l'acte de mariage des époux divorcés (C. civ., art. 49).*

Le mariage contracté le   , entre le sieur   ,
et la dame   , ainsi qu'il résulte de l'acte ci-contre,
est dissous par l'effet du divorce admis par jugement rendu par
le tribunal de première instance de   , le   ,
(s'il y a lieu : confirmé par la Cour d'appel de   ,
le   ), et prononcé par l'officier de l'état civil de
    , (ou, par moi, officier de l'état civil de   ,)
le   .

(*Signature de l'officier de l'état civil*).

LIBRAIRIE NOUVELLE DE DROIT ET DE JURISPRUDENCE
Arthur ROUSSEAU, Éditeur
14, RUE SOUFFLOT ET RUE TOULLIER, 13, PARIS

EXTRAIT DU CATALOGUE DE LIVRES DE FONDS

TRAITÉ ÉLÉMENTAIRE
D'ORGANISATION JUDICIAIRE, DE COMPÉTENCE
ET DE
PROCÉDURE
EN MATIÈRE CIVILE ET COMMERCIALE

PAR

M. HENRY BONFILS
Doyen de la Faculté de Droit de Toulouse, Membre de l'Académie de législation.

1 fort volume grand in-8º de 1068 pages. . . . , ...   15 fr.

Résumer en un seul volume tout notre système de procédure civile et commerciale, en développer d'une manière suffisamment complète les principes et les applications contenus dans de vastes encyclopédies et, en condensant ainsi toute une bibliothèque dans un cadre étroit, ne point laisser de lacunes ; éclairer les principes par la netteté de l'exposition, sans sacrifier à la concision ; faire, parmi les applications multiples qui se présentent sur chaque cas particulier, un choix plein de traits lumineux qui rende facile l'intelligence du sujet ; en un mot faire un livre élémentaire de procédure dont toutes les parties soient bien dirigées et coordonnées, et qui rattache par un enchaînement qui saisisse l'esprit, les applications aux principes fondamentaux, c'est là une œuvre de condensation dont le mérite ne peut être apprécié que des jurisconsultes les plus versés dans la connaissance de cette branche du Droit. On l'a constaté depuis longtemps : le travail synthétique d'un ouvrage élémentaire exige à la fois la pleine possession du sujet, la science approfondie, et, en outre, les qualités particulières de forme et de style qui sont propres à l'enseignement.

Aussi un traité élémentaire de procédure réunissant ces diverses conditions, ne pouvait être entrepris utilement que par un professeur d'une de nos Facultés mieux à même que quiconque de constater les points sur lesquels semblent se rencontrer le plus de difficultés, et disposé par une expérience approfondie à discuter nettement les controverses, et à en exposer les solutions avec toute autorité.

L'ouvrage que nous publions se divise en trois parties : la première embrasse le système général de l'organisation judiciaire et contient l'explication de la loi du 30 août 1883 ; la deuxième renferme l'exposé des lois relatives à la compétence et aux attributions des diverses juridictions ; la procédure, proprement dite, fait l'objet de la troisième. Chacune de ces parties se subdivise en livres, chapitres et sections.

La première comprend : Livre Ier, *l'ancienne organisation judiciaire* Livre II, *l'organisation judiciaire postérieure à 1789* ; Livre III, *l'organisation judiciaire actuelle*. Dans cette troisième subdivision, l'auteur, après avoir exposé les notions générales de l'organisation judiciaire actuellement en vigueur, celles des juridictions civiles et du ministère public, consacre un chapitre spécial aux professions se rattachant à l'organisation judiciaire : *Profession d'avocat, droits et devoirs de ceux-ci ; offices ministériels et leurs règles, avoués, avocats à la Cour de cassation, greffiers, huissiers, agréés*.

La deuxième partie est spécialement consacrée à la compétence des diverses juridictions : *Division des juridictions civiles, actions et défenses, compétence de juridictions civiles*. L'auteur traite *ex-professo* des règles de la compétence concernant toutes les juridictions : *Tribunaux civils, Cours d'appel, Justices de paix, Conseils de prud'hommes, Tribunaux de commerce, Cour de cassation*. Un chapitre spécial est consacré à la *Compétence des Tribunaux français à l'égard des étrangers*, un autre à la *Prorogation de juridiction*, un dernier à la règle : *Que le juge de l'action est le juge de l'exception*. Un appendice concernant les attributions du ministère public, complète et termine cette partie.

Enfin la troisième partie est exclusivement réservée à la procédure civile. *Les considérations générales et historiques* et la *division des matières de la procédure* sont l'objet de deux chapitres préliminaires ; puis, suivant un classement logique, l'auteur traite sous le titre général de **première phase** toute la procédure de première instance, *procédure contentieuse* et *procédure sommaire*, depuis les conditions requises pour l'exercice d'une action, et les préliminaires de conciliation jusqu'à l'extinction de l'instance, en développant successivement dans une longue série de chapitres et de subdivisions méthodiques toute la procédure nécessaire à la marche d'un procès : *La demande, la constitution d'avoué, les défenses et réponses, l'instruction par écrit, les délibérés, les jugements et leurs effets, l'opposition, les nullités de procédure, les communications de pièces, les exceptions, les preuves, la procédure de justice de paix, les enquêtes, les descentes sur lieux, les interrogatoires sur faits et articles, le serment, le réglement de juge, le renvoi, la récusation, l'interruption et la reprise d'instance, le désaveu, le désistement, la péremption*, etc., etc — Dans la partie consacrée à la procédure sommaire, les développements de l'auteur portent sur *les référés, la procédure devant le juge de paix, devant les conseils de prud'hommes et les tribunaux de commerce*.

La **deuxième phase** est réservée, d'abord : aux *voies de recours contre les jugements, l'instance d'appel, ses formes et délais, l'appel-incident, les fins de non-recevoir, les effets, la procédure et le jugement d'appel* ; puis aux *voies de recours extraordinaire : tierce-opposition, requête civile, pourvoi en cassation, prise à partie*.

Une explication sèche et aride des principes eût peu frappé l'esprit, et tout le mérite de l'exposition didactique n'eût pas suffi pour rendre facile la digestion du sujet et son absorption par la mémoire ; aussi l'auteur a-t-il habilement entremêlé les exemples et les analyses des principaux arrêts, en notant le dernier état de la jurisprudence. Le lecteur saisit ainsi très rapidement l'application des principes et le fonctionnement pratique des règles de procédure.

Une table des matières renvoyant aux pages et aux 1539 numéros des alinéas du volume ; ainsi qu'une table de concordance des articles du Code de procédure, avec ces mêmes numéros, termine très heureusement cet important ouvrage en facilitant les recherches.

EXTRAITS DES PRINCIPAUX COMPTES RENDUS

Recueil périodique de procédure :

. . . .

Le programme de M. Bonfils, est plus facile à concevoir qu'à exécuter. Rien n'est plus délicat, d'abord, que de mettre en relief, en pleine lumière, les règles générales avec leurs motifs, dégagées des règles accessoires qu'il faut fixer aux seconds plans ; puis, une autre difficulté se présente, qui consiste à éviter à la fois, dans un *Traité élémentaire*, et l'excès de détails, qui trouble la mémoire de celui qui veut apprendre, et l'excès de brièveté et de précision, la sécheresse, qui fatigue son attention. Si nous signalons ces difficultés, c'est pour nous empresser de constater qu'elles ont été très heureusement vaincues : les principes sont nettement définis, avec ampleur ; point de longueurs inutiles dans les réductions ; à peine quelques rares lacunes, inévitables d'ailleurs, si l'on ne veut dépasser les limites que l'auteur a dû s'imposer ; enfin, la lecture reste toujours claire et aisée, souvent attrayante, même dans des matières fort complexes ou fort arides. Les actions possessoires sont assurément de ce nombre ; telle est au moins leur réputation. Elles trouvent ici une explication de vingt-cinq pages, dans lesquelles l'auteur, qui voulait se borner aux notions fondamentales, a réussi néanmoins à grouper toutes les questions importantes. Après un préambule sur la nature et l'utilité des actions possessoires, deux paragraphes développent successivement les caractères et conditions de chacune d'elles, et les droits auxquels elles peuvent s'appliquer. Une exposition sobre, animée par des exemples bien choisis, qui tiennent toujours l'esprit en éveil, a su faire de cette matière une des plus intéressantes, et l'on aperçoit à peine qu'elle pouvait être plus ardue que les autres.

Le choix judicieux des exemples s'allie, du reste, dans toutes les parties de l'ouvrage, aux qualités de sûreté, de méthode, de science et de style. La procédure n'est autre chose que le droit mis en actions, en luttant, puis parvenant à triompher, sous la protection des formalités légales. Cette protection est la seule raison d'être de la multiplicité des actes et de la lenteur des délais qu'un Code doit prescrire. C'est pourquoi, dans un cours, ou dans un traité, à côté des principes de procédure, il est souvent utile, pour mieux faire saisir l'objet, et peut-être les défauts, de placer l'hypothèse, qui montre au lecteur une application vivante des règles abstraites, — et, de préférence, l'hypothèse, empruntée au recueil d'arrêts. A ce point de vue, les controverses, soigneusement discutées en doctrine, renferment en outre l'indication des dernières décisions de la jurisprudence.

A. Le Poittevin.

Agrégé à la faculté de droit de Douai.

Progrès libéral de Toulouse :

. . . .

La première partie de l'ouvrage se termine par l'étude de diverses professions, justement appelées les *auxiliaires* de la justice, telles que les professions d'avocat, d'avoué, d'huissier... — Aucune des intéressantes questions qui peuvent s'y rattacher n'est omise. Ainsi, à propos de la profession d'avocat, M. Bonfils n'indique pas seulement les dispositions qui en règlementent l'exercice. Il se demande quelle est la nature du contrat entre l'avocat et son client ; il discute les droits du conseil de l'Ordre, relativement aux demandes d'admission au stage et d'inscription au tableau, et, avec la jurisprudence la plus récente, autorise l'appel, devant la Cour, contre ses décisions. A propos des offices ministériels, il s'explique sur le caractère des traités de cession, la valeur des contre-lettres, sur les cas de destitution de titulaires, de suppression ou même d'augmentation d'offices.

Il suffit, au reste, de lire un des sommaires si heureusement placés en tête de chaque chapitre et dont chaque indication correspond à un numéro de l'ouvrage, pour être assuré de trouver, condensées et coordonnées dans le nouveau Traité de procédure, des notions que ne contiennent pas des ouvrages mêmes d'une plus grande étendue.

Cette observation est surtout vraie pour la deuxième partie, relative à la détermination de la compétence et des attributions des diverses juridictions, et elle a ici une importance beaucoup plus considérable.

Nulle part, en effet, le législateur ne s'occupe *ex professo* ni des actions, ni des défenses, c'est-à-dire des moyens divers à l'aide desquels le défendeur s'oppose à l'action du demandeur. M. Bonfils a consacré deux chapitres (n°s 290 à 372) à ces notions importantes. Il examine successivement les diverses classifications des actions en actions personnelles, réelles ou mixtes, mobilières ou immobilières, pétitoires ou possessoires ; de même que la distinction des divers moyens de défense en défenses proprement dites, exceptions, fins de non-valoir, fins de non-recevoir et demandes reconventionnelles. Nous signalerons la section relative à la matière si difficile et si pratique des actions possessoires (n°s 312 à 372). La notion des actions possessoires, leur utilité, leurs diverses espèces, les conditions de leur recevabilité, les droits auxquels elles peuvent s'appliquer sont indiqués avec une netteté et une précision remarquables. Des exemples bien choisis, empruntés de préférence aux recueils d'arrêts, viennent ici, comme dans les autres matières, éclairer l'abstraction de la règle, en faire ressortir l'application et donner satisfaction complète à l'esprit du lecteur.

C'est après avoir, pour ainsi dire, posé ces fondements de l'édifice, que M. Bonfils étudie la compétence *ratione materiæ* et la compétence *ratione personæ vel loci* des diverses juridictions ; d'abord des tribunaux civils d'arrondissement, qui constituent la juridiction ordinaire et ensuite des tribunaux d'exception. Le commentaire des articles 59 et 420 du Code de procédure sur la compétence *ratione personæ* des tribunaux civils et des tribunaux de commerce et de la loi du 25 mai 1838 sur les justices de paix est particulièrement digne d'être remarqué.

. . . .

L. Campistron,
Professeur à la faculté de droit.

Recueil des Lois et Arrêts de Sirey :

M. Bonfils s'est fait connaître par des publications qui ont attesté chez lui le savoir exact, la sagacité pénétrante, la netteté dans les idées, le talent de l'exposition.

Une monographie sur la compétence à l'égard des étrangers a été surtout remarquée.

Chargé de l'enseignement de la procédure civile à la Faculté de Toulouse, après avoir fait le cours pendant plusieurs années, il a entrepris de faire paraître, sur cette branche de la législation, un livre élémentaire ..

L'exposition a un grand mérite d'élégance et de clarté. Sous une direction habile, l'esprit se meut avec aisance au milieu des problèmes dont il aperçoit les côtés importants. On ne saurait mieux instruire de ce qui mérite d'être retenu, en épargnant les plus grands efforts de mémoire. D'autres ouvrages épuiseront les sujets et satisferont les curiosités les plus exigeantes. Celui-ci a l'avantage de soutenir sans fatigue l'attention, en donnant une somme considérable de notions bien conçues et de solutions bien motivées.

ÉLÉMENTS

DE

DROIT INTERNATIONAL PRIVÉ

OU

DU CONFLIT DES LOIS

DROIT CIVIL — PROCÉDURE — DROIT COMMERCIAL

PAR

T.-M.-C. ASSER

Conseil du Ministère des affaires étrangères du royaume des Pays-Bas
Avocat, professeur à l'Université d'Amsterdam.

OUVRAGE TRADUIT, COMPLÉTÉ ET ANNOTÉ

PAR

Alphonse RIVIER

Professeur à l'Université de Bruxelles, Secrétaire général
de l'Institut de Droit International,
Rédacteur en chef de la Revue de Droit International et de Législation comparée.

1 vol. in-8°... 8 fr.

(Envoi franco, contre mandat-poste)

Depuis la publication du *Traité de Droit international privé* de Fœlix, ouvrage classique en France, déterminant les principes généraux de la science du droit en cette matière, le champ de la jurisprudence s'est considérablement agrandi et les questions les plus diverses sont venues s'imposer aux méditations des jurisconsultes compétents.

La multiplicité des communications internationales, les développements des échanges, les traités commerciaux, ceux concernant les personnes, les biens, les actes, les successions, les procédures et les jugements étrangers, ceux relatifs à la propriété littéraire et artistique ou aux marques de fabrique, les conventions postales ou télégraphiques, les conventions douanières, n'ont pas seulement créé des relations d'un caractère impliquant un nouveau droit international public, elles ont aussi modifié les relations d'un caractère privé entre Français et étrangers.

Les diverses législations étrangères ont subi des modifications quelquefois profondes ; la matière des sociétés, celle des faillites se sont transformées au point de vue du droit privé ; une foule de sociétés étrangères, commerciales, industrielles ou financières, ont établi des succursales dans le monde entier et par suite un grand nombre de questions qui n'avaient pu se poser autrefois ont surgi. De là, sont

sorties une législation et une jurisprudence nouvelles qu'aucun jurisconsulte ne doit ignorer.

Quel que soit du reste le mérite des travaux déjà publiés sur ces
matières on ne peut méconnaître que le temps les a frappés de son
action destructive et qu'il ne sont plus au courant de la science mo-
derne.

On a eu souvent l'occasion de constater les progrès accomplis depuis quelques années dans la législation civile ou commerciale des
pays du Nord. L'Allemagne, notamment, a déployé depuis peu une
grande activité législative ; les États scandinaves, et la Russie réfor-
ment leur législation sur certaines matières, par exemple la matière
de la lettre de change ; la Suisse vient de se donner un *Code des obligations* qui est en même temps un *Code de commerce*. Ce même mouvement en avant peut se constater aussi en Italie, grâce surtout au
Code civil italien de 1865, et au Code de commerce de 1882. C'est dans
l'examen de ces législations perfectionnées que nous pouvons trouver
des enseignements pratiques et puiser des modèles.

L'étude du droit international privé s'impose donc avec vigueur.
Un savant hollandais, M. Asser, avocat, professeur à l'Université
d'Amsterdam, conseil du ministère des affaires étrangères, a publié
en 1879 une première édition des *éléments de droit international privé
ou du conflit des lois* ; sous le titre de « *Esquisse de Droit international
privé.* »

Le succès légitime de cet ouvrage qui a été traduit en allemand dès
1880 et sa notoriété presque universelle ont décidé M. Alphonse Rivier, *secrétaire général de l'Institut de Droit international*, *rédacteur en
chef de la Revue de Droit international et de législation comparée*, à en
publier une traduction française.

L'auteur de cette édition nouvelle ne s'est pas borné à une traduction pure et simple du livre de M. Asser ; il l'a commenté et complété
en se plaçant au point de vue de notre législation particulière. Pour
cela il a été jusqu'à remanier, du consentement de M. Asser lui-
même, l'œuvre primitive de manière à en faire un travail mieux
adapté à la législation, aux idées et aux études françaises ; en outre,
il y a ajouté de précieuses indications sur la jurisprudence internationale, en France, en Belgique, en Angleterre, en Suisse, etc.

Le livre de M. Asser est le fruit de l'expérience des affaires et de
celle de l'enseignement. Le traducteur s'inspirant de la pensée de
l'auteur a conservé au livre ce double caractère de traité classique
élémentaire, destiné aux étudiants, et de guide pour ceux qui désirent recourir aux principes directeurs.

Après une introduction comprenant : un aperçu historique, l'état
actuel de la science, l'application des lois étrangères et la condition
des étrangers, l'ouvrage se divise en trois grands chapitres : 1° *Conflit
des lois civiles ou droit civil international* ; 2° *Conflit des lois de procédure civile* ; 3° *Conflit des lois commerciales*. Chacun de ces chapitres
est subdivisé en sections et paragraphes avec sommaires, qui facili-
tent la lecture et l'étude.

Chaque sujet est précédé d'un exposé théorique des principes généraux ; puis M. Asser examine les questions pratiques dans lesquelles

il est surtout versé, expose les principales controverses et donne des solutions nettes et précises.

Ce qui a constitué jusqu'à présent l'écueil des différents essais sur le droit international privé, qui ont été publiés depuis quelques années, c'est que les auteurs ont généralement cédé à la tentation de rétablir suivant leurs conceptions propres, les principes de droit naturel ou supposé tel, pouvant servir de base au droit international privé, au lieu de s'en tenir rigoureusement aux lois en vigueur. De là sont nées diverses théories spécieuses dont M. Rivier a tenu à dégager son œuvre, tout à la fois doctrinale et pratique.

Sans doute il existe encore bien des points sur lesquels s'élèvent, entre les diverses législations, des conflits qui ne pourront être réglés que par de nouveaux traités internationaux, et sur lesquels les tribunaux des différents pays offrent des divergences regrettables ; mais l'auteur n'a fait que les signaler sans saisir cette occasion d'exposer des théories purement personnelles.

M. Rivier a enrichi l'ouvrage de M. Asser de nombreuses notes, précieuses pour ceux qui désirent approfondir les questions ; d'une table générale des auteurs qui ont écrit sur le droit international privé, d'une liste des conventions internationales intervenues entre différents peuples, spécialement de celles qui ont été conclues par la France, et enfin d'une table alphabétique raisonnée des matières, complément indispensable pour faciliter les recherches.

CALVO (Charles), ancien ministre, membre correspondant de l'Académie des sciences morales et politiques, et de l'Institut de France, de l'Académie royale d'histoire de Madrid, fondateur de l'Institut du Droit international, etc. — **Le Droit international théorique et pratique**, précédé d'un exposé historique du progrès de la science du droit des gens, 3e édition complétée. 4 vol. grand in-8 1880-1881 . . . . 60 fr. »

CALVO. **Manuel de Droit international public et privé.** conforme au programme des Facultés de Droit. 1882. 1 vol. in-8 . . . . 7 fr. »

DRAMARD, conseiller à la Cour d'appel de Limoges. — **Manuel du juge commissaire aux ordres et contributions.** 1881, 1 vol. in-18 . . . . 4 fr. »

Après les nombreux ouvrages qui se rapportent à la matière des ordres et des contributions, il y avait encore place pour un ouvrage essentiellement pratique qui s'adressât tout particulièrement aux juges-commissaires et aux greffiers.

Or, l'ouvrage de M. Dramard laisse de côté les questions complexes et souvent controversées qui naissent de la procédure d'ordre ; il s'agit moins encore dans ce travail de l'interprétation dogmatique des titres de l'ordre et de la contribution. L'auteur renvoie, à cet égard, aux ouvrages spéciaux et ne retient que les règles et les instructions qu'on chercherait en vain dans les traités les plus complets, celles qui ont pour objet soit de pourvoir à ces difficultés sans nombre, plus apparentes que réelles, qui effraient les jeunes magistrats, encore inexpérimentés, soit de triompher des lenteurs calculées des parties ou de leurs mandataires, de leur négligence ou de leur inertie, et de régler la conduite de telle ou telle affaire particulière.

Ce sont ces situations imprévues, ces questions de pur domaine pratique qui font l'embarras de nos magistrats, bien plus que les graves questions théoriques avec lesquelles tant de livres leur permettent de se familiariser. Ainsi, tel jurisconsulte connaît à fond le droit sur la matière, qui serait incapable de rédiger un procès-verbal d'ordre, ou d'extraire d'un dossier les éléments qui importent à la cause. Aussi beaucoup de magistrats abandonnent-ils, abusivement peut-être, aux greffiers ou même aux avoués des parties le soin de rédiger ces procès-verbaux se bornant à une surveillance illusoire.

L'auteur s'est surtout appliqué à bien distinguer les obligations imposées par la loi des facultés laissées au juge, et qui, concernant la direction ou la conduite de la procédure, appellent de sa part une complète initiative et des appréciations qui peuvent varier. C'est en cela, en effet, que la responsabilité du juge est engagée. Très souvent même, les appréciations exigent une solution immédiate, séance tenante, en présence des parties et de leurs conseils.

L'auteur procède, dans chaque cas, en posant des espèces à titre d'exemples, et il porte surtout son attention sur la rédaction des clauses et leur valeur.

Pour emprunter une figure assez juste : l'auteur n'a exposé dans son ouvrage que l'anatomie de la procédure d'ordre ; mais il en fait admirablement connaître la charpente et les moindres ressorts.

COURS ANALYTIQUE
D'ÉCONOMIE POLITIQUE

PROFESSÉ A LA FACULTÉ DE DROIT D'AIX

PAR

ALFRED JOURDAN

Doyen de la Faculté de Droit d'Aix, professeur d'Économie
politique à la Faculté de Droit d'Aix, et à la Faculté des Sciences de Marseille.
Correspondant de l'Institut.

*(Ouvrage honoré d'une souscription de M. le Ministre de
l'Instruction publique.)*

Rien ne pourrait donner une idée plus précise du plan et de la méthode
de cet important ouvrage, que le passage suivant extrait de la préface de
l'auteur:

« L'objet essentiel de cette préface est d'expliquer le sens et la portée du
« titre que j'ai donné à cet ouvrage, explication qui pourrait se réduire à
« ceci: Ce livre est un *cours* et non un *traité*; c'est une *recherche analytique*
« et non un *exposé dogmatique* des principes de la science ; enfin ce cours a
« été professé non pas devant un auditoire quelconque, mais à la Faculté de
« Droit. Qu'il me soit permis d'insister quelque peu sur ces oppositions et
« sur la signification que j'y attache.

« C'est ici un cours et non pas un traité : est-ce à dire qu'il y ait un abime
« entre le cours et le traité ? Non, sans doute, et, dans l'un comme dans l'au-
« tre, on doit retrouver la même substance, les principes fondamentaux de
« la science, mais présentés autrement. Le cours a des allures plus libres,
« moins sévères que le traité. Le traité a un caractère impersonnel ; le cours
« porte plus ou moins l'empreinte de la personnalité de son auteur. Le
« traité est l'œuvre d'un savant qui médite dans le calme et le silence du
« cabinet; le cours est l'œuvre du professeur qui enseigne et qui est constam-
« ment en action. Il y a entre le maître et l'élève qu'il a sous les yeux, qu'il
« connaît, dont il est connu, d'autres liens, d'autres rapports qu'entre l'auteur
« du traité et le lecteur inconnu pour lequel il écrit.

« Ce livre est, en second lieu, une recherche analytique et non un pur
« exposé dogmatiqu des principes de la science. A vrai dire, je ne fais que re-
« produire ainsi en d'autres termes l'opposition précédente entre le cours et
« le traité. C'est en effet le caractère propre du traité d'être un exposé dogma-
« tique et synthétique, comme celui du cours est d'être une recherche analy-
« tique. Je ne disserterai pas *ex professo* et d'une manière abstraite sur la
« synthèse et l'analyse, question qu'on a embrouillée à plaisir en ne distin-
« guant pas entre les divers ordres de connaissances, entre la synthèse et
« l'analyse expérimentales et l'analyse et la synthèse logiques, entre la recher-
« che et la démonstration ou exposition de la vérité, et en présentant ces
« deux procédés comme pouvant constituer, chacun séparément, une mé-
« thode complètement indépendante de l'autre, alors qu'en réalité il n'y a pas
« de synthèse sans mélange d'analyse et réciproquement. Dans la recherche
« de la vérité on débute par la synthèse. par une vue d'ensemble de l'objet;
« cette première opération de l'esprit ne donne en général qu'une connaissance
« fausse, vague, incomplète de l'objet, par l'analyse, par la décomposition de
« cet objet en ses différentes parties ou qualités, en le considérant sous ses
« d.vers aspects, on rectifie, on précise, ou complète cette connaissance, et
« enfin par la synthèse qui reconstitue l'objet et qui fait voir le rapport qui
« existe entre les diverses parties, on arrive à une connaissance parfaite qui
« constitue la science. . . . .

JOURDAN (Alfred). — **Du rôle de l'État dans l'ordre économique ou économie politique et socialisme.**
1 vol. in-8. . . . . **8 fr.**

(Ouvrage couronné par l'Institut.)

Extrait du rapport présenté à l'Académie des Sciences morales et politiques
sur les résultats du concours pour le prix Rossi, par M. Emile Levasseur,
au nom de la section d'économie politique.

« Le Mémoire numéro 4 est une œuvre considérable qui témoigne d'une
« science également profonde de l'économie politique et du droit, d'un com-
« merce assidu avec les idées et les publications des pays étrangers comme
« avec celles de la France, et de l'habitude de considérer les questions de
« haut sans perdre de vue les détails. La composition est d'une ordon-
« nance méthodique et large. Elle comprend un avant-propos sur l'es-
« prit général du travail et quatre parties subdivisées en trente chapitres.
« La première est consacrée à la distinction des choses de l'ordre politique
« et de celles qui, appartenant à l'ordre économique, constituent le fond
« même du sujet, sans qu'il soit possible d'isoler entièrement un ordre de
« l'autre; la seconde, à l'étude de l'intervention de l'État dans ce dernier
« ordre, conduite de chapitre en chapitre conformément aux phases de l'évo-
« lution économique, production, distribution, circulation et consommation;
« la troisième, à l'histoire de cette intervention aux différentes époques de
« la civilisation; la quatrième, à l'examen critique des doctrines relatives au
« rôle économique de l'État. Le travail se termine par une conclusion dans
« laquelle sont rassemblées les grandes lignes du tableau.
« Nous n'avons trouvé dans aucun autre mémoire un plan aussi complet,
« d'une construction aussi régulière, je pourrais presque dire un plan d'une
« structure philosophique. »

JOURDAN (Alfred). — **Des rapports entre le droit et l'économie politique ou philosophie comparée du droit et de
l'économie politique.**

*Ouvrage qui a obtenu le premier rang dans le concours pour
le prix Wolowski*
(Académie des Sciences morales et politiques.)

1 vol. in-8°. . . . . 7 fr.

Voici en quels termes M. l'avocat général Arthur Desjardins a apprécié
cet ouvrage dans le rapport qu'il a présenté à l'Académie des sciences morales et politiques, au nom des sections réunies de Législation et d'Économie
politique:

« Le meilleur des mémoires déposés est incontestablement celui qui porte
« le numéro 3. Ce qui le caractérise, c'est une véritable originalité soit dans
« la conception, soit dans l'exposition du sujet. Nous ne sommes plus en
« présence d'un disciple qui répète et balbutie les leçons d'un maître. L'au-
« teur a, sur toutes choses, des idées qui lui sont particulières, et quand il
« s'agit de les développer, il parle sa propre langue, non celle des autres.
« Cette langue est vive et claire, quelquefois pittoresque, semée de mots
« heureux et d'images saisissantes. Citons, entre les vingt-deux chapitres qui
« composent le livre, tout le chapitre VIII, où l'auteur démontre qu'il ne
« saurait y avoir, en principe, d'opposition entre la science économique et
« la science du droit; presque tout le chapitre X, où voulant montrer com-
« ment les dogmes juridiques se modifient et se transforment, il dépeint avec
« beaucoup d'art la vente substituée au troc, etc. Signalons encore la fin du
« chapitre XIV, où l'on peut lire quelques bonnes pages sur les rapports de
« l'économie politique avec le droit commercial ou industriel; la cinquième
« partie du chapitre XVII, où il est traité de la tutelle excessive des inté-
« rêts; la fin du chapitre XIV sur l'enseignement de l'économie politique
« dans les Facultés de droit, et tout le chapitre XX, dans lequel l'auteur ex-
« plique d'une façon lumineuse comment l'économie politique et le droit
« font cause commune contre le socialisme. » L'éloge qui vient d'être transcrit ne va pas certainement sans quelques critiques, mais il suffit par lui-
même à inspirer le désir de lire un livre dont la lecture est en effet des plus
attachantes. Ce livre est le complément naturel des deux dernières publications de M. le doyen de la Faculté de droit d'Aix : le *Cours analytique d'é-
conomie, politique,* et le *Rôle de l'État dans l'ordre économique.*

DICTIONNAIRE-FORMULAIRE

DES PARQUETS

ET DE

LA POLICE JUDICIAIRE

PAR

G. LE POITTEVIN

Docteur en droit
Procureur de la République, à Ussel.

3 volumes in-8°. . . . . 30 fr.

Les Parquets, les magistrats instructeurs et les officiers de police judiciaire ont souvent regretté qu'il n'existât pas, sous forme de *Dictionnaire*, un ouvrage contenant, *en matière criminelle*, sur chaque sorte de crime, de délit ou de contravention, sur chaque incident de l'instruction, l'ensemble des règles qui y sont applicables et le résumé des formalités prescrites.

On a regretté également qu'il n'y eût pas un ouvrage qui présentât l'énumération des nombreuses matières où le ministère public doit intervenir et l'indication des règles qu'il y a lieu de suivre, soit en *matière civile* soit en matière *d'administration judiciaire*.

Les traités faits jusqu'à ce jour, à l'usage des magistrats des Parquets et des autres fonctionnaires de l'ordre judiciaire, ont le tort de n'offrir qu'un exposé théorique dans une forme qui oblige à des recherches longues et souvent difficiles. Aussi de tels ouvrages ne rendent-ils qu'un service insuffisant, quelle que soit l'autorité de leur auteur. Ce qu'il faut à tout membre du Parquet, c'est un *Dictionnaire* contenant, sur chaque mot correspondant à un délit ou à une affaire rentrant dans ses attributions, l'indication de toutes les formalités qui doivent être remplies dans ce cas particulier.

Un tel livre devient un guide journalier, un memento indispensable; il permet au magistrat du Parquet de répondre sur l'heure, à toute réquisition, à toute demande de renseignements, etc., et de ne le faire qu'en parfaite connaissance de cause et sans omission d'aucune des mesures que prescrivent les lois, décrets ou circulaires.

Une longue expérience permet sans doute d'acquérir la connaissance de ces formalités particulières ; mais, chaque jour, il se présente des faits nouveaux qui ne laissent pas d'embarrasser le magistrat le plus habile. Où trouvera-t-il, pour donner une réponse immédiate, les renseignements qui l'éclaireront sur son rôle et sur la nature des mesures que commande la prudence? Faudra-t-il qu'il ajourne toute solution jusqu'à ce qu'il ait pu s'éclairer en compulsant les volumineux ouvrages de doctrine? Et pourtant, sa détermination doit être prompte ; car les mesures d'exécution ne comportent pas de longs délais. Et quel ne serait pas surtout l'embarras d'un jeune substitut? Surtout si l'on songe qu'un magistrat de Parquet est obligé de parcourir un nombre énorme de circulaires, de décrets et de lois spéciales parmi lesquels il est souvent difficile de discerner les textes encore en vigueur!

Rien ne fera mieux comprendre l'utilité du *Dictionnaire-formulaire des Parquets* que l'exposé du plan choisi par chacun des mots. Le *Dictionnaire* indique d'abord, dans un préambule, tous les auteurs qui pourront être consultés pour un examen plus approfondi de chaque question. Après une courte définition du sujet et l'énonciation de tous les cas qui appellent l'intervention du Parquet, il cite les textes de lois ou de décrets et les circulaires ou instructions de la chancellerie et des autres ministères dont doit s'inspirer le magistrat; il expose les éléments constitutifs du délit ou de la contravention, les règles spéciales au point de vue de la preuve, des délais de prescription, etc... Il résume soigneusement, en matière de procédure civile ou criminelle toutes les notions se rapportant à l'action du ministère public; il aborde ensuite les espèces particulières, en notant brièvement la jurisprudence à l'appui. Enfin, chaque mot se termine par un *formulaire* qui comprend le modèle de tous les actes émanant du Parquet.

Sur chaque sorte d'actes qu'il appartient au Parquet de faire signifier, les causes de nullité, résultant de l'inobservation des formes légales, les causes de déchéance de l'action, sont notées avec un soin particulier.

On trouve, dans le *Dictionnaire*, au mot qui y correspond, l'indication de tous les cas qui exigent l'intervention du ministère public, l'examen des devoirs qui incombent à ce magistrat et le modèle des rapports, états et actes divers qu'il doit établir.

Le rôle de protection de certains individus, des mineurs, des absents, des incapables en général a été sérieusement étudié; des articles développés ont été consacrés à l'*absence*, à l'*adoption*, aux *établissements d'aliénés*, à l'*inscription des hypothèques légales des femmes mariées*, aux *notifications d'actes judiciaires*, etc.

Les articles ayant trait aux matières spéciales aux Parquets, tels que *Casiers judiciaires, Cessions et suppressions d'offices, Dispenses de parenté et d'alliance, Changements et additions de noms, Recours en grâce, Réhabilitations*, etc., etc.., ont reçu des développements exceptionnels et forment de véritables monographies sur ces divers sujets.

Le *Dictionnaire* ne se borne pas seulement à donner les instructions utiles aux membres du Parquet; il explique aussi les devoirs des *Juges de paix*, en tant que chargés de la police judiciaire.

Le mérite du plan du *Dictionnaire-Formulaire des Parquets* ne se révèle qu'imparfaitement par l'exposé qui précède. Mais nous ajouterons que ce livre tire surtout son autorité de la situation de l'auteur. Son expérience des choses du Parquet, le souvenir des difficultés qu'il a rencontrées lui-même dans les fonctions magistrales, lui ont heureusement inspiré l'idée de cet ouvrage. Son utilité incontestable lui assure un succès et une vulgarisation rapides.

CODE

DES FRAIS DE JUSTICE

EN MATIÈRE CRIMINELLE

CORRECTIONNELLE ET DE SIMPLE POLICE

Par L. LAUTOUR

Avocat, ancien procureur de la République à Évreux.

1 vol. in-8°. . . . . 8 fr.

Ce livre, dont l'éloge n'est plus à faire, remplace l'ancien ouvrage de M. de Delmas, épuisé depuis longtemps. Il contient le commencement de toutes les instructions ministérielles, des lois et des circulaires les plus récentes concernant les frais de justice, un formulaire et une table analytique. — C'est un guide indispensable aux magistrats des Parquets, et dans la bibliothèque de tous les tribunaux.

MERIGNHAC (A.), professeur agrégé à la faculté de droit d'Aix. — **Des contrats relatifs à l'hypothèque légale de la femme mariée.** 1882, 1 vol. in-8 . . . . 8 fr. »

Ce sujet important méritait, pour une complète intelligence, d'être détaché de la théorie générale des hypothèques. — Les praticiens se plaignaient depuis longtemps de ce que les nombreuses dispositions relatives à la subrogation légale étaient comme noyées dans les autres dispositions relatives à la matière des hypothèques en général, qu'elles s'en dégageaient si mal que les recherches étaient longues et pénibles, et que des points importants restaient dans une demi-obscurité.

Pour ne citer qu'un seul exemple les notaires ont souvent pétitionné pour obtenir un texte de loi sur la question de savoir *si la renonciation extinctive doit être inscrite*, question qui a donné lieu à de longues controverses. Eh bien, l'auteur a resumé dans la deuxième partie de son ouvrage, au chapitre IV, tout ce qui s'y rapporte, et établi à cet égard une théorie qui répond aux besoins de la pratique.

Toutes les difficultés que les notaires et les avoués rencontrent journellement en matière de subrogation à l'hypothèque légale sont examinées avec un soin particulier, et les données de la jurisprudence fournissent une large part au commentaire.

Les définitions qui, elles-mêmes, donnent lieu à des distinctions délicates, en matière de subrogation légale, sont présentées avec la plus grande clarté.

Après avoir terminé ce consciencieux et difficile travail, l'auteur arrive à cette conclusion que la législation actuelle suffit à peu près aux besoins pratiques, et qu'il y aurait peu à innover pour éclairer dans ses moindres parties la matière de la subrogation à l'hypothèque légale.

NAPIAS (Maxime), avocat à la Cour d'appel de Paris. — **Les odeurs de Paris.** — Etablissements dangereux, insalubres ou incommodes. — Machines à vapeur. — Législation et procédure. 1881. 2e édition revue et augmentée, 1 volume in-12.. . 2 fr. »

ROUSSEAU (Rodolphe). — **Questions nouvelles sur les Sociétés commerciales.** 1 vol. in-8 . . . . 6 fr »

L'auteur examine dans cet ouvrage les questions neuves qui ont été soulevées ces dernières années devant les tribunaux. Il discute beaucoup des décisions qui sont intervenues. Il commente et développe la doctrine de celles qu'il approuve. Il s'est attaché à ne laisser dans l'ombre aucune des difficultés que fait naître journellement la loi de 1867.

Les principaux chapitres sont les suivants :

De la conversion des actions nominatives en actions au porteur, — Responsabilité des souscripteurs primitifs. — De la prescription des actions en responsabilité. — Des actions d'apports partiellement libérées. — Les sociétés anonymes qui se forment sans appel aux capitaux. — Des donations au profit des sociétés. — De l'existence légale des sociétés belges en France. — De l'Emission des obligations. — Responsabilité. — Remboursement, etc., etc.

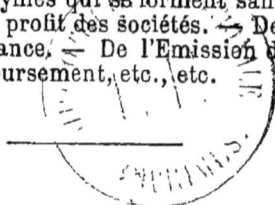

CODE ANNOTÉ

DES

FAILLITES ET BANQUEROUTES

RÉSUMÉ DE DOCTRINE ET DE JURISPRUDENCE

PAR

Rod. ROUSSEAU

avocat à la Cour de Paris

Henry DEFERT
docteur en droit, avocat au Conseil
d'Etat et à la Cour de cassation

Ce livre mérite toute l'attention des jurisconsultes et des praticiens, et il est le complément indispensable du Dictionnaire de procédure, publié par MM. Rousseau et Laisney. Le besoin d'un nouveau livre sur cette matière se faisait sentir : la multiplicité des questions nouvelles, les changements survenus dans les relations et les usages du commerce d'où naît une jurisprudence qui répond à ses besoins, rendaient nécessaire un remaniement complet des matériaux ayant trait aux faillites.

Le *Code annoté des faillites* a l'avantage de signaler les moindres changements survenus dans la jurisprudence en résumant nettement les opinions diverses, en énonçant brièvement la raison de se décider dans un sens ou dans un autre, et en soulignant l'argument décisif. Du reste, le dernier état de la jurisprudence a presque toujours été pris pour guide. Les auteurs n'ont pas voulu donner un commentaire indigeste de chacun des articles de la loi de 1838 ; ils ont suivi, au contraire, dans la disposition des paragraphes, un plan méthodique et clair. Les auteurs et les arrêts auxquels il est renvoyé ont été notés avec un soin scrupuleux, et chaque fois qu'un arrêt récent a été rendu sur une espèce nouvelle, il a été mis habilement en relief, souvent même il a été reproduit *in extenso*.

Les auteurs ne se sont pas bornés à mettre à contribution les recueils généraux d'arrêts ou les grands journaux de jurisprudence, ils ont particulièrement tiré des *Recueils* des Cours et des *Bulletins* des tribunaux de nos principales places de commerce, des documents précieux ; c'est là, en effet, une mine heureuse et trop souvent négligée.

Nous citons parmi les autorités qui ont signalé avec le plus vif intérêt l'apparition de cet ouvrage, le *Journal du Palais*, la *Revue critique de législation et de jurisprudence*, de MM. Paul Pont et Faustin-Hélie, le *Recueil général de Sirey*, la *Revue de jurisprudence commerciale de Nantes*, etc.

TESSIER (Honoré), avocat à la Cour d'appel de Bordeaux, ancien bâtonnier. — **Traité de la Société d'Acquêts**, suivant les principes de l'ancienne jurisprudence, du parlement de Bordeaux ; deuxième édition, revue, annotée et complétée d'après le Code ci- vil, par P. Deloynes, professeur à la Faculté de droit de Bordeaux. 1881. 1 fort vol. in-8. , ... 10 fr. »

TISSOT (J.), doyen honoraire de la faculté des lettres de Dijon, cor- respondant de l'Institut. — **Le droit pénal**, étudié dans ses principes, dans ses usages et les lois des divers peuples du monde, ou introduction philosophique et historique à l'etude du droit cri- minel. Trois tomes en 3 volumes in-8. . . . . . . 20 fr. »

L'apparition de la première édition de cet ouvrage, en 1860, pro- duisit une sensation profonde ; c'était un grand pas fait vers la solu- tion des graves questions que soulève le droit criminel.

La nouvelle édition n'excitera pas une curiosité moins vive ; car l'édition de 1860 a été entièrement refondue et, pour ce grand travail, non seulement Tissot a mis à contribution les écrits les plus mo- dernes des savants criminalistes de l'Allemagne, de l'Italie et de la Suisse, mais encore il a complété les leçons que nous fournit l'his- toire par la comparaison des divers systèmes de droit pénal qui ont été appliqués à différentes époques, chez les divers peuples.

La partie philosophique n'est pas moins remarquable que la par- tie historique. L'auteur s'est méfié des théories abstraites qui n'ont point de racines dans la tradition historique, et sa critique est ainsi éclairé par les principes les plus sûrs.

La théorie des excuses a été mise en lumière par Tissot avec une profondeur de vues et parfois une hauteur d'éloquence qui rappelle, on l'a souvent remarqué, la manière de Moutesquieu, l'immortel au- teur de l'*Esprit des lois*. La définition des circonstances aggravantes ou atténuantes, celle de la complicité, ne sont pas moins délicates ; mais les difficultés disparaissent dans l'ouvrage de Tissot, et la théo- rie se dégage claire et saisissante. L'auteur a abordé avec une grande sûreté de jugement les fondements du droit de punir. Nous signale- rons de fort belles pages sur l'influence des races, de la civilisation ou des institutions, pour établir la criminalité des faits ou l'échelle des délits. Dans l'étude de la nature des peines, l'histoire tient la plus large place. L'auteur aborde ensuite la poursuite des délits, la constitution de la magistrature criminelle, les moyens de preuve et les jugements. Enfin la quatrième partie contient l'esquisse des pro- grès de la civilisation, déduits des principaux faits exposés dans les livres qui précèdent, et celle du présent ou de l'avenir du droit pénal.

Tissot mettait la dernière main à cet ouvrage, quand il a été enlevé au monde savant ; mais il avait eu la joie, avant de s'éteindre, de voir son travail honoré des récompenses académiques.

WODON (Léon), vice-président du tribunal de Namur. — **Le Droit des eaux et des cours d'eau**. 1874. 2 volumes in-8. 14 fr. » — **Répertoire général du Droit des eaux et cours d'eau**. 1876, 1 vol. in-8. . . . . 7 fr. »